Internationales Recht der Gegenwart

herausgegeben von

Prof. Dr. Norman Weiß,
MenschenRechtsZentrum der Universität Potsdam
Prof. Dr. Andreas Haratsch,
FernUniversität in Hagen

Band 3

Henrike Schulte

Zur Übertragbarkeit der Margin-of-appreciation-Doktrin des EGMR auf die Rechtsprechung des EuGH im Bereich der Grundfreiheiten

Nomos

Die Deutsche Nationalbibliothek verzeichnet diese Publikation in der Deutschen Nationalbibliografie; detaillierte bibliografische Daten sind im Internet über http://dnb.d-nb.de abrufbar.

Zugl.: Konstanz, Univ., Diss., 2018

ISBN 978-3-8487-5179-2 (Print)
ISBN 978-3-8452-9375-2 (ePDF)

1. Auflage 2018

Vorwort

Die vorliegende Arbeit wurde im Jahr 2015 von der Juristischen Fakultät der Universität Konstanz als Dissertation angenommen und findet nunmehr mit der Veröffentlichung ihren Abschluss. Dies darf ich zum Anlass nehmen, um mich bei den Menschen zu bedanken, die mich auf diesem Weg begleitet und unterstützt haben. Mein Dank gilt zum einem meinem Doktorvater Prof. Dr. Marten Breuer, der mir nicht nur die Gelegenheit zur Promotion bot, sondern auch stets ein offenes Ohr für alle diesbezüglichen Angelegenheiten hatte und es mir ermöglichte kontinuierlich und produktiv an der Dissertation zu arbeiten. Mein Dank gilt zudem dem gesamten Lehrstuhl, an dem ich mich stets wohl gefühlt habe und vor allem meinen beiden ehemaligen Kollegen Stephan Riegger und Annika Schreiber, die meine Dissertationszeit sowohl fachlich als auch freundschaftlich bereichert haben. Ich danke auch dem Zweitgutachter Prof. Dr. Daniel Thym für die rasche Korrektur der Arbeit.

Ebenfalls bedanken möchte ich mich bei meiner Familie und meinen Freunden, die mir in der Zeit den Rücken gestärkt haben. Hervorheben möchte ich an dieser Stelle zum einen meine Eltern, die mich immer ermutigt und in jeder Hinsicht unterstützt haben. Ihr Rat war, ist und bleibt stets sehr wertvoll. Zum anderen möchte ich meinem Partner danken, der mich – nicht nur, aber vor allem – in der Endphase der Arbeit sehr unterstützt und immer wieder motiviert hat.

Das Promotionsverfahren wurde im Frühsommer 2017 eröffnet. Literatur und Rechtsprechung wurden nur bis zu diesem Zeitpunkt berücksichtigt und ausgewertet. Die Arbeit ist meinen Großeltern gewidmet, insbesondere meiner im Februar 2017 verstorbenen Großmutter Lisa Schillmöller.

Stuttgart, im Mai 2018

Inhaltsverzeichnis

Abkürzungsverzeichnis

a. A.	anderer Ansicht
Abs.	Absatz
AEUV	Vertrag über die Arbeitsweise der Europäischen Union
Art.	Artikel
bspw.	beispielsweise
BVerfG	Bundesverfassungsgericht
bzgl.	bezüglich
bzw.	beziehungsweise
d. h.	das heißt
E	Entscheidungssammlung
ECtHR	European Court of Human Rights
ECHR	European Convention on Human Rights oder auch European Court of Human Rights
ECJ	European Court of Justice
EG	Vertrag zur Gründung der Europäischen Gemeinschaft
EGMR	Europäischer Gerichtshof für Menschenrechte
EMRK	Europäische Menschenrechtskonvention
EU	Europäische Union
EuGH	Gerichtshof der europäischen Union
EUV	Vertrag über die Europäische Union
EWG	Vertrag zur Gründung der Europäischen Wirtschaftsgemeinschaft
f.	folgende (Seite)
ff.	folgende (Seiten)
Fn.	Fußnote
GA	Generalanwalt
GC	Grand Chamber
GG	Grundgesetz
GRCh	Charta der Grundrechte
grds.	grundsätzlich

h. M.	herrschende Meinung
Hrsg.	Herausgeber
Ibid.	ebenda
IGH	Internationaler Gerichtshof
insbes.	insbesondere
i. S. d.	im Sinne des
i. S. v.	im Sinne von
i. V. m	in Verbindung mit
lit.	Buchstabe
m. E.	meines Erachtens
m. w. N.	mit weiteren Nachweisen
no.	number
nos.	numbers
Nr.	Nummer
Rn.	Randnummer
Rs.	Rechtssache
S.	Satz oder Seite
u. a.	unter anderem oder und andere
UAbs.	Unterabsatz
WVK	Wiener Vertragsrechtkonvention
z. B.	zum Beispiel
zit.	zitiert
ZP	Zusatzprotokoll

A. Einführung

> The margin of appreciation is at the heart of virtually all major cases that come before the Court, whether the judgments refer to it explicitly or not.[1]

Bei der Margin-of-appreciation-Doktrin handelt es sich um ein mittlerweile altbekanntes Werkzeug, dessen sich der Europäische Gerichtshof für Menschenrechte in seiner Rechtsprechungspraxis bedient. Der EGMR scheint jedoch nicht der einzige europäische Gerichtshof zu sein, der seinen Mitgliedstaaten Beurteilungsspielräume einräumt. So führte der Gerichtshof der europäischen Union beispielsweise im Zusammenhang mit der Prüfung einer Behinderung der Arbeitnehmerfreizügigkeit zum Rechtfertigungsgrund der öffentlichen Ordnung aus:

> Dennoch können die besonderen Umstände, die möglicherweise die Berufung auf den Begriff der öffentlichen Ordnung rechtfertigen, von Land zu Land und im zeitlichen Wechsel verschieden sein, so daß insoweit den zuständigen innerstaatlichen Behörden ein Beurteilungsspielraum innerhalb der durch den Vertrag gesetzten Grenzen zuzubilligen ist.[2]

Während die Margin-of-appreciation-Doktrin im Rahmen der Rechtsprechung des EGMR Gegenstand einer Vielzahl wissenschaftlicher Untersuchungen war und heute noch ist,[3] ist die Einräumung mitgliedstaatlicher Beurteilungsspielräume in der Rechtsprechungspraxis des EuGH bisher eher spärlich untersucht. In den wenigen dazu existierenden Untersuchungen wird jedoch häufig die Rechtsprechung des EGMR zur Margin-of-

---

1 *Macdonald, Ronald St. J.*, The Margin of Appreciation in the Jurisprudence of the European Court of Human Rights, in: Ago (Hrsg.), Le Droit International à l'heure de sa Codification (1987), 187, S. 187.

2 *EuGH*, Rs. 41/74 (Van Duyn) 04.12.1974, Rn. 18 f.

3 Stellvertretend für viele *Arai-Takahashi, Y.*, The Margin of Appreciation Doctrine and the Principle of Proportionality in the Jurisprudence of the ECHR (2002); *Rupp-Swienty, A.*, Die Doktrin von der Margin of Appreciation in der Rechtsprechung des Europäischen Gerichtshofs für Menschenrechte (1999); *Brems, E.*, The Margin of Appreciation Doctrine in the Case-Law of the European Court of Human Rights, Zeitschrift für ausländisches öffentliches Recht und Völkerrecht 1996, 230, S. 230 ff.; mit einem kurzen Überblick über den Stand der Untersuchungen *Arnardóttir, O. M.*, Rethinking the Two Margins of Appreciation, European Constitutional Law Review 2016, 27, S. 27 f.

appreciation-Doktrin als Bezugspunkt genutzt,[4] was die Frage aufwirft, ob die Margin-of-appreciation-Doktrin des EGMR auf die Rechtsprechung des EuGH übertragen werden kann. Da sich in der (neueren) Rechtsprechung des Gerichtshofs der Europäischen Union zurückhaltende Tendenzen vor allem in der Rechtsprechung zu den Grundfreiheiten feststellen lassen[5] und sich diese – wie an späterer Stelle noch ausgeführt – besonders zur Vergleichbarkeit eignen, wird die Fragestellung dahingehend präzisiert, ob die Margin-of-appreciation-Doktrin des EGMR auf die Rechtsprechung des EuGH zu den Grundfreiheiten übertragen werden kann. Es handelt sich bei der Arbeit im Kern um eine positivistische Untersuchung der Rechtsprechung des EGMR und des EuGH, mit der das Ziel verfolgt wird, beurteilen zu können, ob der EuGH in seiner Rechtsprechung eine solche Übertragung ganz oder zum Teil vornimmt.

Der erste Teil dieser Arbeit wird der Margin-of-appreciation-Doktrin in ihrer Ausgestaltung und Anwendung durch den EGMR gewidmet. Auch auf der Basis schon bestehender wissenschaftlicher Beiträge[6] wird die Entwicklung der Doktrin aufgezeigt und die Frage nach ihrer rechtlichen Grundlage aufgeworfen. Daran anschließend wird, anhand der Rechtsprechung des EGMR zu gezielt ausgewählten Konventionsrechten, die Anwendung der Doktrin untersucht. Ermittelt werden soll, ob die mitgliedstaatliche margin of appreciation nur im Zusammenhang mit bestimmten Konventionsrechten gewährt wird, an welcher Stelle der Prüfung des Gerichtshofs sie relevant wird, welche Voraussetzungen ihre Einräumung be-

---

4 *Arold Lorenz, N.-L./Groussot, X./Petursson, G. T.*, The European Human Rights Culture (2013), S. 91 mit einer Zusammenfassung der dazu bestehenden Untersuchungen; *Shelton, D.*, The Boundaries of Human Rights Jurisdiction in Europe, Duke Journal of Comparative & International Law 2003, 95, S. 136, die ohne nähere Untersuchungen ausführt: „In many respects, the approach of the ECJ is similar to that of the ECHR, without use of the term margin of appreciation“; *Gerards, J.*, Pluralism, Deference and the Margin of Appreciation Doctrine, European Law Journal 2011, 80, S. 117 kommt hinsichtlich der Faktoren, die den Umfang mitgliedstaatlicher Beurteilungsspielräume bestimmen zu dem Schluss: „Though formulated differently, the factors applied by the EU courts and the ECtHR appear to be highly similar.“

5 *Streinz, R.*, Die Rolle des EuGH im Prozess der Europäischen Integration, Archiv des öffentlichen Rechts 2010, 1, S. 19.

6 Eine umfassende Zusammenfassung und Darstellung der bis dato existierenden rechtswissenschaftlichen Beiträge wird allerdings aufgrund ihrer Vielzahl und der eigentlichen Ausrichtung dieser Arbeit nicht erfolgen.

gleiten und welche Auswirkungen dies auf die Kontrolldichte des EGMR hat.

Im zweiten Teil der Arbeit wird die Rechtsprechung des EuGH zu den Grundfreiheiten auf die Einräumung mitgliedstaatlicher Beurteilungsspielräume hin untersucht. Aufgrund der Tatsache, dass es sich dabei um ein bisher nur wenig erforschtes Feld handelt, wird der Aufbau dieses Abschnitts von dem des ersten Teils abweichen. Nach einer Erläuterung der Gründe für die Auswahl des Untersuchungsgegenstands wird die Rechtsprechung des EuGH zur Warenverkehrsfreiheit und den Personenfreizügigkeiten hinsichtlich der Einräumung mitgliedstaatlicher Spielräume analysiert. Im Hinblick auf die eigentliche Untersuchungsfrage, ob die Margin-of-appreciation-Doktrin auf die Rechtsprechung des EuGH zu den Grundfreiheiten übertragen wurde und werden kann, wird diese Analyse den Ergebnissen des ersten Teils zur Anwendung der Margin-of-appreciation-Doktrin entsprechend ausgerichtet. Nach der Analyse der Rechtsprechung des EuGH zur Warenverkehrsfreiheit und den Personenfreizügigkeiten soll erörtert werden, ob sich den Untersuchungsergebnissen Gesetzmäßigkeiten im Hinblick auf die Gewährung mitgliedstaatlicher Beurteilungsspielräume im Bereich der Grundfreiheiten entnehmen lassen und wie die Einräumung dieser rechtlich zu bewerten ist.

Nachdem die Margin-of-appreciation-Doktrin in der Rechtsprechung des EGMR untersucht wurde und im Hinblick darauf die Rechtsprechung des EuGH zu den Grundfreiheiten analysiert worden ist, werden die jeweiligen Untersuchungsergebnisse einander gegenübergestellt und anschließend bewertet, um letztlich die in dieser Arbeit aufgeworfene Frage zu beantworten, ob die Margin-of-appreciation-Doktrin auf die Rechtsprechung des EuGH zu den Grundfreiheiten übertragen werden kann.

B. Die Margin-of-appreciation-Doktrin in der Rechtsprechung des EGMR

Bei der Beurteilung, ob staatliches Handeln oder Unterlassen mit der Konvention vereinbar ist, gewährt der Europäische Gerichtshof für Menschenrechte den Mitgliedstaaten in bestimmten Fällen einen Beurteilungsspielraum („margin of appreciation“ beziehungsweise „marge d'appréciation“). Die jahrelange Rechtsprechungspraxis des EGMR hat die Margin-of-appreciation-Doktrin ausgestaltet und geformt.

I. Entwicklung der Margin-of-appreciation-Doktrin

Eine sogenannte ‚margin of appreciation‘ wurde den Mitgliedstaaten erstmals in den Berichten der Europäischen Kommission für Menschenrechte (Kommission) zugesprochen. Alsbald bediente sich dann auch der Gerichtshof der margin of appreciation und entwickelte sie im Laufe der Jahre zu einem festen Bestandteil seiner Rechtsprechung.

1. Entwicklung in der Kommission

In der Sache Greece v. United Kingdom hatte die Kommission zu prüfen, ob sich das Vereinigte Königreich wegen getroffener Maßnahmen zur Unruhenbekämpfung in seiner Kronkolonie Zypern auf die Notstandsklausel nach Art. 15 der Europäischen Menschenrechtskonvention (EMRK) berufen konnte. In Frage stand insbesondere, ob das Leben der Nation gemäß Art. 15 Abs. 1 EMRK durch einen öffentlichen Notstand bedroht war. Nachdem die Kommission erklärt hatte, dass sie die Kompetenz innehabe, über das Bestehen eines öffentlichen Notstands zu urteilen[7], übernahm sie mehrheitlich folgende Ansicht:

---

7 *EKMR*, Application no. 176/56 (Greece v. United Kingdom Vol. I) 26.09.1958, S. 132, Rn. 129.

> The Commission of Human Rights is authorised by the Convention to express a critical opinion on derogations under Article 15, but the Government concerned retains, within certain limits, its discretion in appreciating the threat to the life of the nation. In the present case the Government of Cyprus has not gone beyond these limits of appreciation.[8]

Weiterhin galt es zu klären, ob gemäß Art. 15 Abs. 1 EMRK die Lage die von der Regierung getroffenen Maßnahmen unbedingt erforderte.

> In general, the Commission takes the same view as it did with regard to the question of a "public emergency threatening the life of the nation", namely that the Government of Cyprus should be able to exercise a certain measure of discretion in assessing the "extent strictly required by the exigencies of the situation". The question whether that discretion has or has not been exceeded is a question of substance which will be dealt with as each individual measure is examined.[9]

Auch wenn die Kommission im ersten Teil ihres Berichts noch nicht einheitlich[10] von einer margin of appreciation sprach, erklärte sie im darauffolgenden Teil bei der Untersuchung der Einzelmaßnahmen, in diesem Fall bei der Prüfung, ob die Übertragung des Inhaftierungsrechts auf den Gouverneur der Kronkolonie ohne Gerichtsverfahren erforderlich war:

> Without going as far as to recognise a presumption in favour of the necessity of measures taken by the Government, the Commission was of the opinion, nevertheless, that a certain margin of appreciation must be conceded to the Government.[11]

Die Kommission verwies somit erstmals in der Sache Greece v. United Kingdom im Rahmen der Notstandsklausel nach Art. 15 EMRK auf Beurteilungsspielräume der nationalen Exekutivorgane hinsichtlich der Einschätzung, ob die Voraussetzungen eines Notstands vorgelegen und ob die getroffenen Maßnahmen den Anforderungen des Art. 15 EMRK entsprochen haben.

In der Sache Lawless v. Ireland hatte die Kommission bald darauf erneut Gelegenheit, über einen Notstandsfall nach Art. 15 EMRK zu befinden. Neun Mitglieder der Kommission – und damit die Mehrheit – teilten

---

8 *EKMR*, Application no. 176/56 (Greece v. United Kingdom Vol. I), S. 138, Rn. 136.

9 *EKMR*, Application no. 176/56 (Greece v. United Kingdom Vol. I), S. 152, Rn. 143.

10 In der französischen Fassung heißt es „une certaine marge d'appréciation".

11 *EKMR*, Application no. 176/56 (Greece v. United Kingdom Vol. II) 26.09.1958, S. 326, Rn. 318.

die Ansicht, dass sich Irland in einem öffentlichen Notstand befunden habe, der das Leben der Nation bedrohte.[12] Einige der befürwortenden Mitglieder vertraten mit Verweis auf die in der Sache Greece v. United Kingdom begründete margin of appreciation[13], dass:

> [...] having regard to the high responsibility which a Government has to its people to protect them against any threat to the life of the nation, it is evident that a certain discretion – a certain margin of appreciation – must be left to the Government in determining whether there exists a public emergency which threatens the life of the nation and which must be dealt with by exceptional measures derogating from its normal obligations under the Convention.[14]

Auch bei der Prüfung, ob die von Irland getroffenen Maßnahmen den Vorgaben des Art. 15 Abs. 1 EMRK gerecht wurden, führte die bejahende Mehrheit der Kommissionsmitglieder in ihrer Begründung die margin of appreciation der irischen Regierung an[15] und bestätigte somit die Einräumung eines Beurteilungsspielraums der nationalen Regierungen im Rahmen der Notstandsklausel nach Art. 15 EMRK. Im späteren Greek Case wurde die nationale margin of appreciation im Rahmen der Notstandsklausel von der sogenannten ‚Sub-Commission' bereits als fester Bestandteil der Rechtsprechung angesehen.

> [...] the "margin of appreciation" which, according to the constant jurisprudence of the Commission [...].[16]

Auch wenn die Kommission mitgliedstaatliche Beurteilungsspielräume erstmals im Zusammenhang mit Notstandsfällen nach Art. 15 EMRK herleitete, blieb dies in der Folgezeit nicht der einzige Anwendungsbereich.[17] Mit ihrer Spruchpraxis zu Art. 15 EMRK legte die Kommission jedoch

12 *EKMR*, Application no. 332/57 (Lawless v. Ireland) 19.12.1959, S. 83, Rn. 89.

13 *EKMR*, Application no. 176/56 (Greece v. United Kingdom Vol. I); *EKMR*, Application no. 176/56 (Greece v. United Kingdom Vol. II)

14 *EKMR*, Application no. 332/57 (Lawless v. Ireland), S. 85, Rn. 90.

15 *EKMR*, Application no. 332/57 (Lawless v. Ireland), S. 119, Rn. 6; S. 137, Rn. 107; S. 139, Rn. 108.

16 *EKMR*, Application no. 3321/67; 3322/67; 3323/67; 3344/67 (Denmark, Norway, Sweden, Netherlands v. Greece) 05.11.1969, Report of the Sub-Commission, S. 70, Rn. 114.

17 *EKMR*, Application no. 753/60 (X v. Austria), Yearbook of the ECHR (1960) 05.08.1960, S. 318; *EKMR*, Application no. 911/60 (X v. Sweden), Yearbook of the ECHR (1961) 10.04.1961, S. 218; *EKMR*, Application nos. 1474/62; 1677/62, 1691/62; 1769/63; 1994/63, 2126/64 (Relating to certain aspects of the laws on the

den Grundstein für die Margin-of-appreciation-Doktrin, die heute ein wesentlicher Bestandteil der Rechtsprechung des Europäischen Gerichtshofs für Menschenrechte ist.

2. Rezeption durch den EGMR

In der Sache Lawless v. Ireland beschloss die Kommission am 1.4.1960 erstmals die Befassung des Gerichtshofs mit der Angelegenheit. Ein dahingehender Antrag wurde nach nur elf Tagen gestellt und die Kommission ebnete so den Weg für das erste Urteil des Europäischen Gerichtshofs.[18] Nach der Klärung verfahrensrechtlicher Fragen in den ersten beiden Lawless-Urteilen[19] folgte im dritten Urteil die Entscheidung in der Sache. Der Gerichtshof war nun ebenfalls mit der Frage konfrontiert, ob eine Notstandssituation im Sinne von Art. 15 EMRK in Irland vorlag und ob die getroffenen Maßnahmen der Republik Irland gegen die IRA-Terroristen erforderlich waren. Er bejahte beides, erwähnte jedoch keine margin of appreciation des irischen Staats bei der Beurteilung, ob den Anforderungen des Art. 15 EMRK Genüge getan wurde.[20] Dennoch sehen einige Vertreter der Rechtswissenschaft bereits im Lawless-Urteil von 1961 das Fundament für die Anerkennung der Margin-of-appreciation-Doktrin durch den Gerichtshof[21]:

---

use of languages in education in Belgium v. Belgium) 24.06.1965, S. 574, Rn. 400; *EKMR*, Application no. 1468/62 (Iversen v. Norway), Yearbook of the ECHR (1963) 17.12.1963, S. 330.

18 *Matthies, H.*, Das erste Urteil des Europäischen Gerichtshofs für Menschenrechte: Verfahrensfragen in der Sache Lawless, Zeitschrift für ausländisches öffentliches Recht und Völkerrecht 1961, 249, S. 249 ff.

19 *EGMR*, Application no. 332/57 (Lawless v. Ireland No. 1) 14.11.1960; *EGMR*, Application no. 332/57 (Lawless v. Ireland No. 2) 07.04.1961.

20 *EGMR*, Application no. 332/57 (Lawless v. Ireland No. 3) 01.07.1961, S. 26, Rn. 23 ff.

21 *Brems, E.* (Fn. 3), S. 243; *Rupp-Swienty, A.* (Fn. 3), S. 29; *Petzold, H.*, The Convention and the Principle of Subsidiarity, in: Macdonald, Ronald St. J./Matscher/Petzold (Hrsg.), The European System for the Protection of Human Rights (1993), 41, S. 59, Fn. 97; *Merrills, J. G.*, The Development of International Law by the European Court of Human Rights (1988), S. 138; *Yourow, H. C.*, The Margin of Appreciation Doctrine in the Dynamics of European Human Rights Jurisprudence (1996), S. 17, ebenso die Kommission: *EKMR*, Application no. 3321/67; 3322/67;

> […] the existence at the time of a "public emergency threatening the life of the nation", was reasonably deduced by the Irish Government from a combination of several factors […].[22]

Erst siebzehn Jahre später gewährte der Gerichtshof in der Sache Ireland v. United Kingdom, der ersten zu entscheidenden Staatenbeschwerde, ausdrücklich eine margin of appreciation des Mitgliedstaats im Zusammenhang mit Art. 15 EMRK.

> In this matter Article 15 para. 1 leaves those authorities a wide margin of appreciation. […] The domestic margin of appreciation is thus accompanied by a European supervision.[23]

In der Zwischenzeit übertrug der Gerichtshof das Konzept mitgliedstaatlicher Beurteilungsspielräume jedoch auch auf andere Sachverhalte und erweiterte somit den Anwendungsbereich der margin of appreciation von der ‚Sondervorschrift' des Art. 15 EMRK auf die ‚regulären' Konventionsrechte. Während er anfänglich in seinen Urteilen einen Beurteilungsspielraum des betroffenen Mitgliedstaats noch nicht ausdrücklich erwähnte[24], tat er dies schließlich in der Rechtssache De Wilde, Ooms and Versyp im Zusammenhang mit der Frage, ob die von belgischen Behörden teilweise ausgeübte Kontrolle über die Korrespondenz staatlich untergebrachter Landstreicher nach Art. 8 Abs. 2 EMRK „notwendig" war.

> It then observes, in the light of the information given to it, that the competent Belgian authorities did not transgress in the present cases the limits of the power of appreciation which Article 8 (2) of the Convention leaves to the Contracting States: even in cases of persons detained for vagrancy, those authorities had sufficient reason to believe that it was "necessary" to impose restrictions […].[25]

3323/67; 3344/67 (Denmark, Norway, Sweden, Netherlands v. Greece), S. 70, Fn. 2.

22 *EGMR*, Application no. 332/57 (Lawless v. Ireland No. 3), S. 27, Rn. 28.

23 *EGMR*, Application no. 5310/71 (Ireland v. The United Kingdom) 18.01.1978, S. 70 f., Rn. 207.

24 So im Zusammenhang mit Art. 14 EMRK: *EGMR*, Application nos. 1474/62; 1677/62; 1691/62; 1769/63; 1994/63; 2126/64 (Relating to certain aspects of the laws on the use of languages in education in Belgium v. Belgium) 23.07.1968, S. 32, Rn. 5, Rn. 10.

25 *EGMR*, Application nos. 2832/66; 2835/66; 2899/66 (De Wilde, Ooms and Versyp "Vagrancy" v. Belgium) 18.06.1971, S. 33, Rn. 93; die mitgliedstaatliche margin of appreciation wurde vor Handyside auch im Zusammenhang mit anderen EMRK-Rechten erwähnt, z. B. Art. 10 EMRK in: *EGMR*, Application nos.

Als maßgeblich für die Entwicklung der Margin-of-appreciation-Doktrin gilt allerdings das Urteil des Gerichtshofs in der Sache Handyside. Der Beschwerdeführer, ein britischer Verleger, wehrte sich unter anderem gegen die ihm auferlegte Geldstrafe und gegen die Beschlagnahme, Einziehung und Vernichtung der in seinem Besitz befindlichen Exemplare des ‚Little Red Schoolbook', welches er in englischer Sprache in Großbritannien veröffentlichen wollte. Bei dem genannten Werk handelt es sich um ein Nachschlagewerk für Jugendliche, das von dänischen Autoren stammt und bereits in einigen Teilen Europas, übersetzt in die jeweilige Landessprache, veröffentlicht worden war. Wegen seines teils auch sexuellen Inhalts wurde es von den britischen Gerichten als Verstoß gegen den ‚Obscene Publications Act' gewertet und die vom Beschwerdeführer gerügten Maßnahmen wurden eingeleitet. Der Europäische Gerichtshof für Menschenrechte befasste sich daraufhin mit der Frage, ob das Verhalten der britischen Behörden gegen die Rechte des Beschwerdeführers aus Art. 10 EMRK verstieß oder ob die von britischer Seite getroffenen Maßnahmen in einer demokratischen Gesellschaft notwendig waren, um den Schutz der Moral im Sinne von Art. 10 Abs. 2 EMRK zu wahren. Nach einem kurzen Verweis auf die Subsidiarität des von der Konvention errichteten Schutzes gegenüber den nationalen Schutzmechanismen[26] führte der Gerichtshof zum Moralbegriff aus:

> […] it is not possible to find in the domestic law of the various Contracting States a uniform European conception of morals. The view taken by their respective laws of the requirements of morals varies from time to time and from place to place, especially in our era which is characterised by a rapid and far-reaching evolution of opinions on the subject. By reason of their direct and continuous contact with the vital forces of their countries, State authorities are in principle in a better position than the international judge to give an opinion on the exact content of these requirements as well as on the "necessity" of a "restriction" or "penalty" intended to meet them. […] Consequently, Article 10 para. 2 leaves to the Contracting States a margin of appreciation. This margin is given both to the domestic legislator ("prescribed by law") and to the bodies, judicial amongst others, that are called upon to interpret and apply the laws in force.[27]

5100/71; 5101/71; 5102/71; 5354/72; 5370/72 (Engel and Others v. The Netherlands) 08.06.1976, Rn. 100.

26 *EGMR*, Application no. 5493/72 (Handyside v. The United Kingdom) 07.12.1976, S. 17, Rn. 48.

27 *EGMR*, Application no. 5493/72 (Handyside v. The United Kingdom), S. 17, Rn. 48.

Mit diesen eingehenden Ausführungen zum nationalen Beurteilungsspielraum schaffte der Gerichtshof die Grundlage für die darauffolgende, dauerhafte Etablierung der Margin-of-appreciation-Doktrin im ‚Rechtsprechungsalltag' des EGMR.

II. Die rechtliche Grundlage der Margin-of-appreciation-Doktrin

Eine ausdrückliche Kodifizierung der Margin-of-appreciation-Doktrin in Form einer allgemeinen Normierung, die die grundsätzliche Zulässigkeit der Einräumung mitgliedstaatlicher Beurteilungsspielräume durch den Gerichtshof erklärt, lässt sich in der aktuellen Fassung der Europäischen Menschenrechtskonvention nicht finden.[28] Es stellt sich daher die Frage nach der rechtlichen Grundlage der Margin-of-appreciation-Doktrin, welche ihre Anwendung durch den Gerichtshof legitimiert.

1. Ausfluss des völkerrechtlichen Auslegungsgrundsatzes ‚in dubio mitius'

Der völkerrechtliche Auslegungsgrundsatz ‚in dubio mitius' besagt, dass völkerrechtliche Normen im Zweifel möglichst restriktiv auszulegen sind, wenn der internationale Richter keine eindeutige Rechtslage vorfindet. Die Auslegung hat dann zugunsten der staatlichen Gestaltungsfreiheit und damit zugunsten der staatlichen Souveränität zu erfolgen. Der Text der EMRK ist knapp gehaten und enthält viele offene Begriffe, weswegen sich die Richter, welche aus verschiedenen, juristisch unterschiedlich geprägten Nationen stammen, oft mit Auslegungsproblemen und Zweifelsfragen konfrontiert sehen. Der den Staaten in diesem Zusammenhang zugesprochene Beurteilungsspielraum, der an die Stelle einer eigenen richterlichen Beurteilung tritt, könnte auf eben jene Auslegungsregel zurückzuführen

28 *Letsas, G.*, A Theory of Interpretation of the European Convention on Human Rights (2009), S. 80; *Matscher, F.*, Methods of Interpretation of the Convention, in: Macdonald, Ronald St. J./Matscher/Petzold (Hrsg.), The European System for the Protection of Human Rights (1993), 63, S. 77; *Kastanas, E./Matscher, F./ Malinverni, G.*, Unité et Diversité (1996), S. 96; *Rozakis, C. L.*, Through the Looking Glass: An "Insider"'s View of the Margin of Appreciation, in: Titiun (Hrsg.), La Conscience des Droits (2011), 527, S. 528.

sein. Ein solcher Auslegungsgrundsatz könnte zur Auslegung der EMRK und damit zur Begründung der Margin-of-appreciation-Doktrin jedoch nur dann herangezogen werden, wenn er auch auf sie anwendbar wäre.

Der Grundsatz der einschränkenden Auslegung in Zweifelsfällen wird mitunter aus der Lotus-Entscheidung des Ständigen Internationalen Gerichtshofs abgeleitet.[29] Bernhardt formulierte in seinen früheren Schriften, er halte ihn für einen der meistzitierten und zugleich zweifelhaftesten Auslegungsgrundsätze[30], und vertrat schon damals eine nur subsidiäre Anwendung neben den anderen klassischen Auslegungsregeln. Ebenso wies er schon frühzeitig darauf hin, dass sich die internationalen Beziehungen im Wandel befänden und dass die fortschreitende zwischenstaatliche Interdependenz mit ihrer Vielzahl von Vertragsbeziehungen das Souveränitätsdenken zurücktreten lassen sollte.[31]

Einige Jahrzehnte später kommt Bernhardt zu dem Schluss, dass sich der vorgenannte Grundsatz in der zweiten Hälfte des 20. Jahrhunderts weder für die Vertragsauslegung noch für die gewohnheitsrechtlichen Bindungen der Staaten nachweisen lasse; denn dazu seien die Erfordernisse der internationalen Kooperation zu groß.[32] Mit dieser Ansicht steht er nicht allein. Dem Auslegungsgrundsatz wurde in den Folgejahren nochmals verstärkt Kritik entgegengebracht, wobei ihm insbesondere der Effektivitätsgrundsatz gegenübergestellt wurde, nach dem Verträge so auszulegen sind, dass die Erreichung ihres Zwecks ermöglicht wird.[33] Bezogen auf die Europäische Menschenrechtskonvention lässt sich eine Auslegungsregel, die in Zweifelsfragen der staatlichen Souveränität den Vorrang einräumt, schwerlich mit dem Vertragszweck, nämlich einem effektiven menschenrechtlichen Schutz des Individuums vor staatlichen Übergriffen, vereinbaren.[34] Dass der EGMR dieses Ziel ernst nimmt und eben nicht von einer möglichst restriktiven, souveränitätsfreundlichen Interpretati-

29 *IGH*, Series A – No. 10 (Lotus) 07.09.1927, S. 18: „[…] Restrictions upon the independence of States cannot therefore be presumed."

30 *Bernhardt, R.*, Die Auslegung völkerrechtlicher Verträge (1971), S. 143 mit weiteren Verweisen in Fn. 676 und 677.

31 *Bernhardt, R.* (Fn. 30), S. 155 f.

32 *Bernhardt, R.*, Anmerkungen zur Rechtsfortbildung und Rechtsschöpfung durch internationale Gerichte, in: Zemanek/Ginther (Hrsg.), Völkerrecht zwischen normativem Anspruch und politischer Realität (1994), 11, S. 13 f.

33 *Kropholler, J.*, Internationales Einheitsrecht (1975), S. 286 mit weiteren Nachweisen in Fn. 97 und 98.

34 Ebenso *Bernhardt, R.* (Fn. 32), S. 20.

onsweise ausgeht, hat er im Laufe seiner Rechtsprechungstätigkeit mehrfach bekräftigt:

> The Convention is intended to guarantee not rights that are theoretical or illusory but rights that are practical and effective.[35]

Eine völkerrechtliche Auslegungsregel à la in dubio mitius, deren Allgemeingültigkeit bereits bestritten[36] wird, ist jedenfalls nicht geeignet, bei der Auslegung von Menschenrechtsverträgen herangezogen zu werden, und kann daher auch nicht als Grundlage für die Entwicklung und Etablierung der Margin-of-appreciation-Doktrin im Konventionssystem herhalten.

2. Rechtsgrundlage in der Konvention

Auch wenn die Konvention bis heute keine ausdrückliche Kodifizierung der Margin-of-appreciation-Doktrin in Form einer allgemein gefassten und allgemeingültigen Normierung enthält, gilt es zu untersuchen, ob – und wenn ja, inwiefern – sich in der Konvention eine anderweitige Rechtsgrundlage für das Konzept mitgliedstaatlicher Beurteilungsspielräume finden lässt.

Maßgeblich für die folgenden Betrachtungen ist dabei der Vertragstext in den authentischen Sprachfassungen, wobei gemäß Art. 33 Abs. 1 des Wiener Übereinkommens über das Recht der Verträge (WVK) bei mehreren authentischen Sprachfassungen jede Sprache in gleicher Weise maßgebend ist. Die Vorschriften der WVK, insbesondere Art. 31–33, finden zwar grundsätzlich auf die Auslegung völkerrechtlicher Verträge Anwendung, jedoch entfaltet das Wiener Übereinkommen keine Rückwirkung auf die vor seinem Inkrafttreten bereits bestehenden Verträge, sodass das Übereinkommen gemäß Art. 4 WVK nicht direkt auf die EMRK anwendbar ist.[37] Da aber die in Art. 31–33 WVK enthaltenen Auslegungsregeln Ausdruck allgemein anerkannter völkerrechtlicher Grundsätze sind[38], hat der EGMR

---

35 Beispielhaft *EGMR*, Application no. 6289/73 (Airey v. Ireland) 09.10.1979, Rn. 24.

36 *Verdross, A./Simma, B.*, Universelles Völkerrecht (1984), § 781 in Verbindung mit 780.

37 *Cremer, H.-J.*, Regeln der Konventionsinterpretation, in: Dörr/Grote/Marauhn (Hrsg.), EMRK/GG (2013), 162, S. 171; *Matscher, F.* (Fn. 28), S. 65.

38 *Matscher, F.* (Fn. 28), S. 65 mit weiteren Verweisen in Fn. 7.

– in Übereinstimmung mit der Kommission – ihre Leitfunktion für die Auslegung der Konvention bestätigt:

> […] its Articles 31 to 33 enunciate in essence generally accepted principles of international law […]. In this respect, for the interpretation of the European Convention account is to be taken of those Articles […].[39]

Gegenstand der folgenden Untersuchungen ist somit gemäß Art. 33 Abs. 1 WVK nur der Vertragstext in der englischen und der französischen Fassung.[40]

a) Art. 1 Abs. 2 des ersten Zusatzprotokolls

Das am 18.5.1954 in Kraft getretene Zusatzprotokoll enthält die Rechte, auf die man sich im Rahmen der Konventionsentwicklung nicht einigen konnte[41] – nämlich den Schutz des Eigentums, das Recht auf Bildung sowie das Recht auf freie Wahlen. Es wurde von allen Mitgliedstaaten, bis auf die Schweiz und Monaco, ratifiziert.[42] In Art. 5 des ZP wird hervorgehoben, dass die Hohen Vertragsparteien die enthaltenen Artikel des Protokolls als Zusatzartikel zur Konvention betrachten. Folglich kann auch auf diese Artikel bei der Suche nach einer Rechtsgrundlage in der Konvention zurückgegriffen werden, da sie mit den in der EMRK verbürgten Rechten vollständig gleichgestellt sind.[43]

In Art. 1 Abs. 2 des ZP zum Schutz des Eigentums wurde Folgendes normiert:

> The preceding provisions shall not, however, in any way impair the right of a State to enforce such laws **as it deems necessary** to control the use of property in accordance with the general interest or to secure the payment of taxes or other contributions or penalties.[44]

---

39 *EGMR*, Application no. 4451/70 (Golder v. The United Kingdom) 21.02.1975, Rn. 29.

40 Siehe Schlussklausel der EMRK.

41 *Partsch, K. J.*, Die Entstehung der europäischen Menschenrechtskonvention, Zeitschrift für ausländisches öffentliches Recht und Völkerrecht 1953, 631, S. 656 ff.

42 *Council of Europe*, Protocol to the Convention for the Protection of Human Rights and Fundamental Freedoms – Chart of Signatures and Ratifications.

43 *Arndt, F.*, Nach Art. 59 Verhältnis der Zusatzprotokolle zur Konvention, in: Karpenstein/Mayer (Hrsg.), EMRK (2015), Rn. 1.

44 Hervorhebung erfolgte durch die Autorin.

Einige Autoren sehen hierin einen Anhaltspunkt, einen Hinweis im Konventionsrecht auf die Margin-of-appreciation-Doktrin.[45] Der Wortlaut der Regelung – „as it deems necessary“ beziehungsweise (bzw.) „qu'ils jugent nécessaires“ – deckt sich in der Tat mit dem Konzept des mitgliedstaatlichen Beurteilungsspielraums. Dennoch gilt es zu berücksichtigen, dass die Kommission und der Gerichtshof die Margin-of-appreciation-Doktrin nicht im Zusammenhang mit Art. 1 Abs. 2 des ersten Zusatzprotokolls entwickelt haben, sondern im Rahmen der Rechtsprechung zu Art. 15 EMRK und anderen Konventionsrechten. Auch vermag der Wortlaut von Art. 1 Abs. 2 des ZP die Anwendung der margin of appreciation auf eine Vielzahl anderer Konventionsrechte nicht zu begründen; ebenso wenig wurde er je zu dessen Begründung herangezogen.[46]

Der Wortlaut des Art. 1 Abs. 2 kann allenfalls als Rechtsgrundlage für eine mitgliedstaatliche margin of appreciation im eigenen Anwendungsbereich herhalten. Der Gerichtshof führte diesbezüglich aus:

> The second paragraph reserves to States the right to enact such laws as they deem necessary to control the use of property in accordance with the general interest. […] the legislature must have a wide margin of appreciation both with regard to the existence of a problem of public concern warranting measures of control and as to the choice of the detailed rules for the implementation of such measures. The Court will respect the legislature's judgment as to what is in the general interest unless that judgment be manifestly without reasonable foundation […].[47]

Dieser Ausführung schließt sich ein Verweis auf das James-and-Others-Urteil vom 21.2.1986 an. In der angeführten Passage des drei Jahre zuvor ergangenen Urteils bestätigte der EGMR einen weiten Beurteilungsspielraum der Mitgliedstaaten für die Bestimmung des „öffentlichen Interesses“ nach Art. 1 Abs. 1 des ersten ZP und verwies diesbezüglich mutatis mutandis auf das Handyside-Urteil.[48] Dies macht deutlich, dass der Gerichtshof selbst zur Herleitung der margin of appreciation im Anwen-

45 *Oraá, J.*, Human Rights in States of Emergency in International Law (1992), S. 45; *Fawcett, James Edmund Sandford*, The Application of the European Convention on Human Rights (1987), S. 310; *Kitz, H.-E.*, Die Notstandsklausel des Art. 15 der Europäischen Menschenrechtskonvention (1982), S. 21.

46 Ebenso *Rupp-Swienty, A.* (Fn. 3), S. 27, Fn. 1.

47 *EGMR*, Application nos. 10522/83; 11011/84; 11070/84 (Mellacher and Others v. Austria) 19.12.1989, Rn. 45; Hervorhebung erfolgte durch die Autorin.

48 *EGMR*, Application no. 8793/79 (James and Others v. The United Kingdom) 21.02.1986, Rn. 46.

dungsbereich von Art. 1 des ersten ZP nicht auf den Wortlaut des Absatzes 2 abstellt, sondern vielmehr auf den leading case zur Margin-of-appreciation-Doktrin verweist bzw. weiterverweist. Der Wortlaut des Art. 1 Abs. 2 des ersten Zusatzprotokolls zur EMRK ist dementsprechend kein tauglicher Anhaltspunkt für eine konventionsrechtliche Grundlage der Margin-of-appreciation-Doktrin und wurde – zu Recht – weder von der Kommission noch vom Gerichtshof jemals als solcher in Betracht gezogen.

b) Erfordernis einer ausdrücklichen Rechtsgrundlage

Weder der Vertragstext noch seine Protokolle enthalten bis dato einen ausdrücklichen Hinweis auf die Margin-of-appreciation-Doktrin und es stellt sich die Frage, inwiefern dies überhaupt notwendig ist. Durch den Einsatz mitgliedstaatlicher Beurteilungsspielräume und die damit einhergehende geringere Kontrolldichte üben sich die Richter des EGMR in richterlicher Zurückhaltung. Dieses Vorgehen ist auch deutschen Gerichten und ihren Richtern nicht fremd, so erklärte beispielsweise das Bundesverfassungsgericht (BVerfG):

> Der Grundsatz des judicial self-restraint, den sich das Bundesverfassungsgericht auferlegt, bedeutet nicht eine Verkürzung oder Abschwächung seiner eben dargelegten Kompetenz, sondern den Verzicht ‚Politik zu treiben', d.h. in den von der Verfassung geschaffenen und begrenzten Raum freier politischer Gestaltung einzugreifen. Er zielt also darauf ab, den von der Verfassung für die anderen Verfassungsorgane garantierten Raum freier politischer Gestaltung offenzuhalten.[49]

In der deutschen Rechtsordnung gibt es keine ausdrückliche Grundlage für den „Grundsatz des judicial self-restraint", den sich das BVerfG auferlegt hat. Vielmehr versucht man die Grenzen verfassungsgerichtlicher Kontrolle aus dem funktionellen Gefüge der Verfassung selbst abzuleiten,[50] wobei eine dem amerikanischen Recht nachempfundene ‚Political-question-Dok-

49 *BVerfG*, 2 BvF 1/73 (E 36, 1) 31.07.1973, Rn. 75.

50 Der in diesem Zusammenhang verwendete Begriff des „judicial self-restraint" und der Umstand, dass sich das BVerfG diesen selbst auferlegte, kann durchaus kritisch betrachtet werden. Schuppert weist darauf hin, dass der Begriff den Blick für die eigentliche Problematik, die Gewinnung funktionell-rechtlicher Grenzen der Rechtsprechung, verstelle. Für die Bestimmung dieses Grenzverlaufs sei nicht das Belieben des jeweiligen Richters maßgeblich, sondern die in der Verfassung ange-

trin', die bestimmte politische Entscheidungen einer richterlichen Überprüfung gänzlich vorenthält, im deutschen Rechtsraum an Art. 19 Abs. 4 Grundgesetz scheitert.[51]

Diese Betrachtungen zum nationalen Recht können zwar nicht ohne Weiteres auf die Margin of appreciation-Doktrin und das Konventionssystem übertragen werden; sie stellen aber einen Anhaltspunkt dar, um die Untersuchung neu auszurichten. Statt nach der Herleitung aus völkerrechtlichen Auslegungsgrundsätzen oder nach einer ausdrücklichen Rechtsgrundlage in der Konvention zu fragen, gilt es stattdessen zu untersuchen, inwiefern sich Grenzen richterlicher Kontrolle und damit die Berechtigung zur Einräumung von mitgliedstaatlichen, kontrollreduzierten Beurteilungsspielräumen aus dem Konventionssystem selbst ableiten lassen.[52] Dass zumindest gänzlich kontrollfreie Beurteilungsspielräume mit dem Konventionssystem nicht vereinbar seien, hat der Gerichtshof bereits bestätigt:

> The Government are in effect saying that the Court is precluded from reviewing Ireland's observance of its obligation not to exceed what is necessary in a democratic society when the contested interference with an Article 8 right is in the interests of the "protection of morals". The Court cannot accept such an interpretation. To do so would run counter to the terms of Article 19 of the Convention, under which the Court was set up in order "to ensure the observance of the engagements undertaken by the High Contracting Parties...".[53]

3. Vereinbarkeit der Margin-of-appreciation-Doktrin mit dem Konventionssystem

Im Folgenden soll untersucht werden, inwiefern sich Grenzen richterlicher Tätigkeit aus dem Konventionssystem selbst ableiten lassen und ob sich die Margin-of-appreciation-Doktrin als Folge dessen legitimieren lässt. Mögliche Grenzen richterlicher Tätigkeit auf Konventionsebene ergeben sich aus einem Zusammenspiel der offenen Formulierungen im Konventi-

---

legte funktionale Zuordnung, siehe *Schuppert, G. F.*, Self-Restraints der Rechtsprechung, Deutsches Verwaltungsblatt 1988, 1191, S. 1191.

51 *Röhl, K. F./Röhl, H. C.*, Allgemeine Rechtslehre (2008), S. 573 f.

52 *Shany, Y.*, Toward a general Margin of Appreciation Doctrine in International Law?, European Journal of International Law 2005, 907, S. 911 weist darauf hin: „The authority of international courts and tribunals to grant states a margin of appreciation is rarely grounded in explicit treaty norm."

53 *EGMR*, Application no. 10581/83 (Norris v. Ireland) 26.10.1988, Rn. 45.

onstext und der besonderen Stellung des EGMR als europäisches Gericht. Von besonderer Bedeutung sind dabei insbesondere das funktionelle Gefüge des Konventionssystems, die Achtung vor der direkteren demokratischen Legitimation nationaler Entscheidungen sowie die kulturelle Vielfalt unter den Mitgliedstaaten.

a) Der offene Wortlaut und seine Entstehung

Den Ausgangspunkt jeder Auslegung bildet der Wortlaut, wobei gemäß Art. 31 Abs. 1 WVK auf die gewöhnliche Bedeutung der Bestimmungen abzustellen ist. Da die im Konventionstext enthaltenen Formulierungen und Begrifflichkeiten häufig offen und allgemein gehalten sind, ist es oftmals beschwerlich oder gar unmöglich, deren gewöhnliche Bedeutung zu ermitteln. Bevor darauf eingegangen wird, inwiefern dieser Umstand mit der Margin-of-appreciation-Doktrin in Verbindung steht, soll jedoch die Entstehungsgeschichte dahingehend untersucht werden, wie der Vertragstext entwickelt wurde und ob das Konzept mitgliedstaatlicher Beurteilungsspielräume schon damals, vor der Rechtsprechung von Kommission und Gerichtshof, eine Rolle spielte.

Die zur Ermittlung des Entstehungsprozesses notwendigen vorbereitenden Maßnahmen, die ‚travaux préparatoires', wurden vom Gerichtshof – aufgrund ihrer nach Art. 32 WVK geringeren Bedeutung für die Auslegung der Konvention – nur in vergleichsweise wenigen Fällen zur Hilfe genommen.[54] Verwiesen wird an dieser Stelle auf die Begriffsbestimmung von Rudolf Bernhardt, wonach zu den Vorarbeiten alle amtlichen Erklärungen und Verhandlungen gehören, die dem endgültigen Vertragsabschluss vorausgingen und den späteren Abschluss und Inhalt des konkreten Vertrags erkennbar zum Gegenstand haben. Eingeschlossen in die Ausgangsdefinition sind nicht nur gemeinsame oder zumindest unwidersprochen gebliebene Erklärungen der späteren Partner während der Vertragsverhandlungen, sondern auch alle sonstigen amtlichen Erklärungen zum Vertragsprojekt.[55]

---

54 *Matscher, F.* (Fn. 28), S. 66 mit entsprechenden Verweisen.
55 *Bernhardt, R.* (Fn. 30), S. 110 f.

In Bezug auf die Margin-of-appreciation-Doktrin wird in der Literatur darauf hingewiesen, dass die travaux préparatoires eine margin of appreciation der Mitgliedstaaten nicht erwähnen würden[56], dass sich keine

> […] **express reference** to the notion[57]

finden lasse, oder sogar, dass

> The margin of appreciation is a notion that one does not find […] **referred to anywhere** in the drafting history.[58]

(1) Der Teitgen-Bericht – Doc. 77

Im Mai 1948 trafen sich Vertreter der europäischen Einigungsbewegung zum Europakongress in Den Haag. Sie forderten einen europäischen Zusammenschluss sowie den Abschluss einer europäischen Menschenrechtskonvention. Zu diesem Zwecke wurde einer Kommission der Auftrag erteilt, eine ‚Charter of Human Rights' zu entwerfen. Im Februar 1949 legte die Kommission dem Internationalen Rat der Europäischen Bewegung auf der Konferenz in Brüssel einen Bericht vor, auf dessen Grundlage ein Beschluss gefasst wurde, welcher das angestrebte Ziel konkretisierte und dabei im Wesentlichen auf die Allgemeine Menschenrechtserklärung verwies.[59] Dieser Ansatz wurde daraufhin von einer ständigen Rechtsabteilung, unter dem Vorsitz des ehemaligen französischen Justizministers P. H. Teitgen, fortgeführt und vertieft. Das entwickelte ‚Projet de Convention des Droits de l'Homme' wurde am 12.7.1949 dem vorbereitenden Ministerausschuss des Europarats vorgelegt. Der Entwurf orientiert sich weitgehend an den Empfehlungen aus Brüssel und enthält eine Aufzählung der einzelnen Rechte, ohne diese zu definieren; vielmehr sollten die Rechte und Beschränkungen in einem Zusatzabkommen definiert werden, das erst später unter den Signatarstaaten der Konvention abgeschlossen werden sollte.[60] Nach einigem Ringen um die Genehmigung der Tagesordnung

56 *Rupp-Swienty, A.* (Fn. 3), S. 27.

57 *Yourow, H. C.* (Fn. 21), S. 14; Hervorhebung erfolgte durch die Autorin.

58 *Mahoney, P.*, Marvellous Richness of Diversity or Invidious Cultural Relativism?, Human Rights Law Journal 1998, 1, S. 2, Hervorhebung erfolgte durch die Autorin.

59 *Partsch, K. J.* (Fn. 41), S. 633.

60 Art. 4 Projet de Convention des Droits de l'Homme, Entwurf des Rechtskomitees der Europäischen Bewegung.

durch den Ministerausschuss wurde schlussendlich am 19.8.1949 in der Beratenden Versammlung über die Menschenrechte debattiert. Diesbezüglich wurde die Versammlung gebeten, besonderen Wert auf die Definition der Menschenrechte zu legen. Das ‚Projet de Convention' fand Anklang und wurde daraufhin dem eigenen Rechts- und Verwaltungsausschuss zum Studium zugewiesen.[61] Der Ausschuss, unter dem Vorsitz von Sir David Maxwell Fyfe, war dagegen, die Definitionsarbeit in ein Zusatzabkommen auszulagern. Das Problem der nur schwer zu erzielenden Einigung auf detaillierte Definitionen sollte durch Übertragung der Verantwortung an die Mitgliedstaaten gelöst werden – und zwar nach dem Prinzip der Subsidiarität.[62] Art. 4 des Konventionsentwurfs (Doc. 77), welcher der Beratenden Versammlung am 7. September vom Rechts- und Verwaltungsausschuss vorgelegt wurde, lautet dementsprechend:

> Subject to the provisions laid down in Articles 5, 6 and 7, every Member State, signatory to the Convention, shall be entitled to establish the rules by which the guaranteed rights and freedoms shall be organised and protected within its territory.[63]

Der Rapporteur des Rechts- und Verwaltungsausschusses, Herr Teitgen, welcher den Ausschussbericht in der Sitzung der Beratenden Versammlung präsentierte, führte diesbezüglich aus:

> From that arose the solution which has been adopted by our Committee. It confirms the traditional principle, which is also a fundamental international public right, according to which each country has the right to organise, within its own territory, the methods of execution and the day-to-day conditions for the operation of the guaranteed rights and freedoms. Thus an international Convention shall establish and give a general definition of a list of guaranteed freedoms. Each country shall, through its own legislation, determine the conditions in which these guaranteed liberties shall be exercised within its territory, and, in defining the practical conditions for the operation of these guaranteed liberties, each country shall have **a very wide freedom of action**.[64]

---

61 *Weiß, C.*, Die europäische Konvention zum Schutze der Menschenrechte und Grundfreiheiten (1954), S. 4 f.

62 *Simpson, Alfred William Brian*, Human Rights and the End of Empire (2001), S. 676.

63 *Council of Europe / Committee of Ministers*, Collected Edition of the 'travaux préparatoires' of the European Convention on Human Rights (1975), Band 1, S. 230.

64 *Council of Europe / Committee of Ministers* (Fn. 63), S. 276; Hervorhebung durch die Autorin.

In der originären Sprachfassung der Rede, dem Französischen, lautete die Formulierung:

> [...] chaque pays disposera d'une très large **liberté d'appréciation**.[65]

Zu Recht weist Simpson darauf hin, dass die Übersetzung des Französischen („liberté d'appréciation") in das Englische („liberty of action") nicht gelungen sei, denn der Ausdruck meine doch eher die Freiheit der Beurteilung bzw. Evaluation als die Freiheit des Handelns oder der Aktion.[66]

(2) Die Entscheidung für das Definitionssystem

Die Bestimmungen des Rechts- und Verwaltungsausschusses wurden von der Beratenden Versammlung im Wesentlichen übernommen und an das Ministerkomitee weitergeleitet, welches den Entwurf Anfang November 1949 an ein speziell errichtetes Sachverständigengremium weiterverwies. Innerhalb dieses Gremiums war man sich unter anderem uneinig über die Ausgestaltung der Rechte. Während ein Lager den Umfang und die Grenzen der Rechte festschreiben wollte, war das andere Lager gegen eine Definitionsarbeit und wollte es bei einer bloßen Aufzählung der Rechte belassen. Die Entscheidung zwischen Definitions- oder Enumerationssystem wurde daraufhin dem Ministerkomitee als politische Frage überantwortet. Dieses überwies den Sachverständigenbericht jedoch weiter an den Ausschuss höherer Regierungsbeamter, welcher dann vom 8.–17.6.1950 tagte. Im Ausschuss höherer Regierungsbeamter entschied man sich schließlich für ein Definitionssystem, wobei die Formulierungen der Rechte und ihrer Grenzen teils detaillierter und teils – entsprechend den Formulierungen im UN International Covenant on Civil and Political Rights – allgemeiner ausfielen. Diese Version der Konvention wurde, bis auf kleine Änderungen, vom Ministerkomitee am 3.11.1950 angenommen.[67]

---

65 *Council of Europe / Committee of Ministers* (Fn. 63), S. 277; Hervorhebung durch die Autorin.

66 *Simpson, Alfred William Brian* (Fn. 62), S. 676, Fn. 112.

67 *Partsch, K. J.* (Fn. 41), S. 645 ff.

(3) Vage und allgemeine Begriffe

Auch wenn man sich im Rahmen der Vorarbeiten letztendlich für das Definitionssystem entschieden hat, sind zur Ausgestaltung der Rechte und ihrer Grenzen Formulierungen und Begriffe gewählt worden, die offen und vage sind. Beispiele dafür sind unter anderem: „necessary in a democratic society“, „the protection of morals“ oder „public emergency threatening the life of the nation“.[68]

Die Kommission hat schon frühzeitig eine Verbindung zwischen der Margin-of-appreciation-Doktrin und dem zum Teil offenen Wortlaut der Konvention hergestellt:

> Sometimes the Convention uses expressions or ideas which, in themselves, have no exact and generally accepted meaning and which cannot be given such a meaning by process of interpretation. Such provisions leave States a certain margin of appreciation with regard to the fulfilment of their obligations. If a measure taken by a State is within this margin, it is generally in accordance with the Convention; if it exceeds it, there is a violation.[69]

Allein das Vorkommen allgemeiner und offener Begrifflichkeiten und Formulierungen im Konventionstext kann jedoch nicht ausreichen, um den Einsatz mitgliedstaatlicher Beurteilungsspielräume zu begründen, da ansonsten die Rolle des Gerichtshofs nach Art. 19 EMRK[70] untergraben würde. Dass auch der Gerichtshof die Anwendbarkeit der Margin-of-appreciation-Doktrin nicht allein aus dem offenen Wortlaut herleitet, lässt sich zudem anhand seiner autonomen Auslegungsentscheidungen im Zusammenhang mit einigen offenen Formulierungen im Konventionstext belegen.[71] Dementsprechend müssen noch andere Faktoren hinzutreten, um die An-

---

68 Die Verwendung solch allgemeiner Begrifflichkeiten ist aus vielen Gründen unvermeidbar, da selbst die detaillierteste Definition nicht alle möglichen Fallgestaltungen erfassen kann und Regelungen dadurch für potenzielle Veränderungen offen bleiben, siehe *Wiarda, G. J.*, Rechterlijke Voortvarendheid en Rechterlijke Terughouding bij de Toepassing van de Europese Conventie tot Bescherming van de Rechten Van de Mens (1986), S. 6.

69 *EKMR*, Application nos. 1474/62; 1677/62, 1691/62; 1769/63; 1994/63, 2126/64 (Relating to certain aspects of the laws on the use of languages in education in Belgium v. Belgium), Rn. 400.

70 „To ensure the observance of the engagements undertaken by the High Contracting Parties in the Convention and the Protocols thereto […].“

71 So z. B. bei der autonomen Auslegung der Begriffe „civil rights and obligations“ in Art. 6 EMRK, siehe: *EGMR*, Application no. 6232/73 (König v. Germany) 28.06.1978, Rn. 88 f.

wendbarkeit der Margin-of-appreciation-Doktrin durch den Gerichtshof zu begründen.

(4) Schlussfolgerung

Auch wenn die travaux préparatoires nur eine untergeordnete bzw. ergänzende Rolle spielen, lässt sich ihnen entnehmen, dass in gewissen Phasen des Entstehungsprozesses ein subsidiäres Verständnis des Konventionssystems und ein damit einhergehender sehr weiter Beurteilungsspielraum bzw. eine Beurteilungsfreiheit der Mitgliedstaaten favorisiert wurde. Zwar war die Margin-of-appreciation-Doktrin in ihrer heutigen Form nicht Gegenstand der Vorarbeiten, doch wurde zumindest das Konzept mitgliedstaatlicher Beurteilungsspielräume im Rahmen des Entstehungsprozesses thematisiert.

Einfallstor für die Anwendbarkeit der Margin-of-appreciation-Doktrin im Konventionstext sind vage Begriffe oder offene Formulierungen ohne bestimmte oder aus Sicht des Gerichtshofs bestimmbare Bedeutung, die trotz der damaligen Entscheidung für das Definitionssystem gehäuft im Konventionstext zu finden sind. Nur das Vorliegen solcher Begriffe oder Formulierungen reicht jedoch nicht aus, um die Anwendbarkeit der Doktrin zu begründen. Es müssen vielmehr noch andere Faktoren hinzutreten und berücksichtigt werden, wenn es darum geht, die Margin-of-appreciation-Doktrin zu legitimieren.

b) Das funktionelle Gefüge: die Aufgabenverteilung im Konventionssystem

Aspekte der Kompetenz- bzw. Aufgabenverteilung[72] beeinflussen die Art und Weise, in der Gerichte oder andere Kontrollorgane ihre Kontrollfunktion wahrnehmen und ausüben. Immer dann, wenn in einem ‚Gefüge' detaillierte Regeln zur Aufgabenverteilung fehlen, besteht potenziell Raum

72 Auch auf nationaler Ebene beeinflussen Aspekte der Gewaltenteilung den Umfang der gerichtlichen Kontrolle. Gemeint ist an dieser Stelle jedoch nicht die „Gewaltenteilung" als rein nationales Konzept; sondern vielmehr ganz allgemein die Kompetenz- bzw. Aufgabenverteilung in „Systemen" mit mehreren Institutionen und Überwachungsinstanzen.

für die Ausübung einer Kontrolle, die Grenzen übertritt und in den originären Bereich anderer Akteure eindringt. Die Notwendigkeit für ein Kontrollorgan, seine eigene Rolle in Beziehung zu den Kompetenzbereichen des/der ‚kontrollierten' Organs/Organe zu definieren, ist in solchen Fällen umso mehr gegeben.[73]

> In other words, the more the legal reference-text leaves room for interpretation, the fewer the pointers flowing from the text itself, the greater the freedom of the reviewing body and the greater the need for that body itself to define its proper role and to assess carefully the extent of respect that is due to the role and prerogatives of the institution whose action is under review. To the extent that the law does not regulate such action in detail, assessments of expediency and policy choices may legitimately come into play which it would be improper for the reviewing body to disregard, for it would thereby all too easily substitute itself for the institution carrying the principal responsibility for making such assessments and choices.[74]

Die Einmischung eines Kontrollorgans in den Aufgabenbereich des/der kontrollierten Organs/Organe ist zu verhindern, um die Funktionsfähigkeit und Effizienz des ganzen Systems zu erhalten. Die originär verantwortliche Gewalt ist mit den Aufgaben ihres Kompetenzbereichs besser vertraut und hat meist den besseren Überblick, um Situationen richtig bewerten und Entscheidungen sachgemäß treffen zu können. Zudem kann die Einmischung eines Kontrollorgans in den Aufgabenbereich des/der kontrollierten Organs/Organe zu Respektverlust und mangelnder Akzeptanz gegenüber den Entscheidungen des Kontrollorgans führen.

(1) Das Subsidiaritätsprinzip

> The Court points out that the machinery of protection established by the Convention is subsidiary to the national systems safeguarding human rights.[75]

Das System der Europäischen Menschenrechtskonvention ist geprägt vom Grundsatz der Subsidiarität. Es dient als Ergänzung der nationalen Systeme, die ebenfalls den Schutz von Menschenrechten gewährleisten. Bereits

---

73 *Schokkenbroek, J.*, The Basis, Nature and Application of the Margin-of-Appreciation Doctrine in the Case-Law of the European Court of Human Rights, Human Rights Law Journal 1998, 30, S. 30.

74 *Schokkenbroek, J.* (Fn. 73), S. 30 f.

75 Stellvertretend für viele *EGMR*, Application no. 5493/72 (Handyside v. The United Kingdom), Rn. 48

in den Anfangsjahren seiner Rechtsprechungstätigkeit führte der Gerichtshof diesbezüglich im Fall Belgian Linguistics aus, dass er im Rahmen seiner gerichtlichen Prüfung die rechtlichen und tatsächlichen Umstände, die das Leben der Gesellschaft in dem Mitgliedstaat ausmachen, der über die streitbefangene Sache zu entscheiden hat, nicht außer Acht lassen könne. Dabei könne der Gerichtshof aber nicht die Rolle der zuständigen nationalen Behörden übernehmen, da er ansonsten den subsidiären Charakter des Konventionssystems aus dem Blick verlieren würde. Die mitgliedstaatlichen Behörden seien frei in ihrer Entscheidung, welche Maßnahmen sie bei Angelegenheiten, die die Konvention betreffen, für angemessen erachten. Die gerichtliche Überprüfung des Gerichtshofs umfasse dann nur die Vereinbarkeit dieser getroffenen Maßnahmen mit den Konventionsanforderungen.[76]

Der Subsidiaritätsgrundsatz findet (noch) keine ausdrückliche Erwähnung im Konventionstext. Als Anhaltspunkte für seine rechtliche Legitimation werden verschiedene Konventionsvorschriften herangezogen. Der EGMR äußert sich diesbezüglich wie folgt:

> By virtue of Article 1 (which provides: "The High Contracting Parties shall secure to everyone within their jurisdiction the rights and freedoms defined in Section I of this Convention"), the primary responsibility for implementing and enforcing the guaranteed rights and freedoms is laid on the national authorities. The machinery of complaint to the Court is thus subsidiary to national systems safeguarding human rights. This subsidiary character is articulated in Articles 13 and 35 § 1 of the Convention.[77]

Neben Art. 1, Art. 13 und Art. 35 Abs. 1 EMRK lassen sich auch weitere Hinweise im Konventionstext finden, die auf den subsidiären Charakter des Konventionssystems schließen lassen.[78]

Aus dem Subsidiaritätsgrundsatz lässt sich folgende Arbeitsteilung zwischen Gerichtshof und Mitgliedstaaten herleiten: Auf nationaler Ebene liegt es originär in der Verantwortlichkeit der Mitgliedstaaten, die Konventionsrechte materiell zu gewährleisten und im Rahmen des Prozessrechts effektive Rechtsbehelfe zur Durchsetzung dieser Rechte bereitzu-

---

76 *EGMR*, Application nos. 1474/62; 1677/62; 1691/62; 1769/63; 1994/63; 2126/64 (Relating to certain aspects of the laws on the use of languages in education in Belgium v. Belgium), Rn. 10.

77 *EGMR*, Application no. 30210/96 (Kudla v. Poland) 26.10.2000, Rn. 152.

78 Art. 53 EMRK oder auch Art. 57 EMRK a. F., siehe *Petzold, H.* (Fn. 21), S. 43 f.; *Tümay, M.*, The "Margin of Appreciation Doctrine" developed by the Case Law of the European Court of Human Rights, Ankara Law Review 2008, 201; S. 205.

stellen.[79] Auf Konventionsebene beinhaltet das Subsidiaritätsprinzip ebenfalls zum einen eine prozessuale Ausprägung, besagend, dass der nationale Rechtsweg ausgeschöpft worden sein muss, bevor eine Anrufung des Gerichtshofs zulässig ist, und zum anderen einen materiellen Aspekt, welcher sich in der sogenannten „Fourth instance rule“[80] und der Margin-of-appreciation-Doktrin offenbart.[81]

Man kann die Margin-of-appreciation-Doktrin als konventionsrechtliches Gegenstück zur materiellen Ausprägung des Subsidiaritätsgrundsatzes auf mitgliedstaatlicher Ebene begreifen. Wenn es originär in der Verantwortung der Mitgliedstaaten liegt, die Konventionsrechte materiell auf nationaler Ebene zu gewährleisten, wobei ihnen meist verschiedene Möglichkeiten zur Verfügung stehen, liegt es dabei auch originär in ihrer Verantwortung, die rechtliche und tatsächliche Lage, die das Leben der Gesellschaft im Mitgliedstaat ausmacht, zu berücksichtigen, sofern dies angemessen ist. Durch die Margin-of-appreciation-Doktrin können diese originären Beurteilungen der nationalen Stellen – bis zu einem bestimmten Grad – durch den Gerichtshof beachtet werden, wenn er die von den Mitgliedstaaten konkret getroffenen Maßnahmen am Maßstab der Konvention überprüft. Die Margin-of-appreciation-Doktrin ist folglich eine Ausprägung des Subsidiaritätsgrundsatzes, des grundlegenden Strukturmerkmals des Konventionssystems.

(2) Das „Better-position“-Argument

Die Margin of appreciation-Doktrin als Ausprägung der Aufgabenverteilung im Konventionssystem lässt sich nicht nur mit dem Subsidiaritätsgrundsatz – also aus Prinzip –, sondern auch mit praktischen Erwägungen erklären. Der Gerichtshof betont im Zusammenhang mit der Margin-of-appreciation-Doktrin in ständiger Rechtsprechung, dass sich die zuständi-

79 *European Court of Human Rights*, Subsidiarity: A two-sided Coin? Seminar Background Paper 2015, S. 7 f.

80 Siehe beispielhaft *EGMR*, Application no. 73049/01 (Anheuser-Busch Inc. v. Portugal) 11.01.2007, Rn. 83: „However, the Court reiterates that its jurisdiction to verify that domestic law has been correctly interpreted and applied is limited and that it is not its function to take the place of the national courts, its role being rather to ensure that the decisions of those courts are not flawed by arbitrariness or otherwise manifestly unreasonable.“

81 *European Court of Human Rights* (Fn. 79), S. 4 f.

gen mitgliedstaatlichen Stellen in einer „better position“ befänden, um bestimmte Aspekte des zu entscheidenden Falls beurteilen zu können. Diese „better position“ der Mitgliedstaaten sieht der Gerichtshof zum einen bei der Bewertung von Sachverhalten bzw. bei der Beurteilung des Beweismaterials gegeben, und zum anderen bei der Beurteilung der Notwendigkeit von Eingriffen im Zusammenhang mit komplexen Sachbereichen.[82]

(i.) Bewertung des Sachverhalts

In einigen Fällen beruft sich der Gerichtshof zur Begründung der Margin-of-appreciation-Doktrin auf die „better position“ der zuständigen mitgliedstaatlichen Stellen zur Bewertung des Sachverhalts bzw. zur Beurteilung des vorliegenden Beweismaterials – so beispielsweise bei Familienrechtsstreitigkeiten betreffend die Eltern-Kind-Beziehung:

> The competent national authorities, which were in principle better placed than the international judge in evaluating **the evidence** before them [...].[83]

Diese „better position“ der mitgliedstaatlichen Stellen lässt sich damit begründen, dass der Gerichtshof die ihm vorgelegten Fälle aus der Retrospektive, nämlich nach Erschöpfung des innerstaatlichen Rechtswegs, betrachtet.[84] Bis der Sachverhalt den Richtern vorgetragen wird, sind meist Jahre vergangen und dem Gerichtshof sind, was die Aufarbeitung des Sachverhalts und der ihn begleitenden Umstände angeht, sowohl in zeitlicher als auch in praktischer Hinsicht oftmals Grenzen gesetzt. Zwar folgt das Verfahren vor dem Gerichtshof gemäß Art. 38 EMRK dem Untersuchungsgrundsatz; das heißt, der Gerichtshof ermittelt von Amts wegen und den betroffenen Mitgliedstaat treffen Kooperationspflichten bei der Sachverhaltsermittlung. Dies darf jedoch nicht darüber hinwegtäuschen, dass der Gerichtshof in der überwiegenden Zahl der Fälle seine Informationen über den Sachverhalt allein dem Vortrag der Parteien bzw. der Ak-

---

82 Ebenso *Bernhardt, R.*, Internationaler Menschenrechtsschutz und nationaler Gestaltungsspielraum, in: Bernhardt (Hrsg.), Festschrift für Hermann Mosler, Völkerrecht als Rechtsordnung, internationale Gerichtsbarkeit, Menschenrechte (1983), 75, S. 81 f. m. w. N.; *Rupp-Swienty, A.* (Fn. 3), S. 181 f. und 220 f.

83 *EGMR*, Application no. 19823/92 (Hokkanen v. Finland) 23.09.1994, Rn. 64; Hervorhebung erfolgte durch die Autorin.

84 *Spielmann, D.*, Allowing the Right Margin, Cambridge Yearbook of European Legal Studies 2012, 381, S. 381 f.

tenlage entnimmt. Eigene Ermittlungen sind zwar möglich, aber Ortsbesichtigungen und Zeugenvernehmungen vor Ort (sogenannte ‚fact-finding missions') stellen eine extreme Ausnahme dar.[85]

Der Gerichtshof ist folglich selbst nicht der Lage, mit den Betroffenen im Zeitpunkt der angeblichen Verletzung persönlich in Kontakt zu treten, um sich ein eigenes Bild über die Sachlage zu verschaffen. Insbesondere zwischenmenschliche Eindrücke im Verletzungszeitpunkt kann der Gerichtshof – anders als die mitgliedstaatlichen Stellen – nicht gewinnen und bewerten. Er ist weder zeitlich noch örtlich so ‚nah dran' wie die mitgliedstaatlichen Stellen und deshalb auf ihre Beurteilung des Beweismaterials und ihre Bewertung des Sachverhalts im Zeitpunkt der angeblichen Verletzung angewiesen.

> However, consideration of what is in the best interest of the child is in any event of crucial importance. Moreover, it must be borne in mind that the national authorities have the benefit of direct contact with all the persons concerned [...], often at the very stage when care measures are being envisaged or immediately after their implementation.[86]

(ii.) Komplexe Sachbereiche

In anderen Fällen beruft sich der Gerichtshof zur Begründung der Margin-of-appreciation-Doktrin auf die „better position" der zuständigen mitgliedstaatlichen Stellen bei der Rechtfertigung von potenziellen Konventionsverletzungen im Zusammenhang mit komplexen Sachbereichen. Zu nennen sind hierbei insbesondere diejenigen Fälle, in denen es um Eingriffe zum Schutz der Moral geht. In ständiger Rechtsprechung führt der Gerichtshof dazu aus:

> As noted above, by reason of their direct and continuous contact with the vital forces of their countries, the State authorities are, in principle, in a better position than the international judge to give an opinion, not only **on the "exact content of the requirements of morals" in their country**, but also **on the necessity of a restriction** intended to meet them.[87]

---

85 *Wenzel, N.*, Art. 38 EMRK, in: Karpenstein/Mayer (Hrsg.), EMRK (2015), Rn. 1, Rn. 4 f.

86 *EGMR*, Application no. 17383/90 (Johansen v. Norway) 07.08.1996, Rn. 64.

87 *EGMR*, Application no. 25579/05 (A, B and C v. Ireland) 16.12.2010, Rn. 223; Hervorhebung erfolgte durch die Autorin.

Der Gerichtshof argumentiert damit, dass die mitgliedstaatlichen Stellen aufgrund ihres unmittelbaren und regelmäßigen Kontakts mit den wesentlichen Einflüssen/ Kräften im Land besser in der Lage seien, in gesellschaftspolitisch umstrittenen Bereichen, wie moralischen Belangen, beurteilen zu können, was vom Begriff „Moral“ umfasst ist und was notwendig ist zu ihrem Schutz.

Die „better position“ im Zusammenhang mit komplexen Sachbereichen erstreckt sich jedoch nicht nur auf gesellschaftspolitisch umstrittene Fragestellungen, sondern auch auf andere Bereiche, in denen nach Ansicht des Gerichtshofs die fachliche Expertise nationaler Stellen gefragt ist, wie beispielsweise im Planungsrecht.

> The Court has already had occasion to note that town and country planning schemes involve the exercise of discretionary judgment in the implementation of policies adopted in the interest of the community [...]. It is not for the Court to substitute its own view of what would be the best policy in the planning sphere or the most appropriate individual measure in planning cases [...]. By reason of their direct and continuous contact with the vital forces of their countries, the national authorities are in principle better placed than an international court **to evaluate local needs and conditions.** In so far as the exercise of discretion involving a multitude of local factors is inherent in the choice and implementation of planning policies, the national authorities in principle enjoy a wide margin of appreciation.[88]

Der Gerichtshof kennt folglich die gesellschaftlichen Gegebenheiten und Bedürfnisse nicht so gut wie die nationalen Stellen vor Ort und ist somit oftmals ‚zu weit weg‘, um in bestimmten Bereichen unter Berücksichtigung der gesellschaftlichen Besonderheiten eines Mitgliedstaats adäquat entscheiden zu können. Dem kann zwar entgegengehalten werden, dass beim Gerichtshof jeder Mitgliedstaat in Form eines Richters vertreten ist, womit sich folglich ein nationaler Experte schon auf der Richterbank befände[89]; dieser Einwand verkennt aber, dass nicht nur nationale Besonderheiten, sondern auch regionale innerhalb eines Mitgliedstaats relevant sein können. Die mitgliedstaatlichen Stellen sind auch bei Belangen in gesellschaftlich komplexen Sachbereichen zeitlich, örtlich und sachlich ‚näher dran‘, als dies der nationale Richter in Straßburg oder andere potenzielle Informationsquellen wie beispielsweise Nichtregierungsorganisationen sind.

---

88 *EGMR*, Application no. 20348/92 (Buckley v. The United Kingdom) 29.09.1996, Rn. 75; Hervorhebung erfolgte durch die Autorin.

89 So *Rupp-Swienty, A.* (Fn. 3), S. 223 f.

(3) Schlussfolgerung

Angesichts dessen, dass der Wortlaut der EMRK viel Raum zur Interpretation lässt, hat der Gerichtshof seine Rolle und Aufgabe als Überprüfungsinstanz im Verhältnis zu den Mitgliedstaaten durch Verweis auf den subsidiären Charakter des Konventionssystems festgelegt. Die Doktrin wird als natürliches Produkt dieser Aufgabenverteilung innerhalb des Konventionssystems beschrieben.[90] Dass der Gerichtshof eine „better position" mitgliedstaatlicher Stellen bei der Bewertung des Sachverhalts, also bei Tatsachenfragen, berücksichtigt, ließ sich mit praktischen Erwägungen rechtfertigen – insbesondere damit, dass er selbst nicht in der Lage ist, den Sachverhalt durch persönlichen Kontakt mit den Betroffenen im Zeitpunkt der angeblichen Konventionsverletzung zu ermitteln.

Warum der Gerichtshof jedoch im Rahmen der Rechtfertigungsprüfung die „better position" mitgliedstaatlicher Stellen in gesellschaftlichen Belangen bei der Auslegung der Rechtfertigungsziele und der Abwägung – also bei Rechtsfragen – berücksichtigt, erscheint fraglich. Zwar ist der Wortlaut der Konventionsrechte in diesen Fällen meist offen und ungenau („protection of morals"; „necessary in a democratic society"), doch könnte der Gerichtshof selbst im Wege autonomer Auslegung eine eigene Konkretisierung und Abwägung vornehmen. Dass er stattdessen der Expertise nationaler Stellen durch Einräumung einer margin of appreciation solche Bedeutung verleiht, lässt sich neben dem funktionellen Gefüge der EMRK nach dem Subsidiaritätsgrundsatz zusätzlich mit nachfolgenden Erwägungen begründen: dem demokratischen Defizit, das richterlichen Entscheidungen – insbesondere denen eines internationalen Gerichts – anhaftet, und der Rücksichtnahme auf die bestehenden kulturellen Besonderheiten unter den Mitgliedstaaten. Diese Erwägungen müssen insbesondere vor dem Hintergrund betrachtet werden, dass der Gerichtshof ‚nur' die Etablierung und Sicherung eines gemeinsamen Mindeststandards anstrebt.

90 Stellvertretend für mehrere *Mahoney, P.* (Fn. 58), S. 3; ebenso *Brems, E.*, Human Rights: Universality and Diversity (2001), S. 361, welche die Doktrin auch als „natural product" der Aufgabenverteilung ansieht; siehe auch *Tümay, M.* (Fn. 78), S. 206.

c) Das Minus an demokratischer Legitimation

Die „better position“ nationaler Stellen zur Beurteilung lokaler Bedürfnisse und gesellschaftspolitisch umstrittener Belange wird vom Gerichtshof unter anderem mit ihrer direkten, demokratischen Legitimation begründet.

> The national authorities have direct democratic legitimation and are, as the Court has held on many occasions, in principle better placed than an international court to evaluate local needs and conditions. In matters of general policy, on which opinions within a democratic society may reasonably differ widely, the role of the domestic policy-maker should be given special weight.[91]

Die Einräumung eines staatlichen Beurteilungsspielraums in derartigen Fällen dient folglich auch der Anerkennung der direkteren, demokratischen Legitimation staatlicher Maßnahmen und der Achtung vor demokratischen Entscheidungsprozessen. Dass die Demokratie im System der Europäischen Menschenrechtskonvention einen hohen Stellenwert innehat, wird nicht nur durch den Konventionstext selbst[92], sondern auch durch den Inhalt der Präambel deutlich. In der Präambel bekennen sich die Unterzeichnerregierungen zu der Überzeugung, dass die Demokratie eines der wesentlichen Mittel sei, um Menschenrechte und Grundfreiheiten zu sichern.

> Reaffirming their profound belief in those fundamental freedoms which [...] are best maintained on the one hand by an effective political democracy [...].

Dabei wird nicht nur auf das bloße Vorhandensein demokratischer Systeme in den Konventionsstaaten abgestellt; die Demokratie sollte vielmehr „effective“ bzw. „véritable“ sein. Das Konventionssystem basiert also auf der Annahme, dass ein wirksames bzw. wahrhaftiges demokratisches System die politische Grundlage für effektiven Menschenrechtsschutz sei. Dieses Bekenntnis der Unterzeichnerstaaten zur demokratischen politischen Ordnung hat auch der EGMR zu berücksichtigen.[93]

Auf Konventionsebene werden die Richter nach Art. 22 EMRK von der Parlamentarischen Versammlung für jeden Mitgliedstaat mit der Mehrheit

---

91 *EGMR*, Application no. 43835/11 (S.A.S. v. France) 01.07.2014, Rn. 129.

92 „Necessary in a democratic society“ in Art. 8 – 11 Abs. 2 EMRK.

93 Ebenso *Mahoney, P.*, Judicial Activism and Judicial Self-Restraint in the European Court of Human Rights: Two Sides of the same Coin, Human Rights Law Journal 1990, 57, S. 81 ff.

der abgegebenen Stimmen aus einer Liste von drei Kandidaten gewählt, die vom Mitgliedstaat vorgeschlagen werden. Die demokratische Legitimation der Richter des EGMR ist daher vor allem im Vergleich zu der Legitimation nationaler Parlamente deutlich geringer.[94] Durch die offenen und allgemein gehaltenen Formulierungen innerhalb der EMRK und die Feststellung, dass es sich bei der Konvention um ein „living instrument" handele, bleibt dem Gerichtshof viel Spielraum bei der Auslegung des Konventionstextes. Insbesondere bei umstrittenen gesellschaftlichen Belangen und Grundsatzfragen, in denen sich die Ansichten der Bürger unterscheiden, ist es jedoch die direktere demokratische Legitimation der nationalen Stelle, die ihre Entscheidungsmacht über andere rechtfertigt und für ihre grundsätzliche Akzeptanz in der Gesellschaft sorgt. Wenn der Gerichtshof also staatliche Maßnahmen am Maßstab der Konvention misst und diese Maßnahmen empfindliche gesellschaftspolitische Fragen betreffen, kann er die direktere demokratische Legitimation dieser Maßnahmen nicht gänzlich außer Acht lassen, insbesondere dann nicht, wenn es um eine Fortentwicklung des Gewährleistungsgehalts durch den Gerichtshof geht.

In diesem Zusammenhang kann kritisch angemerkt werden, dass Menschenrechtsschutz dem Schutz von Minderheiten dienen sollte und dass eine besondere Berücksichtigung von Mehrheitsentscheidungen durch den EGMR diesem Ziel zuwiderlaufen könnte.[95] Dabei gilt es jedoch zu beachten, dass die Margin-of-appreciation-Doktrin nicht per se dazu führt, dass nationale Mehrheitsentscheidungen immer anstandslos berücksichtigt werden. So hat der Gerichtshof beispielsweise im Fall Dudgeon entgegen der in Nordirland herrschenden gesellschaftlichen Tendenz entschieden, dass die Strafbarkeit bestimmter homosexueller Handlungen den homosexuellen Beschwerdeführer in seinem Recht auf Privatleben nach Art. 8 EMRK verletze.[96] Im Fall Tyrer entschied der Gerichtshof ebenfalls entgegen der herrschenden öffentlichen Meinung, dass der Vollzug einer ge-

94 Ebenso *Shany, Y.* (Fn. 52), S. 919 f.

95 *Benvenisti, E.*, Margin of Appreciation, Consensus, and Universal Standards, New York University Journal of International Law and Politics 1999, 843, S. 849 f.

96 *EGMR*, Application no. 7525/76 (Dudgeon v. The United Kingdom) 22.10.1981, Rn. 57 ff.

richtlich angeordneten Prügelstrafe eine erniedrigende Strafe im Sinne von Art. 3 EMRK darstelle.[97]

Durch die Einräumung einer margin of appreciation können folglich demokratische Entscheidungen, die den mehrheitlichen Willen der Bevölkerung widerspiegeln, berücksichtigt werden, sofern der mehrheitliche Wille nicht die Grenzen des gewährten Spielraums übertritt.[98] Mit der Berücksichtigung der Ergebnisse demokratischer Entscheidungsprozesse, vor allem in gesellschaftspolitisch schwierigen Angelegenheiten, macht der Gerichtshof deutlich, dass es nicht seine Aufgabe ist, Politik zu betreiben, sondern dass er nur sicherstellt, dass die betriebene Politik nicht die Grenzen des menschenrechtlichen Mindeststandards überschreitet.

d) Die kulturelle Vielfalt unter den Mitgliedstaaten

Am 4.11.1950 unterzeichneten die Staaten Belgien, Dänemark, Frankreich, Island, Irland, Italien, Luxemburg, die Niederlande, Norwegen, die Türkei, das Vereinigte Königreich, die Bundesrepublik Deutschland und das Saargebiet die Europäische Menschenrechtskonvention. Nach Erreichen der erforderlichen Anzahl von zehn Ratifikationen trat die Konvention am 3.9.1953 in Kraft und wurde bis heute von insgesamt 47 Staaten ratifiziert. Auch wenn in der Präambel geschrieben steht, dass die europäischen Staaten vom gleichen Geist beseelt seien und ein gemeinsames Erbe an politischen Überlieferungen und Idealen besäßen, darf nicht übersehen werden, dass schon zwischen den Staaten der ersten Stunde und erst recht zwischen den 47 Mitgliedstaaten heutzutage immer noch erhebliche Unterschiede bestehen. Der Gerichtshof ist sich dieser Unterschiede bewusst und führt auch sie zur Begründung von mitgliedstaatlichen Beurteilungsspielräumen an:

> In particular, it is not possible to find in the domestic law of the various Contracting States a uniform European conception of morals. The view taken by their respective laws of the requirements of morals varies from time to time

---

97 *EGMR*, Application no. 5856/72 (Tyrer v. The United Kingdom) 25.04.1978, Rn. 31 f.

98 Siehe dazu beispielsweise *Legg, A.*, The Margin of Appreciation in International Human Rights Law (2012), S. 75 ff.

> and from place to place, especially in our era which is characterised by a rapid and far-reaching evolution of opinions on the subject.[99]

Dass durch die Margin-of-appreciation-Doktrin auch kulturelle Unterschiede zwischen den Mitgliedstaaten berücksichtigt werden, wird von manchen als Ausdruck eines – mehr oder weniger schwachen – kulturellen Relativismus verstanden.[100]

(1) Universalität versus kultureller Relativismus

Viele internationale Verträge sowie andere Instrumente zum Schutz von Menschenrechten verweisen auf die Universalität dieser Rechte, so auch die Präambel der EMRK. Zu Beginn der Präambel wird auf die Allgemeine Erklärung der Menschenrechte verwiesen und darauf, dass diese die universelle und wirksame „recognition“/„reconaissance“ und „observance“/„l'application“ der in ihr aufgeführten Rechte anstrebe. Da es sich bei der am 10.12.1948 von der Generalversammlung der Vereinten Nationen verkündeten Menschenrechtserklärung jedoch nur um eine Empfehlung ohne Befolgungszwang[101] handelt, versteht sich die EMRK, der Präambel zufolge, als Instrument zur Verwirklichung ihrer Zielsetzung auf europäischer Ebene.

Der Grundsatz der Universalität baut auf dem Verständnis auf, dass den Menschen aufgrund ihres Menschseins bestimmte Rechte zustehen; in Art. 1 der Universal Declaration of Human Rights heißt es:

> All human beings are born free and equal in dignity and rights.

Ausgehend davon, dass alle Menschen frei und gleich an Würde und Rechten geboren sind, stehen ihnen auch die gleichen Rechte zu, und zwar unabhängig vom jeweiligen Aufenthaltsort, der Zeit oder den persönlichen Eigenschaften.[102] Der Grundsatz der Universalität wird jedoch unter dem Aspekt, dass es sich bei den Menschenrechten, insbesondere mit der Fo-

---

99 *EGMR*, Application no. 5493/72 (Handyside v. The United Kingdom), Rn. 48.

100 Beispielsweise *Brems, E.* (Fn. 3), S. 310, wonach die Doktrin „fits into a weak relativist position“; ebenso *Benvenisti, E.* (Fn. 95), S. 844; *Shelton, D.* (Fn. 4), S. 134.

101 *Ipsen, K.*, Völkerrecht (2014), S. 832 f., Rn. 37.

102 *Davidson, S.*, East versus West: Human Rights and Cultural Difference, Canterbury Law Review 2001, 37, S. 40.

kussierung auf bürgerliche und politische Rechte, um ein westliches Konzept handele, in Frage gestellt.[103] Nach der Lehre vom kulturellen Relativismus, einem Begriff, der der Anthropologie entstammt,[104] ergeben sich Existenz und Umfang von Menschenrechten aus lokalen, kulturellen Traditionen im Geltungsgebiet. Menschenrechte eines Kulturkreises seien daher nicht auf andere Kulturkreise übertragbar; eine universelle Geltung von Menschenrechten wird folglich abgelehnt.

> [...] cultural relativism may be defined as the position according to which local cultural traditions (including religious, political, and legal practices) properly determine the existence and scope of civil and political rights enjoyed by individuals in a given society. A central tenet of relativism is that no transboundary legal or moral standards exist against which human rights practices may be judged acceptable or unacceptable. Thus, relativists claim that substantive human rights standards vary among different cultures and necessarily reflect national idiosyncrasies. What may be regarded as a human rights violation in one society may properly be considered lawful in another, and Western ideas of human rights should not be imposed upon Third World societies.[105]

Tiefergehende Ausführungen zur Kontroverse um die Universalität oder kulturelle Relativität von Menschenrechten sowie zum der Europäischen Menschenrechtskonvention zugrundeliegenden Verständnis von Menschenrechten können an dieser Stelle jedoch dahinstehen, sofern die Margin-of-appreciation-Doktrin gar nicht Ausdruck eines kulturellen Relativismus ist.

(2) Die margin of appreciation als Ausprägung eines kulturellen Relativismus?

Die Margin-of-appreciation-Doktrin führt dazu, dass der Gerichtshof seine Kontrolldichte innerhalb des Beurteilungsspielraums zurücknimmt und nur ein Überschreiten der Grenzen überprüft. Zwar wird ein mitgliedstaatlicher Beurteilungsspielraum bei offenem Wortlaut auch in Ansehung kul-

---

103 *Davidson, S.* (Fn. 102), S. 37.

104 *Donnelly, J.*, Universal Human Rights in Theory and Practice (2013), S. 108; *Davidson, S.* (Fn. 102), S. 39.

105 *Tesón, F. R.*, International Human Rights and Cultural Relativism, in: Claude/Weston (Hrsg.), Human Rights in the World Community (1992), 42, S. 43.

tureller Unterschiede gewährt;[106] doch gilt es zu beachten, dass gegen die Annahme, dass es sich bei der Margin-of-appreciation-Doktrin um eine Ausprägung eines kulturellen Relativismus handele, die Möglichkeit der Einschränkbarkeit von Beurteilungsspielräumen durch die Konsensmethode spricht.[107] Danach kann das Bestehen eines gemeinsamen Standards dazu führen, dass dieser einem anders praktizierenden Mitgliedstaat entgegengehalten wird, was dann eine Einschränkung – auch eine Reduzierung auf null – seines Beurteilungsspielraums zur Folge haben kann.[108] Wäre die Margin-of-appreciation-Doktrin Ausdruck eines kulturellen Relativismus, müssten auch die kulturellen Unterschiede einiger weniger Staaten weiterhin Beachtung finden und dürften nicht unter Verweis auf das Bestehen eines europäischen Konsenses als konventionswidrig verurteilt werden. Weiterhin ist zu beobachten, dass der Gerichtshof nicht in jedem Fall kulturelle Besonderheiten in den Mitgliedstaaten durch Einräumung einer margin of appreciation berücksichtigt. Wie schon erwähnt, hat er im Fall Dudgeon entgegen der im Mitgliedstaat vorherrschenden Moralvorstellung entschieden und die strafrechtliche Sanktionierung homosexueller Handlungen für konventionswidrig erklärt.[109] Zuletzt ist anzumerken, dass auch der Beitritt der ehemaligen Ostblock-Staaten, entgegen einigen Befürchtungen,[110] nicht zu einem inflationären Einsatz der Margin-of-appreciation-Doktrin zugunsten ihrer kulturellen Besonderheiten geführt hat.[111]

Auf der anderen Seite gilt es zu berücksichtigen, dass der Grundsatz der Universalität von Menschenrechten nicht Uniformität bedeutet[112] und dass auch unter der Prämisse der Universalität anerkannt wird, dass lokale und regionale Besonderheiten nicht völlig bedeutungslos sind:

> All human rights are **universal**, indivisible and interdependent and interrelated. The international community must treat human rights globally in a fair and equal manner, on the same footing, and with the same emphasis. **While**

106 Siehe beispielsweise *EGMR*, Application no. 25579/05 (A, B and C v. Ireland).

107 Ebenso *Brems, E.* (Fn. 3), S. 308; näheres zur Konsensmethode siehe bei Fußnote 304.

108 Siehe beispielsweise *EGMR*, Application no. 28957/95 (Christine Goodwin v. The United Kingdom) 11.07.2002.

109 *EGMR*, Application no. 7525/76 (Dudgeon v. The United Kingdom), Rn. 57 ff.

110 *Brems, E.* (Fn. 3), S. 310.

111 *Sweeney, J. A.*, Margins of Appreciation: Cultural Relativity and the European Court of Human Rights in the Post-Cold War Era, International and Comparative Law Quarterly 2005, 459, S. 467 ff.

112 *Sweeney, J. A.* (Fn. 111), S. 469.

> **the significance of national and regional particularities and various historical, cultural and religious backgrounds must be borne in mind**, it is the duty of States, regardless of their political, economic and cultural systems, to promote and protect all human rights and fundamental freedoms.[113]

Auch bei einem universellen Verständnis von Menschenrechten können folglich nationale Besonderheiten und die verschiedenen historischen, wirtschaftlichen und kulturellen Hintergründe der Staaten berücksichtigt werden. Dies gilt da umso mehr, wo es um Gewährleistungen geht, die über den von der EMRK angestrebten und vom Konsens ihrer Mitgliedstaaten getragenen Mindeststandard hinausgehen.[114]

(3) Schlussfolgerung

Die Margin-of-appreciation-Doktrin ist folglich nicht als Ausdruck der kulturellen Relativität von Menschenrechten zu verstehen.[115] Selbst bei Zugrundelegung eines universellen Verständnisses von Menschenrechten wird nicht zwangsläufig bestritten, dass die nationalen und regionalen Besonderheiten sowie die verschiedenen historischen, wirtschaftlichen und kulturellen Hintergründe der Staaten beachtet werden müssen. Dass zwischen den Mitgliedstaaten trotz Gleichgesinntheit und gemeinsamen Erbes noch Unterschiede bestehen, bestätigt auch die Präambel der EMRK, in der darauf hingewiesen wird, dass es das Ziel des Europarats sei, eine engere Verbindung zwischen seinen Mitgliedern herzustellen,[116] wobei eines der Mittel zum Erreichen dieses Ziels die Wahrung und Fortentwicklung der Menschenrechte sei. Eine ambitionierte Fortentwicklung um jeden Preis, ohne Rücksichtnahme auf nationale Besonderheiten bzw. bestehen-

---

113 *UN*, Vienna Declaration and Programme of Action; Hervorhebung erfolgte durch die Autorin.

114 Im Allgemeinen ebenso *Donnelly, J.* (Fn. 104), S. 99.

115 So beispielsweise *Mahoney, P.* (Fn. 58), S. 3; *Rupp-Swienty, A.* (Fn. 3), S. 241 f., die darauf abstellt, dass die Mitgliedschaft in der Konvention voraussetze, dass ein Staat sich als „europäisch" verstehe und sich zu den politischen Traditionen Europas bekenne; *Greer, S.*, The Interpretation of the European Convention on Human Rights: Universal Principle oder Margin of Appreciation?, UCL Human Rights Review 2010, 1, S. 1 geht davon aus: „Convention rights are both universal and legitimately subject to national margins of appreciation enabling them to be applied differently in different European states."

116 „[…] achievement of greater unity between its members, […]."/„[…] réaliser une union plus étroite entre ses membres, […]."

de Unterschiede in den einzelnen Mitgliedstaaten, wäre diesbezüglich jedoch kaum förderlich und würde eher zu wachsenden Differenzen, schwindender Akzeptanz und eventuell sogar zum Bruch führen, was wiederum das Scheitern eines effektiven Menschenrechtsschutzes auf europäischer Ebene zur Folge hätte. Das Instrument der mitgliedstaatlichen margin of appreciation ist geeignet, eine die Besonderheiten und Eigenheiten der Mitgliedstaaten berücksichtigende und schonende Art der Wahrung und Fortentwicklung der Menschenrechte zu ermöglichen.

e) Ergebnis

Es galt zu ermitteln, woraus sich Grenzen richterlicher Tätigkeit im Konventionssystem ergeben und inwiefern sie die Existenz und den Einsatz der Margin-of-appreciation-Doktrin legitimieren können. Untersucht wurden in diesem Zusammenhang der offene Wortlaut der Konventionsrechte, das funktionelle Gefüge des Konventionssystems, das Minus an demokratischer Legitimation richterlicher Entscheidungen durch den EGMR und die kulturelle Vielfalt unter den Mitgliedstaaten. Neben dem zum Teil offenen Wortlaut der Konvention als Einfallstor für die Margin-of-appreciation-Doktrin konnte festgestellt werden, dass sie ein Produkt der Aufgabenverteilung zwischen den Mitgliedstaaten und dem Gerichtshof innerhalb des Konventionssystems darstellt. Ebenso würdigt der EGMR im Rahmen des mitgliedstaatlichen Beurteilungsspielraums die direktere, demokratische Legitimation nationaler Entscheidungen, insbesondere in gesellschaftspolitisch umstrittenen Belangen, und achtet die zwischen den Mitgliedstaaten bestehenden kulturellen Besonderheiten. Eine Zusammenschau dieser verschiedenen Aspekte[117] macht deutlich, dass die Einräu-

117 *Letsas, G.*, Two Concepts of the Margin of Appreciation, Oxford Journal of Legal Studies 2006, 705, S. 705 ff.; *Legg, A.* (Fn. 98), S. 15 ff.; *Spielmann, D.*, Whither the Margin of Appreciation?, Current Legal Problems 2014, 49, S. 49 und andere unterscheiden zwischen zwei unterschiedlichen Funktionen der Margin-of-appreciation-Doktrin, nämlich einem „systematic/ structural element“ und einem „substantive/normative element“. Zu einer diesbezüglichen Übersicht der Ansätze in der Literatur siehe *Arnardóttir, O. M.* (Fn. 3), S. 36, die darauf hinweist, dass die Versuche einer Konzeptualisierung von Letsas und Legg Schwächen unterliegen würden (S. 29, 32, 35 f., S. 44) und zu folgendem Schluss kommt (S. 53): „Defining the two elements of the margin of appreciation, it can be stated that the systemic one is related to deference to other decision-making bodies for non-merits

mung von Beurteilungsspielräumen erforderlich ist, um die Funktionsfähigkeit und Effizienz des ganzen Systems zu gewährleisten und um die Akzeptanz unter den mitgliedstaatlichen Regierungen und Bürgern für die Auslegung und Weiterentwicklung der konventionsrechtlichen Gewährleistungen durch den Gerichtshof zu stärken.

Die Grundlage des Konventionssystems ist insofern fragil, als sie auf dem mitgliedstaatlichen Konsens beruht. Vor allem in den Anfangsjahren war eine gewisse Zurückhaltung der Kommission und des Gerichtshofs zu beobachten, wenn es um die Auseinandersetzung mit schwierigen Rechtsfragen ging.[118] Heute hat der EGMR zwar an Akzeptanz gewonnen, aber seine Rechtsprechung ist nicht frei von Kritik und er ist bei der Umsetzung seiner Urteile nach wie vor auf die Mitarbeit der Mitgliedstaaten angewiesen.[119] Respekt vor der subsidiären Aufgabenverteilung und ein sensibler Umgang mit kulturellen Besonderheiten und nationalen Werten ist vom Gerichtshof heute noch zu beachten, ebenso die Achtung vor demokratischen Entscheidungsprozessen, um die Effektivität des Konventionssystems zu erhalten und den Menschenrechtsschutz stetig fortentwickeln zu können. Durch die Margin-of-appreciation-Doktrin kann dies berücksichtigt werden, wobei im Verlauf der Jahre durch sukzessive Einschränkung des Beurteilungsspielraums eine Annäherung an einen gemeinsamen Standard erreicht werden kann. Der Gerichtshof vernachlässigt durch die Einräumung eines nationalen Beurteilungsspielraums somit nicht seinen Kontrollauftrag nach Art. 19 EMRK, sondern trägt damit den Erfordernissen des Konventionssystems Rechnung.

---

reasons, and that the normative element is related to the Court's own assessment of merits reasons. In the former conception the margin of appreciation has a distinct systemic ('structural' or 'procedural') function related to the division of tasks within the European system for the protection of human rights, whereas the latter conception has a normative ('substantive') function and reflects pluralism and normative flexibility in the interpretation and application of Convention rights. The systemic and the normative elements of the margin of appreciation can intersect in various ways within the same case."

118 *Frowein, J. A.*, Einführung, in: Frowein/Peukert (Hrsg.), Europäische MenschenRechtsKonvention (2009), 1, S. 7, Rn. 12.

119 *Breuer, M.*, Zulässigkeit und Grenzen richterlicher Rechtsfortbildung in der Rechtsprechung des EGMR, Zeitschrift für öffentliches Recht 2013, 729, S. 762.

4. Fazit

Mangels ausdrücklicher Erwähnung der Margin-of-appreciation-Doktrin in der Konvention galt es zu untersuchen, auf welcher rechtlichen Grundlage die Entwicklung und die Anwendung dieses Instruments beruhen. Es wurde festgestellt, dass sich die Doktrin nicht durch einen Rückgriff auf den Auslegungsgrundsatz in dubio mitius herleiten lässt; denn unabhängig von seiner bereits zweifelhaften Allgemeingültigkeit ist er auf menschenrechtliche Verträge nicht anwendbar, da er ihrer Zielsetzung zuwiderläuft. Ebenso kann Art. 1 Abs. 2 des ersten Zusatzprotokolls nicht als geschriebene Rechtsgrundlage für die Margin-of-appreciation-Doktrin und ihre Anwendung auf eine Mehrzahl von Konventionsrechten herangezogen werden. In Ermangelung einer geschriebenen Rechtsgrundlage wurde in Frage gestellt, ob eine ausdrückliche Rechtsgrundlage für die Ausübung richterlicher Zurückhaltung in Form kontrollreduzierter Beurteilungsspielräume überhaupt notwendig ist, und die Untersuchung wurde insofern neu ausgerichtet, als es nunmehr zu ermitteln galt, inwiefern kontrollreduzierte – nicht kontrollfreie – Beurteilungsspielräume der Mitgliedstaaten mit dem Konventionssystem vereinbar sind. Aus der Untersuchung des funktionellen Gefüges des Konventionssystems, dem demokratischen Defizit richterlicher Entscheidungen durch den EGMR und dem Bestehen kultureller Besonderheiten und Unterschiede unter den Mitgliedstaaten haben sich in Verbindung mit dem offenen Wortlaut der Konvention Grenzen richterlicher Kontrolle auf EMRK-Ebene ableiten lassen. Diese Grenzen legitimieren die Existenz und Anwendbarkeit der Margin-of-appreciation-Doktrin, um die Funktionsfähigkeit und Effizienz des EMRK-Systems zu gewährleisten und die Akzeptanz unter den Mitgliedstaaten und ihren Bevölkerungen für das System zu stärken. Die Doktrin hat somit zwar (noch) keine geschriebene Rechtsgrundlage in der Konvention; ihre rechtliche Legitimation lässt sich jedoch aus dem Konventionssystem selbst ableiten.[120]

---

120 Ebenso beispielsweise *Mahoney, P.* (Fn. 58), S. 6; *Kastanas, E./Matscher, F./ Malinverni, G.* (Fn. 28), S. 96 drücken aus, dass die Doktrin und das Konventionssystem in gewisser Weise „consubstantiels“ seien; indirekt auch *Gallagher*, P., The European Convention on Human Rights and the Margin of Appreciation, S. 7, der die Doktrin aus dem Subsidiaritätsgrundsatz und der demokratischen Legitimation nationaler Stellen ableitet oder *Greer, S.* (Fn. 115), S. 14.; zu den Vertretern anderer Ansicht siehe die Übersicht bei *De la Rasilla del Moral, Ignacio*,

5. Neuerungen durch das 15. Zusatzprotokoll

Die nicht vorhandene ausdrückliche Kodifizierung der Margin-of-appreciation-Doktrin beflügelt nach wie vor den juristischen Ideenreichtum. Hat man mit der Ratifikation des 11. Zusatzprotokolls und der damit verbundenen parlamentarischen Zustimmung aller Vertragsstaaten den bis dahin erreichten Interpretationsstand (acquis conventionnel) übernommen und damit auch eine ‚Absegnung' der Margin-of-appreciation-Doktrin durch die Mitgliedstaaten erreicht?[121] Kann man aus der Hinzufügung des dritten Absatzes zu Art. 35 EMRK durch das 14. Zusatzprotokoll eine generelle Bestätigung der Doktrin herleiten, welche somit dann in der Konvention kodifiziert wäre?[122] Die aufgeworfenen Fragen rund um die Debatte könnten mit der bevorstehenden ausdrücklichen Kodifizierung der Margin-of-appreciation-Doktrin durch das 15. Zusatzprotokoll bald an Bedeutung verlieren.

a) Der britische Vorsitz im Ministerkomitee

Nachdem das Vereinigte Königreich am 7.11.2011 den Vorsitz im Ministerkomitee übernommen hatte, hielt der damalige Premierminister David Cameron am 25.1.2012 vor der Parlamentarischen Versammlung eine aufschlussreiche Rede über das von Großbritannien angestrebte Ziel: die Reform des Europäischen Gerichtshofs für Menschenrechte.[123] Nachdem Cameron unter Anführung zahlreicher Belege deutlich gemacht hatte, dass Menschenrechte den Briten heute wie damals sehr am Herzen lägen, und erklärt hatte, dass er keine Zweifel am britischen Engagement für die Verteidigung von Menschenrechten hören wolle, kam er auf die Gründe für die Notwendigkeit einer Reform zu sprechen. Neben der Überbelastung

---

The Increasingly Marginal Appreciation of the Margin-of-Appreciation Doctrine, German Law Journal 2006, 611; S. 620 m. w. N.

121 Naheliegender Gedanke bei der Lektüre von *Ress, G.*, Rechtsstellung, Aufgabenbereich und Legitimation des Europäischen Gerichtshofes für Menschenrechte, in: Holoubek/Gutknecht/Schwarzer/Martin (Hrsg.), Dimensionen des modernen Verfassungsstaates (2002), 129, S. 134 f.

122 *Spielmann, D.* (Fn. 84), S. 415 mit dem Verweis auf weitere eigene Schriften, die diesen Ansatz verfolgen; siehe auch *Spielmann, D.* (Fn. 117), S. 56 f., der in Art. 35 Abs. 3 lit. b letzter Halbsatz eine implizite Bestätigung der Doktrin sieht.

123 *Cameron*, D., Speech on the European Court of Human Rights.

des Gerichtshofs durch zu viele Fälle und dem Risiko, er könne als vierte Instanz für menschenrechtliche Bagatellfälle missbraucht werden, sei auch der „slim margin of appreciation" ein wesentliches Problem. Laut Cameron empfänden die nationalen Regierungen, dass der Beurteilungsspielraum geschrumpft sei und dass demokratische Entscheidungen nationaler Parlamente nicht mehr ausreichend gewürdigt würden. Mit dem Beschneiden mitgliedstaatlicher Beurteilungsspielräume hätten die Kontroversen begonnen. Seiner Ansicht nach müsse eine nationale Maßnahme, die Gegenstand demokratischer Debatte war und die von nationalen Gerichten im Einklang mit der Konvention überprüft wurde, mit Respekt behandelt werden. Cameron warnte den EGMR davor, das Vertrauen der Menschen in Europa zu verlieren, und schlägt unter anderem vor, das Subsidiaritätsprinzip zu stärken und ihm zu mehr praktischer Wirkung zu verhelfen.

Hinter diesen sehr deutlichen Worten der Kritik verbirgt sich der gestaute Unmut der Briten gegenüber der Rechtsprechung des Gerichtshofs. Unter anderem hatte das ‚Gezerre' um das Wahlrecht von Strafgefangenen die Stimmung immer wieder aufgeheizt,[124] denn der EGMR hatte das britische Pauschalverbot im Jahr 2005 als Verstoß gegen Art. 3 des ersten Zusatzprotokolls bewertet.[125] Cameron äußerte sich im Jahr 2010, fünf Jahre nach dem immer noch nicht umgesetzten Urteil, dahingehend, dass der Gedanke ihn „physically ill"[126] mache, Gefangenen das Wahlrecht zuzugestehen. Laut einer Umfrage aus dem Jahr 2011[127] gaben 57 % der befragten Bürger an, dass Großbritanniens Mitgliedschaft in der EMRK von Juristen für unbegründete Fälle zugunsten Krimineller missbraucht worden wäre und dass die Mitgliedschaft alles in allem eine schlechte Sache gewesen sei. Auf die Frage, ob Großbritannien aus der Konvention austreten solle, antworteten 55 % der Befragten mit ‚Ja'. Die bestehende Verärgerung in Großbritannien über die Rechtsprechung des EGMR und Camerons Rede deuteten an, wie Großbritannien seine „once-in-a-generation chance"[128] als vorsitzendes Land des Ministerkomitees zu nutzen gedachte

124 Stellvertretend für viele *Steinbeis*, M., Großbritannien lehnt sich gegen EGMR auf; *Steinbeis*, M., Das Würgen der Briten an der Menschenrechtskonvention; *Bates*, E., Controversy over Prisoners' Right to Vote in UK: Guest Blog.

125 *EGMR*, Application no. 74025/01 (Hirst v. The United Kingdom No. 2) 06.10.2005.

126 *Little*, A., PM: Giving Prisoners Vote makes me feel sick.

127 *YouGov*, YouGov/ Sunday Times Survey Results.

128 *Cameron, D.* (Fn. 123).

und dass die Margin-of-appreciation-Doktrin dabei eine wichtige Rolle spielen würde.

b) Die Brighton Declaration

Nach vorangegangenen Konferenzen in Interlaken und Izmir folgte auf Initiative Großbritanniens am 19./20.4.2012 eine weitere ‚High Level Conference on the future of the European Court of Human Rights' in Brighton. Im Vorfeld der Konferenz sorgte der britische Entwurf der Brighton Declaration, welcher an die Presse durchsickerte und einen drastischen Eingriff in die Vorrechte des Gerichtshofs vorsah,[129] für Aufruhr und Skepsis[130]. In Bezug auf die Margin-of-appreciation-Doktrin heißt es dort:

> **Each** State Party enjoys a **considerable** margin of appreciation **in how it applies and implements** the Convention. This reflects that national authorities are in principle **best** placed to apply the Convention rights in the national context. […] The role of the Court is to review decisions taken by national authorities **to ensure that they are within the margin of appreciation.**[131]

Nach diesem Entwurf soll somit jeder Staat in den Genuss eines beträchtlichen Beurteilungsspielraums hinsichtlich der Umsetzung und Anwendung der Konventionsrechte kommen. Dass der dem Staat möglicherweise zustehende Beurteilungsspielraum und seine Reichweite von dem betroffenen Konventionsrecht und den Umständen des Einzelfalls abhängig sind, wird im Draft nicht erwähnt. Vielmehr soll per se ein mitgliedstaatlicher Beurteilungsspielraum eingeräumt werden, und zwar unabhängig von dem konkret zugrundeliegenden Fall. Auffällig ist weiterhin, dass die mitgliedstaatlichen Stellen nicht nur „besser" – entsprechend der vom EGMR ge-

---

129 *The Guardian*, Draft Brighton Declaration on the Future of the European Court of Human Rights.

130 *Russian Human Rights NGOs and Practitioners representing Applicants to the European Court from Russia*, Joint Statement on Proposals for Reform of the European Court of Human Rights; *Amnesty International, The European Human Rights Advocacy Centre (EHRAC), Interights, the International Commission of Jurists (ICJ), JUSTICE, Liberty, REDRESS*, Joint NGO Input to the ongoing Negotiations on the Draft Brighton Declaration on the Future of the European Court of Human Rights.

131 *The Guardian* (Fn. 129), Punkt C, Ziff. 17; Hervorhebung erfolgte durch die Autorin.

nutzten Formulierung – in der Lage seien, nationale Bedürfnisse zu erkennen und zu bewerten, sondern laut dem Wortlaut des Drafts sogar in der „besten" Position. Die Rolle des Gerichtshofs beschränke sich dann darauf, zu überprüfen, ob die nationalen Maßnahmen innerhalb des Beurteilungsspielraums lägen.

Dass diese ‚dilettantische' Wiedergabe des Inhalts der Margin-of-appreciation-Doktrin ein Versehen war, kann wohl ausgeschlossen werden. Wahrscheinlicher ist, dass hier der Versuch unternommen werden sollte, das von Cameron in seiner Rede angesprochene Problem der „slim margin of appreciation" zu lösen, indem man den Anwendungsbereich und den Umfang des mitgliedstaatlichen Beurteilungsspielraums prinzipiell ausweitet und gleichzeitig die Kontrollbefugnisse des Gerichtshofs einschränkt.

Die finale Fassung der Brighton Declaration fiel dann – zur Erleichterung vieler – doch weniger einschneidend aus, als man vor dem Hintergrund des britischen Drafts im Voraus vermutet hatte. In Bezug auf die staatliche margin of appreciation fand man zu einer Fassung zurück, die sich mit dem Inhalt der Margin-of-appreciation-Doktrin nach ständiger Rechtsprechung des Gerichtshofs deckt.

> The jurisprudence of the Court makes clear that **the** States Parties enjoy a margin of appreciation in how they apply and implement the Convention, **depending on the circumstances of the case and the rights and freedoms engaged** […] and that national authorities are in principle **better** placed than an international court to evaluate local needs and conditions. […] the role of the Court is to review whether decisions taken by the national authorities are **compatible with the Convention, having due regard** to the State's margin of appreciation.[132]

Neben dem Versuch, den staatlichen Beurteilungsspielraum weiter zu definieren als von der EGMR-Rechtsprechung vorgegeben, enthält der britische Entwurf auch die Empfehlung, das Subsidiaritätsprinzip und die margin of appreciation ausdrücklich in die Konvention aufzunehmen, um beider Transparenz und Zugänglichkeit zu stärken.[133] Dieser Vorschlag wurde von der Konferenz in der finalen Fassung der Brighton Declaration übernommen und unter anderem dahingehend konkretisiert, dass die Kodifizie-

---

132 *High Level Conference on the Future of the European Court of Human Rights*, Brighton Declaration, Punkt B, Ziff. 11; Hervorhebung erfolgte durch die Autorin.

133 *The Guardian* (Fn. 129), Punkt C, Ziff. 19, lit. b.

rung des Subsidiaritätsprinzips und der Margin-of-appreciation-Doktrin im Rahmen der Präambel erfolgen solle.[134]

c) Das 15. Zusatzprotokoll

Zur Umsetzung der Vorschläge aus Brighton, Interlaken und Izmir wurde ein Protokoll Nr. 15 zur Änderung der Konvention zum Schutz der Menschenrechte und Grundfreiheiten erarbeitet.[135] Art. 1 dieses Zusatzprotokolls enthält die Änderung, dass am Ende der Präambel zur EMRK ein neuer Abschnitt eingefügt werden soll, durch welchen das Subsidiaritätsprinzip und die Margin-of-appreciation-Doktrin kodifiziert werden.

> Affirming that the High Contracting Parties, in accordance with the principle of subsidiarity, have the primary responsibility to secure the rights and freedoms defined in this Convention and the Protocols thereto, and that in doing so they enjoy a margin of appreciation, subject to the supervisory jurisdiction of the European Court of Human Rights established by this Convention [.]

Das 15. Zusatzprotokoll wurde am 24.6.2013 zur Unterzeichnung aufgelegt und bedarf der Zustimmung aller Mitgliedstaaten zum Inkrafttreten. Bisher wurde es von 3 Staaten ohne Ratifikation unterzeichnet und von 43 Mitgliedstaaten, darunter auch Deutschland, bereits ratifiziert.[136]

d) Kritik

Die Brighton-Erklärung und Protokoll Nr. 15 sind nicht unkritisiert geblieben. An dieser Stelle kann und soll jedoch nur ein Ausschnitt dieser Kritik, nämlich diejenige hinsichtlich der Kodifizierung der mitgliedstaatlichen margin of appreciation dargestellt und bewertet werden. Eine kritische Würdigung der Reformversuche insgesamt kann und soll in dieser Arbeit nicht geleistet werden.

---

134 *High Level Conference on the Future of the European Court of Human Rights* (Fn. 132), Punkt B, Ziff. 12, lit. b.

135 Für genauere Details und Daten zum Hergang siehe: *Council of Europe*, Protocol No. 15 – Explanatory Report.

136 *Council of Europe*, Protokoll No. 15 – Chart of Signatures and Ratifications, Stand: 9.5.2018.

(1) Die NGOs

Nach der Veröffentlichung des Entwurfs der Brighton Declaration durch die Presse gaben mehrere NGOs zu den Reformplänen Stellungnahmen ab. Amnesty International, das AIRE Centre, das European Human Rights Advocacy Centre (EHRAC), die Helsinki Foundation for Human Rights (HFHR), Human Rights Watch, INTERIGHTS, die International Commission of Jurists (ICJ), JUSTICE and REDRESS verfassten diesbezüglich sogar einen gemeinsamen Beitrag, in dem sie vor allem gegen den Vorschlag der Kodifizierung der Margin-of-appreciation-Doktrin ernsthafte Bedenken anmelden. Sie befürchten, dass ein solches Vorhaben die Effektivität des Gerichtshofs unterminieren könne.[137] Die Margin-of-appreciation-Doktrin sei eines der „principles of judicial interpretation“[138] und daher für eine Kodifizierung in der Konvention ungeeignet. Eine solche Inkorporation dringe in nicht akzeptablem Maß in die Autonomie des Gerichtshofs und seine Aufgabe, die Konvention auszulegen, ein. Die Konvention zu ändern, um den Status gewisser „principles of interpretation“ zu erhöhen, deren Natur und Inhalt zu definieren, untergrabe die Auslegungsrolle des Gerichtshofs. Es wird kritisch angemerkt, dass die Margin-of-appreciation-Doktrin durch die Kodifizierung gegenüber anderen „principles of judicial interpretation“ eine Sonderrolle einnehme und daraus eine Priorisierung ebendieser abgeleitet werden könne. Da die Margin-of-appreciation-Doktrin restriktiver Natur sei, könne dies den effektiven Schutz der Konventionsrechte durch den EGMR beeinträchtigen. Zuletzt wird darauf hingewiesen, dass die Doktrin und ihre Anwendungsbereiche aufgrund der umfangreichen Rechtsprechung des EGMR nur schwer zu definieren sei-

137 *Amnesty International, The European Human Rights Advocacy Centre (EHRAC), Interights, the International Commission of Jurists (ICJ), JUSTICE, Liberty, REDRESS* (Fn. 130), S. 1 f.

138 *Amnesty International, The European Human Rights Advocacy Centre (EHRAC), Interights, the International Commission of Jurists (ICJ), JUSTICE, Liberty, REDRESS* (Fn. 130), S. 3: „Other principles of interpretation, equally important in the application of the Convention rights by the Court, include the principle of proportionality, the principle of dynamic and evolutive interpretation; the doctrine of the Convention as a living instrument; the principle that rights must be practical and effective rather than theoretical and illusory; and the principle that the very essence of a right must never be impaired. These are the principles that the Court uses to apply the Convention standards to the many specific and complex circumstances that are brought before it.“

en. Zudem hindere eine festgeschriebene Definition den Gerichtshof an einer flexiblen Handhabung.[139]

(2) Der Gerichtshof

Schon auf der Konferenz in Brighton war bezüglich der Kodifizierungspläne Kritik vorgebracht worden. Sir Nicolas Bratza, damaliger Präsident des Gerichtshofs, zeigte in seiner Rede bei der Konferenz auf, dass Unabhängigkeit das grundlegende Charakteristikum für ein Gericht in einem rechtsstaatlichen System sei und dass der Gerichtshof, um seine Aufgabe erfüllen zu können, nicht nur unabhängig sein sollte, sondern seine Unabhängigkeit auch respektiert werden müsse. Er erinnerte daran, dass die Subsidiarität des Konventionssystems vom Gerichtshof anerkannt würde, aber gleichzeitig abhängig sei von der korrekten Umsetzung der Konvention im nationalen Recht. Zudem betonte er, dass die Berücksichtigung des Subsidiaritätsprinzips nie dazu führen könne, sich ganz der Kontrolle durch den Gerichtshof zu entziehen. Es verleihe keine pauschale Immunität.[140] Im Hinblick auf die Kodifizierung des staatlichen Beurteilungsspielraums führte Bratza aus:

> The doctrine of margin of appreciation is a complex one about which there has been much debate. We do not dispute its importance as a valuable tool devised by the Court itself to assist it in defining the scope of its review. It is a variable notion which is not susceptible of precise definition. It is in part for this reason that we have difficulty in seeing the need for, or the wisdom of, attempting to legislate for it in the Convention, any more than for the many other tools of interpretation which have been developed by the Court in carrying out the judicial role entrusted to it.[141]

Er weist somit ebenso wie die NGOs darauf hin, dass eine präzise Definition der Margin-of-appreciation-Doktrin schwerlich bis gar nicht gelingen könne, und führt weiterhin aus, dass der Gerichtshof die Notwendigkeit und Weisheit einer solchen Kodifizierung, insbesondere im Vergleich zu

---

139 *Amnesty International, The European Human Rights Advocacy Centre (EHRAC), Interights, the International Commission of Jurists (ICJ), JUSTICE, Liberty, REDRESS* (Fn. 130), S. 3 f.

140 Rede von Sir Nicola Bratza: *Council of Europe*, Reforming the European Convention on Human Rights: Interlaken, İzmir, Brighton and beyond, S. 82.

141 *Council of Europe* (Fn. 140), S. 82.

den vielen anderen nicht kodifizierten „tools of interpretation" des Gerichtshofs, nicht sehe.

(3) The Official Opening of the Judicial Year 2015

Vor dem Hintergrund der aktuellen Entwicklungen rund um das 15. Zusatzprotokoll wurde das alljährlich stattfindende Seminar zur offiziellen Eröffnung des Gerichtsjahres im Jahr 2015 dem Subsidiaritätsprinzip gewidmet. Unter dem Arbeitstitel „Subsidiarity: a two-sided coin?"[142] wurde auch die erstmals ausdrückliche Aufnahme der Margin-of-appreciation-Doktrin in die Konvention diskutiert. Sabino Cassese, ehemals Richter am italienischen Verfassungsgericht, setzte sich in seinem Vortrag[143] kritisch mit Protokoll Nr. 15 und der Kodifizierung des staatlichen Beurteilungsspielraums auseinander und zeigte dabei die möglichen Konsequenzen auf.

Zuerst führt Cassese aus, dass das Subsidiaritätsprinzip und die Margin-of-appreciation-Doktrin im neuen Abschnitt der Präambel als zwei unterschiedliche Grundsätze dargestellt würden, mit jeweils unterschiedlichem Inhalt. Darin sieht er die – für den Gerichtshof – schwere Aufgabe begründet, die Unterschiede zwischen beiden zu erklären und darzustellen. Als weitere Konsequenz der Kodifizierung verweist Cassese auf die Änderung der Rechtsgrundlage des staatlichen Beurteilungsspielraums. Während es sich bei der Margin-of-appreciation-Doktrin zuvor um eine durch Richterrecht entwickelte, freiwillige Einschränkung der Kontrolldichte gehandelt habe, sei ihre Rechtsgrundlage nun im Konventionsrecht verankert. Dies führe dazu, dass der staatliche Beurteilungsspielraum nun nicht mehr bloß vom Gerichtshof gewährt oder anerkannt würde, sondern dass die Mitgliedstaaten einen Anspruch auf diesen hätten. Mitgliedstaaten könnten die margin of appreciation nunmehr für sich fruchtbar machen und gegen den Gerichtshof einsetzen mit dem Argument, sie besäßen die ursprüngliche Verantwortung, die Konventionsrechte zu sichern. Zudem sei mit der neuen, geschriebenen konventionsrechtlichen Rechtsgrundlage die Möglichkeit der Aufhebung der ursprünglich richterrechtlichen Doktrin durch den Gerichtshof nicht mehr gegeben. Zuletzt weist Cassese hinsichtlich

142 *European Court of Human Rights* (Fn. 79).
143 *Cassese*, S., Ruling indirectly – Judicial Subsidiarity in the ECHR.

der Konsequenzen der Kodifizierung der Margin-of-appreciation-Doktrin darauf hin, dass durch ihre Transformation in eine gesetzliche Doktrin eine „double interpretation" vom Gerichtshof ins Auge gefasst werden könne, einmal für Staaten, die einen höheren Schutz auf nationaler Ebene bereitstellen, und andererseits für Staaten, die weniger Schutz bieten.[144]

(4) Bewertung

Dem Explanatory Report zu Protokoll Nr. 15 ist zu entnehmen, dass mit der Kodifizierung des Subsidiaritätsprinzips und der Margin-of-appreciation-Doktrin die Intention verfolgt wird, den Zugang und die Transparenz beider Grundsätze zu stärken.[145] Inwiefern die konkrete Umsetzung gelungen ist und ob der neue Präambel-Abschnitt nun ein Zeichen für Kontinuität darstellt oder gar eine Trennlinie zur Vergangenheit[146], soll durch eine Auseinandersetzung mit den zuvor aufgeführten Kritiken untersucht werden.

(i.) ‚Undefinierbarkeit'

Die Schwierig- oder gar Unmöglichkeit, den Inhalt der komplexen und umfangreichen Margin-of-appreciation-Doktrin in einer Definition zu erfassen, wurde im Vorfeld von vielen gesehen, und vor den Folgen einer zu engen und einschränkenden Definition wurde gewarnt. Die in Art. 1 des Zusatzprotokolls enthaltene finale Festschreibung des Beurteilungsspielraums und des Subsidiaritätsprinzips umfasst nur 58 Wörter und mutet auf den ersten Blick eher unzulänglich an, angesichts der Komplexität der Doktrin und der Menge an dazu existierender Rechtsprechung. Auch der Gerichtshof hatte diesbezügliche Bedenken und äußerte diese bereits im Hinblick auf Art. 1 des Protokollentwurfs[147], dessen Formulierung ohne Abweichungen in der finalen Fassung des 15. Zusatzprotokolls übernom-

---

144 *Cassese, S.* (Fn. 143), S. 5 f.

145 *Council of Europe* (Fn. 135) mit Verweisen auf die Brighton Declaration.

146 *Cassese, S.* (Fn. 143), S. 5: „Let us consider whether the new recital is a sign of continuity or, on the contrary, traces a dividing line with the past", Cassese leitet mit diesen Worten in die Vorstellung seiner Untersuchungsergebnisse ein.

147 *Steering Committee for Human Rights*, Draft Protocol No. 15 to the Convention.

men wurde. Der Präsident des Gerichtshofs wandte sich deswegen im November 2012 brieflich an den Vorsitzenden des Steering Committee for Human Rights (CDDH) und monierte, dass Art. 1 des Entwurfs unvollständig sei und dies zu Unsicherheiten hinsichtlich der beabsichtigten Bedeutung führen könne.[148] Die Bedenken des Gerichtshofs wurden vom CDDH berücksichtigt, wobei man sich jedoch gegen eine Änderung des Wortlauts von Art. 1 entschied.[149] Stattdessen wurde eine Klarstellung im Erläuterungsbericht zu Protokoll Nr. 15 aufgenommen, in der es heißt:

> It is intended [...] to be consistent with the doctrine of the margin of appreciation as developed by the Court in its case law.[150]

Demnach soll der in der Präambel aufgeführte Beurteilungsspielraum der Mitgliedstaaten mit der vom Gerichtshof entwickelten Margin-of-appreciation-Doktrin übereinstimmen. Das Problem, den Inhalt und die Anwendungsbereiche der Doktrin in einer Definition zu erfassen, hat man durch den Verweis auf die Rechtsprechung zur Doktrin umgangen. Dieser Verweis gewährleistet, gegenüber einer festgeschriebenen Definition, die Erfassung aller bisher da gewesenen Fallkonstellationen, sodass der Status quo der Doktrin in all ihren Facetten Gegenstand der Kodifizierung ist. Auch eine flexible Handhabung in der Zukunft wird dem EGMR durch den Verweis nicht abgeschnitten, denn er kann auf seiner bestehenden Rechtsprechung zur Doktrin aufbauen und diese konsequent anwenden und weiterführen.

Auch wenn die Klarstellung zur inhaltlichen Bestimmung der margin of appreciation ‚nur' in den Erläuterungsbericht aufgenommen wurde und nicht in den Konventionstext selbst, kann der Gerichtshof auf dieses Verständnis im Rahmen der Auslegung zurückgreifen,[151] denn sowohl der Er-

148 *European Court of Human Rights*, Opinion of the Court on Draft Protocol No. 15 to the European Convention on Human Rights, S. 2; der ursprüngliche „comment" des EGMR vom November 2012 wurde nicht veröffentlicht, Teile dessen werden jedoch von Spielmann im Rahmen eines Vortrags zitiert, *Spielmann, D.* (Fn. 117), S. 58.

149 *CDDH*, Extract of the Report of the 76th Meeting of the Steering Committee for Human Rights, in:, Draft Protocol No. 15 amending the Convention for the Protection of Human Rights and Fundamental Freedoms (19.1.2013); *Parliamentary Assembly*, Draft Protocol No. 15 amending the Convention for the Protection of Human Rights and Fundamental Freedoms, S. 3.

150 *Council of Europe* (Fn. 135), Ziff. 7.

151 *EGMR*, Application no. 25551/05 (Korolev v. Russia) 27.07.2004 S. 3, hier wurde der Explanatory Report zum 14. Zusatzprotokoll herangezogen.

läuterungsbericht als auch der entsprechende Auszug aus dem CDDH Meeting gehören zu den travaux préparatoires des 15. Zusatzprotokolls. Auf diese Weise ist sichergestellt worden, dass der auslegungsoffene und lückenhafte Wortlaut des neuen Abschnitts der Präambel nicht dafür fruchtbar gemacht werden kann, das Konzept mitgliedstaatlicher Beurteilungsspielräume inhaltlich anders zu besetzen oder seinen Anwendungsbereich zugunsten der Mitgliedstaaten zu erweitern.[152]

(ii.) Vergleich mit anderen konventionsrechtlichen Grundsätzen

Es wurde ebenso kritisch hinterfragt, wieso die mitgliedstaatliche margin of appreciation Eingang in die Konvention finden solle, während andere vom Gerichtshof im Zusammenhang mit seiner richterlichen Tätigkeit entwickelte Grundsätze und Werkzeuge[153] ungeschrieben blieben. Die Befürchtung wurde geäußert, dass diese Ungleichbehandlung eine Wertigkeit impliziere und dass sie richtungsweisend sein könne für die zukünftige Rechtsprechungsentwicklung.

Die Margin-of-appreciation-Doktrin ist im Gegensatz zu anderen gerichtlich entwickelten Grundsätzen, wie beispielsweise dem, dass die Konvention ein „living instrument"[154] sei, oder zum Grundsatz des „effet utile", aus konventionsrechtlicher Perspektive prima facie zunächst restriktiver Natur. Durch sie gewährt der Gerichtshof den Mitgliedstaaten Beurteilungsspielräume bei konventionsrechtlichen Angelegenheiten und übt sich in richterlicher Zurückhaltung, anstatt eine eigene Beurteilung an die Stelle der nationalen Entscheidung zu setzen und somit – zumindest in Auslegungsfragen – eine einheitliche Wertung vorzugeben. Unabhängig davon, dass die Doktrin aus konventionsrechtlicher Perspektive nicht nur einschränkend wirkt, sondern indirekt auch der Stärkung des Konventionssystems dienen kann, und dass Uniformität unter den Mitgliedstaaten eben

---

152 *European Court of Human Rights* (Fn. 79), S. 6, Ziff. 22; dies bekräftigend *Spielmann, D.* (Fn. 117), S. 59.

153 In diesem Zusammenhang wurde von den NGOs der Begriff „principle of interpretation" und von Sir Bratza „tool of interpretation" für die margin of appreciation verwendet. Führt man sich jedoch vor Augen, dass eine mitgliedstaatliche margin of appreciation nicht nur im Zusammenhang mit Auslegungsfragen gewährt wird, erscheint diese Umschreibung nicht ganz zutreffend. Besser in *Spielmann, D.* (Fn. 117), S. 49: „analytical tool".

154 *EGMR*, Application no. 5856/72 (Tyrer v. The United Kingdom), Rn. 31.

nicht das Ziel der Konvention ist[155], stellt sich die Frage nach dem Bestehen eines sachlichen Grunds für die Kodifizierung der Doktrin im Vergleich zu den extensiven Grundsätzen des Gerichtshofs, die er bei der Auslegung der Konvention heranzieht.

Im Erläuterungsbericht heißt es diesbezüglich, dass es die Intention der Vertragsparteien sei, die Zugänglichkeit und Transparenz der Margin-of-appreciation-Doktrin durch eine Aufnahme in den Konventionstext zu stärken.[156] Angesichts der Bedeutung, die die Doktrin in der Rechtsprechung des Gerichtshofs in den letzten Jahrzehnten erlangt hat, und der mit ihr verbundenen Kontroversen wegen ihrer restrikitven Tendenz bei fehlender geschriebener Rechtsgrundlage erscheint die Kodifizierung der Margin-of-appreciation-Doktrin aus Transparenz- und Zugänglichkeitsgründen überzeugend. Dennoch mögen die Begründung und die Kodifizierung zum jetzigen Zeitpunkt ‚fadenscheinig' anmuten, angesichts der tatsächlichen Begleitumstände des Kodifizierungsprozesses. Das offenkundige Missfallen mancher Regierungen gegenüber der revidierenden Rechtsprechung des EGMR in Bezug auf demokratisch legitimierte, nationale Entscheidungen lässt vermuten, dass Souveränitätsaspekte eine Rolle spielten und mit der Kodifizierung der Doktrin ein starkes Zeichen in Richtung des Gerichtshofs für mehr Zurückhaltung gesetzt werden sollte.[157] Dass die Kodifizierung der margin of appreciation im Gegensatz zu anderen bisher ungeschriebenen Grundsätzen somit auch eine gewisse Wertigkeit implizieren sollte, kann nicht gänzlich ausgeschlossen werden.

Inwiefern das von den Vertragsstaaten mit der Kodifizierung gesetzte Zeichen jedoch wegweisend für die zukünftige Rechtsprechungsentwicklung sein wird, hängt von der Rezeption dessen durch den Gerichtshof ab. Im Rahmen seiner Kritik zum unvollständigen Wortlaut des Art. 1 betreffend die margin of appreciation führte er bereits aus, dass es ganz klar keine gemeinsame Intention der Vertragsstaaten dahingehend gegeben habe, die Substanz der Konvention oder ihr System der Durchsetzung zu ändern.[158] Dass der Gerichtshof sich zukünftig wegen der Kodifizierung einer restriktiveren, den effektiven Menschenrechtsschutz zugunsten staatlicher Souveränität einschränkenden Rechtsprechung zuwenden wird, scheint somit wenig wahrscheinlich.

155 Siehe die Ausführungen zur Auslegung, S. 15 f.
156 *Council of Europe* (Fn. 135), S. 2, Ziff. 7.
157 Ebenso *European Court of Human Rights* (Fn. 79), S. 6, Ziff. 22.
158 *European Court of Human Rights* (Fn. 148), S. 2.

(iii.) Die Änderung der Rechtsgrundlage und ihre Konsequenzen

Cassese wies im Rahmen seines Vortrags zur Eröffnung des Gerichtsjahrs darauf hin, dass es sich bei der Margin-of-appreciation-Doktrin nach der Kodifizierung nicht mehr um eine selbst auferlegte Einschränkung der Kontrolldichte des Gerichtshofs handele. Vielmehr fuße das Konzept mitgliedstaatlicher Beurteilungsspielräume nun auf einer anderen Rechtsgrundlage, nämlich dem Konventionstext, und werde dem Gerichtshof fortan von der Konvention selbst auferlegt.[159] Dem ist entgegenzuhalten, dass die Margin-of-appreciation-Doktrin zwar richterrechtlich entwickelt wurde, ihre Rechtsgrundlage bzw. ihre rechtliche Legitimation aber schon immer in der Konvention selbst enthalten war, auch ohne ausdrückliche Festschreibung.[160] Inwiefern es sich bei der Margin-of-appreciation-Doktrin darüber hinaus überhaupt um eine selbst auferlegte Einschränkung der Kontrolldichte im Sinne wahrhaft freiwilliger, milder Zurückhaltung handelt, erscheint angesichts der Akzeptanzprobleme des EGMR zu Beginn seiner Rechtsprechungstätigkeit, der dem Konventionssystem zugrundeliegenden Aufgabenverteilung und der beschriebenen praktischen Grenzen des EGMR zudem äußerst fraglich.[161]

Cassese schließt aus dem ‚Wechsel der Rechtsgrundlage' weiter, dass die margin of appreciation Mitgliedstaaten nun nicht mehr nur gewährt oder zugestanden würde, sondern dass sie mit der Kodifizierung einen Anspruch auf diesen hätten. Sie seien nunmehr in der Lage, die margin of appreciation gegen den Gerichtshof mit der Begründung einzusetzen, sie hätten die primäre Verantwortung für die Sicherung der Umsetzung und Einhaltung der Konventionsrechte.[162] Die Schlussfolgerung erscheint insofern fragwürdig, als den Mitgliedstaaten schon vor der Kodifizierung nach ständiger Rechtsprechung des Gerichtshofs die primäre Sicherung der Konventionsrechte oblag,[163] und zwar unabhängig von einer Kodifizierung dessen, eben weil das Konventionssystem gerade auf dieser Aufgabenverteilung beruht. Ebenso konnten sich die Mitgliedstaaten auch

---

159 *Cassese, S.* (Fn. 143), S. 5.

160 Siehe Ausführungen zur rechtlichen Grundlage.

161 Siehe zum „Grundsatz des judicial self-restraint" in der Rechtsprechung des BVerfG die ähnliche Kritik bei Fn. 50

162 *Cassese, S.* (Fn. 143), S. 5 f.

163 Ebenso *Nußberger*, A., Comments on Sabino Cassese's Paper "Ruling indirectly – Judicial Subsidiarity in the ECHR", S. 2.

schon vor der Kodifizierung gegenüber dem Gerichtshof auf den Beurteilungsspielraum berufen und wurden diesbezüglich gehört. Der Gerichtshof prüfte in diesen Fällen, ob und in welchem Umfang ein Beurteilungsspielraum bestand, und zögerte nicht, diesen bei tatsächlichem Vorliegen auch zu gewähren.[164]

Die Anwendungsbereiche der margin of appreciation waren bereits vor der Kodifizierung durch die ständige Rechtsprechung des EGMR in gewissem Maße festgelegt bzw. konturiert, und die margin selbst ist schon lange fester Bestandteil des konventionsrechtlichen Repertoires. Wenn ein Mitgliedstaat sich daher basierend auf der ständigen Rechtsprechung zu Recht auf diesen berief, stand dessen Anwendung schon vor der Kodifizierung faktisch nicht im Belieben des EGMR. Hätten die Richter sich in einem solchen Fall auf eine Freiwilligkeit der Einschränkung ihrer Kontrolldichte berufen, hätten sie sich dem Vorwurf der inkonsequenten Rechtsanwendung und damit der Unglaubwürdigkeit in Bezug auf Rechtssicherheit und Rechtsstaatlichkeit ausgesetzt. Somit macht es faktisch keinen wirklichen Unterschied, dass den Mitgliedstaaten nunmehr nach Cassese ein Anspruch auf die margin of appreciation zustehe, denn auch dieser ist nur gegeben, sofern die von der Rechtsprechung entwickelten Voraussetzungen für die Gewährung eines Beurteilungsspielraums tatsächlich vorliegen, und in diesen Fällen wurde auch schon früher der Spielraum ‚gewährt'.

Als weitere Konsequenz der Kodifizierung und der damit einhergehenden Änderung der Rechtsgrundlage verweist Cassese auf die nun nicht mehr existierende Möglichkeit des Gerichtshofs, sich von der Margin-of-appreciation-Doktrin zu trennen.[165] Dies mag zwar in der Theorie stimmen, wird aber in der Praxis kaum eine ‚echte' Konsequenz sein. Die Margin-of-appreciation-Doktrin wurde über Jahrzehnte vom Gerichtshof angewandt und gehört – wie schon gesagt – fest zur Konventionsrechtsprechung. Eine Abkehr von der Doktrin würde den Vorwurf der Inkonsequenz rechtfertigen und zu erheblichen Schwierigkeiten mit den Mitgliedstaaten sowie zu praktischen Problemen führen. Somit ist die Lossagung von der margin of appreciation bereits vor der Kodifizierung faktisch un-

---

164 Beispielhaft: *EGMR*, Application no. 4241/12 (McDonald v. The United Kingdom) 20.05.2014, Rn. 42, 44, 57.

165 *Cassese, S.* (Fn. 143), S. 6.

möglich, oder wie Frau Nußberger sagt: Eine Abkehr von der Doktrin würde vom Gerichtshof verlangen, den Ast abzusägen, auf dem er sitzt.[166]

Zuletzt soll noch auf Casseses Einwand eingegangen werden, dass das Subsidiaritätsprinzip und die margin of appreciation im neuen Zusatz zur Präambel als zwei unterschiedliche Konzepte dargestellt würden und dem Gerichtshof somit die schwere Aufgabe verbliebe, die Unterschiede zwischen beiden herauszuarbeiten.[167] Nach Ansicht der Autorin liest sich der Präambel-Zusatz keineswegs so wie von Cassese beschrieben. Nach dem Wortlaut genießen die Mitgliedstaaten bei der Wahrnehmung ihrer nach dem Subsidiaritätsprinzip zugeordneten Aufgaben eine margin of appreciation. Das Subsidiaritätsprinzip und der Beurteilungsspielraum werden dabei nicht als zwei unterschiedliche Konzepte beschrieben, sondern vielmehr in Verhältnis zueinander gesetzt, wobei deutlich wird, dass sich die margin of appreciation aus dem Subsidiaritätsprinzip ableitet.[168] Diese Lesart wird unterstützt durch den Explanatory Report, in dem es heißt, dass der mitgliedstaatliche Beurteilungsspielraum die Subsidiarität des Konventionssystems widerspiegelt.[169]

(iv.) Gefahr der „double interpretation"

Es wurde ebenfalls kritisch angemerkt, dass durch die Umwandlung der Margin-of-appreciation-Doktrin in eine legislative Doktrin der Gerichtshof eine „double interpretation" ins Auge fassen könne, die abhängig vom jeweiligen Schutzniveau auf nationaler Ebene wäre.[170] Angelika Nußberger, derzeitige Richterin am EGMR, erwidert darauf, dass eine solche „double interpretation" der Konvention weder akzeptiert werden könne noch werde, und verweist stattdessen auf Elemente der margin of appreciation, die sie als „procedural" bezeichnet. Gemeint ist damit die bereits

---

166 *Nußberger, A.* (Fn. 163), S. 2.

167 *Cassese, S.* (Fn. 143), S. 5.

168 Dieses Verhältnis von Subsidiaritätsprinzip und margin deckt sich mit dem in dieser Arbeit Beschriebenen.

169 *Council of Europe* (Fn. 135), Ziff. 9: „The jurisprudence of the Court makes clear that the States Parties enjoy a margin of appreciation in how they apply and implement the Convention, depending on the circumstances of the case and the rights and freedoms engaged. This reflects that the Convention system is subsidiary […]."

170 *Cassese, S.* (Fn. 143), S. 6.

bestehende Praxis[171] des Gerichtshofs, genau zu untersuchen, inwiefern konventionsrechtliche Aspekte in den jeweiligen nationalen Entscheidungsprozessen berücksichtigt wurden, um dann die Weite des Beurteilungsspielraums von einer etwaigen profunden Auseinandersetzung auf nationaler Ebene abhängig zu machen.[172] Das vehemente Entgegentreten von Frau Nußberger gegen die Gefahr einer „double interpretation" kann als Indiz dafür gewertet werden, dass auch der Gerichtshof eine solche nicht vorsehen wird.

(v.) Ausblick

Es bleibt abschließend festzuhalten, dass die Kodifizierung insofern gelungen ist, als der Inhalt der Margin-of-appreciation-Doktrin durch die Einfügung des neuen Präambel-Zusatzes nicht eingeschränkt oder verändert wurde. Zwar ändert sich in gewisser Weise ihr Status durch die nunmehr geschriebene Verankerung im Konventionstext, doch inwiefern dies tatsächlich einen Unterschied zur bisherigen Rechtslage darstellen wird, ist fraglich und bleibt abzuwarten. Die von Cassese aufgeworfene Frage, ob der neue Präambel-Abschnitt ein Zeichen für Kontinuität oder einen Bruch mit der Vergangenheit bedeutet, kann dahingehend beantwortet werden, dass er der Kontinuität zumindest nicht im Wege steht. Letztendlich ist aber der Gerichtshof Herr über die Auslegung der Konvention und wird es auch nach Inkrafttreten des 15. Zusatzprotokolls sein, sodass tatsächliche Auswirkungen der Kodifizierung allein von seiner Rezeption der Konventionsänderung bzw. der dahinterstehenden Motivation abhängen.[173]

---

171 *EGMR*, Application no. 48876/08 (Animal Defenders International v. The United Kingdom) 22.04.2013, Rn. 108.

172 *Nußberger, A.* (Fn. 163), S. 3.

173 Ähnlich *van Hoof, F.*, The Stubbornness of the ECtHR's Margin of Appreciation Doctrine, in: Haeck/McGonigle Leyh/Burbano-Herrera/Contreras-Garduño (Hrsg.), The Realisation of Human Rights: When Theroy meets Practice (2013), 125, S. 149.

6. Fazit

Dass der EGMR die Margin-of-appreciation-Doktrin im Rahmen seiner Rechtsprechung ohne Rückgriff auf eine konkrete, geschriebene Rechtsgrundlage entwickelte, führte angesichts der mit ihr verbundenen Ausübung von richterlicher Zurückhaltung zu immenser Kritik. Dass es sich bei der Doktrin dennoch nicht um ein systemfremdes oder gar systemfeindliches Instrument handelt, wurde im Rahmen dieses Abschnitts dargelegt; ebenso wurde festgestellt, dass richterliche Zurückhaltung zuweilen sogar notwendig ist, um die Effektivität und Funktionsfähigkeit des Konventionssystems gewährleisten zu können. Auch wenn die mitgliedstaatliche margin bisher nicht auf einer ausdrücklichen Rechtsgrundlage in der Konvention beruhte, konnte seine rechtliche Legitimation aus dem Konventionssystem selbst abgeleitet werden.

Die bevorstehende Kodifizierung der margin of appreciation lässt die kritischen Stimmen jedoch nicht verstummen, auch wenn sie sich nun in eine andere Richtung wenden. Wurde früher kritisiert, dass der Gerichtshof sich mittels der Doktrin systemwidrig seiner Kontrollbefugnis entziehen könne[174] und damit den Menschenrechtsschutz gefährde, sind es nun die Mitgliedstaaten, die in die Kritik geraten sind, weil sie die Kodifizierung nutzen wollen, um ihre Souveränität zu stärken. Auch wenn mit dem neuen Präambel-Zusatz der Streit um die rechtliche Legitimation der Margin-of-appreciation-Doktrin wohl endgültig ad acta gelegt werden kann, zeigt seine Entstehungsgeschichte, deutlicher als je zuvor, das Gefahren- und Missbrauchspotenzial der Doktrin für die Effektivität und Funktionsfähigkeit des Konventionssystems auf.

III. Die Anwendung der Margin-of-appreciation-Doktrin

Im Verlauf der Jahre ist der Anwendungsbereich der Margin-of-appreciation-Doktrin, ausgehend von der Sondervorschrift des Art. 15 EMRK, schrittweise auf die meisten in der Konvention enthaltenen Rechte ausge-

174 Statt vieler *Mahoney, P.* (Fn. 58), S. 4.

dehnt worden.[175] Statt einer vollständigen Analyse[176], welche aufgrund der Fülle der Rechtsprechung zu diesem Thema nicht geleistet werden kann, soll an dieser Stelle nur die Anwendung der Doktrin im Hinblick auf bestimmte Rechte dargestellt werden.

Zum einen wird die Rechtsprechung zu Art. 8 EMRK umfassend untersucht, da dieser neben der speziellen Notstandsklausel des Art. 15 EMRK das erste Konventionsrecht war, auf das die Margin-of-appreciation-Doktrin ausdrücklich angewandt wurde. Zudem weist Art. 8 Abs. 2 EMRK eine mit den Art. 9–11 Abs. 2 EMRK vergleichbare Rechtfertigungsstruktur auf, bei deren Prüfung die Margin-of-appreciation-Doktrin typischerweise vom Gerichtshof eingesetzt wird. Art. 2 EMRK, in dem das Recht auf Leben normiert ist, wird wegen seiner besonderen Bedeutung im Rechtekatalog der Konvention untersucht, wobei insbesondere die neue Rechtsprechung des Gerichtshofs zur Einräumung von Beurteilungsspielräumen bei der Bestimmung des Schutzbereichs im Fokus stehen wird. Zuletzt wird überprüft, ob die Margin-of-appreciation-Doktrin bei der Prüfung von Art. 3-Verletzungen eine Rolle spielt und ob der Gerichtshof sie somit auch bei einem absoluten, nicht rechtfertigungsfähigen Verbot einsetzt.

1. Art. 8 EMRK

Art. 8 EMRK enthält das Recht auf Achtung des Privat- und Familienlebens, der Wohnung und der Korrespondenz, wobei sich diese vier Regelungsgebiete, die den Schutzbereich ausmachen, zum Teil überschneiden.[177] Neben einer abwehrrechtlichen Dimension entnimmt der Gerichtshof Art. 8 EMRK auch positive Pflichten der Mitgliedstaaten, um die enthaltenen Rechte zu gewährleisten und zu sichern.[178] Im Zusammenhang

---

175 *Brems, E.* (Fn. 3), S. 242.

176 Ausführlichere und vollständige Darstellungen bei *Rupp-Swienty, A.* (Fn. 3), S. 38 ff.; *Brems, E.* (Fn. 3), S. 243 ff.; *Yourow, H. C.* (Fn. 21), S. 56 ff.; *Arai-Takahashi, Y.* (Fn. 3), S. 19 ff.

177 *Frowein, J. A.*, Art. 8 Recht auf Achtung des Privat- und Familienlebens, in: Frowein/Peukert (Hrsg.), Europäische MenschenRechtsKonvention (2009), 287, S. 288.

178 *Marauhn, T./Thorn, J.*, Privat- und Familienleben, in: Dörr/Grote/Marauhn (Hrsg.), EMRK/GG (2013), 868, Rn. 20; dazu an späterer Stelle mehr unter Punkt III. /1. /d.

mit Art. 8 EMRK erwähnte der Gerichtshof erstmals ausdrücklich die Margin-of-appreciation-Doktrin, womit Art. 8 EMRK zu den ersten Konventionsrechten gehört, bei denen der Gerichtshof die mitgliedstaatliche margin of appreciation etablierte.[179] Im Schutzbereich von Art. 8 EMRK spielt die Doktrin dabei so gut wie gar keine Rolle, wenngleich sie auch dort nicht vollkommen bedeutungslos ist.

In den achtziger Jahren sah sich die Kommission mit der Frage konfrontiert, ob eine gleichgeschlechtliche Partnerschaft in den Schutzbereich des Rechts auf Achtung des Familienlebens nach Art. 8 EMRK falle. Die Kommission stellte fest, dass – unabhängig von modernen Entwicklungen zum Thema Homosexualität – gleichgeschlechtliche Paare nicht unter den konventionsrechtlichen Familienbegriff subsumiert werden könnten.[180] Im Jahr 2001 befasste sich dann der Gerichtshof mit dieser Frage und berief sich diesbezüglich auf die ständige Spruchpraxis der Kommission[181]. Der Gerichtshof führte zudem aus, dass es sich, trotz wachsender Tendenzen in den Mitgliedstaaten im Hinblick auf die rechtliche Anerkennung stabiler homosexueller Partnerschaften, immer noch um einen Bereich handele, in dem nur wenige Gemeinsamkeiten zwischen den Mitgliedstaaten bestünden und in welchem sie eine weite margin of appreciation genössen. Aus diesen Gründen schloss auch der Gerichtshof eine Einbeziehung gleichgeschlechtlicher Partnerschaften in den Schutzbereich des Rechts auf Achtung des Familienlebens aus.[182]

Im Jahr 2010 befasste sich der Gerichtshof dann erneut mit der Vereinbarkeit gleichgeschlechtlicher Partnerschaften mit dem Begriff des Familienlebens im Sinne von Art. 8 EMRK. Diesmal stellte er jedoch fest, dass es seit 2001 eine rasante Entwicklung in den mitgliedstaatlichen Gesellschaften zum Thema gleichgeschlechtliche Paare gegeben habe und dass darüber hinaus eine beachtliche Anzahl von Mitgliedstaaten die rechtliche Anerkennung gleichgeschlechtlicher Partnerschaften ermöglicht habe. Zudem sei auch dem Unionsrecht eine wachsende Tendenz hin zu einer Einbeziehung gleichgeschlechtlicher Paare unter den Begriff der ‚Familie' zu

---

179 *EGMR*, Application nos. 2832/66; 2835/66; 2899/66 (De Wilde, Ooms and Versyp "Vagrancy" v. Belgium), Rn. 93; *EGMR*, Application no. 4451/70 (Golder v. The United Kingdom), Rn. 45.

180 *EKMR*, Application no. 9369/81 (X. and Y. v. The United Kingdom) 03.05.1983, S. 221.

181 *EKMR*, Application no. 11716/85 (S. v. The United Kingdom) 14.05.1986, Rn. 2.

182 *EGMR*, Application no. 56501/00 (Mata Estevez v. Spain) 10.05.2001, S. 4 ff.

entnehmen. Der Gerichtshof hielt es in Anbetracht dieser Entwicklungen für gekünstelt, an der Ansicht festzuhalten, dass gleichgeschlechtliche Paare im Gegensatz zu nichtgleichgeschlechtlichen Paaren kein Familienleben im Sinne von Art. 8 EMRK genießen könnten, und kam deshalb zu dem Schluss, dass auch die gleichgeschlechtliche, dauerhafte Partnerschaft in den Schutzbereich des Rechts auf Familienleben nach Art. 8 EMRK falle.[183] Diese Rechtsprechungsänderung wurde in späteren Entscheidungen bestätigt.[184]

In der dargestellten Rechtsprechungsentwicklung hat es der Gerichtshof den Mitgliedstaaten zwar nicht durch Einräumung einer margin of appreciation selbst überlassen, ob sie den Schutzbereich des Familienlebens für homosexuelle Langzeitbeziehungen als eröffnet ansehen; er hat das Bestehen und den Umfang der mitgliedstaatlichen margin of appreciation in diesem Bereich aber für seine eigene Beurteilung fruchtbar gemacht. Der Gerichtshof hat seine Rechtsprechung zum Schutzbereich des Familienlebens den aktuell herrschenden und mehrheitlich übereinstimmenden Ansichten in den Mitgliedstaaten angepasst und dies implizit auch mit dem damit einhergehenden reduzierten Beurteilungsspielraum begründet. Folglich kann die mitgliedstaatliche margin of appreciation auch Einfluss auf den Schutzbereich von Art. 8 EMRK haben, wenn auch nicht unmittelbar.

Unmittelbaren Einfluss erlangt die Margin-of-appreciation-Doktrin im Rahmen von Art. 8 EMRK nur bei der Prüfung, ob ein staatlicher Eingriff nach Art. 8 Abs. 2 EMRK gerechtfertigt werden kann, und im Zusammenhang mit den aus Art. 8 EMRK folgenden positiven Pflichten der Mitgliedstaaten.

a) Die Rechtfertigung von Eingriffen nach Art. 8 Abs. 2 EMRK

Ob ein staatlicher Eingriff in Art. 8 EMRK gerechtfertigt werden kann, misst sich an den Voraussetzungen von Art. 8 Abs. 2 EMRK. Danach ist eine Rechtfertigung gegeben, soweit der Eingriff gesetzlich vorgesehen und in einer demokratischen Gesellschaft notwendig ist, um die Belange der nationalen oder öffentlichen Sicherheit, das wirtschaftliche Wohl des

183 *EGMR*, Application no. 30141/04 (Schalk and Kopf v. Austria) 24.06.2010, Rn. 93 ff.

184 *EGMR*, Applications nos. 29381/09 and 32684/09 (Vallianatos and Others v. Greece) 07.11.2013, Rn. 73.

Landes, die Aufrechterhaltung der Ordnung, die Verhütung von Straftaten, die Gesundheit, die Moral oder die Rechte und Freiheiten anderer zu gewährleisten und zu schützen. Damit weist Art. 8 Abs. 2 EMRK eine ähnliche Rechtfertigungsstruktur auf wie die Art. 9 Abs. 2 bis Art. 11 Abs. 2 EMRK, in denen die Margin-of-appreciation-Doktrin ebenfalls angewandt wird.[185] Die Rechtfertigungsprüfung nach Art. 8 Abs. 2 EMRK gliedert sich in drei Prüfungspunkte auf, die im Folgenden im Hinblick auf die Anwendung der Margin-of-appreciation-Doktrin durch den Gerichtshof untersucht werden.

(1) „In accordance with the law"

Gemäß Art. 8 Abs. 2 EMRK muss ein Eingriff in das Recht auf Achtung des Privat- und Familienlebens, der Wohnung und der Korrespondenz gesetzlich vorgesehen sein. Dabei enthält Art. 8 Abs. 2 EMRK ebenso wie die Art. 9–11 Abs. 2 EMRK einen Gesetzesvorbehalt.[186] Auch wenn in der authentischen englischen Sprachfassung von „in accordance with the law" die Rede ist und in den Art. 9–11 Abs. 2 EMRK von „prescribed by law", bedeutet dies nicht, dass unterschiedliche Rechtfertigungsanforderungen bestünden.[187] Dem trägt die ebenfalls authentische französische Sprachfassung Rechnung, in der einheitlich von „prévues par la loi" die Rede ist, und auch die deutsche amtliche Übersetzung wurde diesem Verständnis angepasst, indem sowohl in Art. 8 Abs. 2 als auch in den Art. 9–11 Abs. 2 EMRK geschrieben steht, dass der Eingriff „gesetzlich vorgesehen" sein muss.

Der Gerichtshof versteht den Ausdruck „law"/„loi" in den entsprechenden Absätzen der Konventionsrechte als materiell-rechtlichen Gesetzesbegriff, wodurch in der Folge auch nicht formelle Gesetze dem konventionsrechtlichen Gesetzesvorbehalt genügen.[188] Schon früh hat der Gerichtshof

185 *Brems, E.* (Fn. 3), S. 243 f.; *Rupp-Swienty, A.* (Fn. 3), S. 81 ff.

186 *Marauhn, T./Thorn, J.* (Fn. 178), Rn. 81.

187 So hat auch der EGMR entschieden, der die in *EGMR*, Application no. 6538/74 (Sunday Times v. The United Kingdom) 26.04.1979, Rn. 49, für Art. 10 Abs. 2 EMRK entwickelten Voraussetzungen in *EGMR*, Application nos. 5947/72; 6205/73; 7052/75; 7061/75; 7107/75; 7113/75; 7136/75 (Silver and Others v. The United Kingdom) 25.03.1983 Rn. 85 ff., auf Art. 8 Abs. 2 EMRK erstreckt.

188 *EGMR*, Application no. 11801/85 (Kruslin v. France) 24.04.1990, Rn. 29; *EGMR*, Application no. 11105/84 (Huvig v. France) 24.04.1990, Rn. 28.

im Hinblick auf das Common Law System festgestellt, dass der Gesetzesvorbehalt auch ungeschriebenes Recht erfasse[189], und selbst eine von der deutschen Tierärztekammer erlassene Standesregel wurde als „Gesetz" im Sinne von Art. 8 Abs. 2 EMRK angesehen.[190]

Darüber hinaus wiederholt der Gerichtshof in ständiger Rechtsprechung, dass der Begriff „in accordance with the law" nicht lediglich auf das innerstaatliche Recht zurückverweise, sondern sich auch auf die Qualität des zugrundeliegenden Gesetzes beziehe.[191]

> The expression 'in accordance with the law', within the meaning of Article 8 § 2, requires firstly that the impugned measure should have some basis in domestic law; it also refers to the quality of the law in question, requiring that it should be accessible to the person concerned, who must moreover be able to foresee its consequences for him, and compatible with the rule of law.[192]

Die gesetzliche Grundlage für den Eingriff muss demnach für den Betroffenen zugänglich und ihre Rechtsfolgen müssen vorhersehbar sein. Dabei räumt der Gerichtshof ein, dass die Anforderungen, die die Konvention an die Vorhersehbarkeit stellt, nicht immer gleich seien, sondern vom jeweiligen Kontext abhingen.[193] Sofern ein Gesetz Ermessen enthält, müsse dessen Umfang angegeben sein, wobei das genaue Verfahren und die zu beachtenden Voraussetzungen nicht nötigerweise in dem Gesetz selbst enthalten sein müssten. Der in diesem Zusammenhang von einem Gesetz geforderte Grad an Bestimmtheit sei dabei abhängig vom jeweils betroffenen Gegenstand.[194]

---

189 *EGMR*, Application no. 6538/74 (Sunday Times v. The United Kingdom), Rn. 47

190 *EGMR*, Application no. 8734/79 (Barthold v. Germany) 25.03.1985, Rn. 46

191 *EGMR*, Application no. 8691/79 (Malone v. The United Kingdom) 02.08.1984, Rn. 67.

192 *EGMR*, Application no. 11801/85 (Kruslin v. France), Rn. 27, *EGMR*, Application no. 11105/84 (Huvig v. France), Rn. 26.

193 *EGMR*, Application no. 8691/79 (Malone v. The United Kingdom), Rn. 67.

194 *EGMR*, Application nos. 5947/72; 6205/73; 7052/75; 7061/75; 7107/75; 7113/75; 7136/75 (Silver and Others v. The United Kingdom), Rn. 88; *EGMR*, Application no. 8691/79 (Malone v. The United Kingdom), Rn. 68; spezifisch für Art. 8 EMRK vgl. *Marauhn, T./Thorn, J.* (Fn. 178), Rn. 82 ff.

(i.) Beurteilungsspielräume bei der Wahl der Form der gesetzlichen Grundlage?

Aufgrund der Tatsache, dass der EGMR ungeschriebenes Recht, standesrechtliche Vorschriften und weitgefasste Ermessensnormen mit dem konventionsrechtlichen Gesetzesvorbehalt für vereinbar hält, wird vertreten, dass den Mitgliedstaaten schon bei der Wahl der rechtlichen Form der Normen, mit denen Konventionsrechte eingeschränkt werden, eine weite margin of appreciation zugestanden werde. Deswegen sei die Margin-of-appreciation-Doktrin auch dem Erfordernis des Gesetzesvorbehalts nicht ganz fremd.[195]

Dem ist entgegenzuhalten, dass allein die Tatsache, dass der EGMR den Begriff „law"/„loi" in seinem materiellen und nicht im formellen Sinn versteht, nicht ausreicht, um hinsichtlich der Wahl der rechtlichen Form der Einschränkungsgrundlage einen Beurteilungsspielraum der Mitgliedstaaten anzunehmen. Es ist zwar richtig, dass das materielle Verständnis des Gerichtshofs von Gesetzen dazu führt, dass verschiedenste ‚Formen von Gesetzen' dem Gesetzesvorbehalt genügen und nicht nur das Parlamentsgesetz. Dass den Mitgliedstaaten jedoch eine gewisse Bandbreite an verschiedenen Gesetzesformen offensteht, um dem Gesetzesvorbehalt zu genügen, resultiert allein daraus, dass der Gerichtshof sich auf ein materielles Verständnis des Begriffs ‚Gesetz' festgelegt hat, und gerade nicht daraus, dass er die Auslegung des Begriffs dem Beurteilungsspielraum der Mitgliedstaaten überantwortet hätte. Die Festlegung auf einen materiellen Gesetzesbegriff bedingt zwangsläufig formelle Spielräume der Mitgliedstaaten.

Die Entscheidung des Gerichtshofs für einen materiellen Gesetzesbegriff und gegen ein formelles Verständnis lässt sich damit erklären, dass der konventionsrechtliche Gesetzesbegriff in der Lage sein muss, die unterschiedlichen Rechtssysteme der siebenundvierzig Mitgliedstaaten, in denen der Stellenwert eines formellen Gesetzes variiert, zu verarbeiten.[196] Diese Erklärung erinnert nur insofern an die Margin-of-appreciation-Doktrin, als diese auch eingesetzt wird, um der bestehenden – auch rechtlichen – Vielfalt unter den Mitgliedstaaten gerecht zu werden. Nichtsdestotrotz

195 *Kastanas, E./Matscher, F./Malinverni, G.* (Fn. 28), S. 37 und S. 65 und darauf bezugnehmend *Rupp-Swienty, A.* (Fn. 3), S. 69 f.

196 *Marauhn, T./Merhof, K.*, Grundrechtseingriff und -schranken, in: Dörr/Grote/Marauhn (Hrsg.), EMRK/GG (2013), 366, Rn. 25.

hat der Gerichtshof das Erfordernis „in accordance with the law“ ausgelegt und die Mitgliedstaaten haben dieses Auslegungsergebnis, abseits der immanenten formellen Freiräume, gleichermaßen zu beachten. Der Gerichtshof überprüft die mitgliedstaatliche Grundlage für einen Eingriff im konkreten Fall vollumfänglich anhand der von ihm aufgestellten Anforderungen an den Gesetzesvorbehalt. Dies entspricht nicht der Margin-of-appreciation-Doktrin, bei deren Anwendung den Mitgliedstaaten kontrollreduzierte eigene Beurteilungen zugestanden werden. Die Annahme, dass den Mitgliedstaaten in Bezug auf die Gesetzesform ein Beurteilungsspielraum zustünde, kann folglich nicht geteilt werden. Die Margin-of-appreciation-Doktrin findet weder ausdrücklich noch implizit Anwendung im Zusammenhang mit dem Erfordernis des Gesetzesvorbehalts.

(ii.) Die Vereinbarkeit der Rechtsgrundlage mit nationalem Recht

Der Gerichtshof überprüft im Rahmen von Art. 8 Abs. 2 EMRK, abseits einer Art Missbrauchskontrolle,[197] nicht, inwiefern die nationale rechtliche Grundlage für den Eingriff auch von den zuständigen nationalen Stellen richtig angewandt bzw. richtig ausgelegt wurde. Es sei zwar richtig, dass ein Eingriff nicht als „in accordance with the law“ angesehen werden könne, wenn die den Eingriff begründende Entscheidung nicht mit dem innerstaatlichen Recht in Einklang stünde; die Struktur des Konventionssystems setze dem Umfang der gerichtlichen Kontrolle durch den EGMR aber Grenzen. So obliege es in erster Linie den nationalen Stellen, insbesondere den nationalen Gerichten, das nationale Recht auszulegen und anzuwenden.[198] In Bereichen, die von geschriebenem Recht abgedeckt sind, bedeute dies deshalb,

> […] the ‘law’ is the enactment in force as the competent courts have interpreted it.[199]

Dass der Gerichtshof eine solche Kontrolle innerstaatlichen Rechts nicht durchführt, weil dies in erster Linie den nationalen Autoritäten zustehe,

---

197 *Marauhn, T./Merhof, K.* (Fn. 196), Rn. 33.

198 *EGMR*, Application no. 8734/79 (Barthold v. Germany), Rn. 48.

199 *EGMR*, Application no. 37971/97 (Société Colas Est and Others v. France) 16.04.2002, Rn. 43; *EGMR*, Application no. 41604/98 (Buck v. Germany) 28.04.2005, Rn. 37.

mag entfernt an die Margin-of-appreciation-Doktrin und das mit ihr verbundene „Better-position“-Argument erinnern. Der hier in Rede stehende Kontrollverzicht des Gerichtshofs beruht jedoch nicht auf der Doktrin, sondern darauf, dass er keine generelle Jurisdiktion über die Auslegung und Anwendung nationalen Rechts innehat. Der Gerichtshof überprüft die Vereinbarkeit nationaler Maßnahmen allein am Maßstab der EMRK. Dass der Begriff „law“ im Sinne von Art. 8 Abs. 2 EMRK das geltende Gesetz in Gestalt der Rechtsprechung der zuständigen nationalen Gerichte meint, entspricht daher nur der bestehenden Zuständigkeitsordnung zwischen EGMR und nationalen Gerichten. Die Mitgliedstaaten sind in dieser Hinsicht nicht nur in einer „better position“, sondern es ist ihre ureigene, alleinige Aufgabe.

(iii.) Zusammenfassung

Zusammenfassend lässt sich festhalten, dass der Gerichtshof im Zusammenhang mit der Rechtfertigungsvoraussetzung „in accordance with the law“ ausdrücklich keine mitgliedstaatliche margin of appreciation zuerkannt, sondern die Bedeutung des Begriffs „law“ selbst bestimmt hat. Dass den Mitgliedstaaten dennoch gewisse Freiräume in diesem Bereich verbleiben, beruht auf anderen Gründen als dem vermeintlichen Einsatz der Margin-of-appreciation-Doktrin. Der Entscheidung des Gerichtshofs, den Begriff „law“ in seinem materiellen und nicht formellen Sinne zu verstehen, ist es immanent, dass den Mitgliedstaaten bei der Wahl der jeweiligen Form der Eingriffsgrundlage Spielräume verbleiben. Ebenso beruht die Feststellung des Gerichtshofs, dass der Begriff „law“ das geltende Recht im Sinne der Rechtsprechung der nationalen Gerichte sei, nicht auf dem Einsatz der Margin-of-appreciation-Doktrin. Es ist die logische Konsequenz dessen, dass der Gerichtshof keine Jurisdiktion über nationales Recht innehat, sondern nur dessen Vereinbarkeit mit der Konvention überprüft. Dass dem Erfordernis „in accordance with the law“ die Margin-of-appreciation-Doktrin nicht ganz fremd sei, kann vor dem Hintergrund der dazu erfolgten Ausführungen nicht bestätigt werden.

(2) Legitime Ziele

Die in Art. 8 Abs. 2 EMRK enthaltene Aufzählung der legitimen Ziele, die einen Eingriff rechtfertigen können, ist abschließend. Rechtfertigungsfähige Ziele sind die nationale und öffentliche Sicherheit, das wirtschaftliche Wohl des Landes, die Aufrechterhaltung der Ordnung, die Verhütung von Straftaten, der Schutz der Gesundheit, der Schutz der Moral oder der Schutz der Rechte und Freiheiten anderer. Ein Eingriff muss nicht zwingend auf die Verfolgung nur eines dieser Ziele gerichtet sein; es können auch mehrere Ziele für die Rechtfertigung fruchtbar gemacht werden. Feststehende Definitionen der verschiedenen Ziele existieren bisher nicht und es ist zudem nicht erkennbar, dass der Gerichtshof besonderen Wert auf die präzise Auslegung und Anwendung dieser Ziele legen würde. Unstreitig ist diesbezüglich aber, dass die Begriffe autonom auszulegen sind, sodass ein unmittelbarer Rückgriff auf das jeweilige nationale Begriffsverständnis unzulässig wäre.[200]

(3) Notwendig in einer demokratischen Gesellschaft

Letztlich ist zu prüfen, ob der Eingriff in einer demokratischen Gesellschaft zur Erreichung des legitimen Ziels notwendig war. Zum Kriterium der „Notwendigkeit" heißt es nach ständiger Rechtsprechung des Gerichtshofs:

> An interference will be considered 'necessary in a democratic society' for a legitimate aim if it answers a 'pressing social need' and, in particular, if it is proportionate to the legitimate aim pursued and if the reasons adduced by the national authorities to justify it are 'relevant and sufficient' [...].[201]

Die Prüfung der Notwendigkeit eines Eingriffs umfasst somit zum einen die Frage, ob der Eingriff einem dringenden gesellschaftlichen Bedürfnis dient, und zum anderen die Frage, ob der Eingriff hinsichtlich des verfolg-

---

200 *Marauhn, T./Thorn, J.* (Fn. 178), Rn. 89 mit weiteren Nachweisen und einer ausführlichen Auseinandersetzung mit der Bedeutung der verschiedenen Beschränkungsziele in Rn. 90 ff.

201 *EGMR*, Application no. 21885/07 (Kushtova and Others v. Russia) 16.01.2014, Rn. 37.

ten Ziels verhältnismäßig ist.[202] Im Rahmen der Verhältnismäßigkeitsprüfung stellt der Gerichtshof in der Regel die Argumente für und gegen die jeweiligen widerstreitenden Interessen einander gegenüber und wägt diese dann gegeneinander ab.[203] Auch wenn er dabei zuweilen Aspekte heranzieht, die die Geeignetheit[204] oder die Erforderlichkeit[205] des Eingriffs betreffen, unterscheidet er diese in der Regel nicht ausdrücklich bzw. prüft sie nicht im Sinne getrennter, selbstständiger Prüfungspunkte. Bei der Prüfung der Notwendigkeit eines Eingriffs in einer demokratischen Gesellschaft handelt es sich somit eher um eine Prüfung der Verhältnismäßigkeit im engeren Sinne.[206]

An dieser Stelle der Prüfung wird die mitgliedstaatliche margin of appreciation relevant, denn nach der Rechtsprechung des Gerichtshofs ist es zuerst die Aufgabe der nationalen Behörden, die Notwendigkeit eines Eingriffs zu beurteilen.[207] Die margin of appreciation wird den Mitgliedstaaten somit bei der Beurteilung zugestanden, ob und in welchem Umfang ein Eingriff notwendig ist.[208] Der Spielraum erstreckt sich dabei grundsätzlich sowohl auf die Feststellung des Vorliegens eines dringenden ge-

---

202 *EGMR*, Applications nos. 33985/96 and 33986/96 (Smith and Grady v. The United Kingdom) 27.09.1999, Rn. 87; *EGMR*, Application no. 10581/83 (Norris v. Ireland), Rn. 41; *EGMR*, Application no. 10465/83 (Olsson v. Sweden (No. 1)) 24.03.1988, Rn. 67.

203 *EGMR*, Application no. 25579/05 (A, B and C v. Ireland). Rn. 230; *EGMR*, Application no. 43547/08 (Stübing v. Germany) 12.04.2012, Rn. 58;

204 *EGMR*, Applications nos. 33985/96 and 33986/96 (Smith and Grady v. The United Kingdom), Rn. 74; *EGMR*, Application no. 22009/93 (Z. v. Finland) 25.02.1997, Rn. 76.

205 *EGMR*, Application no. 57813/00 (S.H. and Others v. Austria) 03.11.2011, Rn. 102 ff.; *EGMR*, Application no. 28586/03 (Czarnowski v. Poland) 20.01.2009, Rn. 30.

206 Ebenso *Grabenwarter, C./Pabel, K.*, Europäische Menschenrechtskonvention (2016), § 18, Rn. 14 ff; *Pätzold, J.*, Art. 8 EMRK, in: Karpenstein/Mayer (Hrsg.), EMRK (2015), Rn. 97.

207 *EGMR*, Applications nos. 33985/96 and 33986/96 (Smith and Grady v. The United Kingdom), Rn. 88; *EGMR*, Application no. 20348/92 (Buckley v. The United Kingdom), Rn. 74; *EGMR*, Application no. 66746/01 (Connors v. The United Kingdom) 27.05.2004, Rn. 81.

208 *EGMR*, Application no. 11508/85 (Barfod v. Denmark) 22.02.1989, Rn. 28; *EGMR*, Application no. 10572/83 (Markt Intern Verlag GmbH and Klaus Beermann v. Germany) 20.11.1989, Rn. 33; *EGMR*, Application no. 10890/84 (Groppera Radio AG and Others v. Switzerland) 28.03.1990, Rn. 72.

sellschaftlichen Bedürfnisses[209] als auch auf den zu treffenden gerechten Ausgleich zwischen den relevanten, widerstreitenden Interessen im Rahmen der Verhältnismäßigkeitsprüfung.[210]

In ständiger Rechtsprechung weist der Gerichtshof darauf hin, dass trotz des Bestehens eines mitgliedstaatlichen Spielraums die mitgliedstaatliche Entscheidung, die den Eingriff darstellt, der Kontrolle durch den Gerichtshof dahingehend, ob die Anforderungen der Konvention erfüllt sind, nicht entzogen sei.[211] Es sei seine Aufgabe, zu prüfen, ob die zur Rechtfertigung des Eingriffs nach Art. 8 Abs. 2 EMRK vorgebrachten Gründe für das Vorliegen eines dringenden gesellschaftlichen Bedürfnisses und die Verhältnismäßigkeit des Eingriffs relevant und ausreichend seien.[212] Da der Umfang der mitgliedstaatlichen margin of appreciation jedoch im Einzelfall variieren kann,[213] variiert auch die vom Gerichtshof zugrunde gelegte Kontrolldichte bei der Gegenüberstellung und Abwägung der widerstreitenden Interessen und damit die Prüfungsintensität des Gerichtshofs im Rahmen der Verhältnismäßigkeitsprüfung. Aus diesem Grund prüft der Gerichtshof meist vor der eigentlichen Verhältnismäßigkeitsprüfung, wie weit der mitgliedstaatliche Spielraum im vorliegenden Fall ist.[214]

Im Folgenden soll untersucht werden, von welchen Faktoren der jeweilige Umfang mitgliedstaatlicher Spielräume abhängig ist. Aus den diesbezüglich untersuchten Urteilen soll abschließend neben den umfangbestimmenden Faktoren zudem abgeleitet werden, worauf sich der Anwendungsbereich der Margin-of-appreciation-Doktrin im Zusammenhang mit Art. 8 EMRK erstreckt, in welchem Zusammenhang der mitgliedstaatliche Beur-

---

209 *EGMR*, Application no. 7525/76 (Dudgeon v. The United Kingdom), Rn. 52.

210 *EGMR*, Application no. 25579/05 (A, B and C v. Ireland), Rn. 229.

211 *EGMR*, Application no. 20348/92 (Buckley v. The United Kingdom), Rn. 74.

212 *EGMR*, Application no. 7525/76 (Dudgeon v. The United Kingdom), Rn. 54: „relevant and sufficient"; *EGMR*, Application no. 21885/07 (Kushtova and Others v. Russia), Rn. 181; *EGMR*, Application no. 25735/94 (Elsholz v. Germany) 13.07.2000, Rn. 48.

213 *EGMR*, Application no. 7525/76 (Dudgeon v. The United Kingdom), Rn. 52; *EGMR*, Applications nos. 33985/96 and 33986/96 (Smith and Grady v. The United Kingdom), Rn. 88; *EGMR*, Application no. 20348/92 (Buckley v. The United Kingdom), Rn. 74.

214 *EGMR*, Application no. 25579/05 (A, B and C v. Ireland), Rn. 231 ff.; *EGMR*, Applications nos. 33985/96 and 33986/96 (Smith and Grady v. The United Kingdom), Rn. 89 f.; *EGMR*, Application no. 43547/08 (Stübing v. Germany), Rn. 59 ff.

teilungsspielraum von besonderer Bedeutung ist und wie dies begründet wird.

b) Umfang der margin of appreciation

Die Reichweite der mitgliedstaatlichen margin of appreciation hängt von verschiedenen Faktoren ab, die einander gegenübergestellt werden, um den Umfang des jeweiligen Beurteilungsspielraums für den konkreten Fall zu bestimmen. Maßgeblich für die Bestimmung des Umfangs sind dabei hauptsächlich die Natur des Individualinteresses und die Schwere des Eingriffs, das Bestehen oder Nichtbestehen eines europäischen Konsenses und die Natur und Bedeutung des mit dem Eingriff verfolgten Zwecks.

(1) Natur und Bedeutung des betroffenen Rechtsguts und Schwere des Eingriffs

Die Natur und Bedeutung des betroffenen Rechtsguts sowie die Art und Schwere des Eingriffs sind unter anderem maßgeblich für die Bestimmung des Umfangs des mitgliedstaatlichen Beurteilungsspielraums.

(i.) Das Recht auf Achtung des Privatlebens

In der Sache Dudgeon befasste sich der Gerichtshof mit der Vereinbarkeit des in Nordirland bestehenden strafrechtlichen Verbots homosexueller Aktivitäten mit dem aus Art. 8 EMRK folgenden Recht auf Achtung des Privatlebens des homosexuellen Beschwerdeführers. Durch dieses Verbot war es Männern unabhängig vom Alter nicht erlaubt, einverständliche homosexuelle Handlungen im Privaten vorzunehmen. Zur Rechtfertigung trug die britische Regierung vor, dass dieses Verbot in einer demokratischen Gesellschaft notwendig sei, um den Schutz der Moral und den Schutz der Rechte anderer, insbesondere im Hinblick auf gefährdete Mitglieder der Gesellschaft, wie beispielsweise Jugendliche, gewährleisten zu können.[215]

---

215 *EGMR*, Application no. 7525/76 (Dudgeon v. The United Kingdom), Rn. 45 ff.

Der Gerichtshof führte zur Frage, ob das Verbot in einer demokratischen Gesellschaft notwendig sei, aus, dass es zunächst den mitgliedstaatlichen Behörden obliege, das Vorhandensein eines zwingenden gesellschaftlichen Bedürfnisses zu beurteilen, wobei ihnen eine margin of appreciation zustehe. Hinsichtlich des Umfangs des Beurteilungsspielraums brachte die Regierung Großbritanniens vor, dass sie aus dem Handyside-Urteil ableite, dass den Mitgliedstaaten ein weiter Beurteilungsspielraum zustehe, wenn es um den Schutz der Moral gehe. Der Gerichtshof verneinte dies nicht, stellte aber klar, dass nicht nur die Art des verfolgten Beschränkungsziels relevant für den Umfang der margin of appreciation sei, sondern auch die Art und Bedeutung des betroffenen Individualinteresses. Da der zugrundeliegende Fall einen sehr intimen Aspekt des Privatlebens betreffe, müssten besonders schwerwiegende Gründe bestehen, um einen staatlichen Eingriff rechtfertigen zu können.[216]

Im sehr ähnlich gelagerten Fall Norris wehrte sich der Beschwerdeführer gegen das in Irland bestehende strafrechtliche Verbot homosexueller Betätigungen, welches dem Schutz der Moral dienen sollte. Die irische Regierung argumentierte, dass beim Schutz der Moral die Notwendigkeitskriterien des dringenden gesellschaftlichen Bedürfnisses und der Verhältnismäßigkeit nicht passend seien und dass in Bereichen, in denen die Mitgliedstaaten einen weiten Beurteilungsspielraum innehätten, auch eine dementsprechend weitere Auslegung des Notwendigkeitskriteriums erfolgen müsse. Der Gerichtshof lehnte dies ausdrücklich ab und verwies stattdessen auf die etablierten Kriterien zur Überprüfung der Notwendigkeit. Er machte deutlich, dass, auch wenn die Mitgliedstaaten in Angelegenheiten der Moral einen weiten Beurteilungsspielraum besäßen, dieser nicht grenzenlos sei und dass der Umfang der margin of appreciation zudem nicht nur von dem in Rede stehenden Beschränkungsziel abhänge, sondern auch von der Art des betroffenen Individualinteresses. Unter Verweis auf seine Rechtsprechung im Fall Dudgeon betonte der Gerichtshof erneut, dass bei Eingriffen in intime Bereiche des Privatlebens besonders schwerwiegende Gründe für eine Rechtfertigung vorliegen müssten.[217] Der Gerichtshof hatte in vielen darauffolgenden Fällen wiederholt, dass staatliche Eingriffe in besonders intime Bereiche des Privatlebens eines besonderen Rechtfertigungsaufwands bedürften und dass dadurch grundsätzlich, auf-

---

216 *EGMR*, Application no. 7525/76 (Dudgeon v. The United Kingdom), Rn. 52.
217 *EGMR*, Application no. 10581/83 (Norris v. Ireland), Rn. 43 ff.

grund des verfolgten Beschränkungsziels, weite Beurteilungsspielräume eingeschränkt werden könnten.

> Where a particularly important facet of an individual's existence or identity is at stake, the margin allowed to the State will normally be restricted. Accordingly, the Court has found that there must exist particularly serious reasons before interference on the part of public authorities concerning a most intimate aspect of private life, such as the manifestation of a person's sexuality, can be legitimate for the purposes of paragraph 2 of Article 8.[218]

Ermittlungen wegen Homosexualität und damit verbundene Entlassungen aus den britischen Streitkräften hatten beispielsweise dazu geführt, dass trotz eines weiten mitgliedstaatlichen Beurteilungsspielraums in Fragen nationaler Sicherheit eine Verletzung von Art. 8 EMRK angenommen wurde, und zwar mangels des Bestehens überzeugender und gewichtiger Gründe für einen derart intimen Eingriff.[219]

Doch nicht nur in Bereichen, die unmittelbar die Sexualität betreffen, spielen die Art des betroffenen Individualinteresses und die Intensität des Eingriffs eine Rolle bei der Bestimmung der Reichweite der margin of appreciation. So führte der Gerichtshof im Fall Z. gegen Finnland beispielsweise aus, dass der Schutz persönlicher Daten, vor allem medizinischer Daten, von fundamentaler Bedeutung für den Genuss des Rechts auf Achtung des Privat- und Familienlebens sei, und begründete dies ausführlich. Das Interesse am Schutz der Vertraulichkeit solcher Daten wiege schwer bei der Verhältnismäßigkeitsprüfung, und ein solcher Eingriff sei nicht mit Art. 8 EMRK zu vereinbaren, sofern er nicht durch ein übergeordnetes öffentliches Interesse gerechtfertigt werden könne. Aufgrund des intimen und empfindlichen Charakters medizinischer Daten, die HIV-Infizierte betreffen, würden staatliche Maßnahmen, die den Austausch oder die Offenlegung solcher Daten ohne die Zustimmung des Betroffenen verlangen, eine sorgfältige und genaue Prüfung des Gerichtshofs erfordern.[220]

---

218 *EGMR*, Application no. 43547/08 (Stübing v. Germany), Rn. 59; ähnlich beispielsweise auch in *EGMR*, Application no. 25358/12 (Paradiso and Campanelli v. Italy) 24.01.2017, Rn. 182.

219 *EGMR*, Applications nos. 33985/96 and 33986/96 (Smith and Grady v. The United Kingdom), Rn. 94 und 111; *EGMR*, Applications nos. 31417/96 and 32377/96 (Lustig-Prean and Beckett v. The United Kingdom) 27.09.1999, Rn. 82 und 104.

220 *EGMR*, Application no. 22009/93 (Z. v. Finland), Rn. 93 ff.

(ii.) Das Recht auf Achtung der Wohnung

Dass die Intensität des Eingriffs und die Art und Bedeutung des betroffenen Lebensbereichs maßgeblich für den Umfang des mitgliedstaatlichen Beurteilungsspielraums sind, gilt nicht nur für Eingriffe in das Privatleben. Auch bei der Rechtfertigung von Eingriffen in das Recht auf Achtung der Wohnung wiederholt der EGMR in ständiger Rechtsprechung, dass dieses Recht maßgeblich für die persönliche Sicherheit und das Wohlbefinden der Bürger sei und dass die hohe Bedeutung des Rechts für das Leben des Einzelnen bei der Bestimmung des Umfangs der margin of appreciation berücksichtigt werden müsse.[221] Der Umfang der margin of appreciation sei nicht in jedem Fall identisch, sondern variiere nach dem zugrundeliegenden Kontext, wobei verschiedene Faktoren ausschlaggebend seien.

> Relevant factors include the nature of the Convention right in issue, its importance for the individual and the nature of the activities concerned.[222]

Für die Bestimmung, ob ein Mitgliedstaat sich bei der Festlegung des gesetzlichen Rahmens innerhalb der ihm zustehenden margin bewegt hat, sei das Bestehen innerstaatlicher prozeduraler Sicherheiten für den betroffenen Bürger von besonderer Bedeutung.[223] Dies gilt vor allem für intensive Eingriffe wie Hausdurchsuchungen, bei denen der Gerichtshof im Rahmen der Verhältnismäßigkeitsprüfung immer zuerst überprüft, ob die entsprechende gesetzliche Regelung für den Bürger adäquate und effektive Sicherungen gegen Missbrauch bereithält. Trotz der bestehenden margin of appreciation der Mitgliedstaaten müsse der Gerichtshof sehr aufmerksam sein, wenn nationale Behörden dazu befugt sind, Durchsuchungen anzuordnen und durchzuführen, ohne dass vorher ein richterlicher Durchsuchungsbeschluss notwendig ist.[224]

---

221 *EGMR*, Application no. 9063/80 (Gillow v. The United Kingdom) 24.11.1986, Rn. 55; *EGMR*, Application no. 20348/92 (Buckley v. The United Kingdom), Rn. 76.

222 *EGMR*, Application no. 20348/92 (Buckley v. The United Kingdom), Rn. 74.

223 *EGMR*, Application no. 20348/92 (Buckley v. The United Kingdom), Rn. 76; *EGMR*, Application no. 7177/10 (Brežec v. Croatia) 18.07.2013, Rn. 44.

224 *EGMR*, Application no. 21353/93 (Camenzind v. Switzerland) 16.12.1997, Rn. 45; *EGMR*, Application no. 56720/09 (Heino v. Finland) 15.02.2011, Rn. 40.

(iii.) Das Recht auf Achtung der Korrespondenz

Im Bereich des Rechts auf Achtung der Korrespondenz hat der Gerichtshof entschieden, dass bei Strafgefangenen weitergehende Eingriffe gerechtfertigt werden könnten, als dies bei einer in Freiheit lebenden Person der Fall wäre. Im Rahmen des Notwendigkeitskriteriums müssten dabei die gewöhnlichen und vernünftigen Erfordernisse einer Haft mitberücksichtigt werden. Eine staatliche Maßnahme, die den Gefangenen jedoch davon abhält, überhaupt Korrespondenz aufzunehmen, stellt nach Ansicht des Gerichtshofs eine der schwersten Eingriffsformen dar. Selbst unter Berücksichtigung des mitgliedstaatlichen Beurteilungsspielraums war es dem Gerichtshof in einem solchen Fall nicht möglich, die rechtfertigenden Gründe der britischen Regierung nachzuvollziehen und anzuerkennen.[225]

(iv.) Das Recht auf Achtung des Familienlebens

Auch bei Eingriffen in das Recht auf Achtung des Familienlebens kann die Art und Schwere des Eingriffs dazu führen, dass der Beurteilungsspielraum eingeschränkt wird, bzw. dass der betroffene Mitgliedstaat erhöhten Begründungsaufwand betreiben muss, um den Eingriff rechtfertigen zu können. In Fällen betreffend die Eltern-Kind-Beziehung erkennt der Gerichtshof an, dass diesbezügliche Standards in den Mitgliedstaaten variieren und dass die nationalen Behörden aufgrund ihres direkten Kontakts mit den Betroffenen grundsätzlich besser in der Lage seien, die Situation vor Ort zu beurteilen. Deshalb sei es nicht die Aufgabe des Gerichtshofs, die Einschätzung der nationalen zuständigen Stellen durch seine eigene zu ersetzen. Er überprüfe nur die von ihnen getroffenen Entscheidungen unter Berücksichtigung des ihnen zustehenden Beurteilungsspielraums am Maßstab der Konvention. Da der Umfang des mitgliedstaatlichen Beurteilungsspielraums von der Natur des betroffenen Gegenstands und der Bedeutung der auf dem Spiel stehenden Interessen abhänge, stehe den Mitgliedstaaten eine weite margin of appreciation bei solchen Maßnahmen zu, die die Obhut eines Kindes regelten. Dies begründet der Gerichtshof damit, dass derartige Maßnahmen einen vorübergehenden Charakter hätten und nur zur Überbrückung schwieriger, vorübergehender familiärer Situationen ge-

225 *EGMR*, Application no. 4451/70 (Golder v. The United Kingdom), Rn. 43 ff.

dacht seien. Intensiver sei die Kontrolldichte des Gerichtshofs aber bei Maßnahmen, die darüber hinausgehende Beschränkungen der elterlichen Rechte vorsähen, wie eine Einschränkung des Zugangs eines Elternteils zum eigenen Kind. Ebenso sei eine genauere Prüfung des Gerichtshofs erforderlich, wenn nicht genügend rechtlicher Schutz bestehe, um einen effektiven Schutz der Eltern- und Kinderrechte zu gewährleisten. Die Beschränkung des Umfangs des mitgliedstaatlichen Beurteilungsspielraums in diesen Fällen begründet der Gerichtshof damit, dass solche auf Dauer gerichteten Maßnahmen die Gefahr bergen würden, die Familienbeziehungen zwischen Eltern und Kind tatsächlich zu beeinträchtigen.[226]

(v.) Zusammenfassung

Festzuhalten ist somit, dass die Art und Schwere des Eingriffs sowie die Natur und Bedeutung des betroffenen Individualinteresses maßgeblich sind für den Kontrollumfang des Gerichtshofs, wobei dies für alle vier Schutzbereiche von Art. 8 EMRK gilt. Dort, wo intime Lebensbereiche bzw. besonders wichtige Aspekte der Existenz oder Identität eines Menschen betroffen sind, deren Schutz von fundamentaler Bedeutung für den Genuss der Rechte aus Art. 8 EMRK ist, neigt der Gerichtshof dazu, seine Kontrolldichte zu erhöhen und damit gleichzeitig den Umfang der mitgliedstaatlichen margin of appreciation einzuschränken.

(2) Das Bestehen oder Nichtbestehen eines europäischen Konsenses

Die Schwere des Eingriffs und die Natur und Bedeutung des betroffenen Individualinteresses sind für den Umfang der mitgliedstaatlichen margin of appreciation allerdings nicht immer richtungsweisend. Trotz eines erheblichen Eingriffs in intime Bereiche des Privatlebens kann es dazu kommen, dass der Gerichtshof von einem weiten Beurteilungsspielraum der

226 Beispielhaft *EGMR*, Application no. 10465/83 (Olsson v. Sweden (No. 1)), Rn. 81; *EGMR*, Application no. 12963/87 (Margareta and Roger Andersson v. Sweden) 25.02.1992, Rn. 95 f.; *EGMR*, Application no. 31871/96 (Sommerfeld v. Germany) 08.07.2003, Rn. 62 f.; *EGMR*, Application no. 32250/08 (Diamante and Pelliccioni v. San Marino) 27.09.2011, Rn. 175; *EGMR*, Application no. 32407/13 (Kacper Nowakowski v. Poland) 10.01.2017, Rn. 73.

Mitgliedstaaten ausgeht. In der Sache Stübing wehrte sich der Beschwerdeführer gegen seine strafrechtliche Verurteilung nach § 173 des deutschen Strafgesetzbuchs, wonach der Beischlaf zwischen Verwandten unter Strafe gestellt ist. Der Beschwerdeführer, der schon frühzeitig in ein Kinderheim kam und dann bei Adoptiveltern aufwuchs, lernte seine jüngere leibliche Schwester erst kennen, als diese bereits sechzehn Jahre alt war. Nach dem Tod ihrer leiblichen Mutter kamen sich die Geschwister näher. Sie lebten mehrere Jahre zusammen, hatten einvernehmlich Geschlechtsverkehr und zeugten vier gemeinsame Kinder.[227] Der Beschwerdeführer wandte sich aufgrund der Verurteilungen durch die deutschen Gerichte an den EGMR und machte geltend, dass er durch die strafrechtliche Verurteilung in seinem Recht auf Achtung des Familienlebens verletzt sei. Ebenso liege ein Eingriff in sein Recht auf Achtung des Privatlebens vor.[228]

Der Gerichtshof schloss in seiner Würdigung des Falls nicht aus, dass ein Eingriff in das Recht auf Achtung des Familienlebens vorliegen könnte, sah aber zumindest wegen des Eingriffs in das Sexualleben des Beschwerdeführers das Recht auf Achtung des Privatlebens als betroffen an. Dann führte er aus, dass die der strafrechtlichen Verurteilung zugrundeliegende Norm den Schutz der Moral und den Schutz der Rechte anderer bezwecke. Hinsichtlich der Frage, ob die Verurteilung „notwendig" im Sinne von Art. 8 Abs. 2 EMRK gewesen sei, verwies der Gerichtshof auf die den Staaten diesbezüglich zustehende margin of appreciation und wiederholte, dass dessen Umfang von verschiedenen Faktoren abhängig sei. Immer dann, wenn es um besonders wichtige Aspekte der Existenz oder Identität eines Menschen gehe, sei der mitgliedstaatliche Beurteilungsspielraum beschränkt. Besonders schwerwiegende Gründe müssten dann vorliegen, um einen staatlichen Eingriff in besonders intime Bereiche des Privatlebens, insbesondere in das Sexualleben, zu rechtfertigen.[229]

Der Gerichtshof sprach dem Mitgliedstaat dennoch, trotz des Eingriffs in einen besonders intimen Bereich des Privatlebens, einen weiten Beurteilungsspielraum zu und begründete dies mit dem Fehlen eines europäischen Konsenses zwischen den Mitgliedstaaten hinsichtlich der Strafbarkeit von Inzest. Wenn es zwischen den Mitgliedstaaten keinen Konsens gebe, weder in Bezug auf die relative Bedeutung der betroffenen Interessen noch in Bezug auf ihren bestmöglichen Schutz, insbesondere bei emp-

227 *EGMR*, Application no. 43547/08 (Stübing v. Germany), Rn. 5 ff.
228 *EGMR*, Application no. 43547/08 (Stübing v. Germany), Rn. 34.
229 *EGMR*, Application no. 43547/08 (Stübing v. Germany), Rn. 58 f.

findlichen moralischen oder ethischen Angelegenheiten, bestehe ein weiter Beurteilungsspielraum der nationalen Behörden. Diese seien aufgrund ihres direkten und ständigen Kontakts mit den wesentlichen Einflüssen/Kräften im Land prinzipiell besser in der Lage als ein internationales Gericht, den „genauen Inhalt der Anforderungen an die Moral" in ihrem Land zu beurteilen. Ebenso seien sie besser in der Lage, die Notwendigkeit einer Maßnahme zu beurteilen, die diesen Anforderungen gerecht werden soll. Aus diesen Erwägungen leitete der Gerichtshof ab, dass die mitgliedstaatlichen Behörden einen weiten Beurteilungsspielraum innehätten bei der Beurteilung einvernehmlicher inzestuöser Beziehungen zwischen Erwachsenen und dass dies trotz der Tatsache gelte, dass intime Aspekte des jeweiligen Privatlebens betroffen seien.[230]

In einem anderen Fall ging der Beschwerdeführer gegen die Zurückweisung seines Antrags auf Autorisierung zur Adoption vor. Der Beschwerdeführer, der alleinstehend war und homosexuell ist, verwies vor dem Gerichtshof auf dessen ständige Rechtsprechung, wonach besonders schwerwiegende und überzeugende Gründe vorliegen müssten, wenn es um Eingriffe aufgrund der sexuellen Orientierung gehe. Der Beschwerdeführer hielt die Zurückweisung für unvereinbar mit Art. 8 EMRK i. V. m. Art. 14 EMRK.[231]

Der Gerichtshof stellte fest, dass die nationale Entscheidung, den Antrag zurückzuweisen, maßgeblich von dem Umstand bestimmt worden war, dass der Beschwerdeführer sich zu seiner Homosexualität bekannte. Auch wenn die nationalen Behörden weitere Umstände bei ihrer Entscheidung berücksichtigt hätten, wären diese doch zweitrangiger Natur gewesen. Der Gerichtshof betonte, dass den Mitgliedstaaten ein Beurteilungsspielraum zustehe bei der Bewertung, ob und in welchem Umfang Unterschiede in ansonsten vergleichbaren Situationen eine unterschiedliche rechtliche Behandlung rechtfertigen könnten. Der Umfang dieses Beurteilungsspielraums hänge von den jeweiligen Umständen, dem betroffenen Gegenstand und dem Hintergrund ab. Ein relevanter Faktor sei dabei das Bestehen oder Nichtbestehen von Gemeinsamkeiten („common ground") im Recht der Mitgliedstaaten. Hinsichtlich des Adoptionsrechts Homosexueller fehle es aber unbestreitbar daran.[232]

---

230 *EGMR*, Application no. 43547/08 (Stübing v. Germany), Rn. 60 f.
231 *EGMR*, Application no. 36515/97 (Fretté v. France) 26.02.2002, Rn. 35.
232 *EGMR*, Application no. 36515/97 (Fretté v. France), Rn. 37 ff.

> Although most of the Contracting States do not expressly prohibit homosexuals from adopting where single persons may adopt, it is not possible to find in the legal and social orders of the Contracting States uniform principles on these social issues on which opinions within a democratic society may reasonably differ widely. The Court considers it quite natural that the national authorities, whose duty it is in a democratic society also to consider, within the limits of their jurisdiction, the interests of society as a whole, should enjoy a wide margin of appreciation when they are asked to make rulings on such matters. By reason of their direct and continuous contact with the vital forces of their countries, the national authorities are in principle better placed than an international court to evaluate local needs and conditions. Since the delicate issues raised in the case, therefore, touch on areas where there is little common ground amongst the member States of the Council of Europe and, generally speaking, the law appears to be in a transitional stage, a wide margin of appreciation must be left to the authorities of each State.[233]

Auch wenn der Beurteilungsspielraum den Mitgliedstaaten keine willkürlichen Befugnisse gewähre und die nationale Entscheidung immer noch Gegenstand gerichtlicher Kontrolle bleibe[234], könne das Fehlen eines europäischen Konsenses zu einer nicht unbeachtlichen Einschränkung des Kontrollumfangs durch den Gerichtshof führen. Der Gerichtshof begründete die überragende Bedeutung des Bestehens oder Nichtbestehens eines europäischen Konsenses für den Umfang des Beurteilungsspielraums mit der demokratischen Legitimation der nationalen Stellen und ihrem direkten Kontakt sowie der damit verbundenen besseren Position, um die Notwendigkeit von Maßnahmen in solchen Fällen beurteilen zu können. Das Nichtbestehen eines europäischen Konsenses in moralischen Angelegenheiten führte somit dazu, dass selbst bei Eingriffen in höchst intime Bereiche, die ansonsten zu einem verkürzten Beurteilungsspielraum führten, ein weiter Beurteilungsspielraum gewährt wurde. Andererseits kann die Entwicklung oder das Bestehen eines europäischen Konsenses im Hinblick auf moralische Fragestellungen spiegelbildlich aber auch dazu führen, dass der mitgliedstaatliche Beurteilungsspielraum, wenn es um wichtige Aspekte des Privatlebens geht, noch weiter verkürzt wird.[235]

---

233 *EGMR*, Application no. 36515/97 (Fretté v. France), Rn. 41; diese Rechtsprechung wurde einige Jahre später aufgegeben, siehe: *EGMR*, Application no. 43546/02 (E.B. v. France) 22.01.2008, Rn. 70 ff.

234 *EGMR*, Application no. 36515/97 (Fretté v. France), Rn. 41.

235 Beispielhaft *EGMR*, Application no. 7525/76 (Dudgeon v. The United Kingdom), Rn. 60.

Relevant ist das Bestehen oder Nichtbestehen eines Konsenses zur Umfangsbestimmung der margin of appreciation nicht nur in moralischen Angelegenheiten, sondern unabhängig von der betroffenen Materie immer dann, wenn kein „common ground" zwischen den Mitgliedstaaten besteht. Das Kriterium des europäischen Konsenses spielt somit auch in weniger ‚spektakulären' Fallgestaltungen wie z. B. in namensrechtlichen Angelegenheiten oder bei der Festlegung von Fristen eine Rolle.[236] Festzuhalten bleibt die grundsätzliche Regel, dass das Bestehen eines europäischen Konsenses in einer bestimmten Angelegenheit die mitgliedstaatliche margin of appreciation verkürzt, während die Abwesenheit eines Konsenses tendenziell für einen weiten Beurteilungsspielraum der Staaten spricht.[237]

(3) Die Natur und Bedeutung des mit dem Eingriff verfolgten Ziels

Für die Bestimmung des Umfangs der margin of appreciation sind nicht nur die Art und Schwere des Eingriffs, die Natur und Bedeutung des betroffenen Individualinteresses und das Bestehen oder Nichtbestehen eines europäischen Konsenses relevant, sondern auch die Natur und Bedeutung des verfolgten Rechtfertigungsziels. Dabei gilt es zu beachten, dass der Umfang der margin variieren kann, je nachdem welches Rechtfertigungsziel verfolgt wird.

> […] the scope of the margin of appreciation is not identical in respect of each of the aims justifying restrictions on a right.[238]

(i.) Nationale Sicherheit

In der Sache Leander ging der Beschwerdeführer gegen seine Entlassung als Museumstechniker aufgrund des Ergebnisses einer Personalprüfung vor. Das Marinemuseum, bei dem er befristet angestellt worden war, ist an einen Marinestützpunkt und somit an militärisches Sperrgebiet ange-

236 Wie z. B. im Namensrecht, Überblick bei *Pätzold, J.* (Fn. 206), Rn. 114; oder bei der Festlegung von Fristen in familienrechtlichen Angelegenheiten, *EGMR*, Application no. 35991/04 (Kearns v. France) 10.01.2008, Rn. 83.

237 Auf Ausnahmen zu dieser grundsätzlichen „Regel" wird im Verlauf der Untersuchungen noch eingegangen, siehe Punkt III. /1. /f. /(1).

238 *EGMR*, Application no. 7525/76 (Dudgeon v. The United Kingdom), Rn. 52.

schlossen. Da der Beschwerdeführer aufgrund seiner Stellung im Museum auch Zugang zum Marinestützpunkt gehabt hätte, wurde eine Personalprüfung durchgeführt, die zu seiner Entlassung führte.[239]

Der Beschwerdeführer trug vor dem Gerichtshof vor, dass das Verfahren der Personalprüfung ihn in seinen Rechten aus Art. 8 EMRK verletze, da es in seinem Fall nicht notwendig gewesen wäre, ihn im Register der Sicherheitsabteilung zu registrieren, ihn als Sicherheitsrisiko einzustufen und ihn dementsprechend von der in Rede stehenden Tätigkeit auszuschließen. Der Gerichtshof sah sowohl im Speichern persönlicher Daten des Beschwerdeführers in ein geheimes Polizeiregister als auch in der Weitergabe dieser, ohne dass dem Beschwerdeführer eine Anfechtung möglich gewesen wäre, einen Eingriff in sein Recht auf Achtung des Privatlebens.[240] Im Rahmen der Beurteilung, ob der Eingriff „notwendig" in einer demokratischen Gesellschaft war, verwies der Gerichtshof auf den Beurteilungsspielraum, der den nationalen Stellen zustehe, und erklärte, dass sich dessen Umfang nicht nur nach der Bedeutung des mit dem Eingriff verfolgten Ziels richte, sondern auch nach der Art und Schwere des Eingriffs.

Nach Ansicht des Gerichtshofs gebe es keine Zweifel daran, dass es zum Schutz der nationalen Sicherheit notwendig sei, Daten zu sammeln und in nicht öffentlichen Registern zu speichern. Gleiches gelte für die Verwendung solcher Daten, um die Geeignetheit von Bewerbern zu überprüfen, die eine Anstellung in besonders wichtigen Bereichen für die nationale Sicherheit anstrebten. Auf der anderen Seite gebe es in der Konvention kein Recht auf Zugang zum öffentlichen Dienst und der Eingriff stelle kein derartiges Hindernis dar, dass der Beschwerdeführer sein Privatleben nicht nach eigenen Wünschen führen könne. Unter diesen Umständen kam der Gerichtshof zu dem Ergebnis, dass die mitgliedstaatliche margin of appreciation bei der Bewertung der Notwendigkeit der in Rede stehenden Maßnahmen eine weite sei. Nachdem der Gerichtshof überprüft hatte, ob auch die notwendigen adäquaten und effektiven Missbrauchssicherungen gegeben waren, deren Vorliegen er bei Systemen geheimer Überwachung für erforderlich hält, kam er aufgrund des Bestehens eines weiten Beurteilungsspielraums der nationalen Behörden zu dem Schluss, dass keine Verletzung in Art. 8 EMRK vorliege.[241]

---

239 *EGMR*, Application no. 9248/81 (Leander v. Sweden) 26.03.1987, Rn. 9 ff.

240 *EGMR*, Application no. 9248/81 (Leander v. Sweden), Rn. 47 f.

241 *EGMR*, Application no. 9248/81 (Leander v. Sweden), Rn. 59 ff.

Wenn Behörden handeln, um den Schutz der nationalen Sicherheit zu gewährleisten, kann diese Zielsetzung ihres Handelns somit dazu führen, dass der Gerichtshof ihnen einen weiten Beurteilungsspielraum gewährt. Es wurde angenommen, dass dies daher rühre, dass die nationale Sicherheit eine große Anzahl von Menschen betrifft und die Informationen, auf denen entsprechende Maßnahmen beruhen, meist höchst sensibler Natur sind.[242] In der Rechtssache Liu v. Russia führte der Gerichtshof diesbezüglich aus:

> The judgment by the national authorities in any particular case that there is a danger to national security is one which the Court is not well equipped to challenge. Mindful of its subsidiary role and the wide margin of appreciation open to the States in matters of national security, it accepts that it is for each Government, as the guardian of their people's safety, to make their own assessment on the basis of the facts known to them. Significant weight must, therefore, attach to the judgment of the domestic authorities, and especially of the national courts, who are better placed to assess the evidence relating to the existence of a national security threat.[243]

Die Verfolgung des legitimen Beschränkungsziels der nationalen Sicherheit führt jedoch nicht per se dazu, dass der Umfang des mitgliedstaatlichen Beurteilungsspielraums erweitert wird. Steht dem Ziel der nationalen Sicherheit ein besonders intensiver Eingriff in einen intimen Lebensbereich gegenüber, kann dies wiederum zu einer Neubewertung des Umfangs des Beurteilungsspielraums führen.[244]

(ii.) Wesentlichkeit von lokalen Besonderheiten

Im Fall Buckley hatte der Gerichtshof mit bauplanungsrechtlichen Angelegenheiten zu tun. Die Beschwerdeführerin, eine Zigeunerin[245] mit britischer Staatsangehörigkeit, brachte vor, dass sie daran gehindert werde, mit

242 *Ovey, C.*, The Margin of Appreciation and Article 8 of the Convention, Human Rights Law Journal 1998, 10, S 12.

243 *EGMR*, Application no. 29157/09 (Liu v. Russia No. 2) 26.07.2011, Rn. 85.

244 *EGMR*, Applications nos. 33985/96 and 33986/96 (Smith and Grady v. The United Kingdom), Rn. 88 f. und 94 ff.; *EGMR*, Applications nos. 31417/96 and 32377/96 (Lustig-Prean and Beckett v. The United Kingdom); Rn. 82 f. und 87 ff.

245 Diese Bezeichnung ist die wortgetreue deutsche Übersetzung des vom Gerichtshof verwendeten Begriffs „gypsy“ und enthält keinerlei eigene Wertung der Autorin.

ihren Wohnwagen auf ihrem eigenen Land zu leben, und dass sie deswegen in ihrem Recht auf Achtung des Privatlebens, des Familienlebens und der Wohnung nach Art. 8 EMRK verletzt sei. Der Gerichtshof ging davon aus, dass die Beschwerdeführerin das Land gekauft hatte, um dort ihr Zuhause zu etablieren. Sie lebte dort über mehrere Jahre hinweg und es sei nicht ersichtlich gewesen, dass sie andernorts ein Zuhause hätte oder dies beabsichtige. Der Beschwerdeführerin wurde die erforderliche Baugenehmigung für ihr Land aufgrund planungsrechtlicher Erwägungen versagt. Sie wurde aufgefordert, die Wohnwagen zu entfernen, und strafrechtlich verfolgt, weil sie dieser Aufforderung nicht nachkam. Der Gerichtshof sah darin einen Eingriff in ihr Recht auf Achtung der Wohnung nach Art. 8 Abs. 2 EMRK, unabhängig davon, dass die Beschwerdeführerin ohne erforderliche Genehmigung, also illegal, auf dem Grundstück in ihren Wohnwagen lebte.[246]

Im Rahmen der Rechtfertigungsprüfung wiederholte der Gerichtshof seine ständige Rechtsprechung zum Notwendigkeitskriterium und verwies auf den diesbezüglich bestehenden mitgliedstaatlichen Beurteilungsspielraum, dessen Umfang neben dem Kontext des jeweiligen Falls noch von verschiedenen anderen Faktoren abhängig sei. Die Maßnahmen, die gegen die Beschwerdeführerin gerichtet wurden, dienten mehreren legitimen Zielen, darunter auch dem wirtschaftlichen Wohl.[247] Der Gerichtshof betonte, dass er bereits Gelegenheit dazu gehabt habe, festzustellen, dass der Bereich der Raumplanung die Ausübung von Ermessen bei der Umsetzung von Maßnahmen, die im Interesse der Gemeinschaft ergehen, beinhalte. Diesbezüglich sei es nicht die Aufgabe des Gerichtshofs, die nationale Entscheidung durch seine eigene Ansicht darüber, welche Entscheidung in planungsrechtlichen Angelegenheiten die beste sei, zu ersetzen. Die mitgliedstaatlichen Behörden seien aufgrund ihres direkten und regelmäßigen Kontakts mit den vorherrschenden Gegebenheiten in ihrem Land besser in der Lage, die lokalen Bedürfnisse zu evaluieren, als dies ein internationales Gericht könne. Aufgrund dessen kam der Gerichtshof zu dem Schluss:

---

246 *EGMR*, Application no. 20348/92 (Buckley v. The United Kingdom), Rn. 51 ff.

247 *EGMR*, Application no. 20348/92 (Buckley v. The United Kingdom), Rn. 62 f.

> In so far as the exercise of discretion involving a multitude of local factors is inherent in the choice and implementation of planning policies, the national authorities in principle enjoy a wide margin of appreciation.[248]

Nichtsdestotrotz kann auch beim Vorliegen bauplanungsrechtlicher Rechtfertigungsgründe nicht immer per se vom Vorliegen eines weiten Beurteilungsspielraums ausgegangen werden. In der Sache Connors ging es ebenfalls um Probleme einer Zigeunerfamilie[249] mit den nationalen Behörden. Der Beschwerdeführer machte vor dem Gerichtshof geltend, dass die Vertreibung von dem Campingplatz, auf dem er mit seiner Familie in legaler Weise in Wohnwagen lebte, einen Eingriff in sein Recht auf Achtung des Privatlebens, des Familienlebens und der Wohnung darstellen würde. Die Regierung führte aus, dass die Zwangsräumung in einer demokratischen Gesellschaft zum Schutz der Rechte anderer notwendig gewesen sei.[250]

Der Gerichtshof verwies im Rahmen der Rechtfertigungsprüfung auf seine ständige Rechtsprechung, wonach es zunächst den mitgliedstaatlichen Behörden zukomme, die Notwendigkeit von eingreifenden Maßnahmen zu beurteilen. Diesbezüglich stehe den mitgliedstaatlichen Stellen unweigerlich ein Beurteilungsspielraum zu, da sie aufgrund ihres direkten und kontinuierlichen Kontakts besser in der Lage seien, die lokalen Bedürfnisse und Verhältnisse einzuschätzen. Der Umfang dieses Beurteilungsspielraums sei dabei von verschiedenen Faktoren abhängig. So verringere er sich, wenn ein besonders bedeutendes Recht oder ein besonders intimer Aspekt des geschützten Rechts auf dem Spiel stehe. Auf der anderen Seite aber sei der Umfang der mitgliedstaatlichen margin of appreciation weiter in Bereichen, in denen es um soziale und ökonomische Maßnahmen gehe, wie zum Beispiel bei planungsrechtlichen Angelegenheiten. Im Zusammenhang mit anderen Konventionsrechten habe der Gerichtshof bereits betont, dass er in Bereichen, die eine zentrale Rolle für das Gemeinwohl und die Wirtschaftspolitik moderner Gesellschaften spielten, wie beispielsweise dem Wohnungswesen, die Entscheidung des Gesetzgebers darüber, was dem allgemeinen Interesse entspreche, respektiere, so-

248 *EGMR*, Application no. 20348/92 (Buckley v. The United Kingdom), Rn. 71 f.; siehe auch *EGMR*, Application no. 36022/97 (Hatton and Others v. The United Kingdom) 08.07.2003, Rn. 101.

249 Diese Bezeichnung ist die wortgetreue deutsche Übersetzung des vom Gerichtshof verwendeten Begriffs „gypsies“ und enthält keinerlei eigene Wertung der Autorin.

250 *EGMR*, Application no. 66746/01 (Connors v. The United Kingdom), Rn. 68 ff.

fern diese nicht offensichtlich unfundiert sei. Im Zusammenhang mit Art. 8 EMRK sei aber zusätzlich zu beachten, dass dieser Rechte schütze, die von zentraler Bedeutung für die Identität des Einzelnen, die Selbstbestimmung sowie die physische und moralische Integrität seien, und dass er die Aufrechterhaltung von Beziehungen zu anderen schütze, sowie den gesicherten Platz in der Gemeinschaft. Wo es also im Zusammenhang mit Art. 8 EMRK um Maßnahmen der Sozial- oder Wirtschaftspolitik gehe, hänge der Umfang des Beurteilungsspielraums vom Kontext des jeweiligen Falls ab, wobei das Ausmaß des Eindringens in die persönliche Sphäre des Beschwerdeführers von besonderer Bedeutung sei. Auch das Bestehen prozessualer Sicherheiten sei maßgeblich für die Bewertung, ob die Mitgliedstaaten die ihnen zustehende margin of appreciation überschritten hätten.[251]

Es bleibt somit festzuhalten, dass bei Eingriffen, die zu sozialen oder wirtschaftlichen Zwecken erfolgen, den Mitgliedstaaten ein weiter Beurteilungsspielraum zugestanden wird. Dies wird mit der Expertise der nationalen Behörden in Bezug auf lokale Angelegenheiten begründet. Dem Gerichtshof sei es nicht möglich, sich ein derart umfassendes Bild von den lokalen Bedürfnissen und Gegebenheiten zu verschaffen, dass er die Beurteilung der nationalen Behörden durch seine eigene ersetzen könnte. Zudem sei es in erster Linie die Aufgabe des demokratisch legitimierten Gesetzgebers, allgemeingültige, bindende Entscheidungen für das Gemeinwohl im Interesse aller zu treffen. Der Gerichtshof respektiere dies und gewähre den nationalen Behörden dementsprechend weite Beurteilungsspielräume. Nichtsdestotrotz finden die Natur und die Bedeutung des betroffenen Individualinteresses auch im Bereich der Sozial- und Wirtschaftspolitik Beachtung, wodurch der grundsätzlich weite Beurteilungsspielraum der Mitgliedstaaten in diesem Feld Einschränkungen unterliegen kann. Der Umfang der margin of appreciation variiert somit nicht nur in Abhängigkeit zum jeweils verfolgten Rechtfertigungsziel, sondern kann auch bei Vorliegen des gleichen Rechtfertigungsziels differieren, je nachdem welcher Grad an individueller Betroffenheit dem gegenübersteht.

---

251 *EGMR*, Application no. 66746/01 (Connors v. The United Kingdom), Rn. 82 f.

c) Zwischenergebnis

Auf der Grundlage der dargestellten Rechtsprechung und der durchgeführten Untersuchungen lassen sich zum einen Aussagen darüber treffen, worauf sich der Anwendungsbereich der Margin-of-appreciation-Doktrin im Zusammenhang mit Art. 8 EMRK erstreckt, in welchen Fallkonstellationen der mitgliedstaatliche Beurteilungsspielraum von besonderer Bedeutung ist und wie dies jeweils begründet wird. Zum anderen lassen sich Erkenntnisse dazu ableiten, welche Faktoren den Umfang der im Einzelfall gewährten margin of appreciation beeinflussen, wie diese zusammenwirken und welche Kontrolldichte sich dem jeweils festgestellten Umfang des Beurteilungsspielraums anschließt.

(1) Anwendungsbereich der Margin-of-appreciation-Doktrin

Es konnte festgestellt werden, dass sich der Anwendungsbereich der Margin-of-appreciation-Doktrin nicht nur auf die Rechtfertigung von Eingriffen in einzelne Teilbereiche des Schutzbereichs von Art. 8 EMRK beschränkt[252] und dass die mitgliedstaatliche margin of appreciation im Zusammenhang mit allen in Art. 8 Abs. 2 EMRK aufgeführten Rechtfertigungszielen relevant werden kann.[253] Somit ist die Anwendung der Margin-of-appreciation-Doktrin nicht davon abhängig, dass ein bestimmter

---

252 Privatleben: *EGMR*, Application no. 7525/76 (Dudgeon v. The United Kingdom), Rn. 52; Wohnung: *EGMR*, Application no. 20348/92 (Buckley v. The United Kingdom), Rn. 75; Korrespondenz: *EGMR*, Application no. 4451/70 (Golder v. The United Kingdom), Rn. 45; Familienleben: *EGMR*, Application no. 10465/83 (Olsson v. Sweden (No. 1)), Rn. 67.

253 Nationale Sicherheit: *EGMR*, Application no. 9248/81 (Leander v. Sweden), Rn. 59; Wirtschaftliches Wohl: *EGMR*, Application no. 9063/80 (Gillow v. The United Kingdom), Rn. 55; Aufrechterhaltung der öffentlichen Ordnung: *EGMR*, Application no. 25358/12 (Paradiso and Campanelli v. Italy), Rn. 181; Verhütung von Straftaten: *EGMR*, Application no. 22009/93 (Z. v. Finland), Rn. 76; Schutz der Gesundheit: *EGMR*, Application no. 20348/92 (Buckley v. The United Kingdom), Rn. 75; Moral: *EGMR*, Application no. 7525/76 (Dudgeon v. The United Kingdom), Rn. 52; Rechte und Freiheiten anderer: *EGMR*, Application no. 43547/08 (Stübing v. Germany), Rn. 58.

Schutzbereich von Art. 8 Abs. 1 EMRK betroffen ist oder ein bestimmtes Rechtfertigungsziel nach Art. 8 Abs. 2 EMRK verfolgt wird.[254]

(2) Fallkonstellationen und Begründungsmuster im Zusammenhang mit der Anwendung der Margin-of-appreciation-Doktrin

Auch wenn der EGMR betont, dass es grundsätzlich zuerst den Mitgliedstaaten obliege, zu beurteilen, ob ein Eingriff in einer demokratischen Gesellschaft notwendig ist, und dass er ihnen diesbezüglich eine margin of appreciation einräume, konnte doch festgestellt werden, dass der mitgliedstaatliche Beurteilungsspielraum in bestimmten Fallkonstellationen von besonderer Bedeutung war. Dies wurde insbesondere deutlich im Zusammenhang mit moralischen Fragen bezüglich der sexuellen Orientierung, bei Sorgerechtsfragen im Hinblick auf die Eltern-Kind-Beziehung, im Zusammenhang mit baurechtlichen Planungsangelegenheiten und bei Fragen der nationalen Sicherheit.

All diesen Fällen ist gemein, dass der Gerichtshof die Einräumung eines mitgliedstaatlichen Beurteilungsspielraums besonders begründete, und zwar mit dem Vorliegen variierender Standards und der besseren Position der nationalen Stellen zur Beurteilung der Notwendigkeit der getroffenen Maßnahme. Dabei waren nach Ansicht des Gerichtshofs die Mitgliedstaaten wegen ihres direkteren Kontakts zu den Betroffenen (Sorgerechtsstreitigkeiten), zu den vorherrschenden Gegebenheiten in ihrem Land und den lokalen Bedürfnissen (Planungsangelegenheiten), zu den wesentlichen Einflüssen/ Kräften in ihrem Land (moralische Angelegenheiten) oder wegen ihres Fachwissens (Sicherheitsfragen) besser in der Lage, die Notwendigkeit der in Rede stehenden Maßnahmen zu beurteilen.

Es lässt sich somit festhalten, dass die den Mitgliedstaaten vom EGMR gewährte margin of appreciation immer dann von besonderer Bedeutung ist, wenn im Zusammenhang mit dem verfolgten Ziel zwischen den Mitgliedstaaten verschiedene Standards bestehen und sich die mitgliedstaatlichen Stellen in einer besseren Beurteilungsposition befinden als ein internationales Gericht. Dies trifft nicht nur dann zu, wenn eine Fallkonstellati-

254 Eine diesbezügliche grundsätzliche Zuordnung zu jedem einzelnen Rechtfertigungsgrund würde ansonsten zusätzlich durch den Umstand erschwert, dass der Gerichtshof oftmals mehrere Rechtfertigungsziele für einschlägig hält und gemeinsam prüft.

on moralisch besonders aufgeladen ist, sondern kann auch im Zusammenhang mit weniger brisanten Belangen der Fall sein. Da nur ein Ausschnitt der Rechtsprechung des EGMR untersucht wurde, um grundsätzliche Gesetzmäßigkeiten hinsichtlich der Einräumung mitgliedstaatlicher Beurteilungsspielräume zu extrahieren, lässt sich nicht ausschließen, dass der Gerichtshof auch noch in anderen Konstellationen von einer „better position" mitgliedstaatlicher Stellen ausgeht.[255]

(3) Umfangbestimmende Faktoren und ihr Zusammenwirken

In ständiger Rechtsprechung wiederholt der Gerichtshof, dass der Umfang des mitgliedstaatlichen Beurteilungsspielraums von verschiedenen Faktoren abhängig sei. Wesentlich sind dabei vor allem die Natur und Bedeutung des betroffenen Rechtsguts sowie die Art und Schwere des Eingriffs, das Bestehen oder Nichtbestehen eines europäischen Konsenses und die Natur und Bedeutung des mit dem Eingriff verfolgten Zwecks. Es lassen sich gewisse ‚Regeln' ableiten, wie diese einzelnen Faktoren auf den Umfang der margin of appreciation wirken.

Wird in einen besonders intimen oder wesentlichen Bereich der Rechte aus Art. 8 EMRK eingegriffen oder ist dieser Eingriff besonders schwerwiegend, führt dies in der Regel zu einer Kürzung des Umfangs des mitgliedstaatlichen Beurteilungsspielraums. Das Bestehen bzw. Nichtbestehen eines europäischen Konsenses kann zu einer Kürzung bzw. einer Erweiterung des Umfangs der margin of appreciation führen. Zudem variiert

255 So z. B. hinsichtlich sozialer und wirtschaftlicher Fragen, siehe dazu beispielsweise *EGMR*, Applications nos. 28859/11 and 28473/12 (Dubská and Krejzová v. The Czech Republic) 15.11.2016, Rn. 179: „A wide margin is usually allowed to the State under the Convention when it comes to general measures of economic or social strategy. Because of their direct knowledge of their society and its needs, the national authorities are in principle better placed than the international judge to appreciate what is in the public interest on social or economic grounds, […]." oder hinsichtlich der Abwägung bei kollidierenden Konventionsrechten, siehe *EGMR*, Applications nos. 25088/94, 28331/95 and 28443/95 (Chassagnou and Others v. France) 29.04.1999, Rn. 113: „The balancing of individual interests that may well be contradictory is a difficult matter, and Contracting States must have a broad margin of appreciation in this respect, since the national authorities are in principle better placed than the European Court to assess whether or not there is a "pressing social need" capable of justifying interference with one of the rights guaranteed by the Convention."

der Umfang der margin of appreciation in Abhängigkeit zum jeweils verfolgten Beschränkungsziel. Ziele wie der Schutz der nationalen Sicherheit, welcher stark mit der staatlichen Souveränität verwoben ist, oder aber die Verfolgung sozialer und wirtschaftlicher Zwecke, die lokale Nähe voraussetzen, führen dann wiederum zu einem weiten Beurteilungsspielraum der Staaten.

> The breadth of this margin varies and depends on a number of factors, including the nature of the Convention right in issue, its importance for the individual, the nature of the interference and the object pursued by the interference. The margin will tend to be narrower where the right at stake is crucial to the individual's effective enjoyment of intimate or key rights (see Connors v. the United Kingdom, no. 66746/01, § 82, 27 May 2004, with further references). Where a particularly important facet of an individual's existence or identity is at stake, the margin allowed to the State will be restricted (see Evans v. the United Kingdom [GC], no. 6339/05, § 77, ECHR 2007-I). Where, however, there is no consensus within the member States of the Council of Europe, either as to the relative importance of the interest at stake or as to how best to protect it, the margin will be wider (see Dickson v. the United Kingdom [GC], no. 44362/04, § 78, ECHR 2007-V).[256]

Diese ‚Regeln' stehen jedoch nicht für sich, sondern beeinflussen sich untereinander. So kann ein – aus der Natur des verfolgten Beschränkungsziels folgender – weiter Beurteilungsspielraum durch die Natur und die Bedeutung des betroffenen Rechtsguts und die Schwere des Eingriffs beschränkt werden. Oder aber ein aufgrund dessen verkürzter Beurteilungsspielraum kann durch das Nichtbestehen eines europäischen Konsenses oder ein besonderes Rechtfertigungsziel in der zu entscheidenden Angelegenheit wieder ausgeweitet werden. Die Natur und die Bedeutung des betroffenen Rechtsguts, die Schwere des Eingriffs, das Bestehen eines europäischen Konsenses und die Natur des Beschränkungsziels sowie ihr jeweiliger Einfluss auf den Umfang der margin of appreciation werden im zu entscheidenden Fall in der Regel einander so gegenübergestellt und gegeneinander abgewogen, dass der nach Ansicht des Gerichtshofs überwiegende Faktor den Umfang des Beurteilungsspielraums vorgibt. Es findet somit eine eigene Abwägung durch den Gerichtshof statt, um den Umfang des Beurteilungsspielraums zu ermitteln, der dann den Mitgliedstaaten bei

256 Beispielhaft *EGMR*, Applications nos. 30562/04 and 30566/04 (S. and Marper v. The United Kingdom) 04.12.2008, Rn. 102; *EGMR*, Application no. 25358/12 (Paradiso and Campanelli v. Italy), Rn. 182.

der eigenen Bewertung der Notwendigkeit zugestanden wird, um daraus dann Rückschlüsse auf die eigene Kontrolldichte herleiten zu können.

(4) Kontrolldichte

Die Kontrolldichte des Gerichtshofs richtet sich oftmals nach dem jeweils ermittelten Umfang der margin of appreciation im Einzelfall. Festgestellt werden konnte, dass der Gerichtshof bei der Annahme eines engen mitgliedstaatlichen Spielraums in der Regel selbst die jeweiligen Argumente für das Individualinteresse und das staatliche Interesse gegenüberstellte. Dabei bewertete er sowohl die Argumente als auch die jeweiligen Nachweise zur Stützung dieser Argumente und wog sie gegeneinander ab. Meist führte dies dazu, dass der Gerichtshof schlussendlich eine Verletzung von Art. 8 EMRK aufgrund einer Überschreitung der margin of appreciation annahm.[257] Anders verlief die Prüfung, wenn der Gerichtshof im Rahmen seiner ‚Vorprüfung' zu dem Schluss kam, dass den Mitgliedstaaten bei der Beurteilung der Notwendigkeit eine weite margin of appreciation zustehe. In diesen Fällen setzte der Gerichtshof die verschiedenen Argumente in der Regel nicht selbst zueinander ins Verhältnis, sondern wiederholte bloß die Abwägung und das Abwägungsergebnis der nationalen Stellen. Dann stellte er gewöhnlich fest, dass die Abwägungsentscheidung anerkannt werde, da sich diese im Rahmen der margin of appreciation bewege. In den meisten Fällen führte die Annahme einer weiten margin of appreciation dann auch zu der Feststellung, dass keine Verletzung von Art. 8 EMRK vorliege.[258]

(5) Schlussfolgerung

Auf der Grundlage der dargestellten Rechtsprechung und der durchgeführten Untersuchungen konnte festgestellt werden, dass die Anwendung der

257 *EGMR*, Application no. 7525/76 (Dudgeon v. The United Kingdom); *EGMR*, Applications nos. 33985/96 and 33986/96 (Smith and Grady v. The United Kingdom), *EGMR*, Application no. 25735/94 (Elsholz v. Germany).

258 Beispielhaft: *EGMR*, Application no. 25579/05 (A, B and C v. Ireland); *EGMR*, Application no. 43547/08 (Stübing v. Germany); *EGMR*, Application no. 20348/92 (Buckley v. The United Kingdom).

Margin-of-appreciation-Doktrin nicht davon abhängig ist, dass ein bestimmter Schutzbereich von Art. 8 Abs. 1 EMRK betroffen ist oder ein bestimmtes Rechtfertigungsziel nach Art. 8 Abs. 2 EMRK verfolgt wird. Von besonderer Bedeutung ist der mitgliedstaatliche Spielraum immer dann, wenn zwischen den Mitgliedstaaten verschiedene Standards bestehen und sich die mitgliedstaatlichen Stellen in einer besseren Beurteilungsposition befinden, was nicht nur in moralisch besonders aufgeladenen Fällen, sondern auch im Zusammenhang mit weniger brisanten Belangen der Fall sein kann, wie beispielsweise im Bereich des Planungsrechts.

Der Umfang der eingeräumten margin of appreciation richtet sich im Einzelfall nach einer Gegenüberstellung verschiedener Faktoren, wobei jeder Faktor für sich einen bestimmten Umfang indiziert. Maßgebliche Faktoren sind dabei die Natur und Bedeutung des betroffenen Rechtsguts, die Schwere des Eingriffs, das Bestehen eines europäischen Konsenses und die Natur des Beschränkungsziels.[259] Nach dem jeweils vom Gerichtshof im Einzelfall festgestellten Umfang der margin of appreciation richtet sich dann die zugrunde gelegte Kontrolldichte. Diesbezüglich konnte festgestellt werden, dass der Gerichtshof bei der Annahme eines engen Spielraums in der Regel eine eigene Abwägungsprüfung vornahm, indem er die Argumente der Parteien und deren Nachweise bewertete und selbst ins Verhältnis zueinander setzte. Bei der Annahme eines weiten Spielraums vollzog der Gerichtshof nur die Abwägung der jeweiligen mitgliedstaatlichen Stelle nach, um schlussendlich festzustellen, dass die mitgliedstaatliche Abwägungsentscheidung den mitgliedstaatlichen Spielraum nicht überschreite.[260] Inwiefern die hier dargestellten Kriterien, die die Anwendung, den Umfang sowie die Kontrolldichte bestimmen, vom Gerichtshof

---

259 Zu weiteren Kriterien siehe *Rupp-Swienty, A.* (Fn. 3), S. 136 ff.; *Brems, E.* (Fn. 3), S. 256 ff; insbesondere auch die Rechtsprechung des EGMR zum Umfang der margin bei der Abwägung kollidierender Konventionsrechte, beispielhaft *EGMR*, Applications nos. 4149/04 and 41029/04 (Aksu v. Turkey) 15.03.2012, Rn. 67: „If the balance struck by the national judicial authorities is unsatisfactory, in particular because the importance or the scope of one of the fundamental rights at stake was not duly considered, the margin of appreciation accorded to the decisions of the national courts will be a narrow one. However, if the assessment was made in the light of the principles resulting from its well-established case-law, the Court would require strong reasons to substitute its own view for that of the domestic courts, which consequently will enjoy a wider margin of appreciation […]."

260 Ebenso *Gerards, J.* (Fn. 4), S. 105 f.

konsequent angewandt werden, ist eine andere Frage, die am Ende der Untersuchungen aufgegriffen wird.[261]

d) Beurteilungsspielräume im Rahmen positiver Pflichten

In den Anfängen seiner Rechtsprechungstätigkeit betonte der Gerichtshof, dass der wesentliche Zweck von Art. 8 EMRK darin bestehe, den Einzelnen vor willkürlichen staatlichen Eingriffen zu schützen,[262] sodass die erste vom Gerichtshof zu entscheidende Frage laute, ob ein Eingriff in die durch Art. 8 EMRK gewährleisteten Rechte vorliege.[263] Erst in der Sache Marckx sah der Gerichtshof die Gelegenheit gegeben, die Bedeutung und den Inhalt der Worte „respect for“ näher zu erläutern. Er befand, dass Art. 8 EMRK die Staaten nicht bloß davon abhalte, in die garantierten Rechte einzugreifen, sondern dass dem Recht auf „Achtung“ des Familienlebens, neben den primär negativen Verpflichtungen, auch positive Pflichten inhärent seien. In diesem Bereich stünden den Mitgliedstaaten verschiedene Möglichkeiten zur Verfügung, wobei eine staatliche Maßnahme, die den Anforderungen nicht genügt, Art. 8 Abs. 1 EMRK verletze, und zwar ohne dass es dann noch auf eine Prüfung des Absatzes zwei ankäme.[264]

Der EGMR leitet seitdem aus Art. 8 EMRK auch positive Pflichten der Mitgliedstaaten zum Schutz des Privatlebens, des Familienlebens, der Wohnung und der Korrespondenz ab. Zu prüfen ist in solchen Fällen, ob eine Handlungspflicht des Mitgliedstaats besteht und ob die erforderlichen Maßnahmen zum Schutz des Konventionsrechts ergriffen worden sind.[265]

---

261 Siehe Punkt III. /f.

262 *EGMR*, Application nos. 1474/62; 1677/62; 1691/62; 1769/63; 1994/63; 2126/64 (Relating to certain aspects of the laws on the use of languages in education in Belgium v. Belgium), Rn. 7.

263 *EGMR*, Application no. 5029/71 (Klass and Others v. Germany) 06.09.1978, Rn. 41.

264 *EGMR*, Application no. 6833/74 (Marckx v. Belgium) 13.06.1979, Rn. 30 f.

265 *Pätzold, J.* (Fn. 206), Rn. 62.

(1) Beurteilungsspielräume bei der Wahl der Mittel

Um den aus Art. 8 EMRK folgenden positiven Pflichten gerecht zu werden, muss der Mitgliedstaat handeln. Hinsichtlich der Umsetzung dieser Handlungspflichten stehen ihm verschiedene Möglichkeiten zur Verfügung, wobei eine gerechte Abwägung zwischen dem öffentlichen Interesse und dem Individualinteresse vorgenommen werden muss.[266] Im Rahmen dieser Abwägung und somit bei der Wahl der Mittel gesteht der Gerichtshof den Mitgliedstaaten Beurteilungsspielräume zu.[267] Es gilt zu untersuchen, welchen Umfang diese Spielräume haben und ob bzw. wie dieser beeinflussbar ist, um dann feststellen zu können, ob ein grundlegender Unterschied zwischen der Reichweite mitgliedstaatlicher Beurteilungsspielräume bei der Rechtsverletzung durch Eingriff und der Reichweite bei der Verletzung positiver Pflichten besteht.

(i.) Ein per se weiter Beurteilungsspielraum?

Schon frühzeitig betonte der Gerichtshof hinsichtlich der Auslegung des in Art. 8 Abs. 1 EMRK enthaltenen Wortes „respect“, dem Anknüpfungspunkt im Wortlaut für die Herleitung positiver Pflichten, dass

> […] as far as those positive obligations are concerned, the notion of "respect"' is not clear-cut: having regard to the diversity of the practices followed and the situations obtaining in the Contracting States, the notion's requirements will vary considerably from case to case. Accordingly, this is an area in which the Contracting Parties enjoy a wide margin of appreciation in determining the steps to be taken to ensure compliance with the Convention with due regard to the needs and resources of the community and of individuals […].[268]

---

266 *EGMR*, Application no. 9310/81 (Powell and Rayner v. The United Kingdom) 21.02.1990, Rn. 41; *EGMR*, Application no. 16969/90 (Keegan v. Ireland) 26.05.1994, Rn. 49.

267 Dies gilt ebenfalls für die verschiedenen Gewährleistungsbereiche des Art. 8 EMRK, siehe zum Privatleben: *EGMR*, Application no. 8978/80 (X and Y v. The Netherlands) 26.03.1985; zum Familienleben: *EGMR*, Application no. 16969/90 (Keegan v. Ireland); und zur Wohnung: *EGMR*, Application no. 9310/81 (Powell and Rayner v. The United Kingdom).

268 *EGMR*, Application nos. 9214/80; 9473/81; 9474/81 (Abdulaziz, Cabales and Balkandali v. The United Kingdom) 28.05.1985, Rn. 67.

Die Rechtsprechung des Gerichtshofs, wonach die Erfordernisse des Begriffs „respect" im Hinblick auf positive Pflichten von Fall zu Fall variieren und dementsprechend eine weite mitgliedstaatliche margin of appreciation bestehe, ließ den Schluss zu, dass den Mitgliedstaaten im Bereich positiver Verpflichtungen immer per se ein weiter Beurteilungsspielraum zustehe, womit ein grundlegender Unterschied zur Eingriffsrechtfertigung gegeben wäre, bei der sich der Umfang der Beurteilungsspielräume erst aus dem Zusammenspiel verschiedener Faktoren ergibt.[269]

(ii.) Einschränkungen des Umfangs

Die Rechtsprechung zu den aus Art. 8 EMRK hergeleiteten positiven Pflichten wurde in den Folgejahren vom Gerichtshof stetig weiterentwickelt und ausdifferenziert. Dabei hat sich schnell gezeigt, dass der weite Beurteilungsspielraum der Mitgliedstaaten bei der Wahl der Mittel zur Erfüllung ihrer positiven Pflichten variabel und vor allem beschränkbar ist.

Bedeutende Aspekte des geschützten Rechts

Im Rahmen einer Individualbeschwerde hatte der Gerichtshof darüber zu befinden, ob die Niederlande ihren Pflichten zum Schutz des Privatlebens aufgrund einer im nationalen Recht bestehenden Lücke, derentwegen es nicht möglich war, die Vergewaltigung an einem geistig behinderten Mädchen strafrechtlich zu ahnden, nicht nachkamen. Da das Opfer aufgrund der geistigen Behinderung nicht selbst in der Lage war, strafrechtlich gegen die Tat vorzugehen, wurde ihr strafrechtlicher Rechtsschutz verwehrt. Infolgedessen stand ihr lediglich der Zivilrechtsweg offen. Die Regierung wies diesbezüglich darauf hin, dass die Konvention es den Mitgliedstaaten überlasse, darüber zu entscheiden, welche Mittel sie zur Wahrung ihrer positiven Pflichten ergreifen, weswegen auch eine zivilrechtliche Lösung zulässig sei. Der Gerichtshof bestätigte, dass die Wahl der Mittel prinzipiell eine Angelegenheit sei, die in den mitgliedstaatlichen Beurteilungsspielraum falle. In diesem Zusammenhang gebe es verschiedene Möglichkeiten

269 *Rupp-Swienty, A.* (Fn. 3), S. 64 f.; *Brems, E.* (Fn. 3), S. 246 f.; *Ovey, C.* (Fn. 242); *Ovey, C.* (Fn. 242), S. 10; Dissenting Opinion of Judge Martens, *EGMR*, Application no. 23218/94 (Gül v. Switzerland) 19.02.1996, Rn. 8.

zur Gewährleistung der „Achtung des Privatlebens", wobei die Art der staatlichen Verpflichtung abhängig sei vom jeweils in Rede stehenden Aspekt des Privatlebens. Der Gerichtshof kam zu dem Schluss, dass die staatliche Entscheidung für einen Schutz allein über zivilrechtliche Normen unzulänglich sei, und begründete dies damit, dass fundamentale Werte und essenzielle Aspekte des Privatlebens betroffen seien. Eine effektive Abschreckung sei zum Schutz dieses bedeutenden Bereichs des Privatlebens unerlässlich und könne nur durch strafrechtliche Verbote erreicht werden.[270]

Der gemeinsame europäische Standard

In einem anderen Fall wurde dem Gerichtshof vorgetragen, dass Bulgarien gegen Art. 8 EMRK verstoße, da eine strafrechtliche Verantwortlichkeit für das Begehen von Vergewaltigungen voraussetzte, dass körperlicher Widerstand des Opfers gegen den Sexualakt nachgewiesen werden könne. Der Gerichtshof ging davon aus, dass die Artikel 3 und 8 EMRK eine positive Pflicht der Staaten dahingehend enthalten, strafrechtliche Normen zu erlassen, die eine effektive Strafe für Vergewaltigungen vorsehen. Zudem müssten diese in der Praxis durch effektive Strafverfolgung angewandt werden. Hinsichtlich der Wahl der Mittel, um diesen effektiven Schutz gegen Vergewaltigungen zu erreichen, stehe den Mitgliedstaaten zweifellos ein weiter Beurteilungsspielraum zu. Insbesondere müssten kulturelle Auffassungen, lokale Umstände und traditionelle Ansätze berücksichtigt werden.[271]

Im Ergebnis kam der Gerichtshof dann allerdings zu dem Schluss, dass trotz des weiten Beurteilungsspielraums bezüglich der Wahl der Schutzmaßnahmen ein Verstoß gegen Artikel 3 und 8 EMRK vorliege,[272] da die daraus folgende positive Pflicht die Strafbarkeit und Strafverfolgung von jedem nicht einverständlich erfolgten Sexualakt erfordere, und zwar auch dann, wenn sich das Opfer nicht körperlich zur Wehr gesetzt habe. In diesem Fall begründete der Gerichtshof das Überschreiten des weiten Beurteilungsspielraums jedoch nicht mit der besonderen Bedeutung des betrof-

270 *EGMR*, Application no. 8978/80 (X and Y v. The Netherlands), Rn. 24 ff.; *EGMR*, Application no. 2872/02 (K.U. v. Finland) 02.12.2008, Rn. 43 ff.
271 *EGMR*, Application no. 39272/98 (M.C. v. Bulgaria) 04.12.2003, Rn. 153 f.
272 *EGMR*, Application no. 39272/98 (M.C. v. Bulgaria), Rn. 187.

fenen Aspekts für das Privatleben, sondern griff auf das Bestehen eines europäischen Standards zurück. Der Gerichtshof führte aus, dass die Grenzen der mitgliedstaatlichen margin of appreciation durch die Konventionsvorschriften umschrieben seien und dass er bei ihrer Interpretation veränderte Bedingungen in den Mitgliedstaaten zu berücksichtigen habe. Er müsse auf jede sich entwickelnde Annäherung – hin zum gewollten Standard – eingehen. Sodann folgte die Feststellung, dass früher zwar viele Staaten den Beweis für das Vorliegen körperlichen Zwangs oder körperlichen Widerstands vorausgesetzt hätten, dass aber neuerdings eine Abkehr von formalen Definitionen und engen Auslegungen im Zusammenhang mit Vergewaltigungen erkennbar sei. Zentrales Element einer Strafbarkeit sei dabei nicht mehr die körperliche Gegenwehr, sondern das Fehlen eines Einverständnisses. Aufgrund dieser aktuellen Standards und Trends gelangte der Gerichtshof zu dem Ergebnis, dass die positive Pflicht aus Artikel 3 und 8 EMRK eine Strafbarkeit voraussetze, die auch beim Fehlen körperlicher Gegenwehr des Opfers gegeben sei.[273] Der weite Beurteilungsspielraum Bulgariens bei der Ausgestaltung eines adäquaten Schutzes gegen Vergewaltigungen wurde somit aufgrund des Bestehens europäischer Standards bezüglich der Ausgestaltung eingeschränkt.[274]

Die in Art. 8 Abs. 2 EMRK genannten Ziele

Selbst die in Art. 8 Abs. 2 EMRK aufgelisteten Ziele zur Rechtfertigung von Eingriffen spielen bei der Prüfung, ob eine Verletzung positiver Pflichten vorliegt, eine indirekte Rolle; denn sie sind bei der gerechten Abwägung zwischen dem Individualinteresse und dem öffentlichen Interesse von gewisser Relevanz.[275] Auch ihr Vorliegen kann daher, wie im Folgenden dargestellt wird, Einfluss auf den Umfang des mitgliedstaatlichen Beurteilungsspielraums haben.

---

273 *EGMR*, Application no. 39272/98 (M.C. v. Bulgaria), Rn. 155 ff.

274 Ebenso kann auch spiegelbildlich wieder das Nichtbestehen eines europäischen Standards den Beurteilungsspielraum hinsichtlich der Wahl der Mittel erweitern, siehe beispielsweise *EGMR*, Application no. 18131/91 (Stjerna v. Finland) 25.11.1994, Rn. 39.

275 *EGMR*, Application no. 9310/81 (Powell and Rayner v. The United Kingdom), Rn. 41.

In der Sache Powell and Rayner ging es um Lärmbelästigung durch den Flugverkehr am Flughafen Heathrow. Die Beschwerdeführer beklagten die zu niedrigen Lärmgrenzen, die in den Luftverkehrsverordnungen festgelegt waren, und bestritten generell die Effektivität der Maßnahmen, die diesbezüglich von der Regierung erlassen wurden. Der Gerichtshof bezog sich hinsichtlich der gerechten Abwägung zwischen dem öffentlichen Interesse und dem Individualinteresse auf die Ausführungen der Kommission, die deutlich machten, dass internationale Flughäfen für das wirtschaftliche Wohlergehen eines Staats von besonderer Bedeutung seien. Nach einer Darstellung der bestehenden britischen Regelungen zur Fluglärmreduzierung kam der Gerichtshof zu dem Ergebnis, dass es nicht die Aufgabe der Konventionsorgane sei, ihre Beurteilung an die Stelle der nationalen Behörden zu setzen, wenn es darum gehe, welche die beste Strategie in diesem komplexen sozialen und technischen Bereich sei. Dies sei ein Bereich, in dem den Mitgliedstaaten anerkanntermaßen eine weite margin of appreciation zustehe.[276] Folglich kann auch das Einstellen eines der Beschränkungsziele des Art. 8 Abs. 2 EMRK in die Abwägung Einfluss auf den Umfang der margin of appreciation haben. Ist dessen Regelung, wie im vorliegenden Fall, mit sozialen und technischen Schwierigkeiten verbunden und dient er einem der besonderen Ziele des Art. 8 Abs. 2 EMRK, wie dem wirtschaftlichen Wohl des Landes, kann der Umfang des Beurteilungsspielraums schon dadurch erweitert sein.

Zusammenfassung

Festzuhalten ist, dass der Beurteilungsspielraum der Mitgliedstaaten auch bei der Wahl der Mittel zur Wahrung positiver Pflichten eingeschränkt werden kann. So kann die Betroffenheit fundamentaler Werte und essenzieller Aspekte des Privatlebens dazu führen, dass besonders effektive Schutzmaßnahmen ergriffen werden müssen, wodurch die mitgliedstaatliche margin of appreciation bei der Wahl der Mittel auf Maßnahmen solcher Art begrenzt ist. Ebenso kann das Bestehen eines europäischen Standards hinsichtlich des Schutzniveaus den Beurteilungsspielraum der Mitgliedstaaten bei der Wahl der eigenen Schutzmaßnahmen einschränken.

---

276 *EGMR*, Application no. 9310/81 (Powell and Rayner v. The United Kingdom), Rn. 42 ff.

Ein Unterschreiten dieses allgemeinen Schutzniveaus führt dann zu einer Verletzung der aus Art. 8 EMRK folgenden Handlungspflicht. Letztendlich können selbst die in Art. 8 Abs. 2 EMRK genannten Eingriffsziele mitmaßgeblich für den Umfang des Beurteilungsspielraums sein.

(iii.) Vergleich mit Eingriffskonstellationen

Der Umfang der mitgliedstaatlichen margin of appreciation bei der Wahl der Mittel zur Erfüllung der Handlungspflichten aus Art. 8 EMRK kann zwar weiter sein, als dies in anderen Bereichen der Konvention üblich ist[277]; er ist aber nicht per se weiter, sondern kann von ähnlichen Faktoren beeinflusst werden, wie dies im Rahmen der Verhältnismäßigkeitsprüfung bei Eingriffskonstellationen der Fall ist.[278] Der Gerichtshof ist mittlerweile in vielen Fällen dazu übergegangen, die Bedeutung der Entscheidung darüber, ob ein Eingriff oder eine positive Pflichtverletzung vorliegt, zu relativieren, da sich die Grenzen zwischen dem Vorliegen eines Eingriffs und der Verletzung einer positiven Pflicht oftmals nicht präzise ziehen ließen.[279]

> Whether the present case be analysed in terms of a positive duty on the State to take reasonable and appropriate measures to secure the applicants' rights under paragraph 1 of Article 8 or in terms of an 'interference by a public authority' to be justified in accordance with paragraph 2, the applicable principles are broadly similar. In both contexts regard must be had to the fair balance that has to be struck between the competing interests of the individual and of the community as a whole; and in both contexts the State enjoys a certain margin of appreciation in determining the steps to be taken to ensure compliance with the Convention [...]. Furthermore, even in relation to the positive obligations flowing from the first paragraph of Article 8, 'in striking

277 *EGMR*, Application no. 28957/95 (Christine Goodwin v. The United Kingdom), Rn. 72.

278 Siehe auch *EGMR*, Application no. 6339/05 (Evans v. The United Kingdom) 10.04.2007, Rn. 77 ff., zu den Faktoren, die den Umfang der margin of appreciation beeinflussen und *EGMR*, Application no. 10843/84 (Cossey v. The United Kingdom) 27.09.1990, Rn. 41, wo der Gerichtshof klarstellt, dass der Grundsatz der Verhältnismäßigkeit, welcher in Eingriffskonstellationen relevant wird, in der gerechten Abwägung bei positiven Pflichten enthalten sei.

279 *EGMR*, Application no. 16969/90 (Keegan v. Ireland), Rn. 49; *EGMR*, Application no. 6339/05 (Evans v. The United Kingdom), Rn. 75.

> [the required] balance the aims mentioned in the second paragraph may be of a certain relevance' […].[280]

Der Gerichtshof geht somit mittlerweile sowohl bei der Prüfung der Verletzung einer positiven Pflicht als auch bei der Prüfung der Rechtfertigung eines Eingriffs von weitgehend ähnlichen Grundsätzen aus.[281] In beiden Fällen müsse die gerechte Abwägung zwischen den konkurrierenden Interessen des Individuums und denen der ganzen Gemeinschaft beachtet werden, und in beiden Fällen stehe den Mitgliedstaaten hinsichtlich der Schritte zur Einhaltung der Konvention ein gewisser Beurteilungsspielraum zu. Die Annahme, dass die anwendbaren Grundsätze weitgehend ähnlich seien, wirkt sich auch auf die Kriterien zur Umfangsbestimmung des Beurteilungsspielraums aus.[282] Der Gerichtshof scheint nicht mehr von signifikanten Unterschieden bei der Bestimmung des Umfangs des Beurteilungsspielraums hinsichtlich des Vorliegens einer Eingriffskonstellation und des Bestehens einer positiven Pflicht der Mitgliedstaaten auszugehen, was angesichts des, im Zusammenhang mit positiven Pflichten, stärkeren Eingriffs in die Gestaltungsfreiheit des demokratisch legitimierten Gesetzgebers dogmatisch fragwürdig erscheint, an dieser Stelle jedoch nicht weiter vertieft werden soll.

(2) Margin hinsichtlich des Bestehens einer konkreten positiven Pflicht?

Auch wenn der Umfang des mitgliedstaatlichen Beurteilungsspielraums im Zusammenhang mit positiven Pflichten nicht grundsätzlich weiter ist als bei negativen Verpflichtungen der Mitgliedstaaten, ist dies doch der Anwendungsbereich der Margin-of-appreciation-Doktrin. Während in Eingriffskonstellationen der mitgliedstaatliche Beurteilungsspielraum nur bei der Frage ins Spiel kommt, ob die mitgliedstaatliche Entscheidung für eine konkrete Maßnahme in einer demokratischen Gesellschaft notwendig

---

280 *EGMR*, Application no. 9310/81 (Powell and Rayner v. The United Kingdom), Rn. 41.

281 *EGMR*, Applications nos. 28859/11 and 28473/12 (Dubská and Krejzová v. The Czech Republic), Rn. 165; inwiefern diese Annahme zu Recht erfolgt, kann und soll an dieser Stelle nicht thematisiert werden. Sie wird als mittlerweile gängige Praxis des Gerichtshofs unbeanstandet zugrunde gelegt, um die Umfangsbestimmung der margin of appreciation in Eingriffskonstellationen und bei positiven Pflichten zu vergleichen.

282 *EGMR*, Application no. 6339/05 (Evans v. The United Kingdom), Rn. 41.

ist, spielt er bei der Feststellung von Verletzungen positiver Pflichten eine Doppelrolle. Zum einen steht er den Mitgliedstaaten bei der Wahl der Mittel zur Erfüllung ihrer positiven Pflichten zu; darüber hinaus kann er bei der Bestimmung relevant werden, ob überhaupt eine konkrete positive Pflicht besteht, die verletzt sein könnte.[283]

Der anfängliche Ansatz des Gerichtshofs, wonach den Mitgliedstaaten aufgrund der Unschärfe des Begriffs „Achtung" ein weiter Beurteilungsspielraum in diesem Bereich zustehen sollte[284], ist vor allem vor dem Hintergrund, dass dies auch für die Feststellung gelten könne, ob überhaupt eine konkrete positive Pflicht besteht, auf große Kritik gestoßen.[285] Die diesbezügliche Bedeutung der margin of appreciation hat sich im Verlauf der Rechtsprechungsentwicklung zwar relativiert; gänzlich irrelevant ist sie bei der Feststellung, ob überhaupt eine konkrete positive Pflicht besteht, jedoch nicht, was anhand der Rechtsprechungsentwicklung in den ‚Transsexuellen-Fällen' im Folgenden aufgezeigt werden soll.

(i.) Rees

Im Jahr 1986 befasste sich der Gerichtshof mit der Individualbeschwerde eines transsexuellen britischen Staatsangehörigen. Der Beschwerdeführer wurde mit weiblichem Geschlecht geboren und dieses wurde dementsprechend im Geburtsregister eingetragen. Nachdem der Beschwerdeführer sich, aufgrund seiner Transsexualität, einer Hormonbehandlung und später einer chirurgischen Behandlung unterzogen hatte, änderte er seinen Na-

---

283 An dieser Stelle könnte man einwenden, dass es sich bei den folgenden Fällen nur um eine Facette der Wahl der Mittel handelt, bei denen eine Art „Ermessenreduzierung auf Null" vorliegt, die die generelle Pflicht zur Achtung der Rechte aus Art. 8 EMRK auf eine konkrete Handlungspflicht begrenzt. Die folgenden Fälle werden jedoch unter dem Aspekt untersucht, dass es sich nicht nur um eine Form des stark eingeschränkten „wie", sondern des generellen „ob" handelt, da der Gerichtshof selbst in solchen Fällen davon spricht, dass die „existence" einer bestimmten, konkreten positiven Pflicht bestimmt werden müsse, siehe: *EGMR*, Application no. 9532/81 (Rees v. The United Kingdom) 17.10.1986, Rn. 35; *EGMR*, Application no. 6339/05 (Evans v. The United Kingdom); *EGMR*, Application no. 6339/05 (Evans v. The United Kingdom), Rn. 82.

284 *EGMR*, Application no. 9697/82 (Johnston and Others v. Ireland) 18.12.1986, Rn. 55.

285 Siehe dazu Dissenting Opinion Judge Martens, *EGMR*, Application no. 23218/94 (Gül v. Switzerland), Rn. 8.

men und lebte fortan als Mann. Zum Zeitpunkt der Individualbeschwerde bezogen sich zwar alle offiziellen Dokumente, nach einer entsprechenden Änderung, auf sein männliches Geschlecht, doch eine Änderung des Geschlechts in seiner Geburtsurkunde konnte er nicht erreichen. Er machte vor dem Gerichtshof geltend, dass das britische Recht und seine Anwendung ihn in Art. 8 EMRK verletze, da es eine Änderung des Geburtsregisters nicht vorsehe bzw. die Ausstellung einer modifizierten Geburtsurkunde nicht zulasse.[286]

Der Gerichtshof führte aus, dass im vorliegenden Fall sowohl die Existenz als auch der Umfang einer solchen positiven Pflicht zu bestimmen sei. Während die Kommission davon ausging, dass nur hinsichtlich der Wahl der nötigen Maßnahmen Raum für einen Beurteilungsspielraum oder für eine Abwägung des Individualinteresses mit dem widerstreitenden öffentlichen Interesse bestehe, vertrat die britische Regierung die Ansicht, dass „die ganze Angelegenheit" von einer solchen Abwägung abhänge.[287] Der Gerichtshof reagierte darauf, indem er wiederholte, dass der Begriff der Achtung, insbesondere in Bezug auf die positiven Pflichten, nicht klar umrissen sei und dass die darin enthaltenen Anforderungen, angesichts bestehender Unterschiede in den Mitgliedstaaten, von Fall zu Fall beträchtlich variieren würden. Diese Überlegungen hielt der Gerichtshof im konkreten Fall für besonders relevant, da es in Bezug auf die Behandlung Transsexueller nur wenige Gemeinsamkeiten zwischen den Mitgliedstaaten gebe und sich das Recht in einer Übergangsphase befinde. Er schloss daraus, dass den Mitgliedstaaten in diesem Bereich eine weite margin of appreciation zustehe, und führte sodann aus, dass es bei der Ermittlung, ob eine positive Pflicht der Vertragsstaaten besteht, auf eine gerechte Abwägung zwischen den widerstreitenden Interessen ankomme.[288] Nach diesen Ausführungen zur Auslegung des Art. 8 EMRK im konkreten Fall prüfte der Gerichtshof, inwiefern eine gerechte Abwägung der widerstreitenden Interessen das Bestehen einer positiven Pflicht zur Änderung des Geburtsregisters anzeige, und kam zu dem Schluss:

> Having regard to the wide margin of appreciation to be afforded the State in this area and to the relevance of protecting the interests of others in striking

286 *EGMR*, Application no. 9532/81 (Rees v. The United Kingdom), Rn. 11 ff., Rn 33 f.

287 *EGMR*, Application no. 9532/81 (Rees v. The United Kingdom), Rn. 36.

288 *EGMR*, Application no. 9532/81 (Rees v. The United Kingdom), Rn. 37.

the requisite balance, the positive obligations arising from Article 8 cannot be held to extend that far.[289]

(ii.) Christine Goodwin

Sechzehn Jahre nach dem Rees-Urteil und nach einigen weiteren Entscheidungen in dieser Sache[290] wandte sich erneut eine Beschwerdeführerin an den Gerichtshof, um gegen die nicht vollumfängliche rechtliche Anerkennung ihres geänderten Geschlechts vorzugehen. Immer wieder sei ihre geschlechtliche Veränderung beispielsweise im Umgang mit Arbeitgebern und Behörden relevant geworden, da sie nach wie vor mit männlichem Geschlecht im Geburtsregister erfasst sei. Das habe dazu geführt, dass sie schon mehrmals diskriminierenden und erniedrigenden Erlebnissen in ihrem täglichen Leben ausgesetzt gewesen sei.[291] Die britische Regierung berief sich auf den nicht bestehenden Konsens zwischen den Mitgliedstaaten in diesem Bereich und darauf, dass angesichts des mitgliedstaatlichen Beurteilungsspielraums der Mangel an rechtlicher Anerkennung keine Verletzung von Art. 8 EMRK darstelle. Eine gerechte Abwägung zwischen dem öffentlichen Interesse und den Rechten des Einzelnen sei geschaffen worden, und in den Situationen, in denen eine transsexuelle Person mit der Enthüllung ihres veränderten Geschlechts rechnen müsse, sei dies unvermeidbar und notwendig.[292]

Nachdem der Gerichtshof seine bisherige Rechtsprechung wiederholt hatte, nach der keine positive Verpflichtung der Staaten dahingehend bestehe, ihr bisheriges System der Geburtenregistrierung zu ändern, machte er darauf aufmerksam, dass er beim Vorliegen guter Gründe von seiner bisherigen Rechtsprechung abweichen könne und dass die Konvention dynamisch-evolutiv so auszulegen sei, dass ihre Garantien zweckmäßig und

289 *EGMR*, Application no. 9532/81 (Rees v. The United Kingdom), Rn. 44.

290 *EGMR*, Application no. 10843/84 (Cossey v. The United Kingdom); *EGMR*, Application no. 13343/87 (B. v. France) 25.03.1992; *EGMR*, Application nos. 22985/93 and 23390/94 (Sheffield and Horsham v. The United Kingdom) 30.07.1998.

291 *EGMR*, Application no. 28957/95 (Christine Goodwin v. The United Kingdom), Rn. 12 ff.

292 *EGMR*, Application no. 28957/95 (Christine Goodwin v. The United Kingdom), Rn. 64, Rn. 70.

effektiv seien.[293] Daraufhin untersuchte er ausführlich die verschiedenen Faktoren, die in die gerechte Abwägung zur Bestimmung des Vorliegens einer positiven Pflicht einzustellen seien, und kam zu dem Schluss, dass die aktuelle Situation postoperativer Transsexueller in Großbritannien unbefriedigend sei.

Danach untersuchte er die dem Individualinteresse entgegenstehenden Argumente.[294] Zwar liefere der aktuelle Stand der Medizin und Wissenschaft keine entscheidenden Argumente für die in Rede stehende Debatte[295]; dafür zeichne sich aber ein europäischer bzw. internationaler Konsens zum Umgang mit postoperativen Transsexuellen ab. Dieser habe sich zwar schon zur Zeit des Sheffield-&-Horsham-Urteils aus dem Jahr 1998 abgezeichnet; dort habe man aber noch betont, dass kein gemeinsamer Ansatz bezüglich der Folgeprobleme einer solchen rechtlichen Anerkennung für andere Bereiche – wie die Ehe, die Feststellung der Vaterschaft oder den Datenschutz – bestehe. Dies sei zwar nach wie vor der Fall; allerdings sei das Nichtbestehen eines derartigen gemeinsamen Ansatzes unter dreiundvierzig Mitgliedstaaten mit ganz unterschiedlichen Systemen doch wenig überraschend. Bei der Lösung von Folgeproblemen für das nationale Rechtssystem stehe den Mitgliedstaaten dann wieder ein weiter Beurteilungsspielraum zu, weswegen der Gerichtshof dem Nichtbestehen eines gemeinsamen europäischen Ansatzes in diesem Bereich nunmehr weniger Bedeutung zumesse als bisher.[296] Das zuvor schlagende Argument, dass eine rechtliche Anerkennung des neuen Geschlechts Transsexueller erhebliche Auswirkungen auf das historische Registersystem haben würde, relativierte der Gerichtshof ebenfalls.[297] Im Rahmen der finalen Abwägung kam er dann zu dem Schluss, dass die persönliche Situation Transsexueller nicht länger tragbar sei und die entgegenstehenden Interessen dies nicht überwiegen würden, sodass die rechtliche Nichtanerkennung des geänder-

---

293 *EGMR*, Application no. 28957/95 (Christine Goodwin v. The United Kingdom), Rn. 71 ff.

294 *EGMR*, Application no. 28957/95 (Christine Goodwin v. The United Kingdom), Rn. 79 f.

295 *EGMR*, Application no. 28957/95 (Christine Goodwin v. The United Kingdom), Rn. 83.

296 *EGMR*, Application no. 28957/95 (Christine Goodwin v. The United Kingdom), Rn. 84 f.

297 *EGMR*, Application no. 28957/95 (Christine Goodwin v. The United Kingdom), Rn. 86 ff.

ten Geschlechts eine Verletzung von Art. 8 EMRK darstelle.[298] Hinsichtlich des Beurteilungsspielraums der Mitgliedstaaten in dieser Sache führte der Gerichtshof aus:

> Having regard to the above considerations, the Court finds that the respondent Government can no longer claim that the matter falls within their margin of appreciation, save as regards the appropriate means of achieving recognition of the right protected under the Convention.[299]

Die Mitgliedstaaten können sich somit fortan nicht mehr darauf berufen, dass die Frage des ‚Ob' der rechtlichen Anerkennung des geänderten Geschlechts Transsexueller in ihren Beurteilungsspielraum falle. Ein Beurteilungsspielraum stehe ihnen nur noch insofern zu, als es um die Wahl der angemessenen Maßnahmen zur Erreichung der Anerkennung des von der Konvention gewährleisteten Rechts gehe. Diese Entscheidung hat der Gerichtshof in weiteren Urteilen bestätigt.[300]

(iii.) Zusammenfassung

Wie die dargestellte Rechtsprechung zeigt, kann der mitgliedstaatliche Beurteilungsspielraum bei der Entscheidung darüber, ob eine konkrete Handlungspflicht des Staats zum Schutz der Rechte aus Art. 8 EMRK besteht, nach wie vor mitentscheidend sein. Für die Ermittlung, ob eine konkrete Handlungspflicht der Mitgliedstaaten besteht, ist überwiegend[301] die gerechte Abwägung zwischen dem Interesse des Betroffenen und dem öf-

---

298 *EGMR*, Application no. 28957/95 (Christine Goodwin v. The United Kingdom), Rn. 90 f.

299 *EGMR*, Application no. 28957/95 (Christine Goodwin v. The United Kingdom), Rn. 93; bestätigt zudem die gewählte Aufteilung zwischen dem Einsatz der Margin-of-appreciation-Doktrin bei der Wahl der Mittel zur Umsetzung einer positiven Pflicht und dem Einsatz der Doktrin bei der Bestimmung, ob eine konkrete Handlungspflicht überhaupt besteht.

300 *EGMR*, Application no. 25680/94 (I. v. The United Kingdom) 11.07.2002, Rn. 51 ff.; *EGMR*, Application no. 35968/97 (Van Kück v. Germany) 12.06.2003, Rn. 46 ff.; *EGMR*, Application no. 32570/03 (Grant v. The United Kingdom) 23.05.2006, Rn. 39; *EGMR*, Application no. 27527/03 (L. v. Lithuania) 11.09.2007, Rn. 56 und weitere.

301 Dies gilt jedoch nicht immer, so hat der Gerichtshof beispielsweise die Existenz eines positiven Rechts auf Ehescheidung deswegen verneint, weil es aus systematischen Erwägungen mit der Konvention als Ganzem unvereinbar sei, *EGMR*, Application no. 9697/82 (Johnston and Others v. Ireland), Rn. 57.

fentlichen Interesse maßgeblich. Bei dieser Abwägung steht den Mitgliedstaaten ein Beurteilungsspielraum zu, der in Abhängigkeit zum betroffenen Regelungsbereich einen sehr weiten Umfang haben kann. Auch wenn die Entscheidung über das Bestehen einer positiven Pflicht nicht unmittelbar in den mitgliedstaatlichen Beurteilungsspielraum fällt, ist dieser dennoch insofern von Bedeutung, als die Reduzierung seines Umfangs wie hier aufgrund des Bestehens eines Konsenses dazu führen kann, dass der Gerichtshof seine Rechtsprechung ändert und eine Handlungspflicht aus den Konventionsrechten ableitet.

(3) Begründung für weitreichendere Anwendung von Beurteilungsspielräumen

Es hat sich gezeigt, dass der Gerichtshof den Mitgliedstaaten im Bereich positiver Pflichten Beurteilungsspielräume sowohl bei der Wahl der Mittel zur Erfüllung einer positiven Verpflichtung zugesteht als auch mittelbar bei der Festlegung, ob überhaupt eine konkrete Handlungspflicht besteht. Der Umfang dieser Beurteilungsspielräume kann dabei zwar weiter sein, als dies in anderen Bereichen der Konvention üblich ist; er ist aber nicht per se weiter als bei der Eingriffsbeurteilung, sondern wird vielmehr von ähnlichen Faktoren beeinflusst. Da der mitgliedstaatliche Beurteilungsspielraum im Bereich positiver Pflichten aber nicht nur beim ‚Wie', sondern auch beim ‚Ob' des staatlichen Handelns eine Rolle spielen kann, ist die Bedeutung der margin of appreciation im Bereich positiver Pflichten dennoch größer als im Bereich negativer Pflichten. Die Frage, wodurch dieser Umstand zu rechtfertigen ist, bleibt offen.

Zur Erklärung der größeren Bedeutung des mitgliedstaatlichen Beurteilungsspielraums im Bereich positiver Pflichten werden mehrere Gründe vorgetragen: zum einen die Freiheit der Staaten bei der Wahl der Mittel sowie die Vorsicht des Gerichtshofs im Hinblick auf die finanziellen Folgen seiner Rechtsprechung für die Staaten, und zum anderen die Schwierigkeiten bei der innerstaatlichen Durchsetzung von Urteilen, die Handlungspflichten der Staaten festlegen.[302] Wesentlich in diesem Zusammenhang ist zudem, dass der Einzelne durch die Einklagbarkeit positiver Handlungspflichten gesellschaftliche Interessen rechtlich durchsetzen

302 *Kastanas, E./Matscher, F./Malinverni, G.* (Fn. 28), S. 175 ff.

kann, für die sich innerstaatlich keine Mehrheit gefunden hat. Die gerichtlich zu klärende Frage, ob eine positive Handlungspflicht besteht, ist dann oftmals nicht nur eine juristische, sondern auch eine gesellschaftspolitische Frage, deren Beantwortung eigentlich dem demokratisch legitimierten Gesetzgeber obläge. Die Frage nach den demokratischen Grenzen einklagbarer positiver Pflichten verschärft sich auf EMRK-Ebene umso mehr, als die demokratische Legitimation eines internationalen Gerichts wie des EGMR als geringer erachtet wird. Ebenso kommt aus völkerrechtlicher Perspektive hinzu, dass die Herleitung positiver Pflichten aus den primär abwehrrechtlich formulierten Konventionsrechten ein Aliud gegenüber dem historischen Konsens der Mitgliedstaaten darzustellen scheint, was im Hinblick darauf, dass die gerichtliche Entscheidung für das Bestehen einer Handlungspflicht größere Auswirkungen auf die innerstaatliche Rechtsordnung haben kann, als dies bei einer abwehrrechtlichen Unterlassungspflicht der Fall wäre, problematisch ist.[303]

e) Exkurs: Europäischer Konsens als sachgerechtes Kriterium zur Bestimmung des Umfangs?

Es erscheint fraglich, ob die Kriterien, die der Gerichtshof für die Bestimmung des Umfangs des mitgliedstaatlichen Beurteilungsspielraums im konkreten Fall nutzt, zulässigerweise herangezogen werden dürfen. Dies gilt vor allem für das Kriterium des europäischen Konsenses.[304] Mehrere Aspekte sind diesbezüglich zu berücksichtigen. Zum einen stellt sich die Frage, wie der Gerichtshof das Bestehen eines europäischen Konsenses ermittelt, d. h., welche Quellen dafür herangezogen werden und nach welchen Kriterien das Bestehen eines Konsenses bestimmt wird. Zudem gilt es zu untersuchen, ob der Gerichtshof zulässigerweise auf die Rechtspraxis der Mitgliedstaaten, die Rechtspraxis von Nichtvertragsstaaten und auf völkerrechtliche Verträge zurückgreifen darf, um einen Konsens zu ermitteln, und inwiefern das Bestehen eines Konsenses einen Mitgliedstaat bin-

303 *Krieger, H.*, Positive Verpflichtungen unter der EMRK, Zeitschrift für ausländisches öffentliches Recht und Völkerrecht 2014, 187, S. 187 ff.

304 An dieser Stelle soll das Kriterium des Europäischen Konsenses wegen seiner besonderen Brisanz untersucht werden, für eine vollständige Auseinandersetzung mit den anderen (und noch weiteren) Kriterien, siehe *Rupp-Swienty, A.* (Fn. 3), S. 136 ff.

den kann, dessen Praxis diesem Konsens nicht entspricht. Abschließend stellt sich die Frage, ob das Abstellen auf einen europäischen Konsens den Gerichtshof an der Erfüllung seiner eigentlichen Aufgabe, der Wahrung und Durchsetzung effektiven Menschenrechtsschutzes, hindert.

(1) Methode zur Ermittlung europäischer Konsense

Im Folgenden soll die Rechtsprechung des Gerichtshofs zum Bestehen einer positiven Pflicht zur rechtlichen Anerkennung des geänderten Geschlechts Transsexueller als beispielhafte Grundlage dienen, um die ‚Methode' des Gerichtshofs zur Ermittlung eines europäischen Konsenses zu untersuchen. Im Cossey-Urteil stellte der Gerichtshof fest, dass es seit seiner letzten Entscheidung 1986 im Rees-Urteil „certain developments" in den Mitgliedstaaten gegeben habe. Dennoch hätte sich, auch unter Berücksichtigung der Entschließung des Europäischen Parlaments vom 12. September 1989 und der Empfehlung der Parlamentarischen Versammlung des Europarats 1117 (1989), ergeben, dass immer noch dieselbe Diversität in diesem Bereich zwischen den Mitgliedstaaten bestünde wie zum Zeitpunkt der Rees-Entscheidung.[305] Dieser Annahme des Gerichtshofs wurde in den Sondervoten zum Teil heftig widersprochen. Während man zum Zeitpunkt der Rees-Entscheidung noch davon ausging, dass in nur fünf Mitgliedstaaten eine rechtliche Anerkennung ermöglicht wurde, waren es vier Jahre später schon vierzehn Mitgliedstaaten.[306] Die abweichenden Richter sahen hierin nicht nur „certain", sondern „clear developments"[307], und es wurde geäußert, dass die diesbezüglichen Ausführungen des Gerichtshofs auf einem Zerrbild der tatsächlichen Lage in den Mitgliedstaaten beruhen würden.[308]

> We consider that since 1986 there have been, in the law of many of the member States of the Council of Europe, not 'certain developments' but clear developments. We are therefore of the opinion that, although the principle of the

---

305 *EGMR*, Application no. 10843/84 (Cossey v. The United Kingdom), Rn. 40.

306 Dissenting Opinion of Judge Martens, *EGMR*, Application no. 10843/84 (Cossey v. The United Kingdom), Rn. 5.5.

307 Joint Partly Dissenting Opinion of Judges MacDonald and Spielmann, *EGMR*, Application no. 10843/84 (Cossey v. The United Kingdom), Rn. 2.

308 Dissenting Opinion of Judge Martens, *EGMR*, Application no. 10843/84 (Cossey v. The United Kingdom), Rn. 5.6.3.

> States' 'wide margin of appreciation' was at a pinch acceptable in the Rees case, this is no longer true today.[309]

Acht Jahre später untersuchte der Gerichtshof in der Sache Sheffield und Horsham dann erstmalig eine ihm vorliegende rechtsvergleichende Studie der Nichtregierungsorganisation ‚Liberty', nach der von siebenunddreißig untersuchten Mitgliedstaaten nur vier die rechtliche Anerkennung des geänderten Geschlechts Transsexueller verweigerten[310], nämlich Albanien, Andorra, Irland und das Vereinigte Königreich.[311] Dennoch war der Gerichtshof zu diesem Zeitpunkt nicht davon überzeugt, dass die Tatsache, dass mehr als die Hälfte der Vertragsstaaten eine rechtliche Anerkennung ermöglichten, ausreichend sei, um von seiner bisherigen Rechtsprechung in dieser Sache abzuweichen. Besonders betonte er, dass die Studie darüber hinaus nicht aufzeige, dass es einen gemeinsamen Ansatz hinsichtlich der Folgen gäbe, die eine rechtliche Anerkennung auch für andere Rechtsbereiche mit sich brächte.[312] Erst vier Jahre später folgte die Kehrtwende des Gerichtshofs im Christine-Goodwin-Urteil. Interessanterweise hatte sich laut einer aktualisierten Studie der NGO Liberty in der Zwischenzeit jedoch keine statistische Veränderung unter den Mitgliedstaaten abgezeichnet. Wohl in Ermangelung weiterer Entwicklungen in Europa seit Sheffield und Horsham wurde in der Studie auf Entwicklungen außerhalb Europas verwiesen.[313] Der Gerichtshof nahm diese Entwicklungen in seinem Urteil auf und verwies explizit auf die sich wandelnde Rechtslage in Australien und Neuseeland. Während die Bedeutung eines fehlenden gemeinsamen europäischen Ansatzes zu möglichen Folgeproblemen nunmehr relativiert wurde, hob der Gerichtshof den internationalen Trend zur

309 Beispielhaft: Joint Partly Dissenting Opinion of Judges MacDonald and Spielmann, *EGMR*, Application no. 10843/84 (Cossey v. The United Kingdom).

310 *EGMR*, Application nos. 22985/93 and 23390/94 (Sheffield and Horsham v. The United Kingdom), Rn. 35.

311 Joint Partly Dissenting Opinion of Judges Bernhardt, Thór Vilhjálmsson, Spielmann, Palm, Wildhaber, Makarczyk and Voicu, *EGMR*, Application nos. 22985/93 and 23390/94 (Sheffield and Horsham v. The United Kingdom).

312 *EGMR*, Application nos. 22985/93 and 23390/94 (Sheffield and Horsham v. The United Kingdom), Rn. 57 f.

313 *EGMR*, Application no. 28957/95 (Christine Goodwin v. The United Kingdom), Rn. 56.

gesellschaftlichen Akzeptanz und rechtlichen Anerkennung des ‚wahren' Geschlechts Transsexueller hervor.[314]

Der Gerichtshof hat im Rahmen der Herleitung des Konsenses verschiedene Momente berücksichtigt, wobei die bestehende Rechtslage in den verschiedenen Mitgliedstaaten im Vordergrund stand. Zusätzlich herangezogen wurden Entwicklungen in der Europäischen Union, Empfehlungen der Parlamentarischen Versammlung des Europarats sowie die Rechtslage in Nichtvertragsstaaten außerhalb Europas. Nicht deutlich wurde aus dem Urteil heraus allerdings, worauf die Erkenntnisse des Gerichtshofs über die Rechtslage in den Mitgliedstaaten und darüber hinaus auch in den Nichtvertragsstaaten beruhten. Ebenso undeutlich blieben der Untersuchungsumfang und die Methodik, mit der die rechtsvergleichenden Erkenntnisse gewonnen wurden. Erst im Sheffield-und-Horsham-Urteil stützte sich der Gerichtshof auf eine Studie der NGO Liberty; diese wurde jedoch im Wege der Drittbeteiligung Gegenstand der Verhandlungen und ist somit vom Gerichtshof weder explizit angefordert noch auf ihre Richtigkeit hin überprüft worden. Weiterhin bleibt unklar, ab wann vom Bestehen eines europäischen oder gar internationalen Konsenses ausgegangen werden kann. Die Annahme, dass ein bestimmter Mindestwert an Mitgliedstaaten überschritten sein müsse, wie beispielsweise die Hälfte der Mitgliedstaaten, deckt sich zumindest nicht mit der Rechtsprechung des Gerichtshofs in den vorliegenden Fällen. Die Rechtsprechung in den Fällen betreffend die Anerkennung des postoperativen Geschlechts Transsexueller vermittelt sogar den Eindruck, dass es für die Annahme eines europäischen bzw. internationalen Konsenses gar nicht auf die Anzahl der Mitgliedstaaten ankomme, die dem vermeintlichen konsensuellen Handeln entsprechen. Dadurch liegt die Vermutung nahe, dass sich hinter der Annahme des Bestehens eines Konsenses noch andere Beweggründe verbergen als nur die tatsächlichen Veränderungen der Rechtslage in den Mitglied- und anderen Staaten.[315]

Die Intransparenz, die mit der Ermittlung eines europäischen oder internationalen Konsenses einhergeht, wird nicht nur durch eine Untersuchung

314 *EGMR*, Application no. 28957/95 (Christine Goodwin v. The United Kingdom), Rn. 84 f.

315 Ähnlich Dissenting Opinion of Judge Martens, *EGMR*, Application no. 10843/84 (Cossey v. The United Kingdom), Rn. 5.6.3; *Breuer, M.* (Fn. 119), S. 744 mit dem Hinweis darauf, dass das Urteil Goodwin in die Zeit des „neuen Gerichtshofs" falle.

der Rechtsprechung zu den Fällen betreffend die rechtliche Anerkennung Transsexueller offenbart, sondern haftet der Rechtsprechung insgesamt an[316] und ist Gegenstand berechtigter Kritik.[317]

(2) Zulässigkeit der ‚Methode'

Durch den Rückgriff auf das Kriterium eines europäischen Konsenses werden die Grenzen der dynamisch-evolutiven Auslegung[318] geachtet, denn auch diese hat den Willen der Vertragsparteien zu respektieren.[319] Sowohl das völkerrechtliche Konsensprinzip als auch das innerstaatliche Demokratieprinzip setzen der Fortentwicklung von Verträgen im Wege der Auslegung Grenzen.[320] Zur Rechtfertigung einer solchen dynamisch-evolutiven Auslegung der Konvention beruft sich der Gerichtshof dann oftmals auf das Bestehen eines europäischen Konsenses. Da der mitgliedstaatliche Beurteilungsspielraum auch Demokratie- und Aufgabenteilungsgrundsätze im Verhältnis zu den Mitgliedstaaten absichern soll, muss seine Beschränkung die Grenzen der dynamisch-evolutiven Auslegungsmethode besonders achten.[321]

> Consensus has therefore been invoked to justify a dynamic interpretation of the Convention [...].[322]

Der Gerichtshof greift zur Begründung des Bestehens eines europäischen Konsenses nicht nur auf die Rechtslage in den Mitgliedstaaten zurück,

---

316 Beispielhaft *EGMR*, Application no. 30078/06 (Konstantin Markin v. Russia) 22.03.2012, Rn. 71 ff., wo der Gerichtshof eine eigene rechtsvergleichende Studie zur Rechtslage in 33 Mitgliedstaaten durchführte und ihn das Überschreiten eines Werts von 23 Mitgliedstaaten veranlasste von einem gemeinsamen Konsens auszugehen; anders zum Beispiel *EGMR*, Application no. 6833/74 (Marckx v. Belgium), Rn. 41, indem u. a. nur ein pauschaler Verweis auf die Entwicklung nationalen Rechts in einer großen Mehrheit der Mitgliedstaaten erfolgte, um einen Konsens annehmen zu können.

317 *Rupp-Swienty, A.* (Fn. 3), S. 163 m. w. N.; *Brems, E.* (Fn. 3), S. 284 f. m. w. N.

318 Die Zulässigkeit einer solchen Interpretation der Konvention soll an dieser Stelle nicht diskutiert werden, sondern wird vorausgesetzt, siehe dazu *Cremer, H.-J.* (Fn. 37), Rn. 36 ff.

319 *Krieger, H.* (Fn. 303), S. 200.

320 *Von Ungern-Sternberg, A.*, Die Konsensmethode des EGMR, Archiv des Völkerrechts 2013, 312, S. 312 ff.

321 *Krieger, H.* (Fn. 303), S. 205.

322 *EGMR*, Application no. 25579/05 (A, B and C v. Ireland), Rn. 234.

sondern auch auf das allgemeine Völkerrecht, insbesondere auf andere völkerrechtliche Verträge und deren Auslegung und Anwendung durch die kompetenten Organe, auf Empfehlungen der Organe des Europarats sowie auf die Rechtslage in Nichtmitgliedstaaten.[323] Es stellt sich die Frage, inwiefern der Gerichtshof auf diese verschiedenen Quellen zurückgreifen darf, um das Bestehen eines Konsenses zu ermitteln, der dann wiederum den mitgliedstaatlichen Beurteilungsspielraum beschränken kann und so die Auslegung der Konvention beeinflusst.

Die Bezugnahme auf die Rechtspraxis in der überwiegenden Mehrzahl der Mitgliedstaaten, die Heranziehung völkerrechtlicher Verträge, die nicht von allen Mitgliedstaaten ratifiziert wurden, und der Blick auf fremde Rechtsordnungen sind nicht vom Katalog der Auslegungsmethoden nach der Wiener Vertragsrechtskonvention umfasst. Art. 31 Abs. 3 lit. b WVK ist insofern nicht einschlägig, als es für eine spätere Übung meist an der Übereinstimmung der Vertragsstaaten fehlt, da es nur auf eine mehrheitliche und nicht auf eine einheitliche Übung der Vertragsstaaten ankommt. Ebenso kann Art. 31 Abs. 3 lit. c WVK nicht fruchtbar gemacht werden, da auch Völkervertragsrecht herangezogen wird, das nicht von allen Mitgliedstaaten ratifiziert wurde, insbesondere nicht von dem Staat, dem es entgegengehalten wird.[324]

Es werden verschiedene Ansätze verfolgt, um die Konsensmethode[325] des Gerichtshofs in den Auslegungskatalog der Wiener Vertragsrechtskonvention einzuordnen. Ein erweitertes Verständnis von Art. 31 Abs. 3 lit. b WVK bzw. Art. 31 Abs. 3 lit. c WVK durch den EGMR wird dabei für wenig wahrscheinlich gehalten, da sich der EGMR selbst nur allgemein auf die Artikel 31 und 32 WVK berufe.[326] Darüber hinaus wird erwogen, die Methode zur Ermittlung eines Konsenses als eine der EMRK eigene Auslegungsmethode zu begreifen. Vorzugswürdiger erscheint es aber wohl, die Methode zur Konsensermittlung als einen besonderen, der Konvention eigenen Aspekt der teleologischen Auslegung zu verstehen.[327]

---

323 *EGMR*, Application no. 34503/97 (Demir and Baykara v. Turkey) 12.11.2008, Rn. 69 ff.

324 So auch *Von Ungern-Sternberg, A.* (Fn. 320), S. 327 und S. 333, Ausführlich zur Auslegung von Art. 31 Abs. 3 lit. c WVK: *Breuer, M.* (Fn. 119), S. 734 ff.

325 Bezeichnung übernommen von *Von Ungern-Sternberg, A.* (Fn. 320).

326 Beispielhaft *EGMR*, Application no. 34503/97 (Demir and Baykara v. Turkey), Rn. 65.

327 So auch *Von Ungern-Sternberg, A.* (Fn. 320), S. 328 f., die dies jedoch nur für das Abstellen auf die Rechtspraxis der Mitgliedstaaten annimmt.

Ziel und Zweck der Konvention ist es demnach, einen effektiven Menschenrechtsschutz zu gewährleisten, wobei die Europäische Menschenrechtskonvention Mindeststandards festlegt. Der Gerichtshof hat dabei mehrmals betont, dass die EMRK darauf abziele, Rechte zu gewährleisten, die nicht nur theoretisch und illusorisch seien.[328] Dies setzt dann allerdings voraus, dass gewandelte Werte in die Interpretation der einzelnen Konventionsrechte miteinbezogen werden müssen, um so einen effektiven und vor allem zeitgemäßen Menschenrechtsschutz gewährleisten zu können. Der Gerichtshof hat sich ausdrücklich zu einer solchen Interpretation der Konvention mit Blick auf den gesellschaftlichen Wandel bekannt.[329] Durch die Betrachtung verschiedener Quellen und Praktiken, und zwar auch solcher, an die die Mitgliedstaaten nicht gebunden sind oder die sie nicht ausüben, erhält der Gerichtshof eine Momentaufnahme über den aktuellen, universalen Stand des geltenden Menschenrechtsstandards. Daraus kann er Rückschlüsse für den Mindeststandard der Europäischen Menschenrechtskonvention und ihrer Gewährleistungen ziehen.

> The Court recently confirmed, in its Saadi judgment (cited above, § 63), that when it considers the object and purpose of the Convention provisions, it also takes into account the international law background to the legal question before it. Being made up of a set of rules and principles that are accepted by the vast majority of States, the common international or domestic law standards of European States reflect a reality that the Court cannot disregard when it is called upon to clarify the scope of a Convention provision that more conventional means of interpretation have not enabled it to establish with a sufficient degree of certainty.[330]

Dennoch ist der Einwand von Bedeutung, dass die Heranziehung fremder Rechtsordnungen unzulässig sei, sofern der EGMR daraus eine konstitutive Wirkung für die Reichweite eines Konventionsrechts herleite.[331] Allein die Rechtslage in Nichtvertragsstaaten oder die Heranziehung völkerrechtlicher Verträge, die nur von wenigen Mitgliedstaaten ratifiziert wurden,

---

328 *EGMR*, Application no. 6289/73 (Airey v. Ireland), Rn. 24.

329 *Nußberger, A.*, Auf der Suche nach einem europäischen Konsens – Zur Rechtsprechung des Europäischen Gerichtshofs für Menschenrechte, Rechtswissenschaft 2012, 197, S. 202.

330 *EGMR*, Application no. 34503/97 (Demir and Baykara v. Turkey), Rn. 76.

331 *Von Ungern-Sternberg, A.* (Fn. 320), S. 333.

können nicht ausreichen, um einen Konsens zu begründen[332], der letztlich mittelbar die Auslegung der Konvention vorgibt. Sie können aber neben dem Wertewandel, der sich durch die Rechtspraxis in der Mehrheit der Mitgliedstaaten ausdrückt, Indizwirkung für die Reichweite eines Menschenrechts entfalten und damit einen Eindruck oder Trend in den Mitgliedstaaten im Hinblick auf ein Konventionsrecht bestätigen oder verstärken. Im Urteil Christine Goodwin entsteht der Eindruck, dass der Gerichtshof die Annahme eines Konsenses zur rechtlichen Anerkennung des Geschlechts Transsexueller überwiegend auf die rechtlichen Entwicklungen in Neuseeland und Australien gestützt habe. Tatsächlich jedoch bestand schon zur Zeit des vorherigen Urteils eine erhebliche Mehrheit unter den Mitgliedstaaten zur Anerkennung des geänderten Geschlechts Transsexueller. Die Entwicklungen in fremden Rechtsordnungen hatten daher keine konstitutive Wirkung auf die Reichweite des Art. 8 EMRK, sondern waren – wenn überhaupt – nur das ‚Zünglein an der Waage', um letztlich einen Wertewandel – nicht nur – in den Mitgliedstaaten in Bezug auf das Recht auf Achtung des Privatlebens annehmen zu können. Unter diesen Umständen kann der Konsens dann auch einem Mitgliedstaat entgegengehalten werden, der die entsprechende Praxis nicht ausübt oder die einschlägigen völkerrechtlichen Verträge nicht ratifiziert hat.

Selbst wenn man davon ausgeht, dass die Methode zur Konsensentwicklung, die über die klassische Auslegung völkerrechtlicher Verträge hinausgeht[333], die völkerrechtliche Zulässigkeit einer Vertragsauslegung überstrapaziere[334], könnte dieser Umstand durch das nachgeschaltete, von Cremer sogenannte „dialogische Verfahren der Fortbildung der EMRK" entschärft werden. Dies sei ein Verfahren, das von den Mitgliedstaaten anerkannt werde und darauf beruhe, dass jeder Staat, der das Verständnis des Gerichtshofs nicht teile, seine Ansicht in einem späteren Fall noch einmal vorbringen könne, um das Versagen seiner Zustimmung zu verdeutlichen und den Gerichtshof zu einer erneuten Prüfung dieser Auffassung zu bewegen. Auf diese Weise könnten die Richter erkennen, ob ihre Auslegung in der betreffenden Sache von den Vertragsstaaten akzeptiert werde.[335]

332 So zum Teil geschehen in *EGMR*, Application no. 6833/74 (Marckx v. Belgium) Rn. 41, wobei daneben laut EGMR auch eine große Mehrheit der Mitgliedstaaten ihre Rechtspraxis geändert habe.

333 *Nußberger, A.* (Fn. 329), S 202.

334 So *Von Ungern-Sternberg, A.* (Fn. 320), S. 333.

335 *Cremer, H.-J.* (Fn. 37), Rn. 58.

Mögliche Überschreitungen des völkerrechtlichen Konsensprinzips und des innerstaatlichen Demokratieprinzips durch eine zu weitgehende Auslegung können damit angezeigt und vom Gerichtshof überdacht und gegebenenfalls revidiert werden. Die Rechtsprechungsänderung in den Fällen zur rechtlichen Anerkennung des postoperativen Geschlechts Transsexueller und damit auch die Annahme des Bestehens eines Konsenses wurde im Wege dieses „dialogischen Verfahrens" durch den verurteilten Mitgliedstaat Großbritannien in einem späteren Verfahren ‚genehmigt'.

> They *[Anmerkung der Autorin: The Government]* also accepted that from the time of the judgment in Christine Goodwin (cited above) on 11 July 2002 those parts of English law which failed to give legal recognition to the acquired gender of transsexual persons were in principle incompatible with Articles 8 and 12 of the Convention.[336]

(3) Der Konsens als ‚Bremsklotz'

Es erscheint fraglich, ob sich das Abstellen auf einen europäischen oder internationalen Konsens nicht als ‚Bremsklotz' für den EGMR und die EMRK als „Motor des Menschenrechtsschutzes"[337] erweist. Eine solche Annahme gründet vor allem darauf, dass durch das Abstellen auf einen Konsens der Ist-Zustand maßgeblich den Soll-Zustand prägt und dass eine Orientierung an der Mehrheit nicht zum Minderheitenschutz geeignet erscheint.[338] Diesbezüglich gilt es aber zu berücksichtigen, dass sich der Gerichtshof bei der Ausübung seiner Aufgabe immer in einem Spannungsverhältnis bewegt, und zwar zwischen dem Bestreben, den Menschenrechtsschutz effektiv weiterzuentwickeln, einerseits und der Notwendigkeit, dem Willen der Vertragsparteien bei der Auslegung gerecht zu werden, andererseits. Die Generierung eines Konsenses ist der Versuch, eine Brücke zu schlagen zwischen diesen beiden Spannungsfeldern; denn ein einseitiges Vorpreschen des Gerichtshofs, das von den Regierungen der

---

336 *EGMR*, Application no. 32570/03 (Grant v. The United Kingdom), Rn. 37.

337 Der Ausdruck wird zuweilen in der Literatur benutzt, siehe *Heine, H.*, Die Rechtsstellung des Beschuldigten im Rahmen der Europäisierung des Strafverfahrens (2009), S. 191; *Löning, M.*, Die Europäische Menschenrechtskonvention – Ein Motor des Menschenrechtsschutzes in Europa, in: Leutheusser-Schnarrenberger (Hrsg.), Vom Recht auf Menschenwürde (2013), 51; *Nußberger, A.* (Fn. 329), S. 211.

338 *Nußberger, A.* (Fn. 329), S. 206.

Mitgliedstaaten nicht mitgetragen wird, kann über kurz oder lang zum Bruch führen.[339] Dies schadet dem Menschenrechtsschutz weitaus mehr als eine unter Rückgriff auf Konsense behutsam stattfindende Fortentwicklung der Gewährleistungen, womit die Konsensmethode letztendlich wieder dem Ziel der EMRK dient, nämlich der effektiven Gewährleistung der Rechte in den Mitgliedstaaten. Das Kriterium des Konsenses ist daher bei richtiger Anwendung kein ‚Bremsklotz', sondern eher vergleichbar mit Motoröl, das für einen geschmeidigen Lauf und die Langlebigkeit des Motors sorgen soll.

Nichtsdestotrotz bedarf auch der Einsatz von Motoröl sorgfältiger Anwendung und genauer Dosierung, um seinen positiven Effekt auf den Motor nicht ins Gegenteil zu verkehren. Gleiches gilt für den europäischen Konsens. Es wird häufig kritisiert, dass das Bestehen eines Konsenses willkürlich bestimmt und er somit gezielt eingesetzt würde, um gewünschte Ergebnisse zu rechtfertigen.[340] Dieser Eindruck kann auf mehrere Gründe zurückgeführt werden. Zum einen liegt es wohl daran, dass der Gerichtshof den Ursprung seiner rechtsvergleichenden Erkenntnisse nicht immer offenlegte und die Proklamation eines Konsenses dadurch leider oftmals im Gewand der bloßen Behauptung erschien.[341] Diesem Eindruck wirkt der Gerichtshof mittlerweile entgegen, indem er sich zur Begründung eines Wertewandels nicht mehr nur pauschal auf eine Mehrheit der Mitgliedstaaten beruft, sondern das Bestehen einer solchen Mehrheit in seinem Urteil aufschlüsselt.[342] Bei diesen Aufschlüsselungen handelt es sich um Zusammenfassungen der dem Gerichtshof vorliegenden ‚research reports', in denen rechtsvergleichende Erkenntnisse von der Research Division zusammengetragen wurden.[343]

---

339 *Nußberger, A.* (Fn. 329). S. 205; dieser Versuch glückt jedoch nicht immer, denn auch die Konsensmethode ist zum Teil Akzeptanzproblemen ausgesetzt wie die Autorin mit Verweis auf das Urteil Hirst v. The United Kingdom No. 2 deutlich macht.

340 *Von Ungern-Sternberg, A.* (Fn. 320), S. 328 mit Verweis auf *Brems, E.* (Fn. 3), S. 284 f. m. w. N.

341 *EGMR*, Application no. 6833/74 (Marckx v. Belgium), Rn. 41; ebenso: *Brems, E.* (Fn. 3), S. 284; *Rupp-Swienty, A.* (Fn. 3), S. 163.

342 *EGMR*, Application no. 23459/03 (Bayatyan v. Armenia) 07.07.2011, Rn. 46; *EGMR*, Application no. 30078/06 (Konstantin Markin v. Russia); Rn. 71.

343 *Dzehtsiarou, K./Lukashevich, V.*, Informed Decision-Making: The Comparative Endeavours of the Strasbourg Court, Netherlands Quarterly of Human Rights 2012, 272, S. 292 f.

> Currently, comparative law reports are prepared for almost all Grand Chamber cases as well as for some cases dealt with by the Chambers. Research is carried out upon a request from the Judge-Rapporteur by the Research Division of the Court, which operates within the Court's Registry. The Judge-Rapporteur frames the questions and the questions are then forwarded by the Research Division to national lawyers working at the Court, who each prepare a report summarising the law and practice in their respective countries. Each national report is then signed by the judge of the ECtHR elected in respect of the country concerned. Afterwards, the national reports are compiled by the Research Division in a composite report which is then sent to the Judge-Rapporteur and other judges of the Chamber or Grand Chamber respectively. These reports are confidential and not accessible to the general public.[344]

Sofern der Gerichtshof also nicht auf Informationen Dritter wie NGOs zurückgreift, bezieht er die rechtsvergleichenden Erkenntnisse von der Research Division. Dennoch wird die dahinterstehende Methode der Rechtsvergleichung nicht offengelegt. Oftmals wird der Untersuchungsumfang nicht angegeben, d. h., es wird nicht deutlich, welche Mitgliedstaaten für die Untersuchung ausgewählt wurden, oder der Untersuchungsgegenstand des Vergleichs wird nicht präzise dargestellt. Diese Intransparenz führt zu Missverständnissen und Vorwürfen von Willkürlichkeit.[345]

Neben der Methode zur Erhebung rechtsvergleichender Erkenntnisse ist zudem nicht erkennbar, welche Kriterien erfüllt sein müssen, damit der Gerichtshof, im Rahmen seiner Bewertung dieser Erkenntnisse, das Bestehen eines Konsenses ableitet.[346] Diesbezüglich ergibt sich allerdings das Problem, dass das Extrahieren objektiver Faktoren für die Annahme des Bestehens eines Konsenses nur schwer möglich ist. Die Festlegung auf eine konkrete Anzahl gleich praktizierender Mitgliedstaaten, mit deren Erreichen das Bestehen eines Konsenses angenommen werden könnte, lässt außer Acht, dass es nicht immer nur darauf ankommen kann, wie viele Staaten eine bestimmte Praxis ausüben, sondern auch darauf, welche Staaten dies tun. Gleiches gilt für die Anzahl der Staaten, die einen einschlägigen völkerrechtlichen Vertrag ratifiziert haben. Nähme man an, dass allein die Gebundenheit der Mehrheit der Vertragsstaaten an einen anderen völ-

---

344 *Dzehtsiarou, K./Lukashevich, V.* (Fn. 343), S. 273 f., unter anderem bezugnehmend auf ein Interview mit Judge Ján Šikuta.

345 *Dzehtsiarou, K.*, Comparative Law in the Reasoning of the European Court of Human Rights, UCD Law Review 2010, 109, S. 126, S. 130 f. und siehe auch *EGMR*, Application no. 25579/05 (A, B and C v. Ireland), Concurring Opinion of Judge Finlay Geoghegan.

346 *Rupp-Swienty, A.* (Fn. 3), S. 163.

kerrechtlichen Vertrag ausreichen würde, um einen Konsens zu begründen, müsste das gesamte Unionsrecht als europäischer Konsens betrachtet werden.[347] Feste, starre Regeln oder Grenzwerte für die Annahme eines Konsenses kann es daher in dieser Form nicht geben. Es kommt immer auf die Einzelfallbetrachtung und deren Bewertung durch den Gerichtshof an, wobei neben der tatsächlichen Rechtslage auch das Austarieren des bereits angesprochenen Spannungsverhältnisses eine Rolle spielt. In den Fällen, die die rechtliche Anerkennung Transsexueller betreffen, hat der Gerichtshof trotz eindeutiger Tendenzen nur sehr zögerlich das Bestehen eines Konsenses festgestellt. Dies zeigt, dass für den Gerichtshof nicht immer nur die Rechtslage in der zahlenmäßigen Mehrheit der Staaten maßgeblich ist, sondern dass er, gerade im Bereich moralischer Angelegenheiten, sehr defensiv vorgeht, wenn es um die Proklamierung eines Wertewandels geht, um auch den Willen der wenigen Vertragsstaaten, die der Rechtspraxis nicht folgen, nicht überzustrapazieren. Die Befürchtung, durch die ‚übereilte' Feststellung eines Konsenses in der Mehrheit der anderen Mitgliedstaaten einen offenen Dissens mit dem betroffenen Mitgliedstaat, insbesondere Großbritannien, zu provozieren,[348] veranlasst den Gerichtshof offenbar in bestimmten Bereichen, trotz eindeutiger mehrheitlicher Rechtspraxis, Vorsicht walten zu lassen. Ein solches Vorgehen mag inkonsequent anmuten und nährt den Vorwurf der Willkürlichkeit, des Opportunismus und des Stillstands, der dem Kriterium des europäischen oder internationalen Konsenses anhaftet, kann aber ein stabileres Fundament für die Fortentwicklung des Konventionsrechts gewährleisten, getreu dem Motto: ‚Vorsicht ist besser als Nachsicht'.

(4) Zusammenfassung

Festzuhalten bleibt, dass durch das Abstellen auf einen europäischen Konsens die Grenzen der dynamisch-evolutiven Fortentwicklung der Konvention geachtet werden. Diese Grenzen müssen bei der Beschränkung des mitgliedstaatlichen Beurteilungsspielraums, welcher der Achtung kultureller Unterschiede und der direkteren demokratischen Legitimation dient,

---

347 Argumentation mit dem Unionsrecht ebenfalls bei *Von Ungern-Sternberg, A.* (Fn. 320), S. 336.

348 *Nußberger, A.* (Fn. 329), S. 206 mit Verweis auf *EGMR*, Application no. 74025/01 (Hirst v. The United Kingdom No. 2).

besonders berücksichtigt werden. Die Heranziehung der Rechtspraxis der Mitgliedstaaten und darüber hinaus auch anderer Staaten sowie die Beachtung völkerrechtlicher Verträge, die nicht von allen Mitgliedstaaten ratifiziert wurden, können als besondere Ausprägung der teleologischen Auslegung verstanden werden. Der Konsens erweist sich dabei nicht als Bremsklotz für den europäischen Menschenrechtsschutz, sondern fungiert als Brücke zwischen den oftmals widerstreitenden Interessen, nämlich dem Interesse der Vertragsparteien am Erhalt des Status quo und der Fortentwicklung menschenrechtlicher Gewährleistungen zugunsten des Individuums. An sich ist das Kriterium daher grundsätzlich geeignet, die Fortentwicklung konventionsrechtlicher Gewährleistungen auf einem stabilen Fundament zu errichten. Dennoch ist die der Konsensmethode entgegengebrachte Kritik insofern berechtigt, als die Generierung rechtsvergleichender Erkenntnisse transparenter werden sollte und der Gerichtshof die Beweggründe, die ihn zur Annahme eines Konsenses veranlassen, besser herausarbeiten müsste, um den Vorwurf der Willkürlichkeit und Ergebnisorientiertheit zu entkräften.

f) Konsequente Anwendung der Doktrin?

Schon frühzeitig wurden Bemühungen des Gerichtshofs dahingehend erkannt, die Anwendung der Leitlinien zur Margin-of-appreciation-Doktrin zu präzisieren, um so das ursprünglich weite Konzept der margin of appreciation einzugrenzen.[349] Die dargestellten Kriterien zur Anwendung und Umfangsbestimmung sowie der sich daran anschließenden Kontrolldichte erwecken den Eindruck, dass dies gelungen sei. Dabei ist allerdings der Umstand zu berücksichtigen, dass die Praxis meist viel unberechenbarer ist, als es die abstrakte wissenschaftliche Analyse suggeriert,[350] sodass sich zuletzt die Frage nach der tatsächlichen Konsequenz der Anwendung der dargestellten Kriterien stellt.

Tatsächlich erfolgt die Anwendung der Margin-of-appreciation-Doktrin durch den Gerichtshof nicht derart konsequent, wie es die Darstellung der Kriterien, die die Anwendung oftmals begleiten, suggeriert. Während der Gerichtshof in vielen Fällen ohne jede weitere Begründung erklärt, dass

---

349 *Macdonald, Ronald St. J.* (Fn. 1), S. 84.

350 *van Dijk, P./Van Hoof, Godefridus J. H.*, Theory and Practice of the European Convention on Human Rights (1990), S. 604.

den Mitgliedstaaten bei der Beurteilung, ob ein Eingriff in einer demokratischen Gesellschaft notwendig sei, eine margin of appreciation zustehe, was den Eindruck entstehen lässt, dass diese zum Standardrepertoire der Rechtfertigungsprüfung gehöre, erwähnt er die margin of appreciation in anderen Fällen wiederum gar nicht.[351] Diese Inkonsequenz in der Anwendung ist vor allem dann schwer verständlich, wenn Urteilen vergleichbare Sachverhaltskonstellationen zugrunde liegen. So gewährt der EGMR im Zusammenhang mit der Prüfung der Vereinbarkeit aufenthaltsbeendender Maßnahmen gegen straffällige Ausländer mit Art. 8 EMRK in der Regel keine mitgliedstaatliche margin of appreciation;[352] im Fall Maslov gegen Österreich führt er dann aber aus, dass den nationalen Behörden eine margin of appreciation zustehe bei der Beurteilung, ob der Eingriff in einer demokratischen Gesellschaft notwendig und verhältnismäßig zum verfolgten Ziel war.[353] Von einer einheitlichen Anwendung der Doktrin, die in jedem Fall klaren Regeln und Begründungsmustern folgt, kann in der Praxis folglich nicht die Rede sein.

(1) Konsequente Bestimmung des Umfangs?

Zwar ließen sich im Zuge der Untersuchungen gewisse ‚Regeln' ableiten, die indizieren, welchen Einfluss das Vorliegen bestimmter Faktoren auf den Umfang der margin of appreciation hat; doch ist nicht immer vorhersehbar, welchem Faktor, bei Vorliegen verschiedener Faktoren mit unterschiedlicher Wirkung auf den Umfang der margin of appreciation, der Gerichtshof den Vorzug einräumen wird.

In verschiedenen Beschwerden gegen das Vereinigte Königreich rügten die Beschwerdeführer die durchgeführten Ermittlungen zu ihrer Homosexualität und die damit verbundene Entlassung aus den Streitkräften (Royal Navy oder Royal Air Force) als einen Eingriff in ihr Recht auf Privatleben nach Art. 8 EMRK. Während die Regierung unter Verweis auf das Urteil des Gerichtshofs in der Sache Leander anführte, dass den Mitgliedstaaten angesichts des Bezugs zur nationalen Sicherheit eine weite margin of app-

351 *EGMR*, Application no. 9697/82 (Johnston and Others v. Ireland)

352 *EGMR*, Application no. 12313/86 (Moustaquim v. Belgium) 18.02.1991; *EGMR*, Application no. 52853/99 (Yilmaz v. Germany) 17.04.2003; *EGMR*, Application no. 46410/99 (Üner v. The Netherlands) 18.10.2006.

353 *EGMR*, Application no. 1638/03 (Maslov v. Austria) 23.06.2008, Rn. 76.

reciation zustehe,[354] sprach der Gerichtshof in diesem Zusammenhang nur noch von einer „certain margin“ und maß dem Umstand, dass es sich bei dem vorliegenden Fall um einen Eingriff in einen besonders intimen Aspekt des Privatlebens handelte, weitaus mehr Bedeutung für die Bestimmung der Kontrolldichte bei.[355] In der Sache A, B und C gegen Irland hingegen hielt der Gerichtshof weder die Tatsache, dass es sich um einen Eingriff in einen besonderen Aspekt des Privatlebens handelte, noch das Bestehen eines europäischen Konsenses für ausschlaggebend. Zwei der Beschwerdeführerinnen rügten, dass das irische Verbot der Abtreibung aus gesundheitlichen Gründen oder aus Gründen des Wohlbefindens einen Eingriff in ihr Recht auf Achtung des Privatlebens darstelle. Der Gerichtshof stimmte dem zu, insbesondere unter dem Aspekt der Selbstbestimmung und der physischen und psychischen Integrität, welche unter den Schutz des Privatlebens nach Art. 8 EMRK fallen. Im Rahmen der Prüfung, ob das Verbot des Schwangerschaftsabbruchs zum Schutz der Moral nach Art. 8 Abs. 2 EMRK notwendig in einer demokratischen Gesellschaft sei, setzte sich der Gerichtshof dann auch mit der Weite des mitgliedstaatlichen Beurteilungsspielraums in dieser Angelegenheit auseinander. Er betonte dabei, dass die mit der Abtreibungsfrage einhergehenden moralischen und ethischen Fragen von höchster Sensibilität seien und dass den Mitgliedstaaten eine weite margin of appreciation zustehe bei der Schaffung eines fairen Ausgleichs zwischen dem Recht der Frauen auf Achtung ihres Privatlebens und den tiefgreifenden moralischen Ansichten der irischen Bevölkerung sowie dem Schutz des ungeborenen Lebens. Dass es sich bei dem Verbot von Abtreibungen aus Gründen der Gesundheit oder des Wohlbefindens um einen erheblichen Eingriff in das Recht auf Selbstbestimmung und körperliche Integrität der Frauen handelt, ließ der Gerichtshof unerwähnt. Das Bestehen eines europäischen Konsenses für Abtreibungen aus gesundheitlichen oder psychischen Gründen konnte der Gerichtshof hingegen nicht ignorieren und warf stattdessen die Frage auf, ob die weite margin of appreciation durch das Bestehen eines europäischen Konsenses im vorliegenden Fall eingeschränkt werde. Er kam unter

---

354 *EGMR*, Applications nos. 33985/96 and 33986/96 (Smith and Grady v. The United Kingdom), Rn. 77; *EGMR*, Applications nos. 31417/96 and 32377/96 (Lustig-Prean and Beckett v. The United Kingdom), Rn. 70.

355 *EGMR*, Applications nos. 33985/96 and 33986/96 (Smith and Grady v. The United Kingdom), Rn. 89 f.; *EGMR*, Applications nos. 31417/96 and 32377/96 (Lustig-Prean and Beckett v. The United Kingdom), Rn. 82 f.

Verweis auf das Bestehen eines Beurteilungsspielraums bei der Frage nach dem Lebensbeginn[356], der sich dann auch auf die Abwägungsentscheidung mit den Rechten der Frau auswirke, zu dem Ergebnis, dass trotz des Vorhandenseins eines gegenteiligen Konsenses eine weite mitgliedstaatliche margin of appreciation bestehe.[357] Obwohl also in diesem Fall gleich mehrere Faktoren gegen die Annahme eines weiten Beurteilungsspielraums sprachen, maß der Gerichtshof dem mit dem Verbot verfolgten Beschränkungsziel, nämlich dem Schutz der Moral in Verbindung mit der Frage nach dem Schutz des ungeborenen Lebens, so viel Bedeutung bei, dass dieser Faktor sowohl das Bestehen eines Konsenses als auch die Schwere des Eingriffs überwog.

Während es somit trotz der extrahierten ‚Regeln' nicht immer vorhersehbar ist, welchem der vorliegenden Faktoren zur Umfangsbestimmung der Gerichtshof das größere Gewicht beimisst und welcher damit letztendlich den Umfang des Beurteilungsspielraums im konkreten Fall vorgibt, wird in anderen Fällen der Umfang des Beurteilungsspielraums gar nicht bestimmt und der Gerichtshof proklamiert nur ganz pauschal, dass den Mitgliedstaaten eine „certain margin of appreciation" zustehe.[358] Von 108 Anwendungen der Doktrin in der ersten Hälfte des Jahres 2009 hat der Gerichtshof in nur 34 Fällen den Umfang der margin of appreciation im konkreten Fall ermittelt. Im Rest der Fälle hat er nur eine „certain margin of appreciation" oder einfach eine „margin of appreciation" erwähnt.[359] Von einer konsequenten Anwendung der verschiedenen Faktoren zur Umfangsbestimmung und einer Vorhersehbarkeit ihres Zusammenspiels in jedem Fall, in dem die Margin-of-appreciation-Doktrin relevant wird, kann folglich ebenso wenig die Rede sein.

---

356 Weitere Ausführungen dazu folgen im Zusammenhang mit Art. 2 EMRK.

357 *EGMR*, Application no. 25579/05 (A, B and C v. Ireland), Rn. 212 ff.

358 *EGMR*, Application no. 16969/90 (Keegan v. Ireland), Rn. 31; *EGMR*, Application no. 19823/92 (Hokkanen v. Finland), Rn. 55.

359 *Kratochvíl, J.*, The Inflation of the Margin of Appreciation by the European Court of Human Rights, Netherlands Quarterly of Human Rights 2011, 324, S. 340.

(2) Konsequente Kontrolldichte?

Auch die vom Gerichtshof zugrunde gelegte Kontrolldichte entspricht nicht in jedem Fall dem zuvor festgestellten Umfang der margin of appreciation.[360] So schließt sich in manchen Fällen trotz der Feststellung, dass ein weiter Beurteilungsspielraum vorliege, eine intensive Prüfung des Gerichtshofs an.[361] In der Rechtssache A. gegen Norwegen beispielsweise gewährte der Gerichtshof den norwegischen Behörden und Gerichten eine weite margin of appreciation hinsichtlich der Beurteilung der Notwendigkeit, das Privatleben gegenüber der freien Meinungsäußerung von Journalisten zu schützen.[362] Konkret ging es um die Berichterstattung der norwegischen Presse zu Vergewaltigungen und anschließenden Morden an zwei Mädchen. Die Berichterstattung konnte so verstanden werden, dass der Beschwerdeführer, ein aus der Sicherheitsverwahrung entlassener Mörder, als Verdächtiger in diesen Fällen angesehen werde, was enorme Auswirkungen auf sein Privatleben hatte. Obwohl der Gerichtshof bei der Abwägung der widerstreitenden Interessen den norwegischen Gerichten einen weiten Beurteilungsspielraum einräumte, setzte er die widerstreitenden Interessen selbst zueinander ins Verhältnis, bewertete sie selbst und kam zu dem Ergebnis, dass die norwegischen Gerichte trotz ihrer weiten margin of appreciation keinen fairen Ausgleich zwischen den widerstreitenden Interessen hergestellt hätten.[363]

Abgesehen davon, dass die Kontrolldichte des Gerichtshofs somit nicht immer dem zuvor festgestellten Umfang der margin of appreciation entspricht, sind insbesondere auch die Urteile, in denen der Gerichtshof den mitgliedstaatlichen Spielraum nur erwähnt, ohne Aussagen zum Umfang zu tätigen, von einer Unsicherheit hinsichtlich des zu erwartenden Kontrollmaßstabs geprägt. In der Rechtssache Czarnowski gegen Polen machte der Beschwerdeführer geltend, dass Polen gegen Art. 8 EMRK verstoßen habe, weil man ihm zur Beerdigung seines Vaters keinen Ausgang aus dem Gefängnis gewährte. Der Gerichtshof betonte im Zusammenhang mit

360 Siehe auch *Rupp-Swienty, A.* (Fn. 3), S. 198 f.; *Krieger, H.* (Fn. 303), S. 209 f.

361 *EGMR*, Application no. 57813/00 (S.H. and Others v. Austria), Rn. 91 ff.; *EGMR*, Application no. 69498/01 (Pla and Puncernau v. Andorra) 13.07.2004, Rn. 46 ff.; *EGMR*, Application no. 9532/81 (Rees v. The United Kingdom), Rn. 37 ff.

362 *EGMR*, Application no. 28070/06 (A. v. Norway) 09.04.2009, Rn. 66.

363 *EGMR*, Application no. 28070/06 (A. v. Norway), Rn. 68 ff.

der Rechtfertigungsprüfung mehrmals[364], dass er den mitgliedstaatlichen Beurteilungsspielraum bei der Prüfung berücksichtige, ob der Eingriff in einer demokratischen Gesellschaft notwendig war. Weitergehende Aussagen zum Umfang des mitgliedstaatlichen Spielraums tätigte der Gerichtshof hingegen nicht. Auch wenn der Gefängnisdirektor die Verweigerung des Freigangs damit begründete, dass dem Beschwerdeführer eine negative kriminelle und soziale Prognose zu bescheinigen sei, setzte sich der Gerichtshof selbst mit den Fakten des Falls auseinander anstatt eine better position des Gefägnisdirektors aufgrund seines direkten Kontakts mit dem Gefangen zu berücksichtigen und kam zu dem Schluss, dass sich die Einschätzung des Gefängnisdirektors nicht durch Fakten stützen lasse. Nach einer eigenen Abwägung kam er dann zu dem Ergebnis, dass angesichts der besonderen Umstände des Falls, trotz des mitgliedstaatlichen Beurteilungsspielraums, die Verweigerung des Freigangs in einer demokratischen Gesellschaft nicht notwendig gewesen wäre, womit eine Verletzung von Art. 8 EMRK vorlag.

Die dargestellten Beispiele zeigen auf, dass der Gerichtshof in Fällen, in denen er den Umfang des Spielraums ausdrücklich vorgibt, seine Kontrolldichte diesem nicht immer anpasst; in Urteilen, in denen er den mitgliedstaatlichen Spielraum nur erwähnt, ohne Aussagen zum Umfang zu tätigen, lässt sich die zu erwartenden Kontrolldichte kaum antizipieren. Damit lässt sich auch im Zusammenhang mit der Kontrolldichte des Gerichtshofs feststellen, dass sich diese nicht immer konsequent nach der mitgliedstaatlichen margin of appreciation und ihrem Umfang zu richten scheint und in den vielen Fällen, in denen der EGMR keine Aussagen zum Umfang tätigt, gar nicht vorhersehbar ist.

(3) Schlussfolgerung

Es bleibt festzuhalten, dass die dargestellten Kriterien zur Anwendung der Doktrin, der Bestimmung des Umfangs einer margin of appreciation und der sich daraus ergebenden Kontrolldichte vom Gerichtshof nicht immer konsequent angewandt werden. Dass der Gerichtshof die Margin-of-appreciation-Doktrin nicht immer einheitlich anwendet, den Umfang der margin of appreciation im konkreten Fall oftmals unter Verweis auf eine „cer-

---

364 *EGMR*, Application no. 28586/03 (Czarnowski v. Poland), Rn. 26, 27, 29.

tain margin of appreciation" nicht bestimmt und die Kontrollintensität nicht immer dem festgestellten Umfang der margin entspricht, ist angesichts der Vorhersehbarkeit des Kontrollumfangs und der damit verbundenen Rechtssicherheit äußerst kritisch zu bewerten.

Der Umstand, dass die Kriterien zur Bestimmung des Umfangs nicht im Sinne fester Regeln mit starren Folgen angewandt werden und dass sich das Abwägungsergebnis dieser Kriterien nicht immer vorhersehen lässt, ist zwar ebenfalls vor dem Hintergrund der Vorhersehbarkeit problematisch, dient aber der flexiblen Handhabe des Gerichtshofs im Einzelfall. Diese Flexibilität kann notwendig werden, da jede vorgetragene Beschwerde mit Eigenheiten behaftet sein kann, die der Gerichtshof auch neben den extrahierten Kriterien zu berücksichtigen hat. In der Sache A, B und C gegen Irland beispielsweise bestand zwar ein europäischer Konsens zugunsten eines Schwangerschaftsabbruchs; jedoch herrscht in der irischen Gesellschaft diesbezüglich seit Jahren eine heftige Kontroverse. Der Gerichtshof entschied sich trotz des Bestehens eines Konsenses dafür, dass die Lösung des in Irland herrschenden Konflikts vorrangig durch die demokratisch legitimierten Volksvertreter zu treffen sei und nicht ‚von oben' aufoktroyiert werden sollte.[365]

g) Ergebnis

Der mitgliedstaatliche Beurteilungsspielraum kommt sowohl bei den aus Art. 8 EMRK folgenden negativen als auch bei den positiven Verpflichtungen der Mitgliedstaaten zur Anwendung. In Eingriffskonstellationen wird er bei der Rechtfertigung der angegriffenen staatlichen Maßnahmen relevant. Auch wenn zum Teil davon ausgegangen wird, dass die mitgliedstaatliche margin of appreciation schon im Rahmen des Gesetzesvorbehalts eine Rolle spiele, ist dem tatsächlich erst bei der Notwendigkeitsprüfung so. Sie wird den Mitgliedstaaten bei der Beurteilung zugestanden, ob ein zwingendes gesellschaftliches Bedürfnis vorliegt, und bezüglich des – im Rahmen der Verhältnismäßigkeitsprüfung zu treffenden – gerechten Ausgleichs zwischen den relevanten, widerstreitenden Interessen. Beson-

365 Es handelt sich bei diesem Urteil um einen der seltenen Fälle, in denen trotz Bestehens eines europäischen Konsenses ein weiter Beurteilungsspielraum angenommen wurde, siehe auch Joint Partly Dissenting Opinion of Judges Rozakis, Tulkens, Fura, Hirvelä, Malinverni and Poalelungi.

dere Bedeutung erlangt die mitgliedstaatliche margin of appreciation in Fallkonstellationen, in denen variierende Standards zwischen den Mitgliedstaaten bestehen und der Gerichtshof von einer besseren Position nationaler Stellen zur Beurteilung der Notwendigkeit ausgeht. Diese bessere Lage der nationalen Stellen kann aufgrund des direkteren Kontakts zu gesellschaftlichen Ansichten, zu Betroffenen, zu den Gegebenheiten im Land oder aufgrund von Fachwissen bestehen.

Der Umfang der zugestandenen margin of appreciation kann von Fall zu Fall variieren und ist dabei abhängig von einem Zusammenspiel verschiedener Faktoren. Besonders relevant sind diesbezüglich die Natur und Bedeutung des betroffenen Rechtsguts, die Schwere des Eingriffs, das Bestehen oder Nichtbestehen eines europäischen Konsenses und die Natur und Bedeutung des mit dem Eingriff verfolgten Zwecks.[366] Es lassen sich grundsätzliche ‚Regeln' dahingehend formulieren, welche Auswirkung das Vorliegen eines Faktors auf den Umfang der margin of appreciation hat: Wird in einen besonders intimen oder wesentlichen Bereich der Rechte aus Art. 8 EMRK eingegriffen oder ist dieser Eingriff besonders schwerwiegend, führt dies in der Regel zu einer Kürzung des Umfangs. Das Bestehen bzw. Nichtbestehen eines europäischen Konsenses, ein grundsätzlich sachgerechtes Kriterium, indiziert eine Kürzung bzw. eine Erweiterung des Umfangs der margin of appreciation; zudem variiert der Umfang in Abhängigkeit zum jeweils verfolgten Beschränkungsziel. Lassen sich in einem zu beurteilenden Fall mehrere dieser Kriterien ausmachen, wägt der Gerichtshof diese gegeneinander ab und der überwiegende Faktor gibt letztendlich den Umfang vor.

Im Bereich positiver Pflichten spielt der mitgliedstaatliche Beurteilungsspielraum sowohl bei der Festlegung des Bestehens einer konkreten positiven Pflicht als auch bei der Wahl der Mittel zur Erfüllung dieser Pflicht eine Rolle. Dabei mag der Umfang des Beurteilungsspielraums weiter sein, als dies in anderen Bereichen der Konvention der Fall ist; dies ist jedoch keine Regel. Vielmehr kann der Umfang durch ähnliche Faktoren beeinflusst werden, wie dies in Eingriffssituationen der Fall ist. Dadurch, dass die margin of appreciation jedoch auch für die Bestimmung

---

366 Stellvertretend für viele *Brems, E.* (Fn. 3), S. 256 ff. mit weiteren Faktoren, die für den Umfang maßgeblich seien können; ebenso *Rupp-Swienty, A.* (Fn. 3), S. 136 ff. oder *Krieger, H.* (Fn. 303), S. 187 ff., die auf einen neuen Faktor hinweist, nämlich die besondere Schutzbedürftigkeit bestimmter sozialer Gruppen; *De la Rasilla del Moral, Ignacio* (Fn. 120), S. 615 ff.

herangezogen werden kann, ob überhaupt eine konkrete positive Pflicht besteht, ist sie im Bereich positiver Pflichten von weitaus größerer Bedeutung. Dies ist vor allem dadurch zu erklären, dass der EGMR mithilfe der Margin-of-appreciation-Doktrin ein behutsames Vorantreiben positiver Pflichten verfolgt, um den Mangel an demokratischer Legitimation zu überwinden und die Vereinbarkeit mit dem völkerrechtlichen Konsensprinzip herzustellen.

Die hier dargestellten Kriterien zur Anwendung und Umfangsbestimmung erwecken den Eindruck einer vorhersehbaren und klaren Anwendungskriterien folgenden Handhabe der Doktrin durch den Gerichtshof. Es konnte allerdings festgestellt werden, dass die Praxis tatsächlich viel unvorhersehbarer ist, als es die wissenschaftliche Analyse suggerierte, was hinsichtlich der Anwendung, der grundsätzlichen Bestimmung des Umfangs und der sich daran anschließenden Kontrolldichte vor dem Hintergrund mangelnder Rechtssicherheit zu kritisieren ist. Der Umstand, dass in einigen Fällen das Abwägungsergebnis der umfangbestimmenden Kriterien nicht immer vorhersehbar ist, ist zwar ebenfalls aus Gründen der Rechtssicherheit problematisch, kann aber der flexiblen Handhabe des Gerichtshofs im Einzelfall dienen.

2. Art. 2 EMRK

Art. 2 EMRK steht prominent an der Spitze des Katalogs der Konventionsrechte und verbürgt das Recht auf Leben, womit es den Rang eines der fundamentalsten Rechte der Konvention einnimmt.[367] Vom Recht auf Leben darf in Notstandszeiten nur unter den Voraussetzungen des Art. 15 Abs. 2 EMRK abgewichen werden; zusammen mit Art. 3 EMRK gewährleistet es grundlegende Werte der demokratischen Gesellschaften, aus denen sich der Europarat zusammensetzt.[368] Inwiefern ein solch fundamentales Recht, das die Grundvoraussetzung für die Wahrnehmung aller anderen Konventionsrechte darstellt, Raum für die Anwendung der Margin-of-appreciation-Doktrin lässt, ist fraglich.

---

367 *Schübel-Pfister, I.*, Art. 2 EMRK, in: Karpenstein/Mayer (Hrsg.), EMRK (2015), Rn. 1 f.

368 *EGMR*, Application no. 18984/91 (McCann and Others v. The United Kingdom) 27.09.1995, Rn. 147; *EGMR*, Application nos. 11327/14 and 11613/14 (Haász and Szabó v. Hungary) 13.10.2015, Rn. 49.

a) Anwendbarkeit der Margin-of-appreciation-Doktrin?

Eingriffe in das Recht auf Leben müssen zu ihrer Rechtfertigung nach Absatz zwei nicht nur notwendig, sondern unbedingt erforderlich sein („absolutely necessary“; „absolument nécessaire“). Im Urteil McCann wies der Gerichtshof darauf hin, dass Art. 2 Abs. 2 EMRK eine strengere Notwendigkeitsprüfung erfordere, als es bei den Absätzen 2 der Art. 8 bis Art. 11 EMRK der Fall sei. Er betonte, dass in Anbetracht der Bedeutsamkeit von Art. 2 EMRK eine besonders sorgfältige Prüfung geboten sei.

> In this respect the use of the term "absolutely necessary" in Article 2 para. 2 indicates that a stricter and more compelling test of necessity must be employed from that normally applicable when determining whether State action is "necessary in a democratic society" under paragraph 2 of Articles 8 to 11 of the Convention. In particular, the force used must be strictly proportionate to the achievement of the aims set out in sub-paragraphs 2 (a), (b) and (c) of Article 2. [...] In keeping with the importance of this provision in a democratic society, the Court must, in making its assessment, subject deprivations of life to the most careful scrutiny, particularly where deliberate lethal force is used, taking into consideration not only the actions of the agents of the State who actually administer the force but also all the surrounding circumstances including such matters as the planning and control of the actions under examination.[369]

Aus den Ausführungen des Gerichtshofs wurde abgeleitet, dass für eine margin of appreciation im Rahmen von Art. 2 EMRK kein Raum bestehe.[370] Diese Annahme wurde durch die Rechtsprechung des Gerichtshofs im Fall Finogenov und anderen gegen Russland jedoch widerlegt. In der Sache ging es um die Befreiung von Geiseln, die in einem Moskauer Theater von Terroristen festgehalten worden waren. Die russischen Sicherheitskräfte hatten zur Befreiung der Geiseln in das Theater Gas eingeleitet, wobei 125 Geiseln getötet wurden. Die Beschwerdeführer, welche Angehörige der Opfer und/ oder zum Teil selbst Geiseln waren, machten geltend, dass die Stürmung des Theaters durch die Sicherheitskräfte eine Verletzung von Art. 2 EMRK darstelle. Nachdem der Gerichtshof die Anwendbarkeit von Art. 2 EMRK bejahte und den Opferstatus der Beschwer-

---

369 *EGMR*, Application no. 18984/91 (McCann and Others v. The United Kingdom), Rn. 149 f.; später wiederholt u. a. in *EGMR*, Application no. 78633/12 (Buzurtanova and Zarkhmatova v. Russia) 05.11.2015, Rn. 101.

370 *Rupp-Swienty, A.* (Fn. 3), S. 40; ähnlich *Brems, E.* (Fn. 3), S. 255, *Arai-Takahashi, Y.* (Fn. 3), S. 226.

deführer überprüft hatte, führte er aus, dass es in Fällen, in denen im Rahmen von Polizeieinsätzen tödliche Gewalt angewandt wurde, schwierig sei, die negativen Verpflichtungen eines Staats von den positiven[371] zu trennen. In solchen Fällen untersuche er deshalb normalerweise, ob der Polizeieinsatz so geplant und durchgeführt wurde, dass der Einsatz tödlicher Gewalt und der Verlust von Menschenleben so gering wie möglich gehalten wurde. Im Anschluss führte er aus, dass die positiven Verpflichtungen aus Art. 2 EMRK nicht unbeschränkt seien.[372]

Nach diesen Ausführungen zu den Grundsätzen folgten in einem eigenen Abschnitt Aussagen des Gerichtshofs zur Kontrolldichte, in denen er zuerst die eingangs zitierte Passage aus dem McCann-Urteil wiederholte, nach der er bei der Prüfung der Notwendigkeit einen strengeren Kontrollmaßstab anlegen müsse als im Zusammenhang mit den Artikeln 8–11 Abs. 2 EMRK. Daran anschließend führte er jedoch aus, dass der Gerichtshof gelegentlich von diesem strengen Kontrollmaßstab abweichen dürfe. Unter Verweis auf andere Rechtssachen führte er aus, dass die Anwendung einer strikten Kontrolldichte schlicht unmöglich sei, wenn bestimmte Aspekte der Situation weit über die Sachkenntnis des Gerichtshofs hinausgingen, die staatlichen Behörden unter enormem Zeitdruck agieren mussten und die Situation nur gering kontrollieren konnten. Dem Gerichtshof seien die Schwierigkeiten bewusst, die damit verbunden seien, dass Staaten ihre Bevölkerung vor terroristischer Gewalt schützen wollen, und er erkenne die Komplexität dieses Problems an.[373]

Dann ging der Gerichtshof auf die Umstände des konkreten Falls ein und hielt fest, dass das Leben mehrerer hundert Geiseln in Gefahr war und dass die Terroristen schwer bewaffnet, gut trainiert und ihrer Sache ver-

---

371 Der Gerichtshof leitet aus Art. 2 EMRK auch positive Verpflichtungen der Mitgliedstaaten zum Schutz des Lebens ab und beschränkt den Gewährleistungsgehalt damit nicht nur auf eine abwehrrechtliche Bedeutung: „[…] the Court considers that the first sentence of Article 2 § 1 enjoins the State not only to refrain from the intentional and unlawful taking of life, but also to take appropriate steps to safeguard the lives of those within its jurisdiction […].“, siehe *EGMR*, Application no. 23413/94 (L.C.B. v. The United Kingdom) 09.06.1998, Rn. 36; auch im Urteil Vo. v. France ging es um positive Pflichten der Mitgliedstaaten aus Art. 2 EMRK.

372 *EGMR*, Applications nos. 18299/03 and 27311/03 (Finogenov and Others v. Russia) 20.12.2011, Rn. 208 f.

373 *EGMR*, Applications nos. 18299/03 and 27311/03 (Finogenov and Others v. Russia), Rn. 210 ff.

pflichtet waren. Die Geiselnahme kam zudem überraschend, sodass keine speziellen Maßnahmen im Voraus getroffen werden konnten. Angesichts dessen führte der Gerichtshof aus:

> It should be noted that the authorities were not in control of the situation inside the building. In such a situation the Court accepts that difficult and agonising decisions had to be made by the domestic authorities. It is prepared to grant them a margin of appreciation, at least in so far as the military and technical aspects of the situation are concerned, even if now, with hindsight, some of the decisions taken by the authorities may appear open to doubt.[374]

Während sich aus anderen Urteilen bereits ergab, dass der Gerichtshof unter bestimmten Umständen von dem strengen Kontrollmaßstab abweichen dürfe,[375] gewährte er den russischen Behörden im Fall Finogenov angesichts des einzigartigen Charakters des Geiseldramas eine margin of appreciation.

Ein anderer Fall betrifft den Abbruch lebenserhaltender Maßnahmen. Im Fall Lambert wandten sich vor allem die Eltern gegen die gerichtliche Bestätigung der ärztlichen Anordnung, mit der die künstliche Ernährung und Flüssigkeitsversorgung ihres Sohns, der im Koma lag, eingestellt werden sollte. In dieser Entscheidung wurde der Abbruch lebenserhaltender Maßnahmen zum ersten Mal[376] direkt am Maßstab von Art. 2 EMRK gemessen. Der Gerichtshof führte in seiner Entscheidung aus, dass Art. 2 EMRK den Staaten die Pflicht auferlege, angemessene Maßnahmen zu ergreifen, um das Leben derer zu schützen, die ihrer Gerichtsbarkeit unterliegen. Für das öffentliche Gesundheitswesen bedeute dies, dass der Staat Vorschriften erlassen müsse, die die Hospitäler zwingen, angemessene

---

374 *EGMR*, Applications nos. 18299/03 and 27311/03 (Finogenov and Others v. Russia), Rn. 213.

375 *EGMR*, Application no. 23452/94 (Osman v. The United Kingdom) 28.10.1998; *EGMR*, Application no. 50385/99 (Makaratzis v. Greece) 20.12.2004; *EGMR*, Application no. 28634/06 (Maiorano and Others v. Italy) 15.12.2009.

376 Ausführungen zu einer Verletzung von Art. 2 EMRK, zum Teil neben Art. 8 EMRK, sind in den diesbezüglich vorgebrachten Fällen bis dahin als offensichtlich unbegründet verworfen worden, weshalb die Beschwerden nach Art. 35 Abs. 3 Ziff. a EMRK für unzulässig erklärt wurden: *EGMR*, Application no. 61827/00 (Glass v. The United Kingdom) 18.03.2003, später dann aber die Feststellung einer Verletzung von Art. 8 EMRK in: *EGMR*, Application no. 61827/00 (Glass v. The United Kingdom) 09.03.2004; *EGMR*, Application no. 19807/06 (Burke v. The United Kingdom) 11.07.2006.

Maßnahmen zu ergreifen, um das Leben ihrer Patienten zu schützen.[377] Nachdem der Gerichtshof die besondere Bedeutung von Art. 2 EMRK im Katalog der Konventionsrechte noch einmal betont hatte, führte er weiter aus:

> However, in the context of the State's positive obligations, when addressing complex scientific, legal and ethical issues concerning in particular the beginning or the end of life, and in the absence of consensus among the member States, the Court has recognised that the latter have a certain margin of appreciation.[378]

Nach der Darlegung des Gerichtshofs, dass kein Konsens unter den Mitgliedstaaten hinsichtlich der Zulässigkeit des Abbruchs lebenserhaltender Behandlungen bestehe, erklärte er, dass die den Mitgliedstaaten zustehende margin of appreciation sich nicht nur auf die Erlaubnis eines Abbruchs lebenserhaltender Maßnahmen und die entsprechenden Regelungen beziehe, sondern auch auf die Mittel zur Herstellung eines Ausgleichs zwischen dem Recht des Patienten auf Schutz seines Lebens und der Achtung seines Rechts auf Selbstbestimmung.[379] Da die margin of appreciation nicht unbegrenzt sei und der Gerichtshof sich die Prüfungskompetenz vorbehalte[380], kam er nach einer detaillierten Überprüfung des konkreten Falls zu dem Ergebnis, dass im Fall Lambert keine Verletzung von Art. 2 EMRK vorliege, da sich Frankreich innerhalb des Beurteilungsspielraums bewegt habe.[381]

Die dargestellten Urteile verdeutlichen, dass der Gerichtshof, trotz des im Zusammenhang mit Art. 2 EMRK grundsätzlich bestehenden höheren Kontrollmaßstabs, auf die Margin-of-appreciation-Doktrin, wenn auch in geringerem Maß, zurückgreift. Eine mitgliedstaatliche margin of appreciation wurde bei der Frage nach der Zulässigkeit des Abbruchs lebenserhaltender Maßnahmen eingeräumt angesichts des Bestehens der Verpflichtung, angemessene Maßnahmen zu ergreifen, um das Leben der Patienten zu schützen. Der Beurteilungsspielraum erstreckte sich dabei sowohl auf das ‚Ob' einer staatlichen Erlaubnis zum Abbruch lebenserhaltender Maßnahmen als auch auf die Ausgestaltung, mit der ein gerechter Ausgleich

---

377 *EGMR*, Application no. 46043/14 (Lambert and Others v. France) 05.06.2015, Rn. 140.

378 *EGMR*, Application no. 46043/14 (Lambert and Others v. France), Rn. 144.

379 *EGMR*, Application no. 46043/14 (Lambert and Others v. France), Rn. 148.

380 Ibid.

381 *EGMR*, Application no. 46043/14 (Lambert and Others v. France), Rn. 181.

zwischen dem Schutz des Lebens und dem Selbstbestimmungsrecht des Patienten getroffen werden soll.[382] Im Fall Finogenov wurde eine margin bei der Frage eingeräumt, ob die Staaten ihrer Pflicht zum Schutz des Lebens gerecht wurden, wobei der Gerichtshof betonte, dass die Unterscheidung zwischen der Verletzung negativer und positiver Pflichten in Fällen der Anwendung lebensgefährdender Gewalt bei Polizeieinsätzen nicht eindeutig erfolgen könne. Die Einräumung eines mitgliedstaatlichen Beurteilungsspielraums wurde im Fall Finogenov mit der unvorhersehbaren und außergewöhnlichen Situation begründet, in der sich die russischen Behörden befanden, während im Fall Lambert vor allem das Bestehen unterschiedlicher Standards im Bereich der Beendigung lebenserhaltender Maßnahmen ausschlaggebend war angesichts des Umstands, dass dieser Materie eine besondere Komplexität und gesellschaftspolitische Brisanz anhaftet. Somit wandte der Gerichtshof auch in diesen Fällen die Margin-of-appreciation-Doktrin aufgrund der „better position" mitgliedstaatlicher Stellen zur Beurteilung komplexer Sachverhalte an, für die unter den Mitgliedstaaten unterschiedliche Standards bestehen.

b) Eine margin of appreciation im Schutzbereich

Im Gegensatz zur Amerikanischen Menschenrechtskonvention[383] enthält Art. 2 EMRK keine expliziten Angaben darüber, wann der Schutz des Lebens beginnt. Inwiefern auch das ungeborene Leben vom Schutzbereich umfasst ist, war deshalb schon früh Gegenstand der Prüfung im Rahmen von Abtreibungsfällen.[384] Die Kommission hatte diesbezüglich ausge-

---

382 Siehe auch *EGMR*, Application no. 19776/04 (Ciechońska v. Poland) 14.06.2011, Rn. 65: „[T]he choice of means for ensuring the positive obligations under Article 2 is in principle a matter that falls within the Contracting State's margin of appreciation."

383 Art. 4 Abs. 1 AMRK: „Every person has the right to have his life respected. This right shall be protected by law and, in general, from the moment of conception. […]."

384 *EKMR*, Application no. 8416/78 (W. P. v. The United Kingdom) 13.05.1980, Rn. 5 ff. mit Verweis auf: *EKMR*, Application no. 6959/75 (Brüggmann und Scheuten v. Germany) 12.07.1977, Rn. 60 und dem Hinweis, dass dort die Frage, ob das ungeborene Leben von Art. 2 EMRK geschützt ist, offen gelassen wurde und die Rechtsfrage von der Kommission bis dahin auch in keinem anderen Fall erwägt worden ist.

führt, dass der in Art. 2 EMRK enthaltene Begriff „everyone" bzw. „toute personne" nicht in der Konvention definiert sei[385], und kam nach dessen Auslegung zu dem Ergebnis, dass der Nasciturus wohl nicht darunter zu subsumieren sei.[386] In Bezug auf den ebenfalls nicht definierten Begriff „life" und die Frage, inwiefern dieser schon das ungeborene Leben umfasse, verwies die Kommission auf die Fülle an dazu divergierenden Ansichten in den Mitgliedstaaten.[387] Ob das ungeborene Leben von Art. 2 EMRK geschützt sei, ließ die Kommission letztendlich offen und kam nur zu dem Schluss, dass zumindest kein absolutes Recht des Fötus auf Leben bestehe, angesichts des Bedürfnisses, auch das Leben der Mutter zu schützen.[388] In einer späteren Entscheidung führte die Kommission zur Ausgestaltung mitgliedstaatlicher Abtreibungsgesetze und zur Frage, ob der Nasciturus den Schutz aus Art. 2 EMRK genieße, aus:

> [...] it is clear that national laws on abortion differ considerably. In these circumstances, and assuming that the Convention may be considered to have some bearing in this field, the Commission finds that in such a delicate area the Contracting States must have a certain discretion.[389]

Für den Gerichtshof ergaben sich lange Zeit nur wenige Gelegenheiten, zur Frage nach dem Zeitpunkt des Lebensbeginns im Rahmen von Art. 2 EMRK Stellung zu nehmen,[390] bis er sich – jenseits der klassischen Abtreibungsproblematik – mit der Frage konfrontiert sah, ob die fahrlässige tödliche Schädigung eines Fötus durch den behandelnden Arzt, gegen den Willen der Mutter, im Lichte von Art. 2 EMRK als Straftat behandelt werden müsse. Von zentraler Bedeutung war dabei die Frage, ob das ungeborene Leben in den Schutzbereich von Art. 2 EMRK fällt und sich die daraus resultierenden positiven Pflichten somit auch auf den Nasciturus erstrecken. Nach abgeschlossener Analyse der bis zu diesem Zeitpunkt vor-

385 *EKMR*, Application no. 8416/78 (W. P. v. The United Kingdom), Rn. 7 f.

386 *EKMR*, Application no. 8416/78 (W. P. v. The United Kingdom), Rn. 9.

387 *EKMR*, Application no. 8416/78 (W. P. v. The United Kingdom), Rn. 10 und Rn. 12 f.

388 *EKMR*, Application no. 8416/78 (W. P. v. The United Kingdom), Rn. 18 f.

389 *EKMR*, Application No. 17004/90 (R.H. v. Norway) 19.05.1992, Rn. 1.

390 *EGMR*, Application no. 53924/00 (Vo v. France) 08.07.2004, Rn. 79 mit einer ausführlichen Darstellung des bis dahin bestehenden case law, ab Rn. 75 ff.; diesbezüglich interessant v. a. *EGMR*, Application nos. 14234/88; 14235/88 (Open Door and Dublin Well Woman v. Ireland) 29.10.1992, Rn. 68, wo in moralischen Angelegenheiten i. S. v. Art. 10 Abs. 2 EMRK, die Ansichten über die Natur des menschlichen Lebens betreffen, eine margin of appreciation zugestanden wird.

handenen Rechtsprechung warf der Gerichtshof die Frage auf, ob es überhaupt zweckmäßig sei, in die Debatte um den Beginn des Menschwerdens einzutreten, und kam zu dem Schluss:

> It follows that the issue of when the right to life begins comes within the margin of appreciation which the Court generally considers that States should enjoy in this sphere [...].[391]

Als Gründe für seine Schlussfolgerung benannte der Gerichtshof, dass erstens die Frage des Schutzes des Nasciturus in der Mehrzahl der Mitgliedstaaten selbst nicht geklärt sei und es zweitens keinen europäischen Konsens hinsichtlich einer wissenschaftlichen und rechtlichen Definition des Lebensbeginns gebe.[392] Folglich findet die Margin-of-appreciation-Doktrin auch auf Art. 2 EMRK bezüglich der Frage Anwendung, wann das Leben eines Menschen beginnt. Der Gerichtshof überlässt die Entscheidung über die Eröffnung des Schutzbereichs von Art. 2 EMRK im Hinblick auf das ungeborene Leben damit primär den Mitgliedstaaten, was er in den Folgejahren in anderen Urteilen bestätigte.[393]

c) Kritik

Der Urteilsbegründung im Fall Vo v. France ist viel Kritik entgegengebracht und dogmatische Schwäche attestiert worden[394], wobei im Rahmen dieser Arbeit nur auf die Kritik zur Handhabe der Margin-of-appreciation-Doktrin eingegangen werden soll. Es wurde vielfach bemängelt, dass die Auslegung des Schutzbereichs von Art. 2 EMRK nicht abhängig sein könne von mitgliedstaatlichen Beurteilungsspielräumen.

> There can be no margin of appreciation on the issue of the applicability of Article 2. A margin of appreciation may, in my opinion, exist to determine the

391 *EGMR*, Application no. 53924/00 (Vo v. France), Rn. 82.

392 Ibid.

393 In weiteren Entscheidungen bestätigt *EGMR*, Application no. 6339/05 (Evans v. The United Kingdom), Rn. 54; *EGMR*, Application no. 25579/05 (A, B and C v. Ireland), Rn. 237.

394 Vergleiche die Sondervoten zu *EGMR*, Application no. 53924/00 (Vo v. France); sowie stellvertretend für weitere *Lux-Wesener, C.*, Die Frage nach dem Beginn des Lebens: EGMR umgeht eine Antwort, Europäische Grundrechte-Zeitschrift 2005, 568; *Koutnatzis, S.-I. G./Weilert, A. K.*, Fragen der menschlichen Reproduktion vor dem EGMR – Zugleich eine kritische Würdigung der Lehre vom staatlichen Beurteilungsspielraum, Archiv des Völkerrechts 2013, 72.

> measures that should be taken to discharge the positive obligation that arises because Article 2 is applicable, but it is not possible to restrict the applicability of Article 2 by reference to a margin of appreciation.[395]

Die Entscheidung, dass im Fall Vo v. France keine Verletzung von Art. 2 EMRK vorliege, wurde von vierzehn Richtern der Großen Kammer, die insgesamt nach Art. 26 Abs. 1 EMRK siebzehn Richter umfasst, mitgetragen. Von diesen vierzehn Richtern befürworteten lediglich sieben, das heißt 41 %, die Einräumung eines Beurteilungsspielraums im Schutzbereich von Art. 2 EMRK betreffend den Schutz ungeborenen Lebens. Die übrigen zehn Richter der Großen Kammer schlossen sich dem nicht an. In ihren inhaltlich divergierenden Sondervoten kritisierten sie, dass sich der Gerichtshof um die Auslegung des Schutzbereichs hinsichtlich des Schutzes ungeborenen Lebens gedrückt habe, indem er den Mitgliedstaaten einen Beurteilungsspielraum zugestanden hat.[396]

(1) Beurteilungsspielräume auf Tatbestandsebene

In Vo v. France hat der Gerichtshof erstmalig auf ‚Tatbestandsseite' bzw. bei der Bestimmung des Schutzbereichs den Mitgliedstaaten eine margin of appreciation zugestanden. In der Literatur wird diesbezüglich angemerkt, dass, selbst wenn man diese völlig neue dogmatische Figur eines Beurteilungsspielraums nicht ausschließen wolle, deren Anwendung doch an gewisse dogmatische Voraussetzungen geknüpft sei. Gemeint sei damit insbesondere das Rechtsstaatsprinzip, das als zwingende Voraussetzung eines jeden Beurteilungsspielraums zumindest eine Unbestimmtheit des anzuwendenden Rechtsbegriffs verlange, und zwar in der Form, dass sich aus dem Gesetz selbst ergebe, dass der Gesetzgeber die Ausfüllung des Rechtsbegriffs im konkreten Einzelfall den handelnden staatlichen Autoritäten überlassen wollte. Ein Rechtsbegriff dürfe demnach nicht allein deshalb für unbestimmt gehalten werden, weil er auslegungsbedürftig ist, denn im Regelfall sei die Ausfüllung des Normtextes Aufgabe des Richters.[397]

---

395 *EGMR*, Application no. 53924/00 (Vo v. France), dissenting opinion of Judge Ress, Rn. 8.

396 *EGMR*, Application no. 53924/00 (Vo v. France), Rn. 25.

397 *Lux-Wesener, C.* (Fn. 394), S. 558.

(i.) Die normative Ermächtigungslehre

Auch die deutsche Rechtsprechung erkennt Beurteilungsspielräume der anderen Staatsgewalten an. So gewährt beispielsweise das Bundesverfassungsgericht dem Gesetzgeber Spielräume bei der Einschätzung von Auswirkungen neuer Regelungen im Rahmen der Verhältnismäßigkeitsprüfung,[398] und auch die Verwaltungsgerichtsbarkeit gesteht den handelnden Behörden unter bestimmten Voraussetzungen kontrollreduzierte Beurteilungsspielräume zu. Die dahinterstehende Dogmatik und die Voraussetzungen sind schon lange Thema rechtswissenschaftlicher Debatte.[399]

In der deutschen Verwaltungsrechtswissenschaft wird überwiegend vertreten,[400] dass bei verwaltungsrechtlichen Normen auf der Rechtsfolgenseite ein Ermessen vorliegen kann, während unbestimmte Rechtsbegriffe und der damit einhergehende Beurteilungsspielraum Teil der Tatbestandsseite sind. Nach der wohl herrschenden normativen Ermächtigungslehre sind kontrollreduzierte Spielräume der Verwaltung mit Art. 19 Abs. 4 Grundgesetz nicht schlechthin unvereinbar,[401] wobei dies nicht mit rechtstheoretischen, normlogischen oder praktischen Erwägungen begründet wird.[402] Es wird vielmehr vorausgesetzt, dass die Verwaltung durch den Gesetzgeber zur Letztentscheidung ermächtigt worden ist. Solche Zuweisungen der Letztentscheidungsbefugnis sind im Bereich des Ermessens meist – durch die Verwendung des Wortes „kann" – deutlicher erkennbar, als dies bei Beurteilungsspielräumen der Fall ist.[403] Eine allgemeine Annahme, nach der allein die Unbestimmtheit eines Begriffs die Beurteilungsermächtigung indiziere, kann nach der normativen Ermächtigungslehre vor Art. 19 Abs. 4 GG aber nicht bestehen.[404]

---

398 *Jarass, H. D.*, Art. 20 GG, in: Jarass/Pieroth (Hrsg.), Grundgesetz für die Bundesrepublik Deutschland (2016), Rn. 122 ff.

399 *Bachof, O.*, Der Begriff des Beurteilungsspielraums, JuristenZeitung 1955, 97; *Ule, C. H.*, Zur Anwendung unbestimmter Rechtsbegriffe im Verwaltungsrecht, in: Bachof (Hrsg.), Forschungen und Berichte aus dem Öffentlichen Recht (1955), 309.

400 *Röhl, K. F./Röhl, H. C.* (Fn. 51), S. 247 mit weiteren Nachweisen.

401 *Schmidt – Aßmann, Eberhardt*, Art. 19 IV GG, in: Maunz/Dürig (Hrsg.), Grundgesetz (2016), Rn. 191.

402 *Maurer, H.*, Allgemeines Verwaltungsrecht (2011), S. 154.

403 *Röhl, K. F./Röhl, H. C.* (Fn. 51), S. 248.

404 *Schmidt – Aßmann, Eberhardt* (Fn. 401), Rn. 191.

> Gerichtliche Kontrolle endet also dort, wo das materielle Recht der Exekutive in verfassungsrechtlich unbedenklicher Weise Entscheidungen abverlangt, ohne dafür hinreichend bestimmte Entscheidungsprogramme vorzugeben (BVerfGE 88, 40 <61>). Normativ eröffneten Gestaltungs-, Ermessens- und Beurteilungsspielräumen der Behörden steht Art. 19 Abs. 4 GG daher nicht von vornherein entgegen (BVerfGE 61, 82 <111>; 88, 40 <56>).[405]

Die normative Ermächtigungslehre ist jedoch nicht unumstritten. Ihr wird vorgeworfen, dass sie die Rechtsschutzgarantie des Art. 19 Abs. 4 GG letztlich dem Gesetzgeber ausliefere und dass sie an der rechtlichen Wirklichkeit vorbeigehe, da Gesetze nur selten eine ausdrückliche Ermächtigung zur Letztentscheidung der Exekutive enthielten. Auch wenn es nach der normativen Ermächtigungslehre genüge, dass die Ermächtigung durch Auslegung ermittelbar sei, lande man so doch wieder weitgehend bei rechtstheoretischen, normlogischen oder praktischen Gesichtspunkten. Deswegen wird auch vertreten, dass sich der Beurteilungsspielraum aus der Eigenart der Gerichte und der Funktionsfähigkeit der Rechtsprechung ergeben solle.[406]

> Beruht die angefochtene Verwaltungsentscheidung auf der Anwendung unbestimmter Rechtsbegriffe, so ist deren Konkretisierung grundsätzlich Sache der Gerichte, die die Rechtsanwendung der Verwaltungsbehörden uneingeschränkt nachzuprüfen haben; die Regeln über die eingeschränkte Kontrolle des Verwaltungsermessens gelten nicht für die Auslegung und Anwendung unbestimmter Rechtsbegriffe […].
> Unbestimmte Rechtsbegriffe können allerdings wegen hoher Komplexität oder besonderer Dynamik der geregelten Materie so vage und ihre Konkretisierung im Nachvollzug der Verwaltungsentscheidung so schwierig sein, daß die gerichtliche Kontrolle an die Funktionsgrenzen der Rechtsprechung stößt. Der rechtsanwendenden Behörde mag in solchen Fällen ohne Verletzung rechtsstaatlicher Grundsätze ein begrenzter Entscheidungsfreiraum zuzubilligen sein […].[407]

(ii.) Übertragbarkeit

Die eingangs dargestellte Kritik am Urteil Vo v. France misst die Entscheidung des Gerichtshofs, wonach den Mitgliedstaaten ein Beurteilungsspielraum im Schutzbereich zugestanden wird, scheinbar am Maßstab der nor-

---

405 *BVerfG*, 2 BvR 1444/00 (E 103, 142) 20.02.2001, Rn. 44.
406 *Maurer, H.* (Fn. 402), S. 155.
407 *BVerfG*, 1 BvR 419/81, 1 BvR 213/83 (E 84, 34) 17.04.1991, Rn. 47 f.

mativen Ermächtigungslehre. Demnach müsste Art. 2 EMRK nicht nur unbestimmte Rechtsbegriffe enthalten, sondern es müsste sich auch die Letztentscheidungsbefugnis der Mitgliedstaaten aus Art. 2 EMRK ergeben. Bevor man jedoch in die Prüfung eintritt, ob es sich bei den Begriffen „life“ oder „everyone“ wegen nicht eindeutiger Grenzen um unbestimmte Rechtsbegriffe handelt[408] und ob der ‚Gesetzgeber‘ die Letztentscheidungsbefugnis den Mitgliedstaaten eingeräumt hat, drängt sich die Frage auf, ob die für den deutschen Rechtsraum entwickelten verwaltungsrechtlichen Lehren zum Beurteilungsspielraum überhaupt Maßstab für die Anwendung der Margin-of-appreciation-Doktrin im Konventionssystem sein können.

Auch wenn angenommen wird, dass der Begriff „margin of appreciation“ dem mitgliedstaatlichen Recht entnommen wurde,[409] ist eine Übertragung der dahinterstehenden nationalen Dogmatik auf das Recht der EMRK nicht hinnehmbar. Die normative Ermächtigungslehre sowie andere diesbezügliche Lehren beruhen auf einem nationalen Rechts- und Systemverständnis und bewegen sich innerhalb der nationalen Strukturen des Rechts, so wie sie von der Verfassung vorgegeben sind.

Im deutschen Recht stellt Art. 19 Abs. 4 GG den Ausgangspunkt für die Diskussion über kontrollreduzierte Entscheidungsspielräume der Verwaltung dar.[410] Die Abgrenzung zwischen Verwaltung und Verwaltungsgerichtsbarkeit wird dabei als ein dreipoliges Kompetenzproblem zwischen Judikative, Exekutive und Legislative angesehen, dessen Lösung auf eine funktionsgerechte und leistungsspezifische Bestimmung des Rechtsschutzauftrags abzielt.[411] Neben normtheoretischen Argumenten sind es danach vor allem gewaltenteilend-staatsrechtliche Argumente, die für die Begründung von kontrollreduzierten Entscheidungsspielräumen der Exekutive

---

408 Es könnte sich um vage Begriffe handeln und beim Fall des Fötus um einen sogenannten „neutralen Kandidaten“; ausführlich zur Struktur des unbestimmten Rechtsbegriffs: *Koch, H.-J.*, Unbestimmte Rechtsbegriffe und Ermessensermächtigungen im Verwaltungsrecht (1979), S. 14 ff., insbesondere S. 33 f.

409 Mehrheitlich wird davon ausgegangen, dass der Begriff der Rechtsprechung des Conseil d'État entnommen wurde, siehe *Rupp-Swienty, A.* (Fn. 3). S. 27; *Arai-Takahashi, Y.* (Fn. 3), S. 2 f. geht dagegen davon aus, dass die Begrifflichkeit nicht nur aus der französischen Rechtsprechung entnommen wurde, sondern dem Verwaltungsrechtssystem mehrerer Mitgliedstaaten entstammt.

410 *Röhl, K. F./Röhl, H. C.* (Fn. 51), S. 248 f.

411 *Schmidt – Aßmann, Eberhardt* (Fn. 401), Rn. 180.

mitentscheidend sind.[412] Auf EMRK-Ebene gibt es eine Art. 19 Abs. 4 GG kongruente Rechtsschutzgarantie, die einen grundsätzlichen Anspruch auf vollständige Nachprüfung der angegriffenen Maßnahmen vorsieht, nicht. Art. 19 Abs. 4 GG kann durch jeden Träger öffentlicher Gewalt verletzt werden und nationale Gerichte haben ihn bei der Rechtsanwendung zu beachten, sofern sie Akte der öffentlichen Gewalt überprüfen.[413] Auf Konventionsebene ist mit Art. 6 EMRK zwar ein Recht auf ein faires Verfahren verbürgt; dies bindet jedoch nicht den Gerichtshof selbst im Sinne einer umfassenden Nachprüfung mitgliedstaatlicher Maßnahmen, sondern enthält eine Gewährleistung elementarer Mindestverfahrensgarantien in der nationalstaatlichen Verfahrenspraxis, über deren Einhaltung der Gerichtshof wacht.[414] Darüber hinaus stellt sich die Grenzziehung zwischen Gerichtsbarkeit und ausführender Gewalt im Hinblick auf kontrollreduzierte Beurteilungsspielräume nicht als ein dreipoliges Kompetenzproblem dar. Auf Konventionsebene stehen sich nur die Mitgliedstaaten und der Gerichtshof gegenüber, wobei die Mitgliedstaaten (als Schöpfer der EMRK) die ‚Legislative' und (als EMRK-Recht-Ausführende und -Anwendende) zugleich eine Art ‚Exekutive' repräsentieren. Zwar können auch auf Konventionsebene normtheoretische Argumente für die Begründung von Beurteilungsspielräumen herangezogen werden; diese sind dann jedoch nicht um staatsrechtliche Argumente der Gewaltenteilung zu ergänzen, sondern um solche, die dem auf Konventionsebene bestehenden zweipoligen Kompetenzproblem zwischen Gerichtshof und Mitgliedstaaten gerecht werden. Man könnte sie als souveränitätsschonende Argumente bezeichnen.

Neben der Systemgebundenheit der deutschen Lehren zum Beurteilungsspielraum ist als weiteres Argument gegen die Übertragbarkeit anzuführen, dass neben Deutschland insgesamt sechsundvierzig weitere Mitgliedstaaten mit unterschiedlichen Rechtsordnungen und -entwicklungen die EMRK ratifiziert haben. Es mag daher wenig überraschen, dass unter den Mitgliedstaaten auch eine divergierende Handhabe von Beurteilungsspielräumen und ihren Kontrolldichten besteht. In vielen Staaten existiert gar keine oder nur eine abgeschwächte verfassungsrechtliche Garantie für

412 Die Bezeichnungen entstammen *Koch, H.-J.* (Fn. 408), S. 16, beziehungsweise *Schmidt – Aßmann, Eberhardt* (Fn. 401), Rn. 180.

413 *Jarass, H. D.*, Art. 19 GG, in: Jarass/Pieroth (Hrsg.), Grundgesetz für die Bundesrepublik Deutschland (2016), Rn. 67 und Rn. 33.

414 *Meyer, F.*, Art. 6 EMRK, in: Karpenstein/Mayer (Hrsg.), EMRK (2015), Rn. 1.

effektiven Rechtsschutz gegenüber der Verwaltung. Freiräume und Letztentscheidungsrechte der Verwaltung sind den Rechtsordnungen zwar bekannt; diese werden aber überwiegend als Ermessen bezeichnet und sind sowohl auf Rechtsfolgen- als auch auf Tatbestandsseite zu finden. Der Kontrollumfang bzw. die Kontrolldichte variieren ebenfalls erheblich, wobei die deutsche Vorstellung von der grundsätzlich vollständigen rechtlichen Bindung der Verwaltung an die – auch unbestimmten – tatbestandlichen Voraussetzungen, verbunden mit dem Grundsatz der vollständigen rechtlichen Überprüfung, kaum Parallelen findet. Auch wenn ein Trend hin zur Intensivierung der gerichtlichen Kontrolle von Freiräumen erkennbar sein mag, bestehen nach wie vor erhebliche Unterschiede in den Mitgliedstaaten, wobei die deutsche Rechtsordnung eine der höchsten Kontrolldichten aufweist.[415]

Festzuhalten bleibt, dass der EGMR mit der margin of appreciation einen völlig eigenständigen kontrollreduzierten Beurteilungsspielraum der Mitgliedstaaten geschaffen hat. Die Begrifflichkeit mag zwar dem nationalen Recht entnommen worden sein, nicht aber die dahinterstehende Dogmatik. Daher kann die Anwendbarkeit der Margin-of-appreciation-Doktrin nicht an den Voraussetzungen und Maßstäben nationalen Rechts gemessen werden.

(2) Beurteilungsspielraum bei „absoluten Rechten“

Die Entscheidung des Gerichtshofs, den Mitgliedstaaten bei der Bestimmung des Schutzbereichs von Art. 2 EMRK im Hinblick auf das ungeborene Leben einen Beurteilungsspielraum zuzugestehen, wurde vielfach auch vor dem Hintergrund der besonderen Bedeutung des Rechts auf Leben innerhalb des Rechtekatalogs der EMRK kritisiert.

> The question of the interpretation or applicability of Article 2 (an absolute right) cannot depend on a margin of appreciation. If Article 2 is applicable, any margin of appreciation will be confined to the effect thereof.[416]

---

415 *Pache, E.*, Tatbestandliche Abwägung und Beurteilungsspielraum (2001), S. 233 ff.

416 *EGMR*, Application no. 53924/00 (Vo v. France), Dissenting Opinion of Judge Ress, Rn. 8.

Unabhängig davon, ob Art. 2 EMRK mit seiner ausdifferenzierten Schrankenregelung[417] überhaupt ein absolutes Recht auf Leben darstellt, stellt sich die Frage, in welcher Hinsicht dies auch für das ungeborene Leben gilt. Inwiefern Art. 2 EMRK einen absoluten pränatalen Lebensschutz gewährt, war bereits Gegenstand frühester Kommissionsentscheidungen. Im Fall Paton v. UK untersuchte die Kommission Art. 2 EMRK im Hinblick auf verschiedene Auslegungsvarianten[418], wobei sie zu dem Ergebnis kam, dass zumindest kein absolutes Recht des Fötus auf Leben nach Art. 2 EMRK bestehen könne. Die Annahme eines solchen absoluten Rechts führe nämlich dazu, dass Schwangerschaftsabbrüche auch dann verboten werden müssten, wenn der weitere Verlauf der Schwangerschaft ein ernsthaftes Risiko für das Leben der Mutter bedeute. Eine solche Interpretation sei mit Ziel und Zweck der Konvention nicht vereinbar. Der Gerichtshof ist von dieser Ansicht in den Folgejahren nicht abgewichen.[419] Das Recht auf Leben stellt nach ständiger Rechtsprechung des Gerichtshofs somit zwar eines der fundamentalsten Rechte der Konvention dar, gilt jedoch für den Nasciturus nicht absolut.

Darüber hinaus ist zwischen dem Schutz postnatalen und pränatalen Lebens zu differenzieren. Sowohl in der deutschen als auch in anderen nationalen Rechtsordnungen besteht ein kategorialer Unterschied zwischen dem Lebensrecht geborener Personen und dem Schutz ungeborenen Lebens, wobei das ungeborene Leben, wenn auch nicht völlig schutzlos, nicht den gleichen und vollen Grundrechtsschutz erhält wie das geborene Leben.[420] Die elementare Bedeutung von Art. 2 EMRK für das postnatale Leben kann folglich nicht pauschal als Argument gegen den Einsatz von Beurteilungsspielräumen für das pränatale Leben herangezogen werden, da dieses grundsätzlich weniger stark geschützt wird. Folglich stehen weder die Absolutheit noch der besondere Stellenwert des Rechts auf Leben einer Gewährung von Spielräumen bei der Beurteilung entgegen, inwie-

417 *Schübel-Pfister, I.* (Fn. 367), Rn. 24.

418 *EKMR*, Application no. 8416/78 (W. P. v. The United Kingdom), Rn. 17 f., es wurde untersucht, ob Art. 2 EMRK kein Recht des Fötus auf Leben enthalte, ein Recht des Fötus auf Leben mit bestimmten „implied limitations" oder ein absolutes Recht des Fötus auf Leben.

419 *EGMR*, Application no. 53924/00 (Vo v. France), Rn. 80.

420 *Dreier, H.*, Stufungen des vorgeburtlichen Lebensschutzes, Zeitschrift für Rechtspolitik 2002, 377, S. 378 ff.

fern auch pränatales Leben vom Schutzbereich des Art. 2 EMRK umfasst ist.

(3) Vorrang der Auslegung

Des Weiteren ist kritisiert worden, dass der Gerichtshof im Wege der Auslegung die Rechtsbegriffe des Art. 2 EMRK hätte bestimmen und damit über die Anwendbarkeit auf das ungeborene Leben selbst entscheiden müssen, um seiner ureigenen Aufgabe gerecht zu werden.[421] Den unterschiedlichen Schutzniveaus in den Mitgliedstaaten hätte er ebenso gerecht werden können durch die Einräumung von Beurteilungsspielräumen im Hinblick auf die Anforderungen zur Erfüllung der Schutzpflicht.[422] Zudem sei es nicht das erste Mal gewesen, dass sich der Gerichtshof mit ungenauen Rechtsbegriffen konfrontiert gesehen habe, deren Bedeutung durch Auslegung zu ermitteln war.[423]

Bereits im Jahr 1978 hat die Kommission Art. 2 EMRK im Hinblick auf die Frage, ob das ungeborene Leben in den Schutzbereich fällt, ausgelegt. Das österreichische Verfassungsgericht hatte zuvor bereits eine Einbeziehung des ungeborenen Lebens in den Schutzbereich von Art. 2 EMRK geprüft und abgelehnt. Die Kommission kam im Rahmen ihrer eigenen Auslegung zu dem Ergebnis, dass der Begriff „everyone“, der in der Konvention nicht definiert ist, nach seinem generellen Sprachgebrauch und im systematischen Zusammenhang mit der Verwendung in anderen Konventionsvorschriften das ungeborene Leben wohl nicht umfasse. Daraufhin widmete sich die Kommission der Auslegung des Begriffs „life“. Sie führte aus, dass der Begriff in der Konvention ebenfalls nicht definiert sei und dass im Gegensatz zu anderen Menschenrechtsinstrumenten auch eine ausdrückliche Einbeziehung des ungeborenen Lebens in Art. 2 EMRK fehle. Nach dieser Erkenntnis folgten Ausführungen zu den divergierenden Ansichten rund um den Zeitpunkt des Lebensbeginns in anderen Staa-

---

421 *EGMR*, Application no. 53924/00 (Vo v. France), Separate Opinion of Judge Costa, Rn. 7; *Lux-Wesener, C.* (Fn. 394), S. 558 f.; *Koutnatzis, S.-I. G./Weilert, A. K.* (Fn. 394), S. 89.

422 *Lux-Wesener, C.* (Fn. 394), S. 562.

423 *EGMR*, Application no. 53924/00 (Vo v. France), Separate Opinion of Judge Costa, Rn. 7.

ten.[424] Der Gerichtshof, der im Urteil Vo auf die Auslegungsergebnisse der Kommission zu Art. 2 EMRK verweist,[425] hätte an die bis dahin erfolgte Auslegung anknüpfen und zur Frage, ob der Begriff „life" auch das ungeborene Leben erfasst, mittels Auslegung dessen, Stellung nehmen können. Stattdessen sah er die Notwendigkeit einer vorgeschalteten Prüfung gegeben, ob es denn überhaupt ratsam für ihn wäre, in die Debatte um den Lebensbeginn einzugreifen.[426]

Der Gerichtshof führte diesbezüglich aus, dass die bisherige Rechtsprechung deutlich mache, dass die Auslegung von Art. 2 EMRK in diesem Zusammenhang von dem klaren Bedürfnis geprägt worden sei, einen Ausgleich zu schaffen. Die Position der Konventionsorgane zu den rechtlichen, medizinischen, philosophischen, ethischen und religiösen Aspekten der Frage, wann das Menschsein beginnt, habe die verschiedenen dazu in den Mitgliedstaaten bestehenden Ansätze berücksichtigt. Dies spiegele sich in der Beachtung der Meinungsvielfalt zum Lebensbeginn, der Berücksichtigung der Vielfalt an Rechtskulturen und der nationalen Schutzstandards wider, ebenso dadurch, dass den Staaten ein beträchtlicher Spielraum in diesem Bereich zugestanden worden sei. Der Gerichtshof verwies zudem auf eine Stellungnahme der Europäischen Gruppe für Ethik der Europäischen Kommission, die die Problematik seiner Ansicht nach treffend ausdrücke.

> […] "the... Community authorities have to address these ethical questions taking into account the moral and philosophical differences, reflected by the extreme diversity of legal rules applicable to human embryo research... It is not only legally difficult to seek harmonisation of national laws at Community level, but because of lack of consensus, it would be inappropriate to impose one exclusive moral code" […].[427]

Die vom Gerichtshof durchgeführte „preliminary examination"[428] legt den Schluss nahe, dass er diese Vorfrage der eigentlichen Auslegungsarbeit vorangestellt hätte. Andererseits kann man aber die verschiedenen Ausführungen des Gerichtshofs im Urteil auch als fragmentierte Wiedergabe von Auslegungsergebnissen verstehen oder solche zumindest daraus ableiten.

---

424 *EKMR*, Application no. 8416/78 (W. P. v. The United Kingdom), Rn. 5 ff.
425 *EGMR*, Application no. 53924/00 (Vo v. France), Rn. 77.
426 *EGMR*, Application no. 53924/00 (Vo v. France), Rn. 81.
427 *EGMR*, Application no. 53924/00 (Vo v. France), Rn. 82.
428 *EGMR*, Application no. 53924/00 (Vo v. France), Rn. 81.

Liest man das Urteil als Ganzes, kann es so verstanden werden, als würde sich der Gerichtshof die Erkenntnisse der Kommission zur grammatischen und systematischen Auslegung des Begriffs „everyone" zu eigen machen. Der Begriff „life" wird vom Gerichtshof zwar nicht näher ausgelegt, doch seine Ausführungen zu der bestehenden wissenschaftlichen, moralischen, religiösen und philosophischen Uneinigkeit in Bezug auf den Lebensbeginn legen den Schluss nahe, dass eine gewöhnliche, von subjektiven Vorstellungen losgelöste Bedeutung des Begriffs[429] in Bezug auf das ungeborene Leben nicht ermittelbar ist, was die Bandbreite an dazu divergierenden Ansichten belegt.[430]

Die Ausführungen des Gerichtshofs in Bezug auf die Frage, ob es ratsam wäre, in die Debatte um den Lebensbeginn einzutreten, indizieren das Ergebnis eines evolutiven Auslegungsversuchs. Auch eine am Telos orientierte, evolutive Auslegung hat den übereinstimmenden Willen der Vertragsparteien, als Geltungsgrund des Vertrags, zu berücksichtigen.[431] Der ursprüngliche, übereinstimmende Wille der Mitgliedstaaten erstreckte sich wohl nicht auf die Einbeziehung ungeborenen Lebens in den Schutzbereich.[432] Um eine Fortentwicklung des ursprünglichen Gewährleistungsgehalts rechtfertigen zu können, beruft sich der Gerichtshof in der Regel auf das Bestehen diesbezüglicher mehrheitlicher Konsense unter den Mitgliedstaaten. Ein mehrheitlicher Konsens zur Frage des Lebensbeginns ließ sich nach Ansicht des Gerichtshofs aber nicht ermitteln, sodass er nicht einfach im Wege evolutiver Auslegung hätte annehmen können, dass der Nasciturus vom Schutzbereich des Art. 2 EMRK erfasst ist, auch wenn eine teleologische Auslegung dies prinzipiell nahelegen würde.[433] Die vom Gerichtshof angeführte Stellungnahme der Europäischen Gruppe für Ethik der Europäischen Kommission drückt das nicht nur zutreffend aus,

---

429 Zur Wortlautauslegung *Cremer, H.-J.* (Fn. 37), Rn. 19.

430 *Lux-Wesener, C.* (Fn. 394), S. 559 kommt zu dem Schluss, dass der Wortlaut den Nasciturus umfasst; ähnlich *Koutnatzis, S.-I. G./Weilert, A. K.* (Fn. 394), S. 89 f.; während Richter Rozakis davon nicht auszugehen scheint, Separate Opinion of Judge Rozakis, *EGMR*, Application no. 53924/00 (Vo v. France).

431 *Cremer, H.-J.* (Fn. 37), Rn. 21.

432 Ergibt sich aus der fehlenden ausdrücklichen Erwähnung im Wortlaut, der Beurteilung des österreichischen Verfassungsgerichts und einigen weiteren Hinweisen, siehe auch *Alleweldt, R.*, Recht auf Leben, in: Dörr/Grote/Marauhn (Hrsg.), EMRK/GG (2013), 491, Rn. 26.

433 Zur teleologischen Auslegung in dieser Sache *Lux-Wesener, C.* (Fn. 394), S. 561 f.

sondern soll den Standpunkt des Gerichtshofs noch verstärken. Wenn schon Teile von Unionsinstitutionen, deren Ziel eine Harmonisierung des mitgliedstaatlichen Rechts ist, im Bereich der Embryonenforschung feststellen, dass es aufgrund des Nichtbestehens eines Konsenses unangemessen sei, einen exklusiven moralischen Kodex aufzuoktroyieren, dann müsse dies doch erst recht vom EGMR bei der Auslegung der Konvention beachtet werden, die nur die Gewährleistung von Mindeststandards anstrebt.

Aus den verschiedenen Ausführungen des Gerichtshofs im Urteil lässt sich ableiten, dass ein eindeutiges Auslegungsergebnis nicht ermittelbar gewesen wäre, wobei ohnehin zu beachten ist, dass es sich trotz bestehender Auslegungsregeln um einen hermeneutischen Prozess handelt und die Vorstellung eines eindeutigen Auslegungsergebnisses illusorisch ist.[434] Gerade in einem so wichtigen Bereich wie dem Lebensbeginn, bei dem es – anders als bei technischen Begriffen wie „civil rights and obligations" oder „criminal charges" – um „Probleme biologischer, insbesondere humangenetischer, anthropologischer, ferner medizinischer, psychologischer, sozialer, gesellschaftspolitischer und nicht zuletzt ethischer und moraltheologischer Art" geht, die Grundfragen der menschlichen Existenz berühren,[435] darf es kein nicht eindeutiges Auslegungsergebnis geben. Durch die Einbeziehung des Nasciturus in den Schutzbereich würde man die Grenzen evolutiver Auslegung überschreiten; durch die Ausgrenzung ungeborenen Lebens würde man einem eventuell schon bestehenden Leben das Menschsein absprechen und damit eine Entscheidung treffen, die trotz der Möglichkeit einer zukünftigen Rechtsprechungsänderung schwer wiegt, gerade für ein Gericht, das die Achtung von Menschenrechten sichern soll.[436]

Unabhängig davon, ob man in den Ausführungen des Gerichtshofs Auslegungsansätze erkennen mag oder nicht, bleibt festzuhalten, dass es ein eindeutiges Auslegungsergebnis in der Frage des Lebensbeginns nicht gegeben hätte. Dass sich der Gerichtshof angesichts dessen in richterlicher Zurückhaltung übt und die Entscheidung den Mitgliedstaaten überlässt, erscheint vor diesem Hintergrund nicht völlig verfehlt. Wenn man zur Be-

---

434 *Cremer, H.-J.* (Fn. 37), Rn. 28.

435 So auch *BVerfG*, 1 BvF 1, 2, 3, 4, 5, 6/74 (E 39, 1) 25.02.1975, Rn. 130.

436 Siehe dazu auch *EGMR*, Application no. 25579/05 (A, B and C v. Ireland), Rn. 222: „This was confirmed by the Court's finding in the above-cited Vo case that it was neither desirable nor possible to answer the question of whether the unborn was a person for the purposes of Article 2 of the Convention, […]".

gründung der Anwendung mitgliedstaatlicher Beurteilungsspielräume auf den Respekt vor den Unterschieden nationaler Rechtsordnungen und Gesellschaften abstellt und davon ausgeht, dass der nationale Gesetzgeber in einer „better position“ ist, um gesellschaftspolitische – insbesondere sensible – Angelegenheiten zu regeln, scheint die Einräumung einer margin of appreciation im Hinblick auf die Frage, ob der Nasciturus in den Schutzbereich von Art. 2 EMRK fällt, nicht unvertretbar.

d) Ergebnis

Es konnte festgestellt werden, dass der Gerichtshof den Mitgliedstaaten auch im Zusammenhang mit der Prüfung potenzieller Verletzungen von Art. 2 EMRK mitgliedstaatliche Beurteilungsspielräume einräumt. Dies war zum einen – überraschenderweise – bereits im Schutzbereich von Art. 2 EMRK der Fall hinsichtlich der Frage, wann das menschliche Leben beginnt, und zum anderen mit der aus Art. 2 EMRK folgenden positiven Pflicht, das menschliche Leben zu schützen. Da der Gerichtshof im Zusammenhang mit dem Moskauer Geiseldrama jedoch feststellte, dass die Unterscheidung zwischen der Verletzung negativer und positiver Pflichten in Fällen der Anwendung lebensgefährdender Gewalt bei Polizeieinsätzen nicht eindeutig erfolgen könne, scheint auch die Anwendung der Margin-of-appreciation-Doktrin bei der Rechtfertigung staatlicher Eingriffe grundsätzlich möglich. Auch wenn die Einräumung mitgliedstaatlicher Beurteilungsspielräume im Rahmen der Prüfung von Verletzungen des Art. 2 EMRK somit nicht grundsätzlich ausgeschlossen ist, ist dies, angesichts der besonderen Bedeutung der in Art. 2 EMRK normierten Gewährleistungen und der damit verbundenen höheren Kontrolldichte des Gerichtshofs, in weitaus geringerem Maße der Fall als beispielsweise im Zusammenhang mit der Prüfung von Konventionsverletzungen nach Art. 8 EMRK.

3. Art. 3 EMRK

Ebenso wie Art. 2 EMRK gewährleistet Art. 3 EMRK nach Ansicht des Gerichtshofs einen der fundamentalen Werte der demokratischen Gesellschaften, aus denen sich der Europarat zusammensetzt. Im Gegensatz zum Recht auf Leben unterliegt das Verbot der Folter nach Art. 3 EMRK jedoch keinerlei Ausnahmen oder Beschränkungen und von ihm darf auch in Notstandszeiten nicht abgewichen werden.[437] In ständiger Rechtsprechung betont der Gerichtshof, dass das in Art. 3 EMRK enthaltene Verbot der Folter absolut gelte.[438] Die übergeordnete Bedeutung des Folterverbots ergibt sich zudem auch aus anderen völkerrechtlichen Verträgen[439] sowie aus der Bezeichnung als Teil des Völkergewohnheitsrechts und als zwingende Norm des Völkerrechts durch den Internationalen Gerichtshof.[440] Auch der EGMR erkennt den Status des Folterverbots als ius cogens an.[441] Ob und inwiefern im Rahmen eines solch bedeutenden Verbots Beurteilungsspielräume der Mitgliedstaaten durch den Europäischen Gerichtshof zugelassen werden, gilt es zu untersuchen.

a) Beurteilungsspielräume im Schutzbereich?

Art. 3 EMRK ist als reines Abwehrrecht formuliert, wobei mit der Zeit auch positive Pflichten daraus abgeleitet wurden. Er enthält drei Tatbestandsvarianten, wonach sowohl die Folter als auch die unmenschliche oder erniedrigende Behandlung oder Strafe verboten sind. Die zum Teil unbestimmten Begriffe des Schutzbereichs werfen Auslegungsprobleme auf und sind oftmals schwer voneinander abzugrenzen.[442] Bereits in den Anfangsjahren führte die Kommission zum Verhältnis der Tatbestandsvarianten aus:

> [...] it is plain that there may be treatment to which all these descriptions apply, for all torture must be inhuman and degrading treatment, and all inhuman treatment also degrading.[443]

---

437 *EGMR*, Application no. 14038/88 (Soering v. The United Kingdom) 07.07.1989, Rn. 88.

438 *EGMR*, Application no. 14038/88 (Soering v. The United Kingdom), Rn. 88; *EGMR*, Application no. 5856/72 (Tyrer v. The United Kingdom), Rn. 30; *EGMR*, Application no. 46221/99 (Öcalan v. Turkey) 12.05.2005, Rn. 179.

439 *Sinner, S.*, Art. 3 EMRK, in: Karpenstein/Mayer (Hrsg.), EMRK (2015), Rn. 2.

440 *Schabas, W. A.*, The European Convention on Human Rights (2015), S. 164.

441 *EGMR*, Application no. 35763/97 (Al-Adsani v. The United Kingdom) 21.11.2001, Rn. 60 f.

442 *Bank, R.*, Das Verbot von Folter, unmenschlicher oder erniedrigender Behandlung oder Strafe, in: Dörr/Grote/Marauhn (Hrsg.), EMRK/GG (2013), 537, Rn. 16.

443 *EKMR*, Application no. 3321/67; 3322/67; 3323/67; 3344/67 (Denmark, Norway, Sweden, Netherlands v. Greece), S. 186.

Der Gerichtshof hat diese von der Intensität des zugefügten Leids abhängige Stufenfolge übernommen und orientiert sich bei der Untersuchung der Art einer Verletzung von Art. 3 EMRK nun überwiegend an diesem Maßstab.[444]

> In order to determine whether [...] should also be qualified as torture, the Court must have regard to the distinction, embodied in Article 3, between this notion and that of inhuman or degrading treatment. In the Court's view, this distinction derives principally from a difference in the intensity of the suffering inflicted.[445]

Um den Schutzbereich von Art. 3 EMRK überhaupt erst zu eröffnen, muss ein gewisser Schwellenwert des Leidens überschritten worden sein. In ständiger Rechtsprechung betont der Gerichtshof, dass es sich dabei nicht um einen absoluten, sondern einen relativen Wert handele. Ob dieser Schwellenwert überschritten wurde, hängt von diversen Umständen ab, die vom Gerichtshof zu bewerten sind.

(1) Explizite und implizite Erwähnung

Ausdrücklich wurde die Margin-of-appreciation-Doktrin im Zusammenhang mit der Ermittlung des Schweregrads einer Behandlung oder Strafe bisher nicht erwähnt.[446] In der Literatur wird jedoch darauf hingewiesen, dass das Fehlen einer expliziten Erwähnung nicht notwendigerweise bedeute, dass die Margin-of-appreciation-Doktrin im Rahmen von Art. 3 EMRK keine Rolle spiele. So soll die Argumentation in Fällen, die Art. 3 EMRK betreffen, ähnlich sein wie in Fällen, in denen der Gerichtshof einen mitgliedstaatlichen Beurteilungsspielraum anerkennt. Viele Faktoren, die auch für die Anwendung der Doktrin maßgeblich seien, sollen ebenso bei der Ermittlung des Schweregrads, der die Anwendung von Art. 3 EMRK begründet, eine Rolle spielen.[447]

---

444 *Bank, R.* (Fn. 442), Rn. 17 bezeichnet die Orientierung am Schweregrad als einen Grundpfeiler der Interpretation von Art. 3 EMRK und führt in Rn. 20 ff. Durchbrechungen und Alternativansätze auf.

445 *EGMR*, Application no. 5310/71 (Ireland v. The United Kingdom), Rn. 167.

446 *Rupp-Swienty, A.* (Fn. 3), S. 42; *Brems, E.* (Fn. 3), S. 254; *Callewaert, J.*, Is there a Margin of Appreciation in the Application of Articles 2, 3, and 4 of the Convention?, Human Rights Law Journal 1998, 6, S. 6; implizit ebenso auch *Spielmann, D.* (Fn. 84), S. 395; *Greer, S.*, The Margin of Appreciation (2000), S. 25.

447 *Brems, E.* (Fn. 3), S. 254.

(i.) Rücksichtnahme auf lokale Besonderheiten?

Im Fall Tyrer untersuchte der Gerichtshof, inwiefern der Vollzug einer gerichtlich angeordneten Prügelstrafe eine erniedrigende Strafe im Sinne von Art. 3 EMRK darstellt. Nachdem der Gerichtshof auf die Absolutheit des in Art. 3 EMRK enthaltenen Verbots eingegangen ist, führte er aus:

> In the Court's view, in order for a punishment to be "degrading" and in breach of Article 3, the humiliation or debasement involved must attain a particular level and must in any event be other than that usual element of humiliation referred to in the preceding subparagraph. The assessment is, in the nature of things, relative: it depends on all the circumstances of the case and, in particular, on the nature and context of the punishment itself and the manner and method of its execution.[448]

Der Generalstaatsanwalt der Isle of Man argumentierte, dass die körperliche Züchtigung nicht die Konvention verletze, da sie nicht gegen die öffentliche Meinung auf der Insel verstoße. Der Gerichtshof erwiderte darauf, dass selbst bei der Annahme („even assuming"), dass die öffentliche Meinung Einfluss auf die Interpretation des Begriffs „erniedrigende Strafe" haben könne, er es nicht als erwiesen betrachte, dass die Prügelstrafe nicht auch von den Bevölkerungsteilen als erniedrigend angesehen werde, die ihre Beibehaltung befürworten. Es könne gut sein, dass einer der Gründe dafür, dass sie diese Art der Strafe als effektive Abschreckung erachten, der darin enthaltene Aspekt der Erniedrigung sei. Diesbezüglich müsse aber darauf hingewiesen werden, dass eine Strafe ihren erniedrigenden Charakter nicht dadurch verliere, dass sie eine effektive Abschreckung oder eine Hilfe zur Verbrechenskontrolle darstellt. Darüber hinaus müsse betont werden, dass ein Rückgriff auf Strafen, die Art. 3 EMRK entgegenstehen, niemals zulässig sei, egal wie abschreckend ihr Effekt sein mag oder ist.[449] Somit hat der Gerichtshof im Rahmen seiner Untersuchung zwar nicht explizit ausgeschlossen, dass lokale Gegebenheiten, wie die herrschende öffentliche Meinung, Einfluss auf die Bewertung einer Strafe als „erniedrigend" im Sinne von Art. 3 EMRK haben können. Allerdings hat er, „even assuming", dass die bestehende lokale öffentliche Meinung Einfluss auf die Bestimmung des Schweregrads haben könne, diese nicht durch Einräumung eines mitgliedstaatlichen Beurteilungsspielraums re-

---

448 *EGMR*, Application no. 5856/72 (Tyrer v. The United Kingdom), Rn. 30.
449 *EGMR*, Application no. 5856/72 (Tyrer v. The United Kingdom), Rn. 31.

spektiert, sondern sie selbst detailliert auf ihre Plausibilität und Vereinbarkeit mit Art. 3 EMRK hin überprüft.

In einem späteren Fall hatte der Gerichtshof zu entscheiden, ob es sich bei der an einer schottischen Schule bestehenden Gefahr der Verhängung von Disziplinarmaßnahmen in Form körperlicher Züchtigung um eine erniedrigende Behandlung nach Art. 3 EMRK handelte. Der Gerichtshof brachte in seine Beurteilung des Falls mit ein, dass körperliche Bestrafung an schottischen Schulen durchaus herkömmlich sei und dass viele Eltern diese Art der Züchtigung tatsächlich befürworten würden. Mit Verweis auf das Urteil Tyrer machte er dann aber deutlich, dass dies nicht beweiskräftig sei, denn eine bestimmte Behandlung sei nicht deshalb nicht erniedrigend im Sinne von Art. 3 EMRK, weil sie seit langem in Gebrauch ist oder allgemeine Befürwortung erfährt.

> […] this is not conclusive of the issue before the Court for the threat of a particular measure is not excluded from the category of "degrading", within the meaning of Article 3, simply because the measure has been in use for a long time or even meets with general approval (see, mutatis mutandis, the abovementioned Tyrer judgment, p. 15, par. 31).[450]

Es hat sich somit gezeigt, dass sich der Gerichtshof im Rahmen der Prüfung, ob eine Verletzung von Art. 3 EMRK vorliegt, auch mit den lokalen Umständen und Ansichten auseinandersetzt und diese auf ihre Plausibilität hin kritisch hinterfragt. Allein der Umstand, dass ein bestimmtes Handeln in einer mitgliedstaatlichen Gesellschaft lange ausgeübt und begrüßt wurde, ist für den Gerichtshof kein maßgeblicher Faktor, um dieses nicht als erniedrigend zu bewerten. Kulturell geprägte gesellschaftliche Ansichten und Traditionen finden dadurch gerade keine besondere Berücksichtigung, was dem Konzept einer margin of appreciation widerspricht, welches unter anderem dazu dient, lokale Besonderheiten in den Mitgliedstaaten zu achten. Zwar ist auch eine mitgliedstaatliche margin of appreciation zugunsten kultureller Unterschiede durch das Vorliegen gewisser anderer Faktoren und Umstände einschränkbar, doch darum geht es in den genannten Fällen nicht. Die Auffassung der Bevölkerung sowie weitere lokale Besonderheiten dienen allenfalls als Anhaltspunkte für eine eigene Beurteilung des Gerichtshofs, und nicht der Bestimmung des Umfangs des mit-

---

450 *EGMR*, Application nos. 7511/76; 7743/76 (Campbell and Cosans v. The United Kingdom) 25.02.1982, Rn. 29.

gliedstaatlichen Beurteilungsspielraums, der die Beurteilung des Gerichtshofs ersetzen soll.[451]

(ii.) Maßgeblichkeit eines europäischen Konsenses?

Das Vorhandensein eines europäischen Konsenses ist bei der Bestimmung der Reichweite der mitgliedstaatlichen margin of appreciation ein maßgeblicher Faktor. Auch in Fällen, die Art. 3 EMRK betreffen, werden die Verhältnisse in anderen Mitgliedstaaten betrachtet. Bei der Überprüfung der richterlich angeordneten Prügelstrafe auf der Isle of Man im Fall Tyrer führte der Gerichtshof aus, dass die Konvention ein „living instrument" sei und im Lichte der heutigen Gegebenheiten ausgelegt werden müsse. Dabei könne sich der Gerichtshof einer Beeinflussung durch die Entwicklungen und allgemein akzeptierten Standards der Mitgliedstaaten nicht entziehen.[452] Diese Argumentationsweise erinnert prima facie an diejenige, die bei der Begründung der Reichweite der Margin-of-appreciation-Doktrin angeführt wird: Wenn es einen europäischen Konsens dahingehend gäbe, dass die Prügelstrafe als strafrechtliche Sanktion nicht akzeptabel ist und daher nicht mehr angewandt wird, wäre der mitgliedstaatliche Beurteilungsspielraum diesbezüglich verkürzt und ein Verstoß gegen Art. 3 EMRK wäre anzunehmen, sofern nicht anderweitige, besonders gewichtige Gründe für dessen Aufrechterhaltung, abweichend vom Konsens, vorgetragen werden könnten.

Auch im Fall Soering hat der Gerichtshof die Entwicklungen und Standards der Mitgliedstaaten in seine Beurteilung des Sachverhalts mit einbezogen. Er sollte klären, ob die Auslieferung eines Gefangenen durch Großbritannien an die USA, wo diesen voraussichtlich eine Verurteilung zur Todesstrafe, verbunden mit den extremen Bedingungen des Todestrakts, erwartete, gegen Art. 3 EMRK verstößt. Nachdem die grundsätzliche Anwendbarkeit von Art. 3 EMRK auf Auslieferungsfälle festgestellt worden war,[453] untersuchte der Gerichtshof die Anwendung auf den konkreten Fall. Er kam zu der Schlussfolgerung, dass die Wahrscheinlichkeit, dass der Beschwerdeführer zum Tode verurteilt und dem Todestrakt ausgesetzt werde, so hoch sei, dass Art. 3 EMRK ins Spiel komme, und unter-

451 Ähnlich *Callewaert, J.* (Fn. 446), S. 8.
452 *EGMR*, Application no. 5856/72 (Tyrer v. The United Kingdom), Rn. 31.
453 *EGMR*, Application no. 14038/88 (Soering v. The United Kingdom), Rn. 91.

suchte daraufhin, ob die Auslieferung durch Großbritannien deshalb eine Verletzung von Art. 3 EMRK darstelle.[454] Im Rahmen der dann folgenden, allgemeinen Erwägungen verwies der Gerichtshof auf seine ständige Rechtsprechung, wonach für die Anwendbarkeit von Art. 3 EMRK ein Minimum an Schwere vorliegen müsse, dessen Vorhandensein sich nur aus der Gesamtheit aller Umstände ergebe.[455] Zudem wurde wiederholt, dass die Konvention ein „living instrument" sei und der Gerichtshof sich der Beeinflussung durch die Entwicklungen und die Standards in den anderen Mitgliedstaaten nicht entziehen könne.

Nach Auffassung des Gerichtshofs existiere die Todesstrafe in Friedenszeiten de facto in den Vertragsstaaten der Konvention nicht mehr, und es bestehe ein faktischer Konsens in den westeuropäischen Rechtssystemen dahingehend, dass die Todesstrafe nicht länger mit regionalen Rechtsstandards vereinbar sei. Dieser Konsens spiegele sich zudem im sechsten Zusatzprotokoll zur Konvention wider.[456] Inwiefern sich die veränderten Ansichten zur Todesstrafe aber so auswirken würden, dass diese per se unter das Verbot der erniedrigenden Behandlung nach Art. 3 EMRK falle, müsse durch den Gerichtshof selbst anhand der Auslegungsgrundsätze der Konvention bestimmt werden. Im Wege der Auslegung kam der Gerichtshof dann zu dem Ergebnis, dass Art. 3 EMRK nicht dahingehend verstanden werden dürfe, dass er die Todesstrafe generell verbiete. Allerdings könnten die mit der Todesstrafe einhergehenden Umstände den Schutzbereich von Art. 3 EMRK eröffnen, wobei die zuvor ermittelte heutige Einstellung in den Mitgliedstaaten zur Todesstrafe maßgeblich sei für die Beurteilung, ob das zumutbare Maß an Leiden und Erniedrigung überschritten wurde.[457] Die Einstellungen in den Mitgliedstaaten würden somit Indizwirkung entfalten; jedoch stützte der Gerichtshof das Ergebnis seiner rechtlichen Bewertung des Sachverhalts letztendlich auf die Umstände des Einzelfalls, nämlich die Haftdauer vor der Vollstreckung, die Verhältnisse im Todeszellentrakt, das Alter und den geistigen Zustand des Beschwerdeführers sowie die Möglichkeit der alternativen Auslieferung an die Bundesrepublik Deutschland.[458]

---

454 *EGMR*, Application no. 14038/88 (Soering v. The United Kingdom), Rn. 99.
455 *EGMR*, Application no. 14038/88 (Soering v. The United Kingdom), Rn. 100.
456 *EGMR*, Application no. 14038/88 (Soering v. The United Kingdom), Rn. 102.
457 *EGMR*, Application no. 14038/88 (Soering v. The United Kingdom), Rn. 103 f.
458 *EGMR*, Application no. 14038/88 (Soering v. The United Kingdom), Rn. 111.

Der Gerichtshof betrachtet somit auch im Schutzbereich von Art. 3 EMRK die Standards und Entwicklungen in anderen Mitgliedstaaten und untersucht, inwiefern ein europäischer Konsens besteht. Die Ermittlung eines Konsenses erfolgt jedoch nicht, um den Umfang eines mitgliedstaatlichen Beurteilungsspielraums zu ermitteln, sondern ist einer der Faktoren, die der Gerichtshof für seine eigene Beurteilung hinsichtlich des Erreichens des erforderlichen Schweregrads berücksichtigt. Die Konsensmethode wird dabei herangezogen, um die Grenzen der evolutiven Auslegung zu achten bzw. um eine Fortentwicklung des ursprünglichen Gewährleistungsgehalts zu rechtfertigen. Das Abstellen auf einen bestehenden Konsens rechtfertigt in den vorliegenden Fällen somit nicht die ‚indirekte' Form der Fortentwicklung der Konvention durch die Beschränkung mitgliedstaatlicher Beurteilungsspielräume, sondern die ‚direkte' Form der Fortentwicklung durch den Gerichtshof selbst.

(2) Schlussfolgerung

Bei der Untersuchung, ob ein gewisser Schweregrad erreicht wurde, um den Schutzbereich von Art. 3 EMRK zu eröffnen und damit eine Verletzung desselben zu bejahen, betrachtet und bewertet der Gerichtshof viele verschiedene Faktoren. Manche davon spielen auch für die Anwendung und Reichweite der Margin-of-appreciation-Doktrin eine Rolle, wenngleich ihre Berücksichtigung dort einem anderen Zweck dient. Dass aber die Margin-of-appreciation-Doktrin selbst implizit bei der Bestimmung des Schweregrads im Schutzbereich von Art. 3 EMRK eine Rolle spiele, konnte nicht festgestellt werden. Eine Bestätigung dessen durch den Gerichtshof wird im Urteil Ribitsch gesehen.[459]

> Its scrutiny must be particularly thorough where the Commission has reached conclusions at variance with those of the courts concerned. Its vigilance must be heightened when dealing with rights such as those set forth in Article 3 of the Convention, which prohibits in absolute terms torture and inhuman or degrading treatment or punishment, irrespective of the victim's conduct.[460]

Die Margin-of-appreciation-Doktrin spielt somit bei der Ermittlung des Schwellenwerts für die Eröffnung des Schutzbereichs von Art. 3 EMRK

---

459 *Rupp-Swienty, A.* (Fn. 3), S. 42 hält es für wahrscheinlich, dass der Gerichtshof diese Aussage allgemein auf den Umfang seiner Prüfungskompetenz bezieht.

460 *EGMR*, Application no. 18896/91 (Ribitsch v. Austria) 04.12.1995, Rn. 32.

und die Qualifikation der Maßnahme als Folter, unmenschliche oder erniedrigende Behandlung weder explizit noch implizit eine Rolle. Der Gerichtshof entscheidet selbst durch Auslegung der Konvention und dementsprechende rechtliche Bewertung des Sachverhalts, ob der Schutzbereich von Art. 3 EMRK eröffnet ist und welche Variante vorliegt.

b) Beurteilungsspielräume auf ‚Rechtfertigungsebene'?

Der textliche Befund von Art. 3 EMRK ergibt, dass das Verbot der Folter, der unmenschlichen und erniedrigenden Behandlung oder Strafe keinerlei Einschränkungen unterliegt. Ist der Schutzbereich durch ein staatliches Handeln oder Unterlassen betroffen, liegt eine Verletzung von Art. 3 EMRK – ggf. in Verbindung mit Art. 1 EMRK[461] – vor. Eine Rechtfertigung ist nicht möglich und selbst in Notstandszeiten ist eine Abweichung unter keinen Umständen vorgesehen. Der Gerichtshof hat in mehreren Entscheidungen betont, dass selbst noch so gewichtige Gründe – wie das Leben Dritter[462], die Gefährdung der nationalen Sicherheit durch terroristische Aktivitäten[463] oder die Überforderung nationaler Systeme durch Flüchtlingsströme und die Wirtschaftskrise[464] – eine Verletzung von Art. 3 EMRK, einem absoluten Recht, nicht zu rechtfertigen vermögen.

Diese Absolutheit von Art. 3 EMRK führt dazu, dass bestimme Erwägungen, die eine Verletzung des Rechts ausschließen und normalerweise auf der Rechtfertigungsebene angesiedelt sind, auf den Schutzbereich vorverlagert werden.[465] Einige der ‚rechtfertigenden' Ansätze, die im Schutzbereich von Art. 3 EMRK berücksichtigt werden, sollen im Folgenden im Hinblick auf die Frage, ob in diesem Zusammenhang eine Art mitgliedstaatlicher Beurteilungsspielraum gewährt wird, untersucht werden.

461 *Sinner, S.* (Fn. 439), Rn. 21 zur Herleitung positiver Pflichten.

462 *EGMR*, Application no. 22978/05 (Gäfgen v. Germany) 01.06.2010, Rn. 120.

463 *EGMR*, Application no. 22414/93 (Chahal v. The United Kingdom) 15.11.1996, Rn. 81 f.

464 *EGMR*, Application no. 30696/09 (M.S.S. v. Belgium and Greece) 21.01.2011, Rn. 223 f.

465 *Bank, R.* (Fn. 442) Rn. 12 ff. und 130 ff.

(1) Die medizinische Notwendigkeit

Im Fall Herczegfalvy machte der gleichnamige Beschwerdeführer vor dem Gerichtshof geltend, dass die ihm zuteilgewordene medizinische Behandlung in einer psychiatrischen Klinik mit Art. 3 EMRK unvereinbar sei. Im Zuge dieser Behandlung wurde er zwangsernährt und ihm wurden gegen seinen Willen Neuroleptika verabreicht. Er befand sich zudem in einer Isolationszelle und wurde mit Handschellen an einem Sicherheitsbett fixiert.[466] Die Kommission bewertete die Behandlungsmaßnahmen als unmenschliche und erniedrigende Behandlung im Sinne von Art. 3 EMRK, die sogar zu einer Verschlechterung des Zustands des Patienten geführt habe.[467] Die österreichische Regierung hingegen führte an, dass die Maßnahmen lediglich eine Reaktion auf das aggressive Verhalten des Beschwerdeführers gewesen seien und dass die Zwangsernährung notwendig gewesen sei, angesichts seines schwachen Zustands. Das Ziel der durchgeführten Maßnahmen sei allein therapeutischer Natur gewesen.[468]

Bevor der Gerichtshof sich mit der rechtlichen Würdigung des konkreten Sachverhalts beschäftigte, führte er aus, dass die typischerweise bestehende Machtlosigkeit und Unterlegenheit von Patienten in psychiatrischen Einrichtungen dazu führe, dass eine erhöhte Wachsamkeit bei der Überprüfung, ob die Behandlung den Konventionsanforderungen entspreche, erforderlich sei. Dabei seien aber zugegebenermaßen die geltenden medizinischen Grundsätze maßgeblich. Als generelle Regel lasse sich formulieren:

> [...] a measure which is a therapeutic necessity cannot be regarded as inhuman or degrading.[469]

Der Gerichtshof hat somit klargestellt, dass bei Bestehen medizinischer Notwendigkeit eine Behandlung nicht als unmenschlich oder erniedrigend qualifiziert werden könne, bzw. dass ihr Vorliegen die Behandlung rechtfertigen kann.[470] Das Argument der medizinischen Notwendigkeit findet

---

466 *EGMR*, Application no. 10533/83 (Herczegfalvy v. Austria) 24.09.1992, Rn. 79.

467 *EGMR*, Application no. 10533/83 (Herczegfalvy v. Austria), Rn. 80.

468 *EGMR*, Application no. 10533/83 (Herczegfalvy v. Austria), Rn. 81.

469 *EGMR*, Application no. 10533/83 (Herczegfalvy v. Austria), Rn. 82; wiederholt in späteren Entscheidungen, u. a. in: *EGMR*, Application no. 12927/13 (Dvořáček v. The Czech Republic) 06.11.2014, Rn. 90.

470 *EGMR*, Application no. 10533/83 (Herczegfalvy v. Austria), Rn. 82 und Rn. 83: „[...] medical necessity justified the treatment in issue.“.

mangels Rechtfertigungsmöglichkeit eines Eingriffs in Art. 3 EMRK somit im Schutzbereich von Art. 3 EMRK Berücksichtigung. Fraglich ist nun, ob der Gerichtshof bei der Bestimmung der medizinischen Notwendigkeit den Mitgliedstaaten Freiräume zugesteht.

Noch im Fall Herczegfalvy führte der Gerichtshof im Hinblick auf das Kriterium der medizinischen Notwendigkeit aus, dass er sich selbst davon überzeugen müsse, ob das Bestehen medizinischer Notwendigkeit glaubhaft dargelegt wurde. Im dargestellten Fall hatte der Gerichtshof dann allerdings mangels Vorliegens ausreichender Beweise, die die Argumentation der Regierung widerlegt hätten, und aufgrund des Umstands, dass einige Vorwürfe des Beschwerdeführers vom Beweismaterial nicht gedeckt waren, eine Verletzung von Art. 3 EMRK verneint.[471] In einem anderen Fall betreffend Zwangsernährung nahm der Gerichtshof hingegen an, dass die Regierung nicht hinreichend dargelegt hätte, dass eine medizinische Notwendigkeit für die Maßnahmen bestand.[472] Die generellen Ausführungen zur erhöhten Wachsamkeit bei der Prüfung, ob Maßnahmen in psychiatrischen Einrichtungen gegen Art. 3 EMRK verstoßen, deuteten an, dass sich der Gerichtshof der Notwendigkeit einer eigenen, genauen Prüfung in solchen Fällen bewusst ist und einen kontrollreduzierten nationalen Beurteilungsspielraum in diesem Bereich nicht vorsieht.

Überraschend wirkt diesbezüglich eine Kammerentscheidung der vierten Sektion aus dem Jahr 2006 zur Zulässigkeit der Beschwerde von John Wilkinson. Der Beschwerdeführer, welcher nach einer Verurteilung wegen Vergewaltigung einer Minderjährigen in einer psychiatrischen Anstalt untergebracht war, brachte unter anderem vor, dass die ihm dort aufgezwungene Behandlung mit antipsychotischen Medikamenten einen Eingriff in seine Rechte aus Art. 3 EMRK darstelle. Die Kammer untersuchte die Ausführungen des Beschwerdeführers auf ihre offensichtliche Unbegründetheit nach Art. 35 Abs. 3 lit. 1 a EMRK. Hinsichtlich des Eingriffs in Art. 3 EMRK durch die Zwangsbehandlung wiederholte die Kammer zwar die Rechtsprechung aus dem Herczegfalvy-Urteil, führte dann allerdings weiter aus:

> In addition, the decision as to what therapeutic methods are necessary is principally one for the national medical authorities: those authorities have a certain margin of appreciation in this respect since it is in the first place for them

471 Ibid.

472 *EGMR*, Application no. 54825/00 (Nevmerzhitsky v. Ukraine) 05.04.2005, Rn. 94 ff.

> to evaluate the evidence in a particular case. The Court's task is to review under the Convention the decisions of those authorities (see H.L. v. the United Kingdom, no. 45508/99, § 98, ECHR 2004-...).[473]

Nachdem die Kammer sich mit den Beurteilungen der behandelnden Ärzte auseinandergesetzt hatte, kam sie zu dem Schluss, dass die Beweise nicht ausreichend seien, um darlegen zu können, dass die nationalen Behörden ihren margin of appreciation bei der Diagnose, ob eine medizinische Notwendigkeit für die Behandlung vorgelegen habe, überschritten hätten. Die Beschwerde wurde aufgrund offensichtlicher Unbegründetheit nach Art. 35 Abs. 3 EMRK zurückgewiesen.

In nachfolgenden Entscheidungen zur medizinischen Notwendigkeit von Behandlungen gegen den Willen des Patienten im Rahmen von Art. 3 EMKR bleibt der mitgliedstaatliche margin of appreciation, den die vierte Kammer unter Verweis auf den Einsatz der Doktrin im Zusammenhang mit der Rechtsprechung zu Art. 5 EMRK anführte, dann jedoch wieder unerwähnt.[474] Die nachfolgenden diversen Kammerentscheidungen verzichten auf eine Anführung der Margin-of-appreciation-Doktrin. Die Beurteilung der medizinischen Notwendigkeit von Maßnahmen wie der Zwangsernährung obliegt zwar in erster Linie den medizinischen Experten; deren Gutachten werden vom Gerichtshof aber vollständig auf ihre Plausibilität hin überprüft und sind widerlegbar. Da der Gerichtshof die medizinische Notwendigkeit der Maßnahmen nicht (mehr) selbst untersuchen kann, ist er auf die Aussagekraft der vorgebrachten Beweise angewiesen und überprüft deren Stichhaltigkeit. Er beurteilt jedoch selbst, ob die vorgebrachten Beweise ausreichen, um eine medizinische Notwendigkeit für die Zwangsmaßnahmen annehmen zu können, oder nicht. Keinesfalls überlässt er mitgliedstaatlichen Stellen Freiräume bei der Auswertung der vorliegenden Fakten und Expertenberichte – eine margin of appreciation steht den Mitgliedstaaten in diesem Bereich somit gerade nicht zu.

---

473 *EGMR*, Application no. 14659/02 (Wilkinson v. The United Kingdom) 28.02.2006, S. 20.

474 *EGMR*, Application no. 35228/03 (Bogumil v. Portugal) 07.10.2008, Rn. 69; *EGMR*, Application no. 13469/06 (D.D. v. Lithuania) 14.02.2012, Rn. 173; *EGMR*, Application no. 37679/08 (Bureš v. The Czech Republic) 18.10.2012, Rn. 87; *EGMR*, Application no. 12927/13 (Dvořáček v. The Czech Republic), Rn. 90; *EGMR*, Application no. 34778/04 (Tudose v. France) 09.12.2014, Rn. 29.

(2) Erforderliche Gewaltanwendung und notwendige öffentliche Bloßstellung

In einem Fall betreffend Polizeigewalt machte der Beschwerdeführer eine Verletzung von Art. 3 EMRK mit der Behauptung geltend, dass ihm grobe Misshandlungen während seiner Zeit in Polizeigewahrsam zugefügt worden seien. Der Gerichtshof äußerte sich zum Verhältnis von Gewaltanwendungen im Freiheitsentzug im Hinblick auf Art. 3 EMRK wie folgt:

> The Court emphasises that, in respect of a person deprived of his liberty, any recourse to physical force which has not been made **strictly necessary** by his own conduct diminishes human dignity and is in principle an infringement of the right set forth in Article 3 of the Convention.[475]

Körperliche Gewalt gegen Gefangene führe demnach zu einer Herabsetzung der Menschenwürde und verletze damit prinzipiell Art. 3 EMRK. Die Anwendung von Gewalt solle aber ‚gerechtfertigt' sein, also nicht Art. 3 EMRK verletzen, wenn der Gefangene sie selbst, durch sein Verhalten, zwingend notwendig gemacht hat.

In der Rechtssache Öcalan setzte sich der Gerichtshof mit der Behauptung des gleichnamigen Beschwerdeführers auseinander, dass die Umstände, unter denen seine Verhaftung stattgefunden habe, eine unmenschliche und erniedrigende Behandlung im Sinne von Art. 3 EMRK darstellten.[476] Die Große Kammer führte in Bezug auf das Anlegen von Handschellen bei der Festnahme aus:

> Handcuffing, one of the forms of treatment complained of in the present case, does not normally give rise to an issue under Article 3 of the Convention where it has been imposed in connection with lawful arrest or detention and does not entail the use of force, or public exposure, exceeding what is **reasonably considered necessary** in the circumstances.[477]

Im Hinblick auf die Untersuchung, ob die bei der Festnahme Öcalans konkret angewandten Maßnahmen eine unmenschliche oder erniedrigende Be-

---

475 *EGMR*, Application no. 18896/91 (Ribitsch v. Austria), Rn. 38; Hervorhebung durch die Autorin; wiederholt in: *EGMR*, Application no. 22496/93 (Tekin v. Turkey) 09.06.1998, Rn. 53 und: *EGMR*, Application no. 27229/95 (Keenan v. The United Kingdom) 03.04.2001, Rn. 113; *EGMR*, Application no. 32133/11 (Kummer v. The Czech Republic) 25.07.2013, Rn. 56.

476 *EGMR*, Application no. 46221/99 (Öcalan v. Turkey), Rn. 177.

477 *EGMR*, Application no. 46221/99 (Öcalan v. Turkey), Rn. 183; Hervorhebung durch die Autorin.

handlung darstellten, übernahm die Große Kammer die Begründung der Kammerentscheidung. In der heißt es, dass sowohl das Anlegen von Handschellen als auch das Anlegen einer Augenbinde sowie das Fotografieren des Beschwerdeführers mit angelegter Augenbinde vom Gerichtshof als notwendige Maßnahmen anerkannt würden und dass diese letztlich deswegen nicht den für Art. 3 EMRK notwendigen Schwellenwert überschritten.[478]

Folglich kann sowohl Gewaltanwendung gegen Gefangene als auch ein gewisser Grad an öffentlicher Demütigung bei der Festnahme ‚gerechtfertigt' werden, wenn die entsprechenden Maßnahmen vernünftigerweise notwendig oder zwingend erforderlich waren. Der Gerichtshof betont jedoch, dass er die Auswirkungen solcher Maßnahmen immer anhand der speziellen Umstände des Einzelfalls untersuchen müsse.[479] Dies tat er auch im Fall Öcalan, wo jede einzelne Maßnahme und ihre Notwendigkeit auf ihre Stringenz hin überprüft wurde.[480] Ein kontrollreduzierter mitgliedstaatlicher Beurteilungsspielraum besteht somit trotz Notwendigkeitserwägungen bei der Bewertung, ob eine Maßnahme im Freiheitsentzug oder bei der Festnahme gegen Art. 3 EMRK verstößt, nicht.

(3) Schlussfolgerung

Auch wenn Art. 3 EMRK textlich keinerlei Einschränkungen unterliegt und von seinem Gewährleistungsgehalt auch im Falle eines Notstands nicht abgewichen werden darf, finden gewisse Erwägungen, die bei einschränkungsfähigen Rechten auf der Rechtfertigungsebene anzusiedeln sind, im Schutzbereich Berücksichtigung. Die Annahme, dass im Rahmen von Art. 3 EMRK kein Raum für die Margin-of-appreciation-Doktrin bestehe, weil der Gerichtshof bei Art.-3-Prüfungen nicht Worte wie „reasonable" oder „proportionate" verwende, die bei der Anwendung der Doktrin

478 *EGMR*, Application no. 46221/99 (Öcalan v. Turkey), Rn. 184 f.

479 *EGMR*, Application no. 46221/99 (Öcalan v. Turkey), Rn. 183; der Gerichtshof betont dies im Hinblick auf die Auswirkungen beim Anlegen einer Augenbinde und verweist auf seine diesbezüglich erfolgte Einzelfallprüfung in *EGMR*, Application no. 21986/93 (Salman v. Turkey) 27.06.2000, Rn. 132.

480 Siehe diesbezüglich auch *EGMR*, Application no. 29462/95 (Rehbock v. Slovenia) 28.11.2000, Rn. 72 ff., sowie *EGMR*, Applications nos. 27715/95 and 30209/96 (Berliński v. Poland) 20.06.2002, Rn. 62 und 64.

häufig vorkämen[481], kann daher nicht überzeugen. Auch in Art.-3-Prüfungen verwendet der Gerichtshof, wie gesehen, Worte wie „reasonably considered necessary" oder „strictly necessary". Bei der Prüfung, inwiefern der Gebrauch von Schusswaffen eine Verletzung von Art. 3 EMRK darstellen kann, stellte der Gerichtshof darauf ab, ob der Einsatz „strictement nécessaire et proportionnée" war.[482] Trotz des Gebrauchs von Begrifflichkeiten, die häufig einen Anknüpfungspunkt für die Anwendung der Doktrin bieten, konnte festgestellt werden, dass der Gerichtshof bei deren Prüfung – so gut wie – keine mitgliedstaatlichen Beurteilungsspielräume zugesteht. Er beurteilt vielmehr selbstständig anhand der vorliegenden Beweise, inwiefern die erforderliche Notwendigkeit tatsächlich gegeben war, um eine Verletzung von Art. 3 EMRK zu verneinen, und gibt diese Beurteilung gerade nicht, mit Verweis auf die „better position" mitgliedstaatlicher Stellen, aus der Hand.

c) Misshandlungen durch Privatpersonen

Die durch Art. 3 EMRK verbotenen Formen von Misshandlungen müssen nicht immer unmittelbar oder mittelbar von staatlicher Seite ausgehen. Auch Privatpersonen können andere Menschen misshandeln, ohne dass der Staat daran in irgendeiner Weise beteiligt ist oder eine Plattform dafür geschaffen hat. Dennoch kann ein Mitgliedstaat auch ohne direkte Verantwortung für die Handlungen von Privatpersonen in Anspruch genommen werden.

> Once the Court has found that the level of severity of violence inflicted by private individuals attracts protection under Article 3 of the Convention, its case-law is consistent and clear to the effect that this Article requires the implementation of adequate criminal-law mechanisms […]. However, the scope of the State's positive obligations might differ between cases where treatment contrary to Article 3 of the Convention has been inflicted through the involvement of State agents and cases where violence is inflicted by private individuals.[483]

481 *Rupp-Swienty, A.* (Fn. 3), S. 42.

482 *EGMR*, Application no. 45500/99 (Tzekov v. Bulgaria) 23.02.2006, Rn. 57 mit Verweis auf die Urteile Berliński und Rehbock, sowie Rn. 64 und Rn. 66.

483 *EGMR*, Application no. 46423/06 (Beganović v. Croatia) 25.06.2009, Rn. 68; *EGMR*, Application no. 33234/07 (Valiulienė v. Lithuania) 26.03.2013, Rn. 73.

Aus den positiven Verpflichtungen der Mitgliedstaaten nach Art. 3 EMRK in Verbindung mit Art. 1 EMRK folgt, dass die Staaten sicherstellen müssen, dass niemand den verbotenen Misshandlungsformen des Art. 3 EMRK ausgesetzt wird, auch nicht durch Privatpersonen. Eine Verletzung dieser Schutzpflicht kann nach der Rechtsprechung des Gerichtshofs dann angenommen werden, wenn das nationale Rechtssystem, insbesondere das auf die Umstände des Falls anwendbare Strafrecht, keinen praktischen und effektiven Schutz dagegen bereitstellt.[484] In neuerer Rechtsprechung führt der Gerichtshof hinsichtlich der Wahl der Mittel zur Erfüllung dieser Pflicht aus:

> The Court firstly reiterates that its role is not to replace the national authorities and choose in their stead from among the wide range of possible measures that could suffice to secure adequate protection of the applicant from acts of violence. Within the limits of the Convention, the choice of the means to secure compliance with Article 3 in the sphere of the relations of individuals between themselves is in principle a matter that falls within the domestic authorities' margin of appreciation, provided that criminal-law mechanisms are available to the victim.[485]

Der Gerichtshof gibt somit keine bestimmte Art der Sanktionierung für Misshandlungen unter Privatpersonen vor. Er stellt die daraus resultierenden Spielräume aber unter die Bedingung, dass dem Opfer strafrechtlicher Schutz gewährt werden muss. Dadurch wird der staatliche Handlungsspielraum insofern eingegrenzt, als der Gerichtshof auch das erforderliche Schutzniveau für Misshandlungen durch Privatpersonen selbst vorgibt.

d) Kein Raum für die Anwendbarkeit der Margin-of-appreciation-Doktrin?

Da der Gerichtshof die Margin-of-appreciation-Doktrin im Zusammenhang mit Art. 3 EMRK nahezu nicht anwendet, stellt sich die Frage nach den dahinterstehenden Gründen. Verbirgt sich hinter der Abwesenheit der Doktrin die Unvereinbarkeit nationaler Beurteilungsspielräume mit dem

484 *EGMR*, Application no. 46423/06 (Beganović v. Croatia), Rn. 70 f.; *EGMR*, Application no. 33234/07 (Valiulienė v. Lithuania), Rn. 74 f.

485 *EGMR*, Application no. 46423/06 (Beganović v. Croatia), Rn. 80; *EGMR*, Application no. 33234/07 (Valiulienė v. Lithuania), Rn. 85.

Verbot von Folter, unmenschlicher und erniedrigender Behandlung[486], oder gibt es dafür andere Gründe, die unabhängig von der Eigenart des Art. 3 EMRK existieren?

In der Literatur wurde diesbezüglich erwogen, dass das bisherige Nichtauftreten der Margin-of-appreciation-Doktrin im Zusammenhang mit Art.-3-EMRK-Fällen darauf beruhen könne, dass erst eine geringe Anzahl an Fällen betreffend Art. 3 EMRK entschieden wurde.[487] Es erscheint fraglich, ob diese aus dem Jahr 1996 stammende Vermutung heute noch haltbar ist. Während der Gerichtshof in den Jahren 1959 bis 1998 insgesamt 837 Urteile verkündete, vervielfachte sich die Zahl der Urteilsverkündungen von 1999 bis 2014 etwa um das Zwanzigfache.[488] Im gesamten Zeitraum von 1959 bis 2014 betrafen 8,98 % der durch Urteil festgestellten Konventionsverletzungen Art. 3 EMRK, womit dieser insgesamt den vierten Platz unter den am häufigsten festgestellten Konventionsrechtsverletzungen einnimmt.[489] Im Jahr 2014 betrug der Anteil von Art.-3-Verletzungen sogar 19,85 %, wodurch Art.-3-EMRK-Verletzungen in diesem Jahr zweithäufigster Gegenstand der Urteile des Gerichtshofs waren.[490] Die Vermutung, dass sich die Abwesenheit der Margin-of-appreciation-Doktrin im Zusammenhang mit Art.-3-Fällen durch einen Mangel an dazu existierender Rechtsprechung und damit durch einen Mangel an Gelegenheit begründen lasse, kann aus heutiger Sicht wohl als unwahrscheinlich verworfen werden.

Es bleibt damit die Frage, ob und inwiefern die Art. 3 EMRK immanenten Besonderheiten einer umfassenderen Anwendung der Margin-of-appreciation-Doktrin entgegenstehen. Art. 3 EMRK enthält ein absolut geltendes Verbot, von dem auch in Notstandszeiten nicht abgewichen werden darf. Darüber hinaus hat sich ein absolutes Verbot der Folter[491] auch völkergewohnheitsrechtlich etablieren können und wird zum ius cogens ge-

---

486 Ebenso *Callewaert, J.* (Fn. 446), S. 7.

487 *Brems, E.* (Fn. 3), S. 254.

488 Insgesamt 16917 Urteile; *Public Relations Unit of the Court*, Overview 1959-2014 ECHR, S. 5.

489 *Public Relations Unit of the Court* (Fn. 488), S. 6.

490 *Public Relations Unit of the Court*, The European Court of Human Rights in Facts and Figures 2014, S. 7.

491 Es ist fraglich, inwiefern dies auch für die „broader notion of ill-treatment“ gilt, *Schabas, W. A.* (Fn. 440), S. 179 f.

zählt.[492] Inwiefern und in welchem Umfang das völkergewohnheitsrechtlich anerkannte Folterverbot somit unabhängig von Art. 3 EMRK die Staaten und ihre Gesetzgebung binden würde, hängt von dem Wirkungsgrad ab, den das jeweilige nationale Rechtssystem völkerrechtlichen Regeln zuspricht. In Deutschland erteilt Art. 25 Satz 1 GG einen generellen Anwendungsbefehl für die allgemeinen Regeln des Völkerrechts. Dazu zählen das Völkergewohnheitsrecht sowie das ius cogens, von dem der deutsche Gesetzgeber nicht abweichen darf.[493] Folglich beeinflusst das Folterverbot die nationalen Rechtsordnungen auch neben der Konventionsbindung, wenn auch mit unterschiedlicher Intensität.[494]

Zumindest die Anerkennung des Kerngehalts des Folterverbots als ius cogens und Völkergewohnheitsrecht kann als Ausdruck eines internationalen (Mindest-)Standards verstanden werden, von dem nicht abgewichen werden darf. Vor diesem Hintergrund verlieren die Beweggründe, die die Anwendbarkeit der Margin-of-appreciation-Doktrin rechtfertigen können, an Bedeutung. Respekt vor demokratisch legitimierten, nationalen Entscheidungen ist dann unangebracht, wenn diese Entscheidungen gegen demokratische Werte und fest in der Staatengemeinschaft verwurzelte und allgemein anerkannte Rechtssätze verstoßen. Aufgrund der Absolutheit und Universalität[495] des Folterverbots kann zudem weder die „better position" nationaler Stellen noch die Achtung kultureller Vielfalt unter den Vertragsstaaten zur Rechtfertigung mitgliedstaatlicher Beurteilungsspielräume fruchtbar gemacht werden. Somit entbehrt zumindest der Kerngehalt des in Art. 3 EMRK enthaltenen Verbots der Folter folglich jeder Grundlage für die Anwendbarkeit der Margin-of-appreciation-Doktrin. Ob und inwiefern im Randbereich des Folterverbots und im Zusammenhang mit dem Verbot der erniedrigenden und unmenschlichen Behandlung – angesichts der oft betonten besonderen Bedeutung des Rechts und der nicht vorhandenen Rechtfertigungsmöglichkeiten – kein Raum für die Margin-

---

492 *Weilert, A. K.*, Grundlagen und Grenzen des Folterverbotes in verschiedenen Rechtskreisen (2009), S. 65.

493 *Talmon, S.*, Die Grenzen der Anwendung des Völkerrechts im deutschen Recht, JuristenZeitung 2013, 12, S 12; *Kunig, P.*, Völkerrecht und staatliches Recht, in: Graf Vitzthum/Proelß (Hrsg.), Völkerrecht (2016), 61, S. 113 ff.

494 *Talmon, S.* (Fn. 493), S 12 mit Hinweis auf das englische Recht, das weniger völkerrechtsfreundlich ausgestaltet ist; ausführlich *Orakhelashvili, A.*, Peremptory Norms in International Law (2006), S. 541 ff.

495 *Callewaert, J.* (Fn. 446), S. 9: „If ever there was an area symbolising such universality, it is indeed the one covered by Article 3."

of-appreciation-Doktrin ist, bleibt abzuwarten. Da jedoch die Stellung als besonders bedeutendes Recht den Gerichtshof im Zusammenhang mit Art. 2 EMRK nicht von der Einräumung eines margin of appreciation abgehalten hat und er sogar Beurteilungsspielräume im Schutzbereich gewährt, kann die Anwendbarkeit der Doktrin im Randbereich des Folterverbots und im Zusammenhang mit dem Verbot der erniedrigenden und unmenschlichen Behandlung zumindest nicht kategorisch ausgeschlossen werden.[496]

e) Ergebnis

Die Margin-of-appreciation-Doktrin spielt im Schutzbereich von Art. 3 EMRK kaum eine Rolle, weder explizit noch implizit. Auch wenn der Gerichtshof in seinen Urteilen betreffend Art. 3 EMRK ähnliche Faktoren berücksichtigt wie zur Begründung der Anwendbarkeit und Reichweite der Doktrin, basiert sein Urteil, abhängig von der bestehenden Beweislage, auf einer umfassenden Kontrolle und restlos eigenständigen Beurteilung der dem Fall zugrundeliegenden Umstände. Auch die Tatsache, dass gewisse Notwendigkeitsaspekte bei der Eröffnung des Schutzbereichs von Art. 3 EMRK relevant werden können, ändert nichts daran, dass der Gerichtshof zwar die diesbezüglichen Erkenntnisse der zuständigen nationalen Stellen berücksichtigt, nicht aber deren Beurteilung. Einen Sonderfall stellt die Ausgestaltung des staatlichen Schutzes vor Misshandlungen durch Privatpersonen dar, wo der Gerichtshof den Mitgliedstaaten bei der Wahl der Mittel einen Beurteilungsspielraum zugesteht, diesen aber insofern wieder begrenzt, als strafrechtlicher Schutz gegeben sein muss.[497]

Der zurückhaltende Einsatz der Margin-of-appreciation-Doktrin in Art.-3-Fällen lässt sich – zumindest im Hinblick auf den Kerngehalt des Folterverbots – mit der Unvereinbarkeit ihrer Anwendung auf Art. 3 EMRK erklären, der ein absolutes Verbot enthält, das zugleich völkergewohnheitsrechtlich anerkannt ist und als ius cogens qualifiziert wurde. Dass die Margin of appreciation-Doktrin darüberhinaus im Zusammenhang mit Verletzungen von Art. 3 EMRK kaum Anwendung findet, könnte

---

496 Siehe dazu auch *Shany, Y.* (Fn. 52), S. 925 f.

497 Siehe auch *EGMR*, Application no. 42119/04 (Fristov v. Russia) 20.02.2014, Rn. 36, wo eine margin of appreciation im Zusammenhang mit der Entschädigungspflicht nach Art. 3 EMRK gewährt wird.

auch weiterhin so bleiben, sofern die Gewährleistungen des Art. 3 EMRK – insbesondere das Verbot unmenschlicher und erniedrigender Behandlung oder Strafe – nicht einer Banalisierung durch die Erstreckung auf Bagatellfälle preisgegeben werden, bzw. sofern nicht vom Konzept eines elementaren Schutzes abgewichen wird.[498]

4. Zusammenfassung

Die verschiedenen Anwendungsbereiche der Margin-of-appreciation-Doktrin wurden anhand der Rechtsprechung zu den Artikeln 8, 2 und 3 EMRK exemplarisch untersucht. Im Rahmen der Prüfung von Art. 8 EMRK werden mitgliedstaatliche Beurteilungsspielräume vom Gerichtshof bei der Eingriffsrechtfertigung nach Absatz zwei eingesetzt, dessen Struktur derjenigen in den Art. 9 Abs. 2 bis Art. 11 Abs. 2 EMRK entspricht. Diesbezüglich werden den Mitgliedstaaten Beurteilungsspielräume bei der Einschätzung zugestanden, ob eine konkrete Maßnahme in einer demokratischen Gesellschaft notwendig war. Bei den aus Art. 8 EMRK ableitbaren positiven Pflichten spielt die Margin-of-appreciation-Doktrin eine Doppelrolle, zum einen bei der Wahl der Mittel, um der Pflicht gerecht zu werden, zum anderen bei der Frage, ob überhaupt eine konkrete positive Pflicht zum Schutz der Rechte aus Art. 8 EMRK besteht. Der jeweilige Umfang der Beurteilungsspielräume ist, sowohl bei der Eingriffsrechtfertigung als auch bei den positiven Pflichten, von einem Zusammenspiel verschiedener Faktoren abhängig, wobei insbesondere das Abstellen auf einen europäischen oder internationalen Konsens sowie die Ermittlung eines solchen kritisch betrachtet werden kann. Letztlich ist hervorzuheben, dass die Anwendung der Margin-of-appreciation-Doktrin, die Bestimmung des Umfangs und die sich daran jeweils anschließende Kontrolldichte in der Praxis nicht derart konsequent erfolgen, wie es die dargelegten Untersuchungsergebnisse suggerieren, was sich wiederum negativ auf

498 *EGMR*, Application no. 26565/05 (N. v. The United Kingdom) 27.05.2008, Rn. 24; siehe *Bank, R.* (Fn. 442), Rn. 12, der darauf hinweist, dass der EGMR bisher weitgehend Augenmaß beim Ausscheiden weniger belastender Berührungen bewiesen habe; siehe aber auch *Macdonald, Ronald St. J.* (Fn. 1), S. 192: „In theory there is no limit to the articles of the Convention to which the margin of appreciation could be applied for the Court has never imposed a limit.“

die Vorhersehbarkeit und damit auf die Rechtssicherheit im Umgang mit der Doktrin auswirkt.

Auch im Zusammenhang mit der Prüfung potenzieller Verletzungen von Art. 2 EMRK gewährt der EGMR den Mitgliedstaaten Beurteilungsspielräume. Angesichts der besonderen Bedeutung der normierten Gewährleistungen und der damit verbundenen höheren Kontrolldichte des Gerichtshofs ist dies jedoch in geringerem Ausmaß der Fall als beispielsweise im Zusammenhang mit Verletzungen von Art. 8 EMRK. Relevant wurde die mitgliedstaatliche margin im Zusammenhang mit der Prüfung von Verletzungen der aus Art. 2 EMRK folgenden positiven Pflichten, wobei auch die Möglichkeit der Einräumung mitgliedstaatlicher Beurteilungsspielräume im Rahmen der Eingriffsrechtfertigung vom Gerichtshof angedeutet wurde. Die Anwendung der Margin-of-appreciation-Doktrin bei der Bestimmung des Schutzbereichs von Art. 2 EMRK stellte ein Novum in der Rechtsprechung des Gerichtshofs dar. Der Gerichtshof ließ im Fall Vo v. Frankreich offen, ob das ungeborene Leben in den Schutzbereich des Rechts auf Leben fällt, und gewährte den Mitgliedstaaten diesbezüglich einen Beurteilungsspielraum. Dies war eine Entscheidung, der harsche Kritik entgegengebracht wurde, die aber unabhängig von deren Berechtigung der Margin-of-appreciation-Doktrin ein neues Anwendungsfeld erschlossen hat.

Zuletzt wurde die Rechtsprechung zu Art. 3 EMRK – einem absolut geltenden, notstandsfesten Konventionsrecht – im Hinblick auf die Anwendung der Margin-of-appreciation-Doktrin untersucht. Es konnte festgestellt werden, dass mitgliedstaatliche Beurteilungsspielräume in diesem Zusammenhang so gut wie keine Rolle spielen, auch wenn der Gerichtshof für seine eigene Beurteilung des Falls auf ähnliche Faktoren zurückgreift, wie er es bei der Umfangsbestimmung der margin im Zusammenhang mit anderen Konventionsrechten tut. Einen Sonderfall stellt jedoch die Sicherung der Rechte aus Art. 3 EMRK unter Privaten dar, wo der Gerichtshof den Mitgliedstaaten zwar Beurteilungsspielräume bei der Wahl der Mittel zugesteht, diesbezüglich selbst aber einen strafrechtlichen Rahmen vorgibt.

Festzuhalten ist, dass sich die Anwendung der margin of appreciation nicht nur auf verschiedene Konventionsrechte erstreckt, sondern auch auf verschiedene Aspekte eines Konventionsrechts, wie die Eingriffsrechtfertigung nach dem Verhältnismäßigkeitsprinzip, die Existenz und Ausgestaltung positiver Pflichten oder die Bestimmung des Schutzbereichs. Die Bedeutung mitgliedstaatlicher Beurteilungsspielräume hängt dabei sowohl vom jeweils einschlägigen Konventionsrecht als auch vom jeweils betroffenen Anwendungsfeld innerhalb des Konventionsrechts ab, wobei ein vollständiger Verzicht auf mitgliedstaatliche Beurteilungsspielräume selbst bei absoluten und notstandsfesten Konventionsrechten nicht gegeben ist. Insgesamt hat sich somit gezeigt, dass die Margin-of-appreciation-Doktrin vielseitig vom Gerichtshof eingesetzt wird, dass ihr Einsatz nicht auf einen bestimmten Anwendungsbereich beschränkt oder festgelegt ist und dass sie selbst absolute Konventionsrechte, wenn auch mit unterschiedlicher Intensität und Zielrichtung, durchdringt.[499]

IV. Resümee

Die durch die Kommission und den Gerichtshof entwickelte Margin-of-appreciation-Doktrin ist ein Ausdruck richterlicher Zurückhaltung und beinhaltet, dass mitgliedstaatlichen Stellen kontrollreduzierte Beurteilungsspielräume zugestanden werden. Diese sind von besonderer Bedeutung, sofern verschiedene Standards zwischen den Mitgliedstaaten gelten und sich die nationalen Stellen in einer besseren Position für eine Beurteilung befinden. Eine solche bessere Position kann sich aus verschiedenen Aspekten ableiten, wie beispielsweise dem direkteren Kontakt nationaler Stellen zu den Betroffenen, den lokalen Bedürfnissen oder den wesentlichen gesellschaftlichen Einflüssen/ Kräften im Land. Die Richter des Gerichtshofs üben sich dann in richterlicher Zurückhaltung und setzen ihre Beurteilung nicht an die Stelle der nationalen Bewertung.

Das Konzept mitgliedstaatlicher Beurteilungsspielräume lässt sich bis heute auf keinen ausdrücklichen Hinweis im Konventionstext zurückführen. Die rechtliche Legitimation dieses Konzepts kontrollreduzierter – nicht kontrollfreier – mitgliedstaatlicher Beurteilungsspielräume ergibt sich vielmehr aus dem Konventionssystem selbst. Zum einen dient es der Funktionsfähigkeit und Aufrechterhaltung des Konventionssystems, da die margin of appreciation eine Ausprägung des Subsidiaritätsgrundsatzes darstellt, welcher die Aufgabenverteilung zwischen Gerichtshof und Mitgliedstaat prägt. Dabei macht sich der Gerichtshof insbesondere die „better position" mitgliedstaatlicher Stellen zunutze. Zum anderen ermöglicht

499 Für die weiteren, nicht untersuchten Konventionsrechte siehe *Rupp-Swienty, A.* (Fn. 3), S. 38 ff.

die Einräumung von Beurteilungsspielräumen die Achtung der demokratischen Legitimation nationaler Entscheidungen und die Achtung der bestehenden kulturellen Vielfalt unter den Mitgliedstaaten. Dadurch kann eine höhere Akzeptanz unter den Mitgliedstaaten und ihren Bürgern für die Urteile des Gerichtshofs geschaffen werden. Gesellschaftspolitischen oder sonstigen problematischen Fragestellungen nähert sich der Gerichtshof durch die Einräumung von Beurteilungsspielräumen behutsam an und gibt eine einheitliche Auslegungsentscheidung erst dann vor, wenn Umstände vorliegen, die für eine Verkürzung des Beurteilungsspielraums sprechen.

Die Margin-of-appreciation-Doktrin durchdringt die Rechtsprechung zu den Konventionsrechten mittlerweile fast vollständig, jedoch mit unterschiedlicher Intensität und Zielrichtung. Neben den Notstandsfällen werden mitgliedstaatliche Beurteilungsspielräume meist im Rahmen der Eingriffsrechtfertigung relevant, wobei der Gerichtshof im Zusammenhang mit absoluten Konventionsrechten wie Art. 3 EMRK weitestgehend (noch) auf die Einräumung von Beurteilungsspielräumen im ‚Rechtfertigungsbereich' verzichtet. Besondere Bedeutung erlangen die Beurteilungsspielräume im Zusammenhang mit aus der Konvention hergeleiteten positiven Pflichten. Dort werden sie zum einen relevant bei der Wahl der Mittel, die der Mitgliedstaat ergreifen kann, um seiner Pflicht gerecht zu werden, und zum anderen bei der Bestimmung, ob überhaupt eine konkrete positive Pflicht zum Handeln besteht. Darüber hinaus setzt der Gerichtshof Beurteilungsspielräume, seit der Entscheidung Vo v. France, auch im Schutzbereich von Konventionsrechten ein.

Auch wenn der Rechtsprechung gewisse Gesetzmäßigkeiten zur Anwendung der Doktrin, der Bestimmung ihres Umfangs und der sich daran anschließenden Kontrolldichte entnommen werden konnten, erfolgt die Handhabe des Gerichtshofs in der Praxis nicht immer konsequent. Diese Inkonsequenz in der Anwendung wird auch von anderen Autoren, die diese zum Teil eingehender, auch im Zusammenhang mit weiteren Konventionsrechten, untersuchten, bestätigt und zu Recht kritisiert.[500] Der Doktrin mangelt es dadurch an Vorhersehbarkeit, was wiederum zu einer Beein-

500 Beispielhaft *Kratochvíl, J.* (Fn. 359), S. 336 ff., der unterscheidet zwischen Fällen, in denen die margin keinen Bezug zur Entscheidung des Gerichtshofs hat, in denen der Gerichtshof eine eigene Prüfung vornimmt, in denen nur eine „certain margin" gewährt wird, in denen die margin erst in der Schlussfolgerung erwähnt wird, in den die margin inkonsequent angewandt wird;; *Gerards, J.* (Fn. 4), S. 106; *Letsas, G.* (Fn. 28), S. 80 ff.; *Krieger, H.* (Fn. 303), S. 209 f.

trächtigung der Rechtssicherheit führt. Ihr positiver Nutzen für die Arbeit des Gerichtshofs, der neben praktischen Vorteilen vor allem darin besteht, dass die Gewährleistungsgehalte der zum Teil offen formulierten Konventionsrechte, getragen von der Akzeptanz der Mitgliedstaaten und ihrer Bürger, mit der Zeit konkretisiert und auf stabiler Grundlage fortentwickelt werden können, wird hierdurch getrübt.

Es lässt sich insgesamt festhalten, dass das Konzept mitgliedstaatlicher Beurteilungsspielräume mit dem Konventionssystem grundsätzlich vereinbar und diesem sogar von Nutzen ist. Die Margin-of-appreciation-Doktrin kann als eine Art Kompromiss verstanden werden zwischen dem Ideal einer effektiven und extensiven Auslegung der Konventionsgewährleistungen durch den Gerichtshof und der – in der Realität bestehenden – Folgebereitschaft und Akzeptanz durch die Vertragsstaaten und Bürger: ein Kompromiss in einem System, das eben ‚nur' einen gemeinsamen Mindeststandard anstrebt. Durch die nunmehr angestrebte Kodifizierung der Doktrin in der Präambel wird sich faktisch wohl nicht viel ändern.[501] Die Kodifizierung zum jetzigen Zeitpunkt ist vielmehr als ein politisches Zeichen der Mitgliedstaaten an den Gerichtshof zu verstehen. Inwiefern dieser darauf eingeht, bleibt abzuwarten, wobei mit grundlegenden Veränderungen – insbesondere einem neu ausgerichteten, extensiveren Einsatz der Doktrin – vermutlich nicht zu rechnen ist.

501 Ebenso *van Hoof, F.* (Fn. 173), S. 149.

C. Spielräume in der Rechtsprechung des EuGH

Im zweiten Teil der Arbeit soll untersucht werden, ob und inwiefern der Europäische Gerichtshof (EuGH) im Rahmen seiner Rechtsprechung zu den Grundfreiheiten Spielräume[502] zugunsten der Mitgliedstaaten einräumt. Die Untersuchung dient der Klärung der in dieser Arbeit aufgeworfenen Frage, ob der EuGH die Margin-of-appreciation-Doktrin des EGMR übernommen haben könnte und ob eine einheitliche Lehre von Beurteilungsspielräumen in Europa überhaupt existieren kann.

I. Auswahl des Untersuchungsgegenstands

Spielräume sind der Rechtsprechung des Europäischen Gerichtshofs nicht fremd; er gewährt sie in verschiedenen Zusammenhängen.[503] Untersuchungsgegenstand des nun folgenden Abschnitts sind allein die Spielräume, die der Gerichtshof den Mitgliedstaaten bei der Überprüfung der Vereinbarkeit nationalen Rechts mit den Grundfreiheiten gewährt.

Als Grundfreiheiten werden in dieser Arbeit die Warenverkehrsfreiheit nach Art. 34 AEUV, die Dienstleistungsfreiheit nach Art. 56 AEUV, die Niederlassungsfreiheit nach Art. 49 AEUV und die Arbeitnehmerfreizügigkeit nach Art. 39 AEUV sowie die Freiheit des Kapital- und Zahlungsverkehrs nach Art. 63 AEUV angesehen. Letztere wird von der folgenden

---

502 Gemeint sind Spielräume im Sinne einer margin of appreciation. Da zur Frage der Übertragbarkeit der Margin-of-appreciation-Doktrin auf die Rechtsprechung des EuGH zu den Grundfreiheiten auch die vom EuGH verwandte Terminologie einen Beitrag zur Beantwortung dieser Frage leisten kann, wird vorerst nur von „Spielräumen" die Rede sein, bis sich aus den Untersuchungen ergibt, welche Terminologie der EuGH verwendet.

503 Etwa im Rahmen des Notstandsvorbehalts nach Art. 347 AEUV, bei der Umsetzung von Sekundärrecht oder bei der Rechtsetzung durch die Unionsorgane, siehe dazu insgesamt *Sweeney, J. A.*, A 'Margin of Appreciation' in the Internal Market: Lessons from the European Court of Human Rights, Legal Issues of Economic Integration 2007, 27, S. 35 mit weiteren Nachweisen; *EuGH*, Rs. 68/88 (Kommission/Griechenland) 21.09.1989, Rn. 24; *GA Kokott* (Schlussantrag zu EuGH, Rs. C-105/14) 30.04.2015, Rn. 80; *EuGH*, Rs. C-105/14 (Taricco u. a.) 08.09.2015, Rn. 39.

Untersuchung ausgenommen, da die Freiheit des Kapitalverkehrs „im Konzert der gemeinschaftlichen Grundfreiheiten" zunächst eine Sonderrolle gespielt hat[504] und die Analyse der Rechtsprechung zum Waren- und Personenverkehr ausreichend sein wird, um feststellen zu können, ob die Margin-of-appreciation-Doktrin des EGMR grundsätzlich auf die Rechtsprechung des EuGH zu den Grundfreiheiten übertragen werden kann. Die Freizügigkeit der Unionsbürger, verbunden mit dem allgemeinen Diskriminierungsverbot, wird an dieser Stelle nicht zu den Grundfreiheiten gezählt, da es sich dabei nicht um spezielle „Marktbürgerrechte" handelt.[505]

In der Einführung wurde bereits dargelegt, dass die Rechtsprechung des EuGH zu den Grundfreiheiten als Untersuchungsgegenstand ausgewählt wurde, da sich in der (neueren) Rechtsprechung des EuGH zurückhaltende Tendenzen vor allem in diesem Bereich feststellen lassen. Darüberhinausgehende Gründe für die Geeignetheit der Wahl des festgesetzten Untersuchungsgegenstands werden nachfolgend erläutert.

1. Vergleichbare Entwicklung und Bedeutung

Ebenso wie die Entwicklung der EMRK im Rahmen des Europarats war auch die Gründung der Europäischen Gemeinschaft für Kohle und Stahl (EGKS) im Jahr 1951 von dem Wunsch der Mitgliedstaaten beseelt, die Verbrechen des Zweiten Weltkriegs hinter sich zu lassen und durch eine engere Verbindung der europäischen Staaten den Frieden in Europa zu bewahren. In der Präambel des Vertrags zur Gründung der EGKS heißt es:

> IN DEM BEWUSSTSEIN, daß Europa nur durch konkrete Leistungen, die zunächst eine tatsächliche Verbundenheit schaffen, und durch die Errichtung gemeinsamer Grundlagen für die wirtschaftliche Entwicklung aufgebaut werden kann, […] ENTSCHLOSSEN, an die Stelle der jahrhundertealten Rivalitäten einen Zusammenschluß ihrer wesentlichen Interessen zu setzen, durch die Errichtung einer wirtschaftlichen Gemeinschaft den ersten Grundstein für eine weitere und vertiefte Gemeinschaft unter Völkern zu legen, die lange Zeit durch blutige Auseinandersetzungen entzweit waren, und die institutionellen Grundlagen zu schaffen, die einem nunmehr allen gemeinsamen Schicksal die Richtung weisen können, […].

---

504 *Böhmer, J.*, Art. 63 AEUV, in: Calliess/Ruffert (Hrsg.), EUV, AEUV (2016), Rn. 1.

505 *Ehlers, D.*, Allgemeine Lehren der Grundfreiheiten, in: Ehlers (Hrsg.), Europäische Grundrechte und Grundfreiheiten (2014), 239, Rn. 2.

In Art. 1 EGKS heißt es, dass die EGKS auf einem gemeinsamen Markt für Kohle und Stahl beruhe, und in Art. 4 EGKS ist normiert, dass dieser den freien Verkehr von Waren voraussetze, mit dem diskriminierende Maßnahmen oder Praktiken nicht vereinbar seien. Auch wenn seit der Einheitlichen Europäischen Akte aus dem Jahr 1987 nicht mehr vom gemeinsamen Markt die Rede ist, sondern fortan vom Errichten eines Binnenmarkts[506], und die Europäische Union längst nicht mehr nur wirtschaftliche Ziele verfolgt,[507] beruhte der Gründungsgedanke doch auf der Annahme, durch den Zusammenschluss der Wirtschaftskräfte Frieden und Freiheit in Europa wahren und festigen zu können.[508] Die Wahrung der Grundfreiheiten stellt dabei die Grundvoraussetzung für die Verwirklichung des gemeinsamen Markts bzw. Binnenmarkts dar, weswegen sie auch als Stützpfeiler der unionsrechtlichen Wirtschaftsverfassung bezeichnet werden.[509]

Auch in der Präambel zur EMRK wird das Ziel des Europarats deklariert, eine größere Einigkeit zwischen seinen Mitgliedstaaten herzustellen:

> Considering that the aim of the Council of Europe is the achievement of greater unity between its members and that one of the methods by which that aim is to be pursued is the maintenance and further realisation of Human Rights and Fundamental Freedoms; […].

Ebenso wie die EGKS verfolgt der Europarat das Ziel, die Mitgliedstaaten zugunsten eines friedvollen Zusammenlebens einander näher zu bringen. Der Unterschied besteht darin, dass der Europarat und die EMRK den Schlüssel zur Zielerreichung in der Aufrechterhaltung und Fortentwicklung der Menschenrechte sehen, während die Europäische Gemeinschaft dieses Ziel vorerst durch wirtschaftliche Annäherung zu erreichen versuchte. Festzuhalten bleibt daher, dass sowohl die Errichtung eines gemeinsamen Markts (nun Binnenmarkts) und damit die Gewährleistung der Grundfreiheiten als auch die Aufrechterhaltung und Fortentwicklung der Menschenrechte seit Anbeginn der jeweiligen europäischen Verträge von

---

506 Auch dazu inwiefern der Begriff des gemeinsamen Markts und der des Binnenmarkts inhaltlich divergieren: *Frenz, W.*, Handbuch Europarecht – Europäische Grundfreiheiten (2012), Rn. 34.

507 *Terhechte, J. P.*, Art. 3 EUV, in: Grabitz/Hilf/Nettesheim (Hrsg.), Das Recht der Europäischen Union (2016), Rn. 24.

508 So heißt es auch in der Präambel des Vertrags zur Gründung der Europäischen Wirtschaftsgemeinschaft.

509 *Ehlers, D.* (Fn. 505), Rn. 1.

den Mitgliedstaaten als das Mittel angesehen wurden, um die Staaten Europas einander näher zu bringen und so den Frieden in Europa zu wahren. Anders als die europäischen Grundrechte, deren Bedeutung sich erst mit der Zeit entwickelte und steigerte, sind die Grundfreiheiten damit ähnlich wie die Menschenrechte der EMRK von Beginn an Prüfungsprogramm der jeweiligen Gerichte, und ihre Gewährung und Entwicklung ist seit jeher eines der Hauptziele der jeweiligen Verträge.

2. Vergleichbare Struktur

Mangels Vergleichbarkeit mit der Struktur der EMRK-Rechte und dem durch die EMRK geschaffenen System kann nicht jede Form von Spielraum, die der EuGH im Rahmen seiner Rechtsprechung gewährt, Gegenstand dieser Untersuchung sein. So sind mitgliedstaatliche Spielräume bei der Umsetzung von Sekundärrecht oder bei der Prüfung mitgliedstaatlicher Maßnahmen am Sekundärrecht von der folgenden Untersuchung auszuschließen, da sich der Anwendungsbereich der Margin-of-appreciation-Doktrin, in Ermangelung eigener Rechtsetzungsmöglichkeiten auf EMRK-Ebene, ausschließlich auf die Vereinbarkeit nationalen Rechts mit dem primären Vertragsrecht bezieht.[510] Beurteilungsspielräume, die der EuGH den Gesetzgebungsorganen der Union zugesteht, können insofern nicht tauglicher Gegenstand der folgenden Untersuchung sein, als sie den ‚falschen' Adressaten gewährt werden. Die Gewährung dieser Spielräume beruht auf internen, funktionellen Beziehungen zwischen den Unionsorganen, womit allein die horizontale Ebene betroffen ist, nicht aber die vertikale Ebene von Union und Mitgliedstaaten.[511]

Die Grundfreiheiten hingegen weisen eine ähnliche Struktur wie die Menschenrechte der EMRK auf. Ihre Prüfung lässt sich aufgliedern in einen Anwendungsbereich[512], der durch nationale Maßnahmen betroffen

---

510 Siehe dazu auch *Sweeney, J. A.* (Fn. 503), S. 35: „Matters such as the review of Member States' discretion in how to fulfil their obligations (such as under a directive) or to enforce Community law are related but distinct; these might be labelled more precisely as instances of 'implementation discretion' flowing from the institutional structure of Community law rather than the nature of public policy or morals."

511 Ähnlich *Sweeney, J. A.* (Fn. 503), S. 35 f.

512 Die Autorin hat sich für die Verwendung des Begriffs „Anwendungsbereich" entschieden, von anderen wird dieser auch als „Schutzbereich" bezeichnet. Zu einer

sein kann, und die Möglichkeit einer Rechtfertigung. Im Rahmen dieser Rechtfertigungsprüfung nimmt der EuGH zudem eine Verhältnismäßigkeitsprüfung vor: eine Prüfung, bei der die Margin-of-appreciation-Doktrin vom EGMR wiederholt eingesetzt wird. Diese – im (Prüfungs-)Aufbau erkennbare – Strukturähnlichkeit der Grundfreiheiten zu den Menschenrechten der EMRK spiegelt sich auch in der Debatte um das Verständnis der Grundfreiheiten als Gleichheits- oder Freiheitsrechte und damit als Grundrechte wider.[513] Geht man davon aus, dass trotz der immer stärker individualschützenden Ausrichtung der Grundfreiheiten[514] durch ihre Qualifizierung als subjektive öffentliche Rechte und ihre Ausweitung zu allgemeinen Beschränkungsverboten keine Wesensgleichheit zu den Grundrechten besteht, da sie letztlich doch unterschiedliche Zwecke verfolgen, kann doch eine gewisse Ähnlichkeit nicht geleugnet werden.[515] Damit drängt sich die Frage auf, ob eine weitere Ähnlichkeit auch im Hinblick auf die Gewährung mitgliedstaatlicher Spielräume besteht.

3. Prozessuale Geltendmachung

Neben der vergleichbaren Entwicklung, Bedeutung und Struktur gilt es zudem zu hinterfragen, inwiefern sich der prozessuale Kontext, in dem der Gerichtshof über die Vereinbarkeit von nationalem Recht mit den Grundfreiheiten entscheidet, mit dem des EGMR vergleichen lässt bzw. inwiefern sich daraus Unterschiede ergeben, die im Hinblick auf eine vergleichende Untersuchung zur Einräumung mitgliedstaatlicher Spielräume zu

---

Darstellung der Für und Wider siehe *Kingreen, T.*, Die Struktur der Grundfreiheiten des Europäischen Gemeinschaftsrechts (1999), S. 75 f.

513 Nach einem Vergleich mit den Unionsgrundrechten dagegen und ausführlicher *Gebauer, J.*, Die Grundfreiheiten des EG-Vertrags als Gemeinschaftsgrundrechte (2004), *Kingreen, T.* (Fn. 512), S. 115 f.; *Kingreen, T.*, Art. 34-36 AEUV, in: Calliess/Ruffert (Hrsg.), EUV, AEUV (2016), Rn. 66; a. A.: *Ehlers, D.* (Fn. 505), Rn 23 ff.; *Frenz, W.* (Fn. 506), Rn. 42 und 60.

514 *Gebauer, J.* (Fn. 513), S. 246, geht davon aus, dass sich der Schwerpunkt der Grundfreiheiten in der Grauzone zwischen Diskriminierungsverbot und allgemeinem Beschränkungsverbot von einer scheinbar verstärkt individualschützenden Ausrichtung wieder zurück zur ursprünglichen Aufgabe der Grundfreiheiten bewegt.

515 Die Einordnung der Grundfreiheiten als „grundrechtsähnliche" Rechte wird auch von denen, die sich wegen der genannten Gründe gegen eine Wesensgleichheit aussprechen, nicht geleugnet, beispielhaft *Gebauer, J.* (Fn. 513), S. 27.

berücksichtigen sind. Maßgeblich für die Rechtsprechung des EuGH sind dabei insbesondere das Vorabentscheidungsverfahren nach Art. 267 AEUV und das Vertragsverletzungsverfahren nach Art. 258 und Art. 259 AEUV.[516]

a) Das Vorabentscheidungsverfahren

Der EuGH ist gemäß Art. 256 AEUV in Verbindung mit der Satzung des Gerichtshofs zuständig für Vorabentscheidungsverfahren nach Art. 267 AEUV, sofern nicht das Gericht nach Art. 267 Abs. 3 AEUV in Verbindung mit der Satzung zuständig ist. Im Rahmen des Vorabentscheidungsverfahrens legen die nationalen Gerichte dem Gerichtshof Fragen vor, welche nach Art. 267 Abs. 1 lit. a AEUV unter anderem auch die Auslegung der Verträge, also folglich auch die Auslegung der Grundfreiheiten, betreffen können. Ein beachtlicher Unterschied zum Entscheidungskontext des EGMR besteht darin, dass dieser grundsätzlich erst nach Erschöpfung des innerstaatlichen Rechtswegs über einen konkreten Einzelfall entscheidet. Er kontrolliert somit ex post, ob im konkreten Fall eine Konventionsverletzung durch einen Mitgliedstaat vorliegt. Im Rahmen des Vorabentscheidungsverfahrens wird dem EuGH, soweit es um die Vereinbarkeit nationaler Maßnahmen mit dem Unionsrecht geht, eine Frage vorgelegt, deren Beantwortung sich auf die Auslegung des Unionsrechts beschränkt. Die Anwendung des ausgelegten Rechts auf den konkreten Einzelfall wird dann an das nationale Gericht zurückgegeben.[517] Zudem wird der EuGH schon eingeschaltet, während sich die potenzielle Unionsrechtsverletzung noch im nationalen Rechtsweg befindet; d. h., zumindest die Perpetuierung einer Verletzung unionsrechtlicher Verpflichtungen[518] durch den Mitgliedstaat kann noch abgewendet werden.

---

516 Ebenso *Sweeney, J. A.* (Fn. 503), S. 35.

517 *Wegener, B.*, Art. 267 AEUV, in: Calliess/Ruffert (Hrsg.), EUV, AEUV (2016), Rn. 6; wobei der EuGH dem nationalen Gericht alle Kriterien mit geben kann, die es dazu befähigen die Vereinbarkeit der fraglichen nationalen Bestimmung mit dem Unionsrecht zu beurteilen.

518 Die Betrachtung hängt davon ab, was man als maßgeblichen Zeitpunkt für die Vertragsverletzung ansieht. Das erstmalige Entstehen des vertragswidrigen Zustands oder die letztinstanzliche Bestätigung dessen im nationalen Rechtsweg. Siehe *Schröder, M.*, Verantwortlichkeit, Völkerstrafrecht, Streitbeilegung und Sanktionen, in: Graf Vitzthum/Proelß (Hrsg.), Völkerrecht (2016), 539, S. 552,

Trotz dieses Unterschieds zwischen Individualbeschwerde und Vorabentscheidungsverfahren gilt es zu beachten, dass sich die gefestigte Rechtsprechung des Gerichtshofs zur Auslegung und Entwicklung der Grundfreiheiten zu einem wesentlichen Teil aus Entscheidungen zusammensetzt, die im Rahmen von Vorabentscheidungsverfahren ergangen sind.[519] Wegen ihrer allgemeinen Bedeutung können diese somit schon nicht außen vor gelassen werden.[520] Zudem hat das Individuum, indem es sein Anliegen mit europarechtlichem Bezug vor nationale Gerichte bringt, spätestens über die Vorlagepflicht nach Art. 267 UAbs. 3 AEUV mittelbar die Möglichkeit, den Gewährleistungsgehalt der Grundfreiheiten, welche seit der Entscheidung van Gend en Loos als subjektive Rechte der Bürger gelten,[521] vom jeweiligen Mitgliedstaat mit Hilfe des EuGH einzufordern. Somit kann auch das Vorabentscheidungsverfahren, wenn auch mittelbarer als die Individualbeschwerde, dazu führen, dass der Einzelne die Geltung der Grundfreiheiten in seinem Mitgliedstaat durchsetzen kann.[522]

b) Das Vertragsverletzungsverfahren

Im Vertragsverletzungsverfahren gemäß Art. 258 AEUV kann die Kommission als Hüterin der Verträge – gemäß Art. 259 AEUV auch ein Mitgliedstaat[523] – den Gerichtshof, nach unterbliebener Stellungnahme, wegen einer mitgliedstaatlichen Vertragsverletzung anrufen. Dieses Verfah-

---

Rn. 22, wonach die Verantwortlichkeit für völkerrechtswidrige, letztinstanzliche Gerichtsurteile besteht, für Handeln der Verwaltung nur unter der Voraussetzung, dass es mit innerstaatlichen Rechtsmitteln nicht mehr angreifbar ist und für Gesetzgebungsakte, sofern der Völkerrechtsverstoß in diesen Akten liegt und nicht erst die Folge einer bestimmten Rechtsanwendung ist.

519 Beispielhaft *EuGH*, Rs. 8/74 (Dassonville) 11.07.1974; *EuGH*, Rs. C-267/91 (Keck und Mithouard) 24.11.1993; *EuGH*, Rs. 120/78 (Cassis de Dijon) 20.02.1979; *EuGH*, Rs. C-415/93 (Bosman) 15.12.1995.

520 Zur zahlenmäßigen Bedeutung des Vorabentscheidungsverfahrens siehe *Gerichtshof der Europäischen Union*, Jahresbericht 2016, S. 92.

521 *EuGH*, Rs. 26/62 (Van Gend en Loos) 05.02.1963, S. 25; *Kingreen, T.* (Fn. 513), Rn. 9.

522 So auch *Wegener, B.* (Fn. 517), Rn. 1, der die überragende Bedeutung des Vorabentscheidungsverfahrens in Ermangelung direkter Klagemöglichkeiten für den Individualrechtsschutz betont.

523 *Cremer, W.*, Art. 259 AEUV, in: Calliess/Ruffert (Hrsg.), EUV, AEUV (2016), Rn. 1 gibt an, dass von dieser Möglichkeit in der Praxis nahezu kein Gebrauch

ren weist insofern Ähnlichkeiten mit der Staatenbeschwerde nach Art. 33 EMRK auf, als auch Mitgliedstaaten ein Vertragsverletzungsverfahren initiieren können und als es dabei um die gerichtliche Feststellung einer potenziellen Verletzung von Unionsrecht durch einen Mitgliedstaat geht, die bereits eingetreten ist.[524] Ebenso wie bei der gerichtlichen Kontrolle durch den EGMR handelt es sich also um eine Ex-post-Kontrolle. Das Vertragsverletzungsverfahren endet, ebenso wie grundsätzlich auch die Beschwerden vor dem EGMR,[525] mit einem Feststellungsurteil über die behauptete Vertragsverletzung.[526] Zudem kommt es auch bei der Staatenbeschwerde, wie im Vertragsverletzungsverfahren, bei dem ein Betroffensein der Kommission nicht erforderlich ist,[527] nicht auf die Opfereigenschaft des beschwerdeführenden Staats an.[528] Auch wenn das Vertragsverletzungsverfahren im Gegensatz zur Individualbeschwerde nicht von den Bürgern initiiert werden kann, können die Urteilswirkungen mittelbar durchaus im Dienst von Privaten stehen.[529] Der prozessuale Kontext der in diesem Rahmen ergangenen Rechtsprechung zu den Grundfreiheiten ist somit ebenfalls grundsätzlich vergleichbar mit dem des EGMR.

4. Zusammenfassung

Anders als die Spielräume, die der EuGH den Mitgliedstaaten bei der Umsetzung von Richtlinien gewährt oder den Unionsorganen bei der Rechtsetzung, können die Spielräume, die der Gerichtshof im Rahmen der Rechtsprechung zu den Grundfreiheiten zubilligt, mit denen des EGMR zu den Konventionsrechten verglichen werden. Sie betreffen zum einen die

---

gemacht werde und dass der Gerichtshof erst viermal im Vertragsverletzungsverfahren nach Art. 259 AEUV entschieden habe.

524 *Cremer, W.*, Art. 258 AEUV, in: Calliess/Ruffert (Hrsg.), EUV, AEUV (2016), Rn. 33, maßgeblicher Zeitpunkt für das Vorliegen einer Vertragsverletzung ist der Ablauf der in der begründeten Stellungnahme gesetzten Frist.

525 *Meyer-Ladewig, J./Brunozzi, K.*, Art. 46 EMRK, in: Meyer-Ladewig/Nettesheim/Von Raumer (Hrsg.), EMRK (2017), Rn. 21.

526 *Frenz, W.*, Handbuch Europarecht – Wirkungen und Rechtsschutz (2010), S. 758, Rn. 2587.

527 *Cremer, W.* (Fn. 524), Rn. 30.

528 *Karpenstein, U./Johann, C.*, Art. 33 EMRK, in: Karpenstein/Mayer (Hrsg.), EMRK (2015), Rn. 1.

529 *Karpenstein, U.*, Art. 258 AEUV, in: Grabitz/Hilf/Nettesheim (Hrsg.), Das Recht der Europäischen Union (2016), Rn. 20.

vertikale Beziehung zwischen Union und Mitgliedstaat bei der Einhaltung der vertraglichen Verpflichtungen; zum anderen weisen die Konventionsrechte und die Grundfreiheiten eine vergleichbare Struktur bzw. einen vergleichbaren Prüfungsaufbau auf.

Zwar ist eine solche strukturelle Vergleichbarkeit der Konventionsrechte auch mit den EU-Grundrechten gegeben, doch gehören diese, anders als die europäischen Grundfreiheiten, nicht seit Anbeginn der europäischen Verträge zum Prüfungsprogramm des Europäischen Gerichtshofs. Die europäischen Grundrechte haben sich eher ‚nebenbei' entwickelt und erst mit der Zeit ihre heutige Bedeutung erlangt. Da das unionale System ursprünglich auf wirtschaftliche Integration als Mittel zur Friedenssicherung in Europa baute, können die Grundfreiheiten, ebenso wie die Menschenrechte der EMRK, von Beginn an als das Herzstück der jeweiligen europäischen Verträge bezeichnet werden.

In Bezug auf den prozessualen Kontext eignet sich die Rechtsprechung des EuGH im Rahmen von Vertragsverletzungsverfahren grundsätzlich wegen ihrer Ähnlichkeit, vor allem zur Staatenbeschwerde, für einen Vergleich. Die Rechtsprechung des EuGH zu den Grundfreiheiten im Rahmen von Vorabentscheidungsverfahren weist diverse Unterschiede im Vergleich zu den Beschwerden vor dem EGMR auf, kann aber aufgrund ihrer Bedeutung für die Entwicklung der Grundfreiheiten und ihrer – auch – individualschützenden Wirkung nicht außer Acht gelassen werden. Sofern sich aufgrund der Unterschiede im prozessualen Kontext Abweichungen bei der Gewährung von mitgliedstaatlichen Spielräumen ergeben, wird dies bei der Formulierung der Ergebnisse berücksichtigt.

Untersuchungsgegenstand des nun folgenden Abschnitts ist somit die Rechtsprechung des EuGH zu den Grundfreiheiten im Rahmen von Vorabentscheidungsverfahren, soweit diese die Vereinbarkeit nationaler Maßnahmen mit dem Unionsrecht betreffen, und im Rahmen von Vertragsverletzungsverfahren. Es gilt zu untersuchen, inwiefern der EuGH in diesem Zusammenhang mitgliedstaatliche Spielräume gewährt. In einem ersten Schritt soll dabei die Rechtsprechung des Gerichtshofs im Hinblick auf die Einräumung von Spielräumen im Zusammenhang mit den einzelnen Rechtfertigungsgründen weitgehend wertungsfrei beschrieben werden, um dem Leser einen Einblick in das Vorgehen des EuGH zu verschaffen. Daran anschließend erfolgt, auf Grundlage der zuvor dargestellten Ergebnisse, der Versuch, eine einheitliche Lehre von Spielräumen im Unionsrecht abzuleiten. Abschließend stellt sich dann die Frage, ob die Einräumung mitgliedstaatlicher Spielräume auf einer rechtlichen Grundlage beruht bzw. ob sich eine dahingehende Praxis mit dem vom Unionsrecht geschaffenen System vereinbaren lässt.

II. Die Warenverkehrsfreiheit

Die Freiheit des Warenverkehrs bezweckt die Öffnung der Märkte für eine unionsweite Warenzirkulation und wird durch drei Kategorien von Vorgaben gewährt: die Verwirklichung der Zollunion gemäß den Artikeln 30 ff. AEUV, das Verbot mengenmäßiger Ein- und Ausfuhrbeschränkungen nach Art. 34–36 AEUV und die Bestimmung zur Umformung staatlicher Handelsmonopole in Art. 37 AEUV,[530] wobei sich die nun folgenden Ausführungen allein auf die Artikel 34–36 AEUV beschränken. Sie kommen nur dann zur Anwendung, wenn kein einschlägiges Sekundärrecht vorliegt, es sich um eine Ware[531] im Sinne des Art. 28 Abs. 2 AEUV handelt und ein Sachverhalt mit grenzüberschreitendem Bezug vorliegt.[532] Neben den mengenmäßigen Beschränkungen fallen auch staatliche Maßnahmen gleicher Wirkung in den Anwendungsbereich. Unter einer Maßnahme gleicher Wirkung versteht der EuGH seit dem Dassonville-Urteil:

> Jede Handelsregelung der Mitgliedstaaten, die geeignet ist, den innergemeinschaftlichen Handelsverkehr mittelbar oder unmittelbar, tatsächlich oder potentiell zu behindern, ist als Maßnahme gleicher Wirkung wie eine mengenmäßige Beschränkung anzusehen.[533]

Da dieses Verständnis nicht nur diskriminierende, sondern auch unterschiedslos geltende Maßnahmen erfasst und sich die Wirtschaftsteilnehmer immer häufiger auf die Warenverkehrsfreiheit beriefen, um jede Regelung zu beanstanden, die sich als Beschränkung ihrer wirtschaftlichen Freiheit erwies, hielt es der Gerichtshof für notwendig, seine Rechtspre-

---

530 *Epiney, A.*, Die Freiheit des Warenverkehrs, in: Ehlers (Hrsg.), Europäische Grundrechte und Grundfreiheiten (2014), 315, Rn. 1 ff.

531 *EuGH*, Rs. 7/68 (Kommission/Italien) 10.12.1968, S. 642: „Unter Waren […] sind Erzeugnisse zu verstehen, die einen Geldwert haben und deshalb Gegenstand von Handelsgeschäften sein können."

532 Nach der hier vertretenen Auffassung kommt es im Rahmen der Warenverkehrsfreiheit nicht auf die Unionsbürgerschaft des Betroffenen an, sondern nur auf die Qualifikation der Ware als Unionsware; ebenso *Epiney, A.* (Fn. 530), Rn. 16; a. A. *Kingreen, T.*, Art. 34-36, in: Calliess/Ruffert (Hrsg.), EUV, AEUV (2011), 681, Rn. 124.

533 *EuGH*, Rs. 8/74 (Dassonville), Rn. 5.

chung zu überprüfen und klarzustellen.[534] Nach der sogenannten Keck-Formel werden seitdem nationale Bestimmungen, die bestimmte Verkaufsmodalitäten beschränken oder verbieten, vom Anwendungsbereich des Art. 34 AEUV ausgeschlossen, sofern sie unterschiedslos gelten und sofern sie den Absatz der inländischen Erzeugnisse und derer aus anderen Mitgliedstaaten rechtlich wie tatsächlich in der gleichen Weise berühren.[535] Mit der Zeit sind weitere Ergänzungen neben die Keck-Formel getreten, um den durch die Dassonville-Formel geschaffenen weiten Anwendungsbereich wieder auszugleichen.[536]

Sofern der Anwendungsbereich der Warenverkehrsfreiheit durch eine staatliche Maßnahme betroffen ist, bleibt dem Mitgliedstaat nur noch die Möglichkeit der Rechtfertigung, um einer Verletzung unionsrechtlicher Verpflichtungen zu entgehen. Im Folgenden wird untersucht, inwiefern der Gerichtshof den Mitgliedstaaten Spielräume einräumt im Zusammenhang mit der Rechtfertigung von Behinderungen der Warenverkehrsfreiheit durch die geschriebenen Rechtfertigungsgründe des Art. 36 Satz 1 AEUV, durch ungeschriebene zwingende Erfordernisse nach der Cassis-Rechtsprechung sowie durch unionsrechtliche Grundrechte.

1. Die Rechtfertigungsgründe des Art. 36 Satz 1 AEUV

In Art. 36 Satz 1 AEUV ist normiert, dass Einfuhr-, Ausfuhr- und Durchfuhrverbote oder -beschränkungen gerechtfertigt werden können aus Gründen der öffentlichen Sittlichkeit, Ordnung und Sicherheit, zum Schutz der Gesundheit und des Lebens von Menschen, Tieren oder Pflanzen, des nationalen Kulturguts von künstlerischem, geschichtlichem oder archäologischem Wert oder des gewerblichen und kommerziellen Eigentums. Diese geschriebenen Rechtfertigungsgründe sind anwendbar auf alle Arten von staatlichen Maßnahmen, die den Anwendungsbereich von Art. 34 bzw. Art. 35 AEUV eröffnen.[537] Der Katalog der Rechtfertigungs-

---

534 *EuGH*, Rs. C-267/91 (Keck und Mithouard), Rn. 14.

535 *EuGH*, Rs. C-267/91 (Keck und Mithouard), Rn. 16 f.

536 Ausführlich dazu *Kingreen, T.* (Fn. 532), der unter dem Titel „Verfeinerungen und Ergänzungen" auf das Marktzugangskriterium und die Relevanzregel abstellt, Rn. 51 ff.

537 *Pache, E.*, § 10 Grundfreiheiten, in: Schulze/Zuleeg/Kadelbach (Hrsg.), Europarecht (2015), 419, Rn. 79.

gründe ist abschließend und sie sind als Ausnahmen zum Grundsatz des freien Warenverkehrs eng auszulegen;[538] insbesondere soll Art. 36 AEUV nicht bestimmte Sachgebiete der ausschließlichen Zuständigkeit der Mitgliedstaaten vorbehalten.[539] Es handelt sich bei den Rechtfertigungsgründen zudem um autonome Begriffe des Unionsrechts, weswegen ihre Auslegung nach unionalen Maßgaben erfolgt.[540] Die Rechtfertigungsgründe werden im Folgenden nach der Reihenfolge ihrer Aufzählung in Art. 36 Satz 1 AEUV untersucht.

a) Rechtfertigung aus Gründen der öffentlichen Sittlichkeit

Im Jahr 1979 sah sich der Gerichtshof erstmals[541] im Rahmen eines Vorabentscheidungsersuchens des britischen House of Lords mit der Auslegung des in Art. 36 EWG normierten Rechtfertigungsgrunds der öffentlichen Sittlichkeit konfrontiert. Die beiden Rechtsmittelführer des Ausgangsverfahrens, die Herren Henn und Darby, wurden im Vereinigten Königreich wegen mehrerer Rechtsverstöße zu Freiheitsstrafen von jeweils mehr als einem Jahr verurteilt. Für die Vorlage des House of Lords an den Gerichtshof war nur eine der begangenen Straftaten relevant, nämlich der vorsätzliche Verstoß gegen das britische Verbot der Einfuhr anstößiger und unzüchtiger Artikel. Konkret hatten die Beschwerdeführer diverse pornografische Filme und Hefte mit zum Teil pädophilen, gewalttätigen und anderweitig perversen Inhalten in das Vereinigte Königreich eingeführt und dort vertrieben.[542] Neben der Frage, ob das Verbot der Einfuhr pornografischer Inhalte den Anwendungsbereich von Art. 30 EWG[543] eröffne, wurde unter anderem auch die Frage vorgelegt, ob Art. 36 Satz 1 EWG[544] nach

538 *EuGH*, Rs. 46/76 (Bauhuis) 25.01.1977, Rn. 12/15.

539 *EuGH*, Rs. 35/76 (Simmenthal) 12.07.1979, Rn. 23/24.

540 *Pache, E.* (Fn. 537), Rn. 79.

541 Siehe auch *GA Warner* (Schlussantrag zu EuGH, Rs. 34/79) 25.10.1979, S. 3818, der betont, dass sich der Gerichtshof in dieser Sache nicht nur erstmals mit der Auslegung der Begriffs der „öffentlichen Sittlichkeit" konfrontiert sah, sondern, dass sie die erste war, die durch das House of Lords an den Gerichtshof gelangte.

542 Siehe *GA Warner* (Schlussantrag zu EuGH, Rs. 34/79); *GA Warner* (Schlussantrag zu EuGH, Rs. 34/79), S. 3818 f. und *EuGH*, Rs. 34/79 (Henn and Darby) 14.12.1979, S. 3797 ff.

543 Art. 34 AEUV.

544 Art. 36 AEUV.

richtiger Auslegung bedeute, dass ein Mitgliedstaat im Sinne seines Rechts die Einfuhr von Waren anstößigen und unzüchtigen Charakters aus einem anderen Mitgliedstaat rechtmäßig verbieten könne.[545]

Nachdem der Gerichtshof bestätigt hatte, dass Rechtsvorschriften der vorliegenden Art eine mengenmäßige Einfuhrbeschränkung im Sinne von Art. 30 EWG darstellen würden,[546] wandte er sich dem Begriff der öffentlichen Sittlichkeit[547] zu, welcher im Vertrag nicht weiter definiert war, und führte diesbezüglich aus:

> Grundsätzlich ist es Sache jedes Mitgliedstaats, den Begriff der öffentlichen Sittlichkeit für sein Gebiet im Einklang mit seiner eigenen Wertordnung und in der von ihm gewählten Form auszufüllen. [...] Auf die zweite und dritte Frage ist daher zu antworten, daß Artikel 36 Satz 1 dahin gehend auszulegen ist, daß ein Mitgliedstaat Einfuhren aus jedem anderen Mitgliedstaat grundsätzlich rechtmäßig verbieten kann, wenn die eingeführten Gegenstände im Sinne seines innerstaatlichen Rechts anstößigen oder unzüchtigen Charakter besitzen.[548]

Weiterhin galt es noch zu klären, ob das strikte Einfuhrverbot, wegen gewisser Unterschiede zu anderen, weniger strengen und themenverwandten Rechtsvorschriften, gegen Art. 36 Satz 2 EWG verstößt. Demnach darf das Einfuhrverbot weder ein Mittel zur willkürlichen Diskriminierung noch eine verschleierte Beschränkung des Handels zwischen den Mitgliedstaaten darstellen. Der Gerichtshof befand, dass dies nicht der Fall sei, wenn im Inneren des betreffenden Mitgliedstaats kein rechtmäßiger Handel mit solchen Waren stattfinde.[549]

---

545 *EuGH*, Rs. 34/79 (Henn and Darby), S. 3800 mit noch weiteren Vorabentscheidungsfragen.

546 *EuGH*, Rs. 34/79 (Henn and Darby), Rn. 13

547 Der Rechtfertigungsgrund der „öffentlichen Ordnung" wurde vom Gerichtshof nicht erwähnt, was vermutlich entsprechend den Ausführungen des GA damit zusammenhängt, dass die öffentliche Sittlichkeit als speziellerer Rechtfertigungsgrund angesehen wurde, siehe *GA Warner* (Schlussantrag zu EuGH, Rs. 34/79), S. 3825.

548 *EuGH*, Rs. 34/79 (Henn and Darby), Rn. 15 ff.

549 *EuGH*, Rs. 34/79 (Henn and Darby), Rn. 19 ff.

(1) Die Ausführungen des Generalanwalts

Während der Gerichtshof im Urteil Henn und Darby seine Ausführungen zur Auslegung des Rechtfertigungsgrunds der öffentlichen Sittlichkeit nicht weiter begründete, setzte sich der Generalanwalt Jean-Pierre Warner in seinen Schlussanträgen wortreicher mit dem Begriff der „öffentlichen Sittlichkeit“ und seiner Auslegung auseinander. Zu Beginn führte er aus, dass der Begriff der „öffentlichen Sittlichkeit“, im Gegensatz zu Maßnahmen zum Schutz von Verbrauchern oder zum Schutz von Gesundheit und Leben, keiner objektiven Beurteilung und keiner für die ganze Gemeinschaft geltenden Definition zugänglich sei. Die Feststellung seines Aussagegehalts sei eine Frage persönlicher Anschauungen und nicht fachmännischer Begutachtung. Der Generalanwalt verwies daraufhin auf die Rechtsprechung des EGMR, und zwar auf die entscheidenden Randnummern zur Begründung einer mitgliedstaatlichen margin of appreciation im Handyside-Fall. Er empfahl, die dort angestellten Überlegungen bei der Entscheidung über die richtige Auslegung der Worte „aus Gründen der öffentlichen Sittlichkeit … gerechtfertigt“ unterstützend heranzuziehen.[550]

In Bezug auf die konkrete Vorlagefrage, ob und wie Art. 36 S. 1 EWG auszulegen sei und ob es danach möglich wäre, die Einfuhr von Waren aus den oben genannten Gründen zu verbieten, begann der Generalanwalt mit einigen allgemeinen Anmerkungen und betonte unter anderem, dass die Rechtfertigungsgründe des Art. 36 Satz 1 EWG eng auszulegen seien. Dann verwies er auf die Rechtsprechung des Gerichtshofs, wonach Art. 36 EWG nicht bestimmte Sachgebiete der ausschließlichen Zuständigkeit der Mitgliedstaaten vorbehalte. Daraus schloss er, dass es nicht im freien Ermessen der Mitgliedstaaten stehe, Verbote oder Beschränkungen aus Gründen der öffentlichen Sittlichkeit zu erlassen. Wie jedoch der EGMR im Handyside-Urteil ausgeführt habe, würden die Vorstellungen von den Anforderungen der öffentlichen Sittlichkeit nach Zeit und Land wechseln, sodass den Mitgliedstaaten auf diesem Gebiet ein gewisses Ermessen zugestanden werden müsse. Der Generalanwalt verwies zudem auf die Übertragbarkeit der Rechtsprechung des eigenen Gerichtshofs zum Rechtfertigungsgrund aus Gründen der öffentlichen Ordnung in der Sache Van Duyn und der Sache Bouchereau, wonach die besonderen Umstände, die die Berufung auf den Rechtfertigungsgrund begründen, von Land zu Land und

---

550 *GA Warner* (Schlussantrag zu EuGH, Rs. 34/79), S. 3821 f.

im zeitlichen Wechsel verschieden seien, sodass den zuständigen innerstaatlichen Behörden ein Beurteilungsspielraum zuzubilligen sei.[551]

(2) Weitere Entwicklung der Rechtsprechung

Sieben Jahre nach dem Urteil in der Rechtssache Henn und Darby erreichte den Gerichtshof ein Vorabentscheidungsersuchen des britischen High Court in einer vergleichbaren Angelegenheit. Im Ausgangsverfahren zur Rechtssache Conegate ging es überwiegend um die Einziehung aufblasbarer Gummipuppen sexueller Machart, welche die Rechtsmittelführer des Ausgangsverfahrens unter falscher Deklaration nach Großbritannien einführen wollten. In Rede standen nationale Regelungen, nach denen die Einfuhr anstößiger und unzüchtiger Waren verboten war. Im Wesentlichen ging es, wie der Generalanwalt zusammenfasste, um die Frage der Anwendbarkeit von Art. 36 EWG in der Auslegung, die ihm der Gerichtshof in seinem Urteil in der Sache Henn und Darby gegeben hatte.[552] Der Generalanwalt rezipierte die Auslegung des Gerichtshofs zum Rechtfertigungsgrund der öffentlichen Sittlichkeit wie folgt:

> Für die Entscheidung der ersten Frage geht aus dem Urteil des Gerichtshofes in der Rechtssache Henn und Darby klar hervor, daß es beim gegenwärtigen Stand des Gemeinschaftsrechts Sache der Mitgliedstaaten ist, ihre eigenen Maßstäbe für die öffentliche Sittlichkeit zu setzen und ihre Rechtsvorschriften danach auszurichten, selbst wenn im Ergebnis die Rechtsvorschriften eines Mitgliedstaates strenger sind als diejenigen anderer Mitgliedstaaten, da die Ansichten von Ort zu Ort und natürlich von Zeit zu Zeit verschieden sind.[553]

Auch wenn es nach Ansicht des Generalanwalts evident sei, dass Einschränkungen oder Verbote von unzüchtigen oder anstößigen Veröffentlichungen, Gegenständen oder Betätigungen aus Gründen der öffentlichen Sittlichkeit gerechtfertigt sein könnten, gelte es dennoch zu bedenken, dass die in Art. 36 EWG genannten Gründe eng auszulegen seien und dass es Sache des jeweiligen Mitgliedstaats sei, ein Verbot zu rechtfertigen, auf

---

551 *GA Warner* (Schlussantrag zu EuGH, Rs. 34/79), S. 3828; die Rechtsprechung des Gerichtshofs zur „öffentlichen Ordnung“ in der Sache Van Duyn und in der Sache Bouchereau wird an späterer Stelle ausführlich behandelt, siehe Punkt III. /1. /a.

552 *GA Slynn* (Schlussantrag zu EuGH, Rs. 121/85) 21.01.1986, S. 1008 ff.

553 *GA Slynn* (Schlussantrag zu EuGH, Rs. 121/85), S. 1010.

das er sich beruft. Für die Rechtfertigung aus Gründen der öffentlichen Sittlichkeit bedeute dies, dass ein Mitgliedstaat, auch wenn er berechtigt sei, seine eigenen Maßstäbe zu setzen, ein Einfuhrverbot im Lichte der herrschenden Umstände und anhand der Maßstäbe rechtfertigen müsse, die auch in seinem eigenen Hoheitsgebiet gelten.[554]

Der Gerichtshof selbst zitierte zur Auslegung des Rechtfertigungsgrunds aus Gründen der öffentlichen Sittlichkeit die im Urteil Henn und Darby entsprechende Passage und führte dann aus:

> Obwohl es das Gemeinschaftsrecht den Mitgliedstaaten freistellt, die Anstößigkeit oder Unsittlichkeit bestimmter Gegenstände nach ihren eigenen Maßstäben zu beurteilen, kann doch die ärgerniserregende Wirkung einer Ware dann nicht als hinreichend schwerwiegend betrachtet werden, um Beschränkungen des freien Warenverkehrs zu rechtfertigen, wenn der betreffende Mitgliedstaat gegenüber den gleichen Waren, die in seinem Hoheitsgebiet hergestellt oder vermarktet werden, keine strafrechtlichen oder sonstigen ernsthaften und wirksamen Maßnahmen zur Verhinderung ihres Vertriebs in seinem Hoheitsgebiet ergreift.[555]

Der Gerichtshof hielt demzufolge in der Sache Conegate an seinen Ausführungen zum Begriff „öffentliche Sittlichkeit" aus dem Urteil Henn und Darby fest und bestätigte, dass den Mitgliedstaaten die Ausfüllung des Begriffs obliege. Er fügte aber hinzu, dass sich ein Mitgliedstaat nicht auf Art. 36 EWG berufen könne, wenn die gleichen Waren in seinem Hoheitsgebiet hergestellt und weitgehend unbeschränkt vermarktet werden dürfen.[556]

In der Rechtssache Compassion in World Farming aus dem Jahr 1998 setzte sich der Gerichtshof mit der Frage auseinander, ob ein Mitgliedstaat unter Berufung auf Art. 36 EWG die Ausfuhr von Kälbern in andere Mitgliedstaaten aus Gründen der öffentlichen Ordnung oder der öffentlichen Sittlichkeit beschränken könne, um so das Halten von Kälbern in Kälberverschlagssystemen im Importland zu verhindern. In der Sache ging es folglich um die Haltung von lebenden Tieren in Kälberverschlagssystemen, was in Großbritannien verboten war. In einigen Exportländern war diese Art der Haltung jedoch erlaubt und sie stand auch der dazu bestehenden Harmonisierungsrichtlinie insoweit nicht entgegen.[557] Die im Aus-

554 Ibid.

555 *EuGH*, Rs. 121/85 (Conegate) 11.03.1986, Rn. 14 f.

556 *EuGH*, Rs. 121/85 (Conegate), Rn. 20.

557 *EuGH*, Rs. C-1/96 (Compassion in World Farming) 19.03.1998, Rn. 22 ff.

gangsverfahren klagenden Tierschutzorganisationen zogen zur Rechtfertigung eines Exportverbots oder anderweitiger Beschränkungen den Schutz der öffentlichen Ordnung und Sittlichkeit heran. Sie beriefen sich diesbezüglich auf den Standpunkt und die Reaktionen eines Teils der Öffentlichkeit, wonach die Richtlinie die Gesundheit der Tiere nicht angemessen schütze. Der Gerichtshof erkannte darin, dass es in Wirklichkeit gar nicht um den Schutz der öffentlichen Ordnung und Sittlichkeit ginge, der nicht Gegenstand der einschlägigen Richtlinie war, sondern vielmehr um den bereits harmonisierten Schutz der Gesundheit der Tiere. Damit war eine Rechtfertigung nach Art. 36 EWG ausgeschlossen; er fügte dem jedoch noch hinzu:

> Im übrigen kann sich ein Mitgliedstaat nicht auf den Standpunkt oder das Verhalten eines Teils der nationalen öffentlichen Meinung stützen, wie sie die CIWF geltend macht, um eine von den Gemeinschaftsorganen erlassene Harmonisierungsmaßnahme einseitig in Frage zu stellen.[558]

Der Aussage des Gerichtshofs wird entnommen, dass das bloße Berufen auf das Bestehen einer öffentlichen Meinung nicht ausreichend sei für eine Rechtfertigung, sondern dass Wertvorstellungen der Bevölkerung vielmehr eines normativen Niederschlags bedürfen.[559]

Während sich der Gerichtshof auch in diesem Urteil nicht vertieft mit der Auslegung des Merkmals der öffentlichen Sittlichkeit auseinandersetzte, tat dies der Generalanwalt Léger in seinen Schlussanträgen und führte aus:

> Gleichwohl unterscheidet sich der Begriff der öffentlichen Sittlichkeit inhaltlich je nach Mitgliedstaat, Zeit und soziokulturellen Besonderheiten der Mitgliedstaaten. Außerdem ist es nicht Aufgabe des Gerichtshofes, über die Werte zu entscheiden, die die öffentliche Sittlichkeit eines Mitgliedstaats ausmachen und ihm daher eigentümlich sind. Daher erscheint erforderlich, daß den nationalen Stellen ein ausreichender Spielraum verbleibt, um in den Schranken des EG-Vertrags festzulegen, welche Erfordernisse sich aus der öffentlichen Sittlichkeit ergeben.[560]

---

558 *EuGH*, Rs. C-1/96 (Compassion in World Farming), Rn. 65 f.; Zitat in Rn. 67.

559 *Kingreen, T.* (Fn. 513), Rn. 196.

560 *GA Léger* (Schlussantrag zu EuGH, Rs. C-1/96) 15.07.1997, Rn. 102; einhergehend mit einer inhaltlichen Mindestkontrolle, siehe Rn. 101.

(3) Schlussfolgerung

Die dargestellten Urteile zeigen, dass die Rechtfertigungsmöglichkeit aus Gründen der öffentlichen Sittlichkeit vom Gerichtshof bisher nur in besonders drastischen Fällen diskutiert wurde, nämlich in solchen, die einen sexuellen Bezug aufwiesen und sich dabei im Bereich des Obszönen bewegten. Die Schlussfolgerung, dass der Rechtfertigungsgrund nur für solche Sachverhaltskonstellationen fruchtbar gemacht werden kann, lässt sich zusätzlich abstützen durch den Ansatz des Generalanwalts Mengozzi in der Rechtssache Dynamic Medien. Dieser wollte unter anderem die Rechtsprechung zur öffentlichen Sittlichkeit auf die Rechtfertigung von Jugendschutzkontrollen in Bezug auf den Vertrieb jugendgefährdender Medien über einen Online-Versandhandel übertragen,[561] was vom Gerichtshof jedoch nicht übernommen wurde.[562] Es bleibt zudem festzuhalten, dass der Gerichtshof zwar ausgedrückt hat, dass es grundsätzlich Sache der Mitgliedstaaten sei, den Begriff der „öffentlichen Sittlichkeit" nach eigenen Wertmaßstäben und in der von ihnen gewählten Form auszufüllen, dass er dies jedoch nicht begründete. Zudem ist zu berücksichtigen, dass der Gerichtshof selbst weder von einem Beurteilungsspielraum noch von mitgliedstaatlichem Ermessen spricht. Ebenso wenig macht er explizite Ausführungen zum Umfang seiner Kontrolldichte, die mit einer mitgliedstaatlichen Ausfüllung des Begriffs „öffentliche Sittlichkeit" einhergehen soll.

Die Ausführungen der Generalanwälte waren diesbezüglich umfangreicher. Zwar sprachen auch sie im Zusammenhang mit der Auslegung des Rechtfertigungsgrunds der öffentlichen Sittlichkeit nicht wortwörtlich von einer mitgliedstaatlichen margin of appreciation, aber sie erwähnten ausdrücklich, dass den Mitgliedstaaten „discretion" bzw. „pouvoir d'appréciation" zustehe.[563] Zudem machten sich die Generalanwälte die Mühe, zu

561 *GA Mengozzi* (Schlussantrag zu EuGH, Rs. C-244/06) 13.09.2007; Rn. 81.

562 *EuGH*, Rs. C-244/06 (Dynamic Medien) 14.02.2008, Rn. 41; der EuGH hat den Jugendschutz als legitimes Rechtfertigungsziel nicht über den Rechtfertigungsgrund der öffentlichen Sittlichkeit hergeleitet, sondern aus den Grundrechten, weshalb die Entscheidung und die in ihr enthaltene Gewährung von mitgliedstaatlichen Spielräumen im Zusammenhang mit der Rechtfertigung durch Grundrechte ausführlicher besprochen wird.

563 *GA Warner* (Schlussantrag zu EuGH, Rs. 34/79), S. 3828 und 3834; *GA Léger* (Schlussantrag zu EuGH, Rs. C-1/96), Rn. 102; in den jeweiligen Verfahrenssprachen, bei denen es sich um die authentischen Sprachfassungen handelt, siehe dazu *Hilpold*, P., Das Sprachenregime der Europäischen Union; S. 55.

begründen, warum es Sache der Mitgliedstaaten sei, den Begriff der „öffentlichen Sittlichkeit" auszufüllen, und sie äußerten sich ebenso explizit zum Umfang der Kontrolldichte des Gerichtshofs, indem sie unter anderem ausführten, dass es sich nicht um ein uneingeschränktes Ermessen handeln könne. Doch auch wenn den Urteilen Henn und Darby sowie Conegate keine derart expliziten Aussagen des Gerichtshofs diesbezüglich entnommen werden können, so beinhalten sie doch implizite Aussagen.

Zum einen ist den Urteilen zu entnehmen, dass den Mitgliedstaaten bei der Auslegung des Rechtfertigungsgrunds der öffentlichen Sittlichkeit ein Spielraum zusteht.[564] Wenn nämlich Art. 36 Satz 1 EWG dahingehend auszulegen ist, dass ein Mitgliedstaat die Einfuhr von Gegenständen verbieten kann, die im Sinne seines innerstaatlichen Rechts anstößigen oder unzüchtigen Charakter besitzen, und es Sache jedes Mitgliedstaats ist, den Begriff der öffentlichen Sittlichkeit für sein Gebiet im Einklang mit seiner eigenen Wertordnung und in der von ihm gewählten Form auszufüllen, bedeutet dies nichts anderes, als dass den Mitgliedstaaten ein Spielraum zugestanden wird.[565] Dieser Spielraum bedeutet jedoch nicht, dass der Gerichtshof auf seine Prüfungskompetenz in derartigen Angelegenheiten gänzlich verzichtet; sie wird vielmehr nur reduziert. Im Urteil Henn und Darby führte er im Rahmen der Prüfung von Art. 36 Satz 2 EWG noch aus, dass im Inneren des betreffenden Mitgliedstaats kein rechtmäßiger Handel mit solchen Waren stattfinden dürfe, deren Einfuhr aus Gründen der öffentlichen Sittlichkeit verboten sei.[566] In der Sache Conegate machte der Gerichtshof deutlich, dass es den Mitgliedstaaten zwar überlassen sei, die Anstößigkeit und Unsittlichkeit bestimmter Waren nach ihren eigenen Maßstäben zu beurteilen, dass die Ärgernis erregende Wirkung einer Ware jedoch dann nicht als hinreichend schwerwiegend betrachtet werden könne, wenn der betreffende Mitgliedstaat gegen die gleichen Waren, die in seinem Hoheitsgebiet hergestellt und vermarktet würden, nicht vorgehe.[567] Auch wenn der Gerichtshof dies einmal im Rahmen von Art. 36 S. 2 EWG

---

564 Ebenso *Sweeney, J. A.* (Fn. 503), S. 32 f.

565 *Frischhut, M.*, "EU": Short for "Ethical" Union? The Role of Ethics in European Union Law, Zeitschrift für ausländisches öffentliches Recht und Völkerrecht 2015, 531, S. 542 f. schreibt: „In a manner of 'judicial self-restraint' the definition was therefore left to the Member States, as the ECJ did not want to enter this 'slippery path', […]."

566 *EuGH*, Rs. 34/79 (Henn and Darby), Rn. 22.

567 *EuGH*, Rs. 121/85 (Conegate), Rn. 15.

ansprach und ein anderes Mal im Zusammenhang mit der Auslegung des Rechtfertigungsgrunds, sind diese Erwägungen doch auch Ausdruck einer Verhältnismäßigkeitsprüfung.[568]

Das bedeutet, auch wenn die Mitgliedstaaten selbst beurteilen können, was in ihrem Land von der öffentlichen Sittlichkeit umfasst ist und wie diese zu schützen ist, muss das nationale Schutzkonzept in sich schlüssig sein. Während der Gerichtshof also die Bestimmung des Schutzniveaus und des Schutzkonzepts den Mitgliedstaaten überlässt, überprüft er die Verhältnismäßigkeit der Schutzmaßnahmen am Maßstab des vom Mitgliedstaat gewählten Konzepts.[569]

b) Rechtfertigung aus Gründen der öffentlichen Ordnung

Nach der Rechtfertigungsmöglichkeit aus Gründen der öffentlichen Sittlichkeit folgt in Art. 36 S. 1 AEUV der Rechtfertigungsgrund der öffentlichen Ordnung. In der Sache Thompson aus dem Jahr 1978 musste sich der Gerichtshof mit Fragen des Court of Appeal of England and Wales befassen, die das Verbot der Einfuhr von Goldmünzen in das Vereinigte Königreich und das Verbot der Ausfuhr von vor dem Jahr 1947 geprägten Münzen aus Silberlegierung aus dem Vereinigten Königreich betrafen.[570] Die Regierung machte für den Fall, dass die Bestimmungen des freien Warenverkehrs auf einen Teil der Münzen Anwendung fänden, geltend, dass der Begriff der öffentlichen Ordnung je nach Land und Zeitpunkt unterschiedlich sein könne. Daher sei es nötig, den zuständigen nationalen Behörden auf diesem Gebiet, innerhalb der Grenzen des Vertrags, einen Ermessens-

568 Genauer gesagt einer Kohärenzprüfung. Inwiefern Art. 36 S. 2 neben dem Grundsatz der Verhältnismäßigkeit eine eigenständige Bedeutung hat, ist umstritten, siehe *Kingreen, T.* (Fn. 513), Rn. 101 f. mit weiteren Nachweisen und dem Hinweis darauf, dass der EuGH Art. 36 S. 2 meist keine eigenständige Bedeutung neben dem Verhältnismäßigkeitsgrundsatz beimesse; allgemein anerkannt ist jedoch, dass in den meisten Fällen, in denen ein Verstoß gegen Art. 36 S. 2 vorliegt, auch keine Verhältnismäßigkeit gegeben ist, siehe *Frenz, W.* (Fn. 506), Rn. 1227; GA Warner ging davon aus, dass eine willkürliche Diskriminierung nach Art. 36 Satz 2 EWG nicht vorliege, soweit die Maßnahmen vernünftig bzw. verhältnismäßig seien, *GA Warner* (Schlussantrag zu EuGH, Rs. 34/79), S. 3830 f.

569 Ebenso *Schroeder, W.*, Art. 36 AEUV, in: Streinz (Hrsg.), EUV/AEUV (2012), Rn. 10.

570 *EuGH*, Rs. 7/78 (Thompson) 23.11.1978, Rn. 2 f.

spielraum einzuräumen. Zudem solle der Gerichtshof, um eine gewisse Flexibilität des Rechtfertigungsgrunds zu erhalten, keine allgemeinen Regeln aufstellen, sondern sich vorbehalten, jeden Einzelfall zu gegebener Zeit im Lichte der Ziele des Vertrags zu erörtern.[571] Auch die Kommission billigte den Mitgliedstaaten im Zusammenhang mit dem Rechtfertigungsgrund der öffentlichen Ordnung einen Beurteilungsspielraum zu, machte jedoch einschränkende Ausführungen zu den damit einhergehenden Kontrollanforderungen:

> Die Reichweite des Begriffs der „öffentlichen Ordnung" im Sinne von Artikel 36 könne, so meint die Kommission, ebensowenig von jedem Mitgliedstaat einseitig ohne Nachprüfung durch die Organe der Gemeinschaft bestimmt werden, wie der Anwendungsbereich dieses Begriffes im Sinne von Artikel 48 Absatz 3 des Vertrages, obwohl die besonderen Umstände, die möglicherweise die Berufung auf den Begriff der öffentlichen Ordnung rechtfertigten, von Land zu Land verschieden sein könnten, so daß den zuständigen innerstaatlichen Behörden ein Beurteilungsspielraum innerhalb der durch den Vertrag gesetzten Grenzen zuzubilligen sei. Die Berufung einer nationalen Behörde auf den Begriff der öffentlichen Ordnung setze jedoch, selbst wenn er Beschränkungen des freien Warenverkehrs rechtfertigen könne, jedenfalls voraus, daß eine tatsächliche und hinreichend schwere Gefährdung der Erfordernisse der öffentlichen Ordnung vorliege, die ein Grundinteresse der Gesellschaft berühre, ebenso wie die Berufung auf diesen Begriff solche Erwägungen im Zusammenhang des Artikels 48 Absatz 3 des Vertrages voraussetzen würde.[572]

Aus den Ausführungen der Regierung des Vereinigten Königreichs und der Kommission wird deutlich, dass sie sich auf die Rechtsprechung des EuGH zur Auslegung des Begriffs der „öffentlichen Ordnung" im Zusammenhang mit der Arbeitnehmerfreizügigkeit beziehen, in welcher der Gerichtshof den Mitgliedstaaten ausdrücklich Spielräume zugestanden hat.[573] Erwähnenswert ist an dieser Stelle jedoch, dass dabei weder die Regierung des Vereinigten Königreichs noch die Kommission den Begriff „margin of appreciation" verwendeten, auch wenn die deutsche Übersetzung dies suggerieren mag. Beide benutzten im Englischen, der Verfahrenssprache des vorliegenden Falls, die Formulierungen „discretion" bzw. „an area of discretion".[574] Inwiefern auch der Gerichtshof bei der Rechtfertigung von

571 *EuGH*, Rs. 7/78 (Thompson), S. 2260.

572 *EuGH*, Rs. 7/78 (Thompson), S. 2267.

573 Siehe die diesbezüglich relevanten Fälle unter Punkt III. /1. /a.

574 *EuGH*, Rs. 7/78 (Thompson) in der englischsprachigen Fassung, auf den Seiten 2259 und 2267, 2269 und 2266.

Behinderungen der Warenverkehrsfreiheit aus Gründen der öffentlichen Ordnung explizit Beurteilungsspielräume zusprechen würde, blieb abzuwarten.

Der Gerichtshof stellte in der Sache Thompson zuerst fest, dass es sich nur bei den Münzen aus Silberlegierung, die in der Vergangenheit gesetzliches Zahlungsmittel gewesen waren, um Waren und nicht um Zahlungsmittel handele. Ein Ausfuhrverbot für solche Münzen, die einzuschmelzen oder sonst zu zerstören im Inland verboten war, konnte nach Ansicht des Gerichtshofs aus Gründen der öffentlichen Ordnung nach Art. 36 EWG gerechtfertigt werden. Dies begründete er damit, dass es Sache der Mitgliedstaaten sei, ihre eigenen Münzen zu prägen und sie gegen Zerstörung zu schützen. Ein Ausfuhrverbot mit dem Ziel, zu verhindern, dass die Münzen in einem anderen Mitgliedstaat eingeschmolzen oder zerstört würden, sei aus Gründen der öffentlichen Ordnung gerechtfertigt, da es dem Schutz des Münzrechts diene, das herkömmlich als wesentliches Interesse des Staats betrachtet werde.[575]

(1) Weitere Entwicklung

In nachfolgenden Entscheidungen war der Gerichtshof noch zurückhaltender hinsichtlich der Auslegung des Begriffs der „öffentlichen Ordnung" und damit möglicherweise einhergehender kontrollreduzierter Beurteilungsspielräume der Mitgliedstaaten. In der Sache Cullet führte er nur aus, dass ein Mitgliedstaat, der bei einer Änderung seiner europarechtswidrigen Rechtslage mit heftigen Reaktionen der Betroffenen und deswegen mit einer Störung der öffentlichen Ordnung und Sicherheit rechne, darlegen müsse, dass er den potenziellen Folgen für die öffentliche Ordnung und Sicherheit, trotz der ihm zur Verfügung stehenden Mittel, nicht gewachsen wäre.[576] In einem Vertragsverletzungsverfahren der Kommission gegen Italien ging es um eine nationale Regelung zur Zulassung importierter Fahrzeuge. Die Regelung gestalte die Zulassung nach Ansicht des Gerichtshofs komplizierter, langwieriger und kostspieliger als nach der alten Rechtslage und behindere somit die Paralleleinfuhr von Kraftfahrzeugen aus anderen Mitgliedstaaten.[577] Die italienische Regierung berief sich zur

575 *EuGH*, Rs. 7/78 (Thompson), Rn. 30 ff.
576 *EuGH*, Rs. 231/83 (Cullet) 29.01.1985, Rn. 32 f.
577 *EuGH*, Rs. 154/85 (Kommission/Italien) 17.06.1987, Rn. 12.

Rechtfertigung der nationalen Regelung auf Gründe der öffentlichen Ordnung, da durch die so geschaffenen Hindernisse die Zulassung gestohlener Fahrzeuge verhindert werden solle. Der Gerichtshof wies diesen Rechtfertigungsversuch zurück und machte geltend, dass sich weder aus den Akten noch aus der mündlichen Verhandlung ergebe, dass die Regelung für die Aufklärung von Autodiebstählen als erforderlich angesehen werden könne. Nach Ansicht des Gerichtshofs gebe es weniger belastende Maßnahmen, wie beispielsweise eine entsprechende Kontrolle der Fahrgestellnummer.[578]

(2) Die Aufstände französischer Landwirte

Im Dezember 1997 hatte der Gerichtshof über ein Vertragsverletzungsverfahren zu entscheiden, das die Kommission gegen Frankreich einleitete, nachdem seit mehr als zehn Jahren wiederholt Gewalttaten durch französische Privatleute und Bewegungen von französischen Landwirten gegen landwirtschaftliche Erzeugnisse aus anderen Mitgliedstaaten verübt worden waren.[579] Die Besonderheit dieses Verfahrens bestand darin, dass die Kommission dem Mitgliedstaat Frankreich vorwarf, gegen Gemeinschaftsrecht verstoßen zu haben, indem nicht alle erforderlichen und angemessenen Maßnahmen ergriffen worden seien, um die Beeinträchtigung des Warenverkehrs durch Handlungen von Privatpersonen zu verhindern.[580] Es ging folglich nicht um eine mitgliedstaatliche Handlung, die gegen den Grundsatz des freien Warenverkehrs verstoßen hätte, sondern um ein mitgliedstaatliches Unterlassen.

Bevor der Gerichtshof in die konkrete Prüfung des Falls einstieg, machte er vorab allgemeine Ausführungen. Er betonte die Wichtigkeit der Warenverkehrsfreiheit für die Verwirklichung des Binnenmarkts und stellte klar, dass Art. 30 EWG nicht nur handelshemmende Handlungen der Mitgliedstaaten untersage, sondern sie in Verbindung mit Art. 5 EWG[581] auch dazu verpflichte, alle erforderlichen und geeigneten Maßnahmen zu er-

578 *EuGH*, Rs. 154/85 (Kommission/Italien), Rn. 13 f.

579 *EuGH*, Rs. C-265/95 (Kommission/Frankreich) 09.12.1997, Rn. 5, 7, 38: Zerstörungen von Waren und Fahrzeugen, Angriffe auf LKW-Fahrer, Drohungen gegen Vermarkter und Abnehmer.

580 *EuGH*, Rs. C-265/95 (Kommission/Frankreich), Rn. 1.

581 Heute Art. 4 Abs. 3 EUV.

greifen, um in ihrem Gebiet die Beachtung dieser Grundfreiheit sicherzustellen.[582] Weiter führte der Gerichtshof aus, dass es dabei sicherlich im Ermessen (Verfahrenssprache: „marge d'appréciation") der Mitgliedstaaten stehe, die allein für die Aufrechterhaltung der öffentlichen Sicherheit und Ordnung zuständig geblieben seien, zu entscheiden, welche Maßnahmen in einer bestimmten Situation am geeignetsten seien, um Beeinträchtigungen der Einfuhr zu beseitigen. Es sei daher nicht Sache der Gemeinschaftsorgane, sich an die Stelle der Mitgliedstaaten zu setzen und ihnen vorzuschreiben, welche Maßnahmen sie erlassen und tatsächlich anwenden müssten, um den freien Warenverkehr in ihrem Gebiet zu gewährleisten. Nichtsdestotrotz sei das Ermessen der Mitgliedstaaten in diesem Bereich nicht frei von richterlicher Kontrolle; es sei nämlich Sache des Gerichtshofs, unter Berücksichtigung des genannten Ermessens (Verfahrenssprache: „pouvoir d'appréciation") in den ihm unterbreiteten Fällen zu prüfen, ob der betreffende Mitgliedstaat zur Sicherstellung des freien Warenverkehrs geeignete Maßnahmen ergriffen habe.[583]

Erst nach diesen allgemeinen Ausführungen stieg der EuGH in die konkrete Prüfung des Falls ein und stellte fest, dass die von Frankreich getroffenen Maßnahmen angesichts der Häufigkeit und Schwere der Vorfälle offenkundig nicht ausreichten, um den freien Handelsverkehr zu gewährleisten. Sie waren nicht geeignet, um die Urheber der fraglichen Vorfälle wirksam an deren Begehung und Wiederholung zu hindern und sie davon abzuschrecken.[584] Die französische Regierung hielt dem entgegen, dass die Lage der französischen Landwirte so schwierig gewesen sei, dass Anlass zu der Befürchtung bestanden habe, bei entschiedenerem Vorgehen könne es zu gewalttätigen Reaktionen, verbunden mit noch schwereren Angriffen auf die öffentliche Ordnung, kommen. Sie führte außerdem an, dass die Polizeibehörden nach ihrem Ermessen zu entscheiden hätten, ob ein Eingreifen aus Gründen der öffentlichen Ordnung erforderlich sei.[585] Dem brachte der Gerichtshof entgegen, dass die Befürchtung, es könne zu internen Schwierigkeiten kommen, keine Rechtfertigung dafür sei, dass ein Mitgliedstaat die korrekte Anwendung des Gemeinschaftsrechts unterlasse. Der Mitgliedstaat müsse schon nachweisen, dass sein Tätigwerden Folgen für die öffentliche Ordnung hätte, die er mit seinen Mitteln nicht

---

582 *EuGH*, Rs. C-265/95 (Kommission/Frankreich), Rn. 32.
583 *EuGH*, Rs. C-265/95 (Kommission/Frankreich), Rn. 33 ff.
584 *EuGH*, Rs. C-265/95 (Kommission/Frankreich), Rn. 39 ff.
585 *EuGH*, Rs. C-265/95 (Kommission/Frankreich), Rn. 54 und 22.

bewältigen könne. Die französische Regierung habe aber nicht konkret das Bestehen einer solchen Gefahr nachgewiesen, und darüber hinaus könne dies nur in einem konkreten Einzelfall geltend gemacht werden, nicht aber generell für alle angesprochenen Vorfälle.[586]

(3) Schlussfolgerung

Die zitierte Rechtsprechung lässt zuerst einmal erkennen, dass der Gerichtshof im Zusammenhang mit dem Rechtfertigungsgrund der öffentlichen Ordnung nach Art. 36 S. 1 AEUV nicht derart deutlich von mitgliedstaatlichen Spielräumen bzw. in der Verfahrenssprache von „discretion" spricht, wie es von den Mitgliedstaaten und der Kommission nach der Rechtsprechung zum Rechtfertigungsgrund der öffentlichen Ordnung im Bereich der Arbeitnehmerfreizügigkeit wohl erwartet worden war. Doch auch wenn der Gerichtshof in der Sache Thompson nicht ausdrücklich erwähnte, dass den Mitgliedstaaten bei der Rechtfertigung ein Spielraum zustehe, drückte er doch aus, dass es Sache der Mitgliedstaaten sei, wie sie wesentliche Interessen des Staats schützen, deren Betroffensein eine Rechtfertigung aus Gründen der öffentlichen Ordnung ermögliche. Ausführungen zur damit einhergehenden Kontrolldichte des Gerichtshofs unterblieben an dieser Stelle noch; doch aus den nachfolgend dargestellten Urteilen wird deutlich, dass, auch wenn der Schutz der wesentlichen Belange Sache des jeweiligen Mitgliedstaats sei, ein erfolgreiches Berufen des Staats auf den Rechtfertigungsgrund der öffentlichen Ordnung den Nachweis über das Bestehen einer hinreichenden Gefährdung voraussetzt sowie die Verhältnismäßigkeit der Maßnahmen, deren Vorliegen der Gerichtshof uneingeschränkt überprüft.[587]

Im Fall der aufständischen Landwirte in Frankreich erwähnte der Gerichtshof dann erstaunlicherweise erstmals explizit mitgliedstaatliche Spielräume und sprach sogar von einer „marge d'appréciation" der Mitgliedstaaten, wobei er diese Formulierung im Verlauf des Urteils nicht konsequent beibehielt. Hierbei ist jedoch zu beachten, dass dieser Fall insofern einen Sonderfall darstellt, als ein mitgliedstaatliches, pflichtwidri-

586 *EuGH*, Rs. C-265/95 (Kommission/Frankreich), Rn. 54 ff.

587 Die Forderung darzulegen, dass der Mitgliedstaat drohende Störungen der öffentlichen Ordnung nicht mit eigenen Mitteln bekämpfen könne, kann dem Kriterium der Erforderlichkeit im Rahmen der Verhältnismäßigkeit zugeordnet werden.

ges Unterlassen vorlag. Es ging um die Frage, welche Maßnahmen ein Mitgliedstaat erlassen muss, um Beeinträchtigungen der Einfuhr durch gewaltsame Störungen Privater zu beseitigen bzw. um die Freiheit des Warenverkehrs zu gewährleisten. In diesem Zusammenhang gestand der Gerichtshof den Mitgliedstaaten eine „marge d'appréciation" zu, da sie für die Aufrechterhaltung der öffentlichen Sicherheit und Ordnung allein zuständig seien. Dieser Spielraum bedeutet jedoch nicht Kontrollfreiheit, sondern der Gerichtshof überprüft, ob der Mitgliedstaat geeignete Maßnahmen getroffen hat.[588] Die erwähnte mitgliedstaatliche „marge d'appréciation" bezieht sich folglich nicht primär auf den Rechtfertigungsgrund der öffentlichen Ordnung, sondern auf die Wahl der Mittel zur Wahrung mitgliedstaatlicher Schutzpflichten zugunsten des Warenverkehrs.[589]

Festzuhalten bleibt insgesamt, dass der Gerichtshof im Zusammenhang mit der Rechtfertigungsmöglichkeit aus Gründen der öffentlichen Ordnung nach Art. 36 S. 1 AEUV grundsätzlich nicht ausdrücklich von mitgliedstaatlichen Spielräumen spricht. Dennoch überlässt er den Mitgliedstaaten den Schutz ihrer wesentlichen Interessen selbst, wobei der Nachweis einer hinreichenden Gefährdung des Interesses und die Verhältnismäßigkeit der diesbezüglich getroffenen Maßnahmen vom Gerichtshof regelmäßig uneingeschränkt überprüft werden.

c) Rechtfertigung aus Gründen der öffentlichen Sicherheit

Die Rechtfertigungsmöglichkeit aus Gründen der öffentlichen Sicherheit wird oftmals im Zusammenhang mit dem Rechtfertigungsgrund der öffentlichen Ordnung genannt.[590] Dennoch unterscheidet der Gerichtshof

---

588 In der vorliegenden Sache stellte der Gerichtshof fest, dass dies „offenkundig" (Verfahrenssprache: „manifestement") nicht der Fall gewesen sei, was zudem darauf hindeutet, dass die Überprüfung des Gerichtshofs in diesem Bereich nur auf eine Art Evidenzkontrolle hinausläuft.

589 Ebenfalls wohl so verstanden von *GA Kokott* (Schlussantrag zu EuGH, Rs. C-470/03) 17.11.2005, Rn. 107; anders wohl *GA Stix-Hackl* (Schlussantrag zu EuGH, Rs. C-186/01) 28.11.2002, Rn. 57; siehe dazu auch *EuGH*, Rs. C-167/01 (Inspire Art) 30.09.2003, Rn. 111.

590 Siehe beispielhaft *EuGH*, Rs. C-265/95 (Kommission/Frankreich); *EuGH*, Rs. 231/83 (Cullet); *EuGH*, Rs. C-394/97 (Heinonen) 15.06.1999.

beide voneinander und prüft diese getrennt.[591] In der Sache Campus Oil hatte der Gerichtshof über eine nationale Regelung zu befinden, die Wirtschaftsteilnehmer, die Erdölerzeugnisse in einen Mitgliedstaat einführen, verpflichtet, 35 % ihres Erdölbedarfs zu festgesetzten Preisen bei einer Firma zu decken, die eine Raffinerie im irischen Hoheitsgebiet betreibt. Nachdem der Gerichtshof festgestellt hatte, dass es sich bei einer solchen Regelung um eine Maßnahme mit gleicher Wirkung wie eine mengenmäßige Einfuhrbeschränkung handele, prüfte er die Frage, inwiefern sich ein Mitgliedstaat zur Rechtfertigung dessen auf Gründe der öffentlichen Sicherheit im Sinne von Art. 36 EWG berufen könne.[592] Die betroffene irische Regierung führte diesbezüglich aus:

> Zur zweiten Frage trägt die irische Regierung vor, Artikel 36 EWG-Vertrag belasse den Mitgliedstaaten auf den dort genannten Gebieten eine vorrangige Zuständigkeit. Es sei in erster Linie Sache der nationalen Stellen zu entscheiden, welche Maßnahmen zu ergreifen seien. Hinsichtlich des Begriffes der öffentlichen Sicherheit bestehe insofern eine Besonderheit, als die Gemeinschaft keine eigene Kompetenz auf diesem Gebiet besitze und die Mitgliedstaaten alle ihre Befugnisse behalten hätten. In diesem Bereich müsse der Gerichtshof somit mehr noch als bei den anderen in Artikel 36 enthaltenen Begriffen die Vorstellung respektieren, die ein Mitgliedstaat sich selbst von seiner eigenen öffentlichen Sicherheit mache. Dies sei insbesondere der Fall, wenn die in Rede stehende Maßnahme Gegenstand einer feierlichen Erklärung der Regierung des fraglichen Staates sei.[593]

Die ebenfalls betroffene staatliche Erdölgesellschaft INPC[594] machte geltend, dass eine gesicherte Erdölversorgung für das eigene Land so wichtig sei wie der Besitz einer eigenen Wasserversorgung und dass die Organisation solcher Dienste Sache des Staats sei. Die streitige nationale Regelung halte sich im Rahmen des Ermessensspielraums (Verfahrenssprache: „area of discretion“), über den die Mitgliedstaaten in diesen Bereichen verfügen würden. Die Regierung habe zu bestimmen, ob ein System wie das durch die in Rede stehende Regelung geschaffene das geeignete Mittel darstelle, um die Sicherheit der Versorgung aufrechtzuerhalten. Auch wenn es andere Methoden gäbe, die geeignet seien, um die Versorgung zu schützen, fal-

---

591 *EuGH*, Rs. 72/83 (Campus Oil) 10.07.1984, Rn. 33; dazu auch *Schneider, H.*, Die öffentliche Ordnung als Schranke der Grundfreiheiten im EG-Vertrag (1998), S. 29.

592 *EuGH*, Rs. 72/83 (Campus Oil), Rn. 8 und Rn. 20 f.

593 *EuGH*, Rs. 72/83 (Campus Oil), S. 2737.

594 Irish National Petroleum Corporation Limited.

le die Auswahl der Maßnahmen, die der Staat zu ergreifen wünsche, unter den ihm vom Vertrag eingeräumten Ermessensspielraum (Verfahrenssprache: „within the discretion").[595]

Der Gerichtshof wiederholte diesbezüglich zunächst, dass Art. 36 EWG nicht bestimmte Sachgebiete der ausschließlichen Zuständigkeit der Mitgliedstaaten vorbehalte, und stellte dann fest, dass Erdölerzeugnisse für die Existenz eines Staats wesentlich seien, da nicht nur das Funktionieren seiner Wirtschaft, sondern vor allem auch das seiner Einrichtungen und seiner wichtigen öffentlichen Dienste sowie das Überleben seiner Bevölkerung selbst davon abhängen würden. Die Absicht, durch die nationale Regelung jederzeit eine Mindestversorgung mit Erdölerzeugnissen sicherzustellen, stelle daher ein Ziel dar, das unter den Begriff der öffentlichen Sicherheit falle.[596] In einem zweiten Schritt prüfte der Gerichtshof die Verhältnismäßigkeit einer solchen Regelung und setzte sich ausführlich mit den Argumenten der Klägerinnen des Ausgangsverfahrens und der Kommission auseinander, wonach das Vorhandensein einer Raffinerie zur Versorgungssicherheit ungeeignet sei.[597] Nachdem der Gerichtshof dies verneint hatte, prüfte er die Erforderlichkeit der Maßnahme. Er führte aus, dass der Prozentsatz, für den eine Kaufverpflichtung ausgesprochen werden könne, weder die Grenzen der Mindestversorgung, ohne die die öffentliche Sicherheit des betreffenden Staats gefährdet wäre, noch die des Produktionsniveaus überschreiten dürfe, das erforderlich sei, um die Kapazität der Raffinerieanlagen im Fall einer Krise betriebsbereit zu halten. Es sei dabei Sache des vorlegenden Gerichts, zu beurteilen, ob das mit der streitigen Verordnung eingeführte System diese Grenzen einhalte.[598]

(1) Weitere Entwicklung

In der Sache Richardt wurde dem Gerichtshof die Frage vorgelegt, ob die Verordnung Nr. 222/77 dahingehend auszulegen sei, dass sie einer mitgliedstaatlichen Regelung entgegenstehe, nach der für die Durchfuhr von Waren, die als strategisches Material eingestuft würden, eine besondere Genehmigung aus Gründen der äußeren Sicherheit erforderlich sei, und

595 *EuGH*, Rs. 72/83 (Campus Oil), S. 2739.
596 *EuGH*, Rs. 72/83 (Campus Oil), Rn. 32 ff.
597 *EuGH*, Rs. 72/83 (Campus Oil), Rn. 38 ff.
598 *EuGH*, Rs. 72/83 (Campus Oil), Rn. 44 ff.

zwar unabhängig von dem ausgestellten gemeinschaftsrechtlichen Versandschein eines anderen Mitgliedstaats.[599] Da Art. 10 der einschlägigen Verordnung vorsah, dass die Einfuhr-, Ausfuhr- und Durchfuhrverbote oder -beschränkungen der Mitgliedstaaten anwendbar seien, soweit sie mit den EWG-Verträgen vereinbar seien, prüfte der Gerichtshof, inwiefern Art. 36 EWG einer derartigen mitgliedstaatlichen Regelung und ihren Folgen, wie Einziehungsmaßnahmen, entgegenstehe.[600]

Der Gerichtshof stellte diesbezüglich fest, dass der Begriff der „öffentlichen Sicherheit“ gemäß Art. 36 EWG sowohl die innere als auch die äußere Sicherheit erfasse und dass die Durchfuhr strategischen Materials die öffentliche Sicherheit eines Mitgliedstaats beeinträchtigen könne. Daraus folge, dass es den Mitgliedstaaten zur Kontrolle solchen Materials gestattet sei, für die Durchfuhr dessen eine besondere Genehmigung vorzuschreiben.[601] In einem zweiten Schritt prüfte der Gerichtshof die Verhältnismäßigkeit der Maßnahme und stellte fest, dass eine Beschlagnahme oder Einziehung der Waren bei Nichtbeachtung der Genehmigungspflicht außer Verhältnis stehe, soweit die zwangsweise Rücksendung der Ware in den Herkunftsstaat ausreichen könne. Dem fügte er ferner hinzu:

> Es ist jedoch Sache des vorlegenden Gerichts, unter Berücksichtigung aller Umstände des jeweiligen Falles zu beurteilen, ob die getroffene Regelung mit dem Grundsatz der Verhältnismäßigkeit im Einklang steht. Zu berücksichtigende Umstände sind z. B. die Art der Ware, die die Sicherheit des Staates gefährden könnte, die Umstände, unter denen die Zuwiderhandlung begangen worden ist, und die Gutgläubigkeit oder Bösgläubigkeit des Wirtschaftsteilnehmers, der die Durchfuhr vorzunehmen beabsichtigte und zu diesem Zweck von einem anderen Mitgliedstaat ausgestellte Dokumente verwendete.[602]

(2) Schlussfolgerung

Aus den angeführten Urteilen des Gerichtshofs wird deutlich, dass dieser den Mitgliedstaaten weder bei der Ausfüllung des Begriffs der „öffentlichen Sicherheit“ noch bei der Beurteilung der Verhältnismäßigkeit einen „Ermessensspielraum“ einräumt. In der Sache Campus Oil hat der Gerichtshof die Geeignetheit der Maßnahme genau geprüft und ausführlich

599 *EuGH*, Rs. C-367/89 (Richardt) 04.10.1991, Rn. 9.
600 *EuGH*, Rs. C-367/89 (Richardt), Rn. 17 f.
601 *EuGH*, Rs. C-367/89 (Richardt), Rn. 22 f.
602 *EuGH*, Rs. C-367/89 (Richardt), Rn. 24 und Rn. 25.

dargelegt, unter welchen Voraussetzungen eine Regelung wie die in Rede stehende als erforderlich angesehen werden könne. Gleiches gilt für die Sache Richardt, in der der Gerichtshof klar ausgedrückt hat, ab wann die Erforderlichkeit der betroffenen Maßnahme nicht mehr gegeben wäre. Zwar hat der Gerichtshof in beiden Fällen dem vorlegenden Gericht die letztendliche Beurteilung darüber überlassen, ob die konkrete Maßnahme gemessen an den Vorgaben des Gerichtshofs verhältnismäßig sei; doch könnte dies auch dem Umstand geschuldet sein, dass der Gerichtshof im Rahmen des Vorabentscheidungsverfahrens nur abstrakte Fragen der Auslegung beantwortet.[603] Sofern es zutrifft, dass sich die Spielräume der vorlegenden nationalen Gerichte allein auf prozessuale Eigenheiten des Vorabentscheidungsverfahrens zurückführen lassen, was an späterer Stelle geklärt werden wird,[604] gesteht der Gerichtshof den Mitgliedstaaten im Rahmen des Rechtfertigungsgrunds der öffentlichen Sicherheit augenscheinlich folglich weder explizit noch implizit Spielräume zu, sondern kontrolliert vollumfänglich, ob die Voraussetzungen einer Rechtfertigung vorliegen.[605]

d) Rechtfertigung zum Schutz der Gesundheit und des Lebens

Die ebenfalls in Art. 36 Satz 1 AEUV aufgeführte Rechtfertigungsmöglichkeit zum Schutz der Gesundheit und des Lebens weist verschiedene Schutzrichtungen auf. Zum einen können Maßnahmen, die den freien Warenverkehr beeinträchtigen, zum Schutz der Gesundheit und des Lebens von Menschen, zum anderen aber auch zum Schutz von Tieren und Pflanzen gerechtfertigt werden. Der Gerichtshof hat mehrmals betont, dass dabei der Schutz der Gesundheit und des Lebens von Menschen den ersten Rang unter den in Artikel 36 AEUV geschützten Gütern und Interessen einnimmt.[606] Aufgrund der herausragenden Bedeutung des menschlichen Gesundheits- und Lebensschutzes im Rahmen von Art. 36 AEUV und unter Berücksichtigung der Tatsache, dass nach der EMRK nur die Gesund-

---

603 So auch *GA Jacobs* (Schlussantrag zu EuGH, Rs. C-367/89) 08.05.1991, Rn. 29.

604 Siehe Punkt IV. /3.

605 Siehe dazu auch *EuGH*, Rs. C-265/06 (Kommission/Portugal) 10.04.2008.

606 *EuGH*, Rs. 104/75 (De Peijper) 20.05.1976, Rn. 14/18; *EuGH*, Rs. C-473/98 (Toolex Alpha) 11.07.2000, Rn. 38; *EuGH*, Rs. C-141/07 (Kommission/Deutschland) 11.09.2008, Rn. 46.

heit und das Leben von Menschen geschützt sind, wird im Folgenden nur die diesbezügliche Rechtsprechung herangezogen, wenn es darum geht, zu untersuchen, inwiefern der Gerichtshof mitgliedstaatliche Beurteilungsspielräume im Zusammenhang mit diesem Rechtfertigungsgrund gewährt.[607]

(1) Die Rechtssache De Peijper

In der Rechtssache De Peijper wurden dem Gerichtshof Fragen zur niederländischen Rechtslage betreffend die Zulassung importierter Arzneimittel vorgelegt. Im Ausgangsverfahren wurde einem niederländischen Händler vorgeworfen, gegen niederländisches Recht verstoßen zu haben, indem er aus dem Vereinigten Königreich eingeführte Arzneimittel ohne Genehmigung der niederländischen Behörden an niederländische Apotheken geliefert habe. Zudem habe er in Bezug auf die eingeführten Arzneimittel nicht über diejenigen Unterlagen verfügt, die nach niederländischem Recht vorgeschrieben, für parallel importierende Händler aber kaum zu erhalten seien.[608] Aus den Erklärungen der sich äußernden britischen, dänischen und niederländischen Regierungen im Rahmen des Verfahrens geht hervor, dass sie die niederländische Regelung zumindest nach Art. 36 EWG unter dem Gesichtspunkt des Schutzes von Leben und Gesundheit für gerechtfertigt hielten.[609] Der Generalanwalt war in diesem Punkt anderer Meinung und betonte unter anderem, dass die in Art. 36 EWG formulierten Vorbehalte den Staaten kein absolutes Recht und keinerlei freies Ermessen gewähren würden. Eine Ausnahme vom Grundsatz des freien Warenverkehrs aus Gründen der öffentlichen Gesundheit sei mit der Bedingung versehen, dass die ergriffene Maßnahme verhältnismäßig sei.[610]

Der Gerichtshof selbst hatte schon in vorherigen Urteilen verlautbaren lassen, dass der Schutz der Öffentlichkeit vor den Gefahren, die aus fehlerhaften Arzneimitteln erwachsen, ein berechtigtes Anliegen darstelle und

607 Anstelle des Gesundheits- und Lebensschutzes von Tieren und Pflanzen wird an späterer Stelle wegen besserer Vergleichbarkeit der ungeschriebene Rechtfertigungsgrund des Umweltschutzes untersucht, siehe dazu Punkt II. /2. /b.

608 *EuGH*, Rs. 104/75 (De Peijper), Rn. 1/2 mit genauen Erklärungen zu den verlangten Unterlagen in Rn. 3/4.

609 *EuGH*, Rs. 104/75 (De Peijper), S. 624.

610 *GA Mayras* (Schlussantrag zu EuGH, Rs. 104/75) 17.03.1976, S. 648.

dass Art. 36 EWG den Mitgliedstaaten gestatte, zum Schutz der Gesundheit und des Lebens von den Bestimmungen über den freien Warenverkehr abzuweichen.[611] In der Sache De Peijper führte er dann zum Rechtfertigungsgrund des Gesundheits- und Lebensschutzes aus:

> Unter den in Artikel 36 geschützten Gütern und Interessen nehmen die Gesundheit und das Leben von Menschen den ersten Rang ein, und es ist Sache der Mitgliedstaaten, in den durch den Vertrag gesetzten Grenzen zu bestimmen, in welchem Umfang sie deren Schutz gewährleisten wollen, insbesondere wie streng die durchzuführenden Kontrollen ausfallen sollen.[612]

Dies schränkte der Gerichtshof jedoch gleich, entsprechend dem Vorbehalt „in den durch den Vertrag gesetzten Grenzen", wieder dahingehend ein, dass eine nationale Regelung nur dann mit dem Vertrag vereinbar sei, soweit sie für einen wirksamen Schutz von Gesundheit und Leben notwendig sei. Eine nationale Regelung falle daher nicht unter die Ausnahmebestimmung des Art. 36 EWG, wenn sie nicht erforderlich oder geeignet sei.[613] In Bezug auf die vorgelegte Frage kam der Gerichtshof dann letztendlich zu dem Schluss, dass die niederländische Regelung als unnötig stark beschränkend angesehen werden müsse und nicht unter Art. 36 EWG falle, es sei denn, es stünde eindeutig fest, dass jede andere Regelung offensichtlich die von einer normal funktionierenden Verwaltung vernünftigerweise einzusetzenden Mittel übersteige.[614]

(2) Weitere Entwicklung

Seit dem Urteil in der Sache De Peijper aus dem Jahr 1976 hatte der Gerichtshof bis heute mehrfach mit dem Rechtfertigungsgrund zum Schutze der Gesundheit und des Lebens von Menschen zu tun, sodass sich genügend Rechtsprechung finden lässt, um gefestigtere Erkenntnisse über die

---

611 *EuGH*, Rs. 15/74 (Centrafarm/Sterling Drug) 31.10.1974, Rn. 27/28; *EuGH*, Rs. 16/74 (Centrafarm/Winthrop) 31.10.1974, Rn. 20/21; weitere Ausführungen zum Schutz der Gesundheit und des Lebens sind an dieser Stelle jedoch unterblieben, da der Gerichtshof den Rechtfertigungsgrund für nicht einschlägig hielt.

612 *EuGH*, Rs. 104/75 (De Peijper), Rn. 14/18.

613 Ibid.

614 *EuGH*, Rs. 104/75 (De Peijper), Rn. 32; in Bezug auf die zweite Vorlagefrage wurde festgestellt, dass die Antwort auf die erste Frage auch in diesem Zusammenhang gelte.

Gewährung mitgliedstaatlicher Spielräume im Zusammenhang mit diesem Rechtfertigungsgrund zu generieren.

Der Gerichtshof hat in den letzten vierzig Jahren seiner Rechtsprechung zum Rechtfertigungsgrund der menschlichen Gesundheit und des Lebens immer wieder wiederholt, dass es Sache der Mitgliedstaaten sei, zu entscheiden, auf welchem Niveau sie den Schutz der öffentlichen Gesundheit sicherstellen wollen und wie dieses Niveau erreicht werden soll.[615] Überwiegend formuliert er diesbezüglich auch, dass es Sache der Mitgliedstaaten sei, zu bestimmen, in welchem Umfang sie den Schutz der Gesundheit und des Lebens von Menschen gewährleisten wollen. Auch wenn die Formulierungen zum Teil variieren,[616] wiederholt er diesen Passus in der Mehrzahl der dazu entschiedenen Fälle[617] und zählt seinen Aussagegehalt zu seiner ständigen Rechtsprechung.[618]

Wie schon in der Sache De Peijper schränkte der Gerichtshof auch in den Folgeentscheidungen den Spielraum der Mitgliedstaaten bei der Bestimmung des Schutzniveaus und -umfangs ein. Zu Anfang berief er sich dabei noch recht allgemein auf Art. 36 S. 2 AEUV und den Grundsatz der Verhältnismäßigkeit, von dem er zumindest eine Zeit lang behauptete, dass dieser Art. 36 S. 2 AEUV zugrunde liege.[619] Mit der Zeit entwickelte er jedoch konkretere Anforderungen, die an eine nationale Beschränkung zugunsten des Gesundheits- und Lebensschutzes zu stellen seien. Je nach Art der Beschränkung entwickelte er einen Katalog an Anforderungen, die er

---

615 Beispielhaft *EuGH*, Rs. 266/87 (Royal Pharmaceutical Society) 18.05.1989, Rn. 21; *EuGH*, Rs. C-271/92 (LPO) 25.05.1993, Rn. 10; *EuGH*, Rs. C-198/14 (Visnapuu) 12.11.2015, Rn. 118; *EuGH*, Rs. C-148/15 (Deutsche Parkinson Vereinigung) 19.10.2016, Rn. 30.

616 Häufig fügt er dann noch hinzu, dass es ebenso ihre Sache sei zu bestimmen, wie streng die durchzuführenden Kontrollen sein sollen z. B. *EuGH*, Rs. 272/80 (Biologische Producten) 17.12.1981, Rn. 12; *EuGH*, Rs. C-322/01 (Deutscher Apothekerverband) 11.12.2003, Rn. 103 oder ob sie eine vorherige Zulassung verlangen z. B. *EuGH*, Rs. C-432/03 (Kommission/Portugal) 10.11.2005, Rn. 44 oder eine Genehmigung z. B. *EuGH*, Rs. C-88/07 (Kommission/Spanien) 05.03.2009, Rn. 86.

617 In 75 % der untersuchten Fälle zitiert der Gerichtshof diese Rechtsprechung.

618 *EuGH*, Rs. C-484/10 (Ascafor und Asidac) 01.03.2012, Rn. 60.

619 Beispielhaft *EuGH*, Rs. 247/84 (Motte) 10.12.1985, Rn. 23; *EuGH*, Rs. 304/84 (Muller) 06.05.1986, Rn. 23; *EuGH*, Rs. C-13/91 und C-113/91 (Debus) 04.06.1992, Rn. 16; *EuGH*, Rs. C-400/96 (Harpegnies) 17.09.1998, Rn. 34.

aus dem Verhältnismäßigkeitsprinzip ableitete.[620] So muss beispielsweise bei nationalen Regelungen, die Zusätze in Lebensmitteln beschränken, sichergestellt werden, dass ein leicht zugängliches Zulassungsverfahren besteht; es muss geprüft werden, ob ein echtes Bedürfnis für das Inverkehrbringen des Zusatzstoffs vorliegt, und im Hinblick auf das Bestehen einer Gesundheitsgefahr ist der Stand der internationalen Forschung zu beachten.[621] Auch in Bezug auf anderweitige Beschränkungen des freien Warenverkehrs, wie zum Beispiel systematische Kontrollen von Lebensmitteleinfuhren, hat der Gerichtshof eine gefestigte Rechtsprechung hinsichtlich der Anforderungen entwickelt, die an solche Regelungen zu stellen sind, um nach Art. 36 AEUV gerechtfertigt werden zu können.[622] Zudem verlangt der Gerichtshof grundsätzlich immer eine Beurteilung aufgrund wissenschaftlicher Untersuchungen und nicht aufgrund allgemeiner Überlegungen.[623] Er überantwortet es den Mitgliedstaaten, das Vorliegen einer Gesundheitsgefahr nachzuweisen sowie den Nachweis der Verhältnismäßigkeit der nationalen Regelung zu erbringen.[624]

Der bestehende Spielraum der Mitgliedstaaten wird folglich durch die entwickelten Anforderungen, die sich aus dem Verhältnismäßigkeitsgrundsatz bzw. Art. 36 S. 2 AEUV ableiten[625], und die strenge Überprüfung dessen durch den Gerichtshof wieder begrenzt. Seit Beginn des neuen Jahrtausends spricht der Gerichtshof dies auch explizit aus, indem er regelmäßig betont, dass die Mitgliedstaaten bei der Ausübung ihres Spielraums zum Schutz der öffentlichen Gesundheit grundsätzlich den Verhältnis-

620 *EuGH*, Rs. 178/84 (Kommission/Deutschland) 12.03.1987, Rn. 44 f.; *EuGH*, Rs. C-42/90 (Bellon) 13.12.1990, Rn. 14; *EuGH*, Rs. C-228/91 (Kommission/Italien) 25.05.1993, Rn. 19 f.

621 *EuGH*, Rs. 304/84 (Muller), Rn. 23 f.; *EuGH*, Rs. 178/84 (Kommission/Deutschland), Rn. 44 f.; *EuGH*, Rs. C-42/90 (Bellon); Rn. 14 f.

622 *EuGH*, Rs. C-228/91 (Kommission/Italien), Rn. 20 ff.

623 *EuGH*, Rs. C-17/93 (Van der Veldt) 14.07.1994, Rn. 17.

624 *EuGH*, Rs. C-60/89 (Monteil) 21.03.1991, Rn. 44; *EuGH*, Rs. C-420/01 (Kommission/Italien) 19.06.2003, Rn. 30; *EuGH*, Rs. C-24/00 (Kommission/Frankreich) 05.02.2004, Rn. 53 f; *EuGH*, Rs. C-170/04 (Rosengren) 05.06.2007, Rn. 57; *EuGH*, Rs. C-421/09 (Humanplasma) 09.12.2010, Rn. 38; *EuGH*, Rs. C-148/15 (Deutsche Parkinson Vereinigung), Rn. 35 f.

625 Zum Verhältnis von Art. 36 S. 2 AEUV und dem Grundsatz der Verhältnismäßigkeit siehe Fn. 568

mäßigkeitsgrundsatz zu beachten hätten.[626] Es gilt jedoch zu berücksichtigen, dass der mitgliedstaatliche Spielraum bei der Bestimmung des Schutzkonzepts nicht nur einseitig durch den Verhältnismäßigkeitsgrundsatz begrenzt wird, sondern wechselseitig auch wieder dessen Prüfung beeinflussen kann:

> Nach der in Randnr. 46 des vorliegenden Urteils angeführten ständigen Rechtsprechung des Gerichtshofs[627] ist bei der Prüfung, ob der Verhältnismäßigkeitsgrundsatz im Bereich der Gesundheit der Bevölkerung beachtet worden ist, zu berücksichtigen, dass der Mitgliedstaat bestimmen kann, auf welchem Niveau er den Schutz der Gesundheit der Bevölkerung gewährleisten will und wie dieses Niveau erreicht werden soll. Da dieses Niveau sich von einem Mitgliedstaat zum anderen unterscheiden kann, ist den Mitgliedstaaten ein entsprechender Beurteilungsspielraum zuzuerkennen […], so dass der Umstand, dass ein Mitgliedstaat Vorschriften erlässt, die weniger streng sind als die in einem anderen Mitgliedstaat erlassenen, nicht bedeutet, dass Letztere unverhältnismäßig wären […].[628]

(3) Terminologie

Der Gerichtshof gewährt in den Urteilen, die die Rechtfertigung von Behinderungen des Warenverkehrs zugunsten des menschlichen Gesundheits- und Lebensschutzes betreffen, nicht nur implizit Spielräume, sondern benennt diese auch ausdrücklich. Die dabei vom Gerichtshof verwen-

---

626 *EuGH*, Rs. C-192/01 (Kommission/Dänemark) 23.09.2003, Rn. 45; *EuGH*, Rs. C-24/00 (Kommission/Frankreich), Rn. 52; *EuGH*, Rs. C-95/01 (Greenham) 05.02.2004, Rn. 39; *EuGH*, Rs. C-333/08 (Kommission/Frankreich) 28.01.2010, Rn. 90.

627 Gemeint ist die ständige Rechtsprechung nach der es Sache der Mitgliedstaaten sei, in den durch den Vertrag gesetzten Grenzen zu bestimmen, auf welchem Niveau sie den Schutz der Gesundheit der Bevölkerung gewährleisten wollen und wie dieses Niveau erreicht werden soll, s. o.

628 *EuGH*, Rs. C-141/07 (Kommission/Deutschland), Rn. 51; *EuGH*, Rs. C-421/09 (Humanplasma), Rn. 39; im Urteil *EuGH*, Rs. C-108/09 (Ker-Optika) 02.12.2010, Rn. 58, wiederholt in *EuGH*, Rs. C-198/14 (Visnapuu), Rn. 118, wird ohne direkten Zusammenhang zur Verhältnismäßigkeitsprüfung, aber unter mittelbarem Weiterverweis auf *EuGH*, Rs. C-141/07 (Kommission/Deutschland) ausgeführt: „[…] dass es Sache der Mitgliedstaaten sei, zu bestimmen, auf welchem Niveau sie den Schutz der Gesundheit der Bevölkerung gewährleisten wollen und wie dieses Niveau erreicht werden soll. Da sich dieses Niveau von einem Mitgliedstaat zum anderen unterscheiden könne, sei den Mitgliedstaaten ein Wertungsspielraum zuzuerkennen […].“

dete Terminologie erscheint auf den ersten Blick uneinheitlich. Teilweise spricht er von „Beurteilungsspielräumen" oder „Wertungsspielräumen", teilweise von „Ermessen". Bei genauerer Betrachtung fällt jedoch auf, dass der Gerichtshof im Zusammenhang mit dem Umstand, dass es Sache der Mitgliedstaaten sei, in welchem Umfang sie den Schutz der Gesundheit gewährleisten wollen, in der Regel von Ermessen spricht und nicht von Beurteilungsspielräumen.[629] Der Begriff des Beurteilungsspielraums oder auch des Wertungsspielraums wird vom Gerichtshof meist nur dann verwendet, wenn er im Zusammenhang mit der Verhältnismäßigkeitsprüfung ausführt, dass den Mitgliedstaaten ein Beurteilungs- bzw. Wertungsspielraum zuzuerkennen sei, da sich das Schutzniveau von einem Mitgliedstaat zum anderen unterscheiden könne.[630]

Dieser Unterschied in der Terminologie verdeutlicht, dass bei differenzierter Betrachtungsweise zwischen zwei Spielräumen unterschieden werden kann. Zum einen steht es im „Ermessen" der Mitgliedstaaten, den Umfang des Schutzes für die menschliche Gesundheit zu bestimmen, wodurch sich unterschiedliche Schutzniveaus unter den Mitgliedstaaten ergeben können. Zum anderen wird den Mitgliedstaaten aufgrund dieser sich unterscheidenden Schutzniveaus ein „Beurteilungsspielraum" zuerkannt im Hinblick auf die Verhältnismäßigkeitsprüfung, sodass der Umstand, dass ein Mitgliedstaat strengere Vorschriften erlässt als ein anderer, nicht bedeutet, dass diese unverhältnismäßig wären. Da beide Spielräume letztlich denknotwendig zusammenhängen bzw. der „Beurteilungsspielraum" bloß das ‚Schutzumfangsermessen' auf der Verhältnismäßigkeitsebene wi-

---

629 *EuGH*, Rs. C-192/01 (Kommission/Dänemark), Rn. 43; *EuGH*, Rs. C-387/99 (Kommission/Deutschland) 29.04.2004, Rn. 59; *EuGH*, Rs. C-333/08 (Kommission/Frankreich), Rn. 86. Im Deutschen heißt es jeweils „Ermessen", im Französischen „pouvoir d'appréciation" und im Englischen „discretion"; in den jeweils untersuchten anderen Landessprachen heißt es „skønsbeføjelse", „beoordelingsvrijheid" und „facultad de apreciación", was zumindest im Englischen meist mit „discretion" (aber auch „faculty of appreciation") übersetzt wird, zumindest aber nicht mit „margin of appreciation".

630 *EuGH*, Rs. C-141/07 (Kommission/Deutschland), Rn. 51; *EuGH*, Rs. C-108/09 (Ker-Optika), Rn. 58; *EuGH*, Rs. C-198/14 (Visnapuu), Rn. 118. In den jeweils untersuchten Fällen mit deutscher Verfahrenssprache, war die Rede von einem „Beurteilungsspielraum", in den untersuchten anderen Verfahrenssprachen (Ungarisch: „mérlegelési mozgástér"; Finnisch: „harkintavaltaa") wurde die dort verwendete Terminologie in der deutschen Übersetzung mit „Wertungsspielraum" wiedergegeben und im Französischen mit „marge d'appréciation". Im Englischen hingegen war jedoch auch in diesem Zusammenhang von „discretion" die Rede.

derspiegelt, werden diese im Folgenden zusammen als gedankliche Einheit unter dem Begriff ‚Spielraum' weiter behandelt.

Inwiefern sich die Unterscheidung in der Terminologie auch im Zusammenhang mit anderen Rechtfertigungsgründen ausmachen lässt und sie somit verallgemeinerungsfähig ist, bleibt abzuwarten. Wie die vom Gerichtshof benutzten Bezeichnungen für mitgliedstaatliche Spielräume aus dogmatischer Sicht zu bewerten sind, wird im Zusammenhang mit der Frage nach einer einheitlichen Terminologie abschließend an späterer Stelle geklärt,[631] wobei an dieser Stelle bereits darauf hingewiesen werden soll, dass sich ein Rückgriff auf nationale Begriffsverständnisse und die dahinterstehende Dogmatik verbietet.

(4) Gründe und Faktoren für die Einräumung und den jeweiligen Umfang mitgliedstaatlicher Spielräume

In seinen Urteilen zum Rechtfertigungsgrund der Gesundheit und des Lebens von Menschen erwähnt der Gerichtshof verschiedene Gründe und Faktoren, die die Einräumung mitgliedstaatlicher Spielräume im Zusammenhang mit dem Gesundheits- und Lebensschutz begründen und ihren Umfang beeinflussen. Im Folgenden werden diese einzeln dargestellt und auf ihre Bedeutung für den mitgliedstaatlichen Spielraum hin untersucht.

(i.) In Ermangelung einer Harmonisierung

In der Mehrzahl der Fälle, in denen der Gerichtshof den Mitgliedstaaten Spielräume im Zusammenhang mit dem Rechtfertigungsgrund der menschlichen Gesundheit und des Lebens gewährt, tut er dies in Ermangelung einer Harmonisierung des betroffenen Regelungsbereichs.[632] Solange die jeweils in Rede stehende nationale Maßnahme folglich eine Materie regelt, die nicht bzw. zumindest nicht vollständig harmonisiert worden

---

631 Siehe Punkt IV. /3.

632 Noch implizit: *EuGH*, Rs. 53/80 (Kaasfabriek Eyssen) 05.02.1981, Rn. 15; explizit: *EuGH*, Rs. 272/80 (Biologische Producten); Rn. 12; *EuGH*, Rs. 132/80 (United Foods) 07.04.1981, Rn. 25; *EuGH*, Rs. C-369/88 (Delattre) 21.03.1991, Rn. 53; *EuGH*, Rs. C-192/01 (Kommission/Dänemark), Rn. 42; *EuGH*, Rs. C-484/10 (Ascafor und Asidac), Rn. 60.

ist[633] oder zu der keine Unionsregelung besteht,[634] ist es Sache der Mitgliedstaaten, auf welchem Niveau und in welchem Umfang sie den Gesundheitsschutz gewähren.

(ii.) Die Bedeutung des geschützten Guts

Im Zusammenhang mit der Einräumung mitgliedstaatlicher Spielräume bei der Rechtfertigung von Behinderungen der Warenverkehrsfreiheit zugunsten der menschlichen Gesundheit und des Lebens führt der Gerichtshof immer wieder aus, dass diese Güter unter den in Art. 36 AEUV geschützten Gütern und Interessen den ersten Rang einnähmen.[635] Dies legt den Schluss nahe, dass auch die Bedeutung des jeweils vom Rechtfertigungsgrund geschützten Guts für die Einräumung von Spielräumen maßgeblich sein kann. Inwiefern dies jedoch tatsächlich der Fall ist, kann der Rechtsprechung des Gerichtshofs bzw. der von ihm in diesem Zusammenhang gewählten Formulierung nicht eindeutig entnommen werden, sodass nur ein – an späterer Stelle erfolgender[636] – Vergleich mit der Rechtsprechung des Gerichtshofs zu anderen Rechtfertigungsgütern Klarheit schaffen kann.

(iii.) Der Stand der Forschung

Wie bereits erwähnt verlangt der Gerichtshof eine Beurteilung der Gesundheitsgefahr auf der Grundlage aktueller wissenschaftlicher Forschung sowie einen diesbezüglichen Nachweis. Der dem Mitgliedstaat bei der Bestimmung des Schutzniveaus/-umfangs grundsätzlich zustehende Spielraum wird daher insofern durch den Stand der aktuellen Forschung und durch wissenschaftliche Erkenntnisse begrenzt, als das bloße Behaupten

---

633 *EuGH*, Rs. 304/84 (Muller), Rn 21; *EuGH*, Rs. C-42/90 (Bellon), Rn. 11; *EuGH*, Rs. C-13/91 und C-113/91 (Debus), Rn. 13.

634 *EuGH*, Rs. 188/84 (Kommission/Frankreich) 28.01.1986, Rn. 13, *EuGH*, Rs. 216/84 (Kommission/Frankreich) 23.02.1988, Rn. 6; *EuGH*, Rs. C-1/90 und C-176/90 (Aragonesa) 25.07.1991, Rn. 16.

635 *EuGH*, Rs. 104/75 (De Peijper), Rn. 14/18; *EuGH*, Rs. C-322/01 (Deutscher Apothekerverband), Rn. 103; *EuGH*, Rs. C-148/15 (Deutsche Parkinson Vereinigung), Rn. 30.

636 Siehe bei Punkt IV. /2. /b.

oder allgemeine Empfinden einer Gesundheitsgefahr nicht ausreichend ist, um eine nationale Beschränkung des freien Warenverkehrs zu rechtfertigen.

Wissenschaftliche Erkenntnisse und aktuelle Forschungsergebnisse wirken jedoch, je nach Aussagegehalt, nicht immer nur begrenzend für den mitgliedstaatlichen Spielraum. Sofern noch Unsicherheiten im Bereich der Forschung bestehen, zieht der Gerichtshof den Stand der aktuellen Forschung auch zur Begründung mitgliedstaatlicher Spielräume heran.[637] Insbesondere im Bereich der Zulassung von Lebensmittelzusätzen hat er seine Rechtsprechung zum Verhältnis von Forschung und mitgliedstaatlichem Spielraum ausgebaut. In der Sache Sandoz, in der es um die Zulassung von Vitaminzusätzen in Lebensmitteln ging, führte der Gerichtshof zur Vereinbarkeit einer nationalen Regelung, die das Inverkehrbringen ohne vorherige Genehmigung verbot, mit Art. 36 EWG erstmals aus:

> Wie sich aus den genannten Rechtsakten der Gemeinschaften eindeutig ergibt, geht der Gemeinschaftsgesetzgeber von dem Grundsatz aus, daß die Verwendung von Zusätzen zu Lebensmitteln auf bestimmte abschließend aufgezählte Stoffe beschränkt werden soll, wobei den Mitgliedstaaten jedoch ein bestimmter Ermessensspielraum für den Erlaß strengerer Regelungen verbleiben soll. Die einschlägigen Rechtsakte zeugen so von einer sehr behutsamen Beurteilung der eventuellen Schädlichkeit der Zusatzstoffe, deren Ausmaß bei den verschiedenen Substanzen noch ungewiß ist, und lassen den Mitgliedstaaten hinsichtlich dieser Zusatzstoffe einen weiten Ermessensspielraum. […] [S]oweit beim jeweiligen Stand der Forschung noch Unsicherheiten bestehen, [ist es] mangels einer Harmonisierung Sache der Mitgliedstaaten, unter Berücksichtigung der Erfordernisse des freien Warenverkehrs innerhalb der Gemeinschaft zu bestimmen, in welchem Umfang sie den Schutz der Gesundheit und des Lebens von Menschen gewährleisten wollen.[638]

Nach Ansicht des Gerichtshofs würden diese Grundsätze auch für Vitamine gelten, die im Allgemeinen an sich nicht schädlich sind, jedoch bei übermäßigem Verzehr mit der gesamten Nahrung in ihrer unvorhersehbaren und unkontrollierbaren Zusammensetzung besondere, schädliche Wirkungen hervorrufen können. Angesichts der bei der wissenschaftlichen Beurteilung bestehenden Unsicherheiten sei die in Rede stehende nationale Regelung grundsätzlich zum Schutze der Gesundheit gerechtfertigt.[639]

---

637 *EuGH*, Rs. 97/83 (Melkunie) 06.06.1984, Rn. 18; *EuGH*, Rs. C-319/05 (Kommission/Deutschland) 15.11.2007, Rn. 86.

638 *EuGH*, Rs. 174/82 (Sandoz) 14.07.1983, Rn. 15 f.

639 *EuGH*, Rs. 174/82 (Sandoz), Rn. 17.

Daran anschließend legte der Gerichtshof dar, dass es schwierig sei, die Verhältnismäßigkeit einer Beschränkung zu beurteilen, die Zusatzstoffe betreffe, deren charakteristische Besonderheiten es unmöglich machten, die mit der gesamten Nahrung aufgenommenen Mengen vorherzusehen oder zu kontrollieren. Dadurch lasse sich nicht mit ausreichender Sicherheit feststellen, inwieweit sie schädlich seien. Obwohl den Mitgliedstaaten „ein weiter Ermessensspielraum" einzuräumen sei, müssten sie zur Einhaltung des Verhältnismäßigkeitsgrundsatzes das Inverkehrbringen solcher Lebensmittel gestatten, wenn der Zusatz einem echten Bedürfnis, insbesondere im Hinblick auf Technologie oder Ernährung, entspräche.[640]

Im Urteil Sandoz äußerte sich der Gerichtshof folglich nicht nur zum Bestehen eines „bestimmten Ermessensspielraums", sondern machte erstmalig auch Ausführungen zu dessen Umfang. Unter der Voraussetzung, dass eine eventuelle Schädlichkeit des Zusatzstoffs ungewiss ist, kann den Mitgliedstaaten ein weiter Spielraum eingeräumt werden.[641]

Einen weiteren Entwicklungsschritt brachte das Urteil in der Sache Kommission gegen Dänemark aus dem Jahr 2003, in dem es ebenfalls um das Inverkehrbringen von mit Vitaminen und Mineralstoffen angereicherten Lebensmitteln ging. Nachdem der Gerichtshof wie gewohnt ausgeführt hatte, dass es angesichts der bestehenden Unsicherheiten beim gegenwärtigen Forschungsstand und in Ermangelung einer Harmonisierung Sache der Mitgliedstaaten sei, das Schutzniveau zu bestimmen,[642] erklärte er:

> Dieses Ermessen betreffend den Schutz der öffentlichen Gesundheit ist von besonderer Bedeutung, wenn nachgewiesen wird, dass beim gegenwärtigen Stand der wissenschaftlichen Forschung Unsicherheiten hinsichtlich bestimmter Stoffe wie der Vitamine bestehen, die im Allgemeinen an sich nicht schädlich sind, jedoch bei übermäßigem Verzehr mit der gesamten in ihrer Zusammensetzung unvorhersehbaren und unkontrollierbaren Nahrung besondere schädliche Wirkungen hervorrufen können.[643]

---

640 *EuGH*, Rs. 174/82 (Sandoz), Fn. 19.

641 Im Englischen: „certain discretion"/ „wide discretion"; im Französischen: „une certaine marge d'appréciation"/ „une large marge d'appréciation"; in der Verfahrenssprache Niederländisch: „een zekere discretionaire bevoegdheid"/ „ruime Beoordelingsvrijheid" bzw. „een ruime beoordelingsmarge".

642 *EuGH*, Rs. C-192/01 (Kommission/Dänemark), Rn. 2 und Rn. 42.

643 *EuGH*, Rs. C-192/01 (Kommission/Dänemark), Rn. 43, wiederholt in *EuGH*, Rs. C-24/00 (Kommission/Frankreich), Rn. 50; *EuGH*, Rs. C-95/01 (Greenham), Rn. 38; *EuGH*, Rs. C-387/99 (Kommission/Deutschland), Rn. 69; *EuGH*, Rs. C-150/00 (Kommission/Österreich) 29.04.2004, Rn. 86.

Während in der deutschen Übersetzung von „besonderer Bedeutung“ des Ermessens die Rede ist, heißt es in der entsprechenden englischen Sprachfassung:

> That discretion relating to the protection of public health is particularly wide […].

Auch wenn vieles darauf hindeutet, dass es sich bei der englischen Formulierung um eine Übersetzungsungenauigkeit handelt, und es nicht heißen sollte, dass das Ermessen besonders groß, sondern von großer Bedeutung sei,[644] verdeutlicht der Gerichtshof noch einmal, welche Auswirkungen wissenschaftliche Unsicherheiten auf den mitgliedstaatlichen Spielraum bei der Bestimmung des Schutzniveaus haben können. Noch deutlicher wird der Gerichtshof dann ein Jahr später im Zusammenhang mit einer mitgliedstaatlichen Regelung, die in Anwendung des Vorsorgeprinzips das Inverkehrbringen von Lebensmitteln ohne vorherige Zulassung verbietet, sofern ihnen Vitamine oder Mineralstoffe hinzugefügt wurden. Nachdem er seine bis dahin etablierte Rechtsprechung zum Ermessen der Mitgliedstaaten und der besonderen Bedeutung dieses Ermessens im Falle wissenschaftlicher Unsicherheiten wiederholt hatte,[645] führte er aus, dass die Mitgliedstaaten bei der Ausübung ihres Ermessens den Grundsatz der Verhältnismäßigkeit zu berücksichtigen hätten.[646] Nach einer Wiederholung der an die Verhältnismäßigkeitsprüfung geknüpften Anforderungen[647] erklärte der Gerichtshof:

> In vielen Fällen wird die Bewertung dieser Elemente ergeben, dass insoweit erhebliche wissenschaftliche und praktische Unsicherheit besteht. Eine solche Unsicherheit, die vom Begriff der Vorsorge nicht zu trennen ist, wirkt sich auf

---

644 Dies ergibt ein Vergleich der verschiedenen erschienen Sprachfassungen des Urteils. Nur die englische und die schwedische Übersetzung des Urteils geben wieder, dass das Ermessen besonders weit oder groß sei, während die anderen Sprachfassungen, darunter auch die Fassungen in den Verfahrenssprachen von der besonderen Bedeutung des Ermessens ausgehen. Zudem ist die englische Übersetzung nicht in allen Urteilen einheitlich, so wird zuweilen auch die Übersetzung „particularly important“ gewählt, die sich dann wiederum mit den übrigen Sprachfassungen deckt, siehe *EuGH*, Rs. C-387/99 (Kommission/Deutschland), Rn. 69.

645 *EuGH*, Rs. C-41/02 (Kommission/Niederlande) 02.12.2004, Rn. 42 f.

646 *EuGH*, Rs. C-41/02 (Kommission/Niederlande), Rn. 46.

647 *EuGH*, Rs. C-41/02 (Kommission/Niederlande), Rn. 47 ff.

> den Umfang des Ermessens des Mitgliedstaats und damit auch auf die Art und Weise der Anwendung des Verhältnismäßigkeitsgrundsatzes aus.[648]

Unter solchen Umständen sei es einem Mitgliedstaat zuzugestehen, dass er nach dem Vorsorgeprinzip Schutzmaßnahmen treffe, ohne abwarten zu müssen, dass das Vorliegen und die Größe der Gefahr klar dargelegt seien.[649] Dies darf jedoch nicht darüber hinwegtäuschen, dass der Gerichtshof das Vorliegen der von ihm aufgestellten Voraussetzungen für die Anwendung des Vorsorgeprinzips streng überwacht und dass selbst bei Einhaltung dieser Kriterien der Erlass beschränkender Maßnahmen nur gerechtfertigt ist, wenn diese objektiv und nicht diskriminierend sind.[650]

Festzuhalten bleibt somit, dass der Stand der aktuellen Forschung zwar den mitgliedstaatlichen Spielraum bei der Bestimmung des Schutzumfangs begrenzen kann, dass andererseits aber wissenschaftliche Ungenauigkeiten in Bezug auf die Gefährlichkeit eines Stoffs den Spielraum zusätzlich legitimieren und dass das Ausmaß der Unsicherheit sogar den Umfang des Spielraums erweitern kann: je größer die wissenschaftliche Unsicherheit über die Schädlichkeit eines Stoffs, desto weiter der mitgliedstaatliche Spielraum. Der Nachweis über das tatsächliche Bestehen wissenschaftlicher Unsicherheit und das damit verbundene Risiko einer Gesundheitsgefahr oder -schädigung wird vom Gerichtshof jedoch grundsätzlich verlangt und streng kontrolliert, sodass selbst beim Bestehen wissenschaftlicher Unsicherheiten ein bloßes Berufen auf angebliche, ungewisse Gefahren nicht ausreicht.[651]

(iv.) Relevanz nationaler Besonderheiten?

In der Rechtsprechung des Gerichtshofs zum Rechtfertigungsgrund des menschlichen Gesundheits- und Lebensschutzes nach Art. 36 AEUV lassen sich zuweilen auch Passagen finden, in denen nationale Eigenarten be-

---

648 *EuGH*, Rs. C-41/02 (Kommission/Niederlande), Rn. 51.

649 *EuGH*, Rs. C-333/08 (Kommission/Frankreich), Rn. 91.

650 *EuGH*, Rs. C-333/08 (Kommission/Frankreich), Rn. 92 ff; *EuGH*, Rs. C-41/02 (Kommission/Niederlande), Rn. 53 ff.

651 Ebenso, aber differenzierter und über den Bereich der Grundfreiheiten hinausgehend *Dąbrowska-Kłosińska, P.*, Risk, Precaution and Scientific Complexity before the Court of Justice of the European Union, in: Gruszczynski/Wouter (Hrsg.), Deference in International Courts and Tribunals (2014), 192, S. 197 ff.

rücksichtigt werden. Dies legt den Schluss nahe, dass in diesem Zusammenhang implizit mitgliedstaatliche Spielräume gewährt werden könnten.

In der Rechtssache Melkunie wurden dem Gerichtshof Fragen zur Vereinbarkeit einer niederländischen Regelung, die mikrobiologische Anforderungen an Milcherzeugnisse stellt, mit den Artikeln 30 ff. EWG vorgelegt. Zum Erfordernis der Festlegung eines Grenzwerts für nichtpathogene Mikroorganismen, die sich in Reinkultur züchten lassen, führte der Gerichtshof aus, dass es angesichts der wissenschaftlichen Unsicherheiten in diesem Bereich Sache der Mitgliedstaaten sei, das Niveau zu bestimmen, auf dem sie den Gesundheitsschutz gewährleisten wollen.[652] Die von der nationalen Regelung betroffene Firma Melkunie machte geltend, dass die Maßnahme, einen Grenzwert für nichtpathogene Mikroorganismen im letztmöglichen Verkaufszeitpunkt eines pasteurisierten Erzeugnisses festzulegen, als übertrieben streng zu bewerten sei. Der Gerichtshof führte aus, dass es zur Beurteilung der Gültigkeit der nationalen Vorschrift zulässig sei,

> […] die nationalen Gewohnheiten zu berücksichtigen, nach denen solche Erzeugnisse von Privatleuten vor dem Verzehr eine bestimmte Zeit unter weniger günstigen Umständen aufbewahrt werden als in den Kühlräumen der Händler.[653]

Weitere in diese Kategorie fallende Urteile betreffen Vermarktungsverbote von Lebensmitteln wegen zu hohen Schädlingsbekämpfungsmittelanteils. In der Rechtssache Heijn führte der Gerichtshof zum Vermarktungsverbot von Äpfeln, die mit Vinchlozolin behandelt wurden, aus, dass die Mitgliedstaaten mangels Harmonisierung grundsätzlich befugt seien, Bestimmungen über das zulässige Höchstmaß an Rückständen zu treffen, wobei diese Befugnis freilich durch Art. 36 S. 2 EWG beschränkt sei.[654] Der Gerichtshof legte dar, dass die Unvorhersehbarkeit und Unkontrollierbarkeit der durch Rückstände in Nahrungsmitteln aufgenommenen Mengen strenge Maßnahmen rechtfertigen würden[655], und erklärte weiterhin:

> Über die Rückstände solcher Schädlingsbekämpfungsmittel in Lebensmitteln, die von der einschlägigen Gemeinschaftsregelung nicht erfaßt werden, kön-

652 *EuGH*, Rs. 97/83 (Melkunie), Rn. 17 f.

653 *EuGH*, Rs. 97/83 (Melkunie), Rn. 19; auf Englisch: „[…]is also legitimate, as the Netherlands Government maintains, to take account of national consumption habits […].“

654 *EuGH*, Rs. 94/83 (Heijn) 19.09.1984, Rn. 14.

655 *EuGH*, Rs. 94/83 (Heijn), Rn. 15.

> nen die Mitgliedstaaten Regelungen treffen, die je nach Land nach Maßgabe der klimatischen Verhältnisse, der Ernährungsgewohnheiten der Bevölkerung sowie deren Gesundheitszustand unterschiedlich sein mögen. Sie können dabei für ein und dasselbe Schädlingsbekämpfungsmittel bei verschiedenen Nahrungsmitteln unterschiedliche Sätze zulassen.[656]

Einhergehend mit der Voraussetzung, dass die Mitgliedstaaten den Höchstgehalt revidieren, wenn sie den Eindruck gewinnen, dass sich die Gründe für seine Festsetzung geändert hätten, und mit dem Erfordernis der Gewährung von Ausnahmen in einem leicht zugänglichen Verfahren für den Fall, dass sich eine bestimmte Verwendung des betreffenden Mittels als ungefährlich herausstelle, bestätigte der Gerichtshof diese Rechtsprechung zwei Jahre später in der Rechtssache Mirepoix.[657]

In Zurückhaltung übte sich der Gerichtshof auch im Zusammenhang mit skandinavischen Regelungen über den Umgang mit Alkohol.[658] In der Sache Ahokainen erklärte er, dass die Mitgliedstaaten über einen Beurteilungsspielraum[659] verfügen würden, um unter Berücksichtigung der jeweiligen sozialen Umstände und der Bedeutung, die sie Zielen wie der Verhinderung des Alkoholmissbrauchs und der Bekämpfung der damit zusammenhängenden Kriminalitätsformen beimessen, zu bestimmen, welche Maßnahmen geeignet seien, um konkrete Ergebnisse herbeizuführen.[660]

Eine weitere Fallgruppe, in der nationale Eigenheiten Berücksichtigung finden, betrifft erneut die Zulassung von Zusatzstoffen in Lebensmitteln. In der Rechtssache Muller ging es um die in Frankreich verbotene Verwendung des Zusatzstoffs E 475 in Backwaren. Die französische Regierung führte diesbezüglich aus:

> […] die nationalen Behörden seien auf dem Gebiet der Zusatzstoffe berechtigt und verpflichtet, den Schutz der Gesundheit der Verbraucher unter Berücksichtigung ihrer Ernährungsgewohnheiten sicherzustellen. An der Unschädlichkeit des Stoffes E 475 bestünden namentlich unter Berücksichtigung

656 *EuGH*, Rs. 94/83 (Heijn), Rn. 16.

657 *EuGH*, Rs. 54/85 (Mirepoix) 13.03.1986, Rn. 15 ff.

658 *EuGH*, Rs. C-405/98 (Gourmet International Products) 08.03.2001, Rn. 28 ff; *EuGH*, Rs. C-434/04 (Ahokainen) 28.09.2006, Rn. 31 ff.; mit Hinweisen dagegen *EuGH*, Rs. C-198/14 (Visnapuu), Rn. 117 und mit sehr ausführlichen Hinweisen zur Verhältnismäßigkeit *EuGH*, Rs. C-333/14 (Scotch Whisky Association) 23.12.2015, Rn. 36 ff.

659 In der Verfahrenssprache: „harkintavaltaa" (≈ margin of appreciation/ margin of discretion); im Englischen: „margin of discretion"; im Französischen: „marge d'appréciation".

660 *EuGH*, Rs. C-434/04 (Ahokainen), Rn. 32.

> der Ernährungsgewohnheiten der französischen Bevölkerung ernsthafte Zweifel. Nach einer kürzlich in Frankreich durchgeführten Untersuchung bestehe die Gefahr, daß der vom Wissenschaftlichen Lebensmittelausschuß der Gemeinschaft vorgeschlagene ADI-Wert (Tageshöchstmenge) in Frankreich besonders bei Kindern, die besonders viele Backwaren verzehrten, überschritten werde.[661]

Der Gerichtshof entnahm den Akten, dass in Bezug auf die Bestimmung der kritischen Schädlichkeitsschwelle noch wissenschaftliche Unsicherheiten bestünden, da diese Schwelle von der mit der gesamten Nahrung aufgenommenen Menge von Zusatzstoffen abhänge und somit weitgehend von den Ernährungsgewohnheiten in den verschiedenen Mitgliedstaaten.[662] Er erklärte, dass

> [...] es unter derartigen Umständen mangels einer vollständigen gemeinschaftlichen Harmonisierung des betreffenden Bereichs Sache der Mitgliedstaaten [ist], unter Berücksichtigung sowohl der Ernährungsgewohnheiten ihrer Bevölkerung als auch der Erfordernisse des freien Warenverkehrs innerhalb der Gemeinschaft zu bestimmen, in welchem Umfang sie den Schutz der Gesundheit und des Lebens von Menschen gewährleisten wollen.[663]

In der Sache Kommission gegen Dänemark ging es dagegen nicht nur um die Essgewohnheiten, sondern um das Ernährungsbedürfnis der dänischen Bevölkerung. Die Kommission hielt ein Verbot des Inverkehrbringens von mit Vitaminen und Mineralstoffen angereicherten Lebensmitteln mit der Begründung, der Zusatz von Vitaminen oder Mineralstoffen entspreche keinem Ernährungsbedürfnis der Bevölkerung, für unionswidrig. Der Gerichtshof ging ausführlich im Rahmen der Verhältnismäßigkeitsprüfung auf das Vorsorgeprinzip und seine Anforderungen ein und erklärte:

> Hinzuzufügen ist, dass in einem solchen Rahmen das Kriterium des Ernährungsbedürfnisses der Bevölkerung eines Mitgliedstaats eine Rolle bei der von diesem vorgenommenen eingehenden Prüfung des Risikos spielen kann, das für die öffentliche Gesundheit mit dem Zusatz von Nährstoffen zu Lebensmitteln verbunden sein kann.[664]

Festzuhalten bleibt, dass der Gerichtshof den Mitgliedstaaten zugesteht, nationale Eigenheiten bei der Entscheidung über die Bestimmung des Schutzniveaus/-umfangs mitzuberücksichtigen. Die Notwendigkeit der

---

661 *EuGH*, Rs. 304/84 (Muller), Rn. 18.

662 *EuGH*, Rs. 304/84 (Muller), Rn. 20.

663 *EuGH*, Rs. 304/84 (Muller), Rn. 21

664 *EuGH*, Rs. C-192/01 (Kommission/Dänemark), Rn. 54; wiederholt in *EuGH*, Rs. C-95/01 (Greenham), Rn. 56.

Einbeziehung solcher Eigenheiten und ihre Gewichtung bei der Bestimmung des Schutzkonzepts werden vom Gerichtshof jedoch streng überprüft. In ständiger Rechtsprechung erklärt er, dass es Sache der nationalen Behörden sei, in jedem Einzelfall im Lichte der Ernährungsgewohnheiten und unter Berücksichtigung der Forschung nachzuweisen,[665] dass ihre Regelung zum wirksamen Schutz der Gesundheit erforderlich sei, da es sich bei Art. 36 AEUV um eine eng auszulegende Ausnahme handele.[666] Auch das Fehlen eines nationalen Ernährungsbedürfnisses allein kann nach Ansicht des Gerichtshofs kein völliges Verbot des Inverkehrbringens von Waren auf der Grundlage von Artikel 36 AEUV rechtfertigen.[667] Nationale Eigenheiten dürfen somit zwar grundsätzlich im Rahmen des bestehenden Beurteilungsspielraums mitberücksichtigt werden, was im Ergebnis dazu führen kann, dass landestypisch unterschiedliche Maßstäbe gelten. Diese Unterschiede beruhen jedoch nicht auf der Einräumung kontrollreduzierter Beurteilungsspielräume zugunsten nationaler Besonderheiten, bei denen der Gerichtshof den Mitgliedstaaten weitgehend freie Hand ließe.[668]

Eine andere Bewertung lässt die Rechtsprechung des Gerichtshofs zum Schädlingsbekämpfungsmittelanteil in Lebensmitteln zu. In diesen Fällen hat der Gerichtshof den Mitgliedstaaten, sofern die entsprechenden Schädlingsbekämpfungsmittel nicht von der einschlägigen Gemeinschaftsregelung erfasst waren, aufgrund lokaler Unterschiede tatsächlich einen kontrollreduzierten Beurteilungsspielraum zugestanden. Gleiches gilt für die Rechtsprechung des Gerichtshofs zu skandinavischen Regelungen im Umgang mit Alkohol. Angesichts der Tatsache, dass der Umgang mit Alkohol in Skandinavien ein sensibles gesellschaftliches Thema darstellt, hat der Gerichtshof seine Kontrolldichte in den Anfangsurteilen stark zurückge-

---

665 In der deutschen Übersetzung des Urteils Muller *EuGH*, Rs. 304/84 (Muller), Rn. 24, heißt es, dass sie dabei den Ergebnissen der internationalen Forschung Rechnung tragen müssen und bei deren Beurteilung die besonderen Essgewohnheiten im Einfuhrmitgliedstaat berücksichtigen könnten, was einen Entscheidungsspielraum der Mitgliedstaaten suggeriert. Diese Übersetzung deckt sich jedoch nicht mit der Formulierung im Französischen, der Verfahrenssprache der Rechtssache, und ebenso wenig mit späteren Urteilen des Gerichtshofs in deutscher Sprache, in denen er diese Rechtsprechung wiederholt, siehe beispielhaft *EuGH*, Rs. C-24/00 (Kommission/Frankreich), Rn. 53.

666 *EuGH*, Rs. C-24/00 (Kommission/Frankreich), Rn. 53.

667 *EuGH*, Rs. C-192/01 (Kommission/Dänemark), Rn. 54.

668 Gleiches trifft wohl auch für die Rechtssache Melkunie zu.

nommen und den Mitgliedstaaten unter Berücksichtigung der jeweiligen sozialen Umstände einen echten Spielraum belassen.

(v.) ‚Better position' des vorlegenden Gerichts

Im Zusammenhang mit der Prüfung der Verhältnismäßigkeit betont der Gerichtshof oftmals, dass es für die Beurteilung der Verhältnismäßigkeit der Untersuchung der rechtlichen und tatsächlichen Umstände bedürfe, die die Lage in dem betroffenen Mitgliedstaat kennzeichnen, und die durchzuführen das vorlegende Gericht besser in der Lage sei als der Gerichtshof.[669] Diese ‚bessere Lage' des nationalen Gerichts wird vom Gerichtshof ausschließlich im Zusammenhang mit Vorabentscheidungsverfahren angeführt, weshalb sich die Frage stellt, ob es sich dabei um eine verfahrensrechtliche Besonderheit handelt oder um einen Faktor, der grundsätzlich die Einräumung von Beurteilungsspielräumen (mit-)begründen kann.[670]

(vi.) Einfluss der Rechts- und Sachlage in anderen Mitgliedstaaten

Es gilt zudem zu untersuchen, inwiefern der Gerichtshof die Rechts- und Sachlage in anderen Mitgliedstaaten zur Beurteilung der Unionsrechtswidrigkeit mitgliedstaatlicher Beschränkungen heranzieht und ob sich diese gegebenenfalls auf den mitgliedstaatlichen Spielraum auswirkt.

In der Rechtssache Melkunie, in der es – wie schon erwähnt – um eine Regelung zur Festlegung eines Grenzwerts für nichtpathogene Mikroorganismen in Milcherzeugnissen ging, erklärte der Gerichtshof, dass zunächst festzuhalten sei, dass die Mitgliedstaaten, die ebenfalls einen Grenzwert für nichtpathogene Mikroorganismen festgelegt hätten, Grenzwerte in derselben Größenordnung vorgeschrieben hätten wie im niederländischen Melkbesluit. Wenn ferner wissenschaftliche Unsicherheiten bestünden und keine Harmonisierung vorliege, sei es Sache der Mitgliedstaaten, das Ni-

---

669 *EuGH*, Rs. C-405/98 (Gourmet International Products), Rn. 33; *EuGH*, Rs. C-434/04 (Ahokainen), Rn. 38; *EuGH*, Rs. C-198/14 (Visnapuu), Rn. 128; *EuGH*, Rs. C-333/14 (Scotch Whisky Association), Rn. 49 ff.

670 Die Beantwortung dieser Frage erfolgt an späterer Stelle, siehe Punkt IV. /3.

veau zu bestimmen, auf dem sie den Schutz der Gesundheit gewährleisten wollen.[671]

Es stellt sich nunmehr die Frage, inwiefern der Umstand, dass die übrigen Mitgliedstaaten ähnliche Grenzwerte festgelegt hatten, Einfluss darauf hatte, dass der Gerichtshof die Bestimmung des Schutzniveaus zur Sache des Mitgliedstaats erklärte. Es kann zunächst angenommen werden, dass die Rechtslage in anderen Mitgliedstaaten neben dem Stand der Forschung und der Nichtharmonisierung die Einräumung des mitgliedstaatlichen Spielraums (mit-)begründete. Die Rechtslage in anderen Mitgliedstaaten könnte somit als weiteres Kriterium betrachtet werden, das die Einräumung von Spielräumen determiniert. Diese Annahme deckt sich insofern mit dem Wortlaut des Urteils, als der Gerichtshof „zunächst“[672] auf die Lage in den anderen Mitgliedstaaten eingeht und „ferner“[673] erklärt, dass es aufgrund wissenschaftlicher Unsicherheiten und in Ermangelung einer Harmonisierung Sache der Mitgliedstaaten sei, das Schutzniveau zu bestimmen. Einer solchen Lesart steht allerdings die nachfolgende Passage im Urteil entgegen, nach der es „schließlich“[674] zulässig erscheine, nationale Gewohnheiten bei der Bestimmung des Messzeitpunkts zu berücksichtigen.[675] Demnach handelt es sich eher um eine Aufzählung verschiedener, nebeneinander stehender Argumente, die gegen die Unionsrechtswidrigkeit der niederländischen Regelung sprechen. Die Rechtslage in den übrigen Mitgliedstaaten begründet somit nicht den mitgliedstaatlichen Spielraum, sondern steht der daraus resultierenden konkreten mitgliedstaatlichen Beurteilung als Argument zur Seite, um zu begründen, dass die niederländische Regelung notwendig sei und den Anforderungen von Art. 36 EWG entspreche.

Die Lage in anderen Mitgliedstaaten wurde abgesehen davon noch relevant, wenn es um die Frage ging, ob für den Einsatz eines Zusatzstoffs in Lebensmitteln ein echtes Bedürfnis bestehe. In der Rechtssache Motte führte der Gerichtshof bezüglich der Zulassung von Farbstoffen in Lebensmitteln aus, dass es angesichts wissenschaftlicher Unsicherheiten und in Ermangelung einer Harmonisierung Sache der Mitgliedstaaten sei, das

671 *EuGH*, Rs. 97/83 (Melkunie), Rn. 17 f.

672 Im Englischen: „It must be first noted“; im Französischen: „Il convient de noter en primer lieu“.

673 Im Englischen: „Secondly“; im Französischen: „S'il apparaît ensuite“.

674 Im Englischen: „Lastly“; im Französischen: „Il apparaît enfin“.

675 *EuGH*, Rs. 97/83 (Melkunie), Rn. 19.

Schutzniveau zu bestimmen. Nachdem er erklärt hatte, dass die Arbeiten des wissenschaftlichen Lebensmittelausschusses der Gemeinschaft nicht dazu angetan seien, die Verantwortung der nationalen Behörden für den Gesundheitsschutz auszuschließen,[676] fügte er hinzu:

> Hinzu kommt, daß gemäß einer in allen Mitgliedstaaten bestehenden Tendenz, die Verwendung von Zusatzstoffen soweit wie möglich zu begrenzen, die Zulässigkeit eines Zusatzstoffes bei der Zubereitung eines bestimmten Lebensmittels nicht nur vom Schädlichkeitsgrad des Zusatzstoffes, sondern auch davon abhängt, ob seine Zugabe zu diesem Lebensmittel erforderlich ist.[677]

Der Gerichtshof kam daraufhin zu dem Schluss, dass die Mitgliedstaaten im Rahmen ihres Genehmigungsverfahrens unter anderem zu prüfen hätten, ob für die Färbung des Lebensmittels ein Bedürfnis technologischer, wirtschaftlicher oder psychologischer Art bestehe.[678]

In diesem Fall hatte der Blick auf die in anderen Mitgliedstaaten bestehenden Tendenzen zur Verwendung von Zusatzstoffen somit dazu geführt, dass der Gerichtshof ein weiteres Kriterium entwickelte, das die Mitgliedstaaten bei der Ausgestaltung ihres selbst gewählten Schutzsystems für die Gesundheit berücksichtigen müssen. Der Blick auf die Lage in anderen Mitgliedstaaten hatte somit zur Folge, dass der Spielraum der Mitgliedstaaten bei der Bestimmung des Schutzkonzepts durch die daraus hervorgegangene Entwicklung eines weiteren nachzuweisenden Erfordernisses zur Rechtfertigung ihrer Regelungen begrenzt wurde. In weiteren Entscheidungen zum Nachweis, dass ein bzw. kein echtes Bedürfnis für die Verwendung des Zusatzstoffs besteht, hat der Gerichtshof dann ausgeführt, dass der Nachweis eines solchen Bedürfnisses unter Berücksichtigung der Ergebnisse der internationalen wissenschaftlichen Forschung erfolgen müsse. Ebenso zu berücksichtigen sei die Bewertung durch die Behörden des Mitgliedstaats, in dem das Erzeugnis rechtmäßig hergestellt und in den Verkehr gebracht worden ist[679], bzw. die Bewertung durch die Behörden der übrigen Mitgliedstaaten.[680] In diesem Fall haben die Tendenzen in anderen Mitgliedstaaten nicht nur zur Entwicklung dieses Kriteriums beigetragen, sondern sie sind auch bei der Beurteilung darüber zu

676 *EuGH*, Rs. 247/84 (Motte), Rn. 19 f.
677 *EuGH*, Rs. 247/84 (Motte), Rn. 21.
678 *EuGH*, Rs. 247/84 (Motte), Rn. 21 f.
679 *EuGH*, Rs. 178/84 (Kommission/Deutschland), Rn. 52.
680 *EuGH*, Rs. C-293/89 (Kommission/Griechenland) 16.07.1992, Rn. 11.

berücksichtigen, ob ein echtes Bedürfnis für die Verwendung von Zusatzstoffen besteht.

Festzuhalten bleibt damit, dass der Gerichtshof bisweilen die Rechts- und Sachlage in den übrigen Mitgliedstaaten heranzieht, dass sich diese jedoch nicht unmittelbar auf die grundsätzliche Einräumung mitgliedstaatlicher Spielräume zur Bestimmung des Schutzniveaus/-umfangs auswirkt. In einem Fall zog er die Rechtslage in anderen Mitgliedstaaten als Argument dafür heran, dass eine innerhalb des Spielraums ergangene mitgliedstaatliche Regelung zum Schutzniveau als nicht unionsrechtswidrig zu bewerten sei. In anderen Fällen hat der Gerichtshof – auch – aus dem Bestehen einer gemeinsamen Tendenz in den Mitgliedstaaten das Erfordernis eines weiteren, zusätzlichen Nachweises entwickelt, der bei der Beurteilung, ob eine nationale Regelung aus Gründen des Gesundheitsschutzes gerechtfertigt werden kann, von dem jeweiligen Mitgliedstaat berücksichtigt und erbracht werden muss. Dadurch wurden die Rechtfertigungsanforderungen für die Mitgliedstaaten erhöht und ihr Spielraum gleichzeitig verringert. Zudem haben die Mitgliedstaaten bei der Berücksichtigung dieser zusätzlichen Anforderung wiederum die Bewertung der anderen Mitgliedstaaten zu berücksichtigen, sodass sich die Verringerung des Spielraums perpetuiert. Die Rechts- und Sachlage in den anderen Mitgliedstaaten hat somit, zumindest in geringem Maße, indirekte Auswirkungen auf den Umfang des mitgliedstaatlichen Spielraums bei der Schutzniveaubestimmung.

(5) Schlussfolgerung

Abschließend lässt sich festhalten, dass es nach ständiger Rechtsprechung des Gerichtshofs Sache der Mitgliedstaaten ist, das Niveau bzw. den Umfang des Gesundheits- und Lebensschutzes sowie die Mittel zur Erreichung zu bestimmen. Dies spricht für einen Spielraum („Ermessen") der Mitgliedstaaten, der jedoch nur in den durch den Vertrag gesetzten Grenzen besteht. Der Gerichtshof hat mit der Zeit diverse Anforderungen aus dem Verhältnismäßigkeitsgrundsatz abgeleitet, die an nationale Beschränkungen des Warenverkehrs zugunsten des Gesundheits- und Lebensschutzes zu stellen sind und deren Vorliegen, das von den Mitgliedstaaten nachzuweisen ist, er grundsätzlich genau kontrolliert. Der mitgliedstaatliche Spielraum wird somit durch die ausdifferenzierten Anforderungen an die Verhältnismäßigkeit einer Maßnahme und die damit einhergehende hohe Kontrolldichte des Gerichtshofs wieder beschränkt, wobei die Prüfung der

Verhältnismäßigkeit auch wieder wechselseitig durch den Spielraum („Beurteilungsspielraum“ bzw. „Wertungsspielraum“) beeinflusst werden kann. Inwiefern die Unterscheidung in der Terminologie zwischen „Ermessen“ im Zusammenhang mit der Gestaltung des Schutzkonzepts und „Beurteilungsspielraum“ im Zusammenhang mit der Verhältnismäßigkeitsprüfung vom Gerichtshof tatsächlich bewusst zur Differenzierung der Spielräume gewählt wurde, bleibt abzuwarten.

Es konnte zudem festgestellt werden, dass der Gerichtshof verschiedene Faktoren heranzieht, um das Bestehen eines mitgliedstaatlichen Spielraums zu begründen, und dass diese unter Umständen auch Einfluss auf dessen Umfang haben können. Faktoren, die vom Gerichtshof ausdrücklich zur Begründung mitgliedstaatlicher Beurteilungsspielräume herangezogen werden, sind zum einen das Nichtvorhandensein einer Harmonisierung und zum anderen der Stand der aktuellen Forschung. Der gegenwärtige Stand der Forschung ist zudem ein Faktor, der den Umfang mitgliedstaatlicher Spielräume maßgeblich bestimmt, wobei der Gerichtshof selbst beim Bestehen von Unsicherheiten einen Nachweis darüber verlangt und die nationale Risikobewertung überprüft, sodass auch die Proklamierung eines „weiten Beurteilungsspielraums“ nicht darüber hinwegtäuschen darf, dass der Gerichtshof seine Kontrolldichte kaum einschränkt. Darüber hinaus haben auch lokale Unterschiede wie Klimaverhältnisse im Zusammenhang mit Essgewohnheiten und dem Gesundheitszustand der Bevölkerung sowie soziale Besonderheiten implizit zu einem Spielraum der Mitgliedstaaten geführt, wobei diese Tendenz rückläufig zu sein scheint. Andere, einzelne nationale Eigenheiten wie Essgewohnheiten, Ernährungsbedürfnisse oder Verbrauchsgewohnheiten hat der Gerichtshof jedoch nur zur Berücksichtigung durch die mitgliedstaatlichen Stellen im Rahmen des Spielraums zugelassen, ohne dass diese Einfluss auf die Einräumung des mitgliedstaatlichen Spielraum gehabt hätten. Bezüglich des tatsächlichen Bestehens dieser Eigenheiten verlangt der Gerichtshof in der Regel einen Nachweis, dessen Vorliegen streng überprüft wird. Die Rechtslage in anderen Mitgliedstaaten ist nicht maßgeblich für die Einräumung von Spielräumen, kann jedoch mittelbar deren Umfang prägen. Bei der ‚besseren Lage‘ des vorlegenden Gerichts handelt es sich dann nicht um einen relevanten Faktor bei der Begründung mitgliedstaatlicher Beurteilungsspielräume, wenn es sich nur um eine prozessuale Besonderheit des Vorabentscheidungsverfahrens handelt, was an späterer Stelle geklärt werden soll. Inwiefern der Rang und die Bedeutung des geschützten Guts maßgeblich sind für die Einräumung mitgliedstaatlicher Spielräume, ergibt sich aus der Rechtsprechung nicht direkt und kann somit abschließend erst nach einer Untersuchung aller weiteren Rechtfertigungsgründe bestimmt werden.[681]

e) Schutz des nationalen Kulturguts

Ein weiterer in Art. 36 Satz 1 AEUV aufgelisteter Rechtfertigungsgrund dient dem Schutz des nationalen Kulturguts von künstlerischem, geschichtlichem oder archäologischem Wert. Dieser Rechtfertigungsgrund hat in der Rechtsprechung des Gerichtshofs noch keine große Bedeutung erlangt. In einem Verfahren der Kommission gegen Italien erklärte der Gerichtshof nur, dass diese Ausnahme aus Art. 36 EWG nicht auf Abgaben gleicher Wirkung im Sinne von Art. 16 EWG[682] übertragen werden könne.[683] Im Zusammenhang mit Buchpreisbindungen führte er im Jahr 1985 aus, dass Art. 36 EWG als Ausnahme von einer grundlegenden Vorschrift des Vertrags eng auszulegen sei und nicht auf Zielsetzungen ausgedehnt werden könne, die dort nicht ausdrücklich genannt würden. Dazu zählte er den Verbraucherschutz sowie den Schutz der Kreativität und kulturellen Vielfalt im Buchwesen.[684] Diese Rechtsprechung bestätigte er im Verlauf seiner Rechtsprechungstätigkeit:

> Hierzu ist zunächst festzustellen, dass die vom vorlegenden Gericht angeführten Ziele wie der Schutz der Bücher als Kulturgut keinen Rechtfertigungsgrund für einfuhrbeschränkende Maßnahmen im Sinne von Art. 30 EG darstellen können […]. Der Schutz der kulturellen Vielfalt fällt generell nämlich nicht unter den „[Schutz] des nationalen Kulturguts von künstlerischem, geschichtlichem oder archäologischem Wert" im Sinne von Art. 30 EG.[685]

Trotz der Inexistenz aussagekräftiger Rechtsprechung zu diesem Rechtfertigungsgrund ist man sich in der deutschsprachigen Literatur einig, dass den Mitgliedstaaten sowohl bei der Qualifikation eines Gegenstands als

681 Siehe dazu Punkt IV.
682 Heute Art. 30 AEUV.
683 *EuGH*, Rs. 7/68 (Kommission/Italien), S. 643 f.
684 *EuGH*, Rs. 229/83 (Association des Centres distributeurs Edouard Leclerc) 10.01.1985, Rn. 30.
685 *EuGH*, Rs. C-531/07 (Fachverband der Buch- und Medienwirtschaft) 30.04.2009, Rn. 32.

Kulturgut[686] als auch bei der Einschätzung des künstlerischen, geschichtlichen oder archäologischen Werts[687] ein Beurteilungsspielraum zustehe. Ferner falle dieser Beurteilungsspielraum nach Ansicht mancher Autoren großzügig aus.[688] Begründet wird dies unter anderem damit, dass die Feststellung, welche Gegenstände die Kultur eines Landes ausmachen, stark von individuellen Werturteilen abhängig sei und von Mitgliedstaat zu Mitgliedstaat variieren könne,[689] wobei selbst die Auffassungen von Sachverständigen diesbezüglich auseinandergehen könnten.[690] Die Einräumung eines Beurteilungsspielraums entspreche der größeren Sachnähe der Mitgliedstaaten,[691] wobei laut einigen Autoren ein Missbrauchsverbot die Grenze des Spielraums markiere.

Dass der Gerichtshof unter der Voraussetzung der Ermangelung einer Harmonisierung den Mitgliedstaaten auch in diesem Zusammenhang zugestehen könnte, dass es ihre Sache sei, zu entscheiden, auf welchem Niveau sie den Schutz nationalen Kulturguts sicherstellen wollen und wie dieses Niveau erreicht werden soll, scheint unter Bezugnahme auf die vorangegangenen Untersuchungsergebnisse nicht fernliegend. Ob und inwiefern er angesichts der Unschärfe des Begriffs „Kulturgut" und in Ermangelung einer Definition im Unionsrecht[692] auch erklären könnte, dass es den Mitgliedstaaten obliege, zu beurteilen, welche Werke unter den Begriff des Kulturguts fallen und ob diese von künstlerischem, geschichtlichem oder archäologischem Wert sind, erscheint fraglich. Nichtsdestotrotz würde der Gerichtshof Spielräume voraussichtlich nur in den durch den Vertrag gesetzten Grenzen gewähren, das heißt unter Einhaltung des Verhältnismäßigkeitsgrundsatzes. Die Einhaltung dessen würde er dabei wohl

---

686 *Frenz, W.* (Fn. 506), Rn. 1126; *Leible, S./Streinz, T.*, Art. 36 AEUV, in: Grabitz/Hilf/Nettesheim (Hrsg.), Das Recht der Europäischen Union (2016), Rn. 31; *Müller-Graff, P.-C.*, Art. 36 AEUV, in: Von der Groeben/Schwarze (Hrsg.), Europäisches Unionsrecht (2015), Rn. 66;

687 *Frenz, W.* (Fn. 506), Rn. 1127; *Leible, S./Streinz, T.* (Fn. 686), Rn. 31; *Müller-Graff, P.-C.* (Fn. 686), Rn. 67.

688 Behauptend *Frenz, W.* (Fn. 506), Rn. 1127 in Bezug auf den Wert des Kulturguts; vermutend *Millarg, I.*, Die Schranken des freien Warenverkehrs in der EG (2001), S. 154 in Bezug auf den „Tatbestand".

689 *Millarg, I.* (Fn. 688), S. 154.

690 *Müller-Graff, P.-C.* (Fn. 686), Rn. 67.

691 *Millarg, I.* (Fn. 688), S. 154.

692 *Müller-Graff, P.-C.* (Fn. 686), Rn. 65: Der Anhang der Richtlinie 93/7 EWG enthalte nur grob typisierte Beispiele.

ebenso streng kontrollieren wie bei den anderen Rechtfertigungsgründen und konkrete Nachweise verlangen für die diesbezüglich vorgebrachten Behauptungen der Mitgliedstaaten. Sofern sich Sachverständigengutachten widersprechen, also unter Experten auf diesem Gebiet Uneinigkeit besteht, wäre es denkbar, dass der Gerichtshof – in Anlehnung an seine Rechtsprechung zu wissenschaftlichen Unsicherheiten in Bezug auf Gesundheitsgefahren – von einem erweiterten Umfang des Spielraums ausgehen könnte.[693] Dies dürfte jedoch ebenso wenig wie im Bereich des Gesundheitsschutzes so verstanden werden, als ließe der Gerichtshof den Mitgliedstaaten durch Einräumung eines „weiten Beurteilungsspielraums" in solchen Fällen weitgehend freie Hand.

Es ist abschließend noch einmal explizit darauf hinzuweisen, dass es sich bei diesen Ausführungen nur um Vermutungen handelt, die angesichts der Tatsache, dass die praktisch wesentliche Frage der Rückgabe von Kulturgütern sekundärrechtlich geregelt ist,[694] wohl nie in einem vergleichbaren Maß geklärt werden wird wie beim Rechtfertigungsgrund zum Schutz der Gesundheit. Festzuhalten bleibt, dass die Auffassung, dass den Mitgliedstaaten im Zusammenhang mit dem Rechtfertigungsgrund zum Schutz des nationalen Kulturguts von künstlerischem, geschichtlichem oder archäologischem Wert ein, gegebenenfalls sogar weiter, Beurteilungsspielraum zustehe, allein auf Wortlautargumenten[695] und praktischen Erwägungen[696] beruht. Die an dieser Stelle hinzugefügten Anmerkungen stützen sich hingegen auf den Vergleich mit der Rechtsprechung zu den anderen Rechtfertigungsgründen des Art. 36 S. 1 AEUV und treten der missverständlichen Annahme entgegen, dass den Mitgliedstaaten in die-

---

693 Dies hinge aber wohl auch davon ab, welchen Rang der Gerichtshof dem Kulturgüterschutz zugestehen würde und ob er angesichts der Bedeutung des geschützten Guts Unsicherheiten hinsichtlich einer Gefährdung lieber zugunsten strengerer, das Gut im Zweifel aber schützender und damit den freien Warenverkehr belastender, Regelungen auflöst.

694 *Kingreen, T.* (Fn. 513), Rn. 206.

695 *Müller-Graff, P.-C.* (Fn. 686); Rn. 66 geht davon aus, dass den Mitgliedstaaten bei der Qualifikation eines Gegenstands als Kulturgut ein Beurteilungsspielraum zustehe, zumal der Begriff der Kultur umgangssprachlich die Gesamtheit der Lebensäußerungen eines Volkes und hierbei namentlich die Pflege und Veredelung des Vorgefundenen umfasse. Aus dem englischen und französischen Wortlaut „national treasures"/ „trésores nationaux" ergebe sich zudem die Grenze eines Missbrauchsverbots.

696 *Millarg, I.* (Fn. 688), S. 154, der die größere Sachnähe der Mitgliedstaaten betont, die jedoch auch im Zusammenhang mit anderen Rechtfertigungsgründen besteht.

sem Zusammenhang weite, stark kontrollreduzierte Beurteilungsspielräume zugestanden würden.

f) Schutz des gewerblichen und kommerziellen Eigentums

Als letzter in Art. 36 S. 1 AEUV aufgelisteter Rechtfertigungsgrund folgt der Schutz des gewerblichen und kommerziellen Eigentums. Darunter fallen verschiedene Ausschließlichkeitsrechte wie das Patentrecht, das Warenzeichenrecht, das Markenrecht, das Urheberrecht, das Geschmacksmusterrecht, das Sortenschutzrecht sowie Ursprungs- und Herkunftsbezeichnungen. Der Gerichtshof differenziert zwischen dem Bestand und der Ausübung eines Schutzrechts, wobei der Bestand durch die Bestimmungen des AEUV nicht berührt werde, die Ausübung jedoch beeinträchtigt werden könne.[697]

Der Gerichtshof hat in einigen Entscheidungen zum Patentrecht,[698] zum Urheberrecht[699] oder im Hinblick auf Muster, Modelle[700] und Marken[701] angemerkt, dass sich die Voraussetzungen und Modalitäten des Schutzes mangels einer Rechtsvereinheitlichung oder -angleichung innerhalb der Gemeinschaft nach nationalem Recht bestimmen würden. Es obliege somit dem nationalen Gesetzgeber, die Voraussetzungen und Modalitäten dieses Schutzes festzulegen, allerdings nur vorbehaltlich der in Artikel 36 S. 2 EWG festgelegten Grenzen.[702] Ähnliches hat der Gerichtshof auch

---

697 *Frenz, W.* (Fn. 506), Rn. 1129 ff. und zur Kritik an dieser Formel *Leible, S./ Streinz, T.* (Fn. 686), Rn. 35; *Müller-Graff, P.-C.* (Fn. 686), Rn. 77.

698 *EuGH*, Rs. 35/87 (Thetford) 30.06.1988, Rn. 12 ff.; *EuGH*, Rs. C-30/90 (Kommission/Vereinigtes Königreich) 18.02.1992, Rn. 16 f.

699 *EuGH*, Rs. 341/87 (Electrola) 24.01.1989, Rn. 11.

700 *EuGH*, Rs. 144/81 (Keurkoop) 14.09.1982, Rn. 18; *EuGH*, Rs. 238/87 (Volvo) 05.10.1988, Rn. 7.

701 *EuGH*, Rs. C-317/91 (Deutsche Renault) 30.11.1993, Rn. 20; *EuGH*, Rs. C-9/93 (IHT Internationale Heiztechnik) 22.06.1994, Rn. 18.

702 *EuGH*, Rs. C-317/91 (Deutsche Renault), Rn. 21; *EuGH*, Rs. C-9/93 (IHT Internationale Heiztechnik), Rn. 19; *EuGH*, Rs. 12/74 (Kommission/Deutschland) 20.02.1975, Rn. 16.

zum Schutz von Herkunfts- und Ursprungsbezeichnungen[703] erklärt.[704] In diesem Zusammenhang führte er aus, dass die in Rede stehenden Maßnahmen nur gerechtfertigt werden könnten, wenn sie erforderlich seien, um zu gewährleisten, dass die Ursprungsbezeichnung ihre spezifische Funktion erfülle.[705] Weiterhin hat der Gerichtshof unter anderem im Zusammenhang mit Markenrechten ausgeführt, dass es Sache des mit dem Ausgangsstreit befassten Gerichts sei, die Ähnlichkeit der betreffenden Waren zu beurteilen, da es sich um eine Frage handele, die die Feststellung von Tatsachen voraussetze, die allein dem nationalen Gericht unmittelbar bekannt seien und die insoweit der Zuständigkeit des Gerichtshofs im Rahmen eines Vorabentscheidungsverfahrens entzogen wären.[706]

Festzuhalten bleibt, dass der Gerichtshof auch im Rahmen des Rechtfertigungsgrunds zum Schutz des gewerblichen und kommerziellen Eigentums implizit ausdrückte, dass mitgliedstaatlichen Stellen Spielräume verbleiben würden. Dies gilt in Ermangelung einer Rechtsvereinheitlichung oder -angleichung auf europäischer Ebene für die Voraussetzungen und Modalitäten zum Schutz eines Immaterialgüterrechts, wobei dies weitaus weniger betont wird als im Zusammenhang mit dem Rechtfertigungsgrund zum Gesundheits- und Lebensschutz.[707] Nichtsdestotrotz unterliegen die mitgliedstaatlichen Spielräume auch in diesem Bereich Grenzen, deren Einhaltung vom Gerichtshof grundsätzlich genau kontrolliert wird. Ausführungen des Gerichtshofs zu Spielräumen nationaler Gerichte könnten auch an dieser Stelle auf Besonderheiten des prozessualen Rahmens, nämlich des Vorabentscheidungsverfahrens, zurückzuführen sein.[708]

---

703 Zu einer Unterscheidung der Begriffe siehe *EuGH*, Rs. C-3/91 (Exportur) 10.11.1992, Rn. 11; zur Einordnung dieses Rechtfertigungsgrunds unter Art. 36 AEUV in Abgrenzung zur Cassis-Rechtsprechung, siehe *Millarg, I.* (Fn. 688), S. 159.

704 *EuGH*, Rs. C-47/90 (Delhaize) 09.06.1992, Rn. 16.

705 *EuGH*, Rs. C-47/90 (Delhaize), Rn. 19, ebenso *EuGH*, Rs. C-388/95 (Belgien/Spanien) 16.05.2000, Rn. 22 ff.; grds. maßgeblich siehe: *Leible, S./Streinz, T.* (Fn. 686), Rn. 35 ff. mit einer jeweiligen Auflistung des „spezifischen Gegenstands" der verschiedenen Schutzrechte.

706 *EuGH*, Rs. C-9/93 (IHT Internationale Heiztechnik), Rn. 20.

707 In vielen Fällen hat der Gerichtshof dies gar nicht erwähnt, wie bspw. in den sogenannten Umpackfällen, siehe dazu unter anderem *EuGH*, Rs. 102/77 (Hoffmann – La Roche) 23.05.1978; *EuGH*, Rs. C-143/00 (Boehringer Ingelheim) 23.04.2002.

708 Dazu siehe unter Punkt V. /3.

g) Zusammenfassung

Die Untersuchung der verschiedenen in Art. 36 S. 1 AEUV aufgelisteten Rechtfertigungsgründe hat aufschlussreiche Erkenntnisse in Bezug auf die Einräumung mitgliedstaatlicher Spielräume durch den EuGH hervorgebracht, die an dieser Stelle noch einmal zusammengefasst und erläutert werden sollen.

Zum Rechtfertigungsgrund aus Gründen der öffentlichen Sittlichkeit gibt es nur sehr wenig Rechtsprechung; doch der Gerichtshof hat in den wenigen dazu ergangenen Urteilen dargelegt, dass es Sache der Mitgliedstaaten sei, den Begriff der „öffentlichen Sittlichkeit" im Einklang mit ihrer eigenen Wertordnung und in der von ihnen gewählten Form auszufüllen. In Bezug auf die damit einhergehende Kontrolldichte hat er jedoch gleich verdeutlicht, dass der mitgliedstaatliche Spielraum bei Maßnahmen zum Schutz der öffentlichen Sittlichkeit nicht frei von richterlicher Kontrolle sei, sondern dass die Verhältnismäßigkeit der Maßnahme bzw. die Anforderungen des Art. 36 S. 2 AEUV vom Gerichtshof überprüft würden. Zur Begründung des implizit gewährten mitgliedstaatlichen Spielraums im Zusammenhang mit der Auslegung des Begriffs „öffentliche Sittlichkeit" und der Form des Schutzes schwieg der Gerichtshof, während einer der Generalanwälte darauf abstellte, dass der Begriff der „öffentlichen Sittlichkeit" im Gegensatz beispielsweise zum Begriff der „Gesundheit" keiner objektiven Beurteilung und allgemeingültigen Definition für die ganze Union zugänglich sei, da er von persönlichen Anschauungen abhänge.

Im Zusammenhang mit dem Rechtfertigungsgrund der öffentlichen Ordnung gewährte der Gerichtshof erneut implizit mitgliedstaatliche Spielräume, indem er sinngemäß ausführte, dass der Schutz wesentlicher Belange des Staats Sache der Mitgliedstaaten sei. Auch in diesem Zusammenhang machte der Gerichtshof jedoch deutlich, dass er nichtsdestotrotz die Verhältnismäßigkeit der diesbezüglich getroffenen nationalen Maßnahmen uneingeschränkt überprüfe. Eine Sonderkonstellation ergab sich beim Vorliegen mitgliedstaatlichen Unterlassens. Der Gerichtshof sprach den Mitgliedstaaten in diesem Rahmen zwar ausdrücklich eine „marge d'appréciation" zu, gewährte diese jedoch in Bezug auf die mitgliedstaatliche Wahl der Mittel zum Schutz des freien Warenverkehrs und nicht in Bezug auf den Rechtfertigungsgrund der öffentlichen Ordnung.

In Bezug auf den Rechtfertigungsgrund der öffentlichen Sicherheit hat der Gerichtshof in der dazu existierenden, ebenfalls spärlichen, Rechtsprechung weder explizit noch implizit mitgliedstaatliche Spielräume gewährt.[709] Die Nichtgewährung mitgliedstaatlicher Spielräume im Zusammenhang mit einem Rechtfertigungsgrund wie dem der öffentlichen Sicherheit mag angesichts des starken Bezugs zur nationalen Souveränität überraschen. Doch die hohe Prüfungsdichte des Gerichtshofs im Bereich der Rechtfertigung aus Gründen der öffentlichen Sicherheit muss vor dem Hintergrund des Art. 346 Abs. 1 lit. b AEUV gesehen werden, wonach jeder Mitgliedstaat Maßnahmen ergreifen kann, die seines Erachtens für die Wahrung seiner wesentlichen Sicherheitsinteressen erforderlich sind, soweit sie die Erzeugung von Waffen, Munition und Kriegsmaterial oder den Handel damit betreffen. Im Rahmen dieser Derogationsbefugnis der Mitgliedstaaten, die keinen allgemeinen Kompetenzvorbehalt darstellt,[710] wird den Mitgliedstaaten ein weites Ermessen gewährt, welches sich bereits aus dem Wortlaut der Vorschrift ableiten lässt („seines Erachtens").[711] Für Waren, die nicht in die nach Art. 346 Abs. 2 AEUV erforderliche Liste aufgenommen wurden, und bei Ablehnung der Möglichkeit einer einseitigen Ergänzungsmöglichkeit durch die Mitgliedstaaten bleibt zusätzlich dann die Rechtfertigung von Beschränkungen nach Art. 36 AEUV.[712] Allerdings handelt es sich hierbei nur um einen Erklärungsversuch für die – auf den ersten Blick überraschende – gleichbleibende, hohe Kontrolldichte des Gerichtshofs in diesem Bereich.

Am stärksten ausgeprägt und ausdifferenziert ist die Rechtsprechung zu mitgliedstaatlichen Spielräumen im Zusammenhang mit dem Rechtfertigungsgrund zum Schutze der Gesundheit und des Lebens von Menschen. In ständiger Rechtsprechung wiederholt der Gerichtshof hierbei, dass es Sache der Mitgliedstaaten sei, zu entscheiden, auf welchem Niveau bzw. in welchem Umfang sie den Schutz sicherstellen wollen und wie dieses erreicht werden soll. Dieser Spielraum wird jedoch auch hier durch den Verhältnismäßigkeitsgrundsatz bzw. Art. 36 S. 2 AEUV beschränkt, wobei dessen Prüfung wiederum durch den mitgliedstaatlichen Spielraum beeinflusst wird. Im Hinblick darauf werden vom Gerichtshof unterschiedliche

---

709 Inwiefern die Spielräume, die dem jeweils vorlegenden Gericht gewährt wurden, allein der Ausgestaltung des Vorabentscheidungsverfahrens geschuldet sind, siehe Punkt V. /3.

710 *Kokott, J.*, Art. 346 AEUV, in: Streinz (Hrsg.), EUV/AEUV (2012), Rn. 1.

711 *Kokott, J.* (Fn. 710), Rn. 4; *EuG*, Rs. T-26/01 (Fiocchi Munizioni/Kommission) 30.09.2003, Rn. 58.

712 *Kokott, J.* (Fn. 710), Rn. 13 f.

Begrifflichkeiten verwendet. Im Zusammenhang mit der Ausgestaltung des Schutzkonzepts spricht er von mitgliedstaatlichem „Ermessen", und bezüglich der sich daraus ergebenden Konsequenz divergierender Schutzniveaus unter den Mitgliedstaaten gewährt er Letzteren bei der Beurteilung der Verhältnismäßigkeit „Beurteilungsspielräume" bzw. „Wertungsspielräume". Der Gerichtshof hat im Zusammenhang mit dem Gesundheitsschutz zudem mittlerweile eine ganze Reihe von Kriterien aus dem Verhältnismäßigkeitsgrundsatz abgeleitet, deren Vorliegen für eine gelungene Rechtfertigung notwendig ist. Das Vorliegen dieser Kriterien haben die Mitgliedstaaten nachzuweisen, was der Gerichtshof streng überprüft. Die Grenzen des mitgliedstaatlichen Spielraums werden dadurch enger gezogen und dieser damit stärker eingeschränkt. Weiterhin hat der Gerichtshof im Rahmen der Rechtfertigungsprüfung zum Gesundheits- und Lebensschutz Faktoren genannt, die die Gewährung mitgliedstaatlicher Spielräume begründen und ihren Umfang beeinflussen können. Insbesondere hervorzuheben sind dabei der Stand der Harmonisierung und Rechtsvereinheitlichung der betroffenen Materie auf Unionsebene und der Stand der aktuellen Forschung. Vor allem wissenschaftliche Unsicherheiten hinsichtlich des Bestehens einer Gesundheitsgefahr führten darüber hinaus zu einem erweiterten Ermessen der Mitgliedstaaten in Bezug auf den Schutz der Gesundheit und des Lebens.

Im Zusammenhang mit dem Rechtfertigungsgrund zum Schutze des nationalen Kulturguts von künstlerischem, geschichtlichem oder archäologischem Wert ließ sich keine aufschlussreiche Rechtsprechung über die Gewährung von Spielräumen finden. Auch wenn in der deutschen rechtswissenschaftlichen Literatur davon ausgegangen wird, dass in diesem Zusammenhang weite Spielräume gewährt würden, darf dies nicht über die dennoch wohl bestehenden Grenzen und die vermutlich auch in diesem Bereich zu erwartende hohe Kontrolldichte des Gerichtshofs hinwegtäuschen.

Zum Rechtfertigungsgrund zum Schutze des gewerblichen und kommerziellen Eigentums führte der Gerichtshof aus, dass die Voraussetzungen und Modalitäten des Schutzes sich nach nationalem Recht bestimmen würden, womit dem nationalen Gesetzgeber Spielräume verbleiben. Doch auch in diesem Zusammenhang sind die Grenzen des Art. 36 S. 2 AEUV bzw. die des Verhältnismäßigkeitsgrundsatzes zu wahren, was wiederum vom Gerichtshof umfassend kontrolliert wird. Der Gerichtshof begründet das Bestehen mitgliedstaatlicher Spielräume auch in diesem Zusammenhang mit dem Mangel an Rechtsvereinheitlichung und Rechtsangleichung auf europäischer Ebene, auch wenn derartige Ausführungen des Gerichtshofs bei weitem nicht so regelmäßig vorkommen wie im Zusammenhang mit dem Rechtfertigungsgrund des Gesundheitsschutzes.

h) Ergebnis

Die Rechtsprechung des Gerichtshofs zu mitgliedstaatlichen Spielräumen bei der Prüfung der verschiedenen Rechtfertigungsmöglichkeiten des Art. 36 S. 1 AEUV wirkt auf den ersten Blick uneinheitlich. Während der Gerichtshof nur im Zusammenhang mit dem Rechtfertigungsgrund zum Schutz der Gesundheit und des Lebens explizit von „Ermessen" oder „Beurteilungsspielräumen" spricht, gewährt er Spielräume bei anderen Rechtfertigungsgründen nur implizit und bei wieder anderen gar nicht. Auch die (vermeintlichen) Begründungsansätze für die Einräumung von Spielräumen scheinen sich voneinander zu unterscheiden. Während beim Rechtfertigungsgrund der öffentlichen Sittlichkeit, zumindest nach Ansicht des Generalanwalts, die Einräumung von Spielräumen davon abhänge, dass der Begriff „Sittlichkeit" nicht objektiv bestimmbar sei und von Mitgliedstaat zu Mitgliedstaat variieren könne, scheinen die Spielräume im Zusammenhang mit dem objektiv bestimmbaren Rechtfertigungsgrund des Gesundheitsschutzes auf anderen Gründen zu beruhen, nämlich auf Faktoren wie dem Nichtvorhandensein einer Harmonisierung, dem besonderen Rang des Gesundheits- und Lebensschutzes und dem Stand wissenschaftlicher Forschung. All dies lässt auf den ersten Blick vermuten, dass die Gewährung von Spielräumen keinen festen und einheitlich geltenden Regeln folgt, sondern je nach Rechtfertigungsgrund scheinbar ohne erkennbares System unter wechselnden Termini anlässlich unterschiedlicher Gründe eingeräumt wird. Der Gerichtshof selbst scheint jedoch nicht von dieser Annahme auszugehen:

> Um den Sinn dieser Frage zu ermitteln, ist daran zu erinnern, daß der Gerichtshof im Zusammenhang mit den Artikeln 30 des Vertrages (nach Änderung jetzt Artikel 28 EG) und 36 des Vertrages festgestellt hat, daß die Mitgliedstaaten zwar darüber zu entscheiden haben, in welchem Maß sie den Schutz der in Artikel 36 des Vertrages genannten Belangen [sic] gewährleisten wollen und wie dieses Maß zu erreichen ist, daß sie dies jedoch nur in den

> Grenzen des Vertrages und insbesondere unter Beachtung des Grundsatzes der Verhältnismäßigkeit tun können.[713]

Die Ausführungen des Gerichtshofs deuten an, dass es grundsätzlich für alle in Art. 36 S. 1 AEUV aufgeführten Rechtfertigungsgründe gelte, dass die Mitgliedstaaten selbst entscheiden könnten, in welchem Maß sie den jeweiligen Belang schützen wollen und welche Mittel sie dafür wählen. Dass dies, wenn auch nicht immer explizit kommuniziert, bei der Mehrzahl der Rechtfertigungsgründe der Fall war, haben die angestellten Untersuchungen grundsätzlich bestätigt. Dass dies nur in den Grenzen des Vertrags erfolgen darf, insbesondere unter Berücksichtigung des Verhältnismäßigkeitsgrundsatzes, und dass der Gerichtshof dies auch uneingeschränkt überprüft, haben die angestellten Untersuchungen grundsätzlich ebenfalls bestätigt. (Vermeintliche) Gründe für die Einräumung mitgliedstaatlicher Spielräume hat der Gerichtshof explizit nur im Zusammenhang mit dem Rechtfertigungsgrund des Gesundheitsschutzes angeführt. Anderweitige Faktoren, die die Einräumung mitgliedstaatlicher Spielräume begründen könnten, sind der Rechtsprechung nur mittelbar und damit nicht zweifelsfrei zu entnehmen, sodass selbst der Umstand, dass je nach Rechtfertigungsgrund ein anderer Faktor maßgeblich die Einräumung mitgliedstaatlicher Spielräume zu bestimmen scheint, der Annahme einer grundsätzlich ‚einheitlichen Lehre' nicht entgegenstehen muss. Es kann somit durchaus angenommen werden, dass den Mitgliedstaaten grundsätzlich ein Spielraum zugestanden wird, wenn auch mit spezifischen Abweichungen in Bezug auf die dem jeweiligen Rechtfertigungsgrund immanenten Besonderheiten[714] und unter bestimmten Bedingungen[715]. Der Spielraum umfasst die Bestimmung des Schutzniveaus bzw. des Schutzumfangs und der Mittel zum Erreichen dessen. Da der Gerichtshof in der Regel jedoch das Vorliegen der Verhältnismäßigkeit – wenn auch wiederum unter Berücksichtigung des Spielraums – und der daraus abgeleiteten weiteren Anforderungen umfassend überprüft und strenge Nachweise verlangt, sind die Spielräume der Mitgliedstaaten nur als sehr begrenzte Freiräume zu verstehen.

---

713 *EuGH*, Rs. C-394/97 (Heinonen), Rn. 36.

714 Bspw. dass den Mitgliedstaaten im Rahmen des Rechtfertigungsgrunds der „öffentlichen Sittlichkeit" zugestanden wird, auch den Begriff selbst auszufüllen oder dass wissenschaftliche Unsicherheiten im Bereich des Gesundheitsschutzes einen derartigen Einfluss auf den Spielraum haben können.

715 Nur in Ermangelung einer Harmonisierung, siehe dazu Punkt IV.

2. Zwingende Erfordernisse nach der Cassis-Rechtsprechung

Neben den geschriebenen Rechtfertigungsgründen des Art. 36 S. 1 AEUV hat der Gerichtshof in seinem Urteil zur Rechtssache Cassis de Dijon die Grundlage für eine Rechtfertigung durch ungeschriebene zwingende Erfordernisse gelegt.[716] Diese mittlerweile gefestigte Rechtfertigungsmöglichkeit[717] durch zwingende Erfordernisse des Allgemeinwohls[718] ist aufgrund der mit ihr verbundenen dogmatischen Unzulänglichkeiten gehäuft auf Kritik gestoßen, auf die an dieser Stelle jedoch nicht vertieft eingegangen werden soll.[719] Die Liste der zwingenden Erfordernisse, die grundsätzlich nur unterschiedslos geltende Beschränkungen des Binnenmarkts – das heißt keine offenen, wohl aber versteckte Diskriminierungen – zu rechtfertigen vermag,[720] ist nicht abschließend und wurde seit dem Urteil in der Sache Cassis de Dijon um diverse weitere Rechtfertigungsmöglichkeiten ergänzt.[721] Aus praktischen Erwägungen wird an dieser Stelle nicht auf alle, sondern nur auf ausgewählte Rechtfertigungsgründe nach der sogenannten ‚Cassis-Formel' eingegangen: zum einen auf den des Verbraucherschutzes[722], bei dem es sich in der Praxis um einen der bedeutsamsten

716 *EuGH*, Rs. 120/78 (Cassis de Dijon), Rn. 8.

717 *Kingreen, T.* (Fn. 512), Rn. 83 mit weiteren Nachweisen zur Diskussion darüber, ob es sich bei den zwingenden Erfordernissen um tatbestandsbegrenzende Merkmale oder um Rechtfertigungsgründe handelt, wobei im Rahmen dieser Arbeit der wohl h. M. in der Literatur und der dahingehenden Mehrzahl der EuGH-Entscheidungen gefolgt wird, nach der es sich um Rechtfertigungsgründe handelt, was an dieser Stelle aber nicht weiter vertieft werden soll. Siehe zur Problematik auch *Schorkopf, F.*, Beweislast im Recht des freien Warenverkehrs, Zeitschrift Europarecht 2009, 645, S. 657; *Chalmers, D./Davies, G./Monti, G.*, European Union Law (2014), S. 779 f.

718 Zur uneinheitlichen Terminologie siehe *Frenz, W.* (Fn. 506), Rn. 1158.

719 Siehe dazu, *Kingreen, T.* (Fn. 513), Rn. 82 ff.

720 *Frenz, W.* (Fn. 506), Rn. 1156.

721 Dort waren es nur die Erfordernisse einer wirksamen steuerlichen Kontrolle, der Schutz der öffentlichen Gesundheit, die Lauterkeit des Handelsverkehrs und der Verbraucherschutz. Heute zählen auch andere Erfordernisse wie beispielsweise der Umweltschutz oder die Erhaltung der Medienvielfalt dazu, siehe *Epiney, A.* (Fn. 530), Rn. 89 ff; *Kingreen, T.* (Fn. 513), Rn. 80 ff.

722 Welcher häufig im Zusammenhang mit dem zwingenden Erfordernis der Lauterkeit des Handelsverkehrs zusammen geprüft wird, siehe *Frenz, W.* (Fn. 506), Rn. 1172; zur Abgrenzung *Kingreen, T.* (Fn. 513), Rn. 211.

Rechtfertigungsgründe handelt[723] und dessen Geltendmachung häufig den Eindruck erweckt, als handele es sich um den Versuch der Verschleierung protektionistischer Absichten;[724] zum anderen auf den des Umweltschutzes, der aufgrund des Bestehens uneinheitlicher Standards, technischer Herausforderungen und der Vergleichbarkeit mit der Rechtsprechung des EGMR ausgewählt wurde.

a) Verbraucherschutz

Eine abstrakte Definition des Begriffs ‚Verbraucherschutz' lässt sich in der Rechtsprechung des EuGH nicht finden. Der Gerichtshof entscheidet im jeweiligen Einzelfall, ob die nationale Maßnahme mit dem Grundsatz des freien Warenverkehrs vereinbar ist, sodass sich mittlerweile einzelne Fallgruppen extrahieren lassen.[725] Dabei führt er, anders als im Zusammenhang mit den Rechtfertigungsgründen des Art. 36 S. 1 AEUV, jedoch nicht aus, dass es Sache der Mitgliedstaaten sei, zu entscheiden, auf welchem Niveau und mit welchen Mitteln sie den Verbraucher schützen wollen. Aus dem Verhältnismäßigkeitsgrundsatz, dessen Einhaltung auch im Zusammenhang mit einer Rechtfertigung durch zwingende Erfordernisse gefordert wird,[726] hat er überdies Grundsätze abgeleitet, die die Mitgliedstaaten zwingen, ihr jeweiliges Schutzniveau zu revidieren und dem Schutz eigentümlicher nationaler Verbrauchergewohnheiten eine Absage erteilen.

So leitet der Gerichtshof aus dem Grundsatz der Verhältnismäßigkeit unter anderem das Leitbild eines durchschnittlich informierten, aufmerksamen und verständigen Durchschnittsverbrauchers ab.[727] Dieses Leitbild ist nahezu konträr zu dem ursprünglich in Deutschland zugrunde gelegten Verbraucherbild, das wie folgt beschrieben wurde:

---

723 *Kingreen, T.* (Fn. 513), Rn. 211; *Frenz, W.* (Fn. 506), Rn. 1171; *Chalmers, D./ Davies, G./Monti, G.* (Fn. 717), S. 779.

724 Beispielhaft: *EuGH*, Rs. 178/84 (Kommission/Deutschland) Rn. 32; *EuGH*, Rs. 170/78 (Kommission/Vereinigtes Königreich) 12.07.1983, Rn. 8.

725 *Millarg, I.* (Fn. 688), S. 167 f.

726 *EuGH*, Rs. 261/81 (Rau) 10.11.1982, Rn. 12; *EuGH*, Rs. C-12/00 (Kommission/ Spanien) 16.01.2003, Rn. 83; *EuGH*, Rs. C-456/10 (Anett) 26.04.2012, Rn. 45.

727 *EuGH*, Rs. C-220/98 (Estée Lauder) 13.01.2000, Rn. 28 mit Verweis auf *EuGH*, Rs. C-210/96 (Gut Springenheide) 16.07.1998, Rn. 31; *EuGH*, Rs. C-358/01 (Kommission/Spanien) 06.11.2003, Rn. 53.

> Deutsche Gerichte zeichnen ein geradezu beängstigendes Zerrbild des unmündigen Durchschnittsverbrauchers, in dem sie sich womöglich selbst wiedererkennen: Der deutsche Konsument sei vertrauensselig, oberflächlich und flüchtig, für Verführungen und Irreführungen anfällig, sei schlafmützig und tumb. Er übernehme Werbeangaben ungeprüft und unkritisch, ohne grammatikalische oder philologische Überlegungen anzustellen.[728]

Der Gerichtshof hat in diesem Fall somit nicht wie im Rahmen der Rechtfertigungsgründe des Art. 36 S. 1 AEUV das jeweilige mitgliedstaatliche Schutzniveau in Bezug auf den rechtfertigungsfähigen Belang anerkannt, sondern einen eigenen Maßstab gesetzt. Abgesehen davon, dass sich die Rechtfertigungsgründe des Art. 36 S. 1 AEUV und die zwingenden Erfordernisse nach der Cassis-Formel schon in ihrer Durchschlagskraft und Dogmatik unterscheiden,[729] ist die Strenge des Gerichtshofs im Zusammenhang mit dem Verbraucherschutz wohl dadurch zu erklären, dass die Mitgliedstaaten dieses Erfordernis oftmals anführen, um die einheimische Erzeugung zu schützen, also um protektionistische Ziele zu verfolgen. Beispiele hierfür gibt es einige: das deutsche Reinheitsgebot[730]; italienische Regelungen zum Verkauf von Teigwaren[731]; britische Maßnahmen, die vorsehen, dass Waren mit Ursprungsbezeichnungen zu versehen sind[732]; oder belgische Vorschriften zur einzig zulässigen Verpackungsform von Margarine[733].

All diesen Fällen ist gemein, dass der jeweilige Mitgliedstaat damit argumentiert, den heimischen Verbraucher vor Irrtümern schützen zu wollen. Dies ist jedoch ein Argument, das der Gerichtshof nicht ohne Weiteres akzeptiert, auch wenn es um den Schutz ‚wertvoller Brauchtümer' geht wie beim Erfordernis des Bierbrauens nach dem deutschen Reinheitsgebot, damit ein Getränk offiziell ‚Bier' genannt werden darf, einer Regelung, die für den durchschnittsdeutschen Bierkonsumenten weitaus mehr darstellt als nur die Garantie eines bestimmten Herstellungsverfahrens –

728 *Dauses, M. A.*, Information der Verbraucher in der Rechtsprechung des EuGH, Recht der internationalen Wirtschaft 1998, 750, S. 750.

729 So vermögen erstere auch Diskriminierungen zu rechtfertigen und gehören zu den originären, immer schon vertraglich vorgesehenen, Rechtfertigungsgründen, während letztere vom Gerichtshof erst im Laufe der Zeit entwickelt wurden, wobei ihre dogmatische Herleitung und Berechtigung umstritten ist, was wiederum eine erhöhte Kontrolldichte seitens des Gerichtshofs erklären könnte.

730 *EuGH*, Rs. 178/84 (Kommission/Deutschland).

731 *EuGH*, Rs. 407/85 (Drei Glocken GmbH) 14.07.1988.

732 *EuGH*, Rs. 207/83 (Kommission/Vereinigtes Königreich) 25.04.1985.

733 *EuGH*, Rs. 261/81 (Rau).

nämlich ein nationales Kulturgut und eine zivilisatorische Errungenschaft. Anstatt jedoch den ‚Schrullen' der mitgliedstaatlichen Verbraucher Raum zu geben, leitet der Gerichtshof – im Hinblick auf den Binnenmarkt konsequent – die Verpflichtung zu einer angemessenen Etikettierung ab, welche er als milderes Mittel im Vergleich zur Umverpackung oder zu Verkaufsverboten ansieht.[734]

Die soeben dargestellten Erkenntnisse dürfen allerdings nicht darüber hinwegtäuschen, dass der Gerichtshof auch im Rahmen des Verbraucherschutzes soziale, kulturelle oder sprachliche Eigenheiten des jeweiligen Mitgliedstaats berücksichtigt, um festzustellen, ob der informierte und aufmerksame Verbraucher im jeweiligen Mitgliedstaat tatsächlich in der Gefahr schwebt, einem Irrtum zu unterliegen. Allerdings gewährt er den Mitgliedstaaten in diesem Zusammenhang keine kontrollreduzierten Beurteilungsspielräume, sondern übernimmt diese Prüfung selbst.[735] Ebenso wie im Zusammenhang mit den anderen Rechtfertigungsgründen gewährt der Gerichtshof dem vorlegenden Gericht Spielräume bei der letztendlichen Beurteilung des Falls, was allerdings wiederum auf die prozessuale Ausgestaltung des Vorabentscheidungsverfahrens zurückzuführen sein kann und auch nur im Rahmen solcher Verfahren auftritt.[736] Selbst wenn der Gerichtshof ausnahmsweise von einem Ermessen der Mitgliedstaaten im Bereich des Verbraucherschutzes ausgegangen ist,[737] ist seine Rechtsprechungslinie in diesem Zusammenhang insgesamt doch von dem Ziel

---

734 *EuGH*, Rs. 407/85 (Drei Glocken GmbH), Rn. 16; *EuGH*, Rs. 298/87 (Smanor) 14.07.1988, Rn. 19; *EuGH*, Rs. C-17/93 (Van der Veldt), Rn. 19; *EuGH*, Rs. C-383/97 (Van der Laan) 09.02.1999, Rn. 29; *EuGH*, Rs. C-12/00 (Kommission/Spanien), Rn. 86; *EuGH*, Rs. C-14/00 (Kommission/Italien) 16.01.2003, Rn. 81

735 *EuGH*, Rs. C-220/98 (Estée Lauder), Rn. 29, wo sich der Gerichtshof mit der Rezeption des Wortes „Lifting" durch den deutschen Verbraucher befasste; ähnlich auch *EuGH*, Rs. C-315/92 (Verband Sozialer Wettbewerb) 02.02.1994, Rn. 20 ff., wo es um die Verwendung der Marke „Clinique" ging und sich der Gerichtshof mit der klinischen oder medizinischen Konnotation des Begriffs „Clinique" im Deutschen auseinandersetzte.

736 *EuGH*, Rs. 298/87 (Smanor), Rn. 24; *EuGH*, Rs. C-293/93 (Houtwipper) 15.09.1994, Rn. 16, Rn. 23; *EuGH*, Rs. C-220/98 (Estée Lauder), Rn. 30.

737 *EuGH*, Rs. C-293/93 (Houtwipper), Rn. 26, wo es um das Inverkehrbringen von Edelmetallarbeiten ging, die die Hersteller selbst im Ausfuhrstaat gepunzt hatten und die damit einhergehende Gefahr von Betrügereien: „In Ermangelung einer Gemeinschaftsregelung ist die Wahl geeigneter Maßnahmen, um dieser Gefahr zu begegnen, Sache der Mitgliedstaaten, die dabei über ein weites Ermessen verfügen. Die Wahl zwischen der vorherigen Kontrolle durch eine unabhängige Stelle

geprägt, das Verbraucherverhalten der Bürger der verschiedenen Mitgliedstaaten weiterzuentwickeln, was nur durch ein Aufbrechen alter Gewohnheiten erreicht werden kann.

> Erstens können sich die Vorstellungen der Verbraucher, die von einem Mitgliedstaat zum anderen unterschiedlich sein können, auch innerhalb ein und desselben Mitgliedstaats im Laufe der Zeit fortentwickeln. Die Einführung des Gemeinsamen Marktes ist dabei einer der wesentlichen Faktoren, die zu einer solchen Entwicklung beitragen können. [...] Wie der Gerichtshof bereits in anderem Zusammenhang [...] ausgeführt hat, darf das Recht eines Mitgliedstaats „nicht dazu dienen, die gegebenen Verbrauchsgewohnheiten zu zementieren, um einer mit deren Befriedigung befaßten inländischen Industrie einen erworbenen Vorteil zu bewahren“.[738]

Insgesamt lässt sich somit festhalten, dass der Gerichtshof im Rahmen des zwingenden Erfordernisses des Verbraucherschutzes zwar die Berücksichtigung nationaler Eigenheiten zulässt, dass er die mitgliedstaatliche Beurteilung des Vorliegens einer Gefahr für den Verbraucher aber selbst streng überprüft, insbesondere die Verhältnismäßigkeit nationaler Maßnahmen, für deren Vorliegen er Nachweise verlangt.[739] Anders als bei den Rechtfertigungsgründen des Art. 36 S. 1 AEUV überlässt er es nicht grundsätzlich den Mitgliedstaaten, das Schutzniveau für den Verbraucher selbst festzulegen, und er nimmt ebenso wenig Rücksicht auf eigentümliche nationale Verbrauchsgewohnheiten in Bezug auf besonders beliebte nationale Produkte. Er legt somit insgesamt einen sehr strengen Kontrollmaßstab an, wenn es um die Rechtfertigung von Beschränkungen des Verbraucherschutzes geht. Dieser strenge Kontrollmaßstab lässt sich unter anderem damit erklären, dass das Erfordernis des Verbraucherschutzes prädestiniert ist für die Verschleierung protektionistischer Motive und die Abschottung des heimischen Markts zugunsten einheimischer Erzeuger.

---

und einer Regelung, wie sie in der Bundesrepublik Deutschland besteht, ist eine Angelegenheit der Rechtspolitik der Mitgliedstaaten; der Gerichtshof übt dabei seine Kontrolle nur im Fall eines offensichtlichen Ermessensfehlers aus.“; diese Rechtsprechung hat für vergleichbare Fälle bis heute Geltung siehe *EuGH*, Rs. C-481/12 (Juvelta) 16.01.2014, Rn. 37.

738 *EuGH*, Rs. 178/84 (Kommission/Deutschland), Rn. 32.

739 *EuGH*, Rs. C-456/10 (Anett), Rn. 50; *EuGH*, Rs. C-150/11 (Kommission/Belgien) 06.09.2012, Rn. 56 f.

b) Umweltschutz

Seit Anfang der siebziger Jahre wurde die europäische Umweltpolitik schrittweise weiterentwickelt.[740] Inwiefern dem Ziel des Umweltschutzes heute aufgrund seiner gesteigerten Bedeutung (Art. 3 Abs. 3 EUV; Art. 191 ff. AEUV) eine Vorrangstellung gegenüber der Warenverkehrsfreiheit einzuräumen ist, ist im Schrifttum umstritten, wobei die wohl herrschende Meinung von einer Gleichrangigkeit auszugehen scheint.[741] Aufgrund der Nähe des zwingenden Erfordernisses des Umweltschutzes zum Rechtfertigungsgrund des Gesundheitsschutzes wird zudem vertreten, dass die in diesem Zusammenhang entwickelten Grundsätze zu mitgliedstaatlichen Spielräumen auf den Rechtfertigungsgrund des Umweltschutzes übertragbar seien. Somit wären Inhalt und Niveau des Umweltschutzes in erster Linie von den Mitgliedstaaten zu bestimmen,[742] wobei der aktuelle Stand der Forschung sowie das Vorsorgeprinzip Einfluss auf den Umfang des mitgliedstaatlichen Spielraums hätten.[743] Inwiefern diese Annahme zutreffend ist, soll eine Analyse der zum Rechtfertigungsgrund des Umweltschutzes ergangenen Rechtsprechung zeigen.

(1) Das dänische Pfand- und Rücknahmesystem

Im Vertragsverletzungsverfahren der Kommission gegen Dänemark aus dem Jahr 1988 machte die Kommission geltend, dass die dänische Regelung des Rücknahmesystems für Getränkeverpackungen gegen Art. 30 EWG verstoße. Das dänische System zeichnete sich dadurch aus, dass die Hersteller Bier und Erfrischungsgetränke nur in Mehrwegverpackungen

---

740 *Calliess, C.*, Art. 191 AEUV, in: Calliess/Ruffert (Hrsg.), EUV, AEUV (2016), Rn. 3 ff.

741 *Calliess, C.* (Fn. 740), Rn. 18, wonach die Urteile des EuGH zum Sekundärrecht so gedeutet würden, als bestünde ein relativer Vorrang des Umweltschutzes, während andere aus Art. 11 AEUV einen grundsätzlichen Vorrang des Umweltschutzes ableiten wollen und wieder andere im Urteil zum dänischen Pfandflaschensystem eine Gleichrangigkeit erkennen; *Frenz, W.* (Fn. 506), Rn. 1187 ff.; *Kingreen, T.* (Fn. 513), Rn. 214; *Schroeder, W.* (Fn. 569), Rn. 43 geht nicht davon aus, dass der Umweltschutz Vorrang genieße.

742 Siehe *Millarg, I.* (Fn. 688) S. 184 mit weiteren Nachweisen.

743 *Millarg, I.* (Fn. 688), S. 183; *Schroeder, W.* (Fn. 569), Rn. 41; *Calliess, C.*, Art. 193 AEUV, in: Calliess/Ruffert (Hrsg.), EUV, AEUV (2016), Rn. 14.

auf den Markt bringen durften. Diese Verpackungen bedurften einer Genehmigung des nationalen Umweltamts, wobei diese versagt werden konnte, wenn die Verpackung für eine Rücknahme technisch ungeeignet war, das vom Betroffenen vorgesehene Rücknahmesystem die tatsächliche Wiederverwendung einer hinreichend großen Zahl von Verpackungen nicht sicherstellte oder wenn eine Verpackung, die das gleiche Volumen hatte und bereits genehmigt worden war, zugänglich war und sich für die gleiche Verwendung eignete. Nicht genehmigte Verpackungen durften nur für höchstens 3000 hl je Hersteller und Jahr oder im Rahmen von Geschäften ausländischer Hersteller zur Erprobung auf dem Markt verwendet werden, sofern ein Pfand- und Rücknahmesystem errichtet wurde.[744] Die Kommission vertrat die Ansicht, dass die dänische Regelung gegen den Verhältnismäßigkeitsgrundsatz verstoße, da das Ziel des Umweltschutzes mit Mitteln erreicht werden könne, die den innergemeinschaftlichen Handel weniger beschränkten. Der Gerichtshof stellte diesbezüglich fest, dass die Verpflichtung zur Errichtung eines Pfand- und Rücknahmesystems nicht als unverhältnismäßig anzusehen sei, wohl aber die Verpflichtung der Hersteller und Importeure, nur vom Umweltamt genehmigte Verpackungen zu verwenden[745], verbunden mit der Beschränkung, nicht mehr als 3000 hl in nicht genehmigten Verpackungen auf den Markt bringen zu dürfen, auch wenn der entsprechende Hersteller über ein eigenes Rücknahmesystem verfüge. Der Gerichtshof führte diesbezüglich aus:

> Dazu ist festzustellen, daß das für die genehmigten Verpackungen bestehende Rücknahmesystem [...] den höchsten Grad der Wiederverwendung und damit einen sehr wirkungsvollen Umweltschutz gewährleistet, da die leeren Verpackungen bei jedem beliebigen Getränkehändler abgegeben werden können, während die nicht genehmigten Verpackungen nur bei dem Händler zurückgegeben werden können, bei dem die Getränke gekauft worden sind, da es nicht möglich ist, auch für solche Verpackungen ein ebenso umfassendes Netz aufzubauen.[746]

Letztlich kam der Gerichtshof jedoch zu dem Schluss, dass auch das System der Rücknahme nicht genehmigter Verpackungen geeignet sei, die Umwelt zu schützen. Im Übrigen betreffe es, was die Einfuhren angehe,

744 *EuGH*, Rs. 302/86 (Kommission/Dänemark) 20.09.1988, Rn. 2 f.

745 Etwa 30 Verpackungen, da sonst das bestehende Pfand- und Rücknahmesystem zusammenbrechen würde, *EuGH*, Rs. 302/86 (Kommission/Dänemark), Rn. 13 ff.

746 *EuGH*, Rs. 302/86 (Kommission/Dänemark), Rn. 20.

nur eine begrenzte Menge an Getränken, weswegen eine Begrenzung auf 3000 hl unverhältnismäßig sei.[747]

Die Entscheidung des Gerichtshofs in dieser Rechtssache lässt auf zweierlei schließen. Zum einen, dass der Gerichtshof es nicht dem Mitgliedstaat überlassen hat, zu entscheiden, auf welchem Niveau er die Umwelt zu schützen wünscht. Während er offen zugesteht, dass das dänische System zwar den höchsten Grad der Wiederverwendung und damit einen sehr wirkungsvollen Umweltschutz gewährleiste, entscheidet er sich dafür, das hohe in Dänemark bestehende Schutzniveau zugunsten der Warenverkehrsfreiheit herabzusenken.[748] Zum anderen wird deutlich, dass an dieser Stelle nicht von einem Vorrang des Umweltschutzes gegenüber der Warenverkehrsfreiheit ausgegangen werden kann.[749]

(2) Der wallonische Müll

Vier Jahre später folgte erneut eine Entscheidung des Gerichtshofs zum Rechtfertigungsgrund des Umweltschutzes in einem Vertragsverletzungsverfahren, das die Kommission gegen Belgien anstrebte. Die Kommission war der Ansicht, dass das Königreich Belgien dadurch gegen seine Verpflichtungen aus Art. 30 EWG verstoße habe, dass es verbot, Abfälle aus anderen Mitgliedstaaten oder aus einer anderen Region als der Region Wallonien in Wallonien zwischenzulagern, abzulagern oder abzuleiten.[750] Nachdem der Gerichtshof festgestellt hatte, dass Abfälle, ob rückführbar oder nicht, in den Anwendungsbereich von Art. 30 EWG fallen würden, setzte er sich mit dem Vorbringen Belgiens auseinander, wonach die Regelung zwingenden Erfordernissen des Umweltschutzes entspreche und dem Ziel des Gesundheitsschutzes diene. Dies wurde damit begründet, dass es zu einem massiven und anormalen Zustrom von Abfällen aus anderen Regionen zum Zwecke der Ablagerung in Wallonien gekommen sei, der angesichts der begrenzten Kapazität der Region eine echte Gefahr für die Umwelt darstellen würde. Der Gerichtshof wies diesbezüglich darauf hin,

---

747 *EuGH*, Rs. 302/86 (Kommission/Dänemark), Rn. 21.

748 So auch *Millarg, I.* (Fn. 688), S. 185.

749 *Chalmers, D./Davies, G./Monti, G.* (Fn. 717), S. 784 geht sogar davon aus, dass das Urteil „[…] suggested that environmental protection was not being taken seriously, and would be subordinated to trade."

750 *EuGH*, Rs. C-2/90 (Kommission/Belgien) 09.07.1992, I-4471.

dass Abfälle in Bezug auf die Umwelt Gegenstände besonderer Art seien. Ihre Ansammlung stelle, noch bevor sie die Gesundheit gefährde, angesichts der beschränkten Aufnahmekapazität der einzelnen Region oder des einzelnen Ortes, eine Gefahr für die Umwelt dar, weswegen das Vorbringen Belgiens, die Maßnahme sei durch zwingende Erfordernisse des Umweltschutzes gerechtfertigt, als begründet anzusehen sei.[751]

Die Kommission wies den Gerichtshof darauf hin, dass zwingende Erfordernisse im vorliegenden Fall nicht angeführt werden könnten, da es sich bei der betroffenen Regelung um eine diskriminierende Maßnahme handele.[752] Der Gerichtshof erwiderte, dass es zutreffend sei, dass zwingende Erfordernisse nur berücksichtigt werden könnten, wenn die Maßnahme unterschiedslos auf einheimische und eingeführte Erzeugnisse anwendbar sei, dass aber bei der Beurteilung, ob die Maßnahme diskriminierend sei, die Besonderheit der Abfälle zu berücksichtigen sei:

> Der für die Umweltpolitik der Gemeinschaft in Artikel 130 r Absatz 2 EWG-Vertrag[753] aufgestellte Grundsatz, Umweltbeeinträchtigungen nach Möglichkeit an ihrem Ursprung zu bekämpfen, bedeutet nämlich, daß es Sache jeder Region, Gemeinde oder anderen Gebietskörperschaft ist, die geeigneten Maßnahmen zu treffen, um Aufnahme, Behandlung und Beseitigung ihrer eigenen Abfälle sicherzustellen; diese sind daher möglichst nah am Ort ihrer Erzeugung zu beseitigen, um ihre Verbringung soweit wie möglich einzuschränken. Dieser Grundsatz steht im übrigen mit den Grundsätzen der Entsorgungsautarkie und der Entsorgungsnähe im Einklang, die in der von der Gemeinschaft unterzeichneten Baseler Konvention vom 22. März 1989 über die Kontrolle des grenzüberschreitenden Verkehrs mit Sonderabfällen und ihrer Beseitigung aufgestellt werden [...].[754]

Nach Ansicht des Gerichtshofs ergebe sich daraus, dass die belgische Maßnahme unter Berücksichtigung der Unterschiede zwischen Abfall, der an verschiedenen Orten produziert wird, und der Verbindung des Abfalls mit dem Ort seiner Erzeugung nicht als diskriminierend angesehen werden könne.[755]

Diese Entscheidung des Gerichtshofs lässt andere Schlüsse zu als die das dänische Pfandsystem betreffende. Zum einen hat der Gerichtshof die Grundsätze und Prinzipien der europäischen Umweltpolitik in die Prüfung

751 *EuGH*, Rs. C-2/90 (Kommission/Belgien), Rn. 28 ff.
752 *EuGH*, Rs. C-2/90 (Kommission/Belgien), Rn. 33.
753 Art. 191 Abs. 2 AEUV.
754 *EuGH*, Rs. C-2/90 (Kommission/Belgien), Rn. 34 f.
755 *EuGH*, Rs. C-2/90 (Kommission/Belgien), Rn. 36.

des Art. 30 EWG miteinbezogen, was dazu führte, dass auch faktisch diskriminierende Maßnahmen durch das zwingende Erfordernis des Umweltschutzes gerechtfertigt werden konnten. Zum anderen hat der Gerichtshof die nationale Regelung allein unter Berufung auf das mitgliedstaatliche Vorbringen des Bestehens einer echten Gefahr für die Umwelt als gerechtfertigt angesehen. Insgesamt impliziert dies das potenzielle Bestehen eines weitreichenderen mitgliedstaatlichen Spielraums, sofern der Gerichtshof allein unter Berufung auf das mitgliedstaatliche Vorbringen des Bestehens einer echten Gefahr neben unterschiedslosen Maßnahmen zusätzlich auch faktisch diskriminierende als gerechtfertigt ansieht.[756] Dies wiederum spricht für einen besonderen Stellenwert des Umweltschutzes im Verhältnis zum Grundsatz des freien Warenverkehrs.

(3) Verlauf der Rechtsprechung

Der Gerichtshof hat seit den neunziger Jahren mehrmals die Gelegenheit gehabt, seine Rechtsprechung zur Rechtfertigungsmöglichkeit durch zwingende Erfordernisse des Umweltschutzes weiterzuentwickeln und zu prägen. Eine Untersuchung der nachfolgenden Urteile zeigt, dass er allgemeine Grundsätze – wie den, dass rein wirtschaftliche Ziele nationale Beschränkungen des Warenverkehrs nicht zu rechtfertigen vermögen – auch im Rahmen der Geltendmachung zwingender Erfordernisse des Umweltschutzes beibehalten hat, sodass sich insoweit keine atypischen Besonderheiten ergeben.[757] Dennoch hat er daran festgehalten, dass auch faktisch diskriminierende Maßnahmen unter Berufung auf zwingende Erfordernisse des Umweltschutzes gerechtfertigt werden können[758], und dem Belang des Umweltschutzes im Rahmen der Warenverkehrsfreiheit damit eine besondere Bedeutung zukommen lassen, da dadurch der Gestaltungsspielraum der Mitgliedstaaten zugunsten des Umweltschutzes erweitert wurde.[759]

---

756 *Schroeder, W.* (Fn. 569), Rn. 43, da der Gerichtshof sich mit dem Vorbringen begnügt habe, es existiere eine echte Gefahr für die Umwelt, gehe er offensichtlich von einem diesbezüglichen Ermessensspielraum der Mitgliedstaaten aus.

757 *EuGH*, Rs. C-203/96 (Chemische Afvalstoffen Dusseldorp) 25.06.1998, Rn. 44.

758 *EuGH*, Rs. C-389/96 (Aher-Waggon GmbH) 14.07.1998; *EuGH*, Rs. C-379/98 (PreussenElektra AG) 13.03.2001, *EuGH*, Rs. C-209/98 (Sydhavnens Sten) 23.05.2000.

759 *Frenz, W.* (Fn. 506), Rn. 1201.

Die Rechtsprechung des Gerichtshofs lässt jedoch nicht erkennen, dass mit diesem erweiterten Gestaltungsspielraum auch Beurteilungsspielräume einhergehen würden. Gerade der Vergleich mit der ausdifferenzierten Rechtsprechung des Gerichtshofs zum Rechtfertigungsgrund des Gesundheitsschutzes nach Art. 36 AEUV bzw. die Annahme, diese könnte auf den Rechtfertigungsgrund des Umweltschutzes übertragen worden sein, erscheint nicht haltbar. Zwar betont der Gerichtshof häufig, dass die Ziele des Gesundheits- und des Umweltschutzes eng miteinander verbunden seien, weswegen sie zuweilen zusammen zu prüfen seien;[760] allerdings bezieht er sich in seinen Ausführungen dann häufig doch nur auf eines der beiden Ziele bzw. prüft diese getrennt.[761] Während der Gerichtshof im Zusammenhang mit dem Rechtfertigungsgrund des Gesundheitsschutzes in ständiger Rechtsprechung betont, dass es Sache der Mitgliedstaaten sei, das Niveau und die Mittel zum Schutz dessen zu wählen, und dass der Umfang des mitgliedstaatlichen Ermessens durch den Stand der aktuellen Forschung und das Vorsorgeprinzip beeinflusst werde, spricht er dies im Zusammenhang mit dem Rechtfertigungsgrund des Umweltschutzes so gut wie nie aus. Als die deutsche Regierung in einem gegen Deutschland gerichteten Vertragsverletzungsverfahren ausführte, dass die in Art. 174 Abs. 2 EG[762] genannten Grundsätze der Vorsorge und Vorbeugung[763] den Mitgliedstaaten einen weiten Ermessensspielraum im Interesse der Umweltpolitik gewähren würden, nahm der Gerichtshof dieses Argument in seinem Urteil gerade nicht auf und gewährte weder explizit noch implizit einen solchen Spielraum.[764]

Die Fälle, in denen der Gerichtshof dann teils explizit, teils implizit von einem Spielraum der Mitgliedstaaten ausging, stellen insgesamt eher die Ausnahme als die Regel dar. So hat er in der Rechtssache Mickelsson & Roos, in der es um das schwedische Verbot des Führens von Wassermotorrädern außerhalb öffentlicher Wasserstraßen ging, ausgeführt, dass auch andere Maßnahmen ein gewisses Maß an Umweltschutz gewährleisten

---

760 *EuGH*, Rs. C-142/05 (Mickelsson & Roos) 04.06.2009, Rn. 33; *EuGH*, Rs. C-28/09 (Kommission/Österreich) 21.12.2011, Rn. 122 f.

761 *EuGH*, Rs. C-142/05 (Mickelsson & Roos), Rn. 36,

762 Heute Art. 191 Abs. 2 AEUV

763 Zur Vergleichbarkeit: Das in Art. 191 Abs. 2 AEUV normierte Vorsorgeprinzip ist ein umweltrechtliches Leitprinzip, das über das Umweltrecht hinaus insbesondere auch im Lebensmittelrecht und für den Gesundheitsschutz anwendbar ist, *Calliess, C.* (Fn. 740), Rn. 26.

764 *EuGH*, Rs. C-463/01 (Kommission/Deutschland) 14.12.2004, Rn. 74.

könnten. Den Mitgliedstaaten könne jedoch nicht die Möglichkeit abgesprochen werden, ein Ziel wie den Schutz der Umwelt durch die Einführung allgemeiner Regeln zu verwirklichen, die zum einen angesichts der geografischen Besonderheiten des betroffenen Mitgliedstaats notwendig sind und zum anderen von den nationalen Behörden einfach gehandhabt und kontrolliert werden können. Daran anschließend benennt der Gerichtshof einige Bedingungen, bei deren Vorliegen von der Notwendigkeit der nationalen Maßnahme auszugehen sei, deren Prüfung jedoch dem vorlegenden Gericht obliege.[765] Damit hat der Gerichtshof in der Sache Mickelsson & Roos dem Mitgliedstaat Schweden zumindest implizit zugestanden, dass ihm bei der Wahl der Mittel ein Spielraum zustehe, und das unter anderem auch mit den geografischen Besonderheiten Schwedens begründet.[766] Noch weiter ging der Gerichtshof in der Sache Ålands Vindkraft AB, wo es um die Zuteilung von Stromzertifikaten für nur in Schweden befindliche Anlagen zur Herstellung von ‚grünem Strom' ging. Hierzu führte er aus, dass es den Mitgliedstaaten grundsätzlich freistehe, in Ermangelung einer unionsrechtlichen Harmonisierung zur Förderung ‚grünen Stroms', nur die in ihrem Hoheitsgebiet stattfindende Erzeugung von ‚grünem Strom' zu fördern.[767] Es folgte daraufhin eine ausführliche Auseinandersetzung mit verschiedenen Argumenten im Rahmen der Verhältnismäßigkeitsprüfung und die Schlussfolgerung:

> Ein Mitgliedstaat, der eine solche Wahl trifft, überschreitet nicht den Wertungsspielraum,[768] der ihm bei der Verfolgung des legitimen Ziels, die Erzeugung grünen Stroms zu steigern, verbleibt.[769]

In diesen beiden Urteilen hat der Gerichtshof somit einmal implizit und einmal explizit ausgedrückt, dass den Mitgliedstaaten ein Spielraum bei der Wahl der Mittel zum Schutz der Umwelt zustehe, wobei auch hier jeweils Einschränkungen erfolgten.

---

765 *EuGH*, Rs. C-142/05 (Mickelsson & Roos), Rn. 36, womit der Gerichtshof auch im Zusammenhang mit dem Umweltschutz dem vorlegenden Gericht Spielräume gewährt, deren Berechtigung jedoch wieder in der prozessualen Ausgestaltung des Vorabentscheidungsverfahren zu suchen sein könnte.

766 Zur Frage, inwiefern es sich dabei um ein wiederkehrendes Begründungselement handelt, sind die weiteren Untersuchungen abzuwarten, deren Ergebnisse dann unter Punkt IV. /2. /b. zu finden sind.

767 *EuGH*, Rs. C-573/12 (Ålands Vindkraft AB) 01.07.2014, Rn. 94.

768 Im Schwedischen (der Verfahrenssprache): „utrymme för skönsmässig bedömning", was so viel bedeutet wie Beurteilungs- oder Ermessensspielraum.

769 *EuGH*, Rs. C-573/12 (Ålands Vindkraft AB), Rn. 110.

Die Verhältnismäßigkeit der jeweils in Rede stehenden nationalen Maßnahme wird auch im Zusammenhang mit der Rechtfertigung durch Erfordernisse des Umweltschutzes stets geprüft und ist von hoher Relevanz. Auch wenn der Gerichtshof insgesamt eine uneinheitliche Kontrolldichte im Rahmen der Verhältnismäßigkeit an den Tag legt,[770] ist doch festzustellen, dass er weitergehende Anforderungen aus dem Verhältnismäßigkeitsgrundsatz abgeleitet hat, wie beispielsweise die Gewährung ausreichender Übergangsfristen bei der Umstellung von Pfandsystemen[771], und dass er inzwischen Nachweise für die Geeignetheit und Erforderlichkeit der getroffenen Maßnahmen verlangt.[772] In seinem Urteil zu einem Vertragsverletzungsverfahren gegen Belgien führte er 2012 aus, dass vom Staat Belgien weder die Geeignetheit noch die Notwendigkeit der Maßnahmen konkret dargelegt worden seien und dass die bloße abstrakte Berufung auf Ziele wie den Umweltschutz gerade nicht genüge.[773]

Im Zusammenhang mit der Rechtfertigungsmöglichkeit durch zwingende Erfordernisse des Umweltschutzes gewährt der Gerichtshof somit weder explizit noch implizit in großzügigem Maß Spielräume. Angesichts nationaler geografischer Besonderheiten wurde den Mitgliedstaaten zwar ein Spielraum im Rahmen der Erforderlichkeitsprüfung eingeräumt,[774] inwiefern die Aussagen des Gerichtshofs aus den Urteilen Mickelsson & Roos und Ålands Vindkraft AB zu mitgliedstaatlichen Spielräumen aller-

---

770 Sehr gründliche und detaillierte Prüfung der Verhältnismäßigkeit beispielsweise in *EuGH*, Rs. C-28/09 (Kommission/Österreich), Rn. 126 ff.; eher oberflächlich anmutend in *EuGH*, Rs. C-379/98 (PreussenElektra AG), Rn. 72 ff.

771 *EuGH*, Rs. C-463/01 (Kommission/Deutschland), Rn. 79 f.; *EuGH*, Rs. C-309/02 (Radlberger Getränkegesellschaft mbH & Co.) 14.12.2004, Rn. 81 f.

772 *EuGH*, Rs. C-28/09 (Kommission/Österreich), Rn. 150; *EuGH*, Rs. C-443/10 (Bonnarde) 06.10.2011, Rn. 36; anders somit als von Schroeder in Bezug auf *EuGH*, Rs. C-2/90 (Kommission/Belgien) vertreten, wonach das Berufen auf eine „echte Gefahr" für die Umwelt ausreiche und woraus er folgert, dass den Mitgliedstaaten in diesem Zusammenhang ein Ermessensspielraum zustehe, siehe Fn. 756.

773 *EuGH (*Kommission/Belgien) 06.09.2012, Rn. 57.

774 In *EuGH*, Rs. C-389/96 (Aher-Waggon GmbH), Rn. 19 wiederholt der Gerichtshof im Zusammenhang mit der Rechtfertigung durch Erwägungen der öffentlichen Gesundheit und des Umweltschutzes, dass die deutsche Regierung geltend gemacht habe, dass die Bundesrepublik als sehr dicht besiedeltes Land besonderen Wert darauflege, die Bevölkerung vor zu hohen Lärmemissionen zu schützen. Der Gerichtshof scheint dem zumindest nicht zu widersprechen und es kann davon ausgegangen werden, dass er diesen Umstand in seiner Prüfung berücksichtigte.

dings verallgemeinerungsfähig sind oder sich mit anderen Umständen erklären lassen[775], ist schwer auszumachen. In der Rechtssache Essent Belgium EV wiederholte der Gerichtshof zwar die Passage aus dem Urteil Ålands Vindkraft AB, wonach es den Mitgliedstaaten grundsätzlich freistehe, in Ermangelung einer unionsrechtlichen Harmonisierung zur Förderung grünen Stroms, nur die in ihrem Hoheitsgebiet stattfindende Erzeugung von ‚grünem Strom' zu fördern. Im Rahmen der Verhältnismäßigkeitsprüfung stellte der Gerichtshof dann jedoch – ohne explizite Nennung eines Wertungsspielraums – fest, dass die nationale Regelung der Förderung ‚grünen Stroms' zum Schutz der Umwelt nicht geeignet sei.[776] Wie sich die Rechtsprechung in diesem Bereich fortentwickelt, bleibt abzuwarten.

(4) Schlussfolgerung

Während der Gerichtshof folglich in seiner ersten Entscheidung zum Rechtfertigungsgrund des Umweltschutzes den hohen dänischen Schutzstandard zugunsten der Warenverkehrsfreiheit relativierte und in seiner zweiten diesbezüglichen Entscheidung eine Rechtfertigungsmöglichkeit für faktisch diskriminierende Maßnahmen unter Rückgriff auf die Grundsätze und Prinzipien der Umweltpolitik anerkannte, erschien es fraglich, inwiefern und mit welcher Ausprägung sich im Folgenden eine Rechtsprechungslinie entwickeln würde. Ob und in welchem Umfang den Mitgliedstaaten im Zusammenhang mit diesem Rechtfertigungsgrund, vielleicht auch unter Rückgriff auf Grundsätze der Umweltpolitik wie den der Vorsorge, nun Spielräume gewährt würden, galt es zu untersuchen. Insgesamt ließ sich feststellen, dass der Gerichtshof, abgesehen von wenigen Entscheidungen, deren Verallgemeinerungsfähigkeit fraglich ist, selten Spielräume der Mitgliedstaaten anzuerkennen scheint. Insbesondere eine Übertragung der Rechtsprechung des Gerichtshofs zum Rechtfertigungsgrund des Gesundheitsschutzes nach Art. 36 S. 1 AEUV auf das zwingende Erfordernis des Umweltschutzes konnte nicht erkannt werden. Zwar bezieht der Gerichtshof die Grundsätze der Umweltpolitik in seine Rechtspre-

775 Wie bspw. mit dem Umstand, dass das schwedische Verbot in Mickelsson & Roos „nur" eine Benutzungsregel darstellt oder den Schwierigkeiten im Bereich der nachhaltigen Stromförderungen in Ålands Vindkraft AB.

776 *EuGH*, Rs. C-492/14 (Essent Belgium NV) 29.09.2016, Rn. 107 ff.

chung mit ein, doch nicht um das Bestehen von Beurteilungsspielräumen zu begründen oder deren erweiterten Umfang zu legitimieren, wie er das im Zusammenhang mit dem Vorsorgeprinzip im Rahmen des Gesundheitsschutzes tat. Wenn man sich die wohl gängige Abgrenzung des EuGH zwischen dem Rechtfertigungsgrund des Gesundheitsschutzes und dem des Umweltschutzes vor Augen führt, nämlich, dass Art. 36 AEUV als lex specialis dem Schutz vor unmittelbaren Gefahren für die Gesundheit dient und dass das zwingende Erfordernis des Umweltschutzes greift, bevor es zu einer Gesundheitsgefährdung kommt,[777] scheint das hier festgestellte Ergebnis, angesichts dieser Zuordnung und der unterschiedlichen Bedeutung der Rechtfertigungsgüter, nicht überraschend. Gleiches gilt angesichts der Tatsache, dass der EuGH auch bei diskriminierenden Maßnahmen die ansonsten im Zusammenhang mit zwingenden Erfordernissen nicht bestehende Möglichkeit der Rechtfertigung für den Umweltschutz eröffnet hat.

c) Zusammenfassung

Die Untersuchung der Rechtsprechung des EuGH zur Rechtfertigung mitgliedstaatlicher Behinderungen des freien Warenverkehrs durch zwingende Erfordernisse des Verbraucher- und Umweltschutzes nach der Cassis-Formel hat gezeigt, dass der Gerichtshof den Mitgliedstaaten in diesem Zusammenhang deutlich weniger Spielräume zugesteht als im Zusammenhang mit den rechtfertigenden Belangen nach Art. 36 S. 1 AEUV. Als Erklärung dafür könnte der Umstand herangezogen werden, dass es sich bei der Rechtfertigungsmöglichkeit durch „zwingende Erfordernisse des Allgemeinwohls" um vom Gerichtshof entwickelte, nicht im Vertrag festgeschriebene Belange handelt, wohingegen die Herren der Verträge bei der vertraglichen Festlegung der Warenverkehrsfreiheit ausdrücklich vereinbart haben, dass die in Art. 36 S. 1 AEUV genannten Güter zur Rechtfertigung fruchtbar gemacht werden können. Da der Gerichtshof die Belange des Art. 36 S. 1 AEUV eng auslegt und nur ihren jeweiligen Kernbereich als erfasst ansieht, erscheint es zulässig, den Mitgliedstaaten in diesem Zusammenhang Spielräume hinsichtlich des Schutzniveaus und der Mittel zu

777 *Schroeder, W.* (Fn. 569), Rn. 44; *Millarg, I.* (Fn. 688), S. 187 unter Verweis auf die Rechtsprechung des EuGH in *EuGH*, Rs. C-2/90 (Kommission/Belgien), Rn. 30.

gewähren. Dass den Mitgliedstaaten bei den Rechtfertigungsmöglichkeiten durch zwingende Erfordernisse in Abgrenzung dazu weniger Spielraum gewährt wird, erscheint angesichts dessen sachgerecht. Andererseits gilt es zu beachten, dass sich das Rechtfertigungspotenzial der zwingenden Erfordernisse grundsätzlich, im Gegensatz zu den in Art. 36 S. 1 AEUV aufgeführten Belangen, nicht auf diskriminierende Maßnahmen erstreckt, die den stärksten ‚Eingriff' in den freien Warenverkehr darstellen, sodass man auch annehmen könnte, dass der Gerichtshof gerade deshalb in diesem Zusammenhang freigiebiger Spielräume gewähren würde. Inwiefern der dargestellte Befund so zu deuten ist, dass im Zusammenhang mit der Rechtfertigung durch zwingende Erfordernisse des Allgemeinwohls grundsätzlich weniger Spielraum gewährt wird als im Zusammenhang mit geschriebenen Rechtfertigungsgründen, oder ob sich der dargestellte Befund allein auf Besonderheiten der Belange des Verbraucher- und Umweltschutzes[778] zurückführen lässt, kann erst nach weiteren Untersuchungen aufgeklärt werden.

3. Unionsgrundrechte als Schranke

Grundrechte spielen auch im Zusammenhang mit der Rechtfertigung von Beeinträchtigungen der Warenverkehrsfreiheit eine entscheidende Rolle und treten dabei in verschiedenen Konstellationen auf bzw. übernehmen verschiedene Funktionen. So hat der EuGH beispielsweise das zwingende Erfordernis der Aufrechterhaltung der Medienvielfalt unter Rückgriff auf das Recht der freien Meinungsäußerung hergeleitet, welches durch Art. 10 EMRK geschützt sei und zu den von der Gemeinschaftsrechtsordnung geschützten Grundrechten gehöre.[779] Ebenso hat der Gerichtshof im Zusammenhang mit der Verhältnismäßigkeitsprüfung im Rahmen der Rechtfertigungsprüfung ausgeführt:

---

778 Hinsichtlich beider Belange teilt die Union ihre Zuständigkeit mit den Mitgliedstaaten, siehe Art. 4 Abs. 2 lit. 3, lit. f AEUV. Die gesteigerte Bedeutung des Umweltschutzes wurde bereits erwähnt und auch der Verbraucherschutz genießt in der Union einen besonderen Stellenwert, siehe dazu Art. 169 Abs. 1 AEUV und Art. 38 Charta der Grundrechte; die Union zielt hinsichtlich beider Belange auf ein hohes Schutzniveau ab.

779 *EuGH*, Rs. C-368/95 (Familiapress) 26.06.1997, Rn. 18, siehe zur Dienstleistungsfreiheit *EuGH*, Rs. C-288/89 (Collectieve Antennevoorziening Gouda) 25.07.1991, Rn. 23.

> Wenn ein Mitgliedstaat sich auf zwingende Erfordernisse beruft, um eine Regelung zu rechtfertigen, die geeignet ist, den freien Warenverkehr zu behindern, ist diese Rechtfertigung im übrigen im Lichte der allgemeinen Rechtsgrundsätze und insbesondere der Grundrechte auszulegen […].[780]

Der Gerichtshof zieht die Unionsgrundrechte bei der Rechtfertigungsprüfung von Beeinträchtigungen der Warenverkehrsfreiheit somit zum einen heran, wenn es um die Herleitung zwingender Erfordernisse nach der Cassis-Rechtsprechung geht,[781] und zum anderen als „Schranken-Schranke" im Zusammenhang mit der Verhältnismäßigkeitsprüfung.[782] Untersucht werden in diesem Abschnitt allerdings die Fälle, in denen der Gerichtshof die Grundrechte als eigenständige ‚Schranke' einsetzt,[783] da auch in diesen Fällen seitens des Gerichtshofs von einem mitgliedstaatlichen „Ermessen" die Rede ist.

a) Die Brenner-Blockade

Die, dem Generalanwalt Jacobs zufolge, wohl erste Rechtssache dieser Art[784] war die Sache Schmidberger. Dem Vorabentscheidungsverfahren lag ein Rechtsstreit der Transportfirma Schmidberger gegen die Republik Österreich zugrunde, da einem Verein mit umweltpolitischen Zielen eine

---

780 *EuGH*, Rs. C-368/95 (Familiapress), Rn. 24.

781 *Schroeder, W.* (Fn. 569), Rn. 48 geht davon aus, dass auch die geschriebenen Rechtfertigungsgründe aus Art. 36 AEUV im Lichte der Grundrechte auszulegen seien, führt dafür aber keinen Beleg in Form von Rechtsprechung an. Da dies jedoch im Zusammenhang mit geschriebenen Rechtfertigungsgründen anderer Grundfreiheiten zutreffen mag (s. u. zur Niederlassungsfreiheit) und die Ausführung des Gerichtshofs in *EuGH*, Rs. C-368/95 (Familiapress), Rn. 24 allgemein gehalten ist, erscheint dies zumindest als naheliegende Annahme.

782 *Kingreen, T.* (Fn. 513), Rn. 99 spricht in diesem Zusammenhang von einer selbstständigen Schranken-Schranke, die neben den Grundsatz der Verhältnismäßigkeit trete, während *Schroeder, W.* (Fn. 569), Rn. 48 davon spricht, dass die Auslegung zwingender Erfordernisse im Lichte der Grundrechte im Rahmen der Verhältnismäßigkeitsprüfung erfolge. Zumindest in Bezug auf die Rechtssache *EuGH*, Rs. C-368/95 (Familiapress) ist letzteres zutreffend.

783 Die Einordnung als eigenständige Schranke wird auch vertreten von *Kingreen, T.* (Fn. 513), Rn. 75, 79, *Schroeder, W.* (Fn. 569), Rn. 48; anders anscheinend *Frenz, W.* (Fn. 506), Rn. 1202, 1215 f., der davon auszugehen scheint, dass es sich bei diesem Einsatz der Grundrechte um zwingende Erfordernisse des Allgemeinwohls handele.

784 *GA Jacobs* (Schlussantrag zu EuGH, Rs. C-112/00) 11.07.2002, Rn. 89.

Versammlung auf der Brenner Autobahn durch die zuständigen Behörden gestattet worden war, die zu einer 30-stündigen völligen Verkehrsblockade führte. Das vorlegende Gericht wollte in diesem Zusammenhang wissen, ob ein Mitgliedstaat nach dem Grundsatz vom freien Warenverkehr dazu verpflichtet sei, wichtige Transitrouten so weit wie möglich frei zu halten, und das auch zulasten von Versammlungen, die einen politischen Zweck verfolgen.[785] Der Gerichtshof entschied, dass der Umstand, dass die zuständigen Behörden eine Versammlung, die zu einer fast 30-stündigen Blockade einer wichtigen Verkehrsverbindung führte, nicht untersagten, eine Beeinträchtigung des innergemeinschaftlichen Warenverkehrs darstelle und damit als Maßnahme gleicher Wirkung anzusehen sei.[786] Weiter führte er aus, dass für eine mögliche Rechtfertigung dieser Beeinträchtigung allein das Ziel zu berücksichtigen sei, das die nationalen Stellen mit der stillschweigend erteilten Genehmigung dieser Versammlung verfolgten. Aus den Akten des Ausgangsverfahrens ergab sich, dass die österreichischen Behörden bezweckten, die Grundrechte der Demonstranten auf Meinungsäußerungs- und Versammlungsfreiheit zu achten[787], und der Gerichtshof sprach aus, dass der Schutz der Grundrechte ein berechtigtes Interesse darstelle, das grundsätzlich geeignet sei, eine Beschränkung der Grundfreiheiten zu rechtfertigen.[788] Fraglich war dann, wie die Erfordernisse des Grundrechtsschutzes in der Gemeinschaft mit denen aus einer im Vertrag verankerten Grundfreiheit in Einklang gebracht werden sollten. Da sowohl der Grundsatz des freien Warenverkehrs als auch die Meinungsäußerungs- und Versammlungsfreiheit beschränkbare Rechte darstellen, kam der Gerichtshof zu dem Schluss, dass die bestehenden Interessen abzuwägen seien und anhand sämtlicher Umstände des jeweiligen Einzelfalls festzustellen sei, ob das rechte Gleichgewicht zwischen diesen Interessen gewahrt wurde.[789] In diesem Zusammenhang führte er dann weiter aus:

> In dieser Hinsicht verfügen die zuständigen Stellen über ein weites Ermessen.[790] Dennoch ist zu prüfen, ob die Beschränkungen, denen der innerge-

---

785 *EuGH*, Rs. C-112/00 (Schmidberger) 12.06.2003, Rn. 2, 10 ff.

786 *EuGH*, Rs. C-112/00 (Schmidberger), Rn. 64.

787 *EuGH*, Rs. C-112/00 (Schmidberger), Rn. 68 f.

788 *EuGH*, Rs. C-112/00 (Schmidberger), Rn. 74.

789 *EuGH*, Rs. C-112/00 (Schmidberger), Rn. 78 ff.

790 In der Verfahrenssprache: „weites Ermessen"; im Englischen: „a wide margin of discretion"; und im Französischen: „une large pouvoir d'appréciation".

meinschaftliche Handel unterworfen wurde, in einem angemessenen Verhältnis zu dem berechtigten Ziel stehen, das mit ihnen verfolgt wird, hier dem Schutz der Grundrechte.[791]

Nachdem der Gerichtshof dargelegt hatte, inwiefern sich die Situation der Brenner-Blockade vom Fall der französischen Bauernaufstände unterscheide,[792] stellte er fest, dass die Gestattung der Versammlung durch die nationalen Behörden angesichts des weiten Ermessens[793], das ihnen auf diesem Gebiet zustehe, sowohl geeignet als auch erforderlich und damit verhältnismäßig war.[794]

In der Sache Schmidberger hat der Gerichtshof demnach erklärt, dass den Mitgliedstaaten im Falle eines Unterlassens ein weites Ermessen bei der gerechten Abwägung der kollidierenden Interessen zustehe. Dieses weite Ermessen wurde wiederum durch den Grundsatz der Verhältnismäßigkeit beschränkt, dessen Einhaltung der Gerichtshof überprüfte. Es stellt sich nunmehr jedoch die Frage, ob der Gerichtshof auch außerhalb von Schutzpflichtkonstellationen im Zusammenhang mit der Rechtfertigung durch Unionsgrundrechte Spielräume gewährt.[795]

b) Die Sache Dynamic Medien

In der Rechtssache Dynamic Medien aus dem Jahr 2008 ging es um das Verbot des Versandhandels mit Bildträgern, die nicht in Deutschland nach

---

791 *EuGH*, Rs. C-112/00 (Schmidberger), Rn. 81.

792 *EuGH*, Rs. C-112/00 (Schmidberger), Rn. 83 ff.

793 Die verwendete Terminologie ist sowohl im Deutschen als auch im Englischen und Französischen in dieser Rechtssache durchgehend einheitlich.

794 *EuGH*, Rs. C-112/00 (Schmidberger), Rn. 89 ff.

795 Siehe auch *GA Jacobs* (Schlussantrag zu EuGH, Rs. C-112/00), Rn. 106 mit Verweis auf das Urteil *EuGH*, Rs. C-265/95 (Kommission/Frankreich), nach dessen Ansicht sich die Einräumung eines „weiten Ermessens“ primär daraus ergibt, dass ein mitgliedstaatliches Unterlassen im Raume stand und zwar in Bezug auf die Verhinderung von Beschränkungen der Grundfreiheiten durch Privatpersonen; ebenso *Breuer, M.*, § 7 Fundamentalgarantien, in: Grabenwarter (Hrsg.), Europäischer Grundrechteschutz (2014), 303, Rn. 70. Auch wenn der Gerichtshof im Urteil Schmidberger das mitgliedstaatliche Ermessen erst im Bereich der Rechtfertigungsprüfung erwähnte, ist dies dem im Vergleich zum Fall der Aufstände französischer Landwirte abweichenden Prüfungsaufbau geschuldet und ändert nichts daran, dass sich die Einräumung eines weiten Ermessens auf das Vorliegen einer Schutzpflichtkonstellation zurückführen lässt.

dem Jugendschutzgesetz geprüft wurden und keine Angabe über die Altersfreigabe trugen, wohl aber in einem anderen Mitgliedstaat geprüft und gekennzeichnet worden waren.[796] Nachdem der Gerichtshof festgestellt hatte, dass es sich bei dem Verbot um eine Maßnahme mit gleicher Wirkung wie mengenmäßige Beschränkungen handele, ging er auf eine mögliche Rechtfertigung der Regelung zum Schutz des Kindes ein. Der Schutz des Kindes sei sowohl durch verschiedene internationale Verträge anerkannt als auch durch Art. 24 Abs. 1 der Charta der Grundrechte und stelle ein berechtigtes Interesse dar, das grundsätzlich geeignet sei, eine Beschränkung der Warenverkehrsfreiheit zu rechtfertigen, wobei der Verhältnismäßigkeitsgrundsatz gewahrt bleiben müsse. Weiterhin führte der Gerichtshof aus:

> In dieser Hinsicht ist es nicht unerlässlich, dass die oben in den Randnrn. 39 bis 42 genannten beschränkenden Maßnahmen, die von den Stellen eines Mitgliedstaats zum Schutz der Rechte des Kindes erlassen werden, einer allen Mitgliedstaaten gemeinsamen Auffassung in Bezug auf das Niveau und die Modalitäten dieses Schutzes entsprechen (vgl. entsprechend Urteil Omega, Randnr. 37). Da diese Auffassung je nach Erwägungen insbesondere moralischer oder kultureller Art von Mitgliedstaat zu Mitgliedstaat verschieden sein kann, ist den Mitgliedstaaten ein bestimmtes Ermessen zuzuerkennen.[797]
> Auch wenn es in Ermangelung einer gemeinschaftlichen Harmonisierung Sache der Mitgliedstaaten ist, nach ihrem Ermessen[798] darüber zu befinden, auf welchem Niveau sie den Schutz des in Frage stehenden Interesses gewährleisten wollen, muss doch dieses Ermessen unter Wahrung der sich aus dem Gemeinschaftsrecht ergebenden Verpflichtungen ausgeübt werden.[799]

Sodann prüfte der Gerichtshof die Geeignetheit und Erforderlichkeit des Verbots und listete Kriterien auf, die das Prüfverfahren erfüllen müsse. Dabei erkannte er jedoch das Niveau des Schutzes, das der deutsche Gesetzgeber in seinem Hoheitsgebiet sicherstellen wollte, an und führte aus, dass allein der Umstand, dass ein anderer Mitgliedstaat sich für andere Schutzmaßnahmen entschieden hatte, keinen Einfluss auf die Beurteilung der Verhältnismäßigkeit habe. Diese sei allein an dem fraglichen Ziel und

796 *EuGH*, Rs. C-244/06 (Dynamic Medien), Rn. 11 ff.

797 So in der Verfahrenssprache; im Englischen „a definite margin of discretion“; im Französischen „une marge d’appréciation certaine“.

798 So in der Verfahrenssprache; im Englischen „discretion“; im Französischen „ce pouvoir d’appréciation“.

799 *EuGH*, Rs. C-244/06 (Dynamic Medien), Rn. 44 f.

dem Schutzniveau zu messen, das der betroffene Staat gewährleisten wolle.[800]

c) Ergebnis

Nachdem festgestellt wurde, dass der Gerichtshof den Mitgliedstaaten in der Sache Schmidberger ein „weites Ermessen" bei der Abwägung der Interessen, nämlich der betroffenen Grundrechte und der Warenverkehrsfreiheit, zusprach, stellte sich die Frage, inwiefern der Gerichtshof auch außerhalb von Schutzpflichtkonstellationen im Zusammenhang mit Grundrechten als selbstständiger Schranke der Warenverkehrsfreiheit Spielräume einräumt. In der Sache Dynamic Medien gewährte er ein „bestimmtes Ermessen" in Bezug auf das Niveau und die Modalitäten zum Schutz des Kindes. Diese Entscheidung verdeutlicht, dass Spielräume auch im Zusammenhang mit Grundrechten als selbstständiger Schranke der Warenverkehrsfreiheit eingeräumt werden. Ebenso wie bei den Rechtfertigungsgründen des Art. 36 S. 1 AEUV wird der mitgliedstaatliche Spielraum durch die Prüfung des Verhältnismäßigkeitsgrundsatzes beschränkt, wobei auch der Umstand, dass ein anderer Mitgliedstaat sich für andere Schutzmaßnahmen entschieden hat, die Verhältnismäßigkeitsprüfung nicht beeinflusst. Die Einräumung des Spielraums wurde, in Ermangelung einer Harmonisierung, mit den zwischen den Mitgliedstaaten bestehenden unterschiedlichen Auffassungen in Bezug auf das Niveau und die Modalitäten des Schutzes aufgrund von moralischen oder kulturellen Unterschieden auch ausdrücklich begründet. Folglich gewährt der Gerichtshof den Mitgliedstaaten auch bei der Rechtfertigung von Beeinträchtigungen der Warenverkehrsfreiheit zum Schutz von Grundrechten explizit einen gewissen Spielraum. Inwiefern sich diese Spielräume von denen unterscheiden, die im Zusammenhang mit mitgliedstaatlichem Unterlassen gewährt werden, wird an späterer Stelle nach Abschluss der Untersuchungen dargestellt.[801]

---

800 *EuGH*, Rs. C-244/06 (Dynamic Medien), Rn. 46 ff.
801 Siehe Punkt IV. /3.

4. Fazit

Die Untersuchung der Rechtsprechung des EuGH zu den verschiedenen Rechtfertigungsgründen hat ergeben, dass der Gerichtshof den Mitgliedstaaten zum Teil implizit, zum Teil explizit Spielräume zugesteht. Dabei verwendet er jedoch, bis auf im Zusammenhang mit dem Rechtfertigungsgrund zum Schutz der Gesundheit, keine durchgehend einheitliche Terminologie. Im Zusammenhang mit den geschriebenen Rechtfertigungsgründen nach Art. 36 S. 1 AEUV und der Rechtfertigungsmöglichkeit durch Grundrechte als selbstständige Schranke gewährt der Gerichtshof in der Regel Spielräume bezüglich des Schutzniveaus und der Schutzmodalitäten, wobei diese durch den Verhältnismäßigkeitsgrundsatz beschränkt werden, dessen Prüfung sich jedoch wieder am Maßstab des jeweiligen selbstgewählten Schutzniveaus orientiert. Die Kontrolldichte des Gerichtshofs ist nichtsdestotrotz, wenn auch nicht durchgehend einheitlich, überwiegend hoch. Im Zusammenhang mit den ungeschriebenen Rechtfertigungsgründen nach der Cassis-Formel ändert sich die Rechtsprechung des Gerichtshofs dahingehend, dass weniger Spielräume gewährt werden, wobei an dieser Stelle noch nicht festgestellt werden kann, ob dies an den Eigenheiten der geschützten Belange liegt oder ob der Gerichtshof im Zusammenhang mit ungeschriebenen Rechtfertigungsgründen grundsätzlich weniger Spielraum belässt.

III. Die Freizügigkeit der Personen

Neben dem freien Verkehr von Waren erfasst der Binnenmarkt auch den freien Verkehr von Personen, wobei an dieser Stelle – wie zu Beginn des Untersuchungsabschnitts bereits angekündigt – ausschließlich die Gewährleistung der Personenfreizügigkeit zum Zwecke wirtschaftlicher Betätigung untersucht werden soll. Nach der im AEUV vorkommenden Reihenfolge umfasst das die Arbeitnehmerfreizügigkeit, normiert in Art. 45 AEUV, die Niederlassungsfreiheit in Art. 49 AEUV und die Dienstleistungsfreiheit in Art. 56 AEUV. Aufgrund der Nähe der Gewährleistungsinhalte und der sich gleichenden geschriebenen Rechtfertigungsmöglichkeiten werden diese drei Grundfreiheiten im Hinblick auf die Gewährung mitgliedstaatlicher Spielräume gemeinsam behandelt. Eine Besonderheit stellt dabei jedoch die Dienstleistungsfreiheit dar, welche – abgesehen davon, dass es sich nicht um eine dauerhafte Integration des Dienstleistenden in einen anderen Mitgliedstaat handelt – neben der aktiven und passiven Dienstleistungsfreiheit auch die Korrespondenzdienstleistung erfasst. Bei Letzterer bewegen sich – ähnlich wie bei der Warenverkehrsfreiheit – nur die Dienstleistungen und nicht die dienstleistenden Personen von einem Mitgliedstaat zum anderen. Ob und inwiefern die Fälle der Dienstleistungsfreiheit, insbesondere auch der Korrespondenzdienstleistung, einen anderweitigen Einsatz mitgliedstaatlicher Spielräume begründen, wird an entsprechender Stelle thematisiert werden.

Ebenso wie bei der Untersuchung der Warenverkehrsfreiheit wird im Folgenden zuerst die Rechtsprechung zu den geschriebenen Rechtfertigungsgründen der öffentlichen Ordnung, Sicherheit und Gesundheit untersucht. Daran anschließend folgt die Rechtsprechung zu den zwingenden Erfordernissen, wobei sich diese auf die Urteile des Gerichtshofs zu mitgliedstaatlichen Glücksspielregelungen konzentrieren wird. Nachdem dann die Rechtsprechung zur Rechtfertigung durch unionsrechtliche Grundrechte behandelt worden ist, wird abschließend die Frage aufgeworfen, ob der Gerichtshof im Rahmen der Dienstleistungsfreiheit, in deren Zusammenhang häufig moralisch und ethisch sensible Belange diskutiert werden,[802] bereits Spielräume im Anwendungsbereich einräumt.

1. Rechtfertigung aus Gründen der öffentlichen Ordnung, Sicherheit und Gesundheit

Neben der Tatsache, dass die Anwendbarkeit aller drei Grundfreiheiten zuallererst voraussetzt, dass die in Rede stehende Angelegenheit keiner Totalharmonisierung auf Unionsebene unterliegt,[803] und dem Umstand, dass der Gerichtshof sie mit der Zeit zu allgemeinen Beschränkungsverboten ausgeweitet hat,[804] unterliegen sie, wie schon erwähnt, auch denselben

---

802 Siehe auch *Breuer, M.* (Fn. 795), S. 331, Rn. 65: „Die Thematisierung ethisch-moralisch sensibler Fragen erfolgt regelmäßig nicht im Rahmen der Prüfung der Grundrechte, sondern der Grundfreiheiten (typischerweise der Dienstleistungsfreiheit)."

803 Statt vieler *Frenz, W.* (Fn. 506), Rn. 1422, Rn. 2151, Rn. 2990.

804 Sie erfassen somit auch unterschiedslos geltende Maßnahmen, sofern sie den Marktzugang unterbinden, behindern oder weniger attraktiv machen: *Brechmann, W.*, Art. 45 AEUV, in: Calliess/Ruffert (Hrsg.), EUV, AEUV (2016), Rn. 50 f.; *Franzen, M.*, Art. 45 AEUV, in: Streinz (Hrsg.), EUV/AEUV (2012), Rn. 86 ff.; *Korte, S.*, Art. 49 AEUV, in: Calliess/Ruffert (Hrsg.), EUV, AEUV (2016),

geschriebenen Rechtfertigungsmöglichkeiten: der öffentlichen Ordnung, Sicherheit und Gesundheit. Diese ausdrücklich im Vertrag festgeschriebenen Rechtfertigungsgründe sind für die Arbeitnehmerfreizügigkeit in Art. 45 Abs. 3 AEUV normiert und für die Niederlassungsfreiheit in Art. 52 Abs. 1 AEUV, welcher über die Verweisungsnorm Art. 62 AEUV auch für die Dienstleistungsfreiheit gilt. Die in Art. 45 Abs. 3 AEUV und Art. 52 Abs. 1 AEUV enthaltenen Rechtfertigungsmöglichkeiten umfassen dabei weitaus weniger Rechtfertigungsgründe als Art. 36 Abs. 1 AEUV für Behinderungen der Warenverkehrsfreiheit. Dieser Umstand lässt sich damit erklären, dass eine Andersbehandlung aufgrund der Staatsangehörigkeit – im Gegensatz zur Herkunft einer Ware – eine weitaus schwerwiegendere Verletzung des allgemeinen Diskriminierungsverbots nach Art. 18 AEUV darstellt und damit nur zugunsten elementarer Güter zu rechtfertigen ist.[805]

Aus dem in Art. 52 Abs. 1 AEUV enthaltenen Zusatz, dass es sich bei der zu rechtfertigenden Maßnahme um eine Sonderregelung für Ausländer handeln müsse, wird zum Teil geschlossen, dass die Rechtfertigungsgründe des Art. 52 Abs. 1 AEUV nur auf diskriminierende Maßnahmen anwendbar wären.[806] Eine solche Annahme erscheint jedoch insofern sinnwidrig, als die Rechtfertigungsgründe des Art. 52 Abs. 1 AEUV zur Rechtfertigung diskriminierender Maßnahmen herangezogen werden können, womit dies erst recht für eine Rechtfertigung unterschiedslos geltender Maßnahmen möglich sein müsste.[807]

Rn. 49 ff.; *Müller-Graff, P.-C.*, Art. 49 AEUV, in: Streinz (Hrsg.), EUV/AEUV (2012), Rn. 39 ff.; *Kluth, W.*, Art. 57 AEUV, in: Calliess/Ruffert (Hrsg.), EUV, AEUV (2016), Rn. 57 f.; *Müller-Graff, P.-C.*, Art. 56 AEUV, in: Streinz (Hrsg.), EUV/AEUV (2012), Rn. 84 f.

805 *Müller-Graff, P.-C.*, Art. 52 AEUV, in: Streinz (Hrsg.), EUV/AEUV (2012), Rn. 7.

806 *Pache, E.*, Dienstleistungsfreiheit, in: Ehlers (Hrsg.), Europäische Grundrechte und Grundfreiheiten (2014), 417, Rn. 91 f.

807 *Frenz, W.* (Fn. 506), Rn. 3285; *Müller-Graff, P.-C.* (Fn. 805), Rn. 4 zählt die in Art. 52 Abs. 1 AEUV aufgeführten Gründe deshalb zu den zwingenden Allgemeininteressen und begründet so die damit einhergehende Rechtfertigung auch von unterschiedslos geltenden Maßnahmen; siehe auch *EuGH*, Rs. C-36/02 (Omega) 14.10.2004, Rn. 29.

a) Die öffentliche Ordnung

Als erster Rechtfertigungsgrund wird sowohl in Art. 45 Abs. 3 AEUV als auch in Art. 52 Abs. 1 AEUV die öffentliche Ordnung genannt, weshalb mit der Untersuchung der dazu existierenden Rechtsprechung im Hinblick auf die Gewährung mitgliedstaatlicher Spielräume begonnen wird.

(1) Rechtfertigung von Behinderungen der Arbeitnehmerfreizügigkeit

Die erste Entscheidung des Gerichtshofs zur Auslegung des Rechtfertigungsgrunds „aus Gründen der öffentlichen Ordnung" im Zusammenhang mit der Arbeitnehmerfreizügigkeit nach Art. 48 Abs. 3 EWG[808] erging im Jahr 1974 im Rahmen eines Vorabentscheidungsverfahrens in der Rechtssache Van Duyn. Fräulein Van Duyn, eine niederländische Staatsangehörige, wehrte sich im Ausgangsverfahren gegen die Versagung ihrer Einreise in das Vereinigte Königreich. Grundlage für diese Einreiseverweigerung war die Absicht des Fräuleins, im Vereinigten Königreich eine Arbeitsstelle als Sekretärin bei einer Bildungsstätte der Gruppierung Scientology anzutreten. Fräulein Van Duyn, selbst praktizierende Scientologin, bekleidete zuvor eine ähnliche Stelle in Amsterdam. Die Regierung Großbritanniens sah in der Tätigkeit der Church of Scientology einen Verstoß gegen die öffentliche Ordnung, mit der Begründung, dass sie sozialschädlich sei. Da ein Verbot nach innerstaatlichem Recht nicht möglich war, die britische Regierung der Ausweitung der Gruppierung aber entgegentreten wollte, wurde festgelegt, dass Arbeitserlaubnisse und Beschäftigungsnachweise für Tätigkeiten bei einer Scientology-Einrichtung an Ausländer nicht mehr ausgegeben werden sollten. Britische Staatsangehörige konnten derweil ohne derartige Beschränkungen für eine Scientology-Einrichtung tätig werden. Der britische High Court befragte daraufhin den EuGH zur richtigen Anwendung von Art. 48 EWG, wenn bei einer Maßnahme zum Schutz der öffentlichen Ordnung oder Sicherheit die Angehörigkeit in einer Gruppierung als persönliches Verhalten berücksichtigt werde, deren Tätigkeit als dem öffentlichen Interesse zuwiderlaufend bewertet worden sei, ohne dass die Gruppierung selbst gesetzlich verboten wäre.[809]

---

808 Art. 45 Abs. 3 AEUV.

809 *EuGH*, Rs. 41/74 (Van Duyn), S. 1339 ff.

Der Generalanwalt, welcher in seinen Schlussanträgen keine Differenzierung zwischen dem Rechtfertigungsgrund der öffentlichen Ordnung und dem der öffentlichen Sicherheit vornahm, führte im Rahmen allgemeiner Vorüberlegungen aus, dass bei den gegenwärtigen tatsächlichen und rechtlichen Verhältnissen, vorbehaltlich sekundärrechtlicher Regelungen, nur die Staaten befugt seien, die Maßnahmen zu erlassen, die der Schutz der öffentlichen Sicherheit auf ihrem Hoheitsgebiet verlange, und zu entscheiden, wodurch diese Sicherheit gefährdet werden könne. Auch wenn der allgemeine Vorbehalt der öffentlichen Ordnung eine eng auszulegende begrenzte Ausnahmeregelung darstelle, glaube er nicht, dass sich ein gemeinschaftsrechtlicher Begriff der öffentlichen Sicherheit herausarbeiten lasse. Dieser Begriff bleibe, zumindest im Augenblick, innerstaatlich, was den tatsächlichen Gegebenheiten entspreche, da die Erfordernisse der öffentlichen Sicherheit von Land zu Land nach Ort und Zeit verschieden sein könnten. Die Mitgliedstaaten würden somit, was die Feststellung einer Gefährdung ihrer Sicherheit und die Zweckmäßigkeit der gebotenen Maßnahme anbelangt, eine Befugnis behalten, deren Ausübung den Gleichbehandlungsgrundsatz nicht berühre, es sei denn, sie machten von dieser Befugnis zu anderen als den vorgesehenen Zwecken Gebrauch.[810]

Der Gerichtshof führte im Zusammenhang mit der Vorlagefrage, wie der Umstand zu bewerten sei, dass die Tätigkeit der fraglichen Organisation nach Ansicht des Mitgliedstaats dem öffentlichen Interesse zuwiderlaufe, ohne verboten zu sein, zunächst aus, dass der Begriff der öffentlichen Ordnung als Ausnahme vom Grundsatz der Arbeitnehmerfreizügigkeit eng zu verstehen sei. Seine Tragweite dürfe daher nicht von jedem Mitgliedstaat einseitig ohne Nachprüfung durch die Organe der Gemeinschaft bestimmt werden, aber:

> Dennoch können die besonderen Umstände, die möglicherweise die Berufung auf den Begriff der öffentlichen Ordnung rechtfertigen, von Land zu Land und im zeitlichen Wechsel verschieden sein, so daß insoweit den zuständigen innerstaatlichen Behörden ein Beurteilungsspielraum[811] innerhalb der durch den Vertrag gesetzten Grenzen zuzubilligen ist.[812]

---

810 *GA Mayras* (Schlussantrag zu EuGH, Rs. 41/74) 13.11.1974, S. 1358 f.

811 Verfahrenssprache: „an area of discretion", im Französischen: „une marge d'appréciation".

812 *EuGH*, Rs. 41/74 (Van Duyn), Rn. 18 f.

Während also der Generalanwalt hauptsächlich betonte, dass allein die Mitgliedstaaten befugt seien, zu entscheiden, ob eine Gefährdung der öffentlichen Sicherheit oder Ordnung vorliegt und wie einer solchen zu begegnen ist, sowie dass diese Befugnis nur im Falle eines Missbrauchs verwirkt werden könne, stellte der Gerichtshof zuerst klar, dass eine einseitige Bestimmung des Begriffs der „öffentlichen Ordnung" ohne eine Kontrolle durch die Gemeinschaftsorgane grundsätzlich nicht möglich sei. Damit hat der Gerichtshof deutlich gemacht, dass seine Kontrollkompetenz auch bei der Bestimmung eines Begriffs wie dem der „öffentlichen Ordnung" grundsätzlich fortbestehe, was dem Ansatz des Generalanwalts zu widersprechen scheint, wonach der Begriff der „öffentlichen Ordnung" vorerst innerstaatlich bleibe. Dennoch erkannte auch der Gerichtshof, ebenso wie der Generalanwalt, die Schwierigkeit, den Begriff der „öffentlichen Ordnung" einer allgemeingültigen Definition auf Gemeinschaftsebene zuzuführen. Er löste dieses Problem jedoch nicht dadurch, dass er Auslegung und Anwendung des Begriffs auf mitgliedstaatlicher Ebene beließ, sondern siedelte das Problem auf gemeinschaftsrechtlicher Ebene an und löste es über das Zugeständnis eines mitgliedstaatlichen Spielraums. Folglich nimmt der Gerichtshof in solchen Fällen lediglich seine Kontrollintensität zugunsten der jeweiligen mitgliedstaatlichen Beurteilung zurück, wobei auch dies nicht uneingeschränkt geschehen soll, sondern nur in den vom Vertrag gesetzten Grenzen.

Die eigentliche Prüfung des Gerichtshofs fiel dann jedoch weniger intensiv aus. Er stellte lediglich fest, dass ein Mitgliedstaat nicht verpflichtet sei, ein gesetzliches Verbot zu erlassen, um sich erfolgreich auf den Rechtfertigungsgrund der öffentlichen Ordnung berufen zu können, sofern eine solche Maßnahme den Umständen nach unzweckmäßig erscheine und die Behörden ihre Haltung eindeutig festgelegt und entsprechende Verwaltungsmaßnahmen ergriffen hätten. Ob eine hinreichende Gefährdung der öffentlichen Ordnung gegeben war, entschied der Gerichtshof nicht, wobei nicht deutlich wird, ob dies der Formulierung der Vorlagefragen geschuldet war oder der Einräumung eines Spielraums. Er überprüfte nur, ob das vom Mitgliedstaat festgelegte ‚Wie' des Schutzes rechtfertigungsfähig war. Dabei prüfte er im vorliegenden Fall, ob die ergriffenen Maßnahmen geeignet waren, und überließ es den mitgliedstaatlichen Behörden, zu beurteilen, inwiefern eine strengere, dafür aber unterschiedslos geltende

Maßnahme wie ein grundsätzliches Verbot der Gruppierung zweckmäßig gewesen wäre.[813]

(i.) Die Rechtssache Rutili

Ein Jahr nach dem Urteil in der Rechtssache Van Duyn hatte der Gerichtshof erneut die Gelegenheit, sich im Rahmen eines Vorabentscheidungsverfahrens mit dem Rechtfertigungsgrund der öffentlichen Ordnung zu befassen. Im Ausgangsverfahren wehrte sich Herr Rutili, ein in Frankreich wohnhafter italienischer Staatsangehöriger, gegen die Entscheidung der französischen Behörden, ihm ein Aufenthaltsverbot für bestimmte französische Départements zu erteilen. Dieses Aufenthaltsverbot stützte sich auf politische und gewerkschaftliche Betätigungen des Herrn Rutili, durch welche seine Anwesenheit in den betroffenen Départements als „zur Störung der öffentlichen Ordnung geeignet“ angesehen wurde.[814] Das Tribunal administratif Paris ersuchte daraufhin den Gerichtshof, unter anderem den Sinn des Wortes „gerechtfertigt“ in Art. 48 Abs. 3 EWG zu bestimmen.[815] Dabei differenzierte der Gerichtshof zwischen der materiell-rechtlichen Rechtfertigung zum Schutz der öffentlichen Ordnung und den notwendigen Form- und Verfahrensbestimmungen. Im Zusammenhang mit Ersterem führte er aus:

> Die Mitgliedstaaten können auch weiterhin kraft des Vorbehalts des Artikels 48 Absatz 3 im wesentlichen frei nach ihren nationalen Bedürfnissen bestimmen, was die öffentliche Ordnung verlangt.[816]

Dem fügte er dann aber hinzu, dass der Begriff der öffentlichen Ordnung als Ausnahmevorschrift eng zu verstehen sei, sodass seine Tragweite nicht einseitig von jedem Mitgliedstaat ohne Nachprüfung durch die Gemeinschaftsorgane bestimmt werden dürfe, und kam zu dem Schluss:

> Nach allem darf das Recht der Angehörigen der Mitgliedstaaten, ins Hoheitsgebiet eines anderen Mitgliedstaats einzureisen, sich dort aufzuhalten und frei zu bewegen, nur beschränkt werden, wenn ihre Anwesenheit oder ihr Verhal-

813 *EuGH*, Rs. 41/74 (Van Duyn), Rn. 21 ff.
814 *EuGH*, Rs. 36/75 (Rutili) 28.10.1975, Rn. 1 ff.
815 *EuGH*, Rs. 36/75 (Rutili), Rn. 22.
816 *EuGH*, Rs. 36/75 (Rutili), Rn. 26.

ten eine tatsächliche und hinreichend schwerwiegende Gefährdung der öffentlichen Ordnung darstellt.[817]

Zudem dürften die zum Schutz der öffentlichen Sicherheit oder Ordnung vorgenommenen Einschränkungen nicht den Rahmen dessen überschreiten, was für diesen Schutz „in einer demokratischen Gesellschaft" notwendig sei.[818]

Die Ausführungen des Gerichtshofs in der Sache Rutili, wonach die Mitgliedstaaten auch weiterhin im Wesentlichen frei nach ihren Bedürfnissen bestimmen dürften, was die öffentliche Ordnung verlange, beinhalten somit die implizite Einräumung eines mitgliedstaatlichen Spielraums. Die darin enthaltene Einschränkung „im Wesentlichen" wurde dann jedoch konkretisiert durch die Wiederholung der vorangegangenen Rechtsprechung zur grundsätzlich stattfindenden Kontrolle des Gerichtshofs, die eine einseitige Bestimmung des Begriffs der „öffentlichen Ordnung" durch die Mitgliedstaaten ausschließe. Statt explizit auf den mitgliedstaatlichen Spielraum einzugehen, wie es beispielsweise die französische Regierung in ihrer abgegebenen Erklärung[819] oder der Generalanwalt taten[820], definierte der Gerichtshof, welche Hürden ein mitgliedstaatliches Berufen auf den Rechtfertigungsgrund der öffentlichen Ordnung nehmen müsse.

(ii.) Die Rechtssache Bouchereau

In der Rechtssache Bouchereau sah sich der Gerichtshof aufgrund der Vorlage eines Londoner Gerichts zwei Jahre später wieder mit dem in Art. 48 Abs. 3 EWG enthaltenen Begriff der „öffentlichen Ordnung" befasst.[821] Die Vorlagefragen hatten sich in einem Strafverfahren gegen den französischen Staatsangehörigen Herrn Bouchereau ergeben, welcher in Großbritannien arbeitete. Herr Bouchereau wurde wegen unerlaubten Besitzes von

817 *EuGH*, Rs. 36/75 (Rutili), Rn. 26 ff.

818 *EuGH*, Rs. 36/75 (Rutili), Rn. 32.

819 *EuGH*, Rs. 36/75 (Rutili), S. 1224.

820 *GA Mayras* (Schlussantrag zu EuGH, Rs. 36/75) 14.10.1975, S. 1241.

821 Zuvor folgte unter anderem im Zusammenhang mit der Arbeitnehmerfreizügigkeit noch die Rechtssache Royer, in der sich der Gerichtshof ebenfalls mit dem Begriff der „öffentlichen Ordnung" befasste. Da diese Rechtsprechung jedoch ebenso die Niederlassungs- und Dienstleistungsfreiheit betraf, wird darauf an späterer Stelle eingegangen, siehe Punkt III. /1. /a. /(2).

Betäubungsmitteln angeklagt, weswegen er im selben Jahr schon einmal verurteilt worden war. Das Gericht befand, nachdem der Angeklagte sich für schuldig erklärt hatte, dem zuständigen Minister die Ausweisung zu empfehlen. Der Angeklagte machte geltend, dass diese Empfehlung, welche nicht rechtlich bindend war, aber eine notwendige Vorbedingung für eine Ausweisung darstellte, unter anderem mit seinen Rechten aus Art. 48 EWG unvereinbar sei.[822] Das Gericht des Ausgangsverfahrens ersuchte den Gerichtshof daher unter anderem um eine Erläuterung des Begriffs der „öffentlichen Ordnung" in Art. 48 EWG.[823] Der Gerichtshof wiederholte unter Verweis auf seine Rechtsprechung in der Sache Van Duyn zunächst, dass der Begriff der „öffentlichen Ordnung" eng zu verstehen sei und dass die Bestimmung seiner Tragweite daher nicht von jedem Mitgliedstaat einseitig ohne Nachprüfung erfolgen dürfe. Ebenso sei im Urteil zur Rechtssache Van Duyn aber auch festgestellt worden, dass die besonderen Umstände, die möglicherweise eine Berufung auf die öffentliche Ordnung zu rechtfertigen vermöchten, unter den Mitgliedstaaten und im Wandel der Zeit verschieden sein könnten:

> so daß insoweit den zuständigen innerstaatlichen Behörden ein Beurteilungsspielraum[824] innerhalb der durch den Vertrag und die zu seiner Anwendung erlassenen Vorschriften gesetzten Grenzen zuzubilligen ist.[825]

Jedenfalls aber setze die Berufung einer nationalen Behörde auf den Begriff der öffentlichen Ordnung voraus, dass außer der Störung der öffentlichen Ordnung, die jede Gesetzesverletzung darstelle, eine tatsächliche und hinreichend schwere Gefährdung vorliege, die ein Grundinteresse der Gesellschaft berühre.[826]

Mit dieser Antwort auf die sehr allgemein formulierte Frage des Vorlagegerichts nach der Auslegung des Begriffs der „öffentlichen Ordnung" in Art. 48 Abs. 3 EWG wurde die zuvor entwickelte Rechtsprechung noch einmal zusammengefasst und bestätigt. Im Gegensatz zum Urteil in der Rechtssache Rutili erwähnte der Gerichtshof nun auch wieder explizit die Möglichkeit der Einräumung eines Spielraums und fügte im Gegensatz zum Urteil in der Sache Van Duyn ergänzend hinzu, dass nicht nur der

---

822 *EuGH*, Rs. 30/77 (Bouchereau) 27.10.1977, S. 2001 und Rn. 2 ff.

823 *EuGH*, Rs. 30/77 (Bouchereau), Rn. 31/32.

824 In der Verfahrenssprache: „an area of discretion"; im Französischen: „une marge d'appréciation".

825 *EuGH*, Rs. 30/77 (Bouchereau), Rn. 33 ff.

826 *EuGH*, Rs. 30/77 (Bouchereau), Rn. 33 ff.

Vertrag, sondern auch die zu seiner Anwendung erlassenen Vorschriften dem mitgliedstaatlichen Spielraum Grenzen setzen würden.

(iii.) Schlussfolgerung

Die dargestellte Rechtsprechung macht deutlich, dass eine eindeutige Bestimmung der Tragweite des deutungsoffenen Begriffs der „öffentlichen Ordnung“, der zudem eine enge Verbindung zu wesentlichen national-gesellschaftlichen Interessen aufweist, auch dem EuGH Schwierigkeiten bereitet. Nichtsdestotrotz führte dies nicht zu einem ‚Freifahrtschein‘ der Mitgliedstaaten, wenn es darum ging, die Tragweite eines solchen Rechtfertigungsgrunds festzulegen. Der Gerichtshof hat wiederholt deutlich gemacht, dass seine Kontrolltätigkeit dadurch grundsätzlich nicht eingeschränkt werde. Um der Auslegungsschwierigkeiten Herr zu werden, hat er sich unter bestimmten Umständen für die Einräumung von „Beurteilungsspielräumen“[827] entschieden, da das Gemeinschaftsrecht keine einheitliche Werteskala vorschreibe.[828] Dennoch hat der Gerichtshof später die Vorgaben aufgestellt, dass ein Berufen auf den Rechtfertigungsgrund der öffentlichen Ordnung zumindest voraussetze, dass eine tatsächliche und hinreichend schwere Gefährdung eines Grundinteresses der Gesellschaft gegeben sei und dass die vorgenommenen Einschränkungen nicht den Rahmen dessen überschreiten dürften, was für diesen Schutz „in einer demokratischen Gesellschaft“ notwendig sei. Inwiefern eine solche hinreichend schwere Gefährdung gegeben ist, wird vom Gerichtshof dann größtenteils auch selbst überprüft und gegebenenfalls verneint.[829] Zudem wird der mitgliedstaatliche Spielraum nur innerhalb der Grenzen des Vertrags und der zu seiner Anwendung erlassenen Vorschriften gewährt. Solche Grenzen hat der EuGH schon zu Beginn seiner Rechtsprechung herausgearbeitet und konkretisiert, wie z. B. die Vorgabe, dass für die Beurteilung einer Gefährdung der öffentlichen Ordnung allein auf das persönliche Verhalten und die Situation des Betroffenen abgestellt werden müsse und

827 In der Verfahrenssprache: „an area of discretion“; im Französischen: „une marge d'appréciation“.

828 *EuGH*, Rs. C-115/81 (Adoui und Cornuaille) 18.05.1982, Rn. 8.

829 *EuGH*, Rs. C-115/81 (Adoui und Cornuaille) Rn. 8; *EuGH*, Rs. C-114/97 (Kommission/Spanien) 29.10.1998, Rn. 41 f.

nicht auf pauschale Wertungen,[830] dass eine bloße Gesetzesverletzung an sich ebenso wenig ausreiche wie generalpräventive Erwägungen[831] oder dass eine Rechtfertigung zum Schutz wirtschaftlicher Zwecke nicht möglich sei.[832] Der Gerichtshof hat damit dem potenziell bestehenden Spielraum mitgliedstaatlicher Stellen insoweit Grenzen gesetzt, als von einer weitgehenden Beurteilungsfreiheit in Sachen der öffentlichen Ordnung schwerlich die Rede sein kann.[833]

(2) Rechtfertigung von Behinderungen der Niederlassungs- und Dienstleistungsfreiheit

Nach Art. 52 Abs. 1 AEUV, welcher neben der Niederlassungsfreiheit über die Verweisung in Art. 62 AEUV auch auf die Dienstleistungsfreiheit Anwendung findet, können mitgliedstaatliche Maßnahmen, die eine Sonderregelung für Ausländer vorsehen, aus Gründen der öffentlichen Ordnung, Sicherheit und Gesundheit gerechtfertigt werden. Der Begriff der „öffentlichen Ordnung“ wurde im Zusammenhang mit Art. 52 Abs. 1 AEUV erstmals im Urteil des Gerichtshofs zur Rechtssache Royer näher erläutert. Dabei stellte das Tribunal de première instance Lüttich dem Gerichtshof diverse Fragen, die in einem Strafverfahren gegen den französischen Staatsangehörigen Herrn Royer aufgeworfen wurden. Er war angeklagt worden, weil er in belgisches Hoheitsgebiet eingereist war und sich dort aufgehalten hatte, ohne die dafür erforderliche Erlaubnis zu besitzen.[834] Der Gerichtshof hatte im Rahmen des Vorabentscheidungsverfahrens unter anderem zu der Frage Stellung zu nehmen, ob bereits die Nichterfüllung der gesetzlichen Formalitäten im Rahmen der Ausländerüberwachung ein Verhalten darstelle, das geeignet sei, die öffentliche Sicherheit und Ordnung zu gefährden.[835] Die Richter ließen dabei offen, inwiefern die Regeln zur Arbeitnehmer-, Niederlassungs- oder Dienstleistungsfreiheit einschlä-

830 *EuGH*, Rs. 36/75 (Rutili), Rn. 29 ff.

831 *EuGH*, Rs. 67/74 (Bonsignore/ Stadt Köln) 26.02.1975, Rn. 7; *EuGH*, Rs. 30/77 (Bouchereau), Rn. 33 ff.; *EuGH*, Rs. C-348/96 (Calfa) 19.01.1999, Rn. 27.

832 *EuGH*, Rs. 36/75 (Rutili), Rn. 29 ff.

833 Ebenso *Cheyne, I.*, Deference and the Use of the Public Policy Exception in International Courts and Tribunals, in: Gruszczynski/Wouter (Hrsg.), Deference in International Courts and Tribunals (2014), 38, S. 42 f.

834 *EuGH*, Rs. 48/75 (Royer) 08.04.1976, Rn. 1 f.

835 *EuGH*, Rs. 48/75 (Royer), Rn. 17 f.

gig seien. Sie betonten stattdessen, dass ein Vergleich der Bestimmungen und der zu ihrer Durchführung erlassenen Maßnahmen zeige, dass sie auf denselben Grundsätzen beruhen würden. Insofern ergingen die Ausführungen des Gerichtshofs zu den Anforderungen an den Rechtfertigungsgrund der öffentlichen Ordnung allgemein sowohl zum Vorbehalt nach Art. 48 Abs. 3 EWG für die Arbeitnehmerfreizügigkeit als auch zum Vorbehalt nach Art. 56 Abs. 1 EWG[836] für die Niederlassungs- und Dienstleistungsfreiheit.[837]

Der Gerichtshof führte in diesem Zusammenhang aus, dass allein die Nichterfüllung der gesetzlichen Formalitäten für Einreise, Aufenthalt und Ortswechsel nicht ausreichend sei, um aufenthaltsbeendende Maßnahmen aus Gründen der öffentlichen Ordnung oder Sicherheit zu rechtfertigen.[838] Dem fügte er dann aber noch klarstellend hinzu, dass

> es den Mitgliedstaaten — in den ihrem Ermessen[839] vom Gemeinschaftsrecht gesetzten und vom Gerichtshof in seinen [sic] Urteil vom 26. Oktober 1975 (Rechtssache 36/75, Rutili) erläuterten Grenzen — unbenommen bleibt, einen Staatsangehörigen eines anderen Mitgliedstaats aus ihrem Hoheitsgebiet zu entfernen, wenn die Belange der öffentlichen Ordnung und Sicherheit aus anderen als in der Nichterfüllung der ausländerpolizeilichen Formalitäten liegenden Gründen betroffen sind. Ferner sind die Mitgliedstaaten nach Gemeinschaftsrecht nicht gehindert, die Mißachtung nationaler ausländerpolizeilicher Vorschriften mit den geeigneten und zur Durchsetzung dieser Vorschriften erforderlichen Sanktionen zu belegen, soweit diese nicht in der Entfernung aus dem Hoheitsgebiet bestehen.[840]

In weiteren Urteilen zur Niederlassungs- und/oder Dienstleistungsfreiheit erklärte der Gerichtshof dann auch, dass der Begriff der „öffentlichen Ordnung" nur geltend gemacht werden könne, wenn eine tatsächliche und hinreichend schwere Gefährdung vorliege, die ein Grundinteresse der Gesellschaft berühre.[841] Da es sich bei der Rechtfertigungsmöglichkeit aus Gründen der öffentlichen Ordnung um eine Abweichung von einem

836 Art. 52 Abs. 1 AEUV.

837 *EuGH*, Rs. 48/75 (Royer), Rn. 10 ff., Rn. 28 f.

838 *EuGH*, Rs. 48/75 (Royer), Rn. 38 f.

839 Im Englischen: „discretion"; in der Verfahrenssprache: „pouvoir d'appréciation".

840 *EuGH*, Rs. 48/75 (Royer), Rn. 41 f.

841 Zur Niederlassungsfreiheit: *EuGH*, Rs. C-115/81 (Adoui und Cornuaille), Rn. 8; *EuGH*, Rs. C-466/98 (Kommission/Vereinigtes Königreich) 05.11.2002, Rn. 57; zur Dienstleistungsfreiheit: *EuGH*, Rs. C-348/96 (Calfa), Rn. 21; *EuGH*, Rs. C-355/98 (Kommission/Belgien) 09.03.2000, Rn. 28; zu beidem: *EuGH*, Rs. C-465/05 (Kommission/Italien) 13.12.2007, Rn. 49.

Grundprinzip des Vertrags handele, sei bei der Berufung auf diese eine enge Auslegung geboten.[842]

Tatsächlich ist die Kontrolldichte des Gerichtshofs, trotz grundsätzlicher Anerkennung mitgliedstaatlicher Spielräume in diesem Bereich, dementsprechend hoch. Mit der Zeit hat er diverse Anforderungen und Grenzen für ein Berufen auf den Rechtfertigungsgrund der öffentlichen Ordnung herausgearbeitet und immer weiter konkretisiert. Demnach sei es beispielsweise nicht ausreichend, wenn ein Staat gegenüber dem gleichen, die öffentliche Ordnung gefährdenden Verhalten eigener Staatsangehöriger keine Zwangsmaßnahmen zu dessen Bekämpfung ergreife.[843] Ebenso wenig würden die Rechtfertigungsgründe bezwecken, dass ganze Wirtschaftsbereiche, wie der der privaten Sicherheitsdienste, vom Grundsatz der Freizügigkeit ausgeschlossen werden könnten[844], und auch die Verfolgung wirtschaftlicher Ziele könne nicht über eine Berufung auf die öffentliche Ordnung gerechtfertigt werden.[845] Darüber hinaus müsse die tatsächliche und hinreichend schwere Gefährdung eines gesellschaftlichen Grundinteresses gegenwärtig sein und zwischen ihr und der diskriminierenden Maßnahme müsse ein unmittelbarer Zusammenhang bestehen.[846] Die erforderliche Gefahrenschwelle wird vom Gerichtshof dabei tatsächlich nicht niedrig angesetzt. Weder das Berufen auf den vertraulichen Charakter der von Datenverarbeitungssystemen verarbeiteten Daten zur Rechtfertigung der ausschließlichen Vergabe von Lieferaufträgen an Unternehmen mit öffentlicher Beteiligung[847] noch das Vorliegen eines Gesetzesverstoßes an sich[848] oder die Nichtleistung eines Treueids privater Sicherheitsdienstleister[849] wurden vom Gerichtshof als tatsächliche und hinreichend schwere Gefährdung anerkannt.

Zudem müssen die aufgrund von Art. 56 EWG getroffenen Maßnahmen in einem angemessenen Verhältnis zum angestrebten Ziel stehen. Die Wirkung des Rechtfertigungsgrunds beschränke sich auf das, was zum Schutz

---

842 *EuGH*, Rs. C-348/96 (Calfa), Rn. 23; *EuGH*, Rs. C-355/98 (Kommission/Belgien), Rn. 28; *EuGH*, Rs. C-465/05 (Kommission/Italien), Rn. 49.

843 *EuGH*, Rs. C-115/81 (Adoui und Cornuaille), Rn. 8.

844 *EuGH*, Rs. C-114/97 (Kommission/Spanien), Rn. 42; *EuGH*, Rs. C-355/98 (Kommission/Belgien), Rn. 29.

845 *EuGH*, Rs. 352/85 (Bond Van Adverteerders) 26.04.1988, Rn. 34.

846 *EuGH*, Rs. C-466/98 (Kommission/Vereinigtes Königreich), Rn. 57.

847 *EuGH*, Rs. C-3/88 (Kommission/Italien) 05.12.1989, Rn. 15.

848 *EuGH*, Rs. C-348/96 (Calfa), Rn. 25.

849 *EuGH*, Rs. C-465/05 (Kommission/Italien), Rn. 50.

der Interessen, die Art. 56 EWG wahrt, notwendig sei.[850] So sind beispielsweise Kontrollen, die schon im Heimatmitgliedstaat durchgeführt wurden, vom Gerichtshof als nicht erforderlich bewertet worden.[851]

Der Gerichtshof verlangt darüber hinaus Nachweise und Belege sowohl für die tatsächliche und hinreichend schwere Gefährdung eines gesellschaftlichen Grundbedürfnisses als auch für die Verhältnismäßigkeit, insbesondere die Erforderlichkeit, der getroffenen Maßnahmen. Er scheut sich – vor allem im Zusammenhang mit Vertragsverletzungsverfahren – nicht davor, Argumente der Mitgliedstaaten zu widerlegen,[852] sie als offensichtlich unbegründet oder nicht belegt abzuweisen[853] oder ihre Regelungen durch Auflistung milderer, gleich effektiver Mittel als nicht erforderlich zu enttarnen.[854]

(i.) Omega

Die bis dahin im Zusammenhang mit der Niederlassungs- und Dienstleistungsfreiheit ergangene Rechtsprechung zum Rechtfertigungsgrund der öffentlichen Ordnung, welche grundsätzlich von einer hohen Kontrolldichte seitens des Gerichtshofs und weniger von der expliziten Einräumung mitgliedstaatlicher Spielräume geprägt war, erfuhr durch das Urteil in der Rechtssache Omega eine Zäsur. Im Ausgangsverfahren ging es um einen Rechtsstreit der Omega Spielhallen- und Automatenaufstellungs GmbH gegen die Oberbürgermeisterin der Stadt Bonn. Diese untersagte es der Omega GmbH unter Androhung eines Zwangsgelds, in ihrem ‚Laserdrome' Spielabläufe zu ermöglichen oder zu dulden, die ein gezieltes Beschießen von Menschen mit Laserstrahlen oder Ähnlichem beinhalten. Verhindert werden sollte damit das aufgrund einer Trefferregistrierung sogenannte „spielerische Töten" von Menschen.[855] Die Omega GmbH, die gegen diese Verfügung gerichtlich vorging, machte geltend, dass diese gegen die Warenverkehrsfreiheit und die Dienstleistungsfreiheit verstoße, da

---

850 *EuGH*, Rs. 352/85 (Bond Van Adverteerders), Rn. 36.
851 *EuGH*, Rs. C-465/05 (Kommission/Italien), Rn. 63.
852 *EuGH*, Rs. C-465/05 (Kommission/Italien), Rn. 78.
853 *EuGH*, Rs. C-355/98 (Kommission/Belgien), Rn. 30; *EuGH*, Rs. C-465/05 (Kommission/Italien), Rn. 75, Rn. 104, Rn. 128.
854 *EuGH*, Rs. C-3/88 (Kommission/Italien), Rn. 15; *EuGH*, Rs. C-114/97 (Kommission/Spanien), Rn. 47; *EuGH*, Rs. C-465/05 (Kommission/Italien), Rn. 77.
855 *EuGH*, Rs. C-36/02 (Omega), Rn. 5.

Ausstattung und Technik eines britischen Unternehmens zum Einsatz kommen sollten und da auch die Spielvariante, welche im Vereinigten Königreich bereits rechtmäßig durch Franchising vermarktet wurde, vom deutschen Unternehmen übernommen werden sollte.[856] Das vorlegende Bundesverwaltungsgericht, welches die Rechtsauffassung der Vorinstanzen bestätigte, wonach das „spielerische Töten" im ‚Laserdrome' die in Art. 1 Abs. 1 GG normierte Menschenwürde verletze,[857] legte dem Europäischen Gerichtshof folgende Fragen vor: zum einen, ob die Untersagung einer gewerblichen Betätigung zum Schutz von in nationalen Verfassungen enthaltenen Wertentscheidungen, wie dem Schutz der Menschenwürde, mit dem Unionsrecht vereinbar sei; zum anderen, ob die Befugnis der Mitgliedstaaten, den Dienstleistungsverkehr aus solchen Gründen einzuschränken, davon abhänge, dass die Einschränkung auf einer allen Mitgliedstaaten gemeinsamen Rechtsauffassung beruhe.[858]

Schutz von in nationalen Verfassungen enthaltenen Wertentscheidungen

Nachdem der Gerichtshof festgestellt hatte, dass die Untersagung durch die deutschen Behörden schwerpunktmäßig eine Beschränkung der Dienstleistungsfreiheit darstelle,[859] setzte er sich mit der Möglichkeit einer Rechtfertigung aus Gründen zum Schutz der öffentlichen Ordnung auseinander. Neben der Wiederholung dessen, was ein Berufen auf den Rechtfertigungsgrund der öffentlichen Ordnung voraussetze, wiederholte der Gerichtshof auch Aussagen über seine Kontrollkompetenz. Der Umstand, dass ein Mitgliedstaat sich auf eine vom Vertrag vorgesehene Ausnahme berufen könne, hindere den Gerichtshof nicht an der gerichtlichen Nachprüfung der Maßnahmen, mit denen diese Ausnahme angewandt werde. Zudem sei der Begriff der öffentlichen Ordnung eng zu verstehen, sodass seine Tragweite nicht von jedem Mitgliedstaat einseitig ohne Nachprüfung durch die Organe der Gemeinschaft bestimmt werden dürfe.[860] Nach die-

856 *EuGH*, Rs. C-36/02 (Omega), Rn. 9 und Rn. 25.

857 *EuGH*, Rs. C-36/02 (Omega), Rn. 11

858 *EuGH*, Rs. C-36/02 (Omega), Rn. 23.

859 Die Warenverkehrsfreiheit tritt nach Ansicht des Gerichtshofs unter den Umständen des Ausgangsverfahrens hinter der Dienstleistungsfreiheit zurück, *EuGH*, Rs. C-36/02 (Omega), Rn. 27.

860 *EuGH*, Rs. C-36/02 (Omega), Rn. 30.

sen Ausführungen zur grundsätzlichen Kontrollkompetenz des Gerichtshofs folgten dann jedoch wiederum relativierende Aussagen in Bezug auf die Kontrolldichte im vorliegenden Fall:

> Allerdings können die konkreten Umstände, die möglicherweise die Berufung auf den Begriff der öffentlichen Ordnung rechtfertigen, von Land zu Land und im zeitlichen Wechsel verschieden sein. Insoweit ist den zuständigen innerstaatlichen Behörden daher ein Beurteilungsspielraum[861] innerhalb der durch den EG-Vertrag gesetzten Grenzen zuzubilligen […].[862]

Nach diesen allgemeinen Vorbemerkungen befasste sich der Gerichtshof wieder mit den Umständen des konkreten Falls. Dabei betonte er zuerst, dass die der Untersagungsverfügung zugrundeliegende Auffassung hinsichtlich der Erfordernisse des Menschenwürdeschutzes als im Einklang mit dem deutschen Grundgesetz angesehen werden müsse, da alle deutschen Vorinstanzen dies bestätigt hätten. Alsdann ging er darauf ein, dass die Grundrechte zu den allgemeinen Rechtsgrundsätzen gehören würden und dass die Gemeinschaftsrechtsordnung entsprechend den Ausführungen der Generalanwältin unbestreitbar auf die Gewährleistung der Achtung der Menschenwürde als Bestandteil der allgemeinen Rechtsgrundsätze abziele. Somit sei das Ziel, die Menschenwürde zu schützen, mit dem Gemeinschaftsrecht vereinbar, ohne dass dabei die besondere Stellung der Menschenwürde in Deutschland als eigenständiges Grundrecht eine Rolle spiele. Unter Hinweis auf das Urteil Schmidberger führte der Gerichtshof aus, dass der Schutz der Grundrechte ein berechtigtes Interesse darstelle, das grundsätzlich geeignet sei, eine Beschränkung der Dienstleistungsfreiheit zu rechtfertigen. Jedoch könne eine Rechtfertigung aus Gründen der öffentlichen Ordnung nur dann gelingen, wenn die Maßnahme verhältnismäßig sei.[863]

Gemeinsame Ansicht

Auf die Frage, ob die Befugnis der Mitgliedstaaten zur Einschränkung des Dienstleistungsverkehrs zugunsten der Menschenwürde davon abhänge, dass die Einschränkung auf einer allen Mitgliedstaaten gemeinsamen

861 Verfahrenssprache: „Beurteilungsspielraum"; im Englischen: „margin of discretion"; im Französischen: „une marge d'appréciation".
862 *EuGH*, Rs. C-36/02 (Omega), Rn. 31.
863 *EuGH*, Rs. C-36/02 (Omega), Rn. 32 ff.

Rechtsauffassung beruhe, ging der Gerichtshof im Zusammenhang mit der Verhältnismäßigkeitsprüfung ein und führte aus:

> Insoweit ist es nicht unerlässlich, dass die von den Behörden eines Mitgliedstaats erlassene beschränkende Maßnahme einer allen Mitgliedstaaten gemeinsamen Auffassung darüber entspricht, wie das betreffende Grundrecht oder berechtigte Interesse zu schützen ist. [...] Vielmehr sind die Notwendigkeit und die Verhältnismäßigkeit der einschlägigen Bestimmungen, wie aus einer ständigen Rechtsprechung seit dem Urteil Schindler hervorgeht, nicht schon deshalb ausgeschlossen, weil ein Mitgliedstaat andere Schutzregelungen als ein anderer Mitgliedstaat erlassen hat.[864]

Bei der Anwendung dessen auf die Umstände des vorliegenden Falls kam der Gerichtshof zu dem Schluss, dass die Untersagung des „spielerischen Tötens" dem Grad des Schutzes der Menschenwürde entspreche, der mit dem Grundgesetz im Hoheitsgebiet der Bundesrepublik Deutschland sichergestellt werden sollte, und dass die Maßnahme nicht über das hinausgehe, was zur Erreichung des von den nationalen Behörden verfolgten Ziels erforderlich sei. Folglich handele es sich nicht um eine ungerechtfertigte Beeinträchtigung des freien Dienstleistungsverkehrs.[865]

(ii.) Schlussfolgerung

Das Urteil des Gerichtshofs in der Rechtssache Omega macht zunächst das Naheliegende deutlich, nämlich dass eine Beeinträchtigung der Dienstleistungsfreiheit nicht unmittelbar am Maßstab von Wertentscheidungen gerechtfertigt werden kann, die in nationalen Verfassungen enthalten sind. Der Gerichtshof prüfte vielmehr, inwiefern der Schutz der Menschenwürde auch ein aus gemeinschaftsrechtlicher Sicht schutzwürdiges Interesse darstelle,[866] und betonte nach Bejahung dessen, dass es insoweit

---

864 *EuGH*, Rs. C-36/02 (Omega), Rn. 37 f.

865 *EuGH*, Rs. C-36/02 (Omega), Rn. 39 f.

866 *Schwarze, J.*, Der Schutz der Grundrechte durch den EuGH, Neue Juristische Wochenschrift 2005, 3459, S. 3461 ist der Ansicht, dass dieser „doppelte Test" kurios anmute, als mit der Menschenwürde verbundene Persönlichkeitsrechte gerade auf Vorlage aus Deutschland Eingang in das Gemeinschaftsrecht gefunden hätten und dass es sich in der Sache um ein relativ aufwändiges Verfahren handele, was zumindest nach Inkrafttreten der GRCh wohl bezweifelt werden kann. Er räumt dann aber zutreffend ein, dass sich dieses damit rechtfertigen lasse, dass die Grundfreiheiten möglichst einheitlich in der gesamten EG gelten müssen und

keine Rolle spiele, dass der Menschenwürde in Deutschland die besondere Stellung eines selbstständigen Grundrechts zukomme. Der Gerichtshof verlangt somit, dass sich das im Rahmen des Rechtfertigungsgrunds der öffentlichen Ordnung geschützte Interesse auch im Gemeinschaftsrecht wiederfinden lässt.

Fraglich erscheint jedoch, ob und inwiefern nationale Wertentscheidungen – wie hier das deutsche Verständnis der Menschenwürde – mittelbar durch die Gewährung von Spielräumen bei der Rechtfertigung berücksichtigt werden. Es fällt auf, dass der Gerichtshof nicht weiter ausführte, was vom gemeinschaftsrechtlichen Menschenwürdebegriff umfasst ist, und dass er auch nicht prüfte, ob das gemeinschaftsrechtliche Würdeverständnis durch das sogenannte „spielerische Töten" im Laserdrome betroffen war. An dieser Stelle wird der mitgliedstaatliche Spielraum relevant. Da die konkreten Umstände, die eine Berufung auf den Rechtfertigungsgrund zu rechtfertigen vermögen, von Land zu Land und im zeitlichen Wechsel verschieden sein können, haben die deutschen Behörden bei der Beurteilung, ob eine tatsächliche und hinreichend schwere Gefährdung eines gesellschaftlichen Grundinteresses – hier der Menschenwürde – vorliegt, einen Beurteilungsspielraum. Eine solche Beurteilung misst sich dann an dem vom jeweiligen Mitgliedstaat zugrunde gelegten Schutzkonzept. Dieses muss sich nicht mit dem in anderen Mitgliedstaaten decken; vielmehr darf der Grad des Schutzes jeweils frei gewählt werden, womit der Gerichtshof klarstellt, dass die Rechtsauffassung in anderen Mitgliedstaaten für den jeweiligen mitgliedstaatlichen Spielraum nicht maßgeblich ist. Das bedeutet, die Mitgliedstaaten können die Intensität und das Konzept des Schutzes für das geschützte Interesse selbst festlegen, womit der Gerichtshof über den Spielraum mittelbar den deutschen Inhalt und die Reichweite der Menschenwürdegarantie im Rahmen des Rechtfertigungsgrunds der öffentlichen Ordnung berücksichtigt. Dies bedeutet jedoch nicht, dass eine ‚carte blanche' für Beschränkungen der Marktfreiheiten oder ein Generalvorrang des mitgliedstaatlichen Würdeverständnisses bestünden.[867] Die Grenze des mitgliedstaatlichen Spielraums begründet nach wie vor die Verhältnismäßigkeitsprüfung, wobei der Gerichtshof insbesondere überprüft, ob die beschränkende mitgliedstaatliche Maßnahme auch dem Grad

---

dass auch der Schutzstandard der Grundrechte auf Gemeinschaftsebene nicht grundsätzlich unterschiedlich seien könne.

867 *Bröhmer, J.*, Zulässige Untersagung eines Tötungsspiels, Europäische Zeitschrift für Wirtschaftsrecht 2004, 753, S. 756.

des Schutzes entspricht, der im jeweiligen Mitgliedstaat herrscht, das heißt, ob die Maßnahme kohärent ist und ob sie nicht über das hinausgeht, was zur Erreichung des von den Behörden verfolgten Ziels erforderlich ist. Nur wenn dies gegeben ist, kann von einer Rechtfertigung der mitgliedstaatlichen Maßnahme ausgegangen werden.

In der Literatur wird vertreten, dass der EuGH mit seiner Rechtsprechung im Omega-Urteil der Menschenwürde eine Sonderstellung habe zukommen lassen.[868] Zudem habe der Gerichtshof auf die mitgliedstaatliche nationale Identität im Sinne von Art. 4 Abs. 2 EUV Rücksicht nehmen wollen,[869] wobei es einer solchen zusätzlichen Abstützung nicht bedurft hätte, da die Hinnahme einer gewissen Uneinheitlichkeit der Unionsrechtsordnung schon im Ordre-public-Vorbehalt selbst enthalten sei.[870] Eine solche Sonderrolle der Menschenwürde und eine zusätzliche Rücksichtnahme, die über die im Rahmen der Rechtfertigungsgründe für gewöhnlich gewährten Spielräume hinausgeht, lässt sich jedoch nicht ausmachen.[871] Die Rechtsprechung deckt sich mit der auch sonst üblichen Vorgehensweise des Gerichtshofs im Zusammenhang mit dem Rechtfertigungsgrund der öffentlichen Ordnung[872] und anderen Rechtfertigungs-

---

868 Beispielsweise *Ackermann, T.*, Case Law, Common Market Law Review 2005, 1107, S. 114, der annimmt, dass im Omega Urteil die Menschenwürde als Rechtfertigungsgrund anerkannt worden sei; *Bröhmer, J.* (Fn. 867), S. 756; *Breuer, M.* (Fn. 795), Rn. 69 ff. m. w. N.

869 Stellvertretend *Von Danwitz, T.*, Funktionsbedingungen der Rechtsprechung des Europäischen Gerichtshofes, Zeitschrift Europarecht 2008, 769, S. 784.

870 *Breuer, M.* (Fn. 795), Rn. 71.

871 Inwiefern sich die Gewährung von mitgliedstaatlichen Beurteilungsspielräumen innerhalb der Rechtfertigungsprüfungen auf Art. 4 Abs. 2 EUV stützen lässt, ist eine andere Frage, auf die an späterer Stelle noch eingegangen wird, siehe Punkt V. /2. /c.

872 Siehe dazu *Schwarze, J.* (Fn. 866), S. 3461, der nicht auf eine Sonderrolle der Menschenwürde abstellt, sondern auf den Rechtfertigungsgrund der öffentlichen Ordnung, „in dessen Rahmen die Frage nach dem inhaltlichen Umfang der Schutzbedürftigkeit der Menschenwürde relevant wurde, [und der] für unterschiedliche Beurteilungen von Land zu Land offen ist.“; *Chu, G.*, ‘Playing at Killing’ Freedom of Movement, Legal lssues of Economic Integration 2006, 85, S. 93 führt aus, dass der Gerichtshof im Omega-Urteil eine leichte Anwendung des Verhältnismäßigkeitsgrundsatzes ausübe in Übereinstimmung mit dem „controversial trend“, der sich auch in den Glücksspielfällen wiederfinden lasse und macht somit ebenso deutlich, dass die Einräumung eines Spielraums unter Reduzierung der Kontrolldichte nicht auf einer Sonderrolle der Menschenwürde beruht.

gründen, wie z. B. dem aus Gründen der öffentlichen Sittlichkeit oder dem des öffentlichen Gesundheitsschutzes im Rahmen der Warenverkehrsfreiheit. Bei der Ausgestaltung des jeweiligen Schutzkonzepts belässt er auch dort den Mitgliedstaaten Spielräume, zum einen in Ermangelung einer Harmonisierung und zum anderen aus weiteren Gründen, beispielsweise wenn – wie auch im vorliegenden Fall – das Rechtfertigungsziel schwer oder nicht allgemeingültig definierbar ist. Auch wenn das Urteil im Hinblick darauf irritierend wirken mag, dass der Gerichtshof die Menschenwürde über den Rechtfertigungsgrund der öffentlichen Ordnung berücksichtigt hat und nicht als eigenständige und einheitliche gemeinschaftsgrundrechtliche Schranke,[873] tut es dies nicht in Bezug auf den Einsatz mitgliedstaatlicher Spielräume. In welchem Verhältnis dieser ‚gewöhnliche' Einsatz mitgliedstaatlicher Spielräume zum Gebot der Achtung der nationalen Identität nach Art. 4 Abs. 2 S. 1 EUV steht, wird an späterer Stelle untersucht werden.[874]

(3) Ergebnis

Im Ergebnis bleibt festzuhalten, dass der Gerichtshof den Rechtfertigungsgrund der öffentlichen Ordnung als eng auszulegende Ausnahme versteht, die eine tatsächliche und hinreichend schwere Gefährdung eines gesellschaftlichen Grundinteresses voraussetzt. Hinsichtlich seiner Kontrollkompetenz machte der Gerichtshof deutlich, dass er nicht an einer gerichtlichen Nachprüfung der Maßnahmen gehindert sei, die aus Gründen der öffentlichen Ordnung gerechtfertigt sein sollen. Nichtsdestotrotz erkennt er an, dass der Rechtfertigungsgrund der öffentlichen Ordnung Auslegungsprobleme bereithalten kann, denen er durch die Gewährung mitgliedstaatlicher Spielräume begegnet. Dies ist nicht immer der Fall – zumindest aber dann, wenn die Umstände, die möglicherweise die Berufung auf den Begriff der öffentlichen Ordnung rechtfertigen, von Land zu Land und im zeitlichen Wechsel verschieden sind. Jedoch unterliegen auch diese Spielräume – wie bereits ausgeführt – Grenzen, die mittlerweile durch die

873 *Oliver, P./Roth, W.-H.*, The Internal Market and the Four Freedoms, Common Market Law Review 2004, 407, S. 439 führen aus, dass der Schutz der Grundrechte eine grundlegendes Interesse der Gesellschaft darstelle und somit als Teil der öffentlichen Ordnung angesehen werden müsse.

874 Siehe Punkt V. /2. /b.

Rechtsprechung und das Sekundärrecht so weit konkretisiert sind, dass man auch im Zusammenhang mit dem Rechtfertigungsgrund der öffentlichen Ordnung grundsätzlich von einer hohen Kontrolldichte seitens des Gerichtshofs sprechen kann.

Die Untersuchungen haben zudem gezeigt, dass der Gerichtshof keine Unterschiede macht zwischen der Rechtfertigung von Behinderungen der Arbeitnehmer-, Niederlassungs- oder Dienstleistungsfreiheit durch Gründe der öffentlichen Ordnung. Für die Gewährung von Spielräumen ist es somit nicht von Bedeutung, dass es bei der Dienstleistungsfreiheit nicht um die dauerhafte Integration einer Person in einen fremden Mitgliedstaat geht. Die dabei im Bereich der Dienstleistungsfreiheit untersuchten Fälle betrafen weiterhin überwiegend solche Sachverhalte, in denen die beteiligten Personen selbst mitgliedstaatliche Grenzen übertraten. Ob der besondere Fall der Korrespondenzdienstleistung, bei dem nur die Dienstleistungen, nicht aber die Personen, Grenzen überschreiten, zu einer anderen Rechtsprechung führt, kann angesichts der Omega-Rechtsprechung verneint werden. In dieser hat nämlich der Gerichtshof zur Auslegung des Rechtfertigungsgrunds der öffentlichen Ordnung auf seine Rechtsprechung in den Fällen Van Duyn und Bouchereau verwiesen und die dort etablierten Grundsätze auf den Fall der Korrespondenzdienstleistung übertragen.

Schlussendlich gilt es noch zu erwähnen, dass der Gerichtshof in seiner Rechtsprechung zum Rechtfertigungsgrund der öffentlichen Ordnung nicht einheitlich den Begriff „Beurteilungsspielraum" benutzte, wie es die dargestellten Urteile in deutscher Sprache suggerieren mögen. In den jeweils authentischen Sprachfassungen der Urteile Van Duyn, Royer und Bouchereau benutzte der Gerichtshof die Ausdrücke „an area of discretion" oder „pouvoir d'appréciation". Wie dies dogmatisch zu bewerten ist, wird an späterer Stelle diskutiert werden.[875]

b) Die öffentliche Sicherheit

Als zweiter Rechtfertigungsgrund wird in den Artikeln 45 Abs. 3 AEUV und 52 Abs. 1 AEUV die Rechtfertigungsmöglichkeit aus Gründen der öffentlichen Sicherheit genannt. Nicht immer differenziert der Gerichtshof

875 Siehe Punkt IV. /4.

in seinen Urteilen zwischen dem Rechtfertigungsgrund der öffentlichen Sicherheit und dem der öffentlichen Ordnung. Zuweilen nennt er beide Rechtfertigungsgründe gleichzeitig und prüft sie einheitlich, ohne sich für einen zu entscheiden;[876] oder aber er spricht nur die öffentliche Sicherheit an und führt unter Verweis auf die Rechtsprechung zur öffentlichen Ordnung aus:

> Dieser Rechtfertigungsgrund greift nämlich nur ein, wenn eine tatsächliche und hinreichend schwere Gefährdung vorliegt, die ein Grundinteresse der Gesellschaft berührt (vgl. im Hinblick auf die öffentliche Ordnung das vorgenannte Urteil Bouchereau, Randnr. 35).[877]

Diesen Gleichklang der Rechtfertigungsgründe und ihrer Anforderungen bestätigte der EuGH nicht nur in Urteilen, in denen er die Rechtfertigungsmöglichkeit der öffentlichen Sicherheit allein prüfte;[878] auch die Artikel 27 und 28 der RL 2004/38, welche den Vorbehalt von Art. 45 Abs. 3 AEUV konkretisieren,[879] bestätigen dies. Die dort genannten Vorgaben gelten nämlich sowohl für eine Rechtfertigung aus Gründen der öffentlichen Ordnung als auch für eine Rechtfertigung aus Gründen der öffentlichen Sicherheit. Da diese Verbundenheit der Rechtfertigungsgründe – soweit ersichtlich – auch die Rechtsprechung zur Einräumung mitgliedstaatlicher Spielräume umfasst,[880] wird an dieser Stelle auf die Ausführungen zum Rechtfertigungsgrund der öffentlichen Ordnung verwiesen.

c) Die öffentliche Gesundheit

Als letzter Rechtfertigungsgrund wird in den Artikeln 45 Abs. 3 AEUV und 52 Abs. 1 AEUV derjenige aus Gründen der öffentlichen Gesundheit genannt. Auch an dieser Stelle wird hinsichtlich der Untersuchung zur Gewährung mitgliedstaatlicher Spielräume im Rahmen der Rechtfertigungsprüfung zunächst zwischen Artikel 45 Abs. 3 AEUV für die Arbeitnehmerfreizügigkeit und Artikel 52 Abs. 1 AEUV für die Niederlassungs- und Dienstleistungsfreiheit differenziert.

---

876 *EuGH*, Rs. 48/75 (Royer), Rn. 36 ff.; *EuGH*, Rs. C-168/04 (Kommission/Österreich) 21.09.2006, Rn. 63 ff.

877 *EuGH*, Rs. C-114/97 (Kommission/Spanien), Rn. 45 f.

878 *EuGH*, Rs. C-257/05 (Kommission/Österreich) 14.12.2006, Rn. 24 ff.

879 *Franzen, M.* (Fn. 804), Rn. 128.

880 *EuGH*, Rs. 48/75 (Royer), Rn. 41 ff.

(1) Rechtfertigung von Behinderungen der Arbeitnehmerfreizügigkeit

Welche Krankheiten oder Gebrechen die Verweigerung der Einreise oder des Aufenthalts aus Gründen der öffentlichen Gesundheit zu rechtfertigen vermögen, wurde schon frühzeitig sekundärrechtlich festgelegt.[881] Nach der heute geltenden sekundärrechtlichen Regelung in Art. 29 Abs. 1 RL 2004/38 EG, im ABl. L 136 vom 30.4.2004, heißt es:

> Als Krankheiten, die eine die Freizügigkeit beschränkende Maßnahme rechtfertigen, gelten ausschließlich die Krankheiten mit epidemischem Potenzial im Sinne der einschlägigen Rechtsinstrumente der Weltgesundheitsorganisation und sonstige übertragbare, durch Infektionserreger oder Parasiten verursachte Krankheiten, sofern gegen diese Krankheiten Maßnahmen zum Schutz der Staatsangehörigen des Aufnahmemitgliedstaats getroffen werden.

Urteile zur Auslegung des Rechtfertigungsgrunds der öffentlichen Gesundheit oder zur Gewährung mitgliedstaatlicher Spielräume im Zusammenhang mit der Arbeitnehmerfreizügigkeit nach Art. 45 Abs. 3 AEUV sucht man angesichts der vermeintlich geringen dazu existierenden Fallzahl und der abschließenden sekundärrechtlichen Regelung vergebens.[882] Der Gerichtshof führte zumindest einmal in Bezug auf Einschränkungen der Freizügigkeit der Arbeitnehmer und des Niederlassungsrechts aus Gründen der öffentlichen Gesundheit nach den Artikeln 48 und 56 EWG-Vertrag allgemein aus:

> Das Recht der Mitgliedstaaten, die Freizügigkeit von Personen aus Gründen der öffentlichen Gesundheit einzuschränken, bezweckt nicht, den Gesundheitsbereich als Wirtschaftsbereich hinsichtlich des Zugangs zu einer Beschäftigung von der Anwendung der Grundsätze der Freizügigkeit auszunehmen. Es soll ihnen vielmehr die Möglichkeit verschaffen, solchen Personen die Einreise oder den Aufenthalt im Staatsgebiet zu verwehren, deren Einreise oder Aufenthalt in diesem Staatsgebiet für sich allein genommen eine Gefahr für die öffentliche Gesundheit darstellt.[883]

---

881 Dies wurde erstmals durch die Richtlinie 64/221/EWG des Rates vom 25. Februar 1964 zur Koordinierung der Sondervorschriften für die Einreise und den Aufenthalt von Ausländern, soweit sie aus Gründen der öffentlichen Ordnung, Sicherheit oder Gesundheit gerechtfertigt sind, geregelt, siehe *Brechmann, W.* (Fn. 804), Rn. 105; *Franzen, M.* (Fn. 804), Rn. 137.

882 Auch in der Kommentarliteratur wird an dieser Stelle nur auf die sekundärrechtlichen Regelungen verwiesen.

883 *EuGH*, Rs. 131/85 (Gül) 07.05.1986, Rn. 17.

Dieses Urteil macht zumindest deutlich, dass der Gerichtshof auch im Zusammenhang mit dem Rechtfertigungsgrund der öffentlichen Gesundheit nicht grundsätzlich zwischen Art. 45 Abs. 3 und Art. 52 Abs. 1 AEUV zu differenzieren scheint.

(2) Rechtfertigung von Behinderungen der Niederlassungs- und Dienstleistungsfreiheit

Die Rechtsprechung des Gerichtshofs zur Rechtfertigung von Behinderungen der Niederlassungs- und Dienstleistungsfreiheit aus Gründen der öffentlichen Gesundheit stellt sich im Hinblick auf den Untersuchungsgegenstand als weitaus ergiebiger dar als die zur Arbeitnehmerfreizügigkeit. Aufgrund der in diesem Zusammenhang entwickelten ausdifferenzierten und oft wiederholten Rechtsprechung werden im Folgenden die Fälle zur Kostenerstattung von in anderen Mitgliedstaaten entstandenen Krankheitskosten sowie die Fälle der Niederlassung medizinischer Dienstleister aus anderen Mitgliedstaaten genauer untersucht.

(i.) Kostenerstattung von in anderen Mitgliedstaaten entstandenen Krankheitskosten

In der Rechtssache Kohll, die im Jahr 1998 vom Gerichtshof entschieden wurde, ging es um die Ablehnung eines Genehmigungsantrags durch die heimische Krankenkasse für die Erstattung von Kosten einer Zahnbehandlung in einem anderen Mitgliedstaat. Die Verweigerung der Genehmigung wurde damit begründet, dass die Behandlung zum einen nicht dringend gewesen sei und zum anderen auch im Heimatstaat hätte durchgeführt werden können.[884] Der Gerichtshof stellte fest, dass das gesetzlich vorgesehene, vorherige Genehmigungserfordernis für die Kostenerstattung von Behandlungen in einem anderen Mitgliedstaat eine Beschränkung der Dienstleistungsfreiheit darstelle, und prüfte sodann die Möglichkeit einer Rechtfertigung.[885] Zuerst wies er darauf hin, dass rein wirtschaftliche Gründe Beschränkungen der Grundfreiheiten nicht zu rechtfertigen vermöchten, um dann zu erklären, dass eine erhebliche Gefährdung des finan-

884 *EuGH*, Rs. C-158/96 (Kohll) 28.04.1998, Rn. 2 f.
885 *EuGH*, Rs. C-158/96 (Kohll), Rn. 34.

ziellen Gleichgewichts des Systems der sozialen Sicherheit einen zwingenden Grund des Allgemeininteresses darstelle.[886] Nachdem der Gerichtshof die Einschlägigkeit dieses Rechtfertigungsgrunds im vorliegenden Fall verneint hatte, beschäftigte er sich mit dem Vorbringen der luxemburgischen Regierung. Diese machte zudem den Schutz der öffentlichen Gesundheit geltend und berief sich dabei zum einen auf die Gewährleistung der Qualität der ärztlichen Leistungen und zum anderen auf die Sicherstellung einer ausgewogenen, allen Versicherten offenstehenden ärztlichen und klinischen Versorgung durch das luxemburgische Krankenversicherungssystem. Das Argument der Gewährleistung der Qualität ärztlicher Leistungen wies der Gerichtshof angesichts des Bestehens von Harmonisierungsmaßnahmen zur Ausübung des Arztberufs zurück,[887] doch zum zweiten Argument führte er aus:

> Das Ziel, eine ausgewogene, allen zugängliche ärztliche und klinische Versorgung aufrechtzuerhalten, ist zwar eng mit der Finanzierung des Systems der sozialen Sicherheit verbunden, kann aber auch zu den Ausnahmen aus Gründen der öffentlichen Gesundheit nach Artikel 56 EG-Vertrag zählen, soweit es zur Erzielung eines hohen Gesundheitsschutzes beiträgt. Artikel 56 EG-Vertrag erlaubt nämlich den Mitgliedstaaten, den freien Dienstleistungsverkehr im Bereich der ärztlichen und klinischen Versorgung einzuschränken, soweit die Erhaltung eines bestimmten Umfangs der medizinischen und pflegerischen Versorgung oder eines bestimmten Niveaus der Heilkunde im Inland für die Gesundheit oder selbst das Überleben ihrer Bevölkerung erforderlich ist (siehe zum Begriff der öffentlichen Sicherheit im Sinne des Artikels 36 EG-Vertrag das Urteil vom 10. Juli 1984 in der Rechtssache 72/83, Campus Oil u. a., Slg. 1984, 2727, Randnrn. 33 bis 36).[888]

Da weder die Regierung noch die Krankenversicherung nachgewiesen hätten, dass die streitige Regelung zum Erreichen des Ziels erforderlich sei, lehnte der Gerichtshof im Ergebnis auch diese Rechtfertigungsmöglichkeit ab.[889]

In den darauffolgenden Urteilen zur Problematik des Genehmigungserfordernisses für die Kostenerstattung von Behandlungen in anderen Mitgliedstaaten berief sich der Gerichtshof im Rahmen der Rechtfertigungsprüfung immer wieder auf die in der Rechtssache Kohll herausgearbeiteten Rechtfertigungsgründe. Im Gegensatz zu seiner Rechtsprechung im

886 *EuGH*, Rs. C-158/96 (Kohll), Rn. 41 ff.
887 *EuGH*, Rs. C-158/96 (Kohll), Rn. 43 ff.
888 *EuGH*, Rs. C-158/96 (Kohll), Rn. 50 f.
889 *EuGH*, Rs. C-158/96 (Kohll), Rn. 52.

Urteil Kohll differenzierte er jedoch oftmals nicht mehr deutlich zwischen der Rechtfertigungsmöglichkeit durch das zwingende Allgemeininteresse und der Rechtfertigungsmöglichkeit aus Gründen der öffentlichen Gesundheit nach Art. 52 AEUV.[890] Darüber hinaus forderte der Gerichtshof in seinen Urteilen, dass die betroffene Maßnahme nicht nur durch die genannten Gründe gerechtfertigt sein müsse, sondern dass sie ebenso nicht über das hinausgehen dürfe, was zu diesem Zweck objektiv notwendig sei, sowie dass das gleiche Ergebnis nicht durch weniger einschneidende Regelungen erreicht werden könne.[891] Einen Beurteilungsspielraum oder mitgliedstaatliches Ermessen gewährte der Gerichtshof dabei jedoch nicht – zumindest nicht ausdrücklich.

Nichtsdestotrotz betonte er im Zusammenhang mit der Problematik der Erstattung von Behandlungskosten, die in anderen Mitgliedstaaten entstanden sind, häufig, dass das Unionsrecht die Zuständigkeit der Mitgliedstaaten für die Ausgestaltung ihrer Systeme der sozialen Sicherheit unberührt lasse[892] und dass es allein Sache der Mitgliedstaaten sei, den Umfang des Krankenversicherungsschutzes für die Versicherten zu bestimmen.[893] In Ermangelung einer Harmonisierung bestimme das Recht jedes Mitgliedstaats, unter welchen Voraussetzungen Leistungen der sozialen Sicherheit gewährt würden.[894] Diese Freiheit der Mitgliedstaaten, und der damit verbundene Spielraum, wurde jedoch vom Gerichtshof wieder dahingehend eingeschränkt, dass die Mitgliedstaaten bei der Ausübung dieser Befugnis das Unionsrecht zu beachten hätten.[895] So verpflichte die

---

890 *EuGH*, Rs. C-157/99 (Smits und Peerbooms) 12.07.2001, Rn. 72 ff.; *EuGH*, Rs. C-368/98 (Van Braekel) 12.07.2001, Rn. 47 ff.; *EuGH*, Rs. C-444/05 (Stamatelaki) 19.04.2007, Rn. 30 ff.; *EuGH*, Rs. C-385/99 (Müller-Fauré) 13.05.2003, Rn. 71.

891 *EuGH*, Rs. C-157/99 (Smits und Peerbooms), Rn. 75; *EuGH*, Rs. C-385/99 (Müller-Fauré), Rn. 68; *EuGH*, Rs. C-8/02 (Leichtle) 18.03.2004, Rn. 43; *EuGH*, Rs. C-372/04 (Watts) 16.05.2006, Rn. 106; *EuGH*, Rs. C-444/05 (Stamatelaki), Rn. 34 f.

892 *EuGH*, Rs. C-157/99 (Smits und Peerbooms), Rn. 85; *EuGH*, Rs. C-385/99 (Müller-Fauré), Rn. 100; *EuGH*, Rs. C-372/04 (Watts), Rn. 121; *EuGH*, Rs. C-173/09 (Elchinov) 05.10.2010, Rn. 40.

893 *EuGH*, Rs. C-385/99 (Müller-Fauré), Rn. 98; *EuGH*, Rs. C-8/02 (Leichtle), Rn. 48.

894 *EuGH*, Rs. C-385/99 (Müller-Fauré), Rn. 100; *EuGH*, Rs. C-173/09 (Elchinov), Rn. 40.

895 *EuGH*, Rs. C-157/99 (Smits und Peerbooms), Rn. 88; *EuGH*, Rs. C-385/99 (Müller-Fauré), Rn. 100; *EuGH*, Rs. C-173/09 (Elchinov), Rn. 40.

Verwirklichung der Grundfreiheiten die Mitgliedstaaten unvermeidlich, einige Anpassungen in ihren nationalen Systemen der sozialen Sicherheit vorzunehmen, ohne dass dies als Eingriff in ihre souveräne Zuständigkeit in dem betreffenden Bereich angesehen werden könne.[896] Der Gerichtshof prüfte dementsprechend sehr genau, bei welchen Behandlungsformen das Erfordernis einer vorherigen Genehmigung für die Kostenerstattung notwendig und erforderlich war[897], und verlangte sowohl dafür als auch für die tatsächliche Einschlägigkeit der Rechtfertigungsgründe Nachweise und schlüssige Argumente, die von den Mitgliedstaaten beizubringen waren.[898] Auch wenn er zumindest im Bereich der Erstattung von Krankenhauskosten wegen des Erfordernisses der Planbarkeit die Notwendigkeit einer vorherigen Genehmigung grundsätzlich anerkannte,[899] stellte er wiederum sehr konkrete Vorgaben für die Voraussetzungen eines solchen Genehmigungssystems auf[900] und prüfte die jeweilige nationale Regelung sehr gründlich auf die Einhaltung dieser Vorgaben.[901] Insgesamt ist die Kontrolldichte des Gerichtshofs in diesem Bereich somit grundsätzlich als hoch zu bewerten. Auch wenn die Ausgestaltung der Systeme der sozialen Sicherheit und der Umfang des Krankenversicherungsschutzes Sache der Mitgliedstaaten sei, wird ihnen kein kontrollreduzierter Spielraum mehr zugestanden bei solchen Maßnahmen, die gleichzeitig eine Behinderung des freien Dienstleistungsverkehrs darstellen.

---

896 *EuGH*, Rs. C-385/99 (Müller-Fauré), Rn. 102; *EuGH*, Rs. C-372/04 (Watts), Rn. 121.

897 *EuGH*, Rs. C-385/99 (Müller-Fauré), Rn. 76 ff und Rn. 94 ff.

898 *EuGH*, Rs. C-158/96 (Kohll), Rn. 52; *EuGH*, Rs. C-368/98 (Van Braekel), Rn. 52; *EuGH*, Rs. C-8/02 (Leichtle), Rn. 46 f.; der EuGH zählt auch selbst alternative Möglichkeiten zur Erreichung des verfolgten Zwecks auf, die weniger einschneidend wären: *EuGH*, Rs. C-444/05 (Stamatelaki), Rn. 35.

899 *EuGH*, Rs. C-157/99 (Smits und Peerbooms), Rn. 76 und 82; *EuGH*, Rs. C-385/99 (Müller-Fauré), Rn. 77 und 83.

900 *EuGH*, Rs. C-157/99 (Smits und Peerbooms), Rn. 89 ff.; *EuGH*, Rs. C-385/99 (Müller-Fauré), Rn. 85.

901 *EuGH*, Rs. C-157/99 (Smits und Peerbooms), Rn. 96 ff.; *EuGH*, Rs. C-385/99 (Müller-Fauré), Rn. 86.

(ii.) Niederlassung medizinischer Dienstleister aus anderen Mitgliedstaaten

Die Fälle, die die Niederlassung medizinischer Dienstleister aus anderen Mitgliedstaaten betreffen, erfassen Sachverhalte, in denen es um die Erlaubnis des Betriebs von Apotheken, Optikergeschäften oder auch von privaten Ambulatorien geht, deren Erteilung sich nach dem Vorliegen bestimmter Kriterien richtet. Im Rahmen der Rechtfertigung solcher Kriterien, die eine Beschränkung der Niederlassungsfreiheit darstellen, prüfte der Gerichtshof zum einen den Rechtfertigungsgrund der öffentlichen Gesundheit und stellte dabei speziell auf das Ziel der sicheren und qualitativ hochwertigen Arzneimittelversorgung der Bevölkerung ab[902] oder aber auf die gleichmäßige Verteilung der Gesundheitsdienstleister.[903] Zum anderen wurde aber auch hier eine Rechtfertigung durch das zwingende Allgemeininteresse der Erhaltung des finanziellen Gleichgewichts des Systems der sozialen Sicherheit geprüft.[904] Sowohl die Differenzierung zwischen den Rechtfertigungsgründen[905] als auch ihre dogmatische Einordnung erfolgte dabei jedoch vereinzelt gar nicht oder nicht immer einheitlich. So sprach der Gerichtshof zuweilen auch vom Rechtfertigungsgrund der öffentlichen Gesundheit als einem zwingenden Erfordernis.[906]

Bevor der Gerichtshof in den jeweils untersuchten Urteilen mit der Prüfung einer Verletzung der Niederlassungsfreiheit begann, machte er allgemeine Vorbemerkungen. In diesen erinnerte er daran, dass aus der Rechtsprechung des Gerichtshofs und aus Art. 152 Abs. 5 EG bzw. Art. 168 Abs. 7 AEUV hervorgehe, dass das Gemeinschaftsrecht die Zuständigkeit der Mitgliedstaaten für die Ausgestaltung ihrer Systeme der sozialen Sicherheit und insbesondere für den Erlass von Vorschriften zur Organisation und Erbringung von Dienstleistungen im Gesundheitswesen und der medizinischen Versorgung unberührt lasse. Nichtsdestotrotz hätten die Mitgliedstaaten bei der Ausübung dieser Zuständigkeit das Gemeinschafts- bzw. das Unionsrecht zu beachten, vor allem die Bestimmungen

---

902 *EuGH*, Rs. C-169/07 (Hartlauer) 10.03.2009, Rn. 47.

903 *EuGH*, Rs. C-539/11 (Ottica) 26.09.2013, Rn. 35.

904 *EuGH*, Rs. C-169/07 (Hartlauer), Rn. 47; *EuGH*, Rs. C-171/07 und C-172/07 (Apothekerkammer des Saarlandes) 19.05.2009, Rn. 34

905 *EuGH*, Rs. C-171/07 und C-172/07 (Apothekerkammer des Saarlandes), Rn. 34.

906 *EuGH*, Rs. C-169/07 (Hartlauer), Rn. 46; *EuGH*, Rs. C-171/07 und C-172/07 (Apothekerkammer des Saarlandes), Rn. 27.

über die Verkehrsfreiheiten. Diese würden es den Mitgliedstaaten untersagen, ungerechtfertigte Beschränkungen der Ausübung dieser Freiheiten im Bereich der Gesundheitsversorgung einzuführen oder beizubehalten.[907]

Bei der Prüfung, ob das genannte Gebot beachtet wurde, sei jedoch wieder zu berücksichtigen, dass die Gesundheit und das Leben von Menschen unter den vom Vertrag geschützten Gütern den höchsten Rang einnähmen und dass es Sache der Mitgliedstaaten sei, zu bestimmen, auf welchem Niveau sie den Schutz der Gesundheit der Bevölkerung gewährleisten wollten und wie dieses Niveau erreicht werden solle. Der Gerichtshof kam deshalb in seinen Vorbemerkungen, unter Verweis auf die Rechtsprechung zum Rechtfertigungsgrund der öffentlichen Gesundheit im Zusammenhang mit der Warenverkehrsfreiheit, zu dem Schluss:

> Da sich dieses Niveau von einem Mitgliedstaat zum anderen unterscheiden kann, ist den Mitgliedstaaten ein entsprechender Wertungsspielraum[908] zuzuerkennen […].[909]

Nach diesen allgemeinen Ausführungen ging der Gerichtshof dazu über, festzustellen, ob eine Beschränkung der Niederlassungsfreiheit durch die nationalen Regelungen vorlag, und kam dann gegebenenfalls zur Rechtfertigungsprüfung. Im Rahmen dieser wurde schließlich der nationale Spielraum relevant.

Dieser Spielraum der Mitgliedstaaten führte in den einzelnen Fällen konkret dazu, dass der Gerichtshof erklärte, dass es einem Mitgliedstaat freistehe, die medizinische Versorgung so zu organisieren, dass er einem Sachleistungssystem den Vorrang gebe, damit jeder Patient im gesamten Inland leicht Zugang zu den Dienstleistungen von Vertragsärzten habe.[910] Ebenfalls sei anzuerkennen, dass die Mitgliedstaaten verlangen könnten,

---

907 *EuGH*, Rs. C-169/07 (Hartlauer), Rn. 29; *EuGH*, Rs. C-171/07 und C-172/07 (Apothekerkammer des Saarlandes), Rn. 18; *EuGH*, Rs. C-570/07 und C-571/07 (Blanco Pérez und Chao Gómez) 01.06.2010, Rn. 43; *EuGH*, Rs. C-84/11 (Susisalo) 12.06.2012, Rn. 26 f.; *EuGH*, Rs. C-539/11 (Ottica), Rn. 24.

908 In den jeweiligen Verfahrenssprachen: „Wertungsspielraum", „margen de apreciación", „harkintavaltaa"; in der englischen Übersetzung: „discretion"/ „a measure of discretion"; in der französischen Übersetzung: „une marge d'appréciation".

909 *EuGH*, Rs. C-169/07 (Hartlauer), Rn. 30; *EuGH*, Rs. C-171/07 und C-172/07 (Apothekerkammer des Saarlandes), Rn. 19; *EuGH*, Rs. C-570/07 und C-571/07 (Blanco Pérez und Chao Gómez), Rn. 44; *EuGH*, Rs. C-84/11 (Susisalo), Rn. 28; *EuGH*, Rs. C-367/12 (Sokoll-Seebacher) 13.02.2014, Rn. 26.

910 *EuGH*, Rs. C-169/07 (Hartlauer), Rn. 53.

dass Arzneimittel von Apothekern vertrieben werden, die über tatsächliche berufliche Unabhängigkeit verfügen, und dass sie der Ansicht sein könnten, dass der Betrieb durch einen Nichtapotheker eine Gefahr für die Gesundheit der Bevölkerung darstelle.[911] Ebenso könnte ein Mitgliedstaat der Ansicht sein, dass in bestimmten Teilen seines Hoheitsgebiets die Gefahr eines Apothekenmangels bestehe, sodass er angesichts dieser Gefahr eine Regelung erlassen könne.[912] Den Mitgliedstaaten stehe es im Rahmen der Wahrnehmung dieses Spielraums weiterhin frei, die Planung von Optikergeschäften in einer der Verteilung von Apotheken vergleichbaren Weise vorzusehen[913] oder aber den Schutz der Gesundheit der Bevölkerung dadurch sicherzustellen, dass sie einer oder mehreren Apotheken besondere Aufgaben übertragen.[914] Dabei impliziere der Umstand, dass ein Mitgliedstaat strengere Vorschriften erlässt als ein anderer, nicht die Unvereinbarkeit derer mit den Grundfreiheiten.[915] Liege zudem eine Ungewissheit hinsichtlich des Vorliegens oder der Bedeutung der Gefahren für die Gesundheit der Bevölkerung vor, könne der Mitgliedstaat Schutzmaßnahmen treffen, ohne abwarten zu müssen, bis der Beweis für das tatsächliche Bestehen dieser Gefahren vollständig erbracht sei.[916] Die Mitgliedstaaten können somit selbst beurteilen, ob eine Gefahr für die öffentliche Gesundheit vorliegt und wie sie dieser begegnen wollen bzw. was sie zum Schutz der Gesundheit der Bevölkerung zu tun gedenken.

In den untersuchten Fällen führte der Spielraum der Mitgliedstaaten meist dazu, dass der Gerichtshof die Regelungen der Mitgliedstaaten für Zulassungs- und Betriebsregeln als grundsätzlich geeignet bewertete, um die verfolgten Ziele zu erreichen.[917] An diese Feststellung knüpfte dann jedoch der Hinweis des Gerichtshofs an, dass eine nationale Regel nur dann geeignet sei, die Verwirklichung des geltend gemachten Ziels zu gewährleisten, wenn sie tatsächlich dem Anliegen gerecht werde, es in kohärenter und systematischer Weise zu erreichen. Dies stellte in der Regel die Einleitung zu einer sehr umfassenden und genauen Prüfung der konkreten

911 *EuGH*, Rs. C-171/07 und C-172/07 (Apothekerkammer des Saarlandes), Rn. 35 f.
912 *EuGH*, Rs. C-570/07 und C-571/07 (Blanco Pérez und Chao Gómez), Rn. 75.
913 *EuGH*, Rs. C-539/11 (Ottica), Rn. 45.
914 *EuGH*, Rs. C-84/11 (Susisalo), Rn. 40.
915 *EuGH*, Rs. C-570/07 und C-571/07 (Blanco Pérez und Chao Gómez), Rn. 68.
916 *EuGH*, Rs. C-171/07 und C-172/07 (Apothekerkammer des Saarlandes), Rn. 30; *EuGH*, Rs. C-570/07 und C-571/07 (Blanco Pérez und Chao Gómez), Rn. 74.
917 *EuGH*, Rs. C-570/07 und C-571/07 (Blanco Pérez und Chao Gómez), Rn. 94; *EuGH*, Rs. C-539/11 (Ottica), Rn. 46.

Zulassungsvoraussetzungen im jeweiligen Mitgliedstaat dar.[918] Auch wenn der Gerichtshof in diesem Zusammenhang meist abschließend betonte, dass es Sache des nationalen Gerichts sei, letztendlich zu bestimmen, ob und inwieweit die nationale Regelung den zuvor von ihm herausgearbeiteten Voraussetzungen entspreche, betonte er doch auch, dass er dazu befugt sei, Hinweise zu geben, die diesem Gericht eine Entscheidung ermöglichen könnten.[919] Die Prüfung, ob das Rechtfertigungsziel in systematischer und kohärenter Weise verfolgt wurde und ob die Maßnahme damit tatsächlich geeignet war, stellte somit wiederum eine Beschränkung des mitgliedstaatlichen Spielraums dar.

In einem letzten Schritt prüfte der Gerichtshof, wenn überhaupt nötig, dann nur noch die Erforderlichkeit der mitgliedstaatlichen Regelung. An dieser Stelle spielte der mitgliedstaatliche Spielraum erneut eine wichtige Rolle: Sofern die Kommission oder der Kläger bzw. die Klägerin des Ausgangsverfahrens vermeintlich mildere Mittel zur Erreichung des Rechtfertigungsziels anführte, konnte ein Mitgliedstaat angesichts des Spielraums die Ansicht vertreten, dass eine andere Lösung nicht gleich effizient sei, und sich somit gegen sie und für die eigene Regelung entscheiden, sofern das Gegenteil nicht erwiesen war.[920] Der mitgliedstaatliche Spielraum erstreckte sich somit auch auf die Beurteilung der Erforderlichkeit einer Maßnahme.

Zum Umfang des jeweiligen Spielraums oder zu Faktoren, die diesen bestimmen könnten, äußerte sich der Gerichtshof hingegen nicht ausdrücklich – auch wenn das Urteil in der Rechtssache Blanco Pérez und Chao Gómez dies andeuten mag:

> […] dass in Anbetracht des in Randnr. 44 des vorliegenden Urteils angesprochenen weiten Wertungsspielraums der Umstand, dass […].[921]

---

918 *EuGH*, Rs. C-169/07 (Hartlauer), Rn. 55 ff.; *EuGH*, Rs.s und C-172/07 (Apothekerkammer des Saarlandes), Rn. 41 ff.; *EuGH*, Rs. C-570/07 und C-571/07 (Blanco Pérez und Chao Gómez), Rn. 94 ff.

919 *EuGH*, Rs. C-570/07 und C-571/07 (Blanco Pérez und Chao Gómez), Rn. 102; *EuGH*, Rs. C-539/11 (Ottica), Rn. 48 ff.; *EuGH*, Rs. C-367/12 (Sokoll-Seebacher), Rn. 40 ff; inwiefern dieser Spielraum des nationalen Gerichts auf die prozessualen Besonderheiten des Vorabentscheidungsverfahrens zurückzuführen ist, wird an späterer Stelle diskutiert, siehe Punkt IV. /2. /d.

920 *EuGH*, Rs. C-171/07 und C-172/07 (Apothekerkammer des Saarlandes), Rn. 54 ff.; *EuGH*, Rs. C-570/07 und C-571/07 (Blanco Pérez und Chao Gómez), Rn. 104 ff.

921 *EuGH*, Rs. C-570/07 und C-571/07 (Blanco Pérez und Chao Gómez), Rn. 68.

Nach einem Vergleich der in der deutschen Übersetzung genutzten Formulierung mit der des Gerichtshofs in der Verfahrenssprache[922] und einer hilfsweisen Kontrolle anhand der englischen, der französischen und der italienischen Übersetzung[923] lässt sich die Annahme nicht halten, dass der Gerichtshof an dieser Stelle tatsächlich von einem „weiten" Wertungsspielraum sprach und damit bewusst eine Aussage zum Umfang des Spielraums traf. Da Mitgliedstaaten bei Ungewissheiten hinsichtlich des Vorliegens oder der Bedeutung der Gefahren für die Gesundheit der Bevölkerung allerdings Schutzmaßnahmen treffen können, ohne abwarten zu müssen, bis der Beweis für das tatsächliche Bestehen dieser Gefahren vollständig erbracht ist, wird deutlich, dass der Gerichtshof zumindest implizit den Umfang des Spielraums erweitert, sofern Unsicherheiten bestehen.

Zuletzt ist auch an dieser Stelle darauf aufmerksam zu machen, dass die vom Gerichtshof verwendete Terminologie uneinheitlich ist und dass eine Differenzierung zwischen der Verwendung der Begriffe „Beurteilungsspielraum" und „Ermessen" nicht ausgemacht werden kann.[924] So sprach der Gerichtshof in den untersuchten Urteilen mit jeweils deutscher Verfahrenssprache nur vom „Wertungsspielraum", obwohl er im Urteil Hartlauer auf eine Passage zum Rechtfertigungsgrund der öffentlichen Gesundheit verwies, in der vom „Beurteilungsspielraum" die Rede ist. Im Urteil Susisalo, in dem die Verfahrenssprache Italienisch war, sprach er von einer „margine discrezionale", und nur im Urteil Blanco Pérez und Chao Gómez benutzte er in der Verfahrenssprache die Formulierung „margen de apreciación". Eine dogmatische Bewertung dessen erfolgt nach Abschluss der Untersuchungen zur Einräumung mitgliedstaatlicher Spielräume durch den EuGH.[925]

---

922 „[…] habida cuenta del margen de appreciatión mencionado en el apartado 44 de la presente sentencia […]."

923 „[…] in view of the discretion referred to in paragraph 44 above […]."; „[…]compte tenu de la marge d'appréciation rappelée au point 44 du présent arrêt […]."; „[…] tenuto conto del potere discrezionale ricordato al punto 44 della presente sentenza […]."

924 Zu den jeweiligen Übersetzungen siehe Fn. 854.

925 Siehe Punkt IV. /4.

(iii.) Schlussfolgerung

Die Untersuchung der Rechtsprechung des Gerichtshofs zur Kostenerstattung und Niederlassung medizinischer Dienstleister hat zu unterschiedlichen Ergebnissen im Hinblick auf die Bedeutung mitgliedstaatlicher Spielräume geführt. Während der Gerichtshof bei Behinderungen der Dienstleistungsfreiheit durch ein vorheriges Genehmigungserfordernis zur Kostenerstattung zwar grundsätzlich Spielräume im Bereich der Sozialpolitik andeutete, tat er dies nicht ausdrücklich und legte der Rechtfertigungsprüfung trotzdem einen hohen Kontrollmaßstab zugrunde. Dies stellte sich im Zusammenhang mit Beschränkungen der Niederlassungsfreiheit medizinischer Dienstleister zum Schutz der Gesundheit der Bevölkerung anders dar. In diesem Bereich gewährte der Gerichtshof den Mitgliedstaaten in allen untersuchten Fällen explizit Spielräume. Dies geschah zum einen hinsichtlich des Bestehens einer Gefahr und hinsichtlich der Maßnahmen, die die Mitgliedstaaten ergriffen, um dieser Gefahr zu begegnen, und zum anderen hinsichtlich der Erforderlichkeit der getroffenen Maßnahmen. Nur im Rahmen der Prüfung, ob das Rechtfertigungsziel auch systematisch und kohärent verfolgt wurde, welche der Gerichtshof als Teil der Geeignetheitsprüfung zu verstehen scheint, übte er eine erhöhte Kontrolldichte seinerseits aus und legte damit eine Grenze des Spielraums fest. Im Gegensatz zur Rechtsprechung des Gerichtshofs zur Kostenerstattung weist die untersuchte Rechtsprechung zur Niederlassung medizinischer Dienstleister einen ausdifferenzierten und konsistenten Einsatz mitgliedstaatlicher Spielräume auf.

Es stellt sich daher die Frage nach einem möglichen Grund für den intensiveren Einsatz mitgliedstaatlicher Spielräume im Zusammenhang mit der Rechtfertigung von Beschränkungen der Niederlassungsfreiheit zum Schutz der öffentlichen Gesundheit im Gegensatz zur Rechtfertigung von Beschränkungen der Dienstleistungsfreiheit. Dieser könnte darin gesehen werden, dass sich im Falle der Niederlassungsfreiheit ein Unionsbürger bzw. ein Unternehmen nach Art. 54 AEUV dauerhaft in einem anderen Mitgliedstaat niederlässt und integrieren möchte, in dem bereits Regelungen zum Schutz der Gesundheit bestehen, die dem dort gewollten und gewählten Schutzniveau entsprechen. Diese bestehenden Regelungen bergen immer auch das Potenzial, als Beschränkung bewertet werden zu können, die den Marktzugang für andere Unionsbürger oder Unternehmen weniger attraktiv macht, obwohl die mit ihnen verbundenen Einschränkungen oder Pflichten unterschiedslos gelten und dem dort gewählten Schutzniveau entsprechen. Die dann erfolgende großzügigere Einräumung von mitgliedstaatlichen Spielräumen in der Rechtfertigungsprüfung könnte vom Willen des Gerichtshofs zeugen, die grundsätzliche Entscheidung eines Mitgliedstaats für einen bestimmten Gesundheitsschutz und ein dementsprechendes Regelungssystem zu respektieren und vom Unionsbürger bzw. dem Unternehmen, der bzw. das die Niederlassungsfreiheit wahrnimmt, einen entsprechenden Integrationswillen dahingehend zu fordern, grundsätzliche Wert- und Systementscheidungen des Aufnahmestaats, die für alle Bürger gelten, zu akzeptieren.

Abschließend lässt sich somit sagen, dass der Gerichtshof im Zusammenhang mit den untersuchten Fällen zum geschriebenen Rechtfertigungsgrund der öffentlichen Gesundheit[926] Spielräume explizit und mit einhergehender verminderter Kontrollintensität nur bei der Rechtfertigung von Beschränkungen der Niederlassungsfreiheit gewährte. Einen Grund dafür könnten die erläuterten Besonderheiten darstellen, die mit der Wahrnehmung der Niederlassungsfreiheit verbunden sind.

d) Ergebnis

Die Untersuchung der Rechtsprechung des Gerichtshofs zu den geschriebenen Rechtfertigungsgründen der öffentlichen Ordnung, Sicherheit und Gesundheit in Art. 45 Abs. 3 und Art. 52 Abs. 1 AEUV – gegebenenfalls in Verbindung mit Art. 62 AEUV – hat gezeigt, dass der Gerichtshof auch im Zusammenhang mit der Rechtfertigung von Behinderungen der Personenfreizügigkeit Spielräume gewährt. Im Zusammenhang mit dem Rechtfertigungsgrund der öffentlichen Ordnung hat er erkannt, dass der Begriff Auslegungsschwierigkeiten bereithält, denen er durch die Gewährung von Spielräumen begegnet. Dabei hat vor allem das Urteil in der Rechtssache Omega verdeutlicht, dass der Gerichtshof im Zusammenhang mit diesen Spielräumen den Mitgliedstaaten erlaubt, die Intensität des Schutzes für das gefährdete gesellschaftliche Grundinteresse und das Schutzkonzept selbst festzulegen. Die Spielräume unterliegen allerdings wiederum Gren-

926 Unter der Prämisse, dass der Gerichtshof auch in den Fällen, in denen nicht deutlich wurde, ob er vom Rechtfertigungsgrund der öffentlichen Gesundheit nach Art. 45 Abs. 3 AEUV und Art. 52 Abs. 1 AEUV oder von einem eigenständigen zwingenden Erfordernis ausging, die geschriebene Rechtfertigungsmöglichkeit gemeint hatte.

zen, wie der Verhältnismäßigkeit und dabei insbesondere dem Erfordernis der kohärenten Zielverfolgung. Weitere Grenzen ergeben sich aus dem Sekundärrecht, in dem vieles betreffend eine Rechtfertigungsmöglichkeit aus Gründen der öffentlichen Ordnung schon abschließend konkretisiert wurde, sodass die Bedeutung der mitgliedstaatlichen Spielräume mittlerweile eher gering ist und nur in besonderen Fallkonstellationen wie in der Rechtssache Omega wieder auflebt. Zudem haben die Untersuchungen gezeigt, dass der Gerichtshof keine Unterschiede macht zwischen der Rechtfertigung von Behinderungen der Arbeitnehmer-, Niederlassungs- oder Dienstleistungsfreiheit durch Gründe der öffentlichen Ordnung. Diese Ergebnisse ließen sich insoweit wohl auch auf den Rechtfertigungsgrund der öffentlichen Sicherheit übertragen.

Im Zusammenhang mit dem Rechtfertigungsgrund der öffentlichen Gesundheit haben die Untersuchungen ergeben, dass keine Rechtsprechung zur Gewährung von Spielräumen in Verbindung mit Behinderungen der Arbeitnehmerfreizügigkeit zu finden ist. Anders stellte sich dies für die Rechtfertigung von Behinderungen der Dienst- und Niederlassungsfreiheit aus Gründen der öffentlichen Gesundheit dar, wobei an dieser Stelle ein Unterschied hinsichtlich der Gewährung von Spielräumen erkennbar wurde. Während der Gerichtshof im Zusammenhang mit der Rechtfertigung von Behinderungen der Dienstleistungsfreiheit eine hohe Kontrolldichte unter Verzicht auf die ausdrückliche Einräumung von Spielräumen ausübte, war das Gegenteil bei der Rechtfertigung von Behinderungen der Niederlassungsfreiheit der Fall. Der Gerichtshof überließ es hier den Mitgliedstaaten, Schutzniveau und Schutzkonzept selbst zu beurteilen, und erhöhte seine Kontrolldichte nur im Hinblick auf die Frage nach der systematischen und kohärenten Zielverfolgung.

Insgesamt lässt sich somit feststellen, dass der Gerichtshof auch im Zusammenhang mit den geschriebenen Rechtfertigungsmöglichkeiten für Behinderungen der Arbeitnehmer-, Niederlassungs- und Dienstleistungsfreiheit Spielräume gewährt, und zwar auch im Hinblick auf die Bestimmung des Schutzniveaus und das Schutzkonzept. Aufgrund fortgeschrittener sekundärrechtlicher Konkretisierungen fällt der Einsatz mitgliedstaatlicher Spielräume jedoch je nach Rechtfertigungsgrund unterschiedlich aus, und auch die Besonderheiten der jeweils behinderten Personenfreizügigkeit könnten Auswirkungen darauf haben, was jedoch an dieser Stelle noch nicht eindeutig ausgesagt werden kann. Eine einheitliche Terminologie verwendet der Gerichtshof auch im Rahmen der geschriebenen Rechtfertigungsgründe bei der Einräumung mitgliedstaatlicher Spielräume nicht, was an anderer Stelle dogmatisch beleuchtet werden wird.[927]

2. Zwingende Erfordernisse: die Glücksspielfälle

Neben der Rechtfertigungsmöglichkeit durch die geschriebenen Rechtfertigungsgründe können unterschiedslos geltende Beschränkungen der Arbeitnehmer-, Niederlassungs- und Dienstleistungsfreiheit nach der Rechtsprechung des Gerichtshofs auch durch zwingende Erfordernisse des Allgemeininteresses gerechtfertigt werden. Die Liste der zwingenden Erfordernisse ist im Gegensatz zur Liste der geschriebenen Rechtfertigungsgründe jedoch nicht abschließend.[928] Im Folgenden wird diesbezüglich die Rechtsprechung des Gerichtshofs zu den sog. Glücksspielfällen untersucht. Diese ist insofern für die in dieser Arbeit vorgenommene Untersuchung von gesteigertem Interesse, als nach Ansicht des EuGH die Regelung von Glücksspielen zu den Bereichen gehöre, in denen beträchtliche sittliche, religiöse und kulturelle Unterschiede zwischen den Mitgliedstaaten bestünden.[929] Wie der Gerichtshof damit umgeht und ob er zur Überbrückung dieser Unterschiede auf mitgliedstaatliche Spielräume zurückgreift, soll an dieser Stelle ermittelt und dargestellt werden.

a) Die Anfänge der Glücksspielrechtsprechung

Den Ausgangspunkt der Glücksspielrechtsprechung bildet das Urteil des Gerichtshofs in der Rechtssache Schindler aus dem Jahr 1994, welches durch die fünf Jahre später ergangenen Urteile in den Rechtssachen Läärä und Zenatti bestätigt und weitergeführt wurde. Diese drei Urteile, welche die Anfänge der Glücksspielrechtsprechung begründen, werden nun auf die Gewährung mitgliedstaatlicher Spielräume durch den Gerichtshof im Rahmen der Rechtfertigungsprüfung hin untersucht.

927 Punkt IV. /4.

928 *Frenz, W.* (Fn. 506), Rn. 1421, Rn. 2561 f., Rn. 3287

929 *EuGH*, Rs. C-42/07 (Liga Portuguesa) 08.09.2009, Rn. 57; *EuGH*, Rs. C-447/08 und C-448/08 (Sjöberg) 08.07.2010, Rn. 37; *EuGH*, Rs. C-176/11 (Hit Larix) 12.07.2012, Rn. 24.

(1) Die Rechtssache Schindler

Dem Ausgangsverfahren, das zur Vorlage an den EuGH in der Rechtssache Schindler führte, lag folgender Sachverhalt zugrunde: Die Herren Schindler, welche als Bevollmächtigte einer großen deutschen Lotterie tätig waren, versandten Werbematerial und Anmeldeformulare für eben diese Lotterie an britische Staatsangehörige.[930] Nach damals geltendem britischen Recht waren Lotterien, d. h. die vom Zufall bestimmten Verteilungen von Gewinnen in Form von Sachwerten oder Geld, für die das Kapital von den Teilnehmern aufgebracht wird, verboten. Gleiches galt für die Einfuhr von Werbematerial oder Losen für solche Lotterien.[931] Nach Ansicht der britischen Behörden handelte es sich bei der durch die Herren Schindler beworbenen deutschen Lotterie um eine ebensolche verbotene Lotterie, weswegen man die Sendung in Dover anhielt und beschlagnahmte.[932] Im Zusammenhang mit der im Ausgangsverfahren in Rede stehenden Frage nach der Rechtsgültigkeit der Beschlagnahme kamen dem High Court of Justice of England and Wales Zweifel an der Vereinbarkeit der britischen Rechtslage mit dem Gemeinschaftsrecht. Er legte dem EuGH daher verschiedene Fragen vor, die die Vereinbarkeit der britischen Regelungen mit der Warenverkehrs- und der Dienstleistungsfreiheit betrafen.[933]

Der Gerichtshof stellte diesbezüglich zunächst fest, dass die Einfuhr von Werbematerial und Losen in einen Mitgliedstaat, um die dort wohnenden Bürger zur Teilnahme an einer Lotterie in einem anderen Mitgliedstaat zu bewegen, eine Dienstleistung darstelle, und lehnte damit die Anwendbarkeit der Warenverkehrsfreiheit auf den vorliegenden Fall ab.[934] Nachdem er zu dem Schluss gekommen war, dass die britischen Vorschriften eine unterschiedslos geltende Beschränkung der Dienstleistungsfreiheit darstellen würden,[935] beschäftigte er sich mit der Frage der Rechtfertigung einer solchen Beschränkung.

Vom vorlegenden Gericht wurden mehrere Ziele vorgetragen, die mit den britischen Rechtsvorschriften verfolgt werden sollten, darunter die Verhinderung von Straftaten, die Sicherstellung der fairen Behandlung der

930 *EuGH*, Rs. C-275/92 (Schindler) 24.03.1994, Rn. 2 ff.
931 *EuGH*, Rs. C-275/92 (Schindler), Rn. 6 ff.
932 *EuGH*, Rs. C-275/92 (Schindler), Rn. 4.
933 *EuGH*, Rs. C-275/92 (Schindler), Rn. 1 und Rn. 12.
934 *EuGH*, Rs. C-275/92 (Schindler), Rn. 37.
935 *EuGH*, Rs. C-275/92 (Schindler), Rn. 45 und Rn. 47.

Spieler, die Verhinderung der Anregung der Nachfrage von Glücksspielen, da ein übermäßiges Betreiben von Glücksspielen mit sozialschädlichen Folgen verbunden sei, und das Anliegen, dass Lotterien nicht zu privaten oder gewerblichen Gewinnzwecken veranstaltet werden könnten, sondern ausschließlich zu wohltätigen oder sport- oder kulturfördernden Zwecken.[936] Der Gerichtshof stellte fest, dass diese vorgetragenen Gründe in ihrer Gesamtheit zu würdigen seien und sich auf den Schutz der Empfänger der Dienstleistungen und damit der Verbraucher sowie den Schutz der Sozialordnung bezögen. Aus der Rechtsprechung des Gerichtshofs gehe bereits hervor, dass diese Gründe zu denjenigen gehörten, die Beschränkungen des freien Dienstleistungsverkehrs zu rechtfertigen vermöchten. Angesichts der ganz besonderen Natur von Lotterien seien diese Gründe geeignet, Beschränkungen bis hin zum Verbot von Lotterien im Hinblick auf Art. 59 EWG zu rechtfertigen.[937]

Nachdem der Gerichtshof somit eine Rechtfertigung durch die oben genannten zwingenden Gründe des Allgemeinwohls grundsätzlich anerkannt hatte, führte er aus, dass die sittlichen, religiösen oder kulturellen Erwägungen, die in allen Mitgliedstaaten zu Lotterien ebenso wie zu anderen Glücksspielen angestellt würden, nicht außer Betracht bleiben könnten. Sie seien allgemein darauf gerichtet, die Ausübung von Glücksspielen zu begrenzen oder sogar zu verbieten und zu verhindern, dass sie zu einer Quelle persönlichen Gewinns würden. Weiterhin sei festzustellen, dass Lotterien angesichts der Höhe der Gewinne, die sie den Spielern bieten könnten, vor allem wenn sie in größerem Rahmen veranstaltet werden, die Gefahr von Betrug und anderen Straftaten erhöhten. Außerdem würden sie zu Ausgaben verleiten, die schädliche persönliche und soziale Folgen haben könnten. Schließlich sei, ohne dass dies allein als sachliche Rechtfertigung angesehen werden könne, nicht ohne Bedeutung, dass Lotterien in erheblichem Maße zur Finanzierung uneigennütziger oder im Allgemeininteresse liegender Tätigkeiten wie sozialer oder karitativer Werke, des Sports oder der Kultur beitragen könnten.[938]

Nach der Aufzählung all dieser Besonderheiten, die mit der Regelung von Glücksspielen verbunden sind, kam der Gerichtshof zu dem Schluss:

---

936 *EuGH*, Rs. C-275/92 (Schindler), Rn. 57.
937 *EuGH*, Rs. C-275/92 (Schindler), Rn. 58.
938 *EuGH*, Rs. C-275/92 (Schindler), Rn. 60.

> Diese Besonderheiten rechtfertigen es, daß die staatlichen Stellen über ein ausreichendes Ermessen[939] verfügen, um festzulegen, welche Erfordernisse sich bezüglich der Art und Weise der Veranstaltung von Lotterien, der Höhe der Einsätze sowie der Verwendung der dabei erzielten Gewinne aus dem Schutz der Spieler und allgemeiner nach Maßgabe der soziokulturellen Besonderheiten jedes Mitgliedstaats aus dem Schutz der Sozialordnung ergeben. Somit kommt den Staaten nicht nur die Beurteilung der Frage zu, ob eine Beschränkung der Tätigkeiten im Lotteriewesen erforderlich ist, sondern sie dürfen diese auch verbieten, sofern diese Beschränkungen nicht diskriminierend sind.[940]

Ausgehend davon erkannte der Gerichtshof mit wenigen Worten an, dass die Entscheidung eines Mitgliedstaats für ein Verbot bestimmter Lotterien und der dazugehörigen Werbung dazu führe, dass auch ein Verbot der Einfuhr von Werbematerial den freien Dienstleistungsverkehr in gerechtfertigter Weise beschränke. Ein solches Einfuhrverbot sei nämlich für den Schutz, den dieser Mitgliedstaat in seinem Gebiet im Lotteriewesen sicherstellen wolle, erforderlich.[941]

(2) Die Rechtssachen Läärä und Zenatti

Fünf Jahre nach dem Urteil des Gerichtshofs in der Sache Schindler beschäftigte sich dieser in den Rechtssachen Läärä und Zenatti erneut mit der Vereinbarkeit nationalen Glücksspielrechts mit der Dienstleistungsfreiheit. In der Rechtssache Läärä ging es um eine nationale Regelung, die einer öffentlich-rechtlichen Vereinigung das Recht vorbehielt, in dem betreffenden Mitgliedstaat Geldspielautomaten zu betreiben.[942] In der Sache Zenatti wurde nach der Vereinbarkeit nationaler Regelungen mit der Dienstleistungsfreiheit gefragt, die – von Ausnahmen abgesehen – die Annahme von Wetten verboten und bestimmten Einrichtungen das Recht vorbehielten, die erlaubten Wetten zu organisieren.[943] Die Urteile des Gerichtshofs zu den Rechtssachen Läärä und Zenatti sind überwiegend ähnlich aufgebaut, weshalb sie an dieser Stelle zusammen behandelt werden.

---

939 In der Verfahrenssprache: „a sufficient degree of latitude"; im Französischen: „d'un pouvoir d'appréciation suffisant".

940 *EuGH*, Rs. C-275/92 (Schindler), Rn. 61.

941 *EuGH*, Rs. C-275/92 (Schindler), Rn. 62.

942 *EuGH*, Rs. C-124/97 (Läärä) 21.09.1999, Rn. 1.

943 *EuGH*, Rs. C-67/98 (Zenatti) 21.10.1999, Rn. 1.

Bevor der Gerichtshof jeweils auf die Prüfung des konkreten Falls einging, wiederholte er die Rechtsprechung aus dem Urteil Schindler zu den mit Glücksspielen verbundenen Besonderheiten und dem sich daraus ableitbaren ausreichenden Ermessen der Mitgliedstaaten.[944] Diese für das Veranstalten von Lotterien angestellten Erwägungen seien nach Ansicht des Gerichtshofs auch auf andere Glücksspiele mit vergleichbaren Merkmalen übertragbar. Nachdem er geprüft und festgestellt hatte, dass sich die Rechtsprechung im Fall Schindler auf die vorliegenden Sachverhalte aufgrund der Vergleichbarkeit übertragen lasse,[945] ermittelte er, dass die jeweiligen nationalen Regelungen unterschiedslose Beschränkungen des freien Dienstleistungsverkehrs darstellen würden.[946]

Im Rahmen der Rechtfertigungsprüfung stellte der Gerichtshof zuerst allgemein dar, unter welchen Voraussetzungen eine Rechtfertigung erfolgen könne, und nahm dann Bezug auf die von den Mitgliedstaaten vorgetragenen Ziele, die mit den streitigen nationalen Regelungen verfolgt werden sollten. Der Gerichtshof verwies diesbezüglich auf das Urteil Schindler, wonach diese Gründe in ihrer Gesamtheit zu würdigen seien, und erkannte daraufhin dieselben zwingenden Gründe des Allgemeininteresses für betroffen wie in der vorgenannten Rechtssache.[947] Weiterhin führte er aus, dass die auf diese Gründe gestützten Maßnahmen geeignet sein müssten, die Verwirklichung der mit ihnen angestrebten Ziele zu gewährleisten, und nicht über das zur Erreichung dieser Ziele Erforderliche hinausgehen dürften.

Die nationalen Regelungen in den Rechtssachen Läärä und Zenatti unterschieden sich im Vergleich zur Rechtslage in der Sache Schindler dadurch, dass sie die betreffende Tätigkeit im Glücksspielbereich nicht verboten, sondern bestimmten zum Teil öffentlich-rechtlichen Einrichtungen vorbehielten.[948] Der Gerichtshof führte diesbezüglich aus, dass die Entscheidung über das Schutzniveau in diesem Bereich im Ermessen der nationalen Stellen stehe. Ihnen komme die Beurteilung zu, ob es im Rahmen des verfolgten Ziels notwendig sei, Tätigkeiten dieser Art vollständig oder teilweise zu verbieten, oder ob es genüge, sie zu beschränken und zu die-

944 *EuGH*, Rs. C-124/97 (Läärä), Rn. 13 f.; *EuGH*, Rs. C-67/98 (Zenatti), Rn. 14 f.
945 *EuGH*, Rs. C-124/97 (Läärä), Rn. 15 ff.; *EuGH*, Rs. C-67/98 (Zenatti), Rn. 16 ff.
946 *EuGH*, Rs. C-124/97 (Läärä); Rn. 28 f.; *EuGH*, Rs. C-67/98 (Zenatti), Rn. 27.
947 *EuGH*, Rs. C-124/97 (Läärä), Rn. 31 ff.; *EuGH*, Rs. C-67/98 (Zenatti), Rn. 29 ff.
948 *EuGH*, Rs. C-124/97 (Läärä), Rn. 34; *EuGH*, Rs. C-67/98 (Zenatti), Rn. 32.

sem Zweck bestimmte Kontrollen vorzusehen.[949] Daran anschließend führte er aus:

> Somit kann allein der Umstand, daß ein Mitgliedstaat ein anderes Schutzsystem als ein anderer Mitgliedstaat gewählt hat, keinen Einfluß auf die Beurteilung der Notwendigkeit und der Verhältnismäßigkeit der einschlägigen Bestimmungen haben. Diese sind allein im Hinblick auf die von den nationalen Stellen des betreffenden Staates verfolgten Ziele und das von ihnen angestrebte Schutzniveau zu beurteilen.[950]

In der Rechtssache Läärä beschäftigte sich der Gerichtshof daraufhin mit der Frage, ob es zur Erreichung der verfolgten Ziele nicht besser wäre, eine Regelung mit den erforderlichen Auflagen für die betroffenen Wirtschaftsteilnehmer zu erlassen, statt einer zugelassenen öffentlich-rechtlichen Vereinigung ein ausschließliches Betriebsrecht zu gewähren. Seinen oben dargestellten Ausführungen entsprechend erklärte er, dass diese Entscheidung im Ermessen der Mitgliedstaaten stehe, allerdings unter dem Vorbehalt, dass sie im Hinblick auf das angestrebte Ziel nicht unverhältnismäßig sei.[951] Ebendies prüfte er sodann und kam zu dem Schluss, dass die finnische Regelung sowohl geeignet als auch erforderlich und damit im Hinblick auf die verfolgten Ziele nicht unverhältnismäßig sei.[952] Auch in der Rechtssache Zenatti führte der Gerichtshof aus, dass allein die Tatsache, dass es sich nicht um ein vollständiges Verbot handele, nicht ausreiche, um nachzuweisen, dass die nationale Regelung die verfolgten Ziele nicht wirklich zu erreichen suche, denn auch die begrenzte Erlaubnis von Glücksspielen diene der Verwirklichung dieser Ziele. Allerdings wurde in der Rechtssache Zenatti die Frage aufgeworfen, ob die restriktive Glücksspielpolitik wirklich dem Ziel diene, die Gelegenheit zum Spiel zu vermindern, oder ob sie nicht vielmehr der Finanzierung sozialer Aktivitäten

---

949 *EuGH*, Rs. C-124/97 (Läärä), Rn. 35; in der Verfahrenssprache: „harkintavaltaa"; in der englischen Übersetzung: „the national authorities' power of assessment"; im Französischen: „pouvoir d'appréciation"; *EuGH*, Rs. C-67/98 (Zenatti), Rn. 33, in der Verfahrenssprache: „potere discrezionale"; im Englischen: „margin of appreciation"; im Französischen: „pouvoir d'appréciation".

950 *EuGH*, Rs. C-124/97 (Läärä), Rn. 36; inhaltlich gleichbedeutend in *EuGH*, Rs. C-67/98 (Zenatti), Rn. 34.

951 *EuGH*, Rs. C-124/97 (Läärä), Rn. 39; in der Verfahrenssprache: „harkintavaltaan"; in der englischen Übersetzung: „is a matter to be assessed by the Member States"; in der französischen Übersetzung: „du pouvoir d'appréciation des États membres".

952 *EuGH*, Rs. C-124/97 (Läärä), Rn. 40 ff.

nütze, was nach Ansicht des Gerichtshofs als erfreuliche Nebenfolge, nicht aber als sachliche Rechtfertigung tauge.[953] Es wäre jedoch Sache des nationalen Gerichts, zu überprüfen, ob die nationalen Rechtsvorschriften angesichts ihrer konkreten Anwendungsmodalitäten wirklich Zielen dienten, mit denen sie gerechtfertigt werden könnten, und ob die in ihnen enthaltenen Beschränkungen nicht außer Verhältnis zu diesen Zielen stünden.[954]

(3) Schlussfolgerung

Festzuhalten bleibt, dass der Gerichtshof den Mitgliedstaaten in der Rechtssache Schindler Spielräume gewährte hinsichtlich der Bestimmung des Schutzniveaus im Glücksspielbereich. Die Spielräume umfassten dabei nicht nur die Ausgestaltung des Rahmens, in dem Glücksspiele zulässig sein sollten, sondern auch die Entscheidung, Glücksspiele nicht nur zu beschränken, sondern zu verbieten. Aus der Rechtfertigungsprüfung des Gerichtshofs ergab sich, dass der für die Rechtfertigung geltende Maßstab das jeweils vom Mitgliedstaat im Rahmen seines Spielraums gewählte Schutzniveau war, wobei Diskriminierungen die Grenze des Ermessens darstellten.

Diese Rechtsprechung wurde vom Gerichtshof in den Urteilen Läärä und Zenatti bestätigt, präzisiert und weiterentwickelt. So äußerte der Gerichtshof in diesen Urteilen erstmals ausdrücklich, dass den Mitgliedstaaten bei der Bestimmung des Schutzniveaus ein Spielraum überlassen sei und dass die Notwendigkeit und Verhältnismäßigkeit der nationalen Regelungen allein im Hinblick auf die von den nationalen Stellen verfolgten Ziele und das von ihnen angestrebte Schutzniveau zu beurteilen sei. Dem fügte er hinzu, dass dabei die Entscheidung anderer Mitgliedstaaten für ein anderes Schutzsystem irrelevant sei. Dies ist eine Aussage, die auf Nachfrage des deutschen Bundesverwaltungsgerichts in einer anderen Gelegenheit explizit noch einmal bestätigt wurde.[955] Ebenso konkretisierte er in den anderen nachfolgenden Rechtssachen die Grenze des Spielraums, welche unter dem Vorbehalt der Verhältnismäßigkeit stehe. Die Geeignetheit und Erforderlichkeit der nationalen Regelung prüfte der Gerichtshof im

---

953 *EuGH*, Rs. C-67/98 (Zenatti), Rn. 35 ff.
954 *EuGH*, Rs. C-67/98 (Zenatti), Rn. 37.
955 *EuGH*, Rs. C-36/02 (Omega), Rn. 15 f. und Rn. 37 f.

Urteil Läärä dann tatsächlich selbst, während er diese Prüfung im Urteil Zenatti an das vorlegende Gericht zurücküberwies.

Zusammenfassend lässt sich somit sagen, dass die dem Spielraum der Mitgliedstaaten überantwortete Entscheidung über das Schutzniveau die Notwendigkeits- und Verhältnismäßigkeitsprüfung insofern bedingt, als sie als Prüfungsmaßstab fungiert. Nichtsdestotrotz sind die Mitgliedstaaten nicht gänzlich frei in ihrer Entscheidung, sondern haben wiederum das Erfordernis der Verhältnismäßigkeit zu berücksichtigen, dessen Einhaltung der Gerichtshof dann kontrolliert bzw. kontrollieren lässt.

b) Die weitere Entwicklung

Seit Beginn des neuen Jahrtausends hatte der Gerichtshof noch mehrmals die Gelegenheit, seine Rechtsprechung im Bereich der Glücksspielregulierung weiterzuentwickeln. Während die rechtfertigenden Gründe des Allgemeinwohls zuweilen differenzierter dargestellt wurden,[956] wurde die Ausführlichkeit der Begründung für die Einräumung mitgliedstaatlicher Spielräume auf das Bestehen sittlicher, religiöser oder kultureller Besonderheiten bzw. Unterschiede und die sittlich und finanziell schädlichen Folgen für den Einzelnen wie für die Gesellschaft reduziert.[957] Gelegentlich wurde das Zugeständnis mitgliedstaatlicher Spielräume aber auch durch folgenden Zusatz ergänzt:

> In Ermangelung einer Harmonisierung des betreffenden Gebiets durch die Gemeinschaft ist es Sache der einzelnen Mitgliedstaaten, in diesen Bereichen im Einklang mit ihrer eigenen Wertordnung zu beurteilen, welche Erfordernisse sich aus dem Schutz der betroffenen Interessen ergeben […].[958]

Es unterstand auch in den Folgeurteilen weiterhin dem Spielraum der Mitgliedstaaten, die Ziele ihrer Politik auf dem Gebiet der Glücksspiele festzulegen und das angestrebte Schutzniveau zu bestimmen, wobei auch die Entscheidung für die Errichtung eines Monopols vom Gerichtshof akzep-

---

956 *EuGH*, Rs. C-338/04, C-359/04 und C-360/04 (Placanica) 06.03.2007, Rn. 46; *EuGH*, Rs. C-42/07 (Liga Portuguesa), Rn. 56.

957 *EuGH*, Rs. C-243/01 (Gambelli) 06.11.2003, Rn. 63; *EuGH*, Rs. C-338/04, C-359/04 und C-360/04 (Placanica), Rn. 47; *EuGH*, Rs. C-42/07 (Liga Portuguesa), Rn. 57.

958 *EuGH*, Rs. C-42/07 (Liga Portuguesa), Rn. 57; *EuGH*, Rs. C-447/08 und C-448/08 (Sjöberg), Rn. 37; *EuGH*, Rs. C-176/11 (Hit Larix), Rn. 24.

tiert wurde.[959] Bei der Entscheidung eines Mitgliedstaats für eine Erlaubnisregelung stellte der EuGH jedoch klar, dass diese keine Ermessensausübung der nationalen Behörden rechtfertigen könne, die geeignet wäre, den Bestimmungen des Unionsrechts ihre praktische Wirksamkeit zu nehmen. Ein System der vorherigen behördlichen Genehmigung müsse deshalb auf objektiven, nicht diskriminierenden und im Voraus bekannten Kriterien beruhen, die der Ermessensausübung durch die nationalen Behörden Grenzen setzen, damit diese nicht willkürlich erfolge.[960] Zur Frage nach dem Bestehen einer Verpflichtung zur gegenseitigen Anerkennung der von den verschiedenen Mitgliedstaaten erteilten Erlaubnisse erklärte der Gerichtshof:

> Angesichts dieses Wertungsspielraums[961] und in Ermangelung jeglicher Harmonisierung des betreffenden Gebiets auf Gemeinschaftsebene kann es beim gegenwärtigen Stand des Unionsrechts keine Verpflichtung zur gegenseitigen Anerkennung der von den verschiedenen Mitgliedstaaten erteilten Erlaubnisse geben.[962]

Auch in den Folgeurteilen verlangte der Gerichtshof grundsätzlich, dass die vom jeweiligen Mitgliedstaat entsprechend seinem gewählten Schutzniveau vorgeschriebenen Beschränkungen den Anforderungen der Verhältnismäßigkeit genügten.[963] Die Prüfung der Notwendigkeit und Verhältnismäßigkeit der getroffenen Maßnahmen erfolgte dann zwar auch am Maßstab des vom Mitgliedstaat gewählten Schutzniveaus,[964] doch anders als in den Rechtssachen Schindler, Läärä und Zenatti verschärfte der Gerichtshof in den nachfolgenden Urteilen die Anforderungen an ihre Verhältnismäßigkeit.

---

959 *EuGH*, Rs. C-316/07, C-358/07 bis C-360/07, C-409/07 und C-410/07 (Markus Stoß) 08.09.2010, Rn. 81 ff.

960 *EuGH*, Rs. C-46/08 (Carmen Media) 08.09.2010, Rn, 86 f.

961 In der Verfahrenssprache: „Wertungsspielraum"; in der englischen Übersetzung: „margin of discretion"; in der französischen Übersetzung: „marge d'appréciation".

962 *EuGH*, Rs. C-316/07, C-358/07 bis C-360/07, C-409/07 und C-410/07 (Markus Stoß), Rn. 112.

963 *EuGH*, Rs. C-338/04, C-359/04 und C-360/04 (Placanica), Rn. 48; *EuGH*, Rs. C-42/07 (Liga Portuguesa), Rn. 59; *EuGH*, Rs. C-258/08 (Ladbrokes) 03.06.2010, Rn. 20.

964 *EuGH*, Rs. C-42/07 (Liga Portuguesa), Rn. 58; *EuGH*, Rs. C-447/08 und C-448/08 (Sjöberg), Rn. 38; *EuGH*, Rs. C-316/07, C-358/07 bis C-360/07, C-409/07 und C-410/07 (Markus Stoß), Rn. 91.

c) Das Erfordernis der Kohärenz

In der Rechtssache Gambelli ging es um ein strafbewehrtes Verbot für die Entfaltung der Tätigkeit des Sammelns, der Annahme, der Bestellung und der Übertragung von Wetten, insbesondere über sportliche Ereignisse, ohne staatlich erteilte Konzession oder Genehmigung. In Rede stand die Vereinbarkeit einer solchen Regelung mit der Niederlassungs- und Dienstleistungsfreiheit.[965] Nachdem der Gerichtshof sowohl eine Beschränkung der Niederlassungs- als auch der Dienstleistungsfreiheit festgestellt hatte,[966] wiederholte er, dass den Mitgliedstaaten ein ausreichendes Ermessen hinsichtlich der Bestimmung des Schutzniveaus zustehe, und begründete dies.[967] Er äußerte sich allgemein zu den Rechtfertigungsvoraussetzungen, schob ein, dass es Sache des vorlegenden Gerichts sei, zu prüfen, ob die nationale Regelung diese Voraussetzungen erfülle, und benannte dann die zwingenden Gründe des Allgemeininteresses, die zur Rechtfertigung der vorliegenden Beschränkung heranzuziehen seien.[968] Bis zu diesem Punkt enthielt die Rechtsprechung noch keine Neuerungen, doch dann führte der Gerichtshof aus:

> […] jedoch müssen die Beschränkungen, die auf solche Gründe sowie auf die Notwendigkeit gestützt sind, Störungen der sozialen Ordnung vorzubeugen, auch geeignet sein, die Verwirklichung dieser Ziele in dem Sinne zu gewährleisten, dass sie kohärent und systematisch zur Begrenzung der Wetttätigkeiten beitragen.[969]

Das vorlegende nationale Gericht führte diesbezüglich aus, dass der italienische Staat auf nationaler Ebene eine Politik der starken Ausweitung des Spielens und Wettens zum Zweck der Einnahmenerzielung verfolge. Der Gerichtshof erklärte daraufhin, dass sich die Behörden eines Staats zur Rechtfertigung nicht auf die öffentliche Sozialordnung berufen könnten bezüglich der Notwendigkeit, die Gelegenheiten zum Spiel zu vermindern, während sie auf der anderen Seite die Verbraucher dazu ermuntern, an Glücksspielen und Wetten teilzunehmen, damit der Staatskasse daraus Einnahmen zuflössen.[970] Nachdem der Gerichtshof auch noch die Erfor-

---

965 *EuGH*, Rs. C-243/01 (Gambelli), Rn. 20.
966 *EuGH*, Rs. C-243/01 (Gambelli), Rn. 49 und Rn. 57.
967 *EuGH*, Rs. C-243/01 (Gambelli), Rn. 63.
968 *EuGH*, Rs. C-243/01 (Gambelli), Rn. 65 ff.
969 *EuGH*, Rs. C-243/01 (Gambelli), Rn. 67.
970 *EuGH*, Rs. C-243/01 (Gambelli), Rn. 68 f.

derlichkeit der Strafandrohung in Frage gestellt hatte, führte er aus, dass es Sache des vorlegenden Gerichts sei, zu prüfen, inwiefern die nationale Regelung aus diesen Gründen unverhältnismäßig sei.[971]

Das Kriterium der kohärenten und systematischen Zielerreichung, welches der Gerichtshof als Aspekt der Geeignetheitsprüfung zu verstehen scheint,[972] konkretisiert die Anforderungen an die Verhältnismäßigkeitsprüfung und verschärft diese damit gleichzeitig. Der EuGH, der gesondert für jede mit den nationalen Rechtsvorschriften auferlegte Beschränkung prüfte, ob diese geeignet und erforderlich war,[973] überprüfte in diesem Zusammenhang nunmehr nämlich auch die Kohärenz der getroffenen Regelungen im Glücksspielbereich[974] und stellte somit eine zusätzliche, nach-

---

971 *EuGH*, Rs. C-243/01 (Gambelli), Rn. 75.

972 *EuGH*, Rs. C-243/01 (Gambelli), Rn. 67; *EuGH*, Rs. C-42/07 (Liga Portuguesa), Rn. 61; *EuGH*, Rs. C-447/08 und C-448/08 (Sjöberg), Rn. 40; wobei die Grenzen teilweise verschwimmen, siehe *EuGH*, Rs. C-243/01 (Gambelli), Rn. 72, wo der Gerichtshof die nicht kohärente Zielverfolgung durch den Mitgliedstaat auch im Rahmen der Erforderlichkeitsprüfung noch einmal thematisiert; ebenso *Frenz, W.*, Kohärente und systematische nationale Normgebung – nicht nur im Glücksspielrecht, Zeitschrift Europarecht 2012, 344, S. 345; anders sieht das *Lippert, A.*, Das Kohärenzerfordernis des EuGH, Zeitschrift Europarecht 2012, 90, S. 92 f., der dafür plädiert, dass es sich um eine eigenständige Schranke neben der Verhältnismäßigkeit handele, da die Verhältnismäßigkeit einer Maßnahme zwingend auf die isolierte Maßnahme zu beziehen sei. Dies belegt er durch Rechtsprechung des EuGH, die allerdings nur aussagt, dass gesondert für jede mit den nationalen Rechtsvorschriften auferlegte Beschränkung namentlich zu prüfen sei, ob sie geeignet ist; m. E. lässt diese Rechtsprechung nicht den vorher genannten Schluss zu, vielmehr muss für eine aussagekräftige Prüfung der Geeignetheit einer Maßnahme auch der Kontext, in dem diese erlassen wurde, mit einbezogen werden; anders *Dederer, H.-G.*, Stürzt das deutsche Sportwettenmonopol über das Bwin-Urteil des EuGH?, Neue Juristische Wochenschrift 2010, 198, S. 199, der das Kohärenzerfordernis bei der Prüfung des legitimen Ziels verorten möchte, da es die Idee des gemeinschaftsrechtlichen Konsistenzgebots sei, sicherzustellen, dass ausschließlich das vom Staat behauptete legitime Ziel verfolgt werde, was m. E. mit der Geeignetheitsprüfung spiegelbildlich gerade geprüft wird, denn wenn eine Maßnahme zur Zielerreichung nicht geeignet ist, verfolgt sie dieses, losgelöst von der dahinter stehenden Intention, nicht.

973 *EuGH*, Rs. C-338/04, C-359/04 und C-360/04 (Placanica), Rn. 49, *EuGH*, Rs. C-46/08 (Carmen Media), Rn. 60.

974 Er erläutert meist unter welchen Umständen nicht von einer kohärenten Regelung ausgegangen werden kann und gibt sehr deutliche Vorgaben, überlässt die konkrete Prüfung dann letztendlich aber dem vorlegenden Gericht; siehe dazu bspw. *EuGH*, Rs. C-316/07, C-358/07 bis C-360/07, C-409/07 und C-410/07 (Markus Stoß), Rn. 97 ff; *EuGH*, Rs. C-46/08 (Carmen Media), Rn. 64 ff.

prüfbare und von den Mitgliedstaaten nachzuweisende[975] Anforderung auf. Durch das Erfordernis der kohärenten und systematischen Zielverfolgung werden somit auch die Grenzen des mitgliedstaatlichen Spielraums enger gezogen.

d) Ergebnis

Im Bereich des Glücksspielrechts gewährt der Gerichtshof den Mitgliedstaaten somit Spielräume hinsichtlich der Bestimmung des Schutzniveaus und der dementsprechenden rechtlichen Ausgestaltung der nationalen Regulierungen. Diesen Spielräumen werden Grenzen gesetzt durch den Grundsatz der Nichtdiskriminierung und die Anforderungen der Verhältnismäßigkeit, welche im Hinblick auf die vom Mitgliedstaat verfolgten Ziele und das jeweils angestrebte Schutzniveau beurteilt werden. Die Prüfung der Verhältnismäßigkeit wird durch das zusätzliche Erfordernis einer kohärenten und systematischen Zielverfolgung[976] verschärft, und auch die Ausgestaltung eines, wenn gewählten, Genehmigungsverfahrens setzt voraus, dass der Ermessensausübung durch die nationalen Behörden Grenzen gesetzt werden, damit diese nicht willkürlich erfolgen kann. Es obliegt den Mitgliedstaaten, die Notwendigkeit und Verhältnismäßigkeit ihrer getroffenen Maßnahmen darzulegen.[977] Die Einhaltung dieser Anforderungen kontrolliert der Gerichtshof bzw. überweist nach Ergehen eigener Hinweise die konkrete Prüfung zurück an das jeweils vorlegende nationale Gericht. Inwiefern in diesem Zusammenhang bestehende Spielräume des nationalen Gerichts für den vorliegenden Untersuchungsgegenstand relevant sind oder sich auf prozessuale Besonderheiten des Vorabentscheidungsverfahrens zurückführen lassen, wird an späterer Stelle geklärt werden.[978]

Aus der Rechtsprechung des Gerichtshofs zu den Glücksspielfällen lassen sich über das ‚Ob‘, ‚Wie‘ und ‚Wo‘ der ausdrücklichen Gewährung von Spielräumen hinaus noch weitere aufschlussreiche Erkenntnisse ablei-

---

975 *EuGH*, Rs. C-258/08 (Ladbrokes), Rn. 33 ff.

976 *Lippert, A.* (Fn. 972), S. 90 beschreibt das Kohärenzerfordernis als ein relativ neues Kriterium in der Rechtsprechung des EuGH. Ansätze einer Kohärenzprüfung lassen sich jedoch schon in früheren Urteilen finden, siehe *EuGH*, Rs. 34/79 (Henn and Darby), Rn. 19 ff.; Dazu, dass das Kriterium der Kohärenz grundfreiheitenübergreifend zur Anwendung kommt, siehe *Frenz, W.* (Fn. 972), S. 345 f.

977 *EuGH*, Rs. C-42/02 (Lindmann) 13.11.2003, Rn. 26.

978 Punkt IV. /2. /d.

ten. Zum einen erläutert der Gerichtshof das ‚Warum' der Einräumung von Spielräumen in diesen Fällen. Neben der nicht vorhandenen Harmonisierung beruft er sich auf die schädlichen Folgen, die mit Glücksspielen einhergehen können, und damit auf die nicht vorhersehbaren Gefahren, die dieser Materie immanent sind. Zum anderen führt er die bestehenden Unterschiede und Besonderheiten an, die zwischen den Mitgliedstaaten angesichts der Materie in sittlicher, kultureller und auch religiöser Hinsicht bestehen. Ob und wie sich dies rechtlich legitimieren lässt, wird an anderer Stelle untersucht werden.[979]

Zum Umfang der Spielräume lässt sich der Rechtsprechung des Gerichtshofs ausdrücklich nicht mehr entnehmen, als dass es sich um „ausreichende" Spielräume handele. Allerdings lässt die Analyse der Rechtsprechung des Gerichtshofs erkennen, dass der Spielraum der Mitgliedstaaten hinsichtlich des Schutzniveaus tatsächlich grundsätzlich ein weiter ist. Dieser wird zwar durch diverse Anforderungen wieder begrenzt, bleibt aber von der Rechtslage in anderen Mitgliedstaaten unberührt. Der Umstand, dass andere Mitgliedstaaten ein niedrigeres Schutzniveau ansetzen, hat somit keinen Einfluss auf die Bewertung der Europarechtswidrigkeit restriktiverer Maßnahmen. Dies lässt darauf schließen, dass auch die Ermittlung eines Konsenses unter den Mitgliedstaaten hinsichtlich der Bestimmung eines einheitlichen Schutzniveaus für den EuGH kein Argument darstellen wird, um den Spielraum davon abweichender Mitgliedstaaten in diesem Bereich einzuschränken. Inwiefern diese Annahme bezüglich der den Umfang bestimmenden Faktoren jedoch tatsächlich verallgemeinerungsfähig ist, wird an späterer Stelle dargelegt.[980]

Zuletzt ist noch abschließend darauf hinzuweisen, dass bei Betrachtung der Urteile in den jeweiligen Verfahrenssprachen deutlich wird, dass der Gerichtshof keine einheitliche Terminologie verwendet. So heißt es beispielsweise in Schindler „a sufficient degree of latitude",[981] in Zenatti, Gambelli und Placanica wird statt der Formulierung „margine di apprezzamento" der Ausdruck „potere discrezionale" verwendet,[982] und auch in den Urteilen in deutscher Verfahrenssprache ist überwiegend, aber nicht einheitlich von „Ermessen" die Rede statt von einem „Beurteilungsspiel-

979 Punkt V. /2. /b.
980 Punkt IV. /2. /b.
981 *EuGH*, Rs. C-275/92 (Schindler), Rn. 61
982 *EuGH*, Rs. C-67/98 (Zenatti), Rn. 33; *EuGH*, Rs. C-243/01 (Gambelli), Rn. 63; *EuGH*, Rs. C-338/04, C-359/04 und C-360/04 (Placanica), Rn. 47.

raum"[983]. Die dogmatische Bewertung dieser uneinheitlich wirkenden Terminologie erfolgt jedoch an anderer Stelle.[984]

3. Unionsgrundrechte

Die Grundrechte werden vom Gerichtshof bei der Rechtfertigungsprüfung von Beeinträchtigungen der Personenfreizügigkeiten ebenfalls herangezogen: zum einen, wenn es um die Herleitung zwingender Erfordernisse des Allgemeinwohls geht,[985] und zum anderen als „Schranken-Schranke" im Zusammenhang mit der Verhältnismäßigkeitsprüfung.[986] Fälle, in denen der Gerichtshof die Grundrechte als eigenständige „Schranke" einsetzt, wie in der Rechtssache Schmidberger, sind im Zusammenhang mit den Personenfreizügigkeiten so nicht zu finden. Das im Zusammenhang mit einer Beschränkung der Arbeitnehmerfreizügigkeit vom Gerichtshof in der Rechtssache Bosman angesprochene Grundrecht der Vereinigungsfreiheit ist schon deshalb nicht von Interesse, da es sich um eine Drittwirkungskonstellation handelte.[987] Diese Fallkonstellation scheidet mangels Vergleichbarkeit zur Rechtsprechung des EGMR bereits als tauglicher Untersuchungsgegenstand aus.

Relevant erscheint an dieser Stelle noch das bereits behandelte Urteil des Gerichtshofs in der Rechtssache Omega. Allerdings zog der Gerichtshof in diesem Fall die (auch) unionsrechtlich verbürgte Menschenwürdegarantie nicht als selbstständige Schranke heran, sondern benutzte diese ‚nur' zur Konkretisierung des bereits geschriebenen Rechtfertigungsgrunds der öffentlichen Ordnung.[988] Unter der Prämisse, dass sich die Rechtsprechung des Gerichtshofs im Urteil Schmidberger auf die anderen Grundfreiheiten übertragen und somit verallgemeinern lässt, ließen sich wohl auch die Erkenntnisse zur Gewährung von Spielräumen in diesem

---

983 *EuGH*, Rs. C-316/07, C-358/07 bis C-360/07, C-409/07 und C-410/07 (Markus Stoß), Rn. 76, 79, 80, 92, 111; *EuGH*, Rs. C-46/08 (Carmen Media), Rn. 59 und Rn. 85.

984 Punkt IV. /3.

985 *EuGH*, Rs. C-288/89 (Collectieve Antennevoorziening Gouda), Rn. 23; *EuGH*, Rs. C-250/06 (United Pan-Europe) 13.12.2007, Rn. 41.

986 *EuGH*, Rs. C-260/89 (ERT) 18.06.1991, Rn. 42; *Frenz, W.* (Fn. 506), Rn. 2103.

987 *EuGH*, Rs. C-415/93 (Bosman), Rn. 79 f. und Rn. 82.

988 *EuGH*, Rs. C-36/02 (Omega), Rn. 33 ff.

Zusammenhang verallgemeinern.[989] Die Frage nach der Verallgemeinerungsfähigkeit einzelner Untersuchungsergebnisse und die damit verbundene Folgefrage nach einer eventuell ableitbaren einheitlichen Lehre von Spielräumen werden jedoch an anderer Stelle behandelt.[990]

4. Beurteilungsspielräume im Anwendungsbereich?

Neben der Einräumung von Spielräumen im Zusammenhang mit den Rechtfertigungsmöglichkeiten stellt sich die Frage, inwiefern der Gerichtshof auch im Anwendungsbereich der Grundfreiheiten mitgliedstaatliche Spielräume gewährt. Diese Frage ist vor allem vor dem Hintergrund der Rechtsprechung des EGMR zur Margin-of-appreciation-Doktrin im Urteil Vo von Interesse und drängt sich an dieser Stelle angesichts der im Rahmen der Dienstleistungsfreiheit behandelten moralisch sensiblen Themen geradezu auf. Zuletzt sei darauf hingewiesen, dass eine Untersuchung der Rechtsprechung des Gerichtshofs zur Einräumung von Spielräumen im Zusammenhang mit Bereichsausnahmen an dieser Stelle, mangels direkter Vergleichbarkeit mit den EMRK-Rechten, nicht erfolgen wird.[991]

a) The Society for the protection of unborn children

Zu Beginn der neunziger Jahre hatte sich der Gerichtshof mit Vorlagefragen des irischen High Court zu befassen, die das Verbot der Verbreitung von Informationen zu Schwangerschaftsabbrüchen im Ausland und dessen Vereinbarkeit mit der Dienstleistungsfreiheit betrafen. Die Beklagten des Ausgangsverfahrens waren Vorstandsmitglieder von Studentenvereinigungen, die Publikationen für Studenten herausgaben, welche Namen und Adressen von Kliniken in Großbritannien enthielten, in denen legal Schwangerschaftsabbrüche vorgenommen werden konnten. Die Klägerin

---

989 So *Frenz, W.* (Fn. 506), Rn. 2094 und dazu mehr unter dem Punkt IV. Einheitliche Lehre von Beurteilungsspielräumen im Unionsrecht?

990 Punkt IV.

991 Verwiesen sei an dieser Stelle auf *Kirschner, J.*, Grundfreiheiten und nationale Gestaltungsspielräume (2014), S. 120 f., die feststellte, dass entgegen naheliegenden Erwartungshaltungen angesichts des Vertragswortlauts keine weiten Spielräume im Zusammenhang mit Bereichsausnahmen gewährt würden.

des Ausgangsverfahrens, die Society for the protection of unborn children (SPUC), verlangte vom High Court die Feststellung der Rechtswidrigkeit dieser Informationsverbreitung und strebte deren Untersagung an.[992] Der irische High Court wollte daraufhin vom Gerichtshof wissen, ob die organisierte Abtreibungstätigkeit unter den Begriff der Dienstleistung im Sinne von Art. 60 EWG[993] falle und ob ein Mitgliedstaat die Verbreitung der Namen von Kliniken aus einem anderen Mitgliedstaat, in denen Abtreibungen durchgeführt werden, und die Verbreitung der dazugehörigen Adressen verbieten könne.[994]

Zur ersten Frage trug die SPUC vor, dass die Vornahme einer Abtreibung nicht als Dienstleistung angesehen werden könne, da sie höchst unmoralisch sei und die Zerstörung eines menschlichen Wesens zur Folge hätte.[995] Der Gerichtshof entgegnete dem, dass derartige Argumente, welchen Wert sie in moralischer Hinsicht auch hätten, die Antwort auf die Vorlagefrage nicht beeinflussen könnten, denn:

> […] es ist nicht Sache des Gerichtshofes, die Beurteilung, die vom Gesetzgeber in den Mitgliedstaaten vorgenommen worden ist, in denen die betreffenden Tätigkeiten legal ausgeübt werden, durch seine eigene Beurteilung zu ersetzen.[996]

Aus diesem Grund sei der ärztliche Schwangerschaftsabbruch, der im Einklang mit dem Recht des Staats vorgenommen wird, in dem er stattfindet, eine Dienstleistung im Sinne von Art. 60 EWG.

Zur zweiten Vorlagefrage führte der Generalanwalt Van Gerven in seinen Schlussanträgen aus, dass das Informationsverbot in den Anwendungsbereich der Dienstleistungsfreiheit falle, da auch die passive Dienstleistungsfreiheit erfasst sei und diese auch das Recht umfasse, ungehindert Informationen über Dienstleistungen zu erhalten. Dabei sei es nach Ansicht des Generalanwalts unerheblich, dass die Informationen von jemandem herrühren, der nicht selbst Erbringer der Dienstleistung ist und auch

---

992 *EuGH*, Rs. C-159/90 (Society for the Protection of Unborn Children Ireland Ltd) 04.10.1991, Rn. 2 ff.

993 Art. 57 AEUV.

994 *EuGH*, Rs. C-159/90 (Society for the Protection of Unborn Children Ireland Ltd), Rn. 9.

995 *EuGH*, Rs. C-159/90 (Society for the Protection of Unborn Children Ireland Ltd), Rn. 19.

996 *EuGH*, Rs. C-159/90 (Society for the Protection of Unborn Children Ireland Ltd), Rn. 20.

nicht für dessen Rechnung tätig wird.[997] Nachdem der Generalanwalt die Betroffenheit des Anwendungsbereichs der Dienstleistungsfreiheit bejaht hatte, prüfte er eine Rechtfertigungsmöglichkeit durch zwingende Gründe des Allgemeininteresses.[998] Er kam zu dem Schluss, dass das Informationsverbot dem Schutz des ungeborenen Lebens diene und dass es sich bei dem Ziel der Verhinderung von Abtreibungen um eine ethisch-weltanschauliche politische Entscheidung handele, deren Beurteilung Sache der Mitgliedstaaten sei und bei der sich der Mitgliedstaat auf den Grund der öffentlichen Ordnung nach Art. 56 in Verbindung mit Art. 66 EWG[999] berufen könne, der sogar diskriminierende Maßnahmen – was hier nicht vorlag – zu rechtfertigen vermöge. Im Zusammenhang mit der Rechtfertigung aus Gründen der öffentlichen Ordnung führte der Generalanwalt dann aus:

> Wenn auch der Inhalt des Begriffs öffentliche Ordnung „nicht von jedem Mitgliedstaat einseitig ohne Nachprüfung durch die Organe der Gemeinschaft bestimmt werden" darf, ist dennoch, da es um Umstände geht, die „von Land zu Land verschieden sein können", „den zuständigen innerstaatlichen Behörden ein Beurteilungsspielraum innerhalb der durch den Vertrag und die zu seiner Anwendung erlassenen Vorschriften gesetzten Grenzen zuzubilligen". Es kann meines Erachtens kein Zweifel daran bestehen, daß Werte, die in einem Mitgliedstaat aufgrund ihrer Stellung in der Verfassung zum „ensemble des valeurs supérieures auxquelles une nation déclare solennellement adhérer" gehören, in einen Bereich fallen, in dem jedem Mitgliedstaat „im Einklang mit seiner eigenen Wertordnung und in der von ihm gewählten Form" ein Beurteilungsspielraum eingeräumt ist.[1000]

Nach der Prüfung des Verhältnismäßigkeitsgrundsatzes und einer weitergehenden Prüfung von Grundrechten kam der Generalanwalt zu dem Schluss, dass das Informationsverbot gerechtfertigt werden könne.[1001] Er hätte somit die Problematik der Legitimation von Schwangerschaftsabbrüchen auf der Rechtfertigungsebene angesiedelt, unter Gewährung großzügiger mitgliedstaatlicher Spielräume.

Der Gerichtshof wählte hingegen einen anderen Weg, indem er bereits die Betroffenheit des Anwendungsbereichs der Dienstleistungsfreiheit verneinte. Er ging davon aus, dass der Zusammenhang zwischen der Tätigkeit der Studentenvereinigungen und den ärztlichen Schwangerschaftsabbrü-

---

997 *GA Van Gerven* (Schlussantrag zu EuGH, Rs. C-159/90) 11.06.1991, Rn. 16 ff.
998 *GA Van Gerven* (Schlussantrag zu EuGH, Rs. C-159/90), Rn. 22 ff.
999 Art. 52 in Verbindung mit Art. 62 AEUV.
1000 *GA Van Gerven* (Schlussantrag zu EuGH, Rs. C-159/90), Rn. 26.
1001 *GA Van Gerven* (Schlussantrag zu EuGH, Rs. C-159/90), Rn. 27 ff.

chen zu lose sei, als dass das Informationsverbot eine Beschränkung i. S. v. Art. 59 EWG darstelle. Es fehle insbesondere daran, dass die Studentenverbindungen in keiner Form mit den Kliniken zusammenarbeiten würden, weshalb es im vorliegenden Fall nicht um eine Beschränkung der Dienstleistungsfreiheit, sondern vielmehr um eine Inanspruchnahme der Meinungs- und Informationsfreiheit gehe.[1002] Da die nationale Regelung aber nicht in den Anwendungsbereich des Gemeinschaftsrechts falle, sei sie nicht am Maßstab der Grundrechte zu messen, deren Wahrung der Gerichtshof sichert.[1003]

Das Urteil des Gerichtshofs in dieser Sache zeugt von großer Zurückhaltung hinsichtlich einer moralisch – und auch in anderweitiger Hinsicht – so komplexen Materie wie der des Schwangerschaftsabbruchs. Zum einen hat der Gerichtshof zumindest formal selbst entschieden, dass die Ausführung von Schwangerschaftsabbrüchen als Dienstleistung anzusehen ist. Da er dies jedoch unter den Vorbehalt stellt, dass der Abbruch im Einklang mit dem Recht des betreffenden Staats vorgenommen wird, in dem er stattfindet, impliziert dies auch mittelbar die Einräumung eines mitgliedstaatlichen Spielraums.[1004] Der Gerichtshof erklärte in diesem Zusammenhang ausdrücklich, dass er die Beurteilung der Gesetzgeber der Mitgliedstaaten, in denen Abtreibungen gesetzlich erlaubt sind, nicht ersetzen wolle. Zum anderen schien er dann aber wiederum bemüht, die Konsequenz dessen im Fall der Kollision divergierender mitgliedstaatlicher Standpunkte im Zusammenhang mit der passiven Dienstleistungsfreiheit wieder auszugleichen. Seine Bemühungen, den Anwendungsbereich wieder zu schließen, anstatt die Problematik divergierender Wertvorstellungen, ebenso wie es der Generalanwalt tat, auf Rechtfertigungsebene unter Zuhilfenahme von Spielräumen aufzulösen, zeugen von dem Bestre-

---

1002 *EuGH*, Rs. C-159/90 (Society for the Protection of Unborn Children Ireland Ltd), Rn. 24 ff.

1003 *EuGH*, Rs. C-159/90 (Society for the Protection of Unborn Children Ireland Ltd), Rn. 31.

1004 Zur dogmatischen Bewertung dessen wird an dieser Stelle entsprechend auf die Ausführungen zum Urteil Vo im ersten Teil der Arbeit verwiesen angesichts des Umstands, dass ein deutsches Verständnis zur Gewährung von Beurteilungsspielräumen auf Tatbestandsebene und Ermessen auf Rechtsfolgenseite auch nicht auf das Europarecht übertragen werden darf.

ben, sich in dieser Angelegenheit jeglicher Wertung zu enthalten und die Thematik dem Zugriff des Unionsrechts wieder zu entziehen.[1005]

b) Josemans

Im Jahr 2010 sah sich der Gerichtshof im Rahmen eines Vorabentscheidungsverfahrens mit der Toleranzpolitik der Niederlande gegenüber ‚weichen Drogen' konfrontiert. Der vom Verfahren betroffene Herr Josemans betrieb einen Coffeeshop in Maastricht, welcher nach den in den Niederlanden dafür geltenden Voraussetzungen zugelassen war und in dem weiche Drogen, alkoholfreie Getränke sowie Esswaren verkauft und konsumiert wurden. Um dem Drogentourismus entgegenzuwirken, erließ die Stadt Maastricht eine Regelung, wonach nur noch in den Niederlanden wohnhaften Bürgern der Zutritt zu Coffeeshops gewährt werden sollte. Nach mehrfachem Verstoß gegen dieses Ansässigkeitskriterium verfügte die Stadt die Schließung des Coffeeshops von Herrn Josemans. Der Raad van State, bei dem Rechtsmittel gegen das erstinstanzliche, die Schließung bestätigende Urteil eingelegt worden war, fragte den Gerichtshof daraufhin, ob eine Regelung, die Gebietsfremden den Zugang zu Coffeeshops untersagt, ganz oder teilweise in den Anwendungsbereich des EG-Vertrags falle, insbesondere unter den freien Waren- und/oder Dienstleistungsverkehr oder unter das Diskriminierungsverbot des Art. 12 EG in Verbindung mit Art. 18 EG[1006].[1007]

Der Gerichtshof differenzierte in seiner Entscheidung zwischen dem Verkauf von Cannabis und dem Verkauf von Esswaren und alkoholfreien Getränken.[1008] In Bezug auf den Verkauf von Cannabis führte er aus, dass die Schädlichkeit von Cannabis allgemein anerkannt sei und dass das Inverkehrbringen in allen Mitgliedstaaten grundsätzlich verboten sei. Diese

---

1005 *Kirschner, J.* (Fn. 991), S. 127, geht davon aus, dass sich der Gerichtshof vor einer Einzelfallprüfung des Vorbehalts der öffentlichen Ordnung „drückte"; interessant ist ebenfalls der Hinweis in *Frischhut, M.* (Fn. 565), S. 542: „A look at the timeline exhibits the contemporaneity of a famous Irish abortion case (4.10.1991) and the Maastricht Treaty (signed on 7.2.1992), where one of the protocols to this Treaty provides an umbrella, protecting 'Article 40.3.3 [right to life of the unborn] of the Constitution of Ireland'."

1006 Art. 18 AEUV in Verbindung mit Art. 21 AEUV.

1007 *EuGH*, Rs. C-137/09 (Josemans) 16.12.2010, Rn. 23 ff.

1008 *EuGH*, Rs. C-137/09 (Josemans), Rn. 33.

Rechtslage stehe im Einklang mit diversen völkerrechtlichen Verträgen, denen die Mitgliedstaaten beigetreten seien, sodass Betäubungsmittel ihrem Wesen nach schon unter ein Einfuhr- und Verkehrsverbot fallen würden. Der Umstand, dass die Einführung von Betäubungsmitteln in den Wirtschafts- und Handelsverkehr der Union verboten sei, führe dazu, dass sich der Inhaber eines Coffeeshops wegen einer kommunalen Regelung wie der in Rede stehenden nicht auf die Verkehrsfreiheiten berufen könne. Dass der ein oder andere Mitgliedstaat ein Betäubungsmittel als weiche Droge einstufe, vermöge daran nichts zu ändern, ebenso wenig wie die von den Niederlanden betriebene Politik der Toleranz, da diese gerade nicht zu einer Legalisierung von Cannabis führe.[1009] Daneben nahm der Gerichtshof allerdings an, dass in Bezug auf den Verkauf von Esswaren und alkoholfreien Getränken eine Eröffnung des Anwendungsbereichs der Dienstleistungsfreiheit gegeben sei, da dies eine nicht zu vernachlässigende wirtschaftliche Tätigkeit darstelle, und prüfte dann weiter, ob eine Rechtfertigungsmöglichkeit bestand.[1010]

In der Rechtssache Josemans hat der Gerichtshof folglich entschieden, den Drogenkonsum von vornherein aus dem Anwendungsbereich der Dienstleistungsfreiheit auszuklammern. Anders als beim Verkauf von Esswaren und nichtalkoholischen Getränken hat er die Problematik nicht auf der Rechtfertigungsebene, unter Abwägung mit der öffentlichen Sicherheit und Ordnung, angesiedelt. Die Ausklammerung aus dem Anwendungsbereich begründete er mit dem in allen Mitgliedstaaten bestehenden Verbot des Inverkehrbringens von Drogen und dem sich damit deckenden Inhalt diverser völkerrechtlicher Verträge, was an die Konsensmethode des EGMR erinnert. Jedoch führte das Bestehen eines ‚europäischen Konsenses' nicht zu einer Beschränkung etwaig bestehender mitgliedstaatlicher Spielräume bei der Frage, ob der Anwendungsbereich der Dienstleistungsfreiheit eröffnet ist, sondern dazu, dass die Grundfreiheiten gar nicht erst Anwendung fanden. Der Gerichtshof begegnet dem heiklen gesellschaftlichen Thema Drogenkonsum somit nicht durch die Einräumung von Spielräumen, sondern derart, dass er es dem Zugriff der Grundfreiheiten und damit seiner Jurisdiktion vollständig entzieht.

1009 *EuGH*, Rs. C-137/09 (Josemans), Rn. 36 ff.

1010 *EuGH*, Rs. C-137/09 (Josemans), Rn. 54 ff.

c) Ergebnis

In den Rechtssachen SPUC und Josemans war der Gerichtshof mit heiklen gesellschaftlichen und moralisch-ethischen Fragen konfrontiert worden, zu denen die Haltungen in den Mitgliedstaaten divergieren. Anstatt bestehende Unterschiede in den mitgliedstaatlichen Wertvorstellungen auf der Rechtfertigungsebene unter Einräumung mitgliedstaatlicher Spielräume zu lösen, widmete sich der Gerichtshof der Problematik jedoch schon im Anwendungsbereich. Auch wenn er in der Rechtssache SPUC mittelbar einen Spielraum gewährte,[1011] um die gesetzgeberische Entscheidung der Mitgliedstaaten, in denen Abtreibungen erlaubt sind, nicht zu ersetzen, kann von einer grundsätzlichen Einräumung mitgliedstaatlicher Spielräume im Anwendungsbereich der Dienstleistungsfreiheit wohl nicht die Rede sein.[1012] Grundsätzlich zeugen die untersuchten Urteile vielmehr von den Bemühungen des Gerichtshofs, den Anwendungsbereich gar nicht erst zu eröffnen oder ihn andernfalls gleich wieder zu schließen, um die verschiedenen in den jeweiligen Mitgliedstaaten bestehenden Haltungen zu den Themen Schwangerschaftsabbruch und Drogenkonsum zu akzeptieren und sich einer eigenen – wenn auch nur implizit ableitbaren – Wertung in diesen Sachen zu enthalten. Der Umgang mit derart heiklen gesellschaftlichen und moralisch-ethischen Fragen bereitet folglich auch dem EuGH Schwierigkeiten.

5. Fazit

Die Untersuchung der Rechtsprechung zu den Personenfreizügigkeiten hat ergeben, dass der Gerichtshof den Mitgliedstaaten auch in diesem Zusammenhang teils implizit, überwiegend aber explizit Spielräume zugesteht. Dabei verwendet er keine einheitliche Terminologie. Die zur Fragestellung untersuchte Rechtsprechung, ob der EuGH auch Spielräume im Anwendungsbereich gewährt, hat gezeigt, dass dies kein gängiges Vorgehen des Gerichtshofs darstellt. Die – vor allem im Zusammenhang mit der Dienstleistungsfreiheit aufkommenden – gesellschaftlichen, moralischen und religiösen Unterschiede zwischen den Mitgliedstaaten problematisiert er in der Regel erst in der Rechtfertigungsprüfung. Im Zusammenhang mit der

---

1011 Ebenso wohl auch *Sweeney, J. A.* (Fn. 503), S. 39.

1012 *Kirschner, J.* (Fn. 991), S. 129 geht ebenfalls von Einzelfällen aus.

Prüfung der geschriebenen Rechtfertigungsgründe gewährte er dabei oftmals Spielräume hinsichtlich der Bestimmung des Schutzniveaus und der Ausgestaltung des Schutzkonzepts, wobei diese Spielräume grundsätzlich durch die Anforderungen der Verhältnismäßigkeit begrenzt werden, insbesondere durch das Erfordernis einer kohärenten Zielverfolgung. Im Bereich des geschriebenen Rechtfertigungsgrunds der öffentlichen Gesundheit konnten Unterschiede hinsichtlich der Gewährung von Spielräumen zwischen den einzelnen Personenfreizügigkeiten ausgemacht werden. Es wurde vermutet, dass diese sich auf die Eigenarten der jeweiligen in Rede stehenden Grundfreiheiten zurückführen ließen. Im Zusammenhang mit den ungeschriebenen Rechtfertigungsgründen konnte festgestellt werden, dass der Gerichtshof bei Vorliegen komplexer und sensibler gesellschaftlicher, moralischer oder religiöser Belange ebenfalls großzügig Spielräume gewährt, um den divergierenden Wertordnungen der Mitgliedstaaten gerecht zu werden. Dabei macht er jedoch hinsichtlich der Einräumung von Spielräumen wiederum keine Unterschiede zwischen den einzelnen Personenfreizügigkeiten. Wie die Untersuchungsergebnisse insgesamt zu bewerten sind, wird in den folgenden Abschnitten dargelegt werden.

IV. Einheitliche Lehre von Spielräumen?

Nach der Untersuchung der Rechtsprechung des EuGH zur Warenverkehrsfreiheit und den Personenfreizügigkeiten stellt sich nunmehr abschließend die Frage, ob sich daraus einheitliche Schlüsse im Hinblick auf die Gewährung mitgliedstaatlicher Spielräume im Bereich der Grundfreiheiten ziehen lassen können. Auch wenn die Untersuchungsergebnisse zur Einräumung mitgliedstaatlicher Spielräume im Zusammenhang mit den jeweiligen Rechtfertigungsgründen hinsichtlich des ‚Ob', ‚Wie', ‚Wo' und ‚Warum' nicht immer einheitlich ausfielen, ließen sich doch wiederkehrende Strukturen erkennen. Im Folgenden soll der Versuch unternommen werden, diese wiederkehrenden Strukturen zu einer ‚einheitlichen Lehre' zusammenzufassen, wobei der diesbezügliche Anspruch nur so weit geht, als er der eigentlichen Fragestellung dieser Arbeit dient.

1. Verallgemeinerungsfähigkeit der Untersuchungsergebnisse

Bevor der Versuch unternommen werden kann, den Untersuchungsergebnissen einheitliche Aussagen im Hinblick auf die Einräumung mitgliedstaatlicher Spielräume zu entnehmen, stellt sich die Frage nach ihrer Verallgemeinerungsfähigkeit. Dabei gilt es zunächst zu klären, in welchem Umfang die Ergebnisse generalisiert werden können und ob eine solche Verallgemeinerung aus Sicht der Rechtspraxis und aus rechtsdogmatischer Sicht zulässig ist.

a) Umfang der Verallgemeinerung

Zuerst stellt sich die Frage, in welchem Umfang eine Verallgemeinerung aufgrund sich entsprechender Untersuchungsergebnisse überhaupt möglich ist.

Zum einen konnte festgestellt werden, dass der Gerichtshof Spielräume in zum Teil ähnlicher Weise unabhängig von der jeweils vorliegenden Grundfreiheit gewährte.[1013] Auch wenn im Zusammenhang mit den Untersuchungsergebnissen zum Rechtfertigungsgrund der öffentlichen Gesundheit nach Art. 52 Abs. 1 AEUV ggf. in Verbindung mit Art. 62 AEUV noch die Vermutung aufgestellt wurde, dass die unterschiedlich ausgeprägte Einräumung mitgliedstaatlicher Spielräume auf die Unterschiede zwischen Dienstleistungs- und Niederlassungsfreiheit zurückführen sei, konnte ein solcher Unterschied im Bereich der Rechtsprechung zu den Glücksspielfällen nicht mehr ausgemacht werden. Dies lässt erkennen, dass der Gerichtshof nicht zwingend davon auszugehen scheint, dass sich die Einräumung von Spielräumen in Abhängigkeit zur jeweils vorliegenden Grundfreiheit unterscheiden muss.

Zum anderen lässt sich nach Abschluss der Untersuchungen ebenfalls feststellen, dass der Gerichtshof bei der Einräumung von Spielräumen nicht notwendigerweise nach der ‚Art‘[1014] des jeweils vorliegenden Rechtfertigungsgrunds unterscheidet. Während die Untersuchungsergebnisse

---

1013 Siehe beispielsweise die Einräumung von Spielräumen im Zusammenhang mit dem Rechtfertigungsgrund zum Schutz der Gesundheit bei der Warenverkehrsfreiheit und der Niederlassungsfreiheit, S. 156 ff. und S. 220 ff.

1014 Gemeint ist damit die Unterscheidung zwischen geschriebenen und ungeschriebenen Rechtfertigungsgründen sowie die Rechtfertigung durch Grundrechte.

zur Einräumung mitgliedstaatlicher Spielräume bei den ungeschriebenen Rechtfertigungsmöglichkeiten des Verbraucher- und Umweltschutzes im Rahmen der Warenverkehrsfreiheit noch vermuten ließen, dass der zurückhaltendere Einsatz mitgliedstaatlicher Spielräume auf den Umstand zurückzuführen sein könnte, dass es sich um eine Rechtfertigung durch zwingende Erfordernisse handelte, wurde die Allgemeingültigkeit einer solchen Annahme durch die Rechtsprechung zu den Glücksspielfällen widerlegt. Die Rechtsprechung des Gerichtshofs zur Rechtfertigung durch zwingende Erfordernisse in den Glücksspielfällen zeichnete sich nämlich durch einen sehr intensiven und ausdifferenzierten Einsatz mitgliedstaatlicher Spielräume aus, der sich ebenso im Zusammenhang mit geschriebenen Rechtfertigungsgründen, wie dem der öffentlichen Gesundheit oder öffentlichen Ordnung, feststellen ließ.

Daraus lässt sich ableiten, dass die Einräumung mitgliedstaatlicher Spielräume nicht notwendigerweise von der jeweils vorliegenden Grundfreiheit abhängig ist und dass auch die ‚Art' des vorliegenden Rechtfertigungsgrunds keinen kategorischen Einfluss darauf hat. Aus den Untersuchungsergebnissen extrahierbare, regelmäßig vom Gerichtshof wiederholte Aussagen zur Einräumung des mitgliedstaatlichen Spielraums lassen sich folglich grundsätzlich sowohl für die Warenverkehrsfreiheit als auch für die Personenfreizügigkeit generalisieren sowie für jede ‚Art' von Rechtfertigungsgrund.

b) Zulässigkeit der Verallgemeinerung

Es stellt sich weiterhin die Frage, ob eine Generalisierung der Untersuchungsergebnisse aus rechtspraktischer und aus rechtsdogmatisch-systematischer Sicht überhaupt zulässig ist. Dabei ist zu differenzieren zwischen der Verallgemeinerung der Ergebnisse zu den verschiedenen Grundfreiheiten und der Verallgemeinerung der Untersuchungsergebnisse zu den verschiedenen ‚Arten' von Rechtfertigungsgründen.

Die rechtsdogmatisch-systematische Zulässigkeit einer Verallgemeinerung der Untersuchungsergebnisse zu den verschiedenen Grundfreiheiten ergibt sich aus dem Aspekt der „Konvergenz der Grundfreiheiten"[1015].

1015 Zur Konvergenz der Grundfreiheiten siehe: *Kingreen, T.*, Grundfreiheiten, in: Von Bogdandy/Bast (Hrsg.), Europäisches Verfassungsrecht (2009), 705,

Ausgehend davon, dass die Grundfreiheiten viele strukturelle Gemeinsamkeiten aufweisen,[1016] lässt sich auch die Zulässigkeit der Herleitung eines gemeinsamen Konzepts der Einräumung mitgliedstaatlicher Spielräume ableiten. Aus rechtspraktischer Perspektive ergibt sich die Zulässigkeit einer verallgemeinernden Schlussfolgerung daraus, dass der EuGH bei der Einräumung mitgliedstaatlicher Spielräume auf seine diesbezüglich bereits existierende Rechtsprechung im Zusammenhang mit anderen Grundfreiheiten verweist.[1017] Dies verdeutlicht, dass er selbst von einer Verallgemeinerungsfähigkeit dieser Aussagen ausgeht und seine Rechtsprechung zu mitgliedstaatlichen Spielräumen auf dieser Grundlage aufbaute.

Inwiefern sich aus rechtsdogmatischer Sicht die Zulässigkeit einer Verallgemeinerung der Untersuchungsergebnisse zu den verschiedenen ‚Arten' von Rechtfertigungsgründen ableiten lässt, erscheint fraglich, da sie sich in ihrer Rechtsgrundlage, Quantität und Qualität unterscheiden.[1018] Da der Gerichtshof die Rechtfertigungsgründe in seinen Urteilen nicht immer dogmatisch sauber voneinander abgrenzt, wodurch die zwischen ihnen bestehenden Unterschiede verschwimmen, erscheint eine Verallgemeinerung zumindest aus rechtspraktischer Sicht konsequent. Andererseits weisen die verschiedenen Rechtfertigungsgründe aber auch dogmatische Gemeinsamkeiten auf. So unterliegen sie denselben „Schranken-Schranken", insbesondere dem Verhältnismäßigkeitsgrundsatz. Demnach müssen staatliche Maßnahmen zum Schutz aller rechtfertigungsfähigen Belange geeignet und erforderlich sein, womit die mitgliedstaatlichen Spielräume denselben Grenzen unterworfen sind. Auch wenn eine Verallgemeinerung der Untersuchungsergebnisse für alle ‚Arten' von Rechtfertigungsgründen aus rechtsdogmatischer Sicht fraglich erscheinen mag, lässt es sich nicht leugnen, dass sich die nichtvorhandene dogmatische Trennschärfe des Gerichtshofs in Bezug auf die unterschiedlichen ‚Arten' von Rechtfertigungsgründen[1019] faktisch auch auf das Konzept der Einräumung mitgliedstaatlicher Spielräume niederschlägt. Darüber hinaus scheint der Gerichtshof selbst von einer Verallgemeinerungsfähigkeit seiner Aussagen

S. 707 f. m. w. N.; *Mojzesowicz, K.*, Möglichkeiten und Grenzen einer einheitlichen Dogmatik der Grundfreiheiten (2001), S. 133 ff. m. w. N.

1016 *Mojzesowicz, K.* (Fn. 1015), S. 133.

1017 Beispielhaft *EuGH*, Rs. C-244/06 (Dynamic Medien), Rn. 49; *EuGH*, Rs. C-368/95 (Familiapress), Rn. 20.

1018 Dies auch problematisierend *Sweeney, J. A.* (Fn. 503), S. 31.

1019 Siehe dazu beispielsweise bei Fn. 890 oder bei Fn. 905.

zur Einräumung mitgliedstaatlicher Spielräume auszugehen, indem er im Zusammenhang mit geschriebenen Rechtfertigungsgründen auf seine Rechtsprechung zur Rechtfertigung durch zwingende Erfordernisse verweist.[1020]

Es lässt sich somit festhalten, dass eine grundfreiheitenübergreifende Generalisierung der Untersuchungsergebnisse sowohl aus rechtsdogmatischer Sicht zulässig ist als auch der Rechtspraxis und somit dem Verständnis des EuGH zu entsprechen scheint. Eine Verallgemeinerung der Untersuchungsergebnisse für die verschiedenen ‚Arten' von Rechtfertigungsgründen scheint zwar rechtsdogmatisch fragwürdig, doch zumindest in Anbetracht der Rechtspraxis begründet. Angesichts dessen, dass sich die den Spielräumen zugrundeliegende Dogmatik noch in der Entwicklung befindet und dass Dogmatik aus dem Zusammenwirken von Rechtswissenschaft und Justiz entsteht[1021], sowie in Anbetracht des Umstands, dass sich diese Arbeit mit der Herleitung einheitlicher Schlüsse nur im Umfang des für die Ausgangsfrage Relevanten beschäftigt, wird aufgrund der rechtspraktischen Zulässigkeit die dogmatisch zumindest mögliche Zulässigkeit an dieser Stelle für eine Verallgemeinerungsfähigkeit der Untersuchungsergebnisse im Hinblick auf die verschiedenen ‚Arten' der Rechtfertigungsgründe als ausreichend betrachtet.[1022]

2. Die Einräumung von Spielräumen

Nachdem der Umfang und die Zulässigkeit einer Verallgemeinerungsfähigkeit der Untersuchungsergebnisse festgestellt worden sind, stellt sich nunmehr die Frage, welche Untersuchungsergebnisse bezüglich der Einräumung mitgliedstaatlicher Spielräume konkret verallgemeinerungsfähig sind.

1020 Siehe dazu *EuGH*, Rs. C-36/02 (Omega), Rn. 38.

1021 *Rüthers, B./Fischer, C./Birk, A.*, Rechtstheorie (2016), S. 197.

1022 Dies ebenfalls, aber ohne ausführliche Begründung, annehmend *Sweeney, J. A.* (Fn. 503), S. 31 f.

a) Anwendungsbereich

Auf der Grundlage der abgeschlossenen Untersuchungen zur Einräumung mitgliedstaatlicher Spielräume lässt sich festhalten, dass die Gewährung von Spielräumen im Anwendungsbereich einer Grundfreiheit eher unüblich zu sein scheint. Den Hauptanwendungsbereich stellt vielmehr die Rechtfertigungsprüfung dar,[1023] wobei der Spielraum an verschiedenen Stellen relevant wird, und das in unterschiedlichen Erscheinungsformen.

Im Zusammenhang mit den meisten Rechtfertigungsgründen führte der Gerichtshof entweder explizit oder implizit aus, dass es Sache der Mitgliedstaaten sei, zu entscheiden, auf welchem Niveau bzw. in welchem Umfang bzw. in welchem Maß sie den jeweiligen Belang schützen wollen und welche Mittel sie dafür wählen. Diese Feststellung stellt den Ausgangspunkt für die Einräumung mitgliedstaatlicher Spielräume bei den Rechtfertigungsgründen der Grundfreiheiten dar.[1024] Je nach Rechtfertigungsgrund kann dieser Spielraum unterschiedlichen Modifikationen unterliegen. So wurde der Spielraum im Zusammenhang mit den Rechtfertigungsgründen der öffentlichen Sittlichkeit und der öffentlichen Ordnung beispielsweise dahingehend erweitert, dass auch die Ausfüllung des mit dem Rechtfertigungsbelang verbundenen Inhalts den Mitgliedstaaten zur freien Beurteilung überantwortet wurde, was im Ergebnis jedoch nicht über eine Freiheit zur Bestimmung des Schutzniveaus oder -umfangs hinausging.

Zudem führte der Gerichtshof in ständiger Rechtsprechung aus, dass die Spielräume nur in den durch die Verträge gesetzten Grenzen gewährt würden, wobei auch bestehendes Sekundärrecht eine Grenze darstellen kann.[1025] Relevant ist dabei vor allem der Verhältnismäßigkeitsgrundsatz, dessen Einhaltung von den Mitgliedstaaten nachgewiesen werden muss und vom Gerichtshof in der Regel streng kontrolliert wird. Auch wenn der mitgliedstaatliche Spielraum dadurch begrenzt wird, wirkt er sich zugleich

---

1023 So auch *Kirschner, J.* (Fn. 991), S. 142.

1024 Ebenso *Kirschner, J.* (Fn. 991), S. 144 ff., die von „Schutzniveauautonomie“ spricht.

1025 Die Tatsache, dass der Gerichtshof auch das Sekundärrecht als Grenze des Spielraums nannte, ist insofern schlüssig, als dessen Existenz eine Einigung auf Unionsebene über den Umgang mit einem bestimmten Sachverhalt beinhaltet, die zum einen Vorrang hat und damit die Rücksichtnahme auf diesbezüglich bestehende Unterschiede zwischen den Mitgliedstaaten obsolet werden lässt.

auf die Verhältnismäßigkeitsprüfung aus und tritt auch auf dieser Prüfungsebene in Erscheinung. So erklärte der Gerichtshof regelmäßig, dass allein das vom jeweiligen Mitgliedstaat gewählte Schutzniveau als Maßstab für die Verhältnismäßigkeit und die Notwendigkeit einer Maßnahme diene. Der Umstand, dass andere Mitgliedstaaten weniger strenge Maßnahmen zum Schutz eines der Rechtfertigungsbelange erlassen hätten, führe an sich nicht zur Unverhältnismäßigkeit einer staatlichen Maßnahme.[1026] Dies wirkte sich meist konkret auf die Prüfung der Erforderlichkeit einer Maßnahme aus, indem der Gerichtshof die Entscheidung des Mitgliedstaats für ein bestimmtes Mittel zum Schutz der Belange unbeanstandet akzeptierte.[1027] In anderen Urteilen wurde dieser Umstand jedoch auch teilweise im Zusammenhang mit dem Prüfungspunkt der Geeignetheit relevant.[1028] Letzterer diente zudem in vielen Fällen wiederum als Korrektiv zum mitgliedstaatlichen Spielraum. Vor allem das Erfordernis der Kohärenz, das der Gerichtshof im Bereich der Geeignetheitsprüfung verortet und dessen Einhaltung er streng kontrolliert, dient der Abwehr missbräuchlicher Verwendungen des Spielraums zur Verfolgung protektionistischer oder widersprüchlicher Ziele.[1029]

b) Die Anwendung und den Umfang bestimmende Faktoren

Aus der untersuchten Rechtsprechung lassen sich einige Faktoren ableiten, mit denen der Gerichtshof die Einräumung mitgliedstaatlicher Spielräume begründet. Im Zusammenhang mit der Beurteilungsfreiheit der Mitgliedstaaten hinsichtlich des Schutzniveaus und des dementsprechenden Schutzkonzepts führte der Gerichtshof regelmäßig aus, dass es „in Ermangelung einer Harmonisierung“[1030] Sache der Mitgliedstaaten sei, dieses selbst zu bestimmen.[1031]

1026 Siehe dazu beispielsweise bei Fn. 628 oder Fn. 864.

1027 Siehe dazu beispielsweise bei Fn. 920 oder Fn. 813.

1028 Siehe beispielsweise *EuGH*, Rs. C-570/07 und C-571/07 (Blanco Pérez und Chao Gómez), Rn. 69 f.; *EuGH*, Rs. C-539/11 (Ottica), Rn. 45 f.

1029 Ähnlich *Kirschner, J.* (Fn. 991), S. 170 ff., S. 216 f.; zur Kohärenz siehe beispielsweise bei Fn. 556 oder Fn. 969.

1030 Zur Klarstellung der Einordnung dieser Konstellation in die verschiedenen Ausprägungen der Lex-specialis-Wirkung sekundärrechtlicher Harmonisierungen gegenüber den Grundfreiheiten, siehe *Kirschner, J.* (Fn. 991), S. 147 f.

1031 Siehe dazu beispielsweise bei Fn. 632.

Zu dieser Grundvoraussetzung können je nach Rechtfertigungsgrund noch weitere Gründe hinzutreten,[1032] die dann die explizite Einräumung eines mitgliedstaatlichen Spielraums auf mehreren Ebenen der Rechtfertigungsprüfung aus Sicht des Gerichtshofs erforderlich machen.

Im Zusammenhang mit dem Gesundheitsschutz erklärte der Gerichtshof regelmäßig, dass der Schutz der Gesundheit und des Lebens von Menschen den höchsten Rang unter den Rechtfertigungsbelangen einnehme.[1033] Dies führte dazu, dass den Mitgliedstaaten vor allem bei Prognoseentscheidungen, also bei bestehender Ungewissheit hinsichtlich des Vorliegens oder der Bedeutung der Gefahren für die Gesundheit, explizit Spielräume gewährt wurden.[1034] Das dabei jeweils bestehende Maß an Unsicherheit im Bereich der wissenschaftlichen Forschung stellte zudem einen Faktor dar, der zu einer Erweiterung des Umfangs führen konnte.[1035]

Ebenfalls im Zusammenhang mit dem Rechtfertigungsgrund der öffentlichen Gesundheit nach Art. 36 Abs. 1 AEUV wurde festgestellt, dass der Gerichtshof in einigen Fällen Spielräume unter anderem aufgrund unterschiedlicher nationaler Besonderheiten wie der klimatischen Verhältnisse gewährte.[1036] Ein ähnliches Begründungsmuster ließ sich auch in der Rechtsprechung des Gerichtshofs zum zwingenden Erfordernis des Umweltschutzes finden, bei dem der Gerichtshof sich im Zusammenhang mit der Einräumung eines mitgliedstaatlichen Spielraums unter anderem auf die geografischen Besonderheiten des Mitgliedstaats berief,[1037] sodass davon ausgegangen werden kann, dass lokale Unterschiede, die auf nationalen Besonderheiten beruhen, für die Einräumung von Spielräumen ein relevanter Faktor sind.

1032 *Kirschner, J.* (Fn. 991), S. 145, geht davon aus, dass sowohl die fehlende Harmonisierung als auch das Bestehen nationaler Unterschiede einzeln oder kumulativ Voraussetzungen für die Einräumung der Schutzniveauautonomie darstellen. Nach der hier vertretenen Auffassung, ist grds. nur die Nichtharmonisierung maßgeblich für die Schutzniveauautonomie, da in diesem Falle bei (noch) 28 Mitgliedstaaten zwangsläufig Unterschiede bestehen; darüber hinausgehende Unterschiede sittlicher, religiöser, kultureller oder ähnlicher Art führen zu einer Art „erweiterten" Einräumung.

1033 Siehe dazu beispielsweise bei Fn. 635 oder Fn. 909.

1034 Siehe dazu beispielsweise bei Fn. 916.

1035 Siehe dazu bei Fn. 637.

1036 Siehe dazu bei Fn. 656.

1037 Siehe dazu bei Fn. 766.

Weiterhin war nach der Untersuchung des Rechtfertigungsgrunds der öffentlichen Gesundheit gemäß Art. 36 Abs. 1 EUV fraglich, inwiefern die Lage in anderen Mitgliedstaaten Einfluss auf die Einräumung und den Umfang mitgliedstaatlicher Spielräume hat. Im Zusammenhang mit dem Rechtfertigungsgrund der öffentlichen Gesundheit nach Art. 36 S. 1 AEUV konnte festgestellt werden, dass diese in wenigen Fällen mittelbar Einfluss auf den Umfang des mitgliedstaatlichen Spielraums hatte, sodass vermutet werden konnte, dass das Bestehen eines ‚Konsenses' Einfluss auf den mitgliedstaatlichen Spielraum hätte.[1038] Eine solche Annahme wurde jedoch durch die nachfolgenden Untersuchungsergebnisse widerlegt. Im Zusammenhang mit dem Rechtfertigungsgrund der öffentlichen Ordnung nach Art. 52 AEUV führte der Gerichtshof ausdrücklich aus, dass die Rechtsauffassung in anderen Mitgliedstaaten nicht von Belang sei.[1039] Der Umstand, dass die Festlegung weniger strenger Regeln in anderen Mitgliedstaaten nicht zur Unverhältnismäßigkeit einer Maßnahme führe, verdeutlicht, dass die Rechtslage in anderen Mitgliedstaaten keinen maßgeblichen Faktor für die Einräumung und den Umfang mitgliedstaatlicher Spielräume darstellt.[1040]

Im Zusammenhang mit den Glücksspielfällen wurde deutlich, dass auch das Bestehen sittlicher, kultureller und religiöser Unterschiede zwischen den Mitgliedstaaten in Bezug auf bestimmte Materien zu einer expliziten Einräumung von Spielräumen führen kann.[1041] Damit bestätigte der Gerichtshof den im Zusammenhang mit dem Rechtfertigungsgrund der „öffentlichen Sittlichkeit" bereits vermutbaren Einfluss gesellschaftlich sensibler Belange auf die Einräumung mitgliedstaatlicher Spielräume, angesichts der mit den Rechtfertigungsgründen deswegen einhergehenden Auslegungsschwierigkeiten.[1042] In dieselbe Kategorie fällt auch die Einräumung von Spielräumen im Zusammenhang mit dem Rechtfertigungsgrund der „öffentlichen Ordnung",[1043] wenn der Gerichtshof ausführt, dass die besonderen Umstände, die möglicherweise die Berufung auf einen Recht-

1038 Siehe dazu bei Fn. 677.

1039 Siehe dazu bei Fn. 864.

1040 Anders sieht das *Gerards, J.* (Fn. 4), S. 94 f.; ebenso *Sweeney, J. A.* (Fn. 503) S. 47 f., die m. E. falsche Schlussfolgerungen aus den Urteilen Schindler und Omega ziehen.

1041 Siehe dazu bei Fn. 937.

1042 Siehe dazu bei Fn. 551.

1043 Zu den damit verbundenen Auslegungsschwierigkeiten siehe bei Fn. 810.

fertigungsgrund rechtfertigen, von Land zu Land und im zeitlichen Wechsel verschieden sein könnten, weswegen den Mitgliedstaaten diesbezüglich ein Spielraum zuzugestehen sei.[1044]

Zuletzt ist an dieser Stelle noch zu erwähnen, dass im Zusammenhang mit den untersuchten Fällen nicht festgestellt werden konnte, dass der Einfluss von Grundrechten grundsätzlich zu einem erweiterten Umfang mitgliedstaatlicher Spielräume geführt hätte.[1045] In der Sache Schmidberger gewährte der Gerichtshof den Mitgliedstaaten zwar einen weiten Spielraum, doch dies ließe sich auch mit der besonderen Fallkonstellation erklären, die diesem Sachverhalt zugrunde lag.[1046] In der Rechtssache Dynamic Medien begründete der Gerichtshof die Einräumung eines Spielraums ausdrücklich mit den unter den Mitgliedstaaten divergierenden Ansichten moralischer oder kultureller Art, und in der Rechtssache Omega, in der die Garantie der Menschenwürde zwar eine zentrale Rolle spielte, ging die Einräumung des mitgliedstaatlichen Spielraums nicht über das im Zusammenhang mit dem Rechtfertigungsgrund der „öffentlichen Ordnung" gewohnte Maß hinaus.

Festzuhalten bleibt damit, dass die Grundvoraussetzung für die Einräumung eines mitgliedstaatlichen Spielraums hinsichtlich der Bestimmung des Schutzniveaus und der dazugehörigen Mittel das Nichtvorhandensein einer Harmonisierung in diesem Bereich ist. Daraus ergibt sich, dass – wie schon erwähnt – bestehende sekundärrechtliche Regelungen den Spielraum begrenzen. Dazu treten weitere Faktoren, die zu einer expliziten und umfassenderen Einräumung mitgliedstaatlicher Spielräume führen können, wie der Rang und die Bedeutung des geschützten Belangs[1047] oder die Berührung gesellschaftlich sensibler Themen[1048], die mit kulturellen, sittlichen, religiösen, moralischen oder auch historischen Unterschieden oder Besonderheiten zwischen den Mitgliedstaaten einhergehen. Ausdrückliche und verallgemeinerungsfähige Aussagen zu umfangbeeinflus-

---

1044 Siehe dazu bei Fn. 812 oder Fn. 862.

1045 Dies annehmend *Sweeney, J. A.* (Fn. 503), S. 46; gegensätzlich, von einer strikteren Kontrolle ausgehend, *Gerards, J.* (Fn. 4), S. 100.

1046 Siehe dazu bei Fn. 795.

1047 So auch *Frenz, W.* (Fn. 972), S. 354.

1048 So auch *GA Stix-Hackl* (Schlussantrag zu EuGH, Rs. C-36/02) 18.03.2004, Rn. 102: „Der Rechtsprechung ist zu entnehmen, dass der Gerichtshof den Mitgliedstaaten einen Ermessensspielraum insbesondere in weltanschaulich sensibleren oder mit besonderen gesellschaftlichen Gefahren verbundenen Bereichen zuerkennt."; *Frischhut, M.* (Fn. 565), S. 576 f.

senden Faktoren ließen sich der Rechtsprechung des Gerichtshofs in den untersuchten Fällen nicht entnehmen. Doch auch wenn der Gerichtshof nicht ausdrücklich erwähnte, welchen Umfang er den jeweils eingeräumten Spielräumen beimaß, konnten Unterschiede in der Kontrolldichte festgestellt werden.

c) Kontrolldichte

Da der Gerichtshof nahezu keine expliziten Aussagen zum Umfang des jeweils eingeräumten mitgliedstaatlichen Spielraums tätigte, ist es nicht möglich, im Zusammenhang mit der Einräumung prima facie Rückschlüsse auf die zu erwartende Kontrolldichte zu ziehen. Der Gerichtshof stellte zwar mehrmals ausdrücklich klar, dass sich die Auslegung der Rechtfertigungsgründe seiner Kontrolle nicht entziehe, doch dazu, inwiefern und in welchem Maße sich die Kontrolldichte bei der Einräumung mitgliedstaatlicher Spielräume reduziere, äußerte er sich nicht.[1049] Nichtsdestotrotz wurde im Rahmen der Untersuchung deutlich, dass die Kontrolldichte des Gerichtshofs im Zusammenhang mit der Einräumung mitgliedstaatlicher Spielräume variierte.

Grundsätzlich ließ sich feststellen, dass der Gerichtshof trotz der Einräumung von Spielräumen in den meisten Fällen eine überraschend hohe Kontrolldichte zugrunde legte. Durch die Ausarbeitung spezieller, zu erbringender Rechtfertigungsanforderungen und durch den Verhältnismäßigkeitsgrundsatz sowie die Notwendigkeit der Nachweiserbringung für das Vorliegen all dieser Kriterien[1050] sind die mitgliedstaatlichen Spielräume weitgehend wieder derart begrenzt worden, dass von einer Beurteilungsfreiheit kaum mehr die Rede sein kann.[1051] Eine tatsächlich erkennbare Einschränkung der Kontrolldichte erfolgte nur in gesonderten Bereichen wie beispielsweise dem des Gesundheitsschutzes, indem die Pflicht der Nachweiserbringung unter bestimmten Umständen beschränkt wurde.[1052] Noch deutlicher erkennbar wurde die Rücknahme der Kontrolldichte im Bereich der Glücksspielfälle. Diese Fälle waren, abgesehen davon, dass hier mehrere Faktoren vorlagen, die die Einräumung mitgliedstaatlicher

1049 Ebenso *Arold Lorenz, N.-L./Groussot, X./Petursson, G. T.* (Fn. 4), S. 91.

1050 Siehe dazu bei Fn. 620 oder Fn. 842.

1051 Ähnlich *Kirschner, J.* (Fn. 991), S. 216 f.

1052 Siehe dazu beispielsweise bei Fn. 651.

Spielräume begründeten, äußerlich meist dadurch gekennzeichnet, dass der Gerichtshof ausdrücklich und mehrmals an verschiedenen Stellen der Rechtfertigungsprüfung den mitgliedstaatlichen Spielraum erwähnte.[1053]

Letztlich ist jedoch darauf hinzuweisen, dass im Zusammenhang mit der – an die Einräumung von Spielräumen anknüpfenden – Kontrolldichte schwerlich von klar erkennbaren Gesetzmäßigkeiten gesprochen werden kann. Eine tatsächlich reduzierte Kontrolldichte und ein damit einhergehender erweiterter Umfang des Spielraums scheinen jedoch davon abhängig zu sein, dass, über den in Ermangelung einer Harmonisierung grundsätzlich anerkannten Spielraum der Schutzniveaubestimmung hinaus, noch weitere der oben dargestellten Faktoren vorliegen. Im Hinblick auf den jeweiligen prozessualen Kontext der Entscheidungsfindung lässt sich festhalten, dass im Zusammenhang mit Vertragsverletzungsverfahren zumindest vereinzelt der Eindruck entstand, als würde der Gerichtshof seine Kontrolldichte intensivieren. In diesem Zusammenhang ist auch die Frage von Interesse, wie die im Rahmen von Vorabentscheidungsverfahren eingeräumten Spielräume mitgliedstaatlicher Gerichte zu bewerten sind.

d) Besonderheiten bei Vorabentscheidungsverfahren

Es galt ebenfalls zu untersuchen, inwiefern sich Unterschiede bei der Einräumung mitgliedstaatlicher Spielräume im Zusammenhang mit dem Vertragsverletzungsverfahren und dem Vorabentscheidungsverfahren ergeben würden. Bei der Untersuchung der Urteile, die im Vorabentscheidungsverfahren ergingen, wurde sehr schnell deutlich, dass neben dem grundsätzlichen Zugeständnis von Spielräumen die Prüfungsintensität in Bezug auf die Verhältnismäßigkeitsprüfung weitergehend variierte. Während der Gerichtshof in manchen Urteilen die Prüfung des Verhältnismäßigkeitsgrundsatzes unter Verweis auf die dazu bestehende bessere Lage vollständig an das vorlegende Gericht überantwortete[1054], gab er in anderen Fällen einige

---

1053 Beispielsweise in *EuGH*, Rs. C-124/97 (Läärä); *EuGH*, Rs. C-316/07, C-358/07 bis C-360/07, C-409/07 und C-410/07 (Markus Stoß); *EuGH*, Rs. C-387/99 (Kommission/Deutschland); *EuGH*, Rs. C-333/08 (Kommission/Frankreich).

1054 Siehe dazu bei Fn. 706.

bis viele konkrete Hilfestellungen[1055] und übernahm in wieder anderen Fällen die Prüfung der Verhältnismäßigkeit selbst[1056].

Im Rahmen des Vorabentscheidungsverfahrens beläuft sich die Aufgabe des Gerichtshofs grundsätzlich lediglich darauf, das Unionsrecht auszulegen, und nicht darauf, es auf die konkrete Rechtssache anzuwenden.[1057] Anders als bei Vertragsverletzungsverfahren handelt es sich nämlich beim Vorabentscheidungsverfahren nicht um eine Ex-post-Kontrolle, sondern die Rechtssache befindet sich noch im nationalen Rechtsweg und wird auch dort vom nationalen Gericht entschieden. Der Gerichtshof legt demnach das Unionsrecht abstrakt aus, und das nationale Gericht wendet dies auf die konkrete Rechtssache an. Dass der Gerichtshof in einigen untersuchten Fällen die Prüfung des Verhältnismäßigkeitsgrundsatzes im konkreten Fall dem nationalen Gericht überließ, ist somit auf die prozessualen Besonderheiten des Vorabentscheidungsverfahrens zurückzuführen. Fraglich erscheint jedoch, warum die Einräumung dieser Spielräume in manchen Fällen durch konkrete Hinweise des Gerichtshofs eingeschränkt wurde bzw. warum der Gerichtshof die Prüfung der Verhältnismäßigkeit im Rahmen des Vorabentscheidungsverfahrens zum Teil selbst vornahm.

Es wird angenommen, dass der ursprünglich abstrakt und allgemein gehaltene Wortlaut von Vorabentscheidungsurteilen auf der Einschätzung beruhte, dass die Unterscheidung zwischen abstrakter Auslegung und konkreter Anwendung vom Gerichtshof verlange, dass er dem vorlegenden Gericht einen Spielraum bei der Anwendung der Vorabentscheidung auf den ihm vorliegenden Rechtsstreit gewähre. Da die Trennung zwischen abstrakter Auslegung und konkreten Hinweisen jedoch nicht immer eindeutig ist und die Gefahr unterschiedlicher Anwendungen abstrakter Auslegungen durch die nationalen Gerichte bestand, hat sich der Gerichtshof einem konkreteren Beantwortungsstil zugewandt.[1058] Dies führte dazu, dass er in vielen Fällen dem vorlegenden Gericht keinerlei Spielraum mehr beließ und dass die Mehrzahl der nationalen Richter befand, dass die Vorabentscheidungen des Gerichtshofs ohne Weiteres auf den konkreten

---

1055 Statt vieler *EuGH*, Rs. C-434/04 (Ahokainen), Rn. 37 ff.

1056 Statt vieler *EuGH*, Rs. 407/85 (Drei Glocken GmbH), Rn. 15 ff.

1057 *Broberg, M./Fenger, N.*, Das Vorabentscheidungsverfahren vor dem Gerichtshof der Europäischen Union (2014), S. 371.

1058 *Broberg, M./Fenger, N.* (Fn. 1057), S. 371 f.

Sachverhalt anwendbar seien.[1059] Der einmal sehr abstrakte und dann konkreter gewordene Vorabentscheidungsstil des Gerichtshofs war und ist häufig Gegenstand der Kritik, und es lassen sich für beide Herangehensweisen Vor- und Nachteile auflisten,[1060] die jedoch nicht Inhalt dieser Arbeit sein sollen.

Festzuhalten bleibt somit, dass die Einräumung von Spielräumen hinsichtlich der Prüfung der Verhältnismäßigkeit für das vorlegende Gericht den prozessualen Besonderheiten des Vorabentscheidungsverfahrens geschuldet ist, wobei der Umstand, dass diese Spielräume in Anwendung und Umfang variieren, auf den veränderten Beantwortungsstil des Gerichtshofs zurückgeführt werden kann.

3. Spielräume in Schutzpflichtkonstellationen

Die Untersuchung der Fälle hat weiterhin gezeigt, dass der Gerichtshof auch im Zusammenhang mit Schutzpflichten zugunsten der Grundfreiheiten Spielräume gewährt. Diese explizit eingeräumten Spielräume richten sich auf die Abwägung bestehender Interessen bei der Wahl der Mittel, wobei diese auch in diesem Bereich nicht frei von richterlicher Kontrolle ist. Der Grundsatz der Verhältnismäßigkeit stellt auch bei der Einräumung mitgliedstaatlicher Spielräume in Schutzpflichtkonstellationen eine Grenze der Spielräume dar. Zum Umfang des jeweils bestehenden Spielraums äußerte sich der Gerichtshof nur in der Sache Schmidberger, in der er explizit ein „weites Ermessen" gewährte. Auch wenn der Rechtsprechung ausdrücklich keine weitergehenden Erkenntnisse hinsichtlich des Umfangs der Spielräume und der Kontrolldichte entnommen werden konnten,[1061] ließ sich doch feststellen, dass der Gerichtshof bei der Prüfung der Ver-

---

1059 *Broberg, M./Fenger, N.* (Fn. 1057), S. 373 f., insbesondere Fn. 77 m. w. N.; anderen Autoren ist es gelungen, Faktoren zu extrahieren, die Einfluss darauf haben, inwieweit der Gerichtshof Spielräume für das vorlegende Gericht im Zusammenhang mit der Prüfung des Verhältnismäßigkeitsgrundsatzes belässt, siehe dazu auch *Broberg, M./Fenger, N.* (Fn. 1057), S. 374 ff. mit weiteren Nachweisen.

1060 *Broberg, M./Fenger, N.* (Fn. 1057), S. 376 ff.; *Tridimas, T.*, The General Principles of EU Law (2007), S. 240 f.

1061 Ob die explizite Einräumung eines weiten Ermessens in der Sache Schmidberger somit verallgemeinerungsfähig ist oder auf Besonderheiten des Falls zurückzuführen ist, siehe bei Fn. 795, erscheint somit fraglich.

hältnismäßigkeit die mitgliedstaatlichen Spielräume tatsächlich berücksichtigte, sodass angenommen werden kann, dass der Gerichtshof im Zusammenhang mit Schutzpflichtkonstellationen tendenziell weite Spielräume mit einhergehender reduzierter Kontrolldichte gewährt.

4. Terminologie

In der deutschen Literatur wird darauf hingewiesen, dass im Rahmen der Rechtfertigung von Behinderungen der Grundfreiheiten zwischen den Begriffen Beurteilungsspielraum, Ermessensspielraum und Gestaltungsspielraum zu unterscheiden sei, trotz ihrer in der Rechtsprechung des EuGH stark variierenden, mithin unscharfen Verwendung. Der Begriff des Beurteilungsspielraums bezeichne dabei den Grad mitgliedstaatlicher Erkenntnis- und Einschätzungsautonomie bezüglich der Annahme von Gefahren-, Gefährdungs- sowie Risikolagen, die zur Rechtfertigung von Behinderungen herangezogen werden. Der Begriff Ermessensspielraum bezeichne den Grad mitgliedstaatlicher Autonomie bei der Auswahl einer verhältnismäßigen Rechtsfolge, welche eine Freiheit einzuschränken vermöge. Im Rahmen dessen beschreibe die mitgliedstaatliche Gestaltungsfreiheit das Spektrum der vom Mitgliedstaat gestaltbaren Schutzformate.[1062] Voraussetzung für die Ausübung der mitgliedstaatlichen Autonomie bei der Festlegung des Schutzniveaus auf der Rechtsfolgenseite, d. h. im Rahmen des Ermessens- und Gestaltungsspielraums, sei jedoch, dass der Mitgliedstaat zuvor auf der Tatbestandsseite die Gefahrenlage beurteilt habe.

Diese durchaus „einleuchtenden Definitionen“[1063] decken sich mit der im deutschen Rechtsraum gängigen Unterscheidung zwischen der Einräumung von Beurteilungsspielräumen auf Tatbestandsebene und Ermessen auf Rechtsfolgenseite.[1064] Dies ist ein Umstand, der als vermeintlicher Zufall hingenommen werden könnte, wenn er zuträfe. Eine derartige Unterscheidung der Begriffe Beurteilungs- und Ermessensspielraum lässt sich der Rechtsprechung des Gerichtshofs jedoch gerade nicht entnehmen.[1065]

1062 *Haratsch, A./König, C./Pechstein, M.*, Europarecht (2016), Rn. 845.

1063 So bewertet von *Kirschner, J.* (Fn. 991), S. 28.

1064 Zumindest in Bezug auf den Begriff „Beurteilungsspielraum“: *Kirschner, J.* (Fn. 991), S. 27.

1065 Und wird auch nicht anderweitig begründet.

Im Rahmen der Untersuchung der Rechtsprechung zum Rechtfertigungsgrund der öffentlichen Gesundheit nach Art. 36 Abs. 1 AEUV wurde noch die Vermutung aufgestellt, dass der Gerichtshof im Zusammenhang mit der Einräumung von Spielräumen bei der Bestimmung des Schutzniveaus und der dazugehörigen Mittel den Begriff „Ermessen" verwende, und im Zusammenhang mit der dann folgenden Prüfung der Verhältnismäßigkeit der Maßnahme den Begriff „Beurteilungsspielraum". Diese Vermutung ließ sich jedoch im Verlauf der Untersuchungen nicht halten. Abgesehen von den untersuchten Fällen zum Rechtfertigungsgrund der öffentlichen Gesundheit nach Art. 36 Abs. 1 AEUV ließ sich eine solche begriffliche Unterscheidung nicht mehr wiederfinden. Es lässt sich somit lediglich festhalten, dass der Gerichtshof keine einheitliche Terminologie im Zusammenhang mit der Einräumung von Spielräumen benutzt,[1066] wobei er mehrheitlich eher von „Ermessen" als von „Beurteilungs-" oder „Wertungsspielräumen" sprach. In den Fällen der Schutzpflichtkonstellation konnte eine solche Feststellung hingegen nicht ausgemacht werden.

Die Uneinheitlichkeit in der Terminologie bzw. die Nichtverwendung feststehender, dogmatisch einheitlich ausfüllbarer Begriffe erschwert den Zugang zum Verständnis des vom EuGH zugrunde gelegten Konzepts der Einräumung mitgliedstaatlicher Spielräume erheblich. Dieser Missstand wird zudem, aufgrund der Sprachvielfalt, durch wiederum voneinander abweichende Übersetzungen der uneinheitlichen Begriffe[1067] depraviert, da eine weitere Dimension der Uneinheitlichkeit hinzutritt. Der Versuch, der Problematik der (verschärften) Uneinheitlichkeit durch Rückgriff auf nationale Dogmatik zu begegnen, ist verfehlt. Zum einen unterliegen die EU und die (noch) achtundzwanzig Mitgliedstaaten unterschiedlichen Rechtsregimen; zum anderen ist die Verwendung der Begriffe „Beurteilungsspielraum" und „Ermessen" in den Mitgliedstaaten nicht einheitlich dogmatisch besetzt.

5. Fazit

Festzuhalten bleibt, dass mitgliedstaatliche Spielräume vom Gerichtshof im Zusammenhang mit der Prüfung der Rechtfertigungsgründe eingeräumt

1066 Ebenso *Arold Lorenz, N.-L./Groussot, X./Petursson, G. T.* (Fn. 4), S. 90 f.
1067 Siehe Fn. 908.

werden, wobei sie sich im Ausgangspunkt grundsätzlich auf die Bestimmung des Schutzniveaus und des Schutzkonzepts beziehen. Grenzen dieser Spielräume ergeben sich aus den Verträgen, insbesondere dem Verhältnismäßigkeitsgrundsatz, aber auch aus bestehendem Sekundärrecht. Im Zusammenhang mit der Verhältnismäßigkeitsprüfung kann der Spielraum erneut relevant werden, wenn es um den anzulegenden Maßstab geht, was sich vor allem im Rahmen der Erforderlichkeitsprüfung auswirken kann. Als Korrektiv dient dem Gerichtshof dabei oftmals die Geeignetheitsprüfung, insbesondere das Erfordernis der Kohärenz.[1068]

Die Einräumung mitgliedstaatlicher Spielräume bezüglich der Bestimmung des Schutzniveaus und der dazugehörigen Mittel erfolgt meist implizit, und der Gerichtshof begründet sie häufig mit der Abwesenheit einer Harmonisierung. Die dabei vom Gerichtshof angelegte Kontrolldichte ist trotz der Einräumung eines Spielraums grundsätzlich hoch. Anders stellt sich dies dar, wenn noch anderweitige Gründe vorliegen, die die Einräumung eines Spielraums zusätzlich begründen. Hierzu zählen der Rang und die Bedeutung des geschützten Guts, insbesondere wenn es um Prognoseentscheidungen geht, und vor allem die Berührung gesellschaftlich sensibler Belange. In diesen Fällen erwähnt der Gerichtshof in der Regel ausdrücklich das Bestehen eines Spielraums, und das mehrmals an verschiedenen Stellen der Rechtfertigungsprüfung. Die den nationalen Gerichten im Rahmen dieser Untersuchung nur in Vorabentscheidungen gewährten Spielräume werden auf prozessuale Besonderheiten des Vorabentscheidungsverfahrens zurückgeführt. Somit sind sie für eine ‚einheitliche Lehre' nicht verallgemeinerungsfähig, auch wenn sie diese sicherlich ergänzen.[1069]

Im Zusammenhang mit Schutzpflichtkonstellationen räumt der Gerichtshof den Mitgliedstaaten Spielräume hinsichtlich der Abwägung der bestehenden Interessen bei der Wahl der Mittel zum Schutz der Grundfreiheiten ein. Auch diese Spielräume unterliegen zwar der Grenze der Verhältnismäßigkeit, doch der Gerichtshof legt bei deren Prüfung eine geringe Kontrolldichte zugrunde, sodass es sich wohl grundsätzlich um weite Spielräume handelt. Dieser Unterschied zur sonstigen Einräumung von

---

1068 Ausführlicher dazu *Kirschner, J.* (Fn. 991), S. 170 ff.

1069 Die Frage, inwiefern eine solche Ergänzung bzw. ein Zusammenspiel der Spielräume stattfindet, stellt eine interessante, weiterführende Frage dar, die im Rahmen dieser Arbeit aber nicht bearbeitet werden kann und soll. Das vorliegende Ergebnis ist für die in dieser Arbeit aufgeworfene Fragestellung ausreichend.

Spielräumen lässt sich mit der grundsätzlich stärker ausgeprägten richterlichen Zurückhaltung im Hinblick auf die Wahl der Mittel bei der gerichtlichen Überprüfung von Schutzpflichtverletzungen erklären, um nicht in die primären Aufgabenbereiche anderer Organe einzugreifen.[1070]

Die vom Gerichtshof im Zusammenhang mit der Einräumung von Spielräumen verwendete Terminologie erwies sich als uneinheitlich. Eine inhaltliche Unterscheidung der verschiedenen verwendeten Begrifflichkeiten konnte auf der Grundlage der untersuchten Fälle nicht vorgenommen werden. Diese Uneinheitlichkeit in der Terminologie ist zwar höchst problematisch, doch sie kann nicht – ohne Bezug zur Rechtspraxis – einseitig dadurch aufgelöst werden, dass auf nationale Verständnisse zur Unterscheidung der verschiedenen Begrifflichkeiten zurückgegriffen wird.

Zuletzt sei darauf hingewiesen, dass die hier erfolgte Darstellung einheitlicher Gesetzmäßigkeiten zur Einräumung mitgliedstaatlicher Spielräume zwar den Eindruck eines zugrundeliegenden, stringenten Konzepts vermitteln mag, dass sich dieses jedoch nicht in einem derart konsequenten und stringenten Maß in der Praxis vorfinden lässt.[1071] Die hier erfolgte Ausführung speist sich vielmehr aus einem Gesamteindruck der Untersuchungsergebnisse und stellt wiederkehrende, aber nicht in jedem Urteil erkennbare Befunde zusammenfassend dar. Inwiefern die Einräumung mitgliedstaatlicher Spielräume rechtlich zulässig ist, wird im folgenden Teil geklärt werden.

V. Die rechtliche Grundlage mitgliedstaatlicher Spielräume

Ebenso wie bei der Margin-of-appreciation-Doktrin im Rahmen des Konventionssystems stellt sich auch bei der Gewährung mitgliedstaatlicher Spielräume durch den EuGH die Frage nach einer dazu ermächtigenden rechtlichen Grundlage.

1. Geschriebene rechtliche Grundlage in den Verträgen

Eine geschriebene Rechtsgrundlage, die ausdrücklich zur Einräumung mitgliedstaatlicher Spielräume im Zusammenhang mit der Rechtfertigung

1070 Zum kompetenzrechtlichen Gefüge siehe den Punkt V. /2. /b.

1071 Ebenso *Arold Lorenz, N.-L./Groussot, X./Petursson, G. T.* (Fn. 4), S. 90.

von Behinderungen der Grundfreiheiten berechtigt, lässt sich in den Verträgen nicht finden. Somit stellt sich auch an dieser Stelle die Frage, inwiefern die Einräumung mitgliedstaatlicher Spielräume mit dem Unionssystem vereinbar ist bzw. inwiefern sich Grenzen richterlicher Tätigkeit aus diesem selbst ableiten lassen.

2. Vereinbarkeit mit dem Unionssystem

In Ermangelung einer ausdrücklichen, geschriebenen rechtlichen Grundlage für die Einräumung mitgliedstaatlicher Spielräume gilt es zu untersuchen, inwiefern die Gewährung dieser mit dem durch die Verträge geschaffenen System vereinbar ist. Es stellt sich daher die Frage, inwiefern sich Grenzen richterlicher Tätigkeit aus dem Unionssystem ableiten lassen. Mögliche Grenzen richterlicher Tätigkeit auf Unionsebene ergeben sich dabei aus den Funktionsbedingungen des EuGH, dem kompetenzrechtlichen Gefüge und dem Gebot der Achtung der nationalen Identität der Mitgliedstaaten nach Art. 4 Abs. 2 EUV.

a) Funktionsbedingungen des EuGH

Der Gerichtshof der Europäischen Union umfasst gemäß Art. 19 Abs. 1 UAbs. 1 S. 1 EUV den Gerichtshof, das Gericht und die Fachgerichte. Dabei besteht der Gerichtshof nach Art. 19 Abs. 2 UAbs. 1 S. 1 EUV aus einem Richter je Mitgliedstaat und damit derzeit (noch) aus achtundzwanzig Richtern. Durch diese Besetzung des Gerichtshofs soll die Repräsentation aller Rechtsordnungen gewährleistet werden.[1072] Inwiefern dieser Ansatz durch die Rechtsfindung in Kammern obsolet wird,[1073] soll an dieser Stelle nicht vertieft werden, denn von Interesse ist allein der Umstand, dass sich das Richterkollegium aus Richtern zusammensetzt, die fachlich wie beruflich unterschiedlich geprägt sind und aus verschiedenen Rechtsordnungen stammen. Sie haben verschiedene Ausbildungen genossen und

---

1072 *Wegener, B.*, Art. 19 EUV, in: Calliess/Ruffert (Hrsg.), EUV, AEUV (2016), Rn. 48.

1073 *Gaitanides, C.*, Art. 19 EUV, in: Von der Groeben/Schwarze (Hrsg.), Europäisches Unionsrecht (2015), Rn. 61.

divergierende Werteverständnisse verinnerlicht,[1074] was in der Praxis zu unterschiedlichen Herangehensweisen und Zielvorstellungen im Zusammenhang mit der Auslegung der Verträge führen kann.

Dieser Umstand kann sich, vor allem vor dem Hintergrund der Ausgestaltung der Verträge und der vorgegebenen Art der Entscheidungsfindung, in manchen Fällen als praktische Grenze richterlicher Tätigkeit erweisen: zum einen, weil die Verträge ihrerseits aufgrund der kulturell bedingten Vielfalt des Rechts Formelkompromisse begünstigen, deren Füllung dann zur Aufgabe des Gerichtshofs wird,[1075] und zum anderen, weil die Möglichkeit einer dissenting opinion nicht gegeben ist.[1076] Da die Auslegung ausfüllungsbedürftiger Begriffe, die moralische, kulturelle oder religiöse Belange berühren, nicht gänzlich wertneutral erfolgen kann,[1077] was beispielsweise die Untersuchungsergebnisse zur Auslegung des Rechtfertigungsgrunds der öffentlichen Sittlichkeit belegen,[1078] kann es sich vor dem Hintergrund der Diversität der im Gerichtshof vertretenen Rechts- und Wertordnungen und in Ermangelung der Möglichkeit einer abweichenden Stellungnahme als schwierig erweisen, sich mehrheitlich auf ein Ergebnis im Richterkollegium zu einigen.[1079] Derartige praktische Grenzen der richterlichen Tätigkeit des EuGH können dann durch die Einräumung mitgliedstaatlicher Spielräume überwunden werden.

b) Das kompetenzrechtliche Gefüge: die Kompetenzverteilung im Unionssystem

In der Entwicklungsgeschichte der Europäischen Union wird dem EuGH die Rolle als „Motor der Integration" zugewiesen, dem die Grundfreihei-

---

1074 *Von Danwitz, T.* (Fn. 869), S. 778.

1075 *Calliess, C.*, Grundlagen, Grenzen und Perspektiven europäischen Richterrechts, Neue Juristische Wochenschrift 2005, 929, S. 933.

1076 *Von Danwitz, T.* (Fn. 869), S. 778 f.; *Streinz, R.* (Fn. 5), S. 25.

1077 Siehe *Schwab, F.*, Der Europäische Gerichtshof und der Verhältnismäßigkeitsgrundsatz: Untersuchung der Prüfungsdichte (2002), S. 273 über die Realitätsferne des Konzepts eines wertungsfreien Richters.

1078 Siehe bei Fn. 550 oder zum Rechtfertigungsgrund der öffentlichen Ordnung bei Fn. 810.

1079 Ebenso, aber ausführlicher zur Aufgabe und den Funktionsbedingungen des EuGH *Kirschner, J.* (Fn. 991), S. 78 f.

ten als „Treibstoff" gedient hätten.[1080] Auf dem Wege negativer Integration, das heißt durch Aktivierung der Grundfreiheiten zur Beseitigung von Hindernissen, die sich aus Unterschieden zwischen den mitgliedstaatlichen Rechtsordnungen ergeben, hat der Gerichtshof die Integration maßgeblich vorangetrieben.[1081] Während der Aktionismus des Gerichtshofs in den siebziger Jahren als Korrektiv gegenüber der Untätigkeit der anderen Gemeinschaftsorgane im Hinblick auf die Wahrung und Fortentwicklung der Integration weitestgehend befürwortet wurde, wird er in heutiger Zeit eher kritisch betrachtet.[1082]

Das „legislative Vakuum"[1083] der ersten Jahrzehnte nach der Gründung der Europäischen Gemeinschaft, aufgrund dessen der EuGH als „Motor der Integration" die Entwicklung des Gemeinschaftsrechts durch seine oftmals rechtsfortbildenden Urteile – insbesondere im Bereich der Grundfreiheiten[1084] – vorantrieb, existiere so nicht mehr.[1085] Angesichts des Entwicklungsstands könne es zudem nicht mehr darum gehen, die Zentralgewalt zu stärken; der EuGH müsse vielmehr zur angemessenen Aufteilung der Kompetenzen beitragen.[1086] Die mehrfache Wiederholung des Grundsatzes der begrenzten Einzelermächtigung in den Verträgen – wonach die Union nur innerhalb der Grenzen der Zuständigkeiten tätig werden darf, die die Mitgliedstaaten der Union übertragen haben – wird als Indiz dafür gewertet, dass einer großzügigen Zuordnung von Zuständigkeiten an die EU, etwa im Rahmen der Auslegung, für die Zukunft Grenzen gesetzt

1080 Stellvertretend für viele *Kingreen, T.* (Fn. 1015), S. 714.

1081 *Kingreen, T.* (Fn. 1015), S. 721; ebenso *Kingreen, T.* (Fn. 513), Rn. 2 ff.

1082 *Von Danwitz, T.* (Fn. 869), S. 773; *Everling, U.*, Der Gerichtshof als Entscheidungsinstanz, in: Everling (Hrsg.), Das Europäische Gemeinschaftsrecht im Spannungsfeld von Politik und Wirtschaft (1985), 424, S. 445; *Canor, I.*, The Limits of Judicial Discretion in the European Court of Justice (1998), S. 211.

1083 *Wolf-Niedermaier, A.*, Der Europäische Gerichtshof zwischen Recht und Politik (1997), S. 266.

1084 Stellvertretend für viele: *Kingreen, T.* (Fn. 1015), S. 714, der den EuGH als „Motor der Integration" beschreibt, dem die Grundfreiheiten als „Treibstoff" dienten.

1085 *Dobler, P.*, Legitimation und Grenzen der Rechtsfortbildung durch den EuGH, in: Roth/Hilpold (Hrsg.), Der EuGH und die Souveränität der Mitgliedstaaten (2008), 509, S. 550; auf die Frage, ob der Gerichtshof diese Rolle zu Recht einnahm, soll an dieser Stelle nicht weiter eingegangen werden.

1086 *Everling, U.*, Richterliche Rechtsfortbildung in der Europäischen Gemeinschaft, JuristenZeitung 2000, 217, S. 226 f.

werden sollten.[1087] Eine vergleichbare Funktion hätten Vertragsbestimmungen, die für bestimmte Politikbereiche Maßnahmen der Gesetzgebung bzw. Harmonisierung explizit ausschließen. Mit dem Lissabon-Vertrag sei den Mitgliedstaaten folglich daran gelegen gewesen, besonders deutlich zu machen, dass sie die „Herren der Verträge" bleiben.[1088]

Im Folgenden soll untersucht werden, inwiefern sich aus der Notwendigkeit der Achtung kompetenzrechtlicher Grenzen durch den EuGH eine Berechtigung zur Einräumung mitgliedstaatlicher Spielräume ableiten lässt.

(1) Kompetenzrechtliche Grenzen der Rechtsprechung

Im Rahmen seiner Rechtsprechungsaufgabe hat der Gerichtshof zum einen – auf vertikaler Ebene – die Zuständigkeiten der Mitgliedstaaten und zum anderen – auf horizontaler Ebene – die Kompetenzen anderer Organe der Union zu berücksichtigen.[1089]

(i.) Die vertikale Ebene

Der Gerichtshof hat bei seiner Rechtsprechungstätigkeit die nach dem Grundsatz der begrenzten Einzelermächtigung[1090] und dem Grundsatz der Subsidiarität[1091] im Zuständigkeitsbereich der Mitgliedstaaten verbliebenen Regelungsbereiche zu berücksichtigen.[1092] Dies ist vor dem Hinter-

1087 *Calliess, C.*, Art. 5 EUV, in: Calliess/Ruffert (Hrsg.), EUV, AEUV (2016), Rn. 8 mit weiteren Nachweisen.

1088 *Kadelbach, S.*, Art. 5 EUV, in: Von der Groeben/Schwarze (Hrsg.), Europäisches Unionsrecht (2015), Rn. 4.

1089 Ebenso *Calliess, C.* (Fn. 1075), S. 930; *Dobler, P.* (Fn. 1085), S. 528 f.

1090 Nach dem Grundsatz der begrenzten Einzelermächtigung darf die Union nur innerhalb der Grenzen der Zuständigkeiten tätig werden, die die Mitgliedstaaten der Union übertragen haben, siehe Art. 5 Abs. 2 EUV.

1091 Nach dem Grundsatz der Subsidiarität wird die Union in den Bereichen, die nicht in ihre ausschließliche Zuständigkeit fallen, nur tätig, sofern und soweit die Ziele der in Betracht gezogenen Maßnahmen von den Mitgliedstaaten weder auf zentraler noch auf regionaler oder lokaler Ebene ausreichend verwirklicht werden können, sondern vielmehr wegen ihres Umfangs oder ihrer Wirkungen auf Unionsebene besser zu verwirklichen, siehe Art. 5 Abs. 3 EUV.

1092 *Dobler, P.* (Fn. 1085), S. 540; *Wegener, B.* (Fn. 1072), Rn. 19.

grund relevant, dass die Grundfreiheiten in ihrer Anwendung und Auslegung durch den Gerichtshof erhebliche Auswirkungen auf Materien haben können, die „an sich“ in der Kompetenz der Mitgliedstaaten verblieben sind.[1093] Dies wurde insbesondere im Zusammenhang mit der Rechtsprechung des Gerichtshofs zum Rechtfertigungsgrund der öffentlichen Gesundheit[1094] deutlich. Der Gerichtshof führte diesbezüglich aus:

> Erstens ist darauf hinzuweisen, dass nach Art. 168 Abs. 7 AEUV das Unionsrecht in seiner Konkretisierung durch die Rechtsprechung und den 26. Erwägungsgrund der Richtlinie 2005/36 die Zuständigkeit der Mitgliedstaaten für die Ausgestaltung ihrer Systeme der sozialen Sicherheit und insbesondere für den Erlass von Vorschriften zur Organisation von Diensten im Gesundheitswesen wie der Apotheken unberührt lässt. Jedoch müssen die Mitgliedstaaten bei der Ausübung dieser Zuständigkeit das Unionsrecht und insbesondere die Vertragsbestimmungen über die Grundfreiheiten beachten; diese Bestimmungen untersagen es den Mitgliedstaaten, ungerechtfertigte Beschränkungen der Ausübung dieser Freiheiten im Bereich der Gesundheitsversorgung einzuführen oder beizubehalten.[1095]

Die Einräumung mitgliedstaatlicher Spielräume hinsichtlich des jeweiligen Schutzniveaus und der gewählten Mittel, in den Bereichen, in denen die Grundfreiheiten in ihrer Anwendung und Auslegung durch den Gerichtshof Auswirkung auf Materien haben, die „an sich“ in der Kompetenz der Mitgliedstaaten verblieben sind, ist vor dem Hintergrund, dass der Gerichtshof die im Zuständigkeitsbereich der Mitgliedstaaten verbliebenen Regelungsbereiche zu berücksichtigen hat, systemgerecht. Die Berücksichtigung der vertikalen Kompetenzgrenzen im Zusammenhang mit der gerichtlichen Überprüfung von Behinderungen der Grundfreiheiten ist aufgrund dessen, dass die Abgrenzung der Kompetenzen zwischen der Union und den Mitgliedstaaten – wie schon eingangs dargelegt – ein Grundproblem europäischer Integration darstellt, von besonderer Bedeutung.[1096]

1093 *Streinz, R.* (Fn. 5), S. 7; dies wurde auch bei den untersuchten Fällen deutlich, siehe beispielhaft *EuGH*, Rs. C-570/07 und C-571/07 (Blanco Pérez und Chao Gómez), Rn. 43.

1094 Zur Kompetenzaufteilung im Bereich der Gesundheitspolitik siehe *Kadelbach, S.* (Fn. 1088), Rn. 15.

1095 *EuGH*, Rs. C-570/07 und C-571/07 (Blanco Pérez und Chao Gómez), Rn. 43, siehe dazu auch bei Fn. 907.

1096 *Streinz, R.* (Fn. 5), S. 13.

(ii.) Die horizontale Ebene

Das Prinzip der begrenzten Einzelermächtigung hat auch eine institutionelle Seite, da die Mitgliedstaaten bestimmten Organen bewusst bestimmte Aufgaben zugewiesen haben.[1097] Gemäß Art. 13 Abs. 2 EUV handelt jedes Organ nach Maßgabe der ihm in den Verträgen zugewiesenen Befugnisse. Der Gerichtshof sichert nach Art. 19 Abs. 1 UAbs. 1 EUV die Wahrung des Rechts bei der Auslegung und Anwendung der Verträge. Ihm wird somit innerhalb des unionalen Systems die Rechtsprechungsaufgabe zuteil.[1098] Die Aufgabe des Gerichtshofs zur Wahrung des Rechts umfasst dabei zwar auch die Befugnis, das Recht zu konkretisieren und fortzubilden;[1099] doch sofern die Grenze zulässiger Rechtsfortbildung erreicht ist, was jedenfalls dann der Fall ist, wenn die richterliche Tätigkeit in politische Gestaltung umschlägt,[1100] ist grundsätzlich eine gesetzgeberische Gestaltung notwendig.[1101] In solchen Fällen sind anstelle des Gerichtshofs die unionalen Gesetzgebungsorgane gefragt, denn die politische Gestaltung – in Bereichen, für die die Union zuständig ist – obliegt in erster Linie den rechtsetzenden Organen der Union.[1102]

Sofern der Gerichtshof also die Grenze der Rechtsfortbildung überschreiten müsste, stellt die Einräumung mitgliedstaatlicher Spielräume ein geeignetes Mittel dar, um eine gesetzgeberische, einheitliche Entschei-

1097 *Ukrow, J.*, Richterliche Rechtsfortbildung durch den EuGH (1995), S. 218; ebenso *Kadelbach, S.* (Fn. 1088), Rn. 6.

1098 *Huber, P. M.*, Art. 19 EUV, in: Streinz (Hrsg.), EUV/AEUV (2012), Rn. 28.

1099 Die Befugnis zur Rechtsfortbildung wird überwiegend bejaht, siehe *Mayer, F. C.*, Art. 19 EUV, in: Grabitz/Hilf/Nettesheim (Hrsg.), Das Recht der Europäischen Union (2016), Rn. 31; *Calliess, C.* (Fn. 1075), S. 930; *Dobler, P.* (Fn. 1085), S. 521 ff.

1100 Ausführlicher *Dänzer-Vanotti, W.*, Unzulässige Rechtsfortbildung des Europäischen Gerichtshofs, Recht der internationalen Wirtschaft 1992, 733, S 734 ff.; *Stein, T.*, Richterrecht wie anderswo auch?, in: Gert (Hrsg.), Richterliche Rechtsfortbildung (1986), 619, S. 627 ff.; *Calliess, C.* (Fn. 1075), S. 932; *Dobler, P.* (Fn. 1085), S. 527 ff., insbes. S. 544 ff.

1101 *Borchardt, K.-D.* (Fn. 525), Rn. 60 geht hingegen von einer konkurrierenden Zuständigkeit von Legislative und Judikative aus, wenn der Gesetzgeber seiner Verpflichtung aus sachlich nicht gerechtfertigten Gründen nicht nachkommt; *Calliess, C.* (Fn. 1075), S. 932 weist darauf hin, dass Rechtsfortbildung praeter legem nur in Ausnahmefällen geschaffen werden könne und dass zu der Untätigkeit der Gesetzgebungsorgane noch eine gewisse Dringlichkeit hinzutreten müsse.

1102 *Mayer, F. C.* (Fn. 1099), Rn. 69.

dung in der Sache abzuwarten, anstatt diese selbst zu treffen. Wenn diese dann getroffen wurde, ist für die Einräumung von Spielräumen im Zusammenhang mit den Grundfreiheiten kein Platz mehr, da die Auslegung der Grundfreiheiten im Kontext zur Reichweite positiver Integration zu sehen ist.[1103] Falls eine gesetzgeberische Entscheidung zur Vereinheitlichung nicht getroffen wird, weil entweder so gewichtige Unterschiede bestehen, dass eine einheitliche Regelung noch in weiter Ferne liegt,[1104] weil keine Notwendigkeit für die Vereinheitlichung einer nationalen Regelung besteht[1105] oder weil eine einheitliche Regelung mit unvorhersehbaren Gefahren verbunden ist,[1106] hat der Gerichtshof diese politische Entscheidung zu akzeptieren.[1107]

Die Ausübung richterlicher Zurückhaltung in solchen Fällen dient der Wahrung des institutionellen Gleichgewichts,[1108] denn dadurch können die jeweiligen Funktionen innerhalb des Systems von den Organen wahrgenommen werden, deren Struktur und Verfahren der Eigenart der jeweili-

---

1103 *Kirschner, J.* (Fn. 991), S. 109; daraus ergibt sich, dass Spielräume nur in Ermangelung sekundärrechtlicher Regelungen gewährt werden können, womit das Bestehen von Sekundärrecht unweigerlich die Kontrolldichte des EuGH beeinflusst; siehe dazu beispielsweise bei Fn. 638.

1104 Siehe dazu die Glücksspielrechtsprechung, in der der Gerichtshof es den Mitgliedstaaten überlässt angesichts der sittlichen, religiösen oder kulturellen Unterschiede festzulegen welche Erfordernisse sich aus dem
Schutz der Verbraucher und der Sozialordnung ergeben, siehe bei Fn. 940

1105 Siehe dazu bei Fn. 766, wo der Gerichtshof angesichts der geografischen Besonderheiten Schwedens einen Spielraum gewährte.

1106 Siehe dazu bei Fn. 638, wo der EuGH aufgrund wissenschaftlicher Unsicherheiten hinsichtlich der Zulassung von Vitaminzusätzen in Lebensmitteln angesichts der damit verbundenen Unvorhersehbarkeit von Schäden für die menschliche Gesundheit Spielräume gewährte.

1107 *Kirschner, J.* (Fn. 991), S. 239 f.

1108 Der Gerichtshof verwende den Begriff der Gewaltentrennung bzw. /-balancierung häufig unter diesem Begriff, *Mayer, F. C.* (Fn. 1099), Rn. 70, m. w. N.; *Calliess, C.* (Fn. 1075), S. 930 weist darauf hin, dass die Gemeinschaft zwar nicht nach dem Grundsatz der Gewaltenteilung organisiert sei, dafür aber dem Prinzip des institutionellen Gleichgewichts zwischen den Organen folge; *Dobler, P.* (Fn. 1085), S. 528 betont in Bezug auf das Prinzip der Gewaltenteilung, dass nationale Grundsätze nicht unbesehen für die EU übernommen werden dürfen, auch wenn sich Ansätze dessen auf Unionsebene finden lassen, siehe auch S. 543 f.

gen Funktion angemessen ist.[1109] Gesetzgeberische Entscheidungen beanspruchen zudem eine größere demokratische Legitimation[1110], was wiederum zu größerer Akzeptanz der Entscheidung führen kann.[1111] Die Einräumung mitgliedstaatlicher Spielräume kann in diesem Zusammenhang folglich der Funktionsfähigkeit des gesamten unionalen Systems dienen und die Akzeptanz unter den Mitgliedstaaten für Vereinheitlichungen stärken.

(2) Schlussfolgerung

Auch wenn die kompetenzrechtlichen Grenzen zum Teil undeutlich und fließend sind, muss der Gerichtshof mit Gespür für die Machtbalance in der Union entscheiden. Allgemeine richterliche Zurückhaltung stellt dabei zwar sicherlich keine gemeingültige Lösung dar, aber sie kann dennoch geboten sein.[1112] Durch die Einräumung mitgliedstaatlicher Spielräume im Bereich kompetenzrechtlicher Grauzonen auf vertikaler Ebene kann der Gerichtshof das Bild eines aktivistischen Gerichts, das das Europarecht ohne Rücksicht auf nationale Interessen und rechtsdogmatische Grenzen fortbildet,[1113] zurechtrücken und die Akzeptanz der Mitgliedstaaten für seine Rechtsprechung steigern. Den Vorwurf, dass seine Tätigkeit mit seiner vertraglich zugewiesenen Funktion nicht zu vereinbaren sei,[1114] kann er, indem er die politische Gestaltung den Unionsorganen überlässt, entkräften und zugleich die Funktionsfähigkeit des ganzen Systems durch Wahrung des institutionellen Gleichgewichts stärken.

1109 *Dänzer-Vanotti, W.* (Fn. 1100), S. 735; zudem hätte eine Abkehr von dieser Aufgabenzuweisung auch wieder negative Auswirkungen auf das Integrationsgeflecht in der vertikalen Ebene, denn wenn ein Unionsorgan nicht aufgrund einer vertraglichen Ermächtigung handelt, überschreitet es grundsätzlich auch den Aufgabenbereich der Union, siehe *Ukrow, J.* (Fn. 1097), S. 218.

1110 Dass sich auch die Union der Demokratie verpflichtet fühlt, ergibt sich u. a. aus Art. 2 EUV.

1111 *Borchardt, K.-D.* (Fn. 525), Rn. 61 sieht die Grenze der Rechtsfortbildung in der Akzeptanzfähigkeit der Entscheidungen; die herausragende Bedeutung der Akzeptanz auf supranationaler Ebene verdeutlicht sich vor dem Hintergrund der überwiegend fehlenden Sanktionsmöglichkeiten, *Dobler, P.* (Fn. 1085), S. 550 f.; *Gaitanides, C.* (Fn. 1073), Rn. 58.

1112 *Everling, U.* (Fn. 1086), S. 226.

1113 *Kirschner, J.* (Fn. 991), S. 18; ebenso stellvertretend für viele andere: *Chalmers, D./Davies, G./Monti, G.* (Fn. 717), S. 175.

1114 *Huber, P. M.* (Fn. 1098), Rn. 25.

Auch wenn der Weg der negativen Integration als der vermeintlich ‚einfachere Weg' der Integration betrachtet wird,[1115] da sich die Verfahrensweise der Rechtsfortbildung einfacher gestaltet und die Richter politisch letztlich nicht verantwortlich sind, belegt gerade dieser Vorteil die mangelnde Eignung der richterlichen Organisationsstruktur und Verfahrensweise zur Gesetzgebung.[1116] Dass der Gerichtshof sich an der Ausübung richterlicher Zurückhaltung aufgrund eines sich verfestigenden Rollenverständnisses nicht gehindert sieht, bestätigen nicht nur die vermehrten Hinweise auf zurückhaltende Tendenzen des Gerichtshofs[1117] und die vorstehenden Untersuchungen[1118], sondern auch die Richter des EuGH selbst.[1119]

c) Achtung der jeweiligen nationalen Identität: Art. 4 Abs. 2 S. 1 EUV als vermeintliche Rechtsgrundlage für die Gewährung von Spielräumen?

In der jüngeren Entwicklung ist erkennbar, dass sich zum einen in der Rechtsprechung des Gerichtshofs Tendenzen zu mehr Zurückhaltung entdecken lassen[1120] und dass die Mitgliedstaaten zum anderen als Herren der Verträge die Grenzen ihrer Integrationsbereitschaft im Primärrecht zum Ausdruck bringen.[1121] Von besonderem Interesse ist an dieser Stelle Art. 4 Abs. 2 S. 1 EUV, demzufolge die Union die jeweilige nationale Identität der Mitgliedstaaten achtet. Darin wird teilweise eine rechtliche Grundlage

---

1115 *Kingreen, T.* (Fn. 1015), S. 721; ebenso *Kingreen, T.* (Fn. 513), Rn. 2 ff.

1116 *Dänzer-Vanotti, W.* (Fn. 1100), S. 735.

1117 So auch *Streinz, R.* (Fn. 5), S. 19.

1118 Auch wenn der Gerichtshof bereits in den Anfangsjahren Spielräume gewährte, scheint die Einräumung dieser in den letzten Jahren in größerer Dichte zu erfolgen, siehe beispielsweise Omega oder die Glücksspielrechtsprechung; siehe dazu auch *Kirschner, J.* (Fn. 991), S. 276.

1119 *Von Danwitz, T.* (Fn. 869), S. 771 f.

1120 *Streinz, R.* (Fn. 5), S. 19 f.; *Huber, P. M.* (Fn. 1098), Rn. 25 f., wobei der „Selbstfindungsprozess" hin zum unionalen Verfassungsgericht noch nicht abgeschlossen und die Hoffnung auf einen grundsätzlichen Paradigmenwechsel möglicherweise verfrüht sei; *Arold Lorenz, N.-L./Groussot, X./Petursson, G. T.* (Fn. 4), S. 93.

1121 *Von Danwitz, T.* (Fn. 869), S. 783 f. unterscheidet diesbezüglich zwischen fünf grundlegenden Kategorien.

für die Gewährung mitgliedstaatlicher Spielräume durch den Gerichtshof gesehen.[1122]

Nach Ansicht des Generalanwalts Maduro sei die Union schon seit ihrem Beginn verpflichtet, die „verfassungsmäßige Identität" ihrer Mitgliedstaaten zu achten. Diese Pflicht gehöre zum Wesen des anfangs der fünfziger Jahre eingeleiteten europäischen Projekts, das eine fortschreitende Integration bei politischem Fortbestehen der Staaten vorsehe. Dass diese Pflicht ausdrücklich erstmals bei einer Änderung der Verträge genannt wurde, die Fortschritte auf dem Weg der Integration mit sich brachte, sieht der Generalanwalt als Beweis dafür an.[1123] Tatsächlich war die Aufnahme dieser Bestimmung eine Reaktion der Mitgliedstaaten auf die – von Politikwissenschaftlern – heraufbeschworene Gefahr, dass sich die Nationalstaaten im weiteren Integrationsprozess einerseits und durch die Stärkung der Regionen andererseits allmählich auflösen könnten. Die neue Vorschrift sollte dies verhindern und ein Gegengewicht darstellen.[1124]

(1) „Nationale Identität"

Für die Frage, inwiefern die Pflicht zur Achtung der nationalen Identität aus Art. 4 Abs. 2 S. 1 EUV eine rechtliche Grundlage für die Einräumung mitgliedstaatlicher Spielräume im Rahmen der Rechtfertigung von Behinderungen der Grundfreiheiten sein kann, ist es von Bedeutung, was unter „nationaler Identität" zu verstehen ist. Der Versuch einer Definition liest sich wie folgt:

> Nationale Identität steht für das subjektive Zusammengehörigkeitsgefühl, das sich in einem Volk aus historischen, wirtschaftlichen, religiösen oder sonstigen soziokulturellen Gemeinsamkeiten bzw. Unterschieden zu anderen Nationen bildet. Für die nationale Identität prägend sind das Erlebnis von Kulturgemeinschaft, politischer Gemeinschaft, Sprachgemeinschaft, geografischer Gemeinschaft und Abstammungsgemeinschaft, die jeweils in gemeinsamen An-

1122 *Arold Lorenz, N.-L./Groussot, X./Petursson, G. T.* (Fn. 4), S. 95 ff.

1123 *GA Maduro* (Schlussantrag zu EuGH, Rs. C-213/07) 08.10.2008, Rn. 31, der im weiteren Verlauf darlegt, inwiefern die Rechtsprechung die nationale Identität berücksichtigt, wobei das erste Beispiel eine Bereichsausnahme betrifft und das zweite Beispiel von der Autorin – wie in dieser Arbeit dargelegt – anders verstanden wird.

1124 *Bleckmann, A.*, Die Wahrung der „nationalen Identität" im Unions-Vertrag, JuristenZeitung 1997, 265, S. 265.

> liegen, in wechselseitigem Handeln und in übereinstimmenden Werten und Erfahrungen ihren Ausdruck finden. Als ausgeprägtestes Unterscheidungsmerkmal wird weithin die gemeinsame Sprache angesehen. Sprache, Geschichte und Kultur konstituieren eine nationale Identität, die vom Willen zur Zusammengehörigkeit als Nation getragen wird.[1125]

Dieses Begriffsverständnis der nationalen Identität, das auch im Zusammenhang mit der Vorgängernorm Art. 6 Abs. 3 EUV vertreten wurde,[1126] ließe es in der Tat plausibel erscheinen, die Einräumung mitgliedstaatlicher Spielräume auf Art. 4 Abs. 2 S. 1 EUV zu stützen. Anders als in den Vorgängernormen wird in Art. 4 Abs. 2 EUV jedoch der Begriff der nationalen Identität weiter konkretisiert, indem es dort heißt:

> Die Union achtet [...] ihre jeweilige nationale Identität, die in ihren grundlegenden politischen und verfassungsmäßigen Strukturen einschließlich der regionalen und lokalen Selbstverwaltung zum Ausdruck kommt.

Der Wortlaut[1127] legt den Schluss nahe, dass religiöse, moralische und auch kulturelle Aspekte bzw. gesellschaftliche Wertentscheidungen nicht unmittelbar von der Achtungspflicht der nationalen Identität umfasst sind, sofern sie sich nicht in der grundlegenden (!) politischen und verfassungsmäßigen Struktur des Mitgliedstaats niedergeschlagen hätten. Im Hinblick auf eine Auslegung unter systematischen Gesichtspunkten[1128] lässt sich der Begriff der nationalen Identität nochmals in der Präambel der Charta der Grundrechte wiederfinden, in der jedoch durch die Trennung zwischen dem Gebot der Achtung der Vielfalt der Kulturen, welches sich auch in Art. 22 GRCh widerspiegelt, und dem der Achtung der nationalen Identität durch ein „sowie" verdeutlicht wird, dass es sich nicht um das Gleiche

---

1125 *Pache, E.*, Europäische und nationale Identität: Integration durch Verfassungsrecht?, Deutsches Verwaltungsblatt 2002, 1154, S. 1156 m. w. N.

1126 *Puttler, A.*, Art. 4 EUV, in: Calliess/Ruffert (Hrsg.), EUV, AEUV (2016), Rn. 14 m. w. N.

1127 Auch im Unionsrecht ist der Wortlaut Ausgangspunkt jeder Auslegung, *Borchardt, K.-D.* (Fn. 525), Rn. 34.

1128 Auch die systematische Auslegung wird vom Gerichtshof genutzt zur Herstellung einer Einheit mit allen anderen Vorschriften der Normebene, *Borchardt, K.-D.* (Fn. 525), Rn. 45. Die Charta der Grundrechte ist nach Art. 6 Abs. 1 EUV mit den Verträgen gleichrangig. Auch wenn die Präambel entsprechend Art. 31 Abs. 2 WVK für die Auslegung von Bedeutung ist, kann dies nicht einfach auf die Auslegungsgrundsätze des Unionsrechts übertragen werden, siehe: *Frenz, W.* (Fn. 526), S. 119, Rn. 347. Nichtsdestotrotz kann die Präambel der GRCh unter dem Gesichtspunkt der Einheitlichkeit der Unionsrechtsordnung bei der Ermittlung des Begriffsverständnisses hilfreich sein.

handelt. Historisch[1129] betrachtet war eine Konkretisierung des Begriffs der nationalen Identität erstmals im Verfassungsvertrag vorgesehen, dessen Art. I-5 Abs. 1 sich im Wortlaut nur unwesentlich von Art. 4 Abs. 2 S. 1 EUV unterscheidet. Im Zusammenhang mit dieser Regelung ging man davon aus, dass es sich um die „Unantastbarkeiten" der mitgliedstaatlichen Ordnung handele und dass Art. I-5 grundsätzlich die äußerste Grenze für die Tätigkeiten der Union darstelle.[1130] Auch dies spricht dafür, dass allgemeine gesellschaftliche Wertentscheidungen im Hinblick auf Moral, Religion oder Kultur grundsätzlich nicht vom Begriff der „nationalen Identität" i. S. d. Art. 4 Abs. 2 S. 1 EUV umfasst sind. Ein solches Verständnis wird zudem auch aus nationaler Sicht[1131] widergespiegelt, wenn man sich die Ausführungen des BVerfG zur Identitätskontrolle[1132] vor Augen führt:

> Darüber hinaus prüft das Bundesverfassungsgericht, ob der unantastbare Kerngehalt der Verfassungsidentität des Grundgesetzes nach Art. 23 Abs. 1 Satz 3 in Verbindung mit Art. 79 Abs. 3 GG gewahrt ist (vgl. BVerfGE 113, 273 <296>). Die Ausübung dieser verfassungsrechtlich radizierten Prüfungskompetenz folgt dem Grundsatz der Europarechtsfreundlichkeit des Grundgesetzes, und sie widerspricht deshalb auch nicht dem Grundsatz der loyalen Zusammenarbeit (Art. 4 Abs. 3 EUV-Lissabon); anders können die von Art. 4 Abs. 2 Satz 1 EUV-Lissabon anerkannten grundlegenden politischen und verfassungsmäßigen Strukturen souveräner Mitgliedstaaten bei fortschreitender Integration nicht gewahrt werden. Insoweit gehen die verfassungs- und die

1129 Auch die historische Auslegung ist ein durchaus gebräuchliches Mittel, wobei die Auslegung von Primärrecht oftmals wegen der Nichtveröffentlichung der Materialien zu den EU-Verträgen unergiebig sei, *Borchardt, K.-D.* (Fn. 525), Rn. 40 f. Dies gilt jedoch nicht für den Verfassungsvertrag, bei dem aus Gründen der Transparenz die Materialien des Konvents veröffentlicht wurden: http://archive.is/european-convention.eu.int.

1130 *Oppermann, T.*, Eine Verfassung für die Europäische Union, Deutsches Verwaltungsblatt 2003, 1165, S. 1170.

1131 Nach *Frenz, W.* (Fn. 526), Rn. 403 bezieht sich der EuGH bei der Ermittlung des Verständnisses einer Vorschrift auch auf nationale Rechtsordnungen, damit keine systematischen Widersprüche auftauchen, weshalb es auch an dieser Stelle nicht verfehlt ist, die nationale Sicht mit zu berücksichtigen.

1132 Inwiefern sich der „unantastbare Kerngehalt der Verfassungsidentität" mit der „nationalen Identität" i. S. v. Art. 4 Abs. 2 S. 1 EUV deckt, ist zweifelhaft. Dies ist jedoch an dieser Stelle nicht weiter von Belang, da Anhaltspunkte dafür gesucht werden, ob allgemeine gesellschaftliche Wertentscheidungen vom Begriff der nationalen Identität umfasst sind.

> unionsrechtliche Gewährleistung der nationalen Verfassungsidentität im europäischen Rechtsraum Hand in Hand.[1133]

Diese Betrachtungen rechtfertigen die Annahme, dass die Pflicht zur Achtung der nationalen Identität nicht die Achtung aller gesellschaftlichen Wertentscheidungen in sittlicher, religiöser oder moralischer Hinsicht umfasst.

(2) Verständnis des Gerichtshofs

Das soeben dargestellte Begriffsverständnis deckt sich mit der Rechtsprechung des Gerichtshofs, so zum Beispiel im Urteil des Gerichtshofs in der Rechtssache Sayn-Wittgenstein, wo er im Zusammenhang mit der Rechtfertigung einer Beeinträchtigung der Personenfreizügigkeit nach Art. 21 AEUV aus Gründen der öffentlichen Ordnung anführt:

> Ferner ist darauf hinzuweisen, dass die Union nach Art. 4 Abs. 2 EUV die nationale Identität ihrer Mitgliedstaaten achtet, zu der auch die republikanische Staatsform gehört.[1134]

Gleiches gelte auch für die Verteilung der Zuständigkeiten zwischen Gebietskörperschaften[1135] oder aber auch für die offizielle Landessprache[1136]. Der Gerichtshof zieht Art. 4 Abs. 2 EUV somit im Rahmen der Rechtfertigung heran, sieht davon aber nur verfassungsmäßige Strukturmerkmale erfasst. Demnach könnte die Pflicht zur Achtung der nationalen Identität der Mitgliedstaaten, die sich auch an den EuGH richtet,[1137] nur einige,[1138] nicht aber alle Fälle abdecken, in denen der Gerichtshof den Mitgliedstaaten Spielräume bei der Rechtfertigung gewährt – so z. B. nicht in den Glücksspielfällen, wo die sittlichen, religiösen oder kulturellen Besonder-

---

1133 *BVerfG*, 2 BvE 2/08; 2 BvE 5/08; 2 BvR 1010/08; 2 BvR 1022/08; 2 BvR 1259/08; 2 BvR 182/09 (E 123, 267) 30.06.2009, vierter Leitsatz.

1134 *EuGH*, Rs. C-208/09 (Sayn-Wittgenstein) 22.12.2010, Rn. 92; sich darauf beziehend ebenso *EuGH*, Rs. C-438/14 (Bogendorff von Wolffersdorff) 02.06.2016, Rn. 64 und 73.

1135 *EuGH*, Rs. C-156/13 (Digibet und Albers) 12.06.2014, Rn. 34; *EuGH*, Rs. C-51/15 (Remondis) 21.12.2016, Rn. 40.

1136 *EuGH*, Rs. C-391/09 (Runevič-Vardyn und Wardyn) 12.05.2011, Rn. 86, wobei sich die litauische Regierung darauf berief, dass die litauische Sprache einen Verfassungswert darstelle siehe Rn. 84.

1137 *Puttler, A.* (Fn. 1126), Rn. 22.

1138 So z. B. in der Rechtssache Omega: *EuGH*, Rs. C-36/02 (Omega).

heiten, die einen Spielraum der Mitgliedstaaten nach Ansicht des Gerichtshofs rechtfertigen, keinen Niederschlag in den grundlegenden politischen und verfassungsmäßigen Strukturen der Mitgliedstaaten finden. Zudem macht die Rechtsprechung deutlich, dass der Gerichtshof Art. 4 Abs. 2 EUV zwar im Zusammenhang mit der Rechtfertigungsprüfung und dem den Mitgliedstaaten eingeräumten Spielraum berücksichtigt, aber eher als im Rahmen der Verhältnismäßigkeitsprüfung zu beachtenden Aspekt und nicht zur expliziten oder impliziten Begründung der Einräumung von Spielräumen.[1139]

(3) Schlussfolgerung

Auch wenn demzufolge die Einräumung mitgliedstaatlicher Spielräume im Zusammenhang mit der Rechtfertigung von Behinderungen der Grundfreiheiten nicht grundsätzlich und unmittelbar auf Art. 4 Abs. 2 S. 1 EUV gestützt werden kann, stellen die Pflicht zur Achtung der nationalen Identität und der Grund für ihre Einführung in die Verträge einen darüber hinausgehenden wichtigen Aspekt dar, hinsichtlich der grundsätzlichen Vereinbarkeit mitgliedstaatlicher Spielräume zugunsten nationaler Besonderheiten mit dem Unionssystem. Art. 4 Abs. 2 S. 1 EUV und seine Entstehungsgeschichte zeigen nämlich deutlich auf, dass es – klar artikulierte – Grenzen der Integration gibt, welche dann erreicht sind, wenn der ‚wesentliche Kern' eines Mitgliedstaats berührt ist.[1140] Mit der Einräumung mitgliedstaatlicher Spielräume zugunsten sittlicher, kultureller oder religiöser Wertentscheidungen respektiert der Gerichtshof auch potenzielle Grenzen, die einen ‚wesentlichen Kern anderer Art' berühren,[1141] was zu

1139 In den Urteilen Sayn-Wittgenstein und Bogendorff von Wolffersdorff gewährt der Gerichtshof den Mitgliedstaaten zwar im Rahmen der Rechtfertigung einen Beurteilungsspielraum, tut dies aber nicht unmittelbar im Zusammenhang mit Art. 4 Abs. 2 EUV: *EuGH*, Rs. C-208/09 (Sayn-Wittgenstein), Rn. 87; *EuGH*, Rs. C-438/14 (Bogendorff von Wolffersdorff), Rn. 68.

1140 *Roth, G. H.*, Der EuGH und die Souveränität der Mitgliedstaaten – Zusammenfassung und Schlussfolgerungen, in: Roth/Hilpold (Hrsg.), Der EuGH und die Souveränität der Mitgliedstaaten (2008), 561, S. 604 weist darauf hin, dass dieses Grenzen ernst zu nehmen seien und der EuGH sich nicht darüber hinwegsetzen könne.

1141 So ist in Art. 3 Abs. 3 UAbs. 4 EUV, Art. 22 GRCh festgelegt, dass die Union den Reichtum der kulturellen und sprachlichen Vielfalt der Mitgliedstaaten

einer gesteigerten Akzeptanz seiner Rechtsprechungstätigkeit in den mitgliedstaatlichen Gesellschaften beitragen kann.[1142]

d) Vereinbarkeit mit der einheitlichen Geltung und Anwendung des Unionsrechts?

Schon frühzeitig hat der Gerichtshof klargestellt, dass die Mitgliedstaaten durch die Beschränkung ihrer Souveränitätsrechte, wenn auch nur auf einem begrenzten Gebiet, einen Rechtskörper geschaffen hätten, der für ihre Angehörigen und sie selbst verbindlich sei. Im Unterschied zu gewöhnlichen internationalen Verträgen habe der EWG-Vertrag eine eigene Rechtsordnung geschaffen.[1143]

Diese Rechtsordnung kann aber nur dann eine gemeinschaftliche sein, wenn Geltung und Anwendung des Unionsrechts in allen Mitgliedstaaten einheitlich sind und diese nicht jeweils unterschiedlichen Voraussetzungen unterliegen.[1144] Zur Sicherung der einheitlichen Geltung und Anwendung des Unionsrechts hat der Gerichtshof aus dem Geist und dem System der Verträge Grundsätze abgeleitet wie den der unmittelbaren Anwendbarkeit und den des Vorrangs[1145] des Unionsrechts.[1146] Die Notwendigkeit einer solchen Sicherung der einheitlichen Geltung und Anwendung des Unionsrechts ergibt sich aus Aspekten der Funktionsfähigkeit und Stabilität des Unionssystems. Zur Beeinträchtigung der einheitlichen Geltung im Zusammenhang mit der Gültigkeit von Handlungen der Gemeinschaftsorgane stellte der Gerichtshof bereits früh fest:

---

wahrt und auch in Art. 167 AEUV wird die Wahrung der nationalen und regionalen Vielfalt betont; auch wenn diese Vorschriften in der Rechtsprechung des EuGH zu den Grundfreiheiten keine große Rolle spielen, weist *Sweeney, J. A.* (Fn. 503), S. 38 zutreffend darauf hin, dass: „[…] nevertheless, its existence provides a treaty-based backdrop against which to argue that a margin of appreciation is 'genetically coded' into the Community aquis, like other judge-made principles of Community law."

1142 Ähnlich *Arold Lorenz, N.-L./Groussot, X./Petursson, G. T.* (Fn. 4), S. 93.

1143 *EuGH*, Rs. 6/64 (Costa/E.N.E.L.) 15.07.1964, S. 1269.

1144 *Streinz, R.*, Art. 4 EUV, in: Streinz (Hrsg.), EUV/AEUV (2012), Rn. 33.

1145 Dabei sprechen die besseren Gründe für einen Anwendungs- statt für einen Geltungsvorrang; siehe *Herdegen, M.*, Europarecht (2016), § 10, Rn. 3.

1146 *Obwexer, W.*, Art. 4 EUV, in: Von der Groeben/Schwarze (Hrsg.), Europäisches Unionsrecht (2015), Rn. 99 ff.

> Die einheitliche Geltung des Gemeinschaftsrechts würde beeinträchtigt, wenn [...] Normen oder Grundsätze des nationalen Rechts herangezogen würden.[1147]

Es erscheint fraglich, ob die Einräumung mitgliedstaatlicher Spielräume im Zusammenhang mit der Rechtfertigung von Behinderungen der Grundfreiheiten nicht dem Bestreben des Gerichtshofs nach einer einheitlichen Geltung und Anwendung des Unionsrechts zuwiderläuft[1148] – insbesondere dann, wenn der Gerichtshof nationale Besonderheiten, die sich im nationalen Recht niederschlagen und die die Marktfreiheiten behindern, durch die Einräumung von Spielräumen unbeanstandet lässt. Dieses Vorgehen scheint prima facie – zumindest – zu einer uneinheitlichen Anwendung des Unionsrechts in der konkreten Fragestellung zu führen.

Bei genauerer Betrachtung wird jedoch deutlich, dass weder die Geltung noch die Anwendung des Unionsrechts uneinheitlich erfolgen. Die Anwendung der Rechtfertigungsgründe unterliegt nicht je nach betroffenem Mitgliedstaat unterschiedlichen Voraussetzungen. Vielmehr gewährt der Gerichtshof unter bestimmten Umständen den Mitgliedstaaten allgemein und damit einheitlich einen Spielraum in besonderen Angelegenheiten. Dies kann faktisch im Ergebnis zu unterschiedlichen Gewichtungen von Belangen und Ausgestaltungen von Schutzkonzepten in den jeweiligen Mitgliedstaaten führen, stellt deswegen aber keine uneinheitliche Anwendung des Unionsrechts dar. Bei der Einräumung mitgliedstaatlicher Spielräume bleibt somit rechtlich betrachtet die einheitliche Geltung und Anwendung des Unionsrechts bewahrt, auch wenn dadurch faktisch eine uneinheitliche Rechtslage in den Mitgliedstaaten toleriert wird.

e) Ergebnis

Es galt die Frage zu beantworten, inwiefern die Einräumung mitgliedstaatlicher Spielräume mit dem Unionssystem vereinbar ist bzw. inwiefern sich

---

1147 *EuGH*, Rs. 11/70 (Internationale Handelsgesellschaft) 17.12.1970, Rn. 3, betraf die Entscheidung über die Gültigkeit von Handlungen der Gemeinschaftsorgane.

1148 Ebenso *Sweeney, J. A.* (Fn. 503), S. 36; *Douglas-Scott, S.*, A Tale of two Courts: Luxembourg, Strasbourg and the growing European Human Rights Acquis, Common Market Law Review 2006, 629, S. 650; inwiefern die Einräumung von Spielräumen zu einer uneinheitlichen Geltung oder Anwendung führen würde, kann an dieser Stelle dahinstehen, sofern nichts von beidem der Fall wäre.

Grenzen richterlicher Tätigkeit aus diesem selbst ableiten lassen. Grenzen richterlicher Tätigkeit leiten sich auf der Grundlage der offen formulierten Vertragsbestimmungen neben praktischen Aspekten, die sich aus der Arbeitsweise des EuGH ergeben, unter anderem aus den aufgezeigten Kompetenzgrenzen ab, die der Gerichtshof gerade im Bereich der Rechtsfortbildung zu beachten hat. In solchen Grenzbereichen ist richterliche Zurückhaltung zum einen für den Erhalt optimaler Funktionsfähigkeit des unionalen Systems begrüßenswert und kann zum anderen für die mitgliedstaatliche Akzeptanz der richterlichen Entscheidungen von Vorteil sein. Auch wenn sich die Einräumung mitgliedstaatlicher Spielräume nicht unmittelbar auf die Pflicht zur Achtung der nationalen Identität nach Art. 4 Abs. 2 S. 1 EUV stützen lässt, wurde deutlich, dass dort Grenzen der Integration bestehen, wo nationale Kernbereiche betroffen sind. Mit der Einräumung mitgliedstaatlicher Spielräume zugunsten sittlicher, kultureller oder religiöser Wertentscheidungen kann der EuGH zu einer gesteigerten Akzeptanz seiner Rechtsprechungstätigkeit in den mitgliedstaatlichen Gesellschaften beitragen.

Aus einer Zusammenschau dieser verschiedenen Aspekte ergibt sich, dass die Einräumung mitgliedstaatlicher Spielräume im Zusammenhang mit der Rechtfertigungsprüfung von Behinderungen der Grundfreiheiten mit dem Unionssystem vereinbar ist. Die Gratwanderung zwischen richterlichem Aktivismus und richterlicher Zurückhaltung zum Wohle der Integration ist dabei freilich die eigentliche Herausforderung, wie der derzeitige deutsche Richter am EuGH bestätigt:

> [...] dass der Schutz und die gemeinschaftliche Rücksichtnahme auf mitgliedstaatliche Prärogativen und nationale Belange stets eine schwierige Gratwanderung zwischen integrationspolitischer Klugheit und fataler Desintegration bedeuten. Recht verstanden sind insbesondere der Schutz gesellschaftlicher Identitätsfaktoren, die Achtung der Funktionsfähigkeit grundlegender Staatsfunktionen und die Rücksichtnahme auf tradierte Strukturprinzipien der innerstaatlichen Rechtsordnungen wesentliche Ausprägungen eines grundlegenden Gebotes der Integrationsklugheit, dessen strikte Beachtung unverzichtbar ist, um die bürgerschaftliche Akzeptanz des Gemeinschaftsrechts und des Fortgangs der Integration dauerhaft gewährleisten zu können.[1149]

1149 *Von Danwitz, T.* (Fn. 869), S. 784 f.

Die Beachtung des „Gebotes der Integrationsklugheit“ gewinnt insbesondere in Zeiten von Integrationsmüdigkeit[1150] und Herausforderungen wie der Euro- und der Flüchtlingskrise oder dem ‚Brexit‘ für die Aufgabenstellung des Gerichtshofs – Wahrung der Fortdauer und Fortentwicklung der Integration[1151] – an Bedeutung.[1152]

VI. Resümee

Im zweiten Teil dieser Arbeit wurde untersucht, ob und inwiefern der EuGH den Mitgliedstaaten im Rahmen seiner Rechtsprechung zu den Grundfreiheiten Spielräume einräumt. Es konnte festgestellt werden, dass der Gerichtshof hauptsächlich im Zusammenhang mit der Rechtfertigungsprüfung mitgliedstaatliche Spielräume gewährt, wobei dies zum Teil explizit, zum Teil implizit oder auch gar nicht erfolgt. Zudem werden den Mitgliedstaaten auch in Schutzpflichtkonstellationen Spielräume hinsichtlich der Wahl der Mittel eingeräumt. Bei der Prüfung des Anwendungsbereichs einer Grundfreiheit schien die Einräumung mitgliedstaatlicher Spielräume dahingegen grundsätzlich nicht üblich.

Auch wenn sich der untersuchten Rechtsprechung des Gerichtshofs gewisse Gesetzmäßigkeiten hinsichtlich der Einräumung mitgliedstaatlicher Spielräume entnehmen ließen, kann von einer deutlichen Erkennbarkeit dieser oder von einer ausdifferenzierten, kohärenten und konsequenten Rechtsprechung in diesem Bereich schwerlich die Rede sein. Dies wiederum erschwert die Ableitung einheitlicher Aussagen zur Einräumung mitgliedstaatlicher Spielräume in Bezug auf Faktoren, die die Anwendung und den Umfang und die damit einhergehende Kontrolldichte bestimmen. Die vom Gerichtshof verwendete uneinheitliche Terminologie, die darüber hinaus auch noch uneinheitlich übersetzt wird, beeinträchtigt die Analyse der Rechtsprechung zur Einräumung mitgliedstaatlicher Spielräume zusätzlich.

1150 Hingewiesen sei an dieser Stelle auf das Scheitern des Verfassungsvertrags und die jeweiligen zunehmenden nationalstaatlichen Tendenzen in den Mitgliedstaaten; zur „Marktmüdigkeit“ siehe *Monti*, M., Eine neue Strategie für den Binnenmarkt, S. 27 ff.

1151 *Von Danwitz, T.* (Fn. 869), S. 257.

1152 So auch *Arold Lorenz, N.-L./Groussot, X./Petursson, G. T.* (Fn. 4), S. 103.

Es ließ sich jedoch feststellen, dass sich die Einräumung mitgliedstaatlicher Spielräume im Rahmen der grundfreiheitlichen Rechtfertigungsprüfung mit dem Unionssystem vereinbaren lässt bzw. dass sich eine Vereinbarkeit dessen aus dem Unionssystem und dem Unionsrecht ableiten lässt. Grenzen richterlicher Tätigkeit lassen sich unter anderem aus dem kompetenzrechtlichen Gefüge der Union ableiten. Die Einräumung mitgliedstaatlicher Spielräume in diesem Zusammenhang kann zum einen der Funktionsfähigkeit des unionalen Systems zugutekommen und zum anderen die Akzeptanz richterlicher Entscheidungen fördern. Richterliche Zurückhaltung angesichts nationaler kultureller Besonderheiten und gesellschaftspolitischer Probleme kann darüber hinaus einen positiven Einfluss auf das Ziel der Integration haben und wird zudem von den Mitgliedstaaten, angesichts der in den Verträgen aufgezeigten Integrationsgrenzen, auch gefordert.

Die Einräumung mitgliedstaatlicher Spielräume im Zusammenhang mit den Grundfreiheiten stellt somit ein nützliches und systemgerechtes Werkzeug für die Erreichung des Binnenmarktziels und die europäische Integration dar. Um sein volles Potenzial jedoch ausschöpfen zu können, bedarf es einer differenzierteren, gefestigteren dahinterstehenden Dogmatik. Dies erfordert zum einen eine greifbarere und konsequentere Rechtsprechung des Gerichtshofs in diesem Bereich und zum anderen einen einheitlichen Diskurs der Rechtswissenschaft auf europäischer Ebene: einen Diskurs, der sich losgelöst von nationalen Verständnissen der Rechtsprechung widmet und diese noch nuancierter kategorisiert und rechtlich bewertet, um dann dogmatische Sätze aufzustellen, die – sofern sie sich durchsetzen – die Vorhersehbarkeit der Gerichtsentscheidungen und damit auch die Rechtssicherheit stärken.[1153]

1153 Siehe *Rüthers, B./Fischer, C./Birk, A.* (Fn. 1021), S. 197 ff., wie Dogmatik entsteht und welche Funktionen sie erfüllt.

D. Abschließender Vergleich

Nachdem nunmehr die Margin-of-appreciation-Doktrin in der Rechtsprechung des EGMR untersucht und im Hinblick darauf die Rechtsprechung des EuGH zu den Grundfreiheiten auf die Einräumung mitgliedstaatlicher Spielräume hin analysiert worden ist, soll an dieser Stelle anhand der dargestellten Untersuchungsergebnisse die in dieser Arbeit aufgeworfene Frage beantwortet werden, ob die Margin-of-appreciation-Doktrin auf die Rechtsprechung des EuGH zu den Grundfreiheiten übertragen werden kann. Dafür werden die jeweiligen Untersuchungsergebnisse zu den Punkten Entwicklung, rechtliche Grundlagen und Anwendung einander gegenübergestellt und bewertet.

I. Entwicklung

Der EuGH gewährte mitgliedstaatliche Spielräume im Zusammenhang mit der Arbeitnehmerfreizügigkeit und dem Rechtfertigungsgrund der „öffentlichen Ordnung" erstmals ausdrücklich in der Rechtssache Van Duyn im Jahr 1974. Damit räumte er den Mitgliedstaaten im Rahmen der Rechtfertigungsprüfung bereits zwei Jahre vor dem Handyside-Urteil (1976), dem ‚leading case' des EGMR zur Margin-of-appreciation-Doktrin, Spielräume ein.[1154] Diese im Urteil Van Duyn entwickelte Rechtsprechung führte der EuGH in den Urteilen Rutili (1975) und Bouchereau (1977) fort, ohne dass eine Bezugnahme auf die parallel stattfindende Entwicklung der Margin-of-appreciation-Doktrin durch den EGMR stattgefunden hätte.

Ein Hinweis auf die Rechtsprechung des EGMR zur Margin-of-appreciation-Doktrin lässt sich im Zusammenhang mit der Auslegung der Grundfreiheiten erstmals und einmalig in den Schlussanträgen des Generalanwalts Warner zur Rechtssache Henn und Darby aus dem Jahr 1979

1154 Jedoch drei Jahre nach dem Urteil in der Rechtssache De Wilde, Ooms und Versyp (1971), wo der EGMR eine mitgliedstaatliche „power of appreciation" im Zusammenhang mit Art. 8 Abs. 2 EMRK erwähnte.

finden.[1155] Bezüglich der Auslegung des Rechtfertigungsgrunds der „öffentlichen Sittlichkeit“ empfahl der Generalanwalt die Einräumung eines Beurteilungsspielraums und verwies diesbezüglich auf die Rechtsprechung des EGMR im Handyside-Urteil, bevor er auf die Rechtsprechung des EuGH zur Einräumung von Spielräumen in den Fällen Van Duyn und Bouchereau einging. Der Gerichtshof selbst ging darauf in seinem Urteil allerdings nicht ein und enthielt sich stattdessen jeglicher Begründung bei der impliziten Einräumung eines mitgliedstaatlichen Spielraums.

Die Untersuchungsergebnisse verdeutlichen somit, dass die Entwicklung der jeweiligen Rechtsprechung zur Einräumung mitgliedstaatlicher Spielräume, wenn auch in einem ähnlichen Zeitraum, unabhängig voneinander stattgefunden hat. Insbesondere von einer Übernahme der grundlegenden Rechtsprechung des EGMR zur Margin-of-appreciation-Doktrin im Handyside-Urteil durch den EuGH kann nicht die Rede sein.

II. Die rechtlichen Grundlagen

Weder für die Einräumung von Spielräumen durch den EuGH noch für die Einräumung einer margin of appreciation durch den EGMR lassen sich bisher ausdrückliche rechtliche Grundlagen in den jeweiligen Verträgen finden, wobei das 15. Zusatzprotokoll eine Kodifizierung der Margin-of-appreciation-Doktrin in der Präambel der EMRK vorsieht.[1156] Nichtsdestotrotz ließ sich in beiden Fällen eine Vereinbarkeit mit dem jeweiligen Rechtssystem ableiten, angesichts der jeweiligen Grenzen richterlicher Tätigkeit.

Sowohl der EGMR als auch der EuGH haben mit Rechtsordnungen und Kulturkreisen verschiedener Mitgliedstaaten zu tun, deren Unterschiede sie in einem gewissen – abhängig vom jeweiligen Vertragsziel aber unterschiedlichen[1157] – Maße zu achten haben, um die Akzeptanz ihrer Rechtsprechung zu sichern. Durch die Einräumung mitgliedstaatlicher Spielräu-

---

1155 Siehe dazu *Douglas-Scott, S.* (Fn. 1148), S. 647: „Advocates general tend to cite the Court of Human Rights fairly frequently (over 60 references to date) and such references are increasing in frequency.“

1156 Siehe bei Fn. 136.

1157 Während die EMRK einen Mindeststandard menschenrechtlichen Schutzes in Europa etablieren und sichern will, ist es das Ziel der Union den Binnenmarkt durch Angleichung und Vereinheitlichung des mitgliedstaatlichen Rechts zu verwirklichen.

me können beide Gerichte kulturelle Unterschiede zwischen den Mitgliedstaaten berücksichtigen, ohne dass dies mit dem Grundsatz der Universalität der Menschenrechte oder dem Grundsatz der einheitlichen Geltung und Anwendung des Unionsrechts unvereinbar wäre.[1158] Auch das jeweilige Richterkollegium setzt sich hinsichtlich der kulturellen sowie rechtlichen Prägung heterogen zusammen. Von einem gemeinsamen Rechts- und Werteverständnis kann somit weder bei den Richtenden noch bei den zu Richtenden ausgegangen werden, was sich angesichts mehrheitlich offen gehaltener Formulierungen in den jeweiligen vertraglichen Bestimmungen, wenn auch in unterschiedlichem Maß,[1159] als Grenze der Rechtsprechung erweisen kann.

Die Einräumung einer margin of appreciation durch den EGMR dient der Berücksichtigung der „better position" mitgliedstaatlicher Stellen bei der Beurteilung von Sachverhalten oder der Einschätzung örtlicher Gegebenheiten und trägt damit der Aufgabenverteilung zwischen EGMR und Mitgliedstaaten nach dem Subsidiaritätsprinzip Rechnung.[1160] Ebenso wird mit Hilfe der Margin-of-appreciation-Doktrin die direktere, demokratische Legitimation nationaler Entscheidungen, insbesondere in gesellschaftspolitisch umstrittenen Belangen, gewürdigt.[1161] Die Einräumung mitgliedstaatlicher Spielräume durch den EuGH dient der Wahrung seiner Rechtsprechungsgrenzen im kompetenzrechtlichen Gefüge, welche in erster Linie vom Grundsatz der begrenzten Einzelermächtigung bestimmt werden.[1162] Je nachdem, welchen Politikbereich die mitgliedstaatliche Maßnahme berührt, die eine Grundfreiheit behindert, welche Zuständigkeit in diesem Bereich besteht und wie der Grad bzw. Stand der Harmonisierung ist, hat der EuGH die vertikalen Grenzen zugunsten der Mitgliedstaaten und die horizontalen Grenzen zugunsten der demokratischen Legitimation der unionalen Gesetzgebungsorgane zur Wahrung des institutio-

---

1158 Während der Grundsatz der Universalität den Menschenrechten inhärent ist und über das Konventionssystem hinaus gilt, stammt der Grundsatz der einheitlichen Geltung und Anwendung des Unionsrechts aus der Unionsrechtsordnung.

1159 So ist beispielsweise den Richtern des EuGH die Möglichkeit einer Dissenting Opinion verwehrt, wobei diese jedoch als „defensores iuris communitatis" selbstbewusster auftreten als die Richter des EGMR, siehe dazu *Von Danwitz, T.* (Fn. 869), S. 773; zum Selbstbewusstsein der Gerichte siehe den Punkt III. /4.

1160 Siehe dazu bei Fn. 82.

1161 Siehe dazu bei Fn. 98.

1162 Für die Ausübung der Zuständigkeiten der Union gelten dann die Grundsätze der Subsidiarität und der Verhältnismäßigkeit, siehe Art. 5 Abs. 1 S. 2 EUV

nellen Gleichgewichts zu beachten.[1163] Der EuGH muss somit angesichts der andersartigen institutionellen Ausgestaltung der EU, anders als der EGMR, seine Rechtsprechungstätigkeit nicht nur zum Kompetenzbereich der Mitgliedstaaten abgrenzen, sondern zusätzlich auch zu dem der unionalen Legislativorgane. Eine über die kompetenzrechtlichen Grenzen hinausgehende Aufgabenverteilung durch die Berücksichtigung einer „better position" mitgliedstaatlicher Stellen mittels der Einräumung von Spielräumen wird vom EuGH im Zusammenhang mit der Rechtfertigungsprüfung mitgliedstaatlicher Behinderungen der Grundfreiheiten grundsätzlich nicht gewährt.[1164] Diese unterschiedliche Aufgabenverteilung ergibt sich daraus, dass das Unionsrecht, anders als das Konventionsrecht, nicht als Ergänzung nationalen Rechts dienen soll, sondern die Mitgliedstaaten Teile ihrer Hoheitsrechte auf die Union übertragen haben, zur Verwirklichung der in den Verträgen niedergelegten Ziele.[1165]

Insgesamt lässt sich festhalten, dass sich die Grenzen der richterlichen Tätigkeit, zu deren Überbrückung die Einräumung von Spielräumen ein geeignetes Mittel darstellen kann, beim EGMR und beim EuGH grundsätzlich ähneln. Neben praktischen Grenzen, die sich aus den Funktionsbedingungen der Gerichte und bewusst offen gehaltenen, unkonkreten Vertragsbestimmungen ergeben, sind es vor allem die jeweiligen Aufgaben- und Zuständigkeitsverteilungen zwischen den Gerichtshöfen und den jeweiligen Akteuren sowie die kulturelle Diversität der unterworfenen Rechtsordnungen, die – angesichts der Bedeutung mitgliedstaatlicher Akzeptanz für die jeweiligen Rechtssysteme – der Rechtsprechung Grenzen

---

1163 Siehe dazu bei Fn. 1112.

1164 Eingeräumte Spielräume zugunsten einer better position des nationalen Gerichts konnten nur im Zusammenhang mit Vorabentscheidungsverfahren ausgemacht werden und lassen sich eher auf die prozessualen Besonderheiten zurückführen; siehe beispielsweise mit weiteren Verweisen *EuGH*, Rs. C-553/11 (Rinitsch) 25.10.2012, Rn. 15: „Insoweit ist darauf hinzuweisen, dass nach ständiger Rechtsprechung in dem Verfahren nach Art. 267 AEUV, das auf einer klaren Aufgabentrennung zwischen den nationalen Gerichten und dem Gerichtshof beruht, allein das nationale Gericht für die Feststellung und Beurteilung des Sachverhalts des Ausgangsrechtsstreits sowie die Auslegung und Anwendung des nationalen Rechts zuständig ist. [...]."

1165 Dass der EuGH seine Grenzen weniger restriktiv festlegte als der EGMR, lässt sich angesichts dessen zudem wohl auf ein gefestigteres Selbstbewusstsein des EuGH in der Anfangszeit zurückführen, siehe insgesamt dazu bei Fn. 75, 118 und noch folgend Fn. 1176.

setzen.[1166] Diese sich grundsätzlich ähnelnden Grenzen richterlicher Tätigkeit unterscheiden sich dann allerdings wieder in ihrer systemgebundenen spezifischen Ausprägung.[1167] Wie sich dies konkret auf die Anwendung mitgliedstaatlicher Spielräume auswirkt, wird im nächsten Untersuchungsabschnitt dargestellt.

III. Anwendungsbereiche und -parameter

In einem letzten Schritt sollen die Ergebnisse der Untersuchungen zu den Anwendungsbereichen und den Anwendungsparametern der Spielräume im Rahmen des Konventions- und des Unionsrechts gegenübergestellt werden, um Unterschiede und Gemeinsamkeiten sichtbar zu machen und daran anschließend zu bewerten.

1. Umfang der Anwendung

Die Anwendung der Margin-of-appreciation-Doktrin erstreckt sich grundsätzlich auf alle untersuchten EMRK-Rechte, jedoch mit unterschiedlicher Intensität. Während die Doktrin im Zusammenhang mit Art. 8 EMRK sehr häufig zur Anwendung kommt, ist ihr Einsatz im Zusammenhang mit einem absoluten Recht wie Art. 3 EMRK verschwindend gering. Auf Unionsebene konnte festgestellt werden, dass mitgliedstaatliche Spielräume ebenfalls im Zusammenhang mit allen untersuchten Grundfreiheiten gewährt werden, und das auch in vergleichbarer Intensität. Dass die Anwendung der Margin-of-appreciation-Doktrin bei den verschiedenen Konventionsrechten nicht einheitlich intensiv erfolgt, ist dem Umstand geschuldet, dass diese, anders als die Grundfreiheiten, auch absolute Rechte ohne Rechtfertigungsmöglichkeit enthalten.

1166 Ebenso wie bei der Margin-of-appreciation-Doktrin sind somit auch bei der Lehre von Spielräumen im Zusammenhang mit der Rechtfertigung von Grundfreiheiten zwei Funktionen im Sinne eines „systematic element“ und „normative element“ zu erkennen, siehe dazu bei Fn. 117.

1167 So auch *Arold Lorenz, N.-L./Groussot, X./Petursson, G. T.* (Fn. 4), S. 103.

2. Anwendungsbereiche

Im Zusammenhang mit der Frage, bei welchen Prüfungspunkten und -situationen die Spielräume relevant werden, lassen sich drei Bereiche unterscheiden: erstens die Rechtfertigungsprüfung von Eingriffen in Konventionsrechte bzw. von Behinderungen der Grundfreiheiten, zweitens der Schutzbereich bzw. Anwendungsbereich der Rechte, und drittens die Prüfung positiver Verpflichtungen.

a) Die Rechtfertigung von Eingriffen bzw. Behinderungen

Im Zusammenhang mit staatlichen Eingriffen in die Konventionsrechte bzw. Behinderungen der Grundfreiheiten kommen beide Spielräume im Bereich der Rechtfertigung zum Einsatz. Auf Unionsebene wird der mitgliedstaatliche Spielraum hinsichtlich der Bestimmung des Schutzniveaus und des Schutzkonzepts bezüglich des jeweils zu schützenden Belangs relevant, was dann wiederum Auswirkungen auf die Prüfung der Verhältnismäßigkeit hat, wenn es um den anzulegenden Maßstab geht. Dies kann sich insbesondere im Rahmen der Erforderlichkeitsprüfung auswirken, wobei die Geeignetheitsprüfung, insbesondere das Erfordernis der Kohärenz, dem Gerichtshof oftmals als Korrektiv dient. Die Margin-of-appreciation-Doktrin wird im Rahmen des Prüfungspunkts „Notwendigkeit des Eingriffs in einer demokratischen Gesellschaft“ relevant. Die mitgliedstaatliche margin of appreciation wird den Mitgliedstaaten bei der Beurteilung zugestanden, ob ein dringendes gesellschaftliches Bedürfnis vorliegt und ob der Eingriff zum verfolgten Ziel verhältnismäßig ist. Im Rahmen der Verhältnismäßigkeitsprüfung prüft der EGMR, ob ein gerechter Ausgleich zwischen dem Individualinteresse und dem staatlichen Interesse getroffen wurde. Die mitgliedstaatliche margin wird dabei insofern relevant, als der EGMR bei Annahme eines weiten Umfangs die Abwägungsentscheidung der nationalen Stellen in der Regel bloß nachvollzieht, während er ansonsten eine eigene Abwägung vornimmt.

Es bleibt somit festzuhalten, dass sich die Einräumung mitgliedstaatlicher Spielräume auf Konventions- und Unionsebene insofern gleicht, als die Spielräume hauptsächlich im Bereich der Rechtfertigung von Eingriffen bzw. Behinderungen gewährt werden. Wo und wie der Spielraum jedoch im Prüfungsaufbau zu verorten ist, unterscheidet sich. Dies ist damit zu erklären, dass die Rechtfertigungsprüfung der Gerichte anders aufgebaut ist. Während der EuGH die Rechtfertigungsprüfung stärker nach dem jeweiligen Rechtfertigungsbelang ausrichtet, sind die verfolgten legitimen Ziele für den EGMR für sich genommen zunächst nicht von besonderer Relevanz. Erst im Rahmen der Verhältnismäßigkeitsprüfung gewinnen sie im Zusammenhang mit der Abwägung der widerstreitenden Interessen, zwischen denen ein fairer Ausgleich geschaffen werden muss, an Bedeutung.[1168] Die Verhältnismäßigkeitsprüfung unterscheidet sich dabei zudem insofern von der des EuGH, als der EGMR im Kern ‚nur' eine Verhältnismäßigkeitsprüfung im engeren Sinne vornimmt,[1169] während der EuGH in fast jedem Fall explizit die Geeignetheit und Erforderlichkeit einer mitgliedstaatlichen Maßnahme prüft, dafür aber in der Regel auf eine sich anschließende Verhältnismäßigkeitsprüfung im engeren Sinne verzichtet.[1170] Aus diesen Unterschieden im Aufbau der Rechtfertigungsprüfung ergeben sich notwendigerweise auch die oben aufgezeigten Unterschiede bei der Verortung der Einräumung mitgliedstaatlicher Spielräume.

b) Schutzbereich bzw. Anwendungsbereich

Der EGMR wendet die Margin-of-appreciation Doktrin nicht nur im Rahmen der Rechtfertigungsprüfung an, sondern räumt den Mitgliedstaaten – im Zusammenhang mit der Frage, wann das Recht auf Leben beginnt – auch im Schutzbereich von Art. 2 EMRK einen mitgliedstaatlichen Beurteilungsspielraum ein. Der Gerichtshof überließ die Entscheidung über die Eröffnung des Schutzbereichs von Art. 2 EMRK somit den Mitgliedstaaten. Es kann jedoch konstatiert werden, dass die Einräumung mitgliedstaatlicher Spielräume im Schutzbereich der Konventionsrechte bisher eher eine Ausnahme darstellt. Der EuGH räumt den Mitgliedstaaten im Anwendungsbereich der Grundfreiheiten zwar nicht explizit Spielräume ein; es konnte jedoch festgestellt werden, dass er im Zusammenhang mit der Frage, ob der ärztliche Schwangerschaftsabbruch als Dienstleistung zu qualifizieren sei, dies davon abhängig machte, dass dieser im Einklang mit

---

1168 Siehe auch *Arold Lorenz, N.-L./Groussot, X./Petursson, G. T.* (Fn. 4), S. 79.
1169 Ebenso *Grabenwarter, C./Pabel, K.* (Fn. 206), § 18, Rn. 14 f.; *Pätzold, J.* (Fn. 206), Rn. 57.
1170 Ebenso *Frenz, W.* (Fn. 506), Rn. 587; ähnlich *Trstenjak, V./Beysen, E.*, Das Prinzip der Verhältnismäßigkeit in der Unionsrechtsordnung, Zeitschrift Europarecht 2012, 265, S. 270.

dem Recht des Staats vorgenommen wird, in dem er stattfindet. Grundsätzlich lässt sich wohl aussagen, dass die Einräumung von Spielräume aufseiten des Schutz-/ bzw. Anwendungsbereichs in der Rechtsprechung beider Gerichte keine gängige Praxis darstellt.

c) Positive Pflichten

Auch im Bereich positiver Pflichten können Parallelen festgestellt werden. Ebenso wie der EGMR hat auch der EuGH den Mitgliedstaaten einen Spielraum bei der Wahl der Mittel zur Erfüllung ihrer Pflichten zugestanden. Diesbezüglich wurde die Vermutung aufgestellt, dass der Umfang der Spielräume in diesem Zusammenhang grundsätzlich weiter sei als bei der Rechtfertigung von Behinderungen der Grundfreiheiten. Auch der EGMR räumt den Mitgliedstaaten bei der Wahl der Mittel zur Erfüllung einer positiven Pflicht grundsätzlich Spielräume ein. Während es anfänglich so aussah, als stünde den Mitgliedstaaten diesbezüglich ein weiterer Spielraum zu als im Bereich der Eingriffsrechtfertigung, konnte dies als ‚Regel' nicht bestätigt werden. Vielmehr scheint der EGMR davon auszugehen, dass die Faktoren, die den Umfang der margin in Eingriffskonstellationen bestimmen, auch auf den Umfang der margin im Zusammenhang mit Schutzpflichtkonstellationen Anwendung finden. Darüber hinaus spielt die Margin-of-appreciation-Doktrin auch eine Rolle bei der Frage, ob überhaupt eine positive Pflicht anzuerkennen ist.

Im Bereich der Schutzpflichten lassen sich somit Gemeinsamkeiten dahingehend feststellen, dass beide Gerichte den Mitgliedstaaten bei der Wahl der Mittel Spielräume einräumen. Angesichts des Umstands, dass die Rechtsprechung des EuGH keine ausreichende Grundlage für gefestigte Erkenntnisse bietet, wird an dieser Stelle nicht über einen möglicherweise divergierenden Umfang der Spielräume bei der Wahl der Mittel spekuliert. Es bleibt abzuwarten, wie sich die Rechtsprechung des EuGH diesbezüglich entwickelt. Auf EMRK-Ebene spielt die Margin-of-appreciation-Doktrin im Zusammenhang mit positiven Verpflichtungen eine ebenso große Rolle wie in Eingriffskonstellationen. Dass sich dies auf Unionsebene nicht ausmachen lässt, ist dem Umstand geschuldet, dass die Rechtsprechung des Gerichtshofs zu grundfreiheitlichen Schutzpflichten kaum entwickelt ist. Der EuGH leitete erst 18 Jahre nach dem EGMR erstmals positive Verpflichtungen aus den Grundfreiheiten unter Zuhilfenahme von Art. 4 Abs. 3 EUV ab, womit der leistungsrechtliche Gehalt der

Grundfreiheiten bis heute als eher untergeordneter Aspekt der grundfreiheitlichen Funktionen anzusehen ist.[1171]

3. Anwendungsparameter

Im Zusammenhang mit den Anwendungsparametern ist zu unterscheiden zwischen den Voraussetzungen bzw. den Umständen, die die Einräumung der Spielräume begleiteten, und den Faktoren, die den Umfang der Spielräume determinierten.

a) Voraussetzungen der Anwendung

Auf Unionsebene ist die Anwendung der Spielräume, neben dem Bestehen von Unterschieden zwischen den Mitgliedstaaten, grundsätzlich von der Voraussetzung abhängig, dass hinsichtlich des zu schützenden Belangs keine sekundärrechtliche Regelung vorliegt. Explizite Voraussetzungen für die Einräumung einer margin of appreciation ließen sich der Rechtsprechung des EGMR hingegen nicht entnehmen. Auf Konventionsebene ist die mitgliedstaatliche margin of appreciation allerdings in solchen Fallkonstellationen von besonderer Bedeutung, in denen verschiedene Standards unter den Mitgliedstaaten bestehen und in denen sich die mitgliedstaatlichen Stellen in einer besseren Beurteilungsposition befinden als der EGMR. Dies war in den untersuchten Urteilen unter anderem der Fall wegen ihres direkteren Kontakts zu den Betroffenen (Sorgerechtsstreitigkeiten), zu den vorherrschenden Gegebenheiten in ihrem Land und den lokalen Bedürfnissen (Planungsangelegenheiten), zu den wesentlichen Einflüssen/ Kräften in ihrem Land (moralische Angelegenheiten) oder wegen ihres Fachwissens (Sicherheitsfragen). Auf Unionsebene gewinnt der mitgliedstaatliche Spielraum an Bedeutung beim Bestehen kultureller, religiö-

---

1171 Auf die Frage, warum der leistungsrechtliche Gehalt der EMRK-Rechte im Vergleich zu den Grundfreiheiten stärker ausgeprägt ist, kann und soll an dieser Stelle nicht eingegangen werden; siehe dazu *Riem, L.*, Die europäischen Grundfreiheiten als Rechtsgrundlage von Leistungsansprüchen (2010) mit Ausführungen zur grundsätzlichen Ablehnung originärer Leistungsrechte in der Literatur, dem Bedürfnis nach Ausweitung der Grundfreiheitsfunktionen und dogmatischen Herleitungsmöglichkeiten.

ser und sittlicher Unterschiede unter den Mitgliedstaaten, sowie im Zusammenhang mit Prognoseentscheidungen zugunsten bedeutsamer Rechtfertigungsbelange. Auch nationale Besonderheiten können einen Faktor darstellen, der die Einräumung mitgliedstaatlicher Spielräume begründet. Auch wenn sich die Fallgruppen zum Teil ähneln,[1172] erklärt der EuGH dies, anders als der EGMR, jedoch nie mit einer „better position“[1173] mitgliedstaatlicher Stellen hinsichtlich der Beurteilung;[1174] sondern dies ist vielmehr darauf zurückzuführen, dass eine Vereinheitlichung in diesen Fällen nicht vorliegt, weil die Union entweder nicht zuständig ist oder – falls doch – eine solche aus divergierenden Gründen politisch (noch) nicht gewollt ist.[1175] Eine bessere Beurteilungslage attestiert der Gerichtshof nur den vorlegenden Gerichten im Rahmen des Vorabentscheidungsverfahrens, wobei dies aufgrund der exklusiven Erwähnung in diesem Zusammenhang auf prozessuale Besonderheiten zurückgeführt wurde.

Dass sich der EGMR bei der Einräumung mitgliedstaatlicher Spielräume hauptsächlich auf die „better position“ mitgliedstaatlicher Stellen beruft, ist der dem Konventionssystem zugrundeliegenden Arbeitsteilung nach dem Subsidiaritätsprinzip geschuldet. Dass der EuGH hingegen das Nichtvorhandensein sekundärrechtlicher Konkretisierung zur Voraussetzung für die Einräumung mitgliedstaatlicher Spielräume macht, ist darauf zurückzuführen, dass er die dem Unionsrecht zugrundeliegende Kompetenzverteilung achten muss und die Unionsrechtsordnung eine Harmoni-

1172 In Fn. 255 werden noch weitere Fallkonstellationen benannt, in denen der EGMR mitgliedstaatlichen Stellen angesichts einer „better position“ eine margin of appreciation einräumt; dies war unter anderem der Fall bei der Abwägung von Individualgütern. Auch hier könnte angesichts der Rechtsprechung des EuGH im Fall Schmidberger, siehe bei Fn. 795, eine Parallele dahingehend gezogen werden, dass den Mitgliedstaaten in solchen Fällen ein weites Ermessen bei der Abwägung der Individualgüter zugestanden wird.

1173 Anders *Gerards, J.* (Fn. 4), S. 94 und 101, die ohne zutreffende Belege der Rechtsprechung erklärt: „In determining the level of intensity, they sometimes expressly refer to arguments such as the ‘better placed’ argument, but they also implicitly make use of other arguments for variation.“

1174 Zwar kann ein Mitgliedstaat beispielsweise in Planungsangelegenheiten auch der Ansicht sein, dass in bestimmten Teilen seines Hoheitsgebiets die Gefahr eines Apothekenmangels bestünde, doch ist dies die Folge der Einräumung eines mitgliedstaatlichen Spielraums aufgrund des besonderen Rangs der menschlichen Gesundheit und der Freiheit das Schutzniveau zu bestimmen und nicht die Begründung dafür, siehe noch Fn. 912.

1175 Siehe bei Fn. 1104.

sierung des Rechts zur Verwirklichung des Binnenmarkts anstrebt, wobei bestehende sekundärrechtliche Akte ehemals vorhandene Unterschiede schon vereinheitlicht haben und sowohl von den Mitgliedstaaten als auch vom EuGH vorrangig zu beachten sind. Die EMRK hingegen strebt keine Vereinheitlichung mitgliedstaatlichen Rechts an, sondern will die Etablierung eines gemeinsamen Standards europäischen Menschenrechtsschutzes erreichen. Somit sind die Unterschiede bei der Begründung der Einräumung mitgliedstaatlicher Spielräume dem jeweiligen rechtlichen System mit seinen unterschiedlichen angestrebten Zielen geschuldet, in dem die Gerichte agieren.

b) Intensität der Anwendung

Insgesamt ließ sich feststellen, dass der EGMR mitgliedstaatliche Beurteilungsspielräume intensiver, mit größerem Umfang und zudem sichtbarer einräumt als der EuGH. Dies lässt sich mit dem Selbstverständnis der Gerichtshöfe angesichts ihrer Legitimationsgrundlage erklären. Während der EGMR über Völkerrecht richtet, dessen Legitimation auf staatlichem Konsens beruht,[1176] und seine Zuständigkeit ursprünglich einer freiwilligen Unterwerfung der Mitgliedstaaten unterlag,[1177] war die Zuständigkeit des EuGH obligatorisch[1178] und er ging schon frühzeitig davon aus, dass er über eine „eigene Rechtsordnung" richte, die für die Mitgliedstaaten verbindlich sei.[1179] Auch wenn beiden Gerichten hinsichtlich der Sanktionsmöglichkeiten bei Nichtbefolgung ihrer Urteile Grenzen gesetzt sind,[1180] scheint der EuGH in den Anfangsjahren ein besonderes Selbstbewusstsein

1176 *Stein, T.* (Fn. 1100), S. 625.

1177 *Lenski, E.*, Art. 19 EMRK, in: Karpenstein/Mayer (Hrsg.), EMRK (2015), Rn. 2 f.; *Stein, T.* (Fn. 1100), S. 625.

1178 *Stein, T.* (Fn. 1100), S. 625; siehe auch die Ansprache des luxemburgischen Außenministers Joseph Bech anlässlich der feierlichen Eröffnung des Gerichtshofs der Gemeinschaft für Kohle und Stahl am 10.12.1952, in: *Schulze, R./Hoeren, T.*, Dokumente zum Europäischen Recht (2000), S. 171 ff.

1179 *EuGH*, Rs. 6/64 (Costa/E.N.E.L.), S. 1269.

1180 *Gaitanides, C.* (Fn. 1073); Rn. 20: Zum Unionsrecht siehe Art. 260 AEUV bzw. Art. 266 AEUV, wobei nach Art. 260 Abs. 2 AEUV die Verhängung eines Pauschalbetrags oder Zwangsgelds möglich ist. Weitere Durchsetzungsmittel stünden der Unionsgerichtsbarkeit unmittelbar nicht zur Verfügung; *Breuer, M.*, Art. 46 EMRK, in: Karpenstein/Mayer (Hrsg.), EMRK (2015), Rn. 87: Zum Konventionsrecht siehe Art. 46 Abs. 4 und 5 EMRK, der die Möglichkeit einer erentwickelt zu haben, mit dem eine derart intensive und explizite Proklamierung weitreichender Spielräume nicht vereinbar zu sein scheint.[1181]

c) Umfangbestimmende Faktoren

Bei der Untersuchung der Margin-of-appreciation-Doktrin konnte festgestellt werden, dass der EGMR den Umfang der margin of appreciation im Einzelfall anhand eines Zusammenspiels verschiedener Faktoren bestimmt. Maßgeblich sind diesbezüglich insbesondere die Natur und Bedeutung des betroffenen Rechtsguts sowie die Art und Schwere des Eingriffs, das Bestehen oder Nichtbestehen eines europäischen Konsenses und die Natur und Bedeutung des mit dem Eingriff verfolgten Zwecks. Anders als bei der Margin-of-appreciation-Doktrin konnten der Rechtsprechung des EuGH kaum Aussagen über den Umfang der Spielräume entnommen werden, geschweige denn zu Faktoren, die ihn bestimmen könnten. Da allerdings der besondere Rang eines Rechtfertigungsziels oder die Verbundenheit eines solchen mit sittlichen, kulturellen oder religiösen Unterschieden zwischen den Mitgliedstaaten einen besonderen Einfluss auf die eingeräumten mitgliedstaatlichen Spielräume hatte, was auch mit einer Rücknahme der Kontrolldichte einherging, lässt sich festhalten, dass wohl auch beim EuGH die ‚Natur und Bedeutung des mit der mitgliedstaatlichen Maßnahme verfolgten Zwecks' einen gewissen Einfluss auf den Umfang der Spielräume hat. Die ‚Schwere des Eingriffs' war im Zusammenhang mit der untersuchten Rechtsprechung des EuGH zwar kein Faktor, der mitgliedstaatliche Spielräume beschränkte; es konnte allerdings festgestellt werden, dass der Gerichtshof, jenseits der Einräumung mitgliedstaatlicher Spielräume, bei staatlichen Maßnahmen, die vermeintlich protektionistischen Zwecken dienten, einen strengen Kontrollmaßstab anlegte.[1182] Der im Zusammenhang mit der Margin-of-appreciation-Doktrin besonders bedeutsame Faktor des europäischen Konsenses ist in der Rechtsprechung

---

neuten Anrufung des Gerichtshofs vorsieht, wobei der dabei entstehende politische Druck ausreichend sein soll zur Befolgung des Urteils.

1181 Ebenso *Sweeney, J. A.* (Fn. 503), S. 42; dazu, dass der Rechtsprechung des EuGH vermehrt auch zurückhaltendere Tendenzen entnommen werden können und dass die Rolle des EuGH differenzierter zu betrachten ist, siehe bei Fn. 1117.

1182 Siehe dazu bei Fn. 730; ebenso *Gerards, J.* (Fn. 4), S. 92.

des EuGH jedoch ohne Bedeutung für den Umfang mitgliedstaatlicher Spielräume. Ganz im Gegenteil betont der Gerichtshof sogar häufig, dass das Bestehen weniger strenger Regeln in anderen Mitgliedstaaten keine Auswirkungen auf die Verhältnismäßigkeitsprüfung habe. Insgesamt lässt sich somit festhalten, dass die Faktoren, die den Umfang der Spielräume bestimmen, nicht grundsätzlich identisch sind, wobei die Rechtsprechung des EuGH diesbezüglich deutlich weniger offenbart als die des EGMR.

Da der EGMR in seiner Rechtsprechung deutlicher als der EuGH zum Ausdruck bringt, welchen Umfang die jeweilige margin of appreciation im konkreten Fall hat und auf welchen Gründen dies beruht, lassen sich zu den umfangbestimmenden Faktoren im Zusammenhang mit der Margin-of-appreciation-Doktrin auch umfangreichere Aussagen treffen. Dass der EuGH, anders als der EGMR, das Bestehen eines europäischen Konsenses nicht als maßgeblichen Faktor für die Beschränkung mitgliedstaatlicher Spielräume heranzieht, lässt sich auf die unterschiedlichen Herangehensweisen der Gerichte bei der Wahrung und Fortentwicklung des Rechts zurückführen. Der EGMR als „klassisches" internationales Gericht[1183] entwickelt die konventionsrechtlichen Gewährleistungen durch eine schrittweise Einschränkung der Spielräume unter Rückbindung an Konsense weiter.[1184] Da die EMRK, ein völkerrechtlicher Vertrag, einen gemeinsamen Standard europäischen Menschenrechtsschutzes erreichen will, ist das Abstellen des EGMR auf einen Faktor wie den des Bestehens eines europäischen Konsenses grundsätzlich sachgerecht, um die Akzeptanz der Mitgliedstaaten für die nächsten Entwicklungsschritte durch ‚behutsames Herantasten' zu sichern.[1185] Ein solches defensives Vorgehen bei der Wahrung und Fortentwicklung des Rechts lässt sich beim EuGH nicht ausmachen. Als ‚besonderes' internationales Gericht versteht er es als seinen Auftrag, den Fortbestand und die Fortentwicklung der Integration zu wahren.[1186] Da die europäische Integration durch Angleichung und Vereinheitlichung mitgliedstaatlichen Rechts erreicht werden soll, wäre es verfehlt,

1183 Bezeichnung von *Stein, T.* (Fn. 1100), S. 624.

1184 Wobei der EGMR es für die Annahme eines Konsenses ausreichen lässt, dass die Rechtslage in einer Mehrzahl der Mitgliedstaaten und nicht in allen übereinstimmt; zu den Schwächen der Konsensmethode siehe Punkt B. /III. /1. /e.

1185 *Stein, T.* (Fn. 1100), S. 625, wonach diese Vorgehensweise dem traditionellen völkerrechtlichen Bild entspreche, bei dem der Konsens der Staaten der Geltung und Anwendung einer Rechtsregel vorausgehe.

1186 *Von Danwitz, T.* (Fn. 869), S. 773.

wenn der EuGH bei der Weiterentwicklung des Unionsrechts auf einen Faktor wie den des Bestehens eines mitgliedstaatlichen Konsenses abstellen würde. Anders als der EGMR geht der EuGH bei der Wahrung und Fortentwicklung des Unionsrechts offensiver vor, indem er mangelnder Akzeptanz oder Folgebereitschaft der Mitgliedstaaten als „defensor iuris communitatis" gegenübertritt.[1187]

4. Fazit

Nach der erfolgten Gegenüberstellung der Untersuchungsergebnisse zu den Anwendungsbereichen und den Anwendungsparametern der Spielräume im Rahmen des Konventions- und des Unionsrechts konnten Gemeinsamkeiten und Unterschiede sichtbar gemacht werden. Es lässt sich festhalten, dass sowohl der Margin-of-appreciation-Doktrin als auch der Einräumung von Spielräumen durch den EuGH ein ähnlicher Grundgedanke zugrunde liegt, der darauf beruht, dass das jeweilige Gericht nicht immer berechtigt oder auch nicht befähigt ist, die zwischen den Mitgliedstaaten bestehenden Unterschiede durch eine einheitliche Entscheidung in einem bestimmten Bereich zu vereinheitlichen. Dieser Grundgedanke, der auch auf nationale Lehren von Spielräumen zutrifft, wird im Falle richterlicher Tätigkeit auf internationaler Ebene noch verschärft.[1188]

Trotzdem ließen sich Unterschiede ausmachen bezüglich des Umfangs der Anwendung, des Anwendungsbereichs und der Anwendungsparameter, die die Einräumung mitgliedstaatlicher Spielräume auf Konventions- und Unionsebene begleiten. Diese Unterschiede, die sich im Rahmen der Gegenüberstellung gezeigt haben, konnten zurückgeführt werden auf das Bestehen unterschiedlicher Rechtfertigungsmöglichkeiten der Rechte, auf einen unterschiedlichen Prüfungsaufbau in der Rechtfertigungsprüfung und auf systembedingte Unterschiede, da die Gerichte in unterschiedlichen Rechtsordnungen agieren.

1187 *Von Danwitz, T.* (Fn. 869), S. 772 ff.

1188 Ähnlich in Bezug auf die Margin-of-appreciation-Doktrin auch *Brems, E.* (Fn. 3), S. 293; bzgl. der Gerichte der EU siehe beispielsweise *Gerards, J.* (Fn. 4), S. 87.

IV. Resümee

Auf die im Rahmen dieser Arbeit aufgeworfene Frage, ob sich die Margin-of-appreciation-Doktrin des EGMR auf die Rechtsprechung des EuGH zu den Grundfreiheiten übertragen lässt, lässt sich nunmehr, nach Abschluss der Untersuchungen antworten, dass die Konzepte zwar auf einem ähnlichen Grundgedanken aufbauen, sich aber unabhängig voneinander entwickelt haben und sich in der Gänze ihrer Anwendung systembedingt unterscheiden, sodass eine Übertragbarkeit der Margin-of-appreciation-Doktrin auf die Rechtsprechung des EuGH zu den Grundfreiheiten abzulehnen ist.

Es konnte festgestellt werden, dass beide ‚Lehren' sich auf einem unterschiedlichen Entwicklungsstand befinden und einem unterschiedlichen Grad an Erforschung durch die Wissenschaft unterliegen. Die Margin-of-appreciation-Doktrin wurde und wird immer noch durch die Rechtswissenschaft ausführlich untersucht. Anhand der Gesetzmäßigkeiten, die der Rechtsprechung des EGMR im Zusammenhang mit der Margin-of-appreciation-Doktrin entnommen und durch die Wissenschaft geordnet wurden, lassen sich in bereits beträchtlichem Maße dogmatische Sätze aufstellen. Auch wenn der Grundstein für eine dogmatische Durchdringung der Doktrin bereits gelegt wurde, fehlt es an einer konsequenten Aufnahme und Anwendung dieser Grundsätze durch den EGMR, was nicht nur die Festigung und Weiterentwicklung der Dogmatik erschwert, sondern auch die bereits von der Rechtswissenschaft geleistete Arbeit untergräbt.[1189] Auch wenn die Arbeit des Gerichtshofs besonderen Erschwernissen unterliegt, die sich so auf nationaler Ebene nicht finden lassen, wäre eine ausdifferenziertere und konsequentere Rechtsprechung im Hinblick auf die Doktrin wünschenswert; denn eine gefestigte Dogmatik dient nicht nur der Vorhersehbarkeit und damit der Rechtssicherheit, sondern sie kann, neben einer Steigerung der Qualität der Rechtsprechung, auch eine Entlastung des Gerichtshofs in der Rechtsprechungspraxis bewirken.[1190]

Im Vergleich zur Margin-of-appreciation-Doktrin befindet sich die Herleitung dogmatischer Sätze im Zusammenhang mit der Einräumung mitgliedstaatlicher Spielräume durch den EuGH noch ‚in den Kinderschu-

---

1189 Nicht umsonst wird die Margin-of-appreciation-Doktrin als nebulös und nicht greifbar beschrieben, siehe *Kratochvíl, J.* (Fn. 359), S. 325 mit weiteren Nachweisen.

1190 *Rüthers, B./Fischer, C./Birk, A.* (Fn. 1021), S. 201.

hen'. Die Thematik wurde in der Rechtswissenschaft bisher eher ‚stiefmütterlich' behandelt, scheint aber in den letzten zehn Jahren Aufwind zu bekommen. Da immer öfter auch auf zurückhaltende Tendenzen des Gerichtshofs in der neueren Rechtsprechung verwiesen wird,[1191] ist es von Bedeutung, dass sich die Rechtswissenschaft mit diesen befasst und sie untersucht, um die Rolle des EuGH in Zeiten der Integrationsmüdigkeit unter Umständen neu zu justieren. Das diesbezügliche Untersuchungsfeld ist ein weites. Der EuGH räumt den Mitgliedstaaten nicht nur Spielräume im Zusammenhang mit den Grundfreiheiten ein, die im Rahmen dieser Arbeit aufgrund ihrer Vergleichbarkeit mit den Konventionsrechten als Untersuchungsgegenstand für die Frage der Übertragbarkeit der Margin-of-appreciation-Doktrin ausgewählt wurden,[1192] sondern beispielsweise auch im Zusammenhang mit sekundärrechtlichen Akten[1193] oder Assoziierungsabkommen.[1194] Untersuchenswert wäre darüber hinaus auch die Frage, inwiefern der EuGH den Mitgliedstaaten im Zusammenhang mit den Grundrechten der Charta der Grundrechte, über ihre Funktion als Rechtfertigungsschranken der Grundfreiheiten hinaus, Spielräume gewährt.[1195]

Diese Arbeit soll einen Beitrag zum weiten Forschungsfeld der Einräumung mitgliedstaatlicher Spielräume in der Rechtsprechung des EuGH

1191 Siehe auch *Streinz, R.* (Fn. 5), S. 19 f.

1192 Siehe dazu Punkt C. /I.

1193 Wenn der Gerichtshof dem Sekundärrechtsakt mitgliedstaatliche Beurteilungsspielräume entnimmt; stellvertretend für viele siehe zum Raum der Freiheit, der Sicherheit und des Rechts beispielsweise *EuGH*, Rs. C-491/13 (Ben Alaya) 10.09.2014, Rn. 33; *EuGH*, Rs. C-544/15 (Sahar Fahimian) 04.04.2017, Rn. 40 ff., wonach den Mitgliedstaaten angesichts komplexer Bewertungen, die eine Prognoseentscheidung erfordern, weite Beurteilungsspielräume zugestanden werden hinsichtlich der Bedingungen zur Zulassung von Drittstaatsangehörigen zur Absolvierung eines Studiums, oder ebenso *EuGH*, Rs. C-84/12 (Rahmanian Koushkaki) 19.12.2013, Rn. 55 ff. zur Bewertung des Risikos der rechtswidrigen Einwanderung für die Erteilung eines einheitlichen Visums; im Bereich der Umweltpolitik siehe beispielsweise *EuGH*, Rs. C-379/08 und C-380/08 (ERG) 09.03.2010, Rn. 59, wo den Mitgliedstaaten bei der Ermittlung der Erheblichkeit des Schadens und der Entscheidung darüber, welche Sanierungsmaßnahmen zu treffen sind, ein angemessen Ermessen zur Verfügung stehe.

1194 Siehe beispielsweise *EuGH*, Rs. C-268/99 (Jany) 20.11.2001, Rn. 56.

1195 Zur Einräumung von Spielräumen bei der Prüfung der Verhältnismäßigkeit in der Grundrechtsjudikatur des EuGH siehe *Stieglitz, E.*, Allgemeine Lehren im Grundrechtsverständnis nach der EMRK und der Grundrechtsjudikatur des EuGH (2002), S. 139 ff.

leisten, indem sie im Bereich der Grundfreiheiten aufzeigt, dass es sich bei der Einräumung von Spielräumen durch den EuGH um ein eigenständiges Konzept handelt, das losgelöst von der Margin-of-appreciation-Doktrin des EGMR betrachtet und davon ausgehend weitergehend untersucht werden muss. Es soll insbesondere davor gewarnt werden, den Begriff Margin-of-appreciation-Doktrin in diesem Zusammenhang zu verwenden[1196] oder die dahinterstehende Dogmatik auf den EuGH zu übertragen[1197];[1198] denn eine solche Übertragung wäre ebenso irreführend für die wissenschaftliche Diskussion, die auf europäischer Ebene ohnehin schon mit besonderen Schwierigkeiten behaftet ist,[1199] wie falsch. Auch wenn die Möglichkeit einer Übertragung der Margin-of-appreciation-Doktrin auf die Rechtsprechung des EuGH zu den Grundfreiheiten sicherlich vieles vereinfacht hätte, gilt es zu beachten:

> Not all crossings or transplants are desirable. We are aware of the dangers of animal to human transplants which raise questions of identity and allow viruses to cross the species barrier. Legal transplants can be dangerous in their own way. […] We should sometimes be wary of the dangers of transplants between the EU and ECHR.[1200]

1196 So bei *Sweeney, J. A.* (Fn. 503), S. 43: „The use of the margin of appreciation doctrine by the ECJ has therefore […].“; S. 48: „The ultimate theme is not only that the doctrine is used by the ECJ, […].“

1197 Wie dies beispielsweie bei *Gerards, J.* (Fn. 4), S. 91 ff. getan wurde.

1198 So beispielsweise *Planzer, S.*, Empirical Views on European Gambling Law and Addiction (2014), S. 32 ff.

1199 Man denke an die Sprachenvielfalt, den unterschiedlichen juristischen Hintergrund und den Mangel an gemeinsamen Foren, siehe dazu auch: *Von Danwitz, T.* (Fn. 869), S. 780; *Streinz, R.* (Fn. 5), S. 28.

1200 *Douglas-Scott, S.* (Fn. 1148), S. 650.

Literaturverzeichnis

Ackermann, Thomas: Case Law, Common Market Law Review 42 (2005), 1107 ff.

Arai-Takahashi, Yutaka: The Margin of Appreciation Doctrine and the Principle of Proportionality in the Jurisprudence of the ECHR, Antwerpen [u. a.] 2002.

Arnardóttir, Oddný Mjöll: Rethinking the Two Margins of Appreciation, European Constitutional Law Review 12 (2016), 27 ff.

Arold Lorenz, Nina-Louisa; *Groussot*, Xavier; *Petursson*, Gunnar Thor: The European Human Rights Culture, A Paradox of Human Rights Protection in Europe?, Leiden [u. a.] 2013.

Bachof, Otto: Der Begriff des Beurteilungsspielraums, JuristenZeitung (1955), 97 ff.

Benvenisti, Eyal: Margin of Appreciation, Consensus, and Universal Standards, New York University Journal of International Law and Politics 31 (1999), 843 ff.

Bernhardt, Rudolf: Die Auslegung völkerrechtlicher Verträge, Insbesondere in der neueren Rechtsprechung internationaler Gerichte, Köln 1971.

Bernhardt, Rudolf: Internationaler Menschenrechtsschutz und nationaler Gestaltungsspielraum, in: Bernhardt (Hrsg.), Völkerrecht als Rechtsordnung, internationale Gerichtsbarkeit, Menschenrechte, Festschrift für Hermann Mosler, Berlin [u. a.] 1983, 75 ff.

Bernhardt, Rudolf: Anmerkungen zur Rechtsfortbildung und Rechtsschöpfung durch internationale Gerichte, in: Zemanek/Ginther (Hrsg.), Völkerrecht zwischen normativem Anspruch und politischer Realität, Festschrift für Karl Zemanek zum 65. Geburtstag, Berlin 1994, 11 ff.

Bleckmann, Albert: Die Wahrung der „nationalen Identität" im Unions-Vertrag, JuristenZeitung (1997), 265 ff.

Brems, Eva: The Margin of Appreciation Doctrine in the Case-Law of the European Court of Human Rights, Zeitschrift für ausländisches öffentliches Recht und Völkerrecht 56 (1996), 230 ff.

Brems, Eva: Human Rights: Universality and Diversity, Den Haag [u. a.] 2001.

Breuer, Marten: Verfassungsgerichte und Verfassungsvergleichung: Die Perspektive des Europäischen Gerichtshofs für Menschenrechte, Journal für Rechtspolitik 18 (2010), 223 ff.

Breuer, Marten: Zulässigkeit und Grenzen richterlicher Rechtsfortbildung in der Rechtsprechung des EGMR, Zeitschrift für öffentliches Recht 68 (2013), 729 ff.

Breuer, Marten: § 7 Fundamentalgarantien, in: Grabenwarter (Hrsg.), Europäischer Grundrechteschutz, Enzyklopadie Europarecht, Band 2., 1. Auflage, Baden-Baden 2014, 303 ff.

Broberg, Morten; *Fenger*, Niels: Das Vorabentscheidungsverfahren vor dem Gerichtshof der Europäischen Union, Baden-Baden 2014.

Bröhmer, Jürgen: Zulässige Untersagung eines Tötungsspiels, Europäische Zeitschrift für Wirtschaftsrecht (2004), 753 ff.

Callewaert, Johan: Is there a Margin of Appreciation in the Application of Articles 2, 3, and 4 of the Convention?, Human Rights Law Journal 19 (1998), 6 ff.

Calliess, Christian: Grundlagen, Grenzen und Perspektiven europäischen Richterrechts, Neue Juristische Wochenschrift (2005), 929 ff.

Calliess, Christian; *Ruffert*, Matthias (Hrsg.): EUV, AEUV, Das Verfassungsrecht der Europäischen Union mit Europäischer Grundrechtecharta: Kommentar, 5. Auflage, München 2016. [zit.: *Bearbeiter*, Kapitel, in: Calliess/Ruffert (Hrsg.), EUV, AEUV (2016)]

Canor, Iris: The Limits of Judicial Discretion in the European Court of Justice, Security and Foreign Affairs Issues, 1. Auflage, Baden-Baden 1998.

Chalmers, Damian; *Davies,* Gareth; *Monti*, Giorgio: European Union Law, 3. Auflage, Cambridge [u. a.] 2014.

Cheyne, Ilona: Deference and the Use of the Public Policy Exception in International Courts and Tribunals, in: Gruszczynski/Wouter (Hrsg.), Deference in International Courts and Tribunals, Standard of Review and Margin of Appreciation, 1. Auflage, Oxford 2014, 38 ff.

Chu, Gary: 'Playing at Killing' Freedom of Movement, Legal Issues of Economic Integration 33 (2006), 85 ff.

Council of Europe / Committee of Ministers: Collected Edition of the 'travaux préparatoires' of the European Convention on Human Rights, Recueil des travaux préparatoires de la Convention Européenne des Droits de l'Homme, Den Haag 1975.

Dąbrowska-Kłosińska, Patrycja: Risk, Precaution and Scientific Complexity before the Court of Justice of the European Union, in: Gruszczynski/Wouter (Hrsg.), Deference in International Courts and Tribunals, Standard of Review and Margin of Appreciation, 1. Auflage, Oxford 2014, 192 ff.

Dänzer-Vanotti, Wolfgang: Unzulässige Rechtsfortbildung des Europäischen Gerichtshofs, Recht der internationalen Wirtschaft (1992), 733 ff.

Dauses, Manfred A.: Information der Verbraucher in der Rechtsprechung des EuGH, Recht der internationalen Wirtschaft 10 (1998), 750 ff.

Davidson, Scott: East versus West: Human Rights and Cultural Difference, Canterbury Law Review 8 (2001), 37 ff.

De la Rasilla del Moral, Ignacio: The Increasingly Marginal Appreciation of the Margin-of-Appreciation Doctrine, German Law Journal 7 (2006), 611 ff.

Dederer, Hans-Georg: Stürzt das deutsche Sportwettenmonopol über das Bwin-Urteil des EuGH?, Neue Juristische Wochenschrift (2010), 198 ff.

Dobler, Philipp: Legitimation und Grenzen der Rechtsfortbildung durch den EuGH, in: Roth/Hilpold (Hrsg.), Der EuGH und die Souveränität der Mitgliedstaaten, Eine kritische Analyse richterlicher Rechtsschöpfung auf ausgewählten Rechtsgebieten, Bern 2008, 509 ff.

Donnelly, Jack: Universal Human Rights in Theory and Practice, 3. Auflage, Ithaca 2013.

Dörr, Oliver; *Grote*, Rainer; *Marauhn*, Thilo (Hrsg.): EMRK/GG, Konkordanzkommentar zum europäischen und deutschen Grundrechtsschutz, 2. Auflage, Tübingen 2013. [zit.: *Bearbeiter*, Kapitel, in: Dörr/Grote/Marauhn (Hrsg.), EMRK/GG (2013)]

Douglas-Scott, Sionaidh: A Tale of two Courts: Luxembourg, Strasbourg and the growing European Human Rights Acquis, Common Market Law Review 43 (2006), 629 ff.

Dreier, Horst: Stufungen des vorgeburtlichen Lebensschutzes, Zeitschrift für Rechtspolitik (2002), 377 ff.

Dzehtsiarou, Kanstantsin: Comparative Law in the Reasoning of the European Court of Human Rights, UCD Law Review 10 (2010), 109 ff.

Dzehtsiarou, Kanstantsin; *Lukashevich*, Vasily: Informed Decision-Making: The Comparative Endeavours of the Strasbourg Court, Netherlands Quarterly of Human Rights 30 (2012), 272 ff.

Ehlers, Dirk: Allgemeine Lehren der Grundfreiheiten, in: Ehlers (Hrsg.), Europäische Grundrechte und Grundfreiheiten, 4. Auflage, Berlin 2014, 239 ff.

Epiney, Astrid: Die Freiheit des Warenverkehrs, in: Ehlers (Hrsg.), Europäische Grundrechte und Grundfreiheiten, 4. Auflage, Berlin 2014, 315 ff.

Everling, Ulrich: Der Gerichtshof als Entscheidungsinstanz, in: Everling (Hrsg.), Das Europäische Gemeinschaftsrecht im Spannungsfeld von Politik und Wirtschaft, Ausgewählte Aufsätze 1964-1984, Baden-Baden 1985, 424 ff.

Everling, Ulrich: Richterliche Rechtsfortbildung in der Europäischen Gemeinschaft, JuristenZeitung (2000), 217 ff.

Fawcett, James Edmund Sandford: The Application of the European Convention on Human Rights, 2. Auflage, Oxford 1987.

Frenz, Walter: Handbuch Europarecht – Wirkungen und Rechtsschutz, Berlin [u. a.] 2010.

Frenz, Walter: Handbuch Europarecht – Europäische Grundfreiheiten, 2. Auflage, Berlin [u. a.] 2012.

Frenz, Walter: Kohärente und systematische nationale Normgebung – nicht nur im Glücksspielrecht, Zeitschrift Europarecht (2012), 344 ff.

Frischhut, Markus: "EU": Short for "Ethical" Union? The Role of Ethics in European Union Law, Zeitschrift für ausländisches öffentliches Recht und Völkerrecht 75 (2015), 531 ff.

Frowein, Jochen Abraham; *Peukert*, Wolfgang (Hrsg.): Europäische MenschenRechtsKonvention, EMRK-Kommentar, 3. Auflage, Kehl am Rhein 2009. [zit.: *Bearbeiter*, Kapitel, in: Frowein/Peukert (Hrsg.), Europäische MenschenRechtsKonvention (2009)]

Gebauer, Jochen: Die Grundfreiheiten des EG-Vertrags als Gemeinschaftsgrundrechte, Berlin 2004.

Gerards, Janneke: Pluralism, Deference and the Margin of Appreciation Doctrine, European Law Journal 17 (2011), 80 ff.

Grabenwarter, Christoph; *Pabel*, Katharina: Europäische Menschenrechtskonvention, 6. Auflage, München 2016.

Grabitz, Eberhard; *Hilf*, Meinhard; *Nettesheim*, Martin (Hrsg.): Das Recht der Europäischen Union, 60. Ergänzungslieferung, München 2016. [zit.: *Bearbeiter*, Kapitel, in: Grabitz/Hilf/Nettesheim (Hrsg.), Das Recht der Europäischen Union (2016)]

Greer, Steven: The Margin of Appreciation, Interpretation and Discretion under the European Convention on Human Rights, Straßburg 2000.

Greer, Steven: The Interpretation of the European Convention on Human Rights: Universal Principle oder Margin of Appreciation?, UCL Human Rights Review 3 (2010), 1 ff.

Haratsch, Andreas; *König*, Christian; *Pechstein*, Matthias: Europarecht, 10. Auflage, Tübingen 2016.

Heine, Henriette: Die Rechtsstellung des Beschuldigten im Rahmen der Europäisierung des Strafverfahrens, Frankfur am Main. [u. a.] 2009.

Herdegen, Matthias: Europarecht, 18. Auflage, München 2016.

Maunz, Theodor; *Dürig*, Günter (Hrsg.): Grundgesetz, Kommentar, 78. Ergänzungslieferung, München 2016. [zit.: *Bearbeiter*, Kapitel, in: Maunz/Dürig (Hrsg.), Grundgesetz (2016)]

Ipsen, Knut: Völkerrecht, 6. Auflage, München 2014.

Jarass, Hans D.; *Pieroth*, Bodo (Hrsg.): Grundgesetz für die Bundesrepublik Deutschland, 14. Auflage, München 2016. [zit.: *Bearbeiter*, Kapitel, in: Jarass/Pieroth (Hrsg.), Grundgesetz für die Bundesrepublik Deutschland (2016)]

Karpenstein, Ulrich; *Mayer*, Franz C. (Hrsg.): EMRK, Konvention zum Schutz der Menschenrechte und Grundfreiheiten: Kommentar, 2. Auflage, München 2015. [zit.: *Bearbeiter*, Kapitel, in: Karpenstein/Mayer (Hrsg.), EMRK (2015)]

Kastanas, Elias; *Matscher*, Franz; *Malinverni*, Giorgio: Unité et Diversité, Notions autonomes et Narge d'appréciation des États dans la Jurisprudence de la Cour Européenne des Droits de l'homme, Brüssel 1996.

Kingreen, Thorsten: Die Struktur der Grundfreiheiten des Europäischen Gemeinschaftsrechts, Berlin 1999.

Kingreen, Thorsten: Grundfreiheiten, in: Von Bogdandy/Bast (Hrsg.), Europäisches Verfassungsrecht, Theoretische und dogmatische Grundzüge. 2. Auflage. Berlin [u. a.]. 2009, 705 ff.

Kirschner, Julia: Grundfreiheiten und nationale Gestaltungsspielräume, München 2014.

Kitz, Heinz-Eberhard: Die Notstandsklausel des Art. 15 der Europäischen Menschenrechtskonvention, Berlin 1982.

Koch, Hans-Joachim: Unbestimmte Rechtsbegriffe und Ermessensermächtigungen im Verwaltungsrecht, Eine logische und semantische Studie zur Gesetzesbildung der Verwaltung, Frankfurt am Main 1979.

Koutnatzis, Stylianos-Ioannis G.; *Weilert*, A. Katarina: Fragen der menschlichen Reproduktion vor dem EGMR – Zugleich eine kritische Würdigung der Lehre vom staatlichen Beurteilungsspielraum, Archiv des Völkerrechts 51 (2013), 72 ff.

Kratochvíl, Jan: The Inflation of the Margin of Appreciation by the European Court of Human Rights, Netherlands Quarterly of Human Rights 29 (2011), 324 ff.

Krieger, Heike: Positive Verpflichtungen unter der EMRK, Zeitschrift für ausländisches öffentliches Recht und Völkerrecht 74 (2014), 187 ff.

Kropholler, Jan: Internationales Einheitsrecht, Allgemeine Lehren, Tübingen 1975.

Kunig, Philip: Völkerrecht und staatliches Recht, in: Graf Vitzthum/Proelß (Hrsg.), Völkerrecht, 7. Auflage, Berlin [u. a.] 2016, 61 ff.

Legg, Andrew: The Margin of Appreciation in International Human Rights Law, Deference and proportionality, 1. Auflage, Oxford 2012.

Letsas, George: Two Concepts of the Margin of Appreciation, Oxford Journal of Legal Studies 26 (2006), 705 ff.

Letsas, George: A Theory of Interpretation of the European Convention on Human Rights, Oxford 2009.

Lippert, André: Das Kohärenzerfordernis des EuGH, Zeitschrift Europarecht (2012), 90 ff.

Löning, Markus: Die Europäische Menschenrechtskonvention – Ein Motor des Menschenrechtsschutzes in Europa, in: Leutheusser-Schnarrenberger (Hrsg.), Vom Recht auf Menschenwürde, 60 Jahre Europäische Menschenrechtskonvention, Tübingen 2013, 51 ff.

Lux-Wesener, Christina: Die Frage nach dem Beginn des Lebens: EGMR umgeht eine Antwort, Europäische Grundrechte-Zeitschrift (2005), 568 ff.

Macdonald, Ronald St. J.: The Margin of Appreciation in the Jurisprudence of the European Court of Human Rights, in: Ago (Hrsg.), Le Droit International à l'heure de sa Codification, Études en l'honneur de Roberto Ago, Mailand 1987, 187 ff.

Mahoney, Paul: Judicial Activism and Judicial Self-Restraint in the European Court of Human Rights: Two Sides of the same Coin, Human Rights Law Journal 11 (1990), 57 ff.

Mahoney, Paul: Marvellous Richness of Diversity or Invidious Cultural Relativism?, Human Rights Law Journal 19 (1998), 1 ff.

Matscher, Franz: Methods of Interpretation of the Convention, in: Macdonald, Ronald St. J./Matscher/Petzold (Hrsg.), The European System for the Protection of Human Rights, Dordrecht [u. a.] 1993, 63 ff.

Matthies, Heinrich: Das erste Urteil des Europäischen Gerichtshofs für Menschenrechte: Verfahrensfragen in der Sache Lawless, Zeitschrift für ausländisches öffentliches Recht und Völkerrecht 21 (1961), 249 ff.

Maurer, Hartmut: Allgemeines Verwaltungsrecht, 18. Auflage, München 2011.

Merrills, J. G.: The Development of International Law by the European Court of Human Rights, Manchester 1988.

Meyer-Ladewig, Jens; *Nettesheim*, Martin; *Von Raumer*, Stefan (Hrsg.): EMRK, Europäische Menschenrechtskonvention: Handkommentar, 4. Auflage, Baden-Baden 2017. [zit.: *Bearbeiter*, Kapitel, in: Meyer-Ladewig/Nettesheim/Von Raumer (Hrsg.), EMRK (2017)]

Millarg, Ivo: Die Schranken des freien Warenverkehrs in der EG, Systematik und Zusammenwirken von Cassis-Rechtsprechung und Art. 30 EG-Vertrag, Baden-Baden 2001.

Mojzesowicz, Karolina: Möglichkeiten und Grenzen einer einheitlichen Dogmatik der Grundfreiheiten, Baden-Baden 2001.

Nußberger, Angelika: Auf der Suche nach einem europäischen Konsens – Zur Rechtsprechung des Europäischen Gerichtshofs für Menschenrechte, Rechtswissenschaft 2 (2012), 197 ff.

Oliver, Peter; *Roth*, Wulf-Henning: The Internal Market and the Four Freedoms, Common Market Law Review 41 (2004), 407 ff.

Oppermann, Thomas: Eine Verfassung für die Europäische Union, Deutsches Verwaltungsblatt (2003), 1165 ff.

Oraá, Jaime: Human Rights in States of Emergency in International Law, Oxford 1992.

Orakhelashvili, Alexander: Peremptory Norms in International Law, Oxford 2006.

Ovey, Clare: The Margin of Appreciation and Article 8 of the Convention, Human Rights Law Journal 19 (1998), 10 ff.

Pache, Eckhard: Tatbestandliche Abwägung und Beurteilungsspielraum, Zur Einheitlichkeit administrativer Entscheidungsfreiräume und zu deren Konsequenzen im verwaltungsgerichtlichen Verfahren – Versuch einer Modernisierung, Tübingen 2001.

Pache, Eckhard: Europäische und nationale Identität: Integration durch Verfassungsrecht?, Deutsches Verwaltungsblatt (2002), 1154 ff.

Pache, Eckhard: Dienstleistungsfreiheit, in: Ehlers (Hrsg.), Europäische Grundrechte und Grundfreiheiten, 4. Auflage, Berlin 2014, 417 ff.

Partsch, Karl Josef: Die Entstehung der europäischen Menschenrechtskonvention, Zeitschrift für ausländisches öffentliches Recht und Völkerrecht 53 (1953), 631 ff.

Petzold, Herbert: The Convention and the Principle of Subsidiarity, in: Macdonald, Ronald St. J./Matscher/Petzold (Hrsg.), The European System for the Protection of Human Rights, Dordrecht [u. a.] 1993, 41 ff.

Planzer, Simon: Empirical Views on European Gambling Law and Addiction, Cham 2014.

Ress, Georg: Rechtsstellung, Aufgabenbereich und Legitimation des Europäischen Gerichtshofes für Menschenrechte, in: Holoubek/Gutknecht/Schwarzer/Martin (Hrsg.), Dimensionen des modernen Verfassungsstaates, Symposion zum 60. Geburtstag von Karl Korinek, Wien 2002, 129 ff.

Riem, Lioba: Die europäischen Grundfreiheiten als Rechtsgrundlage von Leistungsansprüchen, Köln 2010.

Röhl, Klaus Friedrich; *Röhl*, Hans Christian: Allgemeine Rechtslehre, 3. Auflage, Köln 2008.

Roth, Günter H.: Der EuGH und die Souveränität der Mitgliedstaaten – Zusammenfassung und Schlussfolgerungen, in: Roth/Hilpold (Hrsg.), Der EuGH und die Souveränität der Mitgliedstaaten, Eine kritische Analyse richterlicher Rechtsschöpfung auf ausgewählten Rechtsgebieten, Bern 2008, 561 ff.

Rozakis, Christos L.: Through the Looking Glass: An "Insider"'s View of the Margin of Appreciation, in: Titiun (Hrsg.), La Conscience des Droits, Mélanges en l'honneur de Jean-Paul Costa, Paris 2011, 527 ff.

Rupp-Swienty, Annette: Die Doktrin von der Margin of Appreciation in der Rechtsprechung des Europäischen Gerichtshofs für Menschenrechte, München 1999.

Rüthers, Bernd; *Fischer*, Christian; *Birk*, Axel: Rechtstheorie, Mit juristischer Methodenlehre, 9. Auflage, München 2016.

Schabas, William A.: The European Convention on Human Rights, A Commentary, 1. Auflage, Oxford [u. a.] 2015.

Schneider, Hartmut: Die öffentliche Ordnung als Schranke der Grundfreiheiten im EG-Vertrag, Baden-Baden 1998.

Schokkenbroek, Jeroen: The Basis, Nature and Application of the Margin-of-Appreciation Doctrine in the Case-Law of the European Court of Human Rights, Human Rights Law Journal 19 (1998), 30 ff.

Schorkopf, Frank: Beweislast im Recht des freien Warenverkehrs, Zeitschrift Europarecht (2009), 645 ff.

Schröder, Meinhard: Verantwortlichkeit, Völkerstrafrecht, Streitbeilegung und Sanktionen, in: Graf Vitzthum/Proelß (Hrsg.), Völkerrecht, 7. Auflage, Berlin [u. a.] 2016, 539 ff.

Schulze, Rainer; *Hoeren*, Thomas: Dokumente zum Europäischen Recht, Band 2: Justiz (bis 1957), Berlin [u. a.] 2000.

Schulze, Reiner; *Zuleeg*, Manfred; *Kadelbach*, Stefan (Hrsg.): Europarecht, Handbuch für die deutsche Rechtspraxis, 3. Auflage, Baden-Baden 2015. [zit.: *Bearbeiter*, Kapitel, in: Schulze/Zuleeg/Kadelbach (Hrsg.), Europarecht (2015)]

Schuppert, Gunnar Folke: Self-Restraints der Rechtsprechung, Deutsches Verwaltungsblatt (1988), 1191 ff.

Schwab, Florian: Der Europäische Gerichtshof und der Verhältnismäßigkeitsgrundsatz: Untersuchung der Prüfungsdichte, Insbesondere in der Gegenüberstellung der Kontrolle von Gemeinschaftsakten und von Maßnahmen der Mitgliedstaaten, Frankfurt am Main 2002.

Schwarze, Jürgen: Der Schutz der Grundrechte durch den EuGH, Neue Juristische Wochenschrift (2005), 3459 ff.

Shany, Yuvai: Toward a general Margin of Appreciation Doctrine in International Law?, European Journal of International Law 16 (2005), 907 ff.

Shelton, Dinah: The Boundaries of Human Rights Jurisdiction in Europe, Duke Journal of Comparative & International Law 13 (2003), 95 ff.

Simpson, Alfred William Brian: Human Rights and the End of Empire, Britain and the Genesis of the European Convention, Oxford [u. a.] 2001.

Spielmann, Dean: Allowing the Right Margin, Cambridge Yearbook of European Legal Studies 14 (2012), 381 ff.

Spielmann, Dean: Whither the Margin of Appreciation?, Current Legal Problems 67 (2014), 49 ff.

Stein, Torsten: Richterrecht wie anderswo auch?, in: Gert (Hrsg.), Richterliche Rechtsfortbildung, Erscheinungsformen, Auftrag und Grenzen, Festschrift der Juristischen Fakultät zur 600-Jahr-Feier der Ruprecht-Karls-Universität Heidelberg, Heidelberg 1986, 619 ff.

Stieglitz, Edgar: Allgemeine Lehren im Grundrechtsverständnis nach der EMRK und der Grundrechtsjudikatur des EuGH, Zur Nutzbarmachung konventionsrechtlicher Grundrechtsdogmatik im Bereich der Gemeinschaftsgrundrechte, Baden-Baden 2002.

Streinz, Rudolf: Die Rolle des EuGH im Prozess der Europäischen Integration, Archiv des öffentlichen Rechts 135 (2010), 1 ff.

Streinz, Rudolf (Hrsg.): EUV/AEUV, Vertrag über die Europäische Union und Vertrag über die Arbeitsweise der Europäischen Union, 2. Auflage, München 2012. [zit.: *Bearbeiter*, Kapitel, in: Streinz (Hrsg.), EUV/AEUV (2012)]

Sweeney, James A.: Margins of Appreciation: Cultural Relativity and the European Court of Human Rights in the Post-Cold War Era, International and Comparative Law Quarterly 54 (2005), 459 ff.

Sweeney, James A.: A 'Margin of Appreciation' in the Internal Market: Lessons from the European Court of Human Rights, Legal lssues of Economic Integration 34 (2007), 27 ff.

Talmon, Stefan: Die Grenzen der Anwendung des Völkerrechts im deutschen Recht, JuristenZeitung (2013), 12 ff.

Tesón, Fernando R.: International Human Rights and Cultural Relativism, in: Claude/Weston (Hrsg.), Human Rights in the World Community, 2. Auflage, Philadelphia 1992, 42 ff.

Tridimas, Takis: The General Principles of EU Law, 2. Auflage, Oxford 2007.

Trstenjak, Verica; *Beysen*, Erwin: Das Prinzip der Verhältnismäßigkeit in der Unionsrechtsordnung, Zeitschrift Europarecht (2012), 265 ff.

Tümay, Murat: The "Margin of Appreciation Doctrine" developed by the Case Law of the European Court of Human Rights, Ankara Law Review 5 (2008), 201 ff.

Ukrow, Jörg: Richterliche Rechtsfortbildung durch den EuGH, Baden-Baden 1995.

Ule, Carl Hermann: Zur Anwendung unbestimmter Rechtsbegriffe im Verwaltungsrecht, in: Bachof (Hrsg.), Forschungen und Berichte aus dem Öffentlichen Recht, Gedächtnisschrift für Walter Jellinek, München 1955, 309 ff.

Van Dijk, Pieter; *Van Hoof*, Godefridus J. H.: Theory and Practice of the European Convention on Human Rights, 2. Auflage, Deventer 1990.

Van Hoof, Fried: The Stubbornness of the ECtHR's Margin of Appreciation Doctrine, in: Haeck/McGonigle Leyh/Burbano-Herrera/Contreras-Garduño (Hrsg.), The Realisation of Human Rights: When Theroy meets Practice, Studies in Honour of Leo Zwaak, Cambridge 2013, 125 ff.

Verdross, Alfred; *Simma*, Bruno: Universelles Völkerrecht, Theorie und Praxis, 3. Auflage, Berlin 1984.

Von Danwitz, Thomas: Funktionsbedingungen der Rechtsprechung des Europäischen Gerichtshofes, Zeitschrift Europarecht (2008), 769 ff.

Von der Groeben, Hans; *Schwarze*, Jürgen (Hrsg.): Europäisches Unionsrecht, 7. Auflage, Baden-Baden 2015. [zit.: *Bearbeiter*, Kapitel, in: Von der Groeben/Schwarze (Hrsg.), Europäisches Unionsrecht (2015)]

Von Ungern-Sternberg, Antje: Die Konsensmethode des EGMR, Archiv des Völkerrechts 51 (2013), 312 ff.

Weilert, Anja Katarina: Grundlagen und Grenzen des Folterverbotes in verschiedenen Rechtskreisen, Eine Analyse anhand der deutschen, israelischen und pakistanischen Rechtsvorschriften vor dem Hintergrund des jeweiligen historisch-kulturell bedingten Verständnisses der Menschenwürde, Berlin 2009.

Weiß, Claus: Die europäische Konvention zum Schutze der Menschenrechte und Grundfreiheiten, Frankfurt am Main 1954.

Wiarda, Gerardus Johannes: Rechterlijke Voortvarendheid en Rechterlijke Terughouding bij de Toepassing van de Europese Conventie tot Bescherming van de Rechten Van de Mens, Den Haag 1986.

Wolf-Niedermaier, Anita: Der Europäische Gerichtshof zwischen Recht und Politik, Der Einfluß des EuGH auf die föderale Machtbalance zwischen der Europäischen Gemeinschaft und ihren Mitgliedstaaten, Baden-Baden 1997.

Yourow, Howard Charles: The Margin of Appreciation Doctrine in the Dynamics of European Human Rights Jurisprudence, Den Haag [u. a.] 1996.

Internetdokumente

Amnesty International, The European Human Rights Advocacy Centre (EHRAC), Interights, the International Commission of Jurists (ICJ), JUSTICE, Liberty, REDRESS: Joint NGO Input to the ongoing Negotiations on the Draft Brighton Declaration on the Future of the European Court of Human Rights,http://www.interights.org/document/201/index.html. Zuletzt geprüft am: 22.05.2017.

Bates, Ed: Controversy over Prisoners' Right to Vote in UK: Guest Blog, http://echrblog.blogspot.de/2011/02/controversy-over-prisoners-right-to.html. Zuletzt geprüft am: 22.05.2017.

Cameron, David: Speech on the European Court of Human Rights, Check against Delivery Version of the Prime Minister's Speech,https://www.gov.uk/government/speeches/speech-on-the-european-court-of-human-rights. Zuletzt geprüft am: 22.05.2017.

Cassese, Sabino: Ruling indirectly – Judicial Subsidiarity in the ECHR, http://www.echr.coe.int/sites/search_eng/pages/search.aspx#{%22fulltext%22:[%22Sabino%20Cassese%20Ruling%20indirectly%22]}. Zuletzt geprüft am: 22.05.2017.

Council of Europe: Protocol No. 15 – Explanatory Report, http://conventions.coe.int/Treaty/EN/Reports/Html/213.htm. Zuletzt geprüft am: 22.05.2017.

Council of Europe: Protocol to the Convention for the Protection of Human Rights and Fundamental Freedoms – Chart of Signatures and Ratifications, http://conventions.coe.int/Treaty/Commun/ChercheSig.asp?NT=009&CM=8&DF=&CL=GER. Zuletzt geprüft am: 22.05.2017.

Council of Europe: Protokoll No. 15 – Chart of Signatures and Ratifications, http://conventions.coe.int/Treaty/Commun/ChercheSig.asp?NT=213&CM=8&DF=&CL=GER. Zuletzt geprüft am: 22.05.2017.

Council of Europe: Reforming the European Convention on Human Rights: Interlaken, İzmir, Brighton and beyond, A Compilation of Instruments and Texts relating to the ongoing Reform of the ECHR, https://edoc.coe.int/en/conferences-on-the-future-of-the-european-court-of-human-rights/7308-reforming-the-european-convention-on-human-rights-interlaken-izmir-brighton-and-beyond-a-compilation-of-instruments-and-texts-relating-to-the-ongoing-reform-of-the-echr.html. Zuletzt geprüft am: 22.05.2017.

European Court of Human Rights: Opinion of the Court on Draft Protocol No. 15 to the European Convention on Human Rights,http://www.echr.coe.int/pages/home.aspx?p=basictexts. Zuletzt geprüft am: 22.05.2017.

European Court of Human Rights: Subsidiarity: A two-sided Coin? Seminar Background Paper 2015, http://www.echr.coe.int/sites/search_eng/pages/search.aspx#{%22fulltext%22:[%22Seminar%20to%20mark%20the%20official%20opening%20of%20the%20judicial%20year%20Subsidiarity:%20a%20two-sided%20coin?%22]}. Zuletzt geprüft am: 22.05.2017.

Gerichtshof der Europäischen Union: Jahresbericht 2016, https://curia.europa.eu/jcms/jcms/Jo2_7000/de/. Zuletzt geprüft am: 22.05.2017.

Gallagher, Paul: The European Convention on Human Rights and the Margin of Appreciation, UCD Working Papers in Law, Criminology & Socio-Legal Studies Research Paper No. 52/2011, https://papers.ssrn.com/sol3/Jeljour_results.cfm?form_name=journalBrowse&journal_id=1326286&Network=no&SortOrder=numHits&stype=desc&lim=false. Zuletzt geprüft am: 22.05.2017.

High Level Conference on the Future of the European Court of Human Rights: Brighton Declaration, https://wcd.coe.int/ViewDoc.jsp?id=1934031. Zuletzt geprüft am: 22.05.2017.

Hilpold, Peter: Das Sprachenregime der Europäischen Union, http://www.efnil.org/documents/conference-publications/dublin-2009/07-Dublin-Hilpold-Mother.pdf/view. Zuletzt geprüft am: 22.05.2017.

Little, Alison: PM: Giving Prisoners Vote makes me feel sick, http://www.express.co.uk/news/uk/209397/PM-Giving-prisoners-vote-makes-me-feel-sick. Zuletzt geprüft am: 22.05.2017.

Monti, Mario: Eine neue Strategie für den Binnenmarkt, Im Dienste der Wirtschaft und Gesellschaft Europas,https://www.bwb.gv.at/Aktuell/Archiv 2010/Seiten/montibarroso_19052010.aspx. Zuletzt geprüft am: 22.05.2017.

Nußberger, Angelika: Comments on Sabino Cassese's Paper "Ruling indirectly – Judicial Subsidiarity in the ECHR", http://www.echr.coe.int/sites/search_eng/pages/search.aspx#{%22fulltext%22:[%22Sabino%20Cassese%20Ruling%20indirectly%22]}. Zuletzt geprüft am: 22.05.2017.

Parliamentary Assembly: Draft Protocol No. 15 amending the Convention for the Protection of Human Rights and Fundamental Freedoms. Doc. 13093, http://www.assembly.coe.int/nw/xml/XRef/Xref-XML2HTML-en.asp?fileid=19266&lang=en. Zuletzt geprüft am: 22.05.2017.

Public Relations Unit of the Court: Overview 1959-2014 ECHR, http://www.echr.coe.int/Documents/Overview_19592014_ENG.pdf. Zuletzt geprüft am: 22.05.2017.

Public Relations Unit of the Court: The European Court of Human Rights in Facts and Figures 2014, http://www.echr.coe.int/Documents/Facts_Figures_2014_ENG.pdf. Zuletzt geprüft am: 22.05.2017.

Russian Human Rights NGOs and Practitioners representing Applicants to the European Court from Russia: Joint Statement on Proposals for Reform of the European Court of Human Rights,http://eu-russia-csf.org/index.php?id=16&L=1&tx_ttnews%5Btt_news%5D=259&cHash=850096b40c681a27dd48cc7cdcbb2404. Zuletzt geprüft am: 22.05.2017.

Steering Committee for Human Rights: Draft Protocol No. 15 to the Convention, https://publicsearch.coe.int/Pages/results.aspx?k=DH%2DGDR%282012%29R2%20Addendum%20III. Zuletzt geprüft am: 22.05.2017.

Steinbeis, Maximilian: Großbritannien lehnt sich gegen EGMR auf, http://www.verfassungsblog.de/grobritannien-lehnt-sich-gegen-egmr-auf/. Zuletzt geprüft am: 22.05.2017.

Steinbeis, Maximilian: Das Würgen der Briten an der Menschenrechtskonvention, http://www.verfassungsblog.de/das-wrgen-der-briten-der-menschenrechtskonvention/. Zuletzt geprüft am: 22.05.2017.

The Guardian: Draft Brighton Declaration on the Future of the European Court of Human Rights, A leaked Draft of the UK's Proposals for the Reform of the Strasbourg Court, http://www.theguardian.com/law/interactive/2012/feb/28/echr-reform-uk-draft. Zuletzt geprüft am: 22.05.2017.

UN: Vienna Declaration and Programme of Action, Adopted by the World Conference on Human Rights in Vienna on 25 June 1993, http://www.ohchr.org/EN/ProfessionalInterest/Pages/Vienna.aspx. Zuletzt geprüft am: 22.05.2017.

YouGov: YouGov/ Sunday Times Survey Results,http://cdn.yougov.com/today_uk_import/YG-Archives-Pol-ST-results-11-130211.pdf. Zuletzt geprüft am: 22.05.2017.

Rechtsprechung

BVerfG, 2 BvF 1/73 (E 36, 1) 31.07.1973.

BVerfG, 1 BvF 1, 2, 3, 4, 5, 6/74 (E 39, 1) 25.02.1975.

BVerfG, 1 BvR 419/81, 1 BvR 213/83 (E 84, 34) 17.04.1991.

BVerfG, 2 BvR 1444/00 (E 103, 142) 20.02.2001.

BVerfG, 2 BvE 2/08; 2 BvE 5/08; 2 BvR 1010/08; 2 BvR 1022/08; 2 BvR 1259/08; 2 BvR 182/09 (E 123, 267) 30.06.2009.

EGMR, Application no. 332/57 (Lawless v. Ireland No. 1) 14.11.1960.

EGMR, Application no. 332/57 (Lawless v. Ireland No. 2) 07.04.1961.

EGMR, Application no. 332/57 (Lawless v. Ireland No. 3) 01.07.1961.

EGMR, Application nos. 1474/62; 1677/62; 1691/62; 1769/63; 1994/63; 2126/64 (Relating to certain aspects of the laws on the use of languages in education in Belgium v. Belgium) 23.07.1968.

EGMR, Application nos. 2832/66; 2835/66; 2899/66 (De Wilde, Ooms and Versyp "Vagrancy" v. Belgium) 18.06.1971.

EGMR, Application no. 4451/70 (Golder v. The United Kingdom) 21.02.1975.

EGMR, Application nos. 5100/71; 5101/71; 5102/71; 5354/72; 5370/72 (Engel and Others v. The Netherlands) 08.06.1976.

EGMR, Application no. 5493/72 (Handyside v. The United Kingdom) 07.12.1976.

EGMR, Application no. 5310/71 (Ireland v. The United Kingdom) 18.01.1978.

EGMR, Application no. 5856/72 (Tyrer v. The United Kingdom) 25.04.1978.

EGMR, Application no. 6232/73 (König v. Germany) 28.06.1978.

EGMR, Application no. 5029/71 (Klass and Others v. Germany) 06.09.1978.

EGMR, Application no. 6538/74 (Sunday Times v. The United Kingdom) 26.04.1979.

EGMR, Application no. 6833/74 (Marckx v. Belgium) 13.06.1979.

EGMR, Application no. 6289/73 (Airey v. Ireland) 09.10.1979.

EGMR, Application no. 7525/76 (Dudgeon v. The United Kingdom) 22.10.1981.

EGMR, Application nos. 7511/76; 7743/76 (Campbell and Cosans v. The United Kingdom) 25.02.1982.

EGMR, Application nos. 5947/72; 6205/73; 7052/75; 7061/75; 7107/75; 7113/75; 7136/75 (Silver and Others v. The United Kingdom) 25.03.1983.

EGMR, Application no. 8691/79 (Malone v. The United Kingdom) 02.08.1984.

EGMR, Application no. 8734/79 (Barthold v. Germany) 25.03.1985.

EGMR, Application no. 8978/80 (X and Y v. The Netherlands) 26.03.1985.

EGMR, Application nos. 9214/80; 9473/81; 9474/81 (Abdulaziz, Cabales and Balkandali v. The United Kingdom) 28.05.1985.

EGMR, Application no. 8793/79 (James and Others v. The United Kingdom) 21.02.1986.

EGMR, Application no. 9532/81 (Rees v. The United Kingdom) 17.10.1986.

EGMR, Application no. 9063/80 (Gillow v. The United Kingdom) 24.11.1986.

EGMR, Application no. 9697/82 (Johnston and Others v. Ireland) 18.12.1986.

EGMR, Application no. 9248/81 (Leander v. Sweden) 26.03.1987.

EGMR, Application no. 10465/83 (Olsson v. Sweden (No. 1)) 24.03.1988.

EGMR, Application no. 10581/83 (Norris v. Ireland) 26.10.1988.

EGMR, Application no. 11508/85 (Barfod v. Denmark) 22.02.1989.

EGMR, Application no. 14038/88 (Soering v. The United Kingdom) 07.07.1989.

EGMR, Application no. 10572/83 (Markt Intern Verlag GmbH and Klaus Beermann v. Germany) 20.11.1989.

EGMR, Application nos. 10522/83; 11011/84; 11070/84 (Mellacher and Others v. Austria) 19.12.1989.

EGMR, Application no. 9310/81 (Powell and Rayner v. The United Kingdom) 21.02.1990.

EGMR, Application no. 10890/84 (Groppera Radio AG and Others v. Switzerland) 28.03.1990.

EGMR, Application no. 11105/84 (Huvig v. France) 24.04.1990.

EGMR, Application no. 11801/85 (Kruslin v. France) 24.04.1990.

EGMR, Application no. 10843/84 (Cossey v. The United Kingdom) 27.09.1990.

EGMR, Application no. 12313/86 (Moustaquim v. Belgium) 18.02.1991.

EGMR, Application no. 12963/87 (Margareta and Roger Andersson v. Sweden) 25.02.1992.

EGMR, Application no. 13343/87 (B. v. France) 25.03.1992.

EGMR, Application no. 10533/83 (Herczegfalvy v. Austria) 24.09.1992.

EGMR, Application nos. 14234/88; 14235/88 (Open Door and Dublin Well Woman v. Ireland) 29.10.1992.

EGMR, Application no. 16969/90 (Keegan v. Ireland) 26.05.1994.

EGMR, Application no. 19823/92 (Hokkanen v. Finland) 23.09.1994.

EGMR, Application no. 18131/91 (Stjerna v. Finland) 25.11.1994.

EGMR, Application no. 18984/91 (McCann and Others v. The United Kingdom) 27.09.1995.

EGMR, Application no. 18896/91 (Ribitsch v. Austria) 04.12.1995.

EGMR, Application no. 23218/94 (Gül v. Switzerland) 19.02.1996.

EGMR, Application no. 17383/90 (Johansen v. Norway) 07.08.1996.

EGMR, Application no. 20348/92 (Buckley v. The United Kingdom) 29.09.1996.

EGMR, Application no. 22414/93 (Chahal v. The United Kingdom) 15.11.1996.

EGMR, Application no. 22009/93 (Z. v. Finland) 25.02.1997.

EGMR, Application no. 21353/93 (Camenzind v. Switzerland) 16.12.1997.

EGMR, Application no. 23413/94 (L.C.B. v. The United Kingdom) 09.06.1998.

EGMR, Application no. 22496/93 (Tekin v. Turkey) 09.06.1998.

EGMR, Application nos. 22985/93 and 23390/94 (Sheffield and Horsham v. The United Kingdom) 30.07.1998.

EGMR, Application no. 23452/94 (Osman v. The United Kingdom) 28.10.1998.

EGMR, Applications nos. 25088/94, 28331/95 and 28443/95 (Chassagnou and Others v. France) 29.04.1999.

EGMR, Applications nos. 31417/96 and 32377/96 (Lustig-Prean and Beckett v. The United Kingdom) 27.09.1999.

EGMR, Applications nos. 33985/96 and 33986/96 (Smith and Grady v. The United Kingdom) 27.09.1999.

EGMR, Application no. 21986/93 (Salman v. Turkey) 27.06.2000.

EGMR, Application no. 25735/94 (Elsholz v. Germany) 13.07.2000.

EGMR, Application no. 30210/96 (Kudla v. Poland) 26.10.2000.

EGMR, Application no. 29462/95 (Rehbock v. Slovenia) 28.11.2000.

EGMR, Application no. 27229/95 (Keenan v. The United Kingdom) 03.04.2001.

EGMR, Application no. 56501/00 (Mata Estevez v. Spain) 10.05.2001.

EGMR, Application no. 35763/97 (Al-Adsani v. The United Kingdom) 21.11.2001.

EGMR, Application no. 36515/97 (Fretté v. France) 26.02.2002.

EGMR, Application no. 37971/97 (Société Colas Est and Others v. France) 16.04.2002.

EGMR, Applications nos. 27715/95 and 30209/96 (Berliński v. Poland) 20.06.2002.

EGMR, Application no. 28957/95 (Christine Goodwin v. The United Kingdom) 11.07.2002.

EGMR, Application no. 25680/94 (I. v. The United Kingdom) 11.07.2002.

EGMR, Application no. 61827/00 (Glass v. The United Kingdom) 18.03.2003.

EGMR, Application no. 52853/99 (Yilmaz v. Germany) 17.04.2003.

EGMR, Application no. 35968/97 (Van Kück v. Germany) 12.06.2003.

EGMR, Application no. 36022/97 (Hatton and Others v. The United Kingdom) 08.07.2003.

EGMR, Application no. 31871/96 (Sommerfeld v. Germany) 08.07.2003.

EGMR, Application no. 39272/98 (M.C. v. Bulgaria) 04.12.2003.

EGMR, Application no. 61827/00 (Glass v. The United Kingdom) 09.03.2004.

EGMR, Application no. 66746/01 (Connors v. The United Kingdom) 27.05.2004.

EGMR, Application no. 53924/00 (Vo v. France) 08.07.2004.

EGMR, Application no. 69498/01 (Pla and Puncernau v. Andorra) 13.07.2004.

EGMR, Application no. 25551/05 (Korolev v. Russia) 27.07.2004.

EGMR, Application no. 50385/99 (Makaratzis v. Greece) 20.12.2004.

EGMR, Application no. 54825/00 (Nevmerzhitsky v. Ukraine) 05.04.2005.

EGMR, Application no. 41604/98 (Buck v. Germany) 28.04.2005.

EGMR, Application no. 46221/99 (Öcalan v. Turkey) 12.05.2005.

EGMR, Application no. 74025/01 (Hirst v. The United Kingdom No. 2) 06.10.2005.

EGMR, Application no. 45500/99 (Tzekov v. Bulgaria) 23.02.2006.

EGMR, Application no. 14659/02 (Wilkinson v. The United Kingdom) 28.02.2006.

EGMR, Application no. 32570/03 (Grant v. The United Kingdom) 23.05.2006.

EGMR, Application no. 19807/06 (Burke v. The United Kingdom) 11.07.2006.

EGMR, Application no. 46410/99 (Üner v. The Netherlands) 18.10.2006.

EGMR, Application no. 73049/01 (Anheuser-Busch Inc. v. Portugal) 11.01.2007.

EGMR, Application no. 6339/05 (Evans v. The United Kingdom) 10.04.2007.

EGMR, Application no. 27527/03 (L. v. Lithuania) 11.09.2007.

EGMR, Application no. 35991/04 (Kearns v. France) 10.01.2008.

EGMR, Application no. 43546/02 (E.B. v. France) 22.01.2008.

EGMR, Application no. 26565/05 (N. v. The United Kingdom) 27.05.2008.

EGMR, Application no. 1638/03 (Maslov v. Austria) 23.06.2008.

EGMR, Application no. 35228/03 (Bogumil v. Portugal) 07.10.2008.

EGMR, Application no. 34503/97 (Demir and Baykara v. Turkey) 12.11.2008.

EGMR, Application no. 2872/02 (K.U. v. Finland) 02.12.2008.

EGMR, Applications nos. 30562/04 and 30566/04 (S. and Marper v. The United Kingdom) 04.12.2008.

EGMR, Application no. 28586/03 (Czarnowski v. Poland) 20.01.2009.

EGMR, Application no. 28070/06 (A. v. Norway) 09.04.2009.

EGMR, Application no. 46423/06 (Beganović v. Croatia) 25.06.2009.

EGMR, Application no. 28634/06 (Maiorano and Others v. Italy) 15.12.2009.

EGMR, Application no. 22978/05 (Gäfgen v. Germany) 01.06.2010.

EGMR, Application no. 30141/04 (Schalk and Kopf v. Austria) 24.06.2010.

EGMR, Application no. 25579/05 (A, B and C v. Ireland) 16.12.2010.

EGMR, Application no. 30696/09 (M.S.S. v. Belgium and Greece) 21.01.2011.

EGMR, Application no. 56720/09 (Heino v. Finland) 15.02.2011.

EGMR, Application no. 19776/04 (Ciechońska v. Poland) 14.06.2011.

EGMR, Application no. 23459/03 (Bayatyan v. Armenia) 07.07.2011.

EGMR, Application no. 29157/09 (Liu v. Russia No. 2) 26.07.2011.

EGMR, Application no. 32250/08 (Diamante and Pelliccioni v. San Marino) 27.09.2011.

EGMR, Application no. 57813/00 (S.H. and Others v. Austria) 03.11.2011.

EGMR, Applications nos. 18299/03 and 27311/03 (Finogenov and Others v. Russia) 20.12.2011.

EGMR, Application no. 13469/06 (D.D. v. Lithuania) 14.02.2012.

EGMR, Applications nos. 4149/04 and 41029/04 (Aksu v. Turkey) 15.03.2012.

EGMR, Application no. 30078/06 (Konstantin Markin v. Russia) 22.03.2012.

EGMR, Application no. 43547/08 (Stübing v. Germany) 12.04.2012.

EGMR, Application no. 37679/08 (Bureš v. The Czech Republic) 18.10.2012.

EGMR, Application no. 33234/07 (Valiulienė v. Lithuania) 26.03.2013.

EGMR, Application no. 48876/08 (Animal Defenders International v. The United Kingdom) 22.04.2013.

EGMR, Application no. 7177/10 (Brežec v. Croatia) 18.07.2013.

EGMR, Application no. 32133/11 (Kummer v. The Czech Republic) 25.07.2013.

EGMR, Applications nos. 29381/09 and 32684/09 (Vallianatos and Others v. Greece) 07.11.2013.

EGMR, Application no. 21885/07 (Kushtova and Others v. Russia) 16.01.2014.

EGMR, Application no. 42119/04 (Fristov v. Russia) 20.02.2014.

EGMR, Application no. 4241/12 (McDonald v. The United Kingdom) 20.05.2014.

EGMR, Application no. 43835/11 (S.A.S. v. France) 01.07.2014.

EGMR, Application no. 12927/13 (Dvořáček v. The Czech Republic) 06.11.2014.

EGMR, Application no. 34778/04 (Tudose v. France) 09.12.2014.

EGMR, Application no. 46043/14 (Lambert and Others v. France) 05.06.2015.

EGMR, Application nos. 11327/14 and 11613/14 (Haász and Szabó v. Hungary) 13.10.2015.

EGMR, Application no. 78633/12 (Buzurtanova and Zarkhmatova v. Russia) 05.11.2015.

EGMR, Applications nos. 28859/11 and 28473/12 (Dubská and Krejzová v. The Czech Republic) 15.11.2016.

EGMR, Application no. 32407/13 (Kacper Nowakowski v. Poland) 10.01.2017.

EGMR, Application no. 25358/12 (Paradiso and Campanelli v. Italy) 24.01.2017.

EKMR, Application no. 176/56 (Greece v. United Kingdom Vol. I) 26.09.1958.

EKMR, Application no. 176/56 (Greece v. United Kingdom Vol. II) 26.09.1958.

EKMR, Application no. 332/57 (Lawless v. Ireland) 19.12.1959.

EKMR, Application no. 753/60 (X v. Austria), Yearbook of the ECHR (1960) 05.08.1960.

EKMR, Application no. 911/60 (X v. Sweden), Yearbook of the ECHR (1961) 10.04.1961.

EKMR, Application no. 1468/62 (Iversen v. Norway), Yearbook of the ECHR (1963) 17.12.1963.

EKMR, Application nos. 1474/62; 1677/62, 1691/62; 1769/63; 1994/63, 2126/64 (Relating to certain aspects of the laws on the use of languages in education in Belgium v. Belgium) 24.06.1965.

EKMR, Application no. 3321/67; 3322/67; 3323/67; 3344/67 (Denmark, Norway, Sweden, Netherlands v. Greece) 05.11.1969.

EKMR, Application no. 6959/75 (Brüggmann und Scheuten v. Germany) 12.07.1977.

EKMR, Application no. 8416/78 (W. P. v. The United Kingdom) 13.05.1980.

EKMR, Application no. 9369/81 (X. and Y. v. The United Kingdom) 03.05.1983.

EKMR, Application no. 11716/85 (S. v. The United Kingdom) 14.05.1986.

EKMR, Application No. 17004/90 (R.H. v. Norway) 19.05.1992.

EuG, Rs. T-26/01 (Fiocchi Munizioni/Kommission) 30.09.2003.

EuGH, Rs. 26/62 (Van Gend en Loos) 05.02.1963.

EuGH, Rs. 6/64 (Costa/E.N.E.L.) 15.07.1964.

EuGH, Rs. 7/68 (Kommission/Italien) 10.12.1968.

EuGH, Rs. 11/70 (Internationale Handelsgesellschaft) 17.12.1970.

EuGH, Rs. 8/74 (Dassonville) 11.07.1974.

EuGH, Rs. 15/74 (Centrafarm/Sterling Drug) 31.10.1974.

EuGH, Rs. 16/74 (Centrafarm/Winthrop) 31.10.1974.

EuGH, Rs. 41/74 (Van Duyn) 04.12.1974.

EuGH, Rs. 12/74 (Kommission/Deutschland) 20.02.1975.

EuGH, Rs. 67/74 (Bonsignore/ Stadt Köln) 26.02.1975.

EuGH, Rs. 36/75 (Rutili) 28.10.1975.

EuGH, Rs. 48/75 (Royer) 08.04.1976.

EuGH, Rs. 104/75 (De Peijper) 20.05.1976.

EuGH, Rs. 46/76 (Bauhuis) 25.01.1977.

EuGH, Rs. 30/77 (Bouchereau) 27.10.1977.

EuGH, Rs. 102/77 (Hoffmann – La Roche) 23.05.1978.

EuGH, Rs. 7/78 (Thompson) 23.11.1978.

EuGH, Rs. 120/78 (Cassis de Dijon) 20.02.1979.

EuGH, Rs. 35/76 (Simmenthal) 12.07.1979.

EuGH, Rs. 34/79 (Henn and Darby) 14.12.1979.

EuGH, Rs. 53/80 (Kaasfabriek Eyssen) 05.02.1981.

EuGH, Rs. 132/80 (United Foods) 07.04.1981.

EuGH, Rs. 272/80 (Biologische Producten) 17.12.1981.

EuGH, Rs. C-115/81 (Adoui und Cornuaille) 18.05.1982.

EuGH, Rs. 144/81 (Keurkoop) 14.09.1982.

EuGH, Rs. 261/81 (Rau) 10.11.1982.

EuGH, Rs. 170/78 (Kommission/Vereinigtes Königreich) 12.07.1983.

EuGH, Rs. 174/82 (Sandoz) 14.07.1983.

EuGH, Rs. 97/83 (Melkunie) 06.06.1984.

EuGH, Rs. 72/83 (Campus Oil) 10.07.1984.

EuGH, Rs. 94/83 (Heijn) 19.09.1984.

EuGH, Rs. 229/83 (Association des Centres distributeurs Edouard Leclerc) 10.01.1985.

EuGH, Rs. 231/83 (Cullet) 29.01.1985.

EuGH, Rs. 207/83 (Kommission/Vereinigtes Königreich) 25.04.1985.

EuGH, Rs. 247/84 (Motte) 10.12.1985.

EuGH, Rs. 188/84 (Kommission/Frankreich) 28.01.1986.

EuGH, Rs. 121/85 (Conegate) 11.03.1986.

EuGH, Rs. 54/85 (Mirepoix) 13.03.1986.

EuGH, Rs. 304/84 (Muller) 06.05.1986.

EuGH, Rs. 131/85 (Gül) 07.05.1986.

EuGH, Rs. 178/84 (Kommission/Deutschland) 12.03.1987.

EuGH, Rs. 154/85 (Kommission/Italien) 17.06.1987.

EuGH, Rs. 216/84 (Kommission/Frankreich) 23.02.1988.

EuGH, Rs. 352/85 (Bond Van Adverteerders) 26.04.1988.

EuGH, Rs. 35/87 (Thetford) 30.06.1988.

EuGH, Rs. 407/85 (Drei Glocken GmbH) 14.07.1988.

EuGH, Rs. 298/87 (Smanor) 14.07.1988.

EuGH, Rs. 302/86 (Kommission/Dänemark) 20.09.1988.

EuGH, Rs. 238/87 (Volvo) 05.10.1988.

EuGH, Rs. 341/87 (Electrola) 24.01.1989.

EuGH, Rs. 266/87 (Royal Pharmaceutical Society) 18.05.1989.

EuGH, Rs. 68/88 (Kommission/Griechenland) 21.09.1989.

EuGH, Rs. C-3/88 (Kommission/Italien) 05.12.1989.

EuGH, Rs. C-42/90 (Bellon) 13.12.1990.

EuGH, Rs. C-369/88 (Delattre) 21.03.1991.

EuGH, Rs. C-60/89 (Monteil) 21.03.1991.

EuGH, Rs. C-260/89 (ERT) 18.06.1991.

EuGH, Rs. C-1/90 und C-176/90 (Aragonesa) 25.07.1991.

EuGH, Rs. C-288/89 (Collectieve Antennevoorziening Gouda) 25.07.1991.

EuGH, Rs. C-367/89 (Richardt) 04.10.1991.

EuGH, Rs. C-159/90 (Society for the Protection of Unborn Children Ireland Ltd) 04.10.1991.

EuGH, Rs. C-30/90 (Kommission/Vereinigtes Königreich) 18.02.1992.

EuGH, Rs. C-13/91 und C-113/91 (Debus) 04.06.1992.

EuGH, Rs. C-47/90 (Delhaize) 09.06.1992.

EuGH, Rs. C-2/90 (Kommission/Belgien) 09.07.1992.

EuGH, Rs. C-293/89 (Kommission/Griechenland) 16.07.1992.

EuGH, Rs. C-3/91 (Exportur) 10.11.1992.

EuGH, Rs. C-228/91 (Kommission/Italien) 25.05.1993.

EuGH, Rs. C-271/92 (LPO) 25.05.1993.

EuGH, Rs. C-267/91 (Keck und Mithouard) 24.11.1993.

EuGH, Rs. C-317/91 (Deutsche Renault) 30.11.1993.

EuGH, Rs. C-315/92 (Verband Sozialer Wettbewerb) 02.02.1994.

EuGH, Rs. C-275/92 (Schindler) 24.03.1994.

EuGH, Rs. C-9/93 (IHT Internationale Heiztechnik) 22.06.1994.

EuGH, Rs. C-17/93 (Van der Veldt) 14.07.1994.

EuGH, Rs. C-293/93 (Houtwipper) 15.09.1994.

EuGH, Rs. C-415/93 (Bosman) 15.12.1995.

EuGH, Rs. C-368/95 (Familiapress) 26.06.1997.

EuGH, Rs. C-265/95 (Kommission/Frankreich) 09.12.1997.

EuGH, Rs. C-1/96 (Compassion in World Farming) 19.03.1998.

EuGH, Rs. C-158/96 (Kohll) 28.04.1998.

EuGH, Rs. C-203/96 (Chemische Afvalstoffen Dusseldorp) 25.06.1998.

EuGH, Rs. C-389/96 (Aher-Waggon GmbH) 14.07.1998.

EuGH, Rs. C-210/96 (Gut Springenheide) 16.07.1998.

EuGH, Rs. C-400/96 (Harpegnies) 17.09.1998.

EuGH, Rs. C-114/97 (Kommission/Spanien) 29.10.1998.

EuGH, Rs. C-348/96 (Calfa) 19.01.1999.

EuGH, Rs. C-383/97 (Van der Laan) 09.02.1999.
EuGH, Rs. C-394/97 (Heinonen) 15.06.1999.
EuGH, Rs. C-124/97 (Läärä) 21.09.1999.
EuGH, Rs. C-67/98 (Zenatti) 21.10.1999.
EuGH, Rs. C-220/98 (Estée Lauder) 13.01.2000.
EuGH, Rs. C-355/98 (Kommission/Belgien) 09.03.2000.
EuGH, Rs. C-388/95 (Belgien/Spanien) 16.05.2000.
EuGH, Rs. C-209/98 (Sydhavnens Sten) 23.05.2000.
EuGH, Rs. C-473/98 (Toolex Alpha) 11.07.2000.
EuGH, Rs. C-405/98 (Gourmet International Products) 08.03.2001.
EuGH, Rs. C-379/98 (PreussenElektra AG) 13.03.2001.
EuGH, Rs. C-157/99 (Smits und Peerbooms) 12.07.2001.
EuGH, Rs. C-368/98 (Van Braekel) 12.07.2001.
EuGH, Rs. C-268/99 (Jany) 20.11.2001.
EuGH, Rs. C-143/00 (Boehringer Ingelheim) 23.04.2002.
EuGH, Rs. C-466/98 (Kommission/Vereinigtes Königreich) 05.11.2002.
EuGH, Rs. C-14/00 (Kommission/Italien) 16.01.2003.
EuGH, Rs. C-12/00 (Kommission/Spanien) 16.01.2003.
EuGH, Rs. C-385/99 (Müller-Fauré) 13.05.2003.
EuGH, Rs. C-112/00 (Schmidberger) 12.06.2003.
EuGH, Rs. C-420/01 (Kommission/Italien) 19.06.2003.
EuGH, Rs. C-192/01 (Kommission/Dänemark) 23.09.2003.
EuGH, Rs. C-167/01 (Inspire Art) 30.09.2003.
EuGH, Rs. C-243/01 (Gambelli) 06.11.2003.
EuGH, Rs. C-358/01 (Kommission/Spanien) 06.11.2003.
EuGH, Rs. C-42/02 (Lindmann) 13.11.2003.
EuGH, Rs. C-322/01 (Deutscher Apothekerverband) 11.12.2003.
EuGH, Rs. C-95/01 (Greenham) 05.02.2004.
EuGH, Rs. C-24/00 (Kommission/Frankreich) 05.02.2004.
EuGH, Rs. C-8/02 (Leichtle) 18.03.2004.
EuGH, Rs. C-387/99 (Kommission/Deutschland) 29.04.2004.
EuGH, Rs. C-150/00 (Kommission/Österreich) 29.04.2004.
EuGH, Rs. C-36/02 (Omega) 14.10.2004.
EuGH, Rs. C-41/02 (Kommission/Niederlande) 02.12.2004.
EuGH, Rs. C-463/01 (Kommission/Deutschland) 14.12.2004.
EuGH, Rs. C-309/02 (Radlberger Getränkegesellschaft mbH & Co.) 14.12.2004.
EuGH, Rs. C-432/03 (Kommission/Portugal) 10.11.2005.
EuGH, Rs. C-372/04 (Watts) 16.05.2006.
EuGH, Rs. C-168/04 (Kommission/Österreich) 21.09.2006.

EuGH, Rs. C-434/04 (Ahokainen) 28.09.2006.
EuGH, Rs. C-257/05 (Kommission/Österreich) 14.12.2006.
EuGH, Rs. C-338/04, C-359/04 und C-360/04 (Placanica) 06.03.2007.
EuGH, Rs. C-444/05 (Stamatelaki) 19.04.2007.
EuGH, Rs. C-170/04 (Rosengren) 05.06.2007.
EuGH, Rs. C-319/05 (Kommission/Deutschland) 15.11.2007.
EuGH, Rs. C-465/05 (Kommission/Italien) 13.12.2007.
EuGH, Rs. C-250/06 (United Pan-Europe) 13.12.2007.
EuGH, Rs. C-244/06 (Dynamic Medien) 14.02.2008.
EuGH, Rs. C-265/06 (Kommission/Portugal) 10.04.2008.
EuGH, Rs. C-141/07 (Kommission/Deutschland) 11.09.2008.
EuGH, Rs. C-88/07 (Kommission/Spanien) 05.03.2009.
EuGH, Rs. C-169/07 (Hartlauer) 10.03.2009.
EuGH, Rs. C-531/07 (Fachverband der Buch- und Medienwirtschaft) 30.04.2009.
EuGH, Rs. C-171/07 und C-172/07 (Apothekerkammer des Saarlandes) 19.05.2009.
EuGH, Rs. C-142/05 (Mickelsson & Roos) 04.06.2009.
EuGH, Rs. C-42/07 (Liga Portuguesa) 08.09.2009.
EuGH, Rs. C-333/08 (Kommission/Frankreich) 28.01.2010.
EuGH, Rs. C-379/08 und C-380/08 (ERG) 09.03.2010.
EuGH, Rs. C-570/07 und C-571/07 (Blanco Pérez und Chao Gómez) 01.06.2010.
EuGH, Rs. C-258/08 (Ladbrokes) 03.06.2010.
EuGH, Rs. C-447/08 und C-448/08 (Sjöberg) 08.07.2010.
EuGH, Rs. C-46/08 (Carmen Media) 08.09.2010.
EuGH, Rs. C-316/07, C-358/07 bis C-360/07, C-409/07 und C-410/07 (Markus Stoß) 08.09.2010.
EuGH, Rs. C-173/09 (Elchinov) 05.10.2010.
EuGH, Rs. C-108/09 (Ker-Optika) 02.12.2010.
EuGH, Rs. C-421/09 (Humanplasma) 09.12.2010.
EuGH, Rs. C-137/09 (Josemans) 16.12.2010.
EuGH, Rs. C-208/09 (Sayn-Wittgenstein) 22.12.2010.
EuGH, Rs. C-391/09 (Runevič-Vardyn und Wardyn) 12.05.2011.
EuGH, Rs. C-443/10 (Bonnarde) 06.10.2011.
EuGH, Rs. C-28/09 (Kommission/Österreich) 21.12.2011.
EuGH, Rs. C-484/10 (Ascafor und Asidac) 01.03.2012.
EuGH, Rs. C-456/10 (Anett) 26.04.2012.
EuGH, Rs. C-84/11 (Susisalo) 12.06.2012.
EuGH, Rs. C-176/11 (Hit Larix) 12.07.2012.
EuGH, Rs. C-150/11 (Kommission/Belgien) 06.09.2012.
EuGH, Rs. C-553/11 (Rinitsch) 25.10.2012.

EuGH, Rs. C-539/11 (Ottica) 26.09.2013.
EuGH, Rs. C-84/12 (Rahmanian Koushkaki) 19.12.2013.
EuGH, Rs. C-481/12 (Juvelta) 16.01.2014.
EuGH, Rs. C-367/12 (Sokoll-Seebacher) 13.02.2014.
EuGH, Rs. C-156/13 (Digibet und Albers) 12.06.2014.
EuGH, Rs. C-573/12 (Ålands Vindkraft AB) 01.07.2014.
EuGH, Rs. C-491/13 (Ben Alaya) 10.09.2014.
EuGH, Rs. C-105/14 (Taricco u. a.) 08.09.2015.
EuGH, Rs. C-198/14 (Visnapuu) 12.11.2015.
EuGH, Rs. C-333/14 (Scotch Whisky Association) 23.12.2015.
EuGH, Rs. C-438/14 (Bogendorff von Wolffersdorff) 02.06.2016.
EuGH, Rs. C-492/14 (Essent Belgium NV) 29.09.2016.
EuGH, Rs. C-148/15 (Deutsche Parkinson Vereinigung) 19.10.2016.
EuGH, Rs. C-51/15 (Remondis) 21.12.2016.
EuGH, Rs. C-544/15 (Sahar Fahimian) 04.04.2017.
IGH, Series A – No. 10 (Lotus) 07.09.1927.